The Yearbook of China's Poverty Alleviation and Development

中国扶贫开发

国务院扶贫开发领导小组办公室　主管
《中国扶贫开发年鉴》编委会　编

UNITY PRESS 团结出版社

图书在版编目（C I P）数据

中国扶贫开发年鉴. 2014 / 《中国扶贫开发年鉴》编委会编. -- 北京 : 团结出版社, 2014.10
ISBN 978-7-5126-2721-5

Ⅰ. ①中… Ⅱ. ①中… Ⅲ. ①扶贫－中国－2014－年鉴 Ⅳ. ①F323.8-54

中国版本图书馆 CIP 数据核字(2014)第 203013 号

出　版：团结出版社
（北京市东城区东皇城根南街 84 号　邮编：100006）
电　话：（010）65228880　65244790 （出版社）
（010）65238766　85113874　65133603（发行部）
（010）65133603（邮购）
网　址：http://www.tjpress.com
E-mail：65244790@163.com（出版社）
fx65133603@163.com（发行部邮购）
经　销：全国新华书店
印　装：三河东方印刷有限公司

开　本：185X260mm　　1/16
印　张：48.25
字　数：862 千字
印　数：3500
版　次：2014 年 10 月　第 1 版
印　次：2014 年 10 月　第 1 次印刷

书　号：978-7-5126-2721-5
定　价：350.00 元

《中国扶贫开发年鉴》编辑委员会

《中国扶贫开发年鉴》编辑部

主　　编：左常升

副 主 编：曲天军　苏国霞　黄　艳　刘书文　李　越　黄承伟

编　　辑：王大军　林华珰　肖　娜　韩孟臻

特约编辑：（按姓氏笔画排序）宁　钢　刘润辉　崔鹏伟　梁树茂

撰 稿 人：（按姓氏笔画排序）

卜　伟　于晓叶　么晓颖　马贱阳　支小勇　王　龙
王　骏　王　震　王世龙　仇忠平　牛大刚　亢　博
由　建　申　丹　付正丽　代明梅　白　石　白　楠
白晓华　尕藏扎西　宁　钢　冯天骄　成龙奎　吕　凯
吕铁军　朱　浩　朱卫华　刘　军　刘　玫　刘　娜
刘　彬　刘　博　刘世锋　刘俊号　刘喜成　羊敬德
关乐原　许长秋　孙　慧　孙世成　纪　庆　麦怀森
杜国羽　杨小明　杨叶勇　杨和平　杨景智　苏　欢
李　冬　李　哲　李新成　严科社　肖义贵　吴学静
何相宇　余海童　冷　凌　汪　忠　张　伟　张　奔
张　康　张　博　张世学　张向荣　张庆元　张守洁
张秀兰　张建明　张婉婷　张德亮　陈　功　陈兰兰
陈　宇　陈庆客　陈金炜　陈根文　陈莉丽　陈韶光
邵　军　武芳梅　林　源　林江平　茅江锋　易　哲
侍露露　周　翔　郑　方　胡熳华　赵映年　赵家松
赵懂文　修红丽　侯　沛　侯京妙　段俊英　姜　迎
骆　威　袁　彦　夏宇光　夏俊杰　钱　静　徐　欣
徐东亮　徐炳天　徐丽萍　徐建明　郭　哲　郭东风
郭奇峰　高　辉　高　翔　高凤义　黄鹏飞　曹振华
龚亮保　崔鹏伟　符　鸽　康　明　宿　盟　梁殿国
董小丽　董建武　程荣霞　曾玉光　谢　宇　谢　莉
谢会昌　虞　泽　解炜炜　裴智琦　漆世兰　谭海滨
薛　雯　戴飞翔　戴常亮

亲切关怀

2013 年 11 月 3 日，中共中央总书记、国家主席、中央军委主席习近平在湖南湘西土家族苗族自治州花垣县排碧乡十八洞村，同村干部和村民座谈。

新华社记者　王晔　摄

2013 年 5 月 14 日至 15 日，中共中央总书记、国家主席、中央军委主席习近平在天津考察工作。图为习近平在武清区南蔡村镇丁家酄村小麦生产大田察看小麦生长情况。

新华社记者　兰红光　摄

2013 年 5 月 21 日，中共中央总书记、国家主席、中央军委主席习近平到四川芦山地震灾区考察时，在芦山县龙门乡青龙场村的农田同正在播种玉米的村民亲切交流。

新华社记者　黄敬文　摄

亲切关怀

2013 年 7 月 9 日，中共中央政治局常委、国务院总理李克强在广西壮族自治区南宁坛良村与群众亲切交谈。

新华社记者　马占成　摄

2013 年 8 月 17 日，中共中央政治局常委、国务院总理李克强来到甘肃岷县漳县地震灾区考察。图为李克强总理来到海拔 2700 多米的岷县重灾区梅川镇永光村看望受灾群众。

新华社记者　李学仁　摄

2013 年 11 月 4 日至 6 日，中共中央政治局常委、国务院总理李克强在黑龙江同江、抚远、哈尔滨等地考察。这是 5 日一早，李克强到抚远县红旗村查看耕地深松情况，并攀上驾驶室同农机手交谈。

新华社记者　丁林　摄

亲切关怀

2013 年 4 月 21 日，中共中央政治局委员、国务院副总理汪洋在四川芦山地震灾区指导抗震救灾工作。

新华社记者　江宏景　摄

2013 年 10 月 17 日，减贫与发展论坛在北京召开，中外专家共同探讨城乡一体化与减贫。图为中共中央政治局委员、国务院副总理汪洋和第四届“中国消除贫困奖”、第二届“友成扶贫科研成果奖”获奖者合影。

贫困地区基础设施建设

2013 年 12 月 25 日，全国扶贫开发工作会议在北京召开。研究落实《关于创新机制扎实推进农村扶贫开发工作的意见》的措施，国务院扶贫开发领导小组副组长、国务院扶贫办主任刘永富出席会议并讲话。

四川省古蔺县双沙镇强化农村基础设施建设，打造“画里乡村”。

在广东省广州市的大力帮扶下，广西壮族自治区田阳县五村乡大列村面貌一新。

整村推进

河南省汝阳县王坪乡王坪村实施整村推进后新貌。

江苏省宿迁市泗洪县罗岗村农民集中居住点。

海南省整合涉农资金实施整村推进建设。图为东方市大田镇马龙村整村推进前后村貌对比。

易地扶贫搬迁

2013年8月，时任国务院扶贫办党组书记、主任范小建到青海省玉树、黄南、海南3个藏族自治州考察扶贫开发工作。图为在玉树州囊谦县移民搬迁户欧尕家座谈。

青海省海南州贵德县实施的易地扶贫搬迁项目。

重庆市奉节县白帝镇鸡山村高山生态扶贫搬迁聚居点。

民族地区扶贫

2013 年 5 月，国务院扶贫办副主任王国良在四川省布拖县、九龙县和宣汉县调研。

四川省凉山州宁南县彝家新寨。

易地扶贫搬迁后贵州省公桃县太平营乡石榴溪苗寨。

产业扶贫

2013 年 9 月，国务院扶贫办副主任郑文凯在江西省石城县调研。

2013 年，广西壮族自治区融水县“十百千”毛竹低改项目成效明显。图为农民砍竹场面。

江苏省睢宁县发展特色产业，助推农民增收致富。

产业扶贫

贵州省石阡县乡村旅游扶贫点——楼上古寨。

河南省桐柏县安棚镇张楼村通过扶贫开发增收到户项目发展有机无公害蔬菜西芹种植。

中国扶贫开发协会援建的青海省玉树州农畜产品综合交易市场。

海南省雨露计划培训班。图为贫困生机电维修培训现场。

云南省开远市乡村旅游厨师培训。

江苏省泗阳县卢集镇郝桥村“家门口就业工程”。

2013 年 8 月，广西机电工程学校（扶贫培训基地）在宾阳县开设计算机培训班。图为学员结束培训后的考证现场。

江苏省灌云县劳动力培训现场。

葡语国家开发式扶贫政策与实践官员研修班学员在广西省平果县坡造镇贤强村种桑养蚕基地考察。

非洲法语国家开发式扶贫政策与实践官员研修班学员在甘肃省陇西县考察中国文峰中药材交易市场。

尼日利亚减贫战略研修班学员考察四川省仪陇县实验学校。

目　录

2013 年度党中央、国务院领导同志重要指示 ………… (1)

一、年度综述篇 ………… (13)

二、专项扶贫篇 ………… (19)

（一）专项扶贫——重点工作 ………… (21)

（二）专项扶贫——调研和宣传 ………… (43)

三、地方扶贫篇 ………… (47)

综述 ………… (49)

河北省扶贫开发 ………… (51)

山西省扶贫开发 ………… (56)

内蒙古自治区扶贫开发 ………… (59)

辽宁省扶贫开发 ………… (63)

吉林省扶贫开发 ………… (67)

黑龙江省扶贫开发 ………… (71)

江苏省扶贫开发 ………… (75)

浙江省扶贫开发 ………… (79)

安徽省扶贫开发 ………… (84)

福建省扶贫开发 ………… (89)

江西省扶贫开发 ………… (93)

山东省扶贫开发 ………… (97)

河南省扶贫开发 …………………………………………………………………………… (101)
湖北省扶贫开发 …………………………………………………………………………… (105)
湖南省扶贫开发 …………………………………………………………………………… (109)
广东省扶贫开发 …………………………………………………………………………… (113)
广西壮族自治区扶贫开发 …………………………………………………………………… (116)
海南省扶贫开发 …………………………………………………………………………… (120)
重庆市扶贫开发 …………………………………………………………………………… (124)
四川省扶贫开发 …………………………………………………………………………… (127)
贵州省扶贫开发 …………………………………………………………………………… (131)
云南省扶贫开发 …………………………………………………………………………… (135)
西藏自治区扶贫开发 ………………………………………………………………………… (139)
陕西省扶贫开发 …………………………………………………………………………… (141)
甘肃省扶贫开发 …………………………………………………………………………… (144)
青海省扶贫开发 …………………………………………………………………………… (148)
宁夏回族自治区扶贫开发 …………………………………………………………………… (151)
新疆维吾尔自治区扶贫开发 ………………………………………………………………… (155)
新疆生产建设兵团扶贫开发 ………………………………………………………………… (161)

四、行业扶贫篇 ……………………………………………………………………… (163)
综述 ………………………………………………………………………………………… (165)
国家发展和改革委员会扶贫 ………………………………………………………………… (169)
教育部扶贫 ………………………………………………………………………………… (172)
科学技术部扶贫 …………………………………………………………………………… (174)
工业和信息化部扶贫 ………………………………………………………………………… (177)
国家民族事务委员会扶贫 …………………………………………………………………… (181)
民政部扶贫 ………………………………………………………………………………… (186)
人力资源和社会保障部扶贫 ………………………………………………………………… (190)
国土资源部扶贫 …………………………………………………………………………… (194)
环境保护部扶贫 …………………………………………………………………………… (199)
住房和城乡建设部扶贫 ……………………………………………………………………… (201)
交通运输部扶贫 …………………………………………………………………………… (203)

中国铁路总公司扶贫 ……………………………………………………………… (207)
水利部扶贫 ……………………………………………………………………… (209)
农业部扶贫 ……………………………………………………………………… (213)
商务部扶贫 ……………………………………………………………………… (217)
文化部扶贫 ……………………………………………………………………… (220)
国家卫生和计划生育委员会扶贫 ……………………………………………… (223)
中国人民银行扶贫 ……………………………………………………………… (226)
国务院国有资产监督管理委员会扶贫 ………………………………………… (230)
国家新闻出版广电总局扶贫 …………………………………………………… (235)
国家林业局扶贫 ………………………………………………………………… (239)
国家旅游局扶贫 ………………………………………………………………… (242)
国家烟草专卖局扶贫 …………………………………………………………… (244)
国家能源局扶贫 ………………………………………………………………… (246)
中国银行业监督管理委员会扶贫 ……………………………………………… (249)
中国保险监督管理委员会扶贫 ………………………………………………… (252)
中国农业银行扶贫 ……………………………………………………………… (254)
中华全国供销合作总社扶贫 …………………………………………………… (259)
中华全国总工会扶贫 …………………………………………………………… (262)
中国共产主义青年团中央委员会扶贫 ………………………………………… (264)
中华全国妇女联合会扶贫 ……………………………………………………… (267)
中国残疾人联合会扶贫 ………………………………………………………… (270)
中华全国工商业联合会扶贫 …………………………………………………… (272)

五、定点扶贫篇 ……………………………………………………………… (277)
综述 ……………………………………………………………………………… (279)
全国政协办公厅定点扶贫 ……………………………………………………… (281)
中共中央组织部定点扶贫 ……………………………………………………… (284)
中共中央宣传部定点扶贫 ……………………………………………………… (286)
中共中央统一战线工作部定点扶贫 …………………………………………… (289)
中央国家机关工作委员会定点扶贫 …………………………………………… (292)
中共中央党史研究室定点扶贫 ………………………………………………… (295)

中国科学技术协会定点扶贫 ……………………………………………………………… (297)
中华全国台湾同胞联谊会定点扶贫 ……………………………………………………… (300)
公安部定点扶贫 ………………………………………………………………………… (302)
财政部定点扶贫 ………………………………………………………………………… (304)
国家质量监督检验检疫总局定点扶贫 ………………………………………………… (308)
国家机关事务管理局定点扶贫 ………………………………………………………… (311)
国务院侨务办公室定点扶贫 …………………………………………………………… (315)
中国地震局定点扶贫 …………………………………………………………………… (318)
中国证券监督管理委员会定点扶贫 …………………………………………………… (321)
国务院扶贫开发领导小组办公室定点扶贫 …………………………………………… (325)
中国投资有限责任公司定点扶贫 ……………………………………………………… (327)
国家开发银行定点扶贫 ………………………………………………………………… (331)
中国农业发展银行定点扶贫 …………………………………………………………… (335)
中国工商银行股份有限公司定点扶贫 ………………………………………………… (337)
交通银行股份有限公司定点扶贫 ……………………………………………………… (340)
中国光大（集团）总公司定点扶贫……………………………………………………… (343)
国家文物局定点扶贫 …………………………………………………………………… (348)
国家测绘地理信息局定点扶贫 ………………………………………………………… (350)
中国航天科技集团公司定点扶贫 ……………………………………………………… (353)
中国船舶工业集团公司定点扶贫 ……………………………………………………… (356)
中国兵器装备集团公司定点扶贫 ……………………………………………………… (358)
中国石油天然气集团公司定点扶贫 …………………………………………………… (360)
中国石油化工集团公司定点扶贫 ……………………………………………………… (362)
国家电网公司定点扶贫 ………………………………………………………………… (364)
中国华电集团公司定点扶贫 …………………………………………………………… (368)
中国移动通信集团公司定点扶贫 ……………………………………………………… (371)
中国远洋运输（集团）总公司定点扶贫………………………………………………… (375)
中国建筑工程总公司定点扶贫 ………………………………………………………… (380)
中国节能环保集团公司定点扶贫 ……………………………………………………… (383)
中国国际技术智力合作公司定点扶贫 ………………………………………………… (385)
中国北方机车车辆工业集团公司定点扶贫 …………………………………………… (387)

中国民主建国会中央委员会定点扶贫 …………………………………………………… (391)
中国致公党中央委员会定点扶贫 ………………………………………………………… (394)
中国人民保险集团股份有限公司定点扶贫 ……………………………………………… (397)
中国太平保险集团有限责任公司定点扶贫 ……………………………………………… (399)
北京科技大学定点扶贫 …………………………………………………………………… (402)
中国农业大学定点扶贫 …………………………………………………………………… (405)
中国矿业大学（北京）定点扶贫 ………………………………………………………… (408)
南开大学定点扶贫 ………………………………………………………………………… (410)
复旦大学定点扶贫 ………………………………………………………………………… (414)
同济大学定点扶贫 ………………………………………………………………………… (417)
华东理工大学定点扶贫 …………………………………………………………………… (421)
南京大学定点扶贫 ………………………………………………………………………… (423)
中国药科大学定点扶贫 …………………………………………………………………… (425)
浙江大学定点扶贫 ………………………………………………………………………… (427)
华中农业大学定点扶贫 …………………………………………………………………… (431)
四川大学定点扶贫 ………………………………………………………………………… (434)
西安交通大学定点扶贫 …………………………………………………………………… (438)
西北农林科技大学定点扶贫 ……………………………………………………………… (442)
2013 年度中央和国家机关等单位定点扶贫情况一览表 ………………………………… (444)

六、东西扶贫协作篇 ………………………………………………………………………… (451)
综述 ………………………………………………………………………………………… (453)
北京市——内蒙古自治区东西扶贫协作 ………………………………………………… (455)
天津市——甘肃省东西扶贫协作 ………………………………………………………… (457)
辽宁省——青海省东西扶贫协作 ………………………………………………………… (459)
上海市——云南省东西扶贫协作 ………………………………………………………… (462)
江苏省——陕西省东西扶贫协作 ………………………………………………………… (465)
浙江省——四川省东西扶贫协作 ………………………………………………………… (467)
福建省——宁夏回族自治区东西扶贫协作 ……………………………………………… (469)
山东省——重庆市东西扶贫协作 ………………………………………………………… (472)
广东省——广西壮族自治区东西扶贫协作 ……………………………………………… (475)

上海市——贵州省东西扶贫协作 ……………………………………………… (477)
大连市——贵州省东西扶贫协作 ……………………………………………… (478)
苏州市——贵州省东西扶贫协作 ……………………………………………… (480)
宁波市——贵州省东西扶贫协作 ……………………………………………… (482)
青岛市——贵州省东西扶贫协作 ……………………………………………… (485)
广州市——贵州省东西扶贫协作 ……………………………………………… (487)
深圳市——贵州省东西扶贫协作 ……………………………………………… (489)
厦门市——甘肃省临夏回族自治州东西扶贫协作 ………………………… (492)
珠海市——四川省凉山彝族自治州东西扶贫协作 ………………………… (494)

七、军队和武警部队扶贫篇 ………………………………………………… (497)

八、社会组织扶贫篇 ………………………………………………………… (503)
综述 ………………………………………………………………………… (505)
中国扶贫基金会扶贫 ………………………………………………………… (506)
中国扶贫开发协会扶贫 ……………………………………………………… (511)
中国老区建设促进会扶贫 …………………………………………………… (514)
友成企业家扶贫基金会扶贫 ………………………………………………… (517)
中国光彩事业促进会扶贫 …………………………………………………… (523)
中国残疾人福利基金会扶贫 ………………………………………………… (526)
中国儿童少年基金会扶贫 …………………………………………………… (531)
中国西部人才开发基金会扶贫 ……………………………………………… (534)

九、国际合作篇 ……………………………………………………………… (537)
综述 ………………………………………………………………………… (539)
国际交流 …………………………………………………………………… (540)
国际会议 …………………………………………………………………… (543)
减贫研究 …………………………………………………………………… (546)
减贫培训 …………………………………………………………………… (548)
外资扶贫 …………………………………………………………………… (552)

十、城市扶贫篇 …………………………………………………………………（555）

十一、企业扶贫篇 ………………………………………………………………（569）

四川永鑫农牧集团股份有限公司扶贫 ………………………………………（571）

青海聚能活力源饮料有限公司扶贫 …………………………………………（574）

山西省天镇县扶贫开发 ………………………………………………………（576）

十二、年度专题篇 ………………………………………………………………（579）

城乡一体化与减贫 ……………………………………………………………（581）

城市化进程中的贫困问题研究 ………………………………………………（592）

附录 ……………………………………………………………………………（599）

（一）2013 年扶贫开发大事记 ……………………………………………（601）

（二）重要政策文件汇编 ……………………………………………………（606）

扶贫开发工作文件 …………………………………………………………（607）

行业政策文件 ………………………………………………………………（616）

中央政策文件 ………………………………………………………………（661）

（三）年度领导重要讲话 ……………………………………………………（678）

（四）全球减贫与发展概况 …………………………………………………（723）

2013年度党中央、国务院领导同志重要指示

习近平总书记春节前夕赴甘肃看望各族干部群众时的讲话（摘要）

（2013 年 2 月 2 日至 5 日）

党和政府高度重视扶贫开发工作，特别是高度重视少数民族和民族地区的发展，一定会给乡亲们更多支持和帮助，乡亲们要发扬自强自立精神，找准发展路子、苦干实干，早日改变贫困面貌。

（资料来源：新华网 2013 年 2 月 5 日）

习近平总书记在湘西调研扶贫攻坚时的讲话（摘要）

（2013 年 11 月 3 日）

全面建成小康社会，难点在农村特别是贫困地区，湘西是国家扶贫开发重点区域，党委和政府要更加重视这项工作，发挥自身优势，制定好目标，通过优化生产力布局、统筹城乡发展、加强对口帮扶等措施加快发展。扶贫开发要同做好农业农村农民工作结合起来，同发展基本公共服务结合起来，同保护生态环境结合起来，向增强农业综合生产能力和整体素质要效益。

贫困地区要脱贫致富，改善交通等基础设施条件很重要，这方面要加大力度，继续支持。

我这次到湘西来，主要是看望乡亲们，同大家一起商量脱贫致富奔小康之策，看到一些群众生活还很艰苦，感到责任重大。

加快民族地区发展，核心是加快民族地区全面建成小康社会步伐。发展是甩掉贫困帽子的总办法，贫困地区要从实际出发，因地制宜，把种什么、养什么、从哪里增收想明白，帮助乡亲们寻找脱贫致富的好路子。要切实办好农村义务教育，让农村下一代掌握更多知识和技能。抓扶贫开发，既要整体联动、有共性的要求和措施，又要突出重点、加强对特困村和特困户的帮扶。脱贫致富贵在立志，只要有志气、有信心，就没有迈不过去的坎。贫困地区基层干部长期风里来雨里去，对他们要给予更多关爱和支持。

扶贫要实事求是，因地制宜。要精准扶贫，切忌喊口号，也不要定好高骛远的目标。三件事要做实：一是发展生产要实事求是，二是要有基本公共保障，三是下一代要接受教育。各级党委和政府都要想方设法，把现实问题一件件解决，探索可复制的经验。

（资料来源：新华网 2013 年 11 月 3 日）

习近平总书记
在山东考察时的讲话（摘要）

（2013 年 11 月 24 日至 28 日）

生活一天比一天好，但我们不能忘记历史，不能忘记那些为新中国诞生而浴血奋战的烈士英雄，不能忘记为革命作出重大贡献的老区人民。让老区人民过上好日子，是我们党的庄严承诺，各级党委和政府要继续加大对革命老区的支持，形成促进革命老区加快发展的强大合力。

一个地方的发展，关键在于找准路子、突出特色。欠发达地区抓发展，更要立足资源禀赋和产业基础，做好特色文章，实现差异竞争、错位发展。欠发达地区和发达地区一样，都要努力转变发展方式，着力提高发展质量和效益，不能“捡进篮子都是菜”。抓扶贫开发，要紧紧扭住增加农民收入这个中心任务、健全农村基本公共服务体系这个基本保障、提高农村义务教育水平这个治本之策，突出重点，上下联动，综合施策。

（资料来源：新华网 2013 年 11 月 28 日）

李克强总理在促进西部发展和扶贫工作座谈会上的讲话（摘要）

（2013 年 8 月 19 日）

无论是西部开发还是扶贫攻坚，都要依靠深化改革和扩大开放，完善社会主义市场经济体制。减贫是衡量发展的重要标志，也是全面建成小康社会的重点和难点。全国贫困人口一半以上和大部分集中连片特困区在西部地区。要创新思路和机制，打好扶贫攻坚战，把集中连片特困地区作为主战场，国家给予资金和政策支持。在推进开发式扶贫、增强造血功能的基础上，把生态文明建设作为重要抓手，切实保护好环境，探索生态移民、退耕还林、发展特色优势产业相结合的新路子。发挥区位优势，扩大向西开放，拓展交流合作发展空间。在西部大开发中，要着力保障基本民生，促进各族群众团结进步、共同发展，迈向共同富裕。

（资料来源：新华网 2013 年 8 月 19 日）

汪洋副总理在甘肃积石山县调研时的讲话（摘要）

（2013年4月5日至8日）

共同富裕是中国特色社会主义的本质要求，要充分认识推进扶贫开发的重要性、紧迫性、艰巨性和长期性，进一步解放思想，开拓思路，创新体制机制，采取有针对性的帮扶措施，切实提高扶贫成效。

（资料来源：新华网2013年4月9日）

汪洋副总理在国务院扶贫开发领导小组全体会议上的讲话（摘要）

（2013 年 6 月 28 日）

扶贫开发是中国特色社会主义的重要特征，是实现全面建成小康社会目标的迫切需要，各地区各有关部门要认真贯彻中央关于扶贫开发工作的决策部署，进一步解放思想、开拓思路，创新举措、健全机制，深入推进各项工作，尽快改变贫困地区落后面貌。

要进一步提高扶贫开发工作的针对性和有效性。要下决心摸清底数，找准扶贫对象，逐村逐户制定帮扶措施。开展扶贫开发行动计划，发展特色种养业和旅游业，加强职业教育培训和劳动力转移就业服务，推进村组道路硬化、饮水安全、危房改造、贫困村信息化工程建设，增强贫困群众自我发展能力。

扶贫开发关系战略和全局，要全党动手、全国动员、全社会参与，在全国范围内配置扶贫资源。加大财政和信贷资金投入，加强扶贫资金管理和整合。注重发挥市场机制作用，引导各类资源要素向贫困地区集聚。改革贫困县考核方式。健全引导企业、社会组织和个人参与扶贫的激励机制，用扶贫济困培育良好社会风尚。

（资料来源：新华网 2013 年 6 月 28 日）

汪洋副总理在贵州调研扶贫工作时的讲话（摘要）

（2013 年 9 月 10 日）

要充分认识做好新时期农村扶贫开发工作的重大意义，加大对扶贫对象和贫困地区的扶持力度，充分发挥贫困地区干部群众的积极性、主动性、创造性，进一步开拓思路，创新机制，增强扶贫措施的针对性和有效性，加快贫困人口和贫困地区脱贫致富步伐。

扶贫开发要紧紧抓住影响群众生产生活最突出的问题，增加投入，统筹力量，集中攻坚，加快水、路、电等基础设施建设，加强生态环境保护，努力改善贫困地区生产生活条件。充分挖掘贫困地区资源潜力，大力发展特色优势产业。扶贫项目的确立、扶贫资源的配置，要与产业发展统筹考虑。

推进新时期的扶贫开发，必须解放思想，创新体制机制。要改革考核办法，把贫困地区干部的主要精力引导到扶贫开发上来。完善贫困识别机制，对贫困村、贫困户建档立卡，把扶贫开发各项措施落实到户到人。更多发挥市场机制的作用，促进各类扶贫资源和要素优化配置。营造良好的社会氛围，调动企业、个人以及社会各方面参与扶贫开发的积极性。

（资料来源：新华网 2013 年 9 月 10 日）

汪洋副总理在减贫与发展高层论坛上的讲话（摘要）

（2013 年 10 月 17 日）

自联合国千年首脑会议制定全球消除贫困目标以来，中国始终把扶贫工作摆在重要位置，通过强大的政策支持和广泛的群众参与，推动扶贫事业取得长足进步，提前完成了贫困人口减半等多项千年发展目标，为全球减贫事业作出了重要贡献。中国将继续创新扶贫体制机制，强化扶贫措施，进一步加快减贫步伐。

城镇化对于统筹城乡发展、减少农村贫困、实现社会公平等具有十分重要的作用。中国将坚定不移地走新型城镇化道路，有序推进农业人口转移，促进经济社会持续健康发展。新型城镇化将更加重视解决人的城镇化问题，更加重视资源节约和环境保护，更加重视城乡一体化，更加重视区域协调发展。中国将加快推进贫困地区基础设施建设和城镇化步伐，让更多的贫困人口充分享受工业化、城镇化的成果。

（资料来源：新华网 2013 年 10 月 17 日）

汪洋副总理在扶贫开发和现代种业工作座谈会上的讲话（摘要）

（2013 年 12 月 25 日）

要深入学习领会中央关于新时期扶贫开发的战略思想，进一步深化改革、创新机制，构建政府、市场、社会协同推进的大扶贫开发格局，加快贫困群众脱贫致富、贫困地区全面建设小康社会步伐。改革贫困县考核机制，把提高贫困人口生活水平和减少贫困人口数量作为主要考核指标。建立精准扶贫工作机制，摸清贫困底数，逐户建档立卡，有针对性地进行扶持。健全干部驻村帮扶机制，实现长期化、制度化。改革资金管理机制，管好用好财政扶贫资金。完善金融扶贫机制，拓宽融资渠道。要集中力量解决突出问题，改善群众基本生产生活条件，促进贫困地区经济社会加快发展。

（资料来源：新华网 2013 年 12 月 25 日）

一

年度综述篇

2013年，是中国扶贫开发工作深入推进、改革创新之年。新一届中央领导集体高度重视扶贫开发工作。在党中央、国务院的坚强领导下，各地、各有关部门按照统一的决策部署，认真开展扶贫开发各项工作，扶贫攻坚取得新的成效。按照2300元的扶贫标准（2010年不变价），全国农村扶贫对象从2012年底的9899万人下降到2013年底的8249万人，减少了1650万人，贫困地区农村居民收入比上年增长16.6%，比全国农村居民收入平均增幅高4.2个百分点。生产生活条件有了新的改善。

一、新一届中央领导集体高度重视扶贫开发。2013年，习近平总书记深入甘肃、海南、河北、湖南、山东等省的贫困地区调研指导工作，并主持中央政治局常委会会议听取扶贫开发工作汇报，对扶贫开发做出了一系列重要指示，将扶贫攻坚提到了前所未有的高度，为做好扶贫工作指明了方向。李克强总理到黑龙江、广西、四川、甘肃等贫困地区调研，两次主持召开国务院常务会议，并召开促进西部发展和扶贫工作座谈会，研究扶贫开发机制创新、扶贫资金管理等重大问题。汪洋副总理到广西、贵州、甘肃等地贫困地区开展调研，并多次主持会议，研究扶贫开发工作。国务院先后召开全国扶贫开发工作电视电话会议、扶贫开发领导小组第一次全体会议和扶贫工作座谈会，国务院分管领导同志均出席并作重要讲话。在一年之内，中央领导同志如此密集地到贫困地区调研考察，就扶贫工作做出重要指示，并通过会议、文件等多种形式高位推动扶贫工作，体现了扶贫开发在党和国家事业发展全局中的重要地位。各地、各有关部门认真学习习近平总书记关于扶贫开发的重要指示精神，提高了对扶贫开发长期性、艰巨性、复杂性的认识，营造了全社会关注扶贫开发的良好氛围。

二、研究制定创新扶贫机制的指导性意见。新一届国务院扶贫开发领导小组紧紧围绕创新工作机制、解决重点问题，研究提出了改革扶贫工作机制、扎实推进重点工作的思路。在深入调研、广泛征求意见、多次修改完善的基础上，经党中央、国务院批准，2013年12月18日，中共中央办公厅、国务院办公厅印发了《关于创新机制扎实推进农村扶贫开发工作的意见》（以下简称《意见》）。《意见》提出了改进贫困县考核机制，建立精准扶贫工作机制，健全干部驻村帮扶机制，改革财政专项扶贫资金管理机制，完善金融服务机制，创新社会参与机制6项机制改革，明确了村级道路畅通工作，饮水安全工作，农村电力保障工作，危房改造工作，特色产业增收工作，乡村旅游扶贫工作，教育扶贫工作，卫生和计划生育工作，文化建设工作，贫困村信息化工作等10项重点工作，体现了中央关于新时期扶贫开发工作的战略思想，贯彻了党的十八大、十八届三中全会等重要会议精神，成为扶贫攻坚工作又一个重要的指导性文件。

三、片区扶贫攻坚取得积极进展。连片特困地区规划全部启动实施。涉及片区的22个省（区、市）的41个省级实施规划全部审核备案。研究制定了《片区规划实施监测和评估工作方案》，启动了两个片区监测评估试点。国家继续推进片区联系工作，国务院扶贫开发领导小组印发了片区联系工作要点，建立了片区联系会议机制。中共中央办公厅专门组织对燕山——太行山区等5个片区扶贫攻坚工作开展督促检查。在片区扶贫攻坚机制的带动下，国家各行业部门特别是片区牵头单位出台了一批支持贫困地区经济社会发展和贫困群众增收的政策措施。

四、专项扶贫工作稳步推进。2013年，中央财政专项扶贫投入继续增加，达到394亿元，比2012年增长18.7%，中央专项彩票公益金安排12亿元，合计406亿元，达到历史最高水平，省本级财政预算安排专项扶贫资金208亿，比2012年增长24%。扶贫贷款规模继续增加。扶贫资金管理机制改革开始起步，财政专项扶贫资金绩效评价扎实开展。《扶贫开发整村推进“十二五”规划》稳步实施，有1.1万个贫困村和120个贫困乡镇启动了实施规划。《易地扶贫搬迁“十二五”规划》顺利实施，共搬迁生存条件恶劣地区农村贫困人口57.3万人。继续开展“雨露计划”实施方式改革试点，对43万接受职业教育的贫困学生直接给予现金补助。贫困村互助资金试点规模稳步扩大，全国1300多个县、2.1万多个村开展了试点。继续实施中央彩票公益金支持革命老区扶贫项目，有22个省（区、市）128个老区县得到支持。省级产业扶贫规划编制工作基本完成，燕山—太行山阜平试点、甘肃省积石山和东乡县养羊项目全面启动。积极推进“溜索改桥”以及贵州威宁、四川阿坝、大小凉山、甘肃定西、宁夏中部干旱带、新疆边境扶贫等扶贫专项试点工作。

五、广泛动员社会力量参与扶贫。2013年，定点扶贫单位共选派451名挂职扶贫干部，比上年增加26.3%，直接投入帮扶资金（含物质折款）20.82亿元，比上年增长9.5%。东部省市在承担援藏、援疆、援青任务的同时，普遍加大了东西扶贫协作工作力度。许多省市的主要领导到对口帮扶地区深入调研，共谋发展。2013年，按照国务院办公厅《关于开展对口帮扶贵州工作的指导意见》（国办发〔2013〕11号）的要求，新增上海、广州、苏州、杭州4市对口帮扶贵州，参与东西协作的东部省市达到18个（9个省<市>，9个城市）。各地积极探索资源共享、优势互补的协作机制，“闽宁协作”、“沪滇合作”、“两广合作”等模式取得新经验。2013年，东部援助西部省份财政资金达到11.81亿元，比上年增长33.8%。启动实施东部扶贫改革试验区。各民主党派中央、军队和武警部队、各级工青妇组织、各类社会组织及民营企业积极参与扶贫开发，社会各界以及公民个人参与扶贫的积极性空前高涨。国务院扶贫办与全国工商联印发了《关于共同推动民营企业参与新一轮农村扶贫开发的意见》，引导民营企业积极参与片区扶贫攻坚。中国扶贫基金会筹款 5.2 亿元，各类项目惠及人口 200 万人以上，被评为 5A 级基金会。中国扶贫开发协会组织的贫困村大学生村官成长工程得到中央领导同志的肯定，博士后扶贫工程和职业教育培训顺利开展。中国老区建设促进会组织优势企业和革命老区对接，在革命老区宣传等方面做了大量工作。友成企业家扶贫基金会继续深入实施扶贫志愿者行动计划，建立志愿者驿站，截至 2014 年 1 月，共在全国 14 个省（区、市）建立了 44 个县市级志愿者驿站，组织教师到贫困地区开展支教志愿服务，同时动员专家志愿者开展科技扶贫项目。培养新公益人才，共组织了 18000 名志愿者参与各类公益项目，为扶贫事业贡献力量。

六、减贫领域国际交流合作进一步深化。国务院扶贫办成功举办第七届 10.17 减贫与发展高层论坛、第七届中国—东盟社会发展与减贫论坛、第四届中非减贫与发展会议等高级别国际会议。积极开展国际减贫交流合作，宣传我国扶贫开发的经验和做法，组织专家参与中联部组织的交流团授课，对中国扶贫进行专题介绍。与坦桑尼亚、墨西哥、秘鲁、委内瑞拉、巴西等国家的双边减贫交流合作持续开展，与秘鲁社会发展与融合部签署了减贫合作谅解备忘录，与世界银行和联合国开发计划署就新时期减贫合作达成重要共识，与世行签署了新时期减贫战略合作备忘录。积极推动了世行第六期贷款、联合国开发计划署第三期项目工作。稳步推进与世行、联合国儿基会、亚行、国际农发基金等已有项目的开展，积极动员境外非政府组织和外资企业参与国内扶贫开发事业，积极推动将减贫领域国际交流合作纳入国家一带一路战略框架。

（国务院扶贫办政策法规司）

专项扶贫篇

（一）专项扶贫——重点工作

【易地扶贫搬迁】 扶贫搬迁是新阶段专项扶贫的重点工作之一，国家层面上，由国家发展改革委牵头负责，国务院扶贫办配合开展。针对“十二五”时期以来各地搬迁规模急剧加大，速度逐步加快的现实状况，2013 年，国务院扶贫办按照摸清情况、理清思路、建立制度的思路开展工作。

1. 项目开展情况。2013 年，全国有 22 个省（区、市）开展各类搬迁项目。“十二五”期间，各省（区、市）计划搬迁 1020 万人、253 万户。2013 年，共搬迁 29.9 万户、118.1 万人，投入财政扶贫资金 66.6 亿元。

2. 组织开展专题调研。面对扶贫搬迁工作的新形势，2013 年，国务院扶贫办组织了两次专题调研。2013 年 6 月，由副主任王国良带队，江西、甘肃等省扶贫办分管领导参加，国务院扶贫办组成联合调研组到秦巴山片区腹地的安康、汉中 2 个市，先后在紫阳、平利、西乡、洋县、城固 5 县的 12 个乡镇，深入调研 20 个移民搬迁安置点和原居住地，了解搬迁户生产生活，查看迁入地产业发展，与特困群众交流谈心，全面考察了陕南的大规模移民搬迁。2013 年 11 月中旬，按照国务院副总理汪洋在贵州调研扶贫工作时提出的工作要求，由副主任王国良带队，会同国家发改委、国土部、住建部、新华社贵州分社等有关部门的工作人员，到贵州省铜仁市、黔东南州和黔南州的 6 个县开展实地调研。实地调研坚持迁出地和迁入地对应走访原则，采取了随机抽样的方式进行，通过座谈、走访、入户问卷调查等途径，掌握了规划制定、搬迁户选择、安置点选址、资金筹措、建设标准、补助方式、后扶产业发展措施等各个关键环节的第一手资料，形成了调研报告。

3. 研究起草《国务院扶贫办关于进一步做好扶贫搬迁工作的意见（初稿）》。在全面总结、深入分析 2013 年扶贫搬迁形势和普遍存在问题的基础上，结合两办文件的新精神，以强化精准扶贫导向、稳妥有序做好扶贫搬迁工作为核心，起草了《国务院扶贫办关于进一步做好扶贫搬迁工作的意见（初稿）》。

4. 组织召开扶贫搬迁交流研讨会。在对扶贫搬迁工作深入研究基础上，为研究起草指导各省（区、市）扶贫部门进一步做好扶贫搬迁的工作意见，2013 年 12 月，在江西省修水县召开了扶贫搬迁工作交流研讨会。20个有扶贫搬迁工作任务的省（区、市）扶贫办分管领导和业务处长参加，交流本省扶贫搬迁经验、做法。会议全面了解了各省（区、市）扶贫部门进一步做好扶贫搬迁工作需要解决的主要问题，重点讨论了《国务院扶贫办关于做好扶贫搬迁工作的意见（初稿）》。

（国务院扶贫办开发指导司）

【整村推进】 整村推进是专项扶贫工作的重点之一，是促进贫困群众脱贫致富的重要手段。《扶贫开发整村推进“十二五”规划》（以下简称“《规划》”）是国务院扶贫办牵头制定的第一个国家级专项扶贫规划，于2012年8月报国务院批准。2013年，坚持以《规划》为抓手，在进一步强化项目管理的基础上，重点开展了标准化信息管理体系建设，制定了完善的监督测评方案，推进项目实施过程的公开度、透明度，为整村推进更好实现精准扶贫目标奠定了坚实基础。

1. 项目开展情况。2013年，全国共实施了1.2万个纳入规划贫困村和西藏120个贫困乡镇的整村推进，投入资金370亿元，其中财政扶贫资金116亿元。主要实施了特色优势产业培育、基础设施建设、生态建设和环境保护、公共服务和社会事业建设4大类项目。

2. 向社会公布纳入《规划》的贫困村。2013年2月，在国务院扶贫办网站公布了各省（区、市）纳入《规划》的30000个贫困村和200个贫困乡镇名单，做到信息公开透明，接受社会监督。

3. 建立扶贫开发整村推进日常管理监测系统。2013年3月起，经研究拟定系统框架，设计监测表格，开发建立了扶贫开发整村推进日常管理监测系统，在反复修改完善、选点试运行基础上，10月举办了系统填报培训班，对纳入《规划》的30000个贫困村和200个贫困乡镇的年度项目进展情况进行网上填报统计。信息监测平台的建立，对于建立规范有效的整村推进工作考核评价机制奠定了坚实基础。各省普遍反映，监测系统指标设计符合实际，操作简便，方便了项目的日常管理。

4. 开展“十二五”整村推进规划实施中期测评试点。印发了“十二五”整村推进中期测评试点工作方案，指导湖北、宁夏2个省（区）先行试点开展中期测评。

（国务院扶贫办开发指导司）

【产业扶贫】 1. 开拓创新，推进产业扶贫工作。依据《关于集中连片特殊困难地区产业扶贫规划编制工作的指导意见》，指导地方做好产业扶贫规划的编制工作。

2013年6月28日，国务院扶贫办与农业部、国家林业局、国家旅游局联合在青海省西宁市举办了省级产业扶贫规划编制、汇总培训班，指导各地因地制宜、实事求是编制片区产业扶贫规划。全国21个省（区、市）扶贫办的相关领导与专家汇集西宁，交流产业扶贫规划编制的做法、经验，共商产业扶贫大计。本次培训紧紧围绕省级产业扶贫规划编制，以专家讲座、分组讨论等形式，为参会人员有针对性地讲解，培训了片区产业扶贫规划编制的方法和技术路线等内容。青海省扶贫办和贵州省扶贫办分别介绍了产业扶贫工作开展情况和产业扶贫规划编制情况。

2013年下半年，国务院扶贫办组织专家团队，对分省产业扶贫规划进行汇总分析，规范扶贫产业的汇总科目和名称、初步提出连片特困地区优势特色扶贫主导产业的确定标准和方法。

2. 强化对扶贫龙头企业的管理。根据2012年11月国务院扶贫办常务会议对扶贫龙头企业管理工作的要求，国务院扶贫办对贫困地区的龙头企业情况进行全面摸底调查，并指导发展中心起草了《关于扶贫龙头企业调整和管理的意见》。

3. 推动与金融部门的合作。4月，起草了国务院扶贫办与家国开发银行开展扶贫金融合作工作的《框架协议》，与中国进出口银行联合印发了《关于深化扶贫金融合作工作的指导意见》（国开办发〔2013〕27号），破解扶贫龙头企业和贫困农户贷款难问题。

5月14～15日，由国务院扶贫办、国家开发银行联合举行的“全国开发性金融扶贫经验交流会”在贵州省铜仁市召开。会议旨在向全国21个省、区、市总结推广在贵州探索成功的开发性金融支持扶贫开发工作的经验。会议提出，把财政扶贫资金作为银行金融资金和贫困地区扶贫产业发展需求之间的“黏合剂”，以财政扶贫资金为“药引子”，按照“杠杆”原理，撬动金融资金投入贫困地区，有效引导、吸纳金融资金和社会资金投入贫困地区扶贫开发。

4. 开展贫困村互助资金试点，建立财政扶贫资金使用长效机制。据不完全统计，截至2013年底，全国28个省（区、市）1407个县19397个贫困村开展了互助资金试点。互助资金总规模45.17亿元，其中，中央财政扶贫资金11.54亿元，省级专项财政扶贫资金22.79亿元，农户缴纳互助金和其他资金11.5亿元。试点村农户623.16万户，其中贫困户240.03万户。其中加入农村资金互助社农户191.46万户，占试点村总户数的30.72%，加入农村资金互助社贫困户98.88万户，占贫困户的41.2%。累计发放借款88.73亿元，其中向贫困户发放借款48.19亿元，占发放借款总额的54.31%；累计借款204.48万人次，其中贫困户借款116.24万人次，占56.85%；累计占用费收入5.35亿元；累计还款69.05亿元；累计逾期借款37651笔，逾期金额2.17亿元，逾期率为2.45%；累计损失金额2522万元。互助资金借款主要用于种植、养殖、加工、商业及运输业和其它，分别占比43.62%、41.32%、3.16%、4.26%和8.25%。为进一步规范运作程序，国务院扶贫办和财政部联合印发了《关于做好2013年贫困村互助资金试点工作的通知》。总体来看，试点工作已从固点扩面阶段转入巩固提升阶段，互助资金运作日趋规范、管理更加有序、风险意识增强、农户增收明显，为缓解贫困地区，特别是贫困农户贷款难发挥了作用。

5. 财政贴息引导扶贫贷款，扩大扶贫资金的乘数效应。2013 年是全面改革扶贫贴息贷款管理体制的第 6 年，改革以来，扶贫贴息贷款规模大幅增加，贷款到户比例明显提高，并在促进承贷金融机构多元化、调动地方积极性等方面取得明显进展。据不完全统计，2013 年，中央、地方共安排贴息资金 20. 96 亿元，实际引导发放贷款 903. 1 亿元。其中，到户贷款和项目贷款发放规模分别为 448. 9 亿元和 454. 2 亿元。

（国务院扶贫办开发指导司）

【雨露计划】 2013 年，结合改革创新，雨露计划各项工作顺利推进，机制不断完善，管理水平不断提高。

1. 完成 2012－2013 学年雨露计划实施方式改革试点工作任务。除西藏自治区以外，中西部其他 21 个省（区、市）均参与试点。全学年各省实际安排试点县 203 个，计划安排补助资金 6. 9 亿元，计划补助 46 万学生，每生每年补助 1500 元，分学期进行补助。其中，2013 年春季学期计划安排 3. 68 亿元，实际落实补助资金 3. 36 亿元，共补助贫困家庭学生 43. 1 万人，落实中央安排的补助资金 3. 3 亿元。

2. 试点工作信息化管理系统初步建立。雨露计划信息服务管理系统一期工程研发完成，并已在河北省武强县、湖北省罗田县、甘肃省永靖县 3 个雨露计划实施方式改革试点县进行了试用，效果良好。此项工作为在全部试点县推广使用积累了经验，目前该系统已在 20 个试点县试用。

3. 雨露计划面上工作全面推进。全年雨露计划相关工作总投入达到 17 亿元。除雨露计划实施方式改革试点资助以外，中西部扶贫部门资助贫困家庭职业教育在校学生 26 万人次；完成转移就业培训 75 万人，转移率达到 90% 以上；完成农业实用技术培训任务 230 万人次；创业培训（村干部、致富带头人培训）13 万人次。

4. 鼓励和引导社会力量参与雨露计划。继续与共青团中央、全国妇联联合开展“雨露计划·扬帆工程”、“雨露计划·腾飞工程”等助学活动。探索贫困地区初中毕业生到省内外经济较发达地区中等职业学校接受教育的新模式，推进中等职业教育协作计划，进一步扩大“黔深直通车”项目规模，招收贵州贫困家庭学生到深圳接受职业教育和技能培训。

（国务院扶贫办政策法规司）

【革命老区建设】 1. 启动实施中央专项彩票公益金支持革命老区小型公益设施建设项目。为探索集中连片特殊困难地区革命老区扶贫开发新模式，改善老区群众生产生活条件，促进扶贫对象脱贫增收，2013 年，国务院扶贫办和财政部共同开展了中央专项彩票公益金支持革命老区小型公益设施建设项目。项目县在片区内未实施彩票公益金项目的革命老区县中择优择贫遴选产生，项目内容包括村组道路、机耕路、集中供水点、灌溉蓄水池、垃圾收集点、污水处理点等小型公益性设施。2013年，共在7个省（区、市）的24个项目县实施了小型公益设施建设项目，投入中央专项彩票公益金3亿元，县均投入1250万元。

2. 继续开展中央专项彩票公益金支持革命老区扶贫开发创新试点项目。2013年，投入中央专项彩票公益金3.75亿元，继续在山东沂蒙革命老区，福建、广东、江西原中央苏区，四川、陕西川陕革命根据地，以及甘肃庆阳革命老区的68个县开展扶贫开发创新试点。试点项目按照公平性、公益性、生产性、集中资金投入和地方自主选择项目的原则，支持小型的、生产性的公益设施建设。

3. 稳步推进中央专项彩票公益金支持革命老区整村推进试点项目。2013年，中央专项彩票公益金安排资金5.25亿元，在全国11个省的42个贫困革命老区县开展中央专项彩票公益金支持革命老区整村推进项目试点。项目按照集中连片、科学规划，突出重点、整合资金，群众决策、政府支持，公平竞争、公开公示四项原则，重点开展贫困村基础设施建设、环境和公共服务设施建设、产业发展三大类项目。

4. 按时完成领导交办事项。国务院总理李克强、副总理汪洋2013年7月分别对中国老区建设促进会《关于全国革命老区调研情况汇报》做出重要批示，汪洋副总理明确要求，国务院扶贫办研究调研报告提出的建议，结合新的扶贫举措，提出促进老区贫困地区脱贫致富的工作意见报国务院。遵照中央领导批示，在配合国家发展改革委完成报李克强总理的报告后，11月上旬，起草了报汪洋副总理的《关于支持贫困革命老区加快脱贫致富有关情况的报告》，结合新的扶贫举措，提出了加大对革命老区贫困村的帮扶力度，推进老区扶贫特色优势产业发展，继续做好彩票公益金支持贫困革命老区扶贫开发项目，动员社会各方力量参与老区扶贫开发等工作建议。

（国务院扶贫办开发指导司）

【集中连片特殊困难地区扶贫试点】

1. 燕山——太行山片区阜平试点。2012年12月29~30日，中共中央总书记习近平到河北阜平革命老区考察扶贫开发工作，对加快革命老区和贫困地区发展全面建成小康社会做出了重要指示。为贯彻落实中央领导的指示精神，时任国务院扶贫办主任范小建于1月31日向栗战书、回良玉上报了《关于贯彻落实总书记习近平考察河北阜平县重要指示精神　支持阜平推进扶贫开发工作的报告》，提出：把阜平县作为燕山——太行山区域发展与扶贫攻坚的1个试点。经与有关部门沟通，名称确定为“燕山——太行山片区阜平试点”。建议成立由国家发改委、财政部、国土资源部、住房和城乡建设部、交通运输部、水利部、农业部、国家林业局、国家旅游局、国家机关事务管理局（中直对口帮扶单位）、国家开发银行，工业和信息化部（燕山——太行山区片区联系单位）、国务院扶贫办等 13 个部委组成的试点工作协调小组。中央领导批示同意了这一建议，试点工作正式展开。

① 扶贫攻坚实施规划编制完成。阜平县把编制区域发展与扶贫攻坚实施规划作为确保试点工作科学有序推进的重要前提。在国务院扶贫办的精心指导下，由河北省发改委、河北省扶贫办牵头，编制完成了《燕山——太行山片区阜平县区域发展与扶贫攻坚实施规划》。规划明确了“三年大见成效、五年稳定脱贫、八年建成小康”的目标任务，对阜平县区域发展与扶贫攻坚的总体要求、空间布局、重点任务、政策措施和项目安排进行了系统的规划部署。以《实施规划》为指导，编制完成了 28 个行业专项规划和乡村两级规划。

② 富民产业迅速起步。重点打造以核桃、大枣“两种”和肉牛、肉羊“两养”为重点，以其他种养产业为补充的富民产业发展格局。

核桃产业：春季投资 2.8 亿元，开发荒山 4 万亩，整理坡岗次地 2.2 万亩，栽植核桃 2.7 万亩 107 万株。秋季以平阳、王林口、台峪、大台 4 个乡镇的 4 个村为试点，引进农业产业化龙头企业，对 3.7 万亩荒山、耕地进行流转，高标准土地整治，预计明年春节前完成。随着市场运作模式的成熟，核桃基地及农业综合开发将呈现加快推进的态势。

大枣产业：将农口项目资金集中打捆使用，投资 3700 万元完成大枣基地整地 1 万亩和无公害标准化管理 5 万亩，全县大枣产量达到 9.4 万吨。

肉牛养殖：新建养殖场 8 个，建成省级良种繁育场 1 个，新增存栏 540 头，农户散养新增 3800 头，全县肉牛养殖发展到 1.86 万头。

肉羊养殖：新建养殖场 74 个，建成省级肉羊良种示范场 1 个，新增存栏肉羊 1.5 万只，全县肉羊养殖发展到 22.8 万只。

统筹发展其他种养项目：发展山地花生 3 万亩、山地中药材 7028 亩、蔬菜大棚 67 栋。新建肉鸡大棚 120 个，柴鸡养殖场 32 个，水貂养殖场 102 个。甲鱼养殖水面达到 2500 亩，蜜蜂达到 4.58 万箱，生猪养殖年底出栏达到 4.87 万头。

经统计部门初步分析测算，2013 年农民收入增加主要体现在果树改良、养殖业扩大规模、设施蔬菜增收、中药材种植、旅游服务业、劳动力转移、低保提标扩面等方面，以上共计增收 1.23 亿元，农民人均增收 734 元，全年农民人均纯收入预计达到 3996 元，同比增长 22.5%。全年将有柳树底等 10 个村 7944 名贫困人口实现脱贫。

③ 住房和基础设施得到改善。将改善农村居住和生存条件作为重要任务。

危房改造：全县 13667 户危房改造任务，计划分 3 年完成。争取上级政策支持，按新建户2.8万元、修缮户0.9万元的补贴标准，2013年完成了4000户危房改造任务。

移民搬迁：2012～2013年度完成搬迁824户3321人。2013～2014年度规划搬迁438户1669人，2013年已完成搬迁88户358人，签订搬迁协议144户752人。

交通设施：完成县乡道改造47.9公里，通自然村公路215公里和154个村主街道硬化。

水利设施：解决105个村85700名农村居民和36所学校8500名师生的饮水安全问题。高效节水灌溉和水土保持工程，完成实施方案报批。

电力设施：新增配电变压器18台，完成4.35公里10千伏线路新建任务和112个村安全用电改造任务。

通信设施：建成开通移动基站118座，联通基站29座，电信基站10座，实现全县行政村无线信号全覆盖。架设有线电视光缆526公里，新发展用户4000户。

农村面貌：投资516万元编制完成154个村村庄规划。深入开展农村环境卫生整治，修建垃圾池1339个，初步建立起农村卫生保洁市场化运作长效机制。

④ 社会事业和民生保障有效加强。坚持教育、卫生、文化事业优先发展，提升保障水平。

教育事业：把发展教育培养好下一代作为脱贫致富的根本之策。逐步加强学前教育，谋划建设6所幼儿园，已完成各项手续。发展义务教育，谋划建设13所农村寄宿制小学，已完成相关前期工作，有7所通过社会援建和上级支持解决了资金问题；投资1800万元的阜平中学综合办公楼、投资350万元的农行大道小学建成投用；骆驼湾村教学点恢复重建工程完工。注重抓好职业教育，县职教中心成功创建为国家首批示范校；与一汽集团、上汽集团、重庆长安、比亚迪公司联合建成梦翔汽车培训基地，招生800名，在校企对接培养实用人才助推扶贫上进行了成功探索。加强师资队伍建设，面向社会公开招聘了176名农村中小学特岗教师、23名专职职教教师；保定市派出145名优秀教师来阜平支教，团中央派遣北京大学、清华大学、中国人民大学等高校16名研究生志愿者来阜助教，为全县教育发展注入了活力。

卫生事业：在改善硬件、提升软件上下工夫，突出解决群众就医看病问题。完成中医院迁建项目、疾控中心建设项目、8所乡镇卫生院和13所卫生院周转房建设前期手续。完成41个村卫生室改扩建。引进医学专业大学生志愿者9名，大学生村医8名；保定市向阜平13所乡镇卫生院派驻31名医务人员开展业务帮扶，全县医师队伍得到加强。

文体事业：完成县图书馆软硬件建设，县电视转播台基础设施改造建设基本完成，全民健身中心完成主体工程。

民生保障：新农合参合160858人，参合率96.03%。城乡居民社会养老保险参保

119975人，年度参保率为93%。农村低保实现提标扩面，补贴标准由原来的人均每月补差60元提高到110元，享受面由2012年底的7908人增加到34864人，基本实现全覆盖。

⑤县域经济和县城建设进一步推进。坚持富民强县“两手抓”。根据统计部门测算，2013年，全年预计全县生产总值完成31亿元，同比增长9%；全部财政收入完成2.38亿元，同比增长18.9%；地方公共财政预算收入完成1.64亿元，同比增长0.7%。省级经济开发区顺利批复。2013年共谋划实施1000万元以上重点项目116项。沙河治理商贸综合开发项目、河北名舍生态休闲度假村项目、中电投20兆瓦光伏发电项目和保定英利30兆瓦光伏发电4个市重点项目推进。聘请中国城市发展研究院，编制全县经济和社会发展规划。聘请清华同衡规划设计研究院，对城乡总体规划进行修编。聘请北京巅峰智业旅游规划设计院，编制阜平国家旅游扶贫实验区总体规划和相关专项规划。

2. 甘肃省积石山县羊产业扶贫试点。为了落实中共中央总书记习近平2013年2月在甘肃临夏考察扶贫工作时的重要讲话精神和国务院副总理汪洋2013年4月在甘肃积石山县调研时提出的“要对积石山县发展羊产业给予指导”的要求，国务院扶贫办先后两次组织有关部门和专家到实地开展调研，并于2013年6月向中央领导上报了《关于积石山县养羊产业调研情况的报告》，提出了“从2013年起，连续3年每年安排临夏州财政专项扶贫资金4000万元，重点支持东乡县和积石山县发展羊产业，并在积石山县开展羊产业发展试点的建议”。汪洋副总理于7月3日批示同意，并要求“作为试点，争取取得经验推动面上工作”，这是中央领导首次就扶贫专项试点工作提出的明确要求。2013年8月临夏州政府在国务院扶贫办和甘肃省扶贫办的指导下，制定了《积石山县养羊产业扶贫试点工作方案》启动了试点工作。

①完善组织领导：为确保积石山县羊产业扶贫实施项目能够顺利、有序地进行，保质保量地全面完成项目建设任务，成立了领导小组和项目实施小组。由县委书记担任组长，县长、县委副书记担任副组长，县扶贫办、财政局、畜牧局、发改局、审计局、项目乡镇等单位负责人为成员，领导小组下设办公室，明确各部门职责，靠实各部门责任，分工负责扶贫项目的综合协调、规划指导、督导检查、资金监管、宣传报道等工作。项目实施乡镇也成立了项目建设领导小组，建立了主要领导亲自抓、分管领导具体抓、其他领导配合抓的工作格局，形成了推进试点工作的合力，确保了扶贫开发工作事事有人抓，人人有事抓，责任到人，项目到户。

②明确实施范围：6个乡50个行政村，即刘集乡崔家、高李、河崖、刘集、陶家、团结、肖家、阳洼8个村500户贫困户，柳沟乡樊家沟、尕集、柳沟、马家、

上坪、斜套、阳山、袁家、张郭家9个村673户贫困户，吹麻滩镇方家、后沟、后阳洼、林坪、前岭、前庄、石家坟7个村386户贫困户，寨子沟乡曹姚、地合、东坪寺、尕马家、侯家坪、麻沟、磨沟、善家、瓦窑沟、阳洼庄、寨子沟11个村568户贫困户，关家川乡白家沟、杓家、关集、何家、李家山、芦家庄、宁家、张谢家、赵家湾9个村539户贫困户，小关乡大茨滩、大寺、尕阴洼、唐藏、吴家堡、小关6个村498户贫困户。

③ 多方筹措资金：2013年羊产业扶贫规划总投资1.7917亿元，其中羊产业专项扶贫资金2000万元。共计投放羊只12980只，其中基础母羊12656只，公羊324只。

各乡分配情况为：刘集乡投资318万元，投放羊只2050只，其中基础母羊2000只，公羊50只；柳沟乡投资415.2万元，投放羊只2762只，其中基础母羊2692只，公羊70只；吹麻滩镇投资245.8万元，投放羊只1584只，其中基础母羊1544只，公羊40只；寨子沟乡投资361.9万元，投放羊只2332只，其中基础母羊2272只，公羊60只；关家川乡投资342.3万元，投放羊只2210只，其中基础母羊2156只，公羊54只；小关乡投资316.8万元，投放羊只2042只，其中基础母羊1992只，公羊50只。

④ 确定建设内容：建设乡镇示范性养殖场6个，每个占地10亩，羊存栏500只，年出栏1000只；每场建设资金100万，其中整合财政补助10万元，双联贷款60万元，业主自筹10万元，信贷20万元，每场建设标准化暖棚50个。

建设村标准化养殖场50个，每场占地5亩以上，羊存栏300只，年出栏600只。每场建设资金25万元，其中整合财政补助3万元，双联贷款10万元，业主自筹5万元，信贷7万元，每场建设标准暖棚30个。

建设村联户养殖小区6个乡共50个，每场占地10亩，建棚30个，入住农户30户，每户养羊50只以上，小区存栏母羊1500只，年出栏2000只以上，每个小区需资金60万元，其中整合财政补助3万元，双联贷款30万元，互助基金20万元，农户自筹资金7万元。

贫困户养羊6个乡50个村，建档立卡的贫困户3164户，每户投入基础母羊4只，每只1530元，需资金6120元，每户羊棚建设2000元，每10户投公羊1只，每只1960元，每户投资196元，总计每户资金8316元，其中专项资金6316元，互助资金2000元。

3. 新疆边境扶贫试点。2013年，国家和自治区下达边境扶贫试点项目资金1.7亿元，其中中央资金安排1亿元，自治区配套7000万元，实施边境扶贫项目96个，其中住房类16个、畜牧类46个，农业类8个，水利类5个，安全饮水2个、电力2个、家庭手工类2个，畜牧饮水1个、林业类1个、其他类13个。截至2013年底，拨付试点资金1.7亿元，拨付率为100%；实际报账资金 16360 万元，报账率为 96.2%。竣工项目 96 个，竣工率为 100%，直接扶持边境地区贫困户 1.43 万户，共 8.2 万人。2013 年投入的边境扶贫专项资金共带动其他资金投入 63.8 亿元，其中专项扶贫资金 14.7 亿元，行业扶贫资金 19.4 亿元，社会扶贫资金 2.2 亿元，援疆扶贫资金 19.5 亿元，边境扶贫资金放大系数（资金总额/试点资金）为 37.5，放大效应明显。按照《边境扶贫开发监测评价体系》设定的两个层次、10 个类别、41 项指标，进行量化分析表明，17 个边境扶贫重点县（市）2013 年总体进度达到 75%，边境一线目标任务完成率达到 77.5%，二三线达到 72.6%，均超过规划预期 20% 的年均进度，超额完成了既定的目标任务。

① 县域经济快速发展。2013 年 17 个边境扶贫重点县（市）国内生产总值达到 366.4 亿元，同比增长 11%。其中，第一产业总产值为 114.2 亿元；第二产业总产值为 146.2 亿元，同比增长 18.7%；第三产业总产值为 123.4 亿元，同比增长 24.3%，边境扶贫投入引导产业结构趋于优化。17 个边境扶贫重点县（市）当年地方财政收入 41.6 亿元，人均地方财政收入达到 144 元，基本同 2012 年持平。

② 农牧民收入显著提高。17 个边境扶贫重点县（市）农牧民人均纯收入达到 6000 元，比 2012 年增加 765 元，增长 14.6%。其中，边境一线农牧民人均收入达到 6004 元，比 2012 年增加 1287 元，增长 27.3%，高于边境县（市）平均水平；守边户人均收入达到 4762 元，比 2012 年增加 1864 元，增长 64.3%，为 2010 年实施边境扶贫以来增幅之最；抵边户人均纯收入达到 4979 元，比 2012 年增加 1326 元，增长 36.3%。

③ 超额完成减贫脱贫任务。17 个边境扶贫重点县（市）2013 年实际越过扶贫标准的人口 2.6 万户 10.8 万人，分别完成计划的 105% 和 103%；贫困发生率由 2010 年的 55% 下降至 2013 年的 37%，下降幅度为 18%，比全区平均水平快 9%。塔什库尔干县、阿克陶县、乌恰县、阿合奇县、察布查尔县、托里县、裕民县、伊吾县 8 个县（市）均超额完成年度减贫计划。

④ 边境村生产生活条件进一步改善。2013 年 17 个边境扶贫重点县（市）整村推进促使边境村生产生活条件明显改善，当年解决了 43 个贫困村通水、28 个贫困村通电、28 个贫困村通油路、32 个贫困村通电话、30 个贫困村通广播电视、16 个贫困村通信息、44 个贫困村通暖气、23 个贫困村通邮、36 个贫困村通客运班车的问题。边境一线地区农户使用安全饮用水率达到 73%，农户居室外道路硬化率达到 42%，农户通电率达到 98.4%，饮食用清洁能源农户比重达到 14.8%，使用卫生厕所的农户比重达到 26.6%，其中使用卫生厕所的农户比重较 2012 年提高 14.5%，边民文明生活程度大幅度提高。

⑤ 边民人均居住面积扩大。17 个边境

扶贫重点县（市）2013年新建住房34813户，户均住房面积达到76平方米，其中守边户户均61平方米，抵边户户均68平方米，分别较2012年户均增加8平方米、19平方米，是2010年实施边境扶贫以来增幅最多的一年。

⑥社会保障覆盖率提升。2013年全区17个边境扶贫重点县（市）参加新农合人数达到171万人；新农保参保人数由2012年的65万人增加到81万人，增长24.6%；巩固提高保证万人乡级医院医师拥有量10.4个，万人图书室（文化站）拥有量4.5个，万人体育场拥有量1.2座。当年新增37个贫困村新建文化室，39个新建卫生室，43个新建双语学前教育场所，新建27个文化体育活动场所，27个新建村级组织活动中心；新建惠农超市36个，是全区17个边境扶贫重点县（市）3年新建惠农超市总数的24.3%。

4. 四川省大小凉山扶贫开发与艾滋病综合防治试点。2013年，项目共完成投资638640.285万元，占计划投资的121.4%，其中：省以上资金396296.295万元，占计划投资的121.84%；市（州）、县资金64558.33万元，占计划投资的121%；农户自筹115473.91万元，占计划投资的109.2%；其他（贷款）62311.75万元，占计划投资的149.2%；共开工建设35个大项目，工程综合完成率为85%。

①彝家新寨专题。已落实资金246137.21万元，占计划投资223060.6万元的110.3%，其中：省以上资金105166.17万元，占计划投资101194.97万元的103.9%；市（州）、县资金29226.41万元，占计划投资19649.5万元的144.1%；农户自筹资金111744.63万元，占计划投资102216.13万元的109.32%；计划建设251个彝家新寨，综合完成率为95%，其中，住房建设22063户，2013年完成建设24729户，占计划的112%；251个彝家新寨公共服务设施和村内道路，完成总工程量的95%；安全饮水114700人、农村沼气7000口，均已全面完成；入户用电项目，凉山州已完成3410户，乐山市完成3560户，综合完成率达到60%。

②特色产业发展专题。已落实资金38088.515万元，占计划投资32967万元的115%，其中：省以上资金34192.485万元，市（州）、县资金1191万元，农户自筹资金2669.28万元。

种植业方面：民族地区增粮增收示范工程、病虫害防治、良种补贴、国家马铃薯原种生产补贴试点、高标准农田等项目已完成实施。投资苹果、脐橙基地各100万元；完成茶园基地建设600亩，苗圃30亩。

林业方面：退耕还林、森林优育、青花椒和核桃种植等项目均已全面完成。

养殖业方面：已完成计划建设畜禽标准化养殖小区40个、草原生态保护奖励项目，退牧还草等项目全面完成。

③艾滋病防治和卫生工作专题。已落

实资金 8124.4 万元，占计划投资 8010.96 万元的 101%，全部为省以上资金。

卫生体系建设：完成县级医疗中心、乡镇卫生院、村卫生室、农村急救体系、重大疾病防控体系，周转房等建设 367 个，为 12 个县妇幼保健院配置设备 1200 万元。新建村卫生室 193 个（注：村卫生投资资金已在彝家新寨建设专题中统计，此处不再重复统计）。

卫生人才队伍建设：招聘 194 名专业人员，充实基层卫生系统，已安排 406 人定向医学生进入各高校就读，完成 286 名基层医疗机构全科医生培训。

妇幼卫生工作：补助 21140 名农村孕产妇住院分娩，对新生婴儿进行艾滋病病毒筛查 59636 人次，梅毒、乙肝检测 51274 人次和 50455 人次，降低了艾滋病、梅毒和乙肝对妇女儿童健康的影响。

艾滋病防治：加大防艾队伍建设，成立艾滋病防治局，拥有专兼职人员 79 名，县市疾控中心设立艾滋病防治科，从事艾滋病防治工作人员 369 名，乡镇卫生院 950 名，村医 3267 名；凉山州 7656 名成人艾滋病患者接受抗病毒治疗，正在治疗的 5649 人，占治疗人数的 74.7%；242 名儿童艾滋病患者，正在治疗的 206 名。

④ 禁毒、戒毒专题。已落实资金 3568.1 万元计划，占计划投资 1350.5 万元的 264.2%，其中：省以上资金 2598.5 万元，占计划投资 1000 万元的 260%，市（州）、县资金 969.6 万元，占计划投资 350.5 万元的 276.6%。

落实投资 3568.1 万元，用于戒毒人员生活保障、尿检、禁毒缉毒装备，吸毒人员动态管控、堵源截流、禁毒严打、禁毒情报信息化建设、预防宣传教育，基础设施维修等方面。破获各类毒品案件 1094 起，抓获嫌疑人 1208 名，缴获毒品海洛因 163.53 千克，冰毒类毒品 10.96 千克，打掉制、贩毒团伙 26 个，打击了毒品犯罪分子的嚣张气焰。

⑤ 义务教育和职业教育专题。已落实资金 20978.53 万元，占计划投资 25595 万元的 82%，其中：省以上资金 17734.53 万元，占计划投资 16354 万元的 108.4%，市（州）、县资金 2579 万元，其他资金 665 万元。

义务教育项目建设：校舍建设，新（改）建学校面积 61680 平方米、教师周转房 18037 平方米，均已全面启动；教学仪器设备和图书资料配备，投入 774 万元用于配备教学仪器设备、设施和图书资料，2013 年各项设备的采购任务基本完成；培训教师 3000 人次；为 127522 名义务教育阶段寄宿制学生提供生活补助。

职业教育基础能力建设：改（扩）建校舍 27823 平方米；为 12370 名职业教育学生免除学费、提供生活费补助。

⑥ 劳务培训专题。已落实资金 1000.54 万元，占计划投资 1010.5 万元的 99%，其中：省以上资金 991.24 万元，占计划投资 1010.5 万元的 98.2%，市（州）、县资金

9.3万元。

农村劳动力转移培训完成7385人；劳务品牌完成2564人；工会技能培训完成613人；劳务扶贫培训完成1300人；阳光工程培训7210人；农村劳动力技能培训9056人。

⑦公路建设专题。已落实资金284364.3万元，占计划投资201400万元的141.2%，其中：省以上资金198878万元，占计划投资143900万元的138.2%，市(州)、县资金25715.3万元，占计划投资17500万元的147%，农户自筹资金1163万元，占计划投资116万元的100%，其他资金1760万元，占计划投资1760万元的100%。

高速公路：丽江至攀枝花高速公路，已完成路基工程的100%，路面工程的95%，交安工程的95%，路滑工程的90%。

干线公路：S306线金口河至白熊沟公路、S307线雷波县城至雷波坪头公路，S307线盐源大金河至平川镇公路、S208线甘洛县城至越西中所4个项目已全部建成；307线昭觉县城至雷波坪头公路、S208线昭觉庆恒至金阳县城公路，正在实施。

农村公路：完成通乡油路（水泥路）231千米，通村水泥路（油路）669千米。

⑧水利建设专题。已落实资金24572万元，占计划投资22298的110.2%，其中：省以上资金19153万元，占计划投资16879万元的113.5%，市（州）、县资金2496万元，占计划投资2496万元的100%，农户自筹1163万元，占计划投资1163万元的100%，其他资金1760万元，占计划投资1760万元的100%。

加快推进盐源县龙塘水库及灌区工程及喜德县米市水库项目前期工作。解决农村饮水11.79万人安全饮水。新（改）建渠道63.9千米，水窖、山坪塘530处，饮水堰闸2处，新增灌溉面积0.2万亩，改善灌溉1.6万亩等项目正在建设中；加快江河堤防和重点中小河流治理，建成堤防护岸18千米，综合治理河床40千米；完成盐源县庙子坪电站扩容前期工作；批复治理水土保持工程14.7平方千米；建成喜德县水产良种场50亩。

⑨社会保障专题。已落实资金5118万元，占计划投资4460万元的114.7%，其中：省以上资金4210万元，占计划投资3930万元的107%，市州县资金828万元，占计划投资530万元的156%，其他资金90万元（注：该90万元在计划中没有安排，为新增投入）。

农村、城市低保和医疗救助均超额完成任务。完成新（改）建敬老院10所、救助站2座、殡仪馆2座、老年人活动中心2所，进一步完善福利院，精神病院等社会福利机构。

⑩现代文明新生活专题。已落实资金12985.94万元，占计划投资11698.14万元的111%，其中：省以上资金12075.71万元，占计划投资11077.11万元的109%，市（州）、县资金910万元，占计划投资

621.03 万元的 146.5%。

有效保证 13 个县级“乡村学校少年宫”正常运转，建设 3 座彝区未成年人心理指导中心。放映农村公益电影 32004 场；安装直播卫星接收设备 23708 套；建成 961 座村广播站；有效保证甘洛、越西、布拖、盐源、金口河图书馆，峨边文化馆的免费开放，有序运转；完成 4 个县少数民族健身工程，配套彝家新寨体育设施；建成 484 个农村体育健身工程。

5. 贵州威宁县扶贫开发综合治理试点。

①“减贫摘帽”工作有序推进。云贵乡、哲觉镇通过 2012 年度“减贫摘帽”省级验收，迤那镇、么站镇顺利通过省级“减贫摘帽”复查，受到省扶贫开发领导小组的表彰。2013 年“减贫摘帽”的乡镇是雪山镇、黑石头镇，基础工作已准备就绪，等待上级检查验收。

② 农民人均纯收入大幅度增加。2012 年末威宁县农民人均纯收入 4861 元，2013 年通过生态畜牧业、种植业等一系列产业化扶贫项目的实施，预计人均可增长 826 元，达到 5687 元，扶贫在全县农民增收的贡献率将在 17%左右。

③ 贫困乡村生产生活条件明显改善。从解决贫困群众急需解决的难点和热点入手。投入中央专项资金 933.6 万元建房生态移民 178 套。投入财政扶贫资金 300 万元的盐仓大路村整村推进工作全面完成。迤那镇莲花村整村推进建设项目向省扶贫办争取到建设资金 500 多万元，实施效果初见成效。

④ 贫困人口大幅度减少。2012 年末农村贫困人口 38.3 万人，经过一年的努力，净减少贫困人口 15.9 万人，是历年来减贫质量最高，数量最多的一年。

⑤ 贫困乡村群众的基本素质得到快速提升。通过举办农业产业化技能培训、农民技术骨干培训班、劳动力转移培训、黔深雨露直通车、雨露计划等等形式多样技术培训和职业教育，促使贫困乡村的群众基本素质得到了快速提高，增强了脱贫致富的内在本领。

⑥ 贫困乡村扶贫产业得到稳定发展。经过“威宁试点”带动，扶贫资金的支持，逐步培育起了核桃产业四旁地种植 4.3466 万亩，规范化种植 8.45 万亩；草地生态畜牧业种草 7460 亩，养能繁母羊 5680 只，种公羊 284 只；能繁母牛 924 头；中药材产业以哲觉、黑石头主体，辐射带动千户农户建设规范化中药材基地。

马铃薯产业按照“建立种薯扩繁体系，做好基地示范带动”的要求，强化原种扩繁，调整品种结构，提高种植水平，实现单季向多季、常规向特色、晚熟向早熟转变，完成种薯集中扩繁基地万亩以上；支持建设精品苹果基地 3 个。

⑦“威宁经验”获得业内赞誉。2013 年以来，威宁县经济社会快速发展，产业扶贫成就显著，产业园区从无到有，从小到大，农民人均纯收入大幅提高，贫困群众的生产生活条件得到改善，扶贫开发工作取得较好

成绩，对此，在国务院扶贫办的推荐下，河北、河南、陕西等10个县，省内50个县扶贫办陆续来威宁考察学习扶贫开发工作，并得到他们的一致好评和赞誉。

⑧ 创建现代高效农业扶贫示范区。根据省打造“5个100”工程的要求，结合县委、政府的部署，以“现代农业示范项目”为主攻方向，全力推动扶贫产业转型升级，投入财政扶贫资金3000多万元，创建马铃薯、中药材、蔬菜、核桃、经果林等一批现代高效农业扶贫示范园区，全面启动了草海卯关大苗核桃示范基地、麻乍马铃薯高产示范基地、中水精品苹果基地5个扶贫示范点创建工作。

6. 甘肃定西马铃薯产业扶贫试点。2013年国务院扶贫办给定西市安排马铃薯产业扶贫试点项目财政扶贫专项资金1000万元，在安定区、渭源县、漳县3县（区）12个乡镇的25个重点村实施。

按照《实施方案》，严格按照下达的项目计划，投资900万元，投放原原种1.8亿粒，建成原种繁育基地4.5万亩，扶持贫困户3600户；投资20万元，从全国马铃薯主产区引进最新主栽品种150份，对筛选出的新品种马铃薯规范种植1000亩；投资60万元，对全市马铃薯晚疫病进行检测与防治和防治培训；投资20万元，全市马铃薯良种繁育技术推广培训400人次。2013年，已全面完成了项目建设任务。

① 提升马铃薯原种繁育生产能力。定西市上依托中央财政扶贫专项资金，扶持壮大渭源县田源泽马铃薯良种专业合作社、渭源县庆丰马铃薯良种专业合作社、渭源县陇欣马铃薯专业合作社、市农科院、爱兰种薯公司、凯凯快繁中心和百泉种薯公司等种薯企业，一手抓适应本地种植的陇薯3号、新大坪、大西洋、费乌瑞它等品种的原种繁育，努力提高原种扩繁能力；一手抓马铃薯近两年高发的晚疫病等病虫害防治及技术推广。投入的财政扶贫资金900万元补贴资金建原种繁育基地4.5万亩，按亩均产量1500千克计算，可生产6750万千克原种，可供45万亩一级种生产基地用种能有效带动定西市贫困地区马铃薯产业的蓬勃发展，快速的提高马铃薯良种化程度。

② 提高马铃薯原原种到原种繁育的能力和积极性。为解决因马铃薯原种繁育投资大、成本高而造成的从原原种到原种扩繁难的问题，用足用好中央财政资金，探索建立了按种植原原种200元/亩的标准补贴到种薯繁育企业的项目运作机制，既适当降低了种薯生产企业繁育原种的成本，鼓励贫困群众进行原种繁育的积极性，促进生产原种的能力，有效调动了贫困群众参与种薯扩繁的积极性。马铃薯良种应用率由2006年的67%提高到2013年的95%以上。

③ 拓宽贫困群众增收渠道和增收能力。通过项目扶持，全市农民人均从马铃薯产业中获得的收入不断增加，2013年达750元左右，较2006年净增200元，占农民人

均纯收入的20%以上；有13.32万户贫困家庭人均种植马铃薯1亩以上，种植区贫困户从马铃薯产业中人均实现纯收入750元以上，占贫困户人均纯收入的40%以上；同时，马铃薯作为定西市的战略性主导产业，其产业功能不断完善，影响力和竞争力日益增强。2013年，种植面积达300万亩以上，有4个县区的种植面积稳定在50万亩以上，安定区超过了100万亩，跨入中国马铃薯种植大县行列；鲜薯总产量500万吨以上；实际加工生产马铃薯精淀粉及其制品8.7万吨；各类贮藏窖（库）达到93万眼（座），实际贮藏能力达到306万吨；外销量达99.3万吨。定西马铃薯产业的发展，不仅为初步解决贫困群众吃饭问题发挥了作用，而且也为定西农村人口稳定增加收入奠定了良好基础。

④ 马铃薯新品种的引进培育，有效解决品种单一的问题。2013年引进、培育示范马铃薯新品种中，青薯9号和同薯23号等，较当地主栽品种增产15%以上，其中：青薯9号平均亩产达到1920千克，较对照增产17.7%，亩增收340元，新增纯收益28.9万元；同薯23号平均亩产1967.4千克，较对照增产20.6%，亩增收324元，新增纯收益11.34万元，2个新品种示范应用累计新增纯收益40.24万元。在旱上市的马铃薯栽培及原种扩繁基地推广应用“黑膜覆盖栽培技术”，在安定、临洮示范推广黑膜覆盖，较常规种植亩增收达300元以上，新增纯收益180万元。通过引进、培育新品种，使定西市的马铃薯原种达到多元化。2013年，从引进的新品种中，继续开展田间筛选试验研究，进一步发掘出了7个优秀品种，暂定名称分别为定（扶）引1号至7号，这些品种在满足高产要求的基础上，都具有较好的品相，且能满足不同薯品市场需求，具有较好大田推广应用前景。

7. 宁夏中部干旱带专项扶贫试点。2013年度中部干旱带试点项目为5·30扶贫到户养养殖示范村建设项目，在各县（市、区）申报的基础上，经自治区扶贫办审核，以“十二五”第二批500个整村推进重点贫困村为主，共选择确定45个有一定肉牛、肉羊养殖基础和条件的贫困村为2013年中部干旱带5·30扶贫到户养殖示范村，其中同心县9个，海原县8个，盐池县6个，红寺堡区4个，沙坡头区3个，中宁县2个，原州区4个，彭阳县5个，西吉县4个。

对2012年度中部干旱带项目实施成效显著的同心县窑山管委李家山村、海原县李俊乡红星村、红寺堡区红寺堡镇玉池村、原州区张易镇黄堡村、沙坡头区宣和镇丹阳村，各以奖代补4万元。

项目实施期2013年7月至2014年6月。2013年中部干旱带肉牛5·30扶贫到户养殖示范村建设项目，以贫困户良种基础母牛、基础母羊补栏和科学养殖为突破口，提高贫困户参与肉牛、肉羊产业发展程度，全面提升贫困村肉牛、肉羊产业发展水平。项目实施坚持瞄准贫困农户，坚持国家扶持和自力更生相结合，充分尊重农民意愿，宜牛则牛、宜羊则羊，以草定畜、草畜平衡，推广良种良法，通过牛羊产业扩量、提质、增效，持续增加农民生产经营收入。经过项目扶持、政策支持和2~3年的发展，具备养殖条件、适合发展养殖业的建档立卡贫困户中，养牛户肉牛养殖由2013年的1~2头牛发展到5头以上，其中基础母牛2头以上，养羊户肉羊养殖由2013年的5~10只发展到30只以上，其中基础母羊10只以上，或既养牛又养羊的混合养殖户养殖规模达到30只羊单位以上。养殖户家庭年养殖业收入达到3万元左右，人均养殖业收入7000元以上，家庭人均纯收入达到1万元以上，实现率先脱贫致富目标。

推广原州区头营镇石羊村合作社带动、中卫夏华肉食品公司企业加基地联农户模式，促进贫困地区牛羊产业提质增效，农民增收。支持贫困村及其养殖合作社与宁夏夏华肉食品有限公司合作，帮助解决制约贫困村养殖业发展的资金、技术、销售等瓶颈和关键问题，增加贫困村良种基础母牛、母羊存栏量，推广科技饲养技术，提高经营能力，力争通过2~3年的发展，项目村成为所在县（区）良种基础母牛、母羊和育肥牛、羊的商品供应地，逐步建成高档肉牛繁育示范村。项目计划下达后，由县区组织项目村落实项目内容，其中：落实基础母牛补栏2331头，基础母羊补栏12706只，圈棚453座，养殖机械169台，青贮池92座，种公羊43只，贷款贴息224万元。2013年，项目进展顺利，管理和技术人员培训已经全面完成，各县（区）利用冬闲的时机，春节前将全面完成2000多人的培训任务。

8. 四川省阿坝州扶贫开发和综合防治大骨节病试点。2012年9月，阿坝试点工作五年规划验收总结大会召开，对试点工作进行了全面总结，对巩固提升工作进行了安排部署。在国务院扶贫办的指导下，四川省扶贫移民局制定了《阿坝州扶贫开发和综合防治大骨节病试点成果巩固提升方案（2013~2015年）》全面启动了试点巩固提升工作。

① 加强统筹协调，科学制定年度计划方案。根据《阿坝州扶贫开发和综合防治大骨节病试点成果巩固提升方案（2013~2015年）》，省扶贫移民局、财政厅认真指导阿坝州编制2013年度巩固提升计划方案。阿坝州试点办牵头，组织发改、教育、卫生等部门在摸清底数、核实相关数据、建档立卡的基础上，编制了《阿坝州扶贫开发和综合防治大骨节病试点成果巩固提升工作2013年度财政扶贫资金项目计划方案》，8月，阿坝州试点工作领导小组批复各县并报省扶贫移民局和财政厅备案。

② 确保投入到位，全额下达项目资金。财政厅、省扶贫移民局分别于6月20日（川财农〔2013〕140号）、8月15日（川财农〔2013〕224号）下达阿坝州2013年

巩固提升财政专项扶贫资金11576万元和3800万元，其中，中央财政专项扶贫资金10000万元，占总投入的65.04%；省级财政专项扶贫资金5376万元，占总投入的34.96%。阿坝州分别于7月、9月、12月分三批次将15376万元资金全额下达到项目县和项目实施部门。

③ 加强项目审查，确保项目建设质量。为组织实施好2013年度巩固提升项目建设，落实计划方案，阿坝州试点办召开13个县试点办主任和业务人员项目实施方案编制工作培训会。为确保产业培育项目的实用性和科学性，8月组织农业、畜牧、科技、旅游、财政、扶贫移民等部门的相关专家对92个产业培育项目进行了评审。通过评审，13个项目县产业培育项目选择布局合理，资金安排重点突出，建设内容切实可行。阿坝州试点工作领导小组对各县编制上报的年度实施方案给予了批复，并将目标任务分解下达到县，实行年度目标考核，督促各县组织实施。

④ 加快项目建设，推进巩固提升工作。根据2013年度计划方案，巩固提升项目建设涉及5个方面：更换粮食项目：安排资金7492.53万元，完成116418名病区群众（供应粮食1332.972万千克）及26411名易地育人学生（供应粮食75.399万千克）对象核实、登记造册等基础工作，已下达供应计划，各县正在组织实施。

社会保障项目：安排资金100万元，分类完成40327名大骨节病患者的五保供养、农村低保及医疗救助对象核实、登记造册等基础工作，生活补助补差正在陆续兑现中。

卫生防治项目：安排资金393.62万元，分类对40327名大骨节病患者实施对症治疗。

产业培育项目：安排资金7200万元，启动92个项目，其中，养殖业项目48个，开工率为100%，完成率为40%；种植业项目38个，因错过种植季节，完成前期准备工作，2014年开春后实施；乡村旅游业项目6个，开工率为100%，完成率为45%。

成果宣传项目：筹集资金189.85万元，拍摄制作试点典型案例片《嬗变》，以简洁、清晰、直观方式展示自试点工作开展以来病区在产业发展上所取得的显著成效；竖立各类宣传、公告公示牌22个；印发宣传资料1000册；发布各类信息60余条，积极营造良好舆论氛围。

⑤ 提前安排部署，为2014年工作早作准备。根据财政部《关于提前下达2014年中央财政专项扶贫资金预算指标的通知》（财农〔2013〕303号）精神，阿坝州编制完成了《阿坝州扶贫开发和综合防治大骨节病试点工作成果巩固提升财政专项扶贫资金2014年项目计划方案》，上报财政厅、省扶贫移民局备案。经省政府研究同意，财政厅、省扶贫移民局（川财农〔2013〕400号）于12月初提前下达阿坝州扶贫开发和综合防治大骨节病试点工作成果巩固

提升第一批资金 10338 万元，为 2014 年巩固提升工作早启动、早实施、早见效奠定了基础。

（国务院扶贫办开发指导司）

【贫困地区干部培训】 2013 年，共举办各类贫困地区干部培训班近 30 期，培训各级扶贫系统干部和重点县党政领导干部 2700 多人次。

1. 培训渠道不断拓宽。培训重心下沉，开展县以下扶贫系统和重点贫困乡镇党政领导干部培训。协调深圳、大连、青岛、天津等东部发达城市，发挥人才培训优势，针对中西部贫困地区开展了 15 期、900 多人次的县以下干部培训。通过培训，开阔了视野，提高了参训学员的综合素质。

2. 培训形式不断创新。在组织全国各地学习“双到”的同时，协调部分省区赴广东实地学习考察；采取送教上门方式，邀请广东同志到青海、新疆等边远地区进行培训；更多引入案例教学、情景模拟等方式，如在中青年骨干培训班上开设政府新闻发布会现场情景模拟、浙江绍兴“枫桥基层社会治理”案例教学、广东清远扶贫“双到”（计划到户，责任到人）等。组织理论素质和实践经验较强的参训学员与专家、学者座谈，针对培训主题涉及到的有关问题进行研究探讨。

3. 培训体系逐步完善。①打造培训示范教学点。根据扶贫培训教学需要，对扶贫开发典型案例进行总结、提高，对培训教学机构进行规范，建设培训示范教学点。

②建立合作机制。积极发挥全国贫困地区干部培训中心指导和龙头带动作用，与中国农业大学、中共绍兴市委党校、清华大学、吉首大学等院校合作举办培训班，进行案例教材、规划的研讨，探讨培训基地设置方法等，实现优势教育资源互补，逐步构建资源共享、优势互补、合作共赢的培训网络。

4. 培训内容不断丰富。在加强业务能力培训的同时，把干部培训和群众路线教育实践活动紧密结合起来，把提高党性修养、加强党性锻炼和弘扬优良作风永葆清正廉洁等课程纳入培训内容。同时，逐步加强对行业扶贫干部和社会扶贫干部的培训力度。

（国务院扶贫办政策法规司）

【贫困地区防灾减灾及灾害应对】

1. 主动、迅速应对四川芦山、甘肃岷县地震灾害。2013 年 4 月 20 日，四川芦山发生 7.0 级地震后，国务院扶贫办动员协调办主管的 4 家社团开展救援，4 社团共募集 1.53 亿元的款物支援灾区紧急救援和灾后重建。组成调研组到四川雅安开展调研，提出了支持灾区的建议。为更好地支持中国扶贫基金会和友成企业家扶贫基金会开展灾后恢复重建，国务院扶贫办与四川省人民政府签订了《关于支持芦山地震灾区灾后恢复重建工作框架协议》。7 月 22 日，甘肃岷县发生地震后，国务院扶贫办及时了解分析灾情，研究提出了利用 2013 年中央财政扶贫资金机动资金倾斜支持岷县灾后重建的建议。

2. 完成《汶川特大地震国务院扶贫办抗震救灾志》的编纂印发。2011年7月，国务院扶贫办研究决定编纂《汶川特大地震国务院扶贫办抗震救灾志》（以下简称“志书”），志书编纂工作历时两年，于2013年8月正式出版印刷。这是国务院扶贫办组织编纂的第一部志书，是扶贫系统参与汶川灾后重建工作的历史辑存。

3. 全面统计汇总贫困地区受灾情况。组织开展了2013年度贫困地区灾情分析，完成了《2013年贫困地区自然灾害情况分析报告》，全面分析了各省（区、市）贫困地区受灾情况，并按照扶贫资金集中使用办大事的原则要求，参照灾损分级标准，综合考虑各省受灾地区贫困程度、灾害应对工作开展情况等因素，将22个受灾省（区、市）分为3个等级，提出中央财政扶贫资金机动资金全部用于灾情严重省份的建议。

（国务院扶贫办开发指导司）

【扶贫资金与扶贫资金管理】 2013年中央和各省按照新纲要和中办25号文件精神，进一步加大财政专项扶贫资金投入，突出精准扶贫到户，突出连片特困地区扶贫攻坚主战场，提高资金使用精准度，改革资金管理机制，加强资金监督管理，努力提高效益。

2013年，中央、省级财政扶贫资金共计602.4亿元，比2012年增加105.9亿元，增长21.3%。其中：中央安排394亿元，增加62亿元，增幅为18.7%；省级安排208.4亿元，增加43.9亿元，增幅为26.7%。此外，拓宽扶贫投入来源，安排中央专项彩票公益金12亿元。

突出资金使用重点。各类扶贫资金按照扶贫开发规划统筹安排使用，项目资金到村到户，突出重点工作和重点区域。

1. 增强扶贫资金使用针对性，加大项目到村到户扶持力度。各地按照中办25号文件、国务院第26次常务会议要求，切实增强扶贫资金使用的针对性，对扶贫对象建档立卡，把资金使用和建档立卡成果相衔接，以激发扶贫对象内生动力、增强扶贫对象自我发展能力为目标，逐村逐户制定帮扶措施，切实使扶贫资金直接用于扶贫对象。据各省数据统计，2013年中央财政专项扶贫资金（发展资金）用于直接扶持到户比例达到76.6%。

2. 围绕集中用于培育特色优势产业和提高扶贫对象发展能力，推进各项扶贫重点工作。支持开展雨露计划、信贷扶贫和易地扶贫搬迁等工作，据统计，中央和省共安排资金113.3亿元，占上报资金总量的20.6%；继续开展贫困村整村推进，安排资金202.9亿元，占上报资金总量的37.3%；开展科技扶贫、互助资金、连片开发、边境扶贫、灾后恢复重建等各类试点，安排资金135亿元，占上报资金总量的22.6%。

其中，中央财政专项扶贫资金用于以上3方面的资金分别为63.1亿元、147亿元和98.2亿元，占上报中央投入总量的20.6%、39.8%和24%。

3. 调整财政专项扶贫资金使用结构，加大培育特色优势产业支持力度。各地进一步加大对优势特色产业扶持力度，中央和省级资金中直接用于产业发展的资金为282.8亿元，约占总投入的51.7%，比2012年增加1.7个百分点；用于农田水利、村级道路、人畜饮水、沼气等能源项目、危房或住房改造项目等改善扶贫对象基本生产生活条件的基础设施项目资金190.1亿元，约占总投入的35.8%，比2012年下降2.5个百分点。

其中，中央财政专项扶贫资金用于以上两方面的资金分别为206.8亿元和129.7亿元，占上报中央投入总量的53.7%和34.5%，分别比2012年增加2.7个百分点和下降3.8个百分点。

4. 资金重点用于国家连片特困地区和重点县，其中，中央财政专项扶贫资金新增部分重点用于片区。据各省上报数据，2013年中央、省级投入到连片特困地区和重点县的扶贫资金总量为408.4亿元，约占上报资金投入总量的69.6%（用于14个连片特困地区334亿元，占63.1%）。

其中，中央财政专项扶贫资金投入片区县和重点县319.3亿元，占上报中央投入总量的78.8%（用于14个连片特困地区273.6亿元，占74.1%）。中央新增部分资金用于片区约占累计新增总量（以2010年为基数）的83%。

加强扶贫资金监管。

1. 开展扶贫资金审计及整改。2013年4~5月，国家审计署对广西、云南、贵州、陕西、甘肃、青海、宁夏6省区19个国家扶贫开发工作重点县2010~2012年财政扶贫资金分配管理和使用情况进行了审计。针对审计查出的问题，国务院扶贫办和财政部督促6个省区迅速整改，并部署有扶贫任务的28个省（区、市）全面开展扶贫资金自查自纠。在调研基础上，深入分析问题及产生的原因，积极研究进一步加强财政专项扶贫资金管理的具体措施。此次审计发现的问题已全面纳入当年的扶贫开发工作和资金绩效考核，对违规违纪严重的省份取消优秀评定资格。

2. 研究改革扶贫资金管理机制。新一届中央领导集体高度重视扶贫开发工作。2013年，国务院扶贫开发领导小组第一次全体会议、国务院第24次常务会议、国务院第26次常务会议多次听取扶贫开发工作和财政专项扶贫资金管理使用情况汇报，对改革财政专项扶贫资金管理机制、加强扶贫资金管理提出了要求。2013年12月18日，中办25号文件印发，把改革财政专项扶贫资金管理机制作为深化改革、创新扶贫开发工作机制的一项重要内容进行了具体部署。在调研和征求地方、部门意见的基础上，结合财政改革的有关要求和审计反映的地方管理使用资金存在的问题，财政部与国务院扶贫办研究起草改革财政专项扶贫资金管理机制的意见，对财政专项扶贫资金的分配、使用、监管机制进行改革。同时，部署各省在利用市场方式分配扶贫资金、集中力量办大事、财政资金购买公共服务以及整合不同渠道资金的有效途径和方法 4 个方面，开展相关试点和探索。

3. 完善资金绩效评价制度。国务院扶贫办和财政部继续对各省 2012 年财政扶贫资金管理使用情况开展绩效评价，强化了绩效考评结果的反馈和运用。通过绩效评价，进一步引导和推动各省加大资金投入，规范资金使用，强化资金管理制度建设和执行情况，资金拨付和项目实施进度加快，并在加大直接扶持到户规模、推进特色产业培育、引导片区资源整合推进规划实施等方面，取得了积极进展。同时，适应扶贫开发形势任务变化，根据新纲要和中办 25 号文件要求，修订完善资金绩效评价指标和办法。2013 年 1 月 14~15 日，国务院扶贫办和财政部在北京联合举办了“财政专项扶贫资金绩效考评总结暨培训班”，对绩效评价工作开展 6 年来工作进行了系统总结，征求各省对考评办法和指标的意见，推动了绩效评价工作有序开展，提高了财政专项扶贫资金绩效评价工作水平。

4. 加强资金监督检查。全面推进信息公开。加强扶贫宣传，发挥审计、监察和社会等各方面的监督检查作用，让扶贫资金在阳光下运行。在推进项目审批权限原则上下放到县的同时，要求省、市两级政府要将工作重心转变到强化资金和项目的监管上来。探索第三方监督、基层组织就地就近监管、扶贫对象参与管理等做法，构建常态化、多元化的监督机制。对出现的问题严格问责、严肃处理，形成一条任何部门、任何单位、任何人都不允许触碰的“高压线”。

扶贫资金管理制度不断健全，资金使用和投向更加规范，监管措施不断强化。财政专项扶贫资金为加快贫困地区发展，改善扶贫对象基本生产生活条件，增加扶贫对象收入，提高发展能力发挥了重要作用。

（国务院扶贫办规划财务司）

（二）专项扶贫——调研和宣传

【扶贫宣传】 2013年，国务院扶贫办和各地扶贫系统围绕扶贫开发中心工作，不断加大扶贫宣传工作力度，采取多种形式，主动策划开展系列宣传报道，进一步扩大了扶贫开发的社会影响，营造了良好的舆论氛围。

充分发挥中央媒体主阵地作用。国务院扶贫办协调中央主流媒体，围绕全国扶贫开发工作电视电话会议、扶贫开发领导小组全体会议、10.17国际减贫日活动、向全国人大常委会汇报工作并接受专题询问、全国扶贫开发工作会议、扶贫资金审计公告发布等重要节点，第一时间播发新闻稿件，及时地把扶贫开发最新动态、决策部署向社会各界进行宣传。据不完全统计，全年累计在《人民日报》、新华社、中央电视台等播发扶贫新闻、消息、报道等260多篇次。同时，各省（区、市）在《人民日报》、新华社、中央电视台、中央人民广播电台、《光明日报》、《经济日报》、《中国日报》、中国国际广播电台、《农民日报》等中央主要媒体上，共计有500多篇次扶贫宣传报道。

利用好新媒体开展扶贫宣传。国务院扶贫办加强与人民网、新华网等中央主流媒体网站的沟通合作，所有中央主流媒体报道均同时在相应网站发布。围绕重要活动节点，适时组织人民网发表署名文章、新华网在线访谈等专题活动。加强国务院扶贫办门户网站建设，发挥政务宣传平台作用。同时，各地也进一步利用网络等新媒体，开展多种形式的宣传活动。据不完全统计，各省（区、市）在人民网、新华网等中央网络媒体和国务院扶贫办网站发布了近3000条网络信息，相当一部分内容被推上了网站首页，并被各大网站转发转载，进一步扩大了扶贫工作的社会影响。此外，各地还充分利用本单位的门户网站并开通微博、微信平台，及时播发扶贫动态、政策解读等相关内容。

积极策划专题扶贫宣传。国务院扶贫办指导中国扶贫发展中心、中国扶贫杂志社与中央电视台合作，策划了“扶贫在攻坚”系列专题片，会同云南，拍摄完成了《花椒支书——谭德军》、《贫困县的花椒老板》、《走基层——扶贫在攻坚》3档共9集专题片，并分别于2013年9月、10月在中央电视台新闻频道和综合频道中播出，取得了较好的社会反响。有关各省（区、市）也通过拍摄专题电视宣传片、组织媒体记者走基层、拍摄扶贫题材电影、组织扶贫故事征文等开展了形式多样的专题扶贫系列宣传。

组织好扶贫系统学习党的十八大精神宣传报道。按照中组部党教中心有关通知要求，国务院扶贫办安排江苏、甘肃、山西等 15 个省（区、市）向共产党员电视栏目提供学习十八党的大精神节目素材，较好反映了各地扶贫系统深入学习贯彻党的十八大精神的积极面貌，展现了扶贫系统的良好风采。不少地方也用多种形式，组织开展相关宣传活动。

做好扶贫舆情监测与回应工作。针对社会各界对扶贫开发关注度不断提高的情况，国务院扶贫办高度重视扶贫舆情监测和研判工作，由政策法规司和信息中心牵头负责，密切关注扶贫舆情，把握舆论、关注动向，形成舆情报告，对成功应对舆情事件发挥了重要作用。各省（区、市）也高度重视舆情监测工作，不少省份安排专人负责，跟踪网络舆情，形成了快速反应和应对机制。

（国务院扶贫办政策法规司）

【扶贫调研】 2013 年，扶贫开发工作以党的十八大、十八届三中全会和中央领导同志重要指示精神为指引，以改革创新为动力，围绕扶贫开发重点工作和突出问题，开展了广泛深入的调研。

1. 开展扶贫到户机制调研活动。为深入贯彻党的十八大精神和习近平总书记在河北阜平考察扶贫开发工作时的重要讲话精神，按照全国扶贫开发电视电话会议的工作部署，国务院扶贫办下发了《关于开展扶贫到户机制调研活动的通知》（国开办司发〔2013〕12 号），组织全国扶贫系统开展了扶贫到户机制调研活动。各省（自治区、直辖市）围绕贫困村基本情况，特别是扶贫对象情况、扶贫对象识别方法、各项政策落实到户情况、扶贫对象信息动态管理、贫困群众目前对扶贫项目最迫切需求等方面，通过座谈、走访和问卷调查相结合等方式，系统总结了各地扶贫到户的主要做法和基本经验，全面分析了工作中存在的困难和问题，研究提出了改进完善扶贫到户机制的建议。

同时，为加强扶贫干部队伍建设，全面提高国务院扶贫办系统青年干部素质，加深对基本国情的了解，增强和贫困群众的感情，培养调查研究的能力，国务院扶贫办选派 57 名同志，组成 10 个小组，在司处长带领下，开展了以扶贫到户机制为主题的驻村调研。10 个小组共走访了 18 个行政村 112 个村组；入户访问了 344 户，填写 300 份问卷；召开 60 次座谈会，参加座谈的干部群众超过 400 人；访问 16 所小学，赠送爱心包裹 1256 个；形成综合报告 10 份，专题报告 18 份和个人体会 37 份。通过调研，青年干部增进了和贫困地区广大干部群众的感情，更直接了解到党在农村各项政策的落实情况，深化了对扶贫工作的认识，培养了可贵的团队精神。

2. 甘肃省积石山县专题调研。4 月 5～8 日，国务院副总理汪洋率国务院办公厅、国务院扶贫办、国务院研究室同志，会同甘肃省同志，组成调研组，采取“解剖麻雀”方式，到甘肃省临夏回族自治州积石山保安族东乡族撒拉族自治县，就扶贫开发工作做了专题调研。通过这次调研，调研组基本看到了“正常”状态下的贫困村，了解了贫困状况、群众诉求和脱贫致富的主要困难与障碍，掌握了许多第一手资料，为创新扶贫开发体制机制，扎实推进各项工作奠定了基础。

3. 财政专项扶贫资金驻点调研。为落实中央领导同志对加强扶贫资金管理的重要批示精神，深入了解扶贫资金管理使用现状、问题及资金管理使用中的薄弱环节，研究提出下一步加强资金监管的措施，同时结合群众路线教育实践活动，9月上旬国务院扶贫办组织5个调研组，分赴内蒙古、青海、湖南、四川、山西，开展了财政专项扶贫资金驻点调研活动。调研通过采取座谈、查账、实地核查、入户访谈等方式进行，深入了解了资金分配、管理、使用等情况。

（国务院扶贫办政策法规司）

地方扶贫篇

综　述

2013年，各省（区、市）全面贯彻落实中央精神，把连片特困地区、国家扶贫开发工作重点县和贫困村作为主战场，把加快贫困地区发展和促进贫困人口增收作为首要任务，以专项扶贫、行业扶贫、社会扶贫三位一体大扶贫工作格局，深入推进易地扶贫搬迁、整村推进、以工代赈、产业扶贫、就业促进、革命老区建设、扶贫试点等重点工作，贫困地区基础设施建设不断完善，公共服务水平进一步提高，经济社会发展呈现出良好态势，重点县农民人均纯收入增长幅度继续超过全国农民人均增长水平，农村扶贫对象将继续减少，扶贫开发取得新的成效。

一年来，中央财政专项扶贫投入继续大幅增加，达到394亿元，中央专项彩票公益金安排12亿元，合计406亿元，达到历史最高水平。扶贫资金使用机制改革开始启动，财政专项扶贫资金绩效考评扎实开展。《扶贫开发整村推进“十二五”规划》稳步实施，有1.1万个贫困村和120个贫困乡镇启动实施规划。《易地扶贫搬迁“十二五”规划》顺利实施，搬迁生存条件恶劣地区农村贫困人口57.3万人。《以工代赈建设“十二五”规划》深入推进。按照“区域发展带动扶贫开发、扶贫开发促进区域发展”的思路，国务院批准实施了武陵山等11个片区区域发展与扶贫攻坚规划，全面启动了连片特困地区扶贫攻坚。积极开展“雨露计划”实施方式改革试点，对40多万接受职业教育的贫困学生给予直接现金补助。贫困村互助资金试点规模稳步扩大，全国1300多个县、2.1万多个村开展了试点。继续实施彩票公益金扶贫项目，22个省（区、市）128个老区县共安排资金12亿元。省级产业扶贫规划编制工作基本完成，“燕山—太行山阜平试点”、“积石山羊产业扶贫试点”及东乡县养羊项目全面启动。积极推进“溜索改桥”以及贵州威宁，四川阿坝、大小凉山，甘肃定西，宁夏中部干旱带，新疆边境扶贫等扶贫专项试点工作。协调相关部委支持河北阜平、甘肃临夏等特殊贫困地区的扶贫开发。有9个省（区、市）颁布实施地方《扶贫开发工作条例》。

各省（区、市）认真学习贯彻新一届中央领导集体关于扶贫开发工作的重要指示精神，加大扶贫攻坚力度，创新扶贫开发机制，增强发展内生动力。一是省（区、市）党委政府高度重视。河北、山西、辽宁、江苏、福建、江西、河南、湖北、湖南、广东、贵州、云南、陕西、甘肃等省和新疆生产建设兵团党政主要领导深入贫困地区调查研究，指导工作，省委、省政府召开高规格会议，出台指导性文件，全面部署扶贫开发工作。山东加强了扶贫机构建设，青海在全省乡镇普遍配备扶贫专干。二是大幅度增加扶贫投入。中央财政专项扶贫资金投入增长了18.7%，省级增长了24%，青海、河南、福建、湖南、新疆等省（区）增幅超过全国平均水平。三是瞄准对象开展帮扶。广东省启动新一轮“双到”工作，江苏、浙江、湖南、重庆、四川、陕西、新疆等地完善建档立卡，使各项扶贫措施瞄准到户。内蒙古、安徽、江西、福建、重庆、贵州等地开展省级领导联系重点县的工作，强化干部驻村、联村、包村等措施。甘肃将扶贫开发作为机关干部“双联”的重要内容，安排省、市、县、乡四级40多万干部帮扶60多万贫困户。四是积极探索帮扶到户有效途径。江西、陕西、宁夏等省（区）以移民搬迁为主要抓手，山西、湖北、河南、贵州等省以产业扶贫为引领，甘肃、辽宁等省以职业教育为载体，积极落实到户帮扶政策。五是努力推进片区扶贫攻坚。各省编制完成了本省（区、市）片区实施规划，将规划细化实化。吉林、黑龙江、浙江、湖北、海南、云南、广东、西藏等省（区）对省内重点扶持区域出台支持政策。广西、云南、贵州召开3省（区）政府领导联席会议，河南、湖北、湖南3省政协建立联系制度，加强跨省协调。六是东部各省积极探索。在继续做好东西扶贫协作、对口支援等工作的同时，积极推动当地减贫，总结出很多新鲜经验，启动了广东清远、浙江丽水和辽宁阜新3个东部扶贫改革试验区。

（宁　钢）

河北省扶贫开发

【概述】 2013年，河北省扶贫开发工作坚持开发式扶贫方针，紧紧瞄准贫困群体，以改善贫困群众基本生产生活条件、增加农民收入、提高公共服务水平为重点，大力推进环首都扶贫攻坚示范区建设，切实抓好燕山—太行山和黑龙港流域集中连片特困地区区域发展与扶贫攻坚规划实施，协同推进专项扶贫、行业扶贫、社会扶贫，着力巩固和发展大扶贫工作格局，全省各级共投入扶贫资金近300亿元，帮助12万个扶贫户建立了稳定增收项目，减少贫困人口100万人；完成易地扶贫搬迁8225人；完成劳动力转移培训1.6万人，实现转移就业1.2万人，3688个重点贫困村的整体面貌发生历史性巨变。

【扶贫资金投入】 2013年，河北省各级共投入扶贫资金近300亿元，其中，中央和省级财政专项扶贫资金23.26亿元（中央财政资金12.26亿元，省级安排财政扶贫资金11亿元）；按照省委、省政府“有关市和重点县每年要拿出地方公共财政预算收入1%以上、环首都攻坚示范区各县每年要拿出地方公共财政预算收入2%以上专项用于扶贫开发”的要求，9个设区市和65个重点县共安排财政扶贫资金7.3亿元；部门帮扶和社会投入13亿元；整合部门资金和争取信贷资金投入228亿元；贫困户自筹资金28.4亿元。中央和省专项扶贫资金70%以上用于扶持发展生产项目，扶持9.8万个贫困户发展设施养殖项目，扶持10.5万个贫困户发展设施种植及高效林果项目；举办各类培训班422期，培训16400人，覆盖2102个贫困村。同时，通过加大扶贫资金投入，实施了一大批惠及民生的产业和基础设施项目，极大地提高了贫困地区公共服务水平，改善了群众的生产生活条件。

【扶贫资金管理】 河北省在财政专项扶贫资金分配上，主要是采取因素法：即扶贫对象占40%权重，农民人均纯收入占30%权重，人均财力占20%权重，贫困村占10%权重。同时辅之以竞争答辩、以奖代补、绩效考评等手段，以确保扶贫资金分配使用公平合理。在扶贫资金管理上，实施了5项制度，即凡是当年实施的扶贫项目各县都要对项目建设地点、建设内容和规模、项目资金、扶持对象和竣工验收情况实行事前公示、事后公告、报账制度，保证扶贫资金分配、管理、使用的各个环节公开透明。同时，由各市扶贫办负责将省下达各县扶贫资金项目的内容、安排资金额度、受益对象等通知各重点村，由各村扶贫项目监督小组据此进行监督，并对带动扶持的贫困村、贫困户，逐一进行登记造册，建立贫困村《扶贫开发情况一本清》，做到项目、资金、技术、帮扶四到户。接受扶贫资金扶持的贫困户，每户一卡，统一样式，以县为单位统一编号，由贫困户保存，由村两委干部对入户扶贫资金项目逐笔登记，接受群众和社会的监督。省市扶贫办还专门设立了扶贫项目资金监督检查机构，对扶贫项目资金到位、项目完工验收等情况进行全程检查督导，确保扶贫项目顺利实施。

【基础设施建设】 2013 年，河北省共安排与产业增收项目配套的基础设施建设项目资金 1.9 亿元，其中：安排田间道路建设项目资金 8632 万元，扶持 1240 个重点村修建种养项目区的水泥道路 319 千米、田间砖路 14.16 万立方米；安排水利及电力项目建设资金 1 亿元，扶持 877 个重点村，在种养项目区新打或维修机井及配套 782 眼，建设水窖或蓄水池 513 个，修水渠 25.2 千米、修防渗渠 409 千米，建水柜 21 个、人畜饮水设施 5 处、建喷灌 1300 亩、扬水站 3 座、塘坝 1 座、修护地坝 4 千米，修涵洞 19 处、购置 30KW 水泵 102 台套、25kW 潜水泵 31 台套、架设输电线路 32 千米，安装变压器等电力配套 106 套等。

【连片特困地区扶贫攻坚】 2013 年，河北省各级共投入燕山—太行山集中连片特困地区财政专项扶贫资金 19.6 亿元，其中中央财政扶贫资金投入 5.8 亿元，比 2012 年增长 30%；省级及各市、县配套财政扶贫资金投入 13.8 亿元。同时，省级配套资金向环首都扶贫攻坚示范区实施了倾斜。为加快示范区建设步伐，除按高于其他重点县 15% 的额度安排正常到县专项扶贫资金外，省财政还安排环首都 10 县每县 5000 万元专项财政资金，支持建立融资担保平台，撬动信贷资金，用于发展富民增收产业和社会事业。片区所在的市、县均拿出本级公共财政预算收入的 1% 以上专项用于扶贫开发，省建立了对片区各类财力性转移支付稳定增长机制。同时，省财政对片区县中的国家扶贫开发工作重点县实行了省级分享增值税、营业税、企业所得税“核定基数、超收返还、一定四年”的财政体制政策。此外，在金融方面，支持片区县县域法人金融机构将新增可贷资金 70% 以上留在当地使用，并落实了涉农贷款税收优惠、定向费用补贴、增量奖励等政策。在投资方面，对中央和省安排的公益性项目取消了县以下（含县）资金配套。

【整村推进】 2013 年，河北省以优化农业产业结构、推进产业化进程，加强基础设施建设，提高农民收入水平为重点，加大资金投入，大力实施整村推进规划，重点村各项事业得到了长足发展。全省实施整村推进的重点村 2848 个（其中纳入国家规划贫困村 1612 个），全年共投入资金 83.1 亿元，其中，整合其他部门资金 37 亿元，群众投工投劳和业主融资 26.9 亿元，中央财政专项扶贫资金 9.2 亿元，省级资金 3.8 亿元，市级投入 1.4 亿元，县级投入 4.8 亿元。在这 2848 个实施整村推进规划的贫困村中，有 2472 个村借力省委开展的深化基层建设年活动和农村面貌改造提升活动，给予了重点扶持，共投入资金 48.9 亿元，平均每村 198 万元，实施了安全饮水、道路硬化、卫生室标准化建设、垃圾处理、安全用电、通讯通邮、文体资源共享工程、农村危房改造、环境整治、一村一品等 10 件实事，达到了布局优化、民居美化、道路硬化、村庄绿化、饮水净化、卫生洁化、路灯亮化、服务优化等“八化”目标。

【易地扶贫搬迁】 2013 年度，河北省共投入财政专项扶贫资金 9507 万元，建设扶贫搬迁小区 41 个，其中 40 户以上的小区 26 个，20—39 户小区 15 个，搬迁 2425 户、8825 人。按照“搬得出、稳得住、能发展、可致富”的总体要求，大力实施扶贫搬迁后续产业扶持、劳动技能培训等工作，确保了搬迁户稳定脱贫。

【产业扶贫】 2013 年，河北省按照财政扶贫资金使用和投向要求，确保财政专项扶贫资金 70%用于产业发展，以项目为载体，瞄准贫困人口，大力实施参与式扶贫，在黑龙港地区，以饶阳、阜城、献县等为中心，大力发展了设施蔬菜产业；在太行山地区，以临城、平山、赞皇、阜平、涞源为中心，大力发展了优质干鲜果品产业；在燕山地区，以平泉、围场为中心，大力发展了食用菌产业；还有一些贫困县，因地制宜发展了红枣、杏扁、育肥猪、肉牛、獭兔、蛋鸡、蜜蜂等扶贫项目。全年共投入省以上财政专项扶贫资金 15.3 亿元，直接扶持贫困户 20 万户发展增收产业项目；贫困县新增林果面积 21 万亩、设施瓜菜 30.6 万亩、食用菌大棚 4600 个，新增肉鸭存栏 500 万只，新增肉鸡存栏 360 万只，新增奶牛存栏 1.6 万头；扶持 8200 名贫困学生进行参加教育。

【雨露计划】 2013 年，河北省实施雨露计划共投入扶贫专项资金 2607 万元，其中用于劳动力转移培训 1009 万元，培训 1.63 万人，转移就业 1.26 万人；用于农业实用技术培训 1059 万元，培训 12.92 万人次；用于创业培训（含致富带头人和村干部培训）和其他培训 457 万元，培训 1.51 万人。投入雨露计划项目改革试点 1935 万元，共计补助 10762 人。

【互助金试点】 2013 年，河北省互助资金试点工作以 103 号文件为指导，坚持积极稳妥的工作方针，以规范提升为主线，实行竞争定村、以奖代补、调整退出 3 个机制，巩固试点工作成果，突破工作难点，完善试点工作考核体系，进一步提高试点工作规范化水平，促进试点工作健康有序发展。2013 年，全省共计有 1208 个贫困村开展互助资金试点工作，互助资金总量达到 2.43 亿元（其中财政扶贫资金 2.12 亿元，农户交纳的入社资金 0.3 亿元，其他资金 0.01 亿元)，试点村常住总户数为 33.01 万户（其中贫困户 24.54 万户），入社农户 12.24 万户（其中贫困户 10.27 万户，占 83.9%)，试点村农户入社率为 33.7%。2013 年，试点村累计发放借款 5.28 亿元，累计借款 12.32 万人次（其中贫困户借款 11.26 万人次)，累计还款 4.41 亿元，到期还款率 99.8%，借款农户户均增收 700 元。

【彩票公益金试点】 2013 年，国务院扶贫办安排中央专项彩票公益金支持河北省革命老区整村推进试点项目资金 1.25 亿元，在 10 个县的 104 个村开展整村推进试点工作，项目实施时间两年，实施范围是贫困村的基础设施建设、环境和公共服务设施建设、产业发展等。10 个项目试点县共筹集各类资金 3.07 亿元，其中，中央专项彩票公益金 1.25 亿元；整合部门资金 1.37 亿元；群众自筹 0.45 亿元，共实施项目 1388 个。

【革命老区建设】 2013 年，河北省加大对革命老区县的投入力度。对 60 个革命老区县投入省以上财政专项扶贫资金 18.6 亿元，比去年增长 23%，加快了革命老区脱贫致富的步伐。

【以工代赈】 2013 年，河北省共投入中央以工代赈投资 2.55 亿元，实施项目 208 个，覆盖全省 46 个国定贫困县（区）和燕山—太行山片区县，兴建了一批基本农田、小型农田水利、乡村道路、片区综合开发、生态环境建设等农村小型基础设施工程，有力改善了贫困地区的生产生活条件。其中完成基本农田建设 15 万亩，小型农田水利工程新增和改善灌溉面积 20 万亩、新建改建县乡村道路 820 千米、片区综合治理 5 万亩，小流域治理 6.08 平方千米等。以工代赈工程发放劳务报酬 4730 万元，累计使用当地农民工 68 万个，为贫困地区剩余劳动人口提供了临时就业机会，直接增加了贫困农民的经济收入。

【完善社会保障制度】 2013 年，河北省在 65 个片区县、重点县和扶贫开发任务较重的 9 个非重点县中，对已识别出来的贫困人口按低保对象、扶贫对象以及两者交叉对象 3 种情况进行了区分登记。针对扶贫对象充分运用两项制度有效衔接和贫困户建档立卡成果，按照“一村一品”的要求，用市场机制推进扶贫开发，瞄准扶贫对象，改革运作模式，确保贫困群众有持续、稳定的收益。低保对象主要是由民政部门按照相关政策，保障其基本生活。同时，扶贫部门加大了对因灾返贫群众的扶持力度。2013 年，扶贫系统共为 30 个雨雪冰冻受灾严重的重点县安排救灾资金 900 万元（中央 600 万元、省级资金 300 万元），用于帮助贫困群众恢复重建生产生活项目。

【定点扶贫】 2013 年，河北省在承德市丰宁县召开中直单位定点扶贫工作交流会，总结了中直单位定点扶贫的经验和成果，对下一步如何开展好中直单位定点帮扶进行了探讨。2013 年，中直定点扶贫单位共派出挂职干部 44 人，直接投入资金 2859.5 万元，帮助引进各类资金 5.5 亿元，上项目 114 个；举办培训班 165 期，培训 12551 人次，其中各级党政干部 1242 人、技术人员 1877 人、农村致富带头人 1290 人、农村劳动力 8142 人，帮助组织劳务输出 1364 人次。省级参加定点扶贫单位 410 个、市级单位 1664 个、县级单位 4065 个，共帮扶 80 个县，其中扶贫工作重点县（片区县）62 个，各市安排帮扶有重点贫困村的非重点县 18 个。省直帮扶单位共派出挂职帮扶干部 428 人，直接帮扶 716 个贫困村，全年投入帮扶资金 3.8 亿元，其中资金 3.1 亿元，物资折款 7560 万元，协调引进资金 9 亿元，引进项目 3159 个。

【军队和武警部队扶贫】 2013 年，河北省召开驻冀部队参与扶贫开发工作会议，印发了《关于驻冀部队参与扶贫开发的实施意见》和《2012～2015 年工作规划》，实施了定点帮村、基础设施建设、生态治理、科教扶贫、医疗帮扶、精神文明“六项工程”，全省驻军团以上单位分别帮扶一个贫困村或后进村。驻冀部队自觉作为，真抓实干，做了大量惠民生、暖民心的好事、实事，累计投入帮扶资金 1150 万元，协调帮扶资金 2567.7 万元，修路 193.65 千米，建桥 9 座，打井（蓄水池）37 眼（个），援建村两委办公室、卫生室、图书室、文化活动中心（广场）81 个，帮助 23 所小学改善教学条件，结对帮扶 3395 名贫困学生，组织义务巡诊 62 次，出动官兵和民兵预备役人员 1.2 万余人（次）整治环境卫生，使帮扶村生产生活条件得到明显改善。

【扶贫机构和队伍建设】 2013 年，河北省扶贫办在原有处室基本职能不变的情况下，对机关职能进行了整合，分成 4 个工作组，工作统筹谋划、统筹推进，不断提升工作效能。党员干部的宗旨意识更加牢固，工作效率明显提高，工作作风明显好转。在加强制度建设方面，出台了《关于克服“四风”、改进作风的意见》等一批规章制度，严格按制度和程序办事，初步形成了高效、管用的工作机制。为提高干部队伍整体素质，提出深化“三个提升”（提升素质、提升效率、提升水平），增强“三个意识”（荣誉意识、责任意识、争先意识），在全办营造了凝心聚力、干事创业的良好氛围。按照省政府统一部署，积极开展机关标准化管理工作，制定了 25 个质量管理体系程序文件，确定了 57 项基本工作制度，确认了 182 个工作记录表单，顺利通过了方圆标志认证集团公司的 ISO/9001：2008 标准认证。

（河北省扶贫开发办公室

政策法规处　康明）

山西省扶贫开发

【概述】 2013年是山西省启动实施百企千村产业扶贫开发工程，加大力度打好新一轮扶贫开发攻坚战的重要一年。扶贫开发紧紧围绕促进贫困地区农民增收这一核心任务开展工作，全省58个县农民人均纯收入达到5761元，增幅19%；36个国家扶贫开发工作重点县农民人均现金收入达到4378元，比上年增长18.75%；21个连片特困地区县农民人均纯收入4275元，增幅18.5%，三项增幅均超过全省农民人均纯收入12.5%的增长水平。47万人口脱贫。

【扶贫资金投入】 2013年，山西省安排财政扶贫资金共计17.83亿元，比2012年度增加2.32亿元，增幅14.96%，其中：中央财政扶贫资金11.79亿元，比2012年度增加1.39亿元；省级财政扶贫资金6.04亿元，比2012年度增加9285万元。其中用于两个国家连片特困地区21个贫困县的财政专项扶贫资金达到7.34亿元，其中中央财政扶贫资金5.99亿元，省级财政扶贫资金1.35亿元。2013年中央安排给山西省以工代赈资金1.66亿元，比上年增长200万元，省本级财政安排以工代赈资金1.865亿元。中央安排的少数民族发展资金561万元，省本级财政安排100万元。另有1亿元彩票公益金支持山西省革命老区整村推进项目建设。

山西省严格落实中央加快资金拨付和计划安排进度的要求，通过召开资金安排协调会、限定计划申报时间等措施，推进项目资金计划下达。确保了片区扶贫开发项目、连片特困地区扶贫攻坚试点项目、整村推进项目、易地扶贫搬迁项目、特困群众移民搬迁项目、劳动力转移培训项目、教育扶贫项目等各项重点工作的顺利开展。

【百企千村产业扶贫开发工程】 2013年，山西省委、省政府印发了《关于实施百企千村产业扶贫开发工程的指导意见》，7月19日召开全省百企千村产业扶贫开发工程动员大会，对此进行了安排部署。各级各部门谋划储备项目，制定出台优惠政策，搞好服务创优环境，积极支持引导企业参与产业扶贫开发。58个贫困县实施和开工建设的项目达到209个，项目内容覆盖设施农业、规模养殖、特色农业、农产品加工流通、易地扶贫搬迁、开发性农业建设、生态旅游等领域，涉及总投资690.8亿元，可吸纳带动贫困村劳动力就业10万人以上。其中总投资亿元以上项目达到119个，开发、流转土地或带动基地建设万亩以上的项目达到32个。

【连片特困地区扶贫攻坚】 山西省组织21个连片特困地区扶贫攻坚县，在吕梁山、燕山—太行山片区开发总体规划的基础上完成了县级扶贫攻坚“实施规划”和“产业扶贫规划”。在对县级“实施规划”和“产业扶贫规划”项目进行筛选、分类，吸收相关厅局审核补充修改意见的基础上，完成了省级扶贫攻坚“实施规划”和“产业扶贫规划”，并经省政府批复后上报国务院扶贫办和国家有关部委。扎实推进两个连片特困地区内10个县的扶贫攻坚试点项目。2013年共安排财政扶贫资金2亿元，对2012年启动实施的五台、天镇、岢岚、临县、大宁5个试点县和天镇—阳高—大同、大宁—吉县、临县—兴县—岚县—岢岚3个示范片的试点项目继续连续扶持。项目涉及200个贫困村，4万户14万人，其中贫困户2.6万户8.6万人。试点工作以特色优势产业开发为突破口，一个试点县重点规划一项主导产业，一个示范片重点规划2至3个主导产业，通过连续扶持，以试点示范效应，引领推进全省扶贫攻坚工程。

【易地扶贫搬迁】 2013年，投入财政扶贫资金5亿元，安排搬迁任务10万人，项目涉及11个市、82个农业县区。采取调查研究与督导检查相结合的方式，通过召开易地扶贫搬迁现场推进会和学习借鉴省内外成功做法，完善了易地扶贫搬迁政策措施，改革工作推进机制，以政策倾斜、指标优先、激励易地扶贫搬迁工作加快推进。山西省2013年搬迁开工94166人，开工率达到94.2%；主体工程完工73696人，完工率达到73.7%。

【整村推进】 2013年，投入扶持410个贫困村整村推进资金2.05亿元，扶持整村推进项目村290个。其中帮扶连片特困地区内国家扶贫开发工作重点县13县114村，帮扶连片特困地区外国家扶贫开发工作重点县15县176村。此外，按照《关于少数民族聚集村扶贫开发专题会议》决定精神，分别对平陆县4个民族村，吉县1个民族村，壶关县2个民族村，阳高县1个民族村，共8个民族村，按照村均省级财政扶贫资金50万元的补助标准统筹安排到县，主要用于贫困农民增收的产业项目，以及围绕产业项目的基础设施建设。

【外资扶贫】 亚行贷款山西河川流域农业综合开发项目继续实施。2013年完成年度投资2.23亿元，其中，良种养殖产业基地建设，完成投资1.11亿元，带动1626户；特色高效优势农业产业基地建设，完成投资2865万元，建设9363亩经济林，带动1872户；高效节水设施农业产业基地建设，完成总投资8310.36万元，带动2853个受益户。示范小区基础设施配套工程，完成计划申报和方案编制，共有6461农户受益。山西省还实施了亚行赠款项目“通过地下水管理适应气候变化项目”，完成4

个项目县示范工程建设及验收工作。进行了培训 13 期，直接受益户达 328 户，996 人，间接受益人达 5500 余人。亚行赠款“山西妇女经济赋权试点项目”，组织 4 个村完成两轮小额信贷 110.8 万元，完成提款 5.4 万美元，累计完成提款申请 19.5 万美元。完成外部监测评价报告及项目终期报告，召开项目交流总结会。

【定点扶贫】 2013 年，省、市、县三级共抽调 31601 名机关单位干部组成 9410 支农村工作队，对 14849 个行政村进行定点帮扶。全年共帮助新上项目 5954 个，投入和引进资金 10.62 亿元，帮助引进人才 1573 人，资助贫困学生 1.9 万人。各级领导到扶贫点现场办公 2.23 万余人次，副厅级以上领导现场办公 878 人次。其中，山西省委农村工作队由 170 支 779 人组成，定点帮扶 39 个县的 3760 个村。中央单位驻晋定点帮扶单位，由原来的 16 家增加到 23 家，实现中央单位对 36 个国家扶贫开发重点县帮扶全覆盖。

【雨露计划】 2013 年，省级安排贫困地区劳动力转移培训 5 万人，依托 129 个雨露计划培训基地，通过实施外出就业技能、技能提升、劳动预备制和创业分类培训，促进扶贫对象稳定就业、增加收入；安排农业实用技术培训 7 万人次，瞄准在乡务农的青壮年劳动力，集中抓好服务当地产业开发的实用技术培训、科技项目示范和新技术推广，帮助扶贫对象提高产业开发能力。共完成劳动力转移培训 4.5 万人、农业实用技术培训 6.2 万人次。

【教育扶贫】 2013 年，继续实施教育扶贫“万人助学”工程。下达教育扶贫资金 3000 万元，扶持贫困大学生 2542 名、贫困中职生 4645 名、贫困高中生 10000 名，使教育扶贫当年受助生规模累计达到 17187 人。

【彩票公益金项目】 2013 年，山西省实施 8 个项目，5 月份印发《关于做好申报 2013 年中央专项彩票公益金支持贫困革命老区整村推进项目入库工作的通知》，启动项目入库工作，经过评审选择和顺、平陆、右玉、中阳、武乡、宁武、河曲、保德 8 个革命老区县为中央专项彩票公益金项目县，共计 1 亿元项目资金。

【村级互助资金试点】 2013 年，山西省互助资金试点资金总规模已达 4663.29 万元。其中：中央财政扶贫资金 3097.846 万元，省级财政扶贫资金 1128.2 万元，农户交纳互助金 437.24 万元。共有 15629 户农户加入互助组织，其中贫困户 11214 户，占入户成员的 71.75%，累计借款人次 12861 人，累计发放借款 5957.64 万元，用于发展种植业 2496.97 万元；占 36.87%，用于发展养殖业 1995.24 万元，占 33.49%；用于发展商业及运输业 674.73 万元，占 11.32%；用于发展加工业 552.56 万元，占 9%，其他 212.2 万元，占 3%，累计还款 4740.24 万元。

（山西省扶贫办综合处　刘世锋）

内蒙古自治区扶贫开发

【概述】 2013年，内蒙古自治区党委、政府把扶贫攻坚列为“六大工程”之首，全区扶贫系统围绕贯彻落实中央和自治区有关扶贫开发的决策部署，以自治区“8337”发展思路统揽扶贫开发全局，推出并实施了一系列扎实有效的重大举措，扶贫工作迈出新步伐，取得新进展。全年实施各类扶贫项目961个，覆盖1264个贫困嘎查村，21.1万户72.4万人得到有效扶持。全区贫困人口由2012年的197.8万人减少到157万人，减少40.8万人，减贫20.6%；贫困人口人均纯收入由2024元增加到2362元，增长16.7%。

【完善扶贫政策】 内蒙古自治区先后制定了《内蒙古自治区农村牧区扶贫开发工作方案（2013—2017年）》、《自治区省级领导干部联系贫困旗县工作方案》、《自治区扶贫办贯彻落实“8337”发展思路的意见》、《内蒙古自治区“扶贫攻坚工程”资金整合方案》、《内蒙古自治区金融扶贫富民工程实施方案（2013—2017年）》等政策性文件，从更高的层面谋划扶贫开发，促进扶贫开发任务落实。

【扶贫资金投入】 2013年，争取中央扶贫资金8.7亿元，比上年增加7000万元；自治区本级财政投入12亿元，比上年增加2亿元；盟市、旗县两级财政投入5.77亿元；全区财政扶贫专项投入达26.5亿元，比上年增加26.8%。全区整合行业部门资金达到75亿元；调动信贷资金20多亿元；筹集社会扶贫资金7.5亿元；各类扶贫投入超过100亿元，形成了“政府投、行业帮、银行贷、社会筹、群众投”的多元投入机制。

【干部联系贫困旗县】 按照自治区党委统一部署，38位省级领导“一对一”联系38个贫困旗县，以“出主意、解民忧、促发展、夯基础”为要求，围绕6项重点任务（基础设施、社会事业、产业发展、村容村貌、生态环境、基层组织建设），组织编制了23个行业部门扶贫规划和38个贫困旗县扶贫规划，着力解决制约县域整体发展的“瓶颈”问题。2013年，38位省级领导干部先后深入所联系贫困旗县调研指导123次，38个贫困旗县6项任务完成投资500.2亿元，完成计划的111%。在省级领导干部的示范带动下，全区465名盟市级领导、2308名旗县级领导、近8万名党员干部分别联系贫困苏木乡镇、贫困嘎查村和贫困户，全区上下建立起了上下联动，层层联系的工作制度，形成了全党动员、全社会合力攻坚的态势。

【金融扶贫】 2013年11月，自治区政府召开电视电话会议，印发《内蒙古自治区金融扶贫富民工程实施方案（2013—2017年）》，全面启动自治区金融扶贫富民工作。与农业银行内蒙古自治区分行合作，为57个国家和自治区扶贫重点旗县安排4.75亿元财政扶贫资金作为风险补偿金，农业银行按照10倍的比例放大信贷资金用于扶贫开发。全区共计发放金融扶贫富民贷款1076笔，4670.5万元。

【连片特困地区扶贫攻坚】 完成集中连片项目的申报、审核、评审工作，下达集中连片项目36个，财政专项资金46000万元。连片特困区扶贫开发工程涉及兴安盟、通辽市、赤峰市、乌兰察布市、锡林郭勒盟、呼伦贝尔市、呼和浩特市等7个盟市，覆盖444个嘎查村24万人，减贫13万人。

【整村推进】 分两批下达整村推进项目400个，实际实施416个（呼和浩特市2012年已批未建项目16个）。整村推进工程实现减贫21万人。在项目实施中，开展公告公示、义务监督员制度试点工作，将400个项目嘎查村的项目内容、总投资、覆盖贫困人口等内容以电话短信方式发送给4000个义务监督员，以点对点形式发送4884条信息，接受义务监督员对项目进行全程监督。

【易地扶贫搬迁】 2013年10—11月，组织有关人员验收全区第八期扶贫移民工程。在项目旗县自验，盟市复验的基础上，验收组通过深入迁出区、迁入区，深入移民户，查看档案，与移民户座谈等形式，全面掌握项目的完成情况。第八期扶贫移民完成房屋建筑总面积556842平方米。其中：楼房451402平方米，平房105440平方米。建设棚圈86120平方米，安装变压器21台，架设高、低压线17750和2160延长米，建日光温室大棚366600平方米，修路6130米，硬化绿化50890平方米，打井123眼，安装主、支管线48269米和38米，围墙71161延长米，防护林10000平方米，进入第二、三产业的有32个旗县区5360户，17425人，培训13940人，转移就业11152人，占培训人数的80%。从事种植业的有8个旗县区，1200户，3945人，从事养殖业的旗县区有14个，1600户，4849人。此外，协同自治区党委农牧办组织实施易地扶贫搬迁工程，搬迁2万户7.3万人。

【扶贫贴息贷款】 内蒙古自治区完成国家给予扶贫贷款贴息专项资金2000万元，其中安排到项目贴息资金1000万元，安排到户贴息资金1000万元。本着资金、项目、责任、任务“四到盟市”原则，将资金、项目审批权限下放到盟市，由各盟市按资金额度具体安排到项目、到户贴息资金，自治区对项目资金安排提出指导性意见，并实行备案制。

【产业扶贫】 2013年，内蒙古完成对上报的251个产业扶贫项目的评审，实际下达产业项目83个，投入4300万元。产业扶贫和贴息贷款项目惠及724个贫困嘎查村10万人，减贫2.2万人。

【村级互助资金试点】 内蒙古互助资金试点项目安排资金7000万元，覆盖350个嘎查村，每个嘎查村20万元，项目惠及贫困人口15.8万人，减贫1.5万人。组织推广使用互助资金管理软件的8个盟市、15个旗县扶贫办有关人员参加国务院扶贫办在郑州市举办的互助资金操作与管理培训班。督促清水河等7个已实施互助资金管理软件的试点旗县完成上半年数据录入工作。对174个嘎查村的数据进行了收集、汇总、分析、核查，形成数据分析报告上报国务院扶贫办外资项目管理中心。

【革命老区建设】 投入财政扶贫资金4250万元，在68个贫困嘎查村实施“一村一品”革命老区产业发展项目，扶持种养殖业发展和深加工等，每个村投入50—150万元。投入450万元继续对莫力达瓦、鄂温克、鄂伦春3个自治旗的10个嘎查村实施人口较少数民族自治旗专项扶贫，进行养殖、购买大型农机具、牲畜改良等产业扶持。投入财政扶贫资金600万元，在呼和浩特市赛罕区黄合少镇、鄂尔多斯市的乌审旗的无定河镇2地实施革命老区整乡推进项目试点，进行种植业、养殖业及基础设施建设等方面进行扶持，要求配套资金不少于200万元，形成每个旗县投入不少于500万元的整乡扶贫开发规模。协调中央彩票公益金5000万元在内蒙古革命老区武川县、喀喇沁旗、察右前旗、四子王旗进行33个整村推进项目扶贫工作，每个试点投入财政扶贫资金300万元。革命老区和人口较少民族扶贫项目覆盖117个贫困嘎查村4万人，减贫1万人。

【雨露计划】 对2.2万贫困农牧民开展了职业技能培训和实用技术培训，85%以上实现转移就业。19185名在中等和高等职业学校以及接受1年以上技能培训的贫困家庭学生得到了直接补贴，每人每年1500元。

【科技扶贫】 2013年，内蒙古承担国务院扶贫办2个科技扶贫综合试点项目，分别在兴安盟和乌兰察布市实施。兴安盟科右前旗种羊引进与繁育项目投入资金300万元，乌兰察布市四子王旗杜蒙肉羊杂交育肥科技示范项目投入资金200万元。

【小额信贷扶贫】 2013年9月26日，由自治区人民政府与中国扶贫基金会签署第二期《开展小额信贷扶贫到户项目合作协议》，计划到2017年对57个重点旗县实现全覆盖。10月28日下达到各项目盟市本年度配套总额1900万元（含2012年度启动的9个项目旗县续配900万元）。新增呼和浩特市清水河县，包头市固阳县，乌兰察布市四子王旗、商都县、化德县、丰镇市，赤峰市巴林左旗、喀喇沁旗，通辽市扎鲁特旗、科左中旗10个贫困旗县成立扶贫小额贷款公司，开展贫困户小额贷款业务，解决贫困群众发展生产资金短缺问题，贫困旗县小贷公司达到24个。累计向农牧户发放贷款 20040 万元，约有 4 万多贫困户直接受益。

【社会扶贫】 2013 年，27 个中央国家机关、单位定点扶贫内蒙古 31 个国家扶贫工作重点旗县，直接投入帮扶资金 3400 万元，实施各类项目 115 个，帮助引进资金 5.5 亿元。京蒙扶贫协作北京市政府共投入援助资金 9000 万元，与自治区 8000 万元配套资金整合，在赤峰市和乌兰察布市的 16 个国家扶贫重点旗县实施基础建设、产业开发、文化教育、医疗卫生等项目 75 个。自治区直属机关定点帮扶兴安盟和呼伦贝尔市人口较少民族自治旗、鄂尔多斯市对口支援兴安盟社会扶贫力度进一步加大，全区通过单位包村、干部包户的方式开展社会扶贫活动，参与社会扶贫的机关单位超过 5000 个，党员干部近 8 万人，投入资金 7.5 亿元，实施项目 224 个。把扶贫开发与办实事、解民忧相结合，为 311.2 万户农牧区低收入家庭每户免费发送 1 吨取暖煤，为 1.9 万名中高等职业学校的贫困学生每人发放 1500 元的生活补贴，实施贫困大学生就业促进计划等，切实帮助困难群众解决实际困难。

【扶贫资金管理】 严格执行扶贫项目公告公示制和报账制管理，2013 年下达的扶贫项目和资金安排在内蒙古扶贫开发网进行公告公示。对盟市和旗县扶贫工作及项目落实情况进行重点抽查。实行扶贫项目村级义务监督员制度，民主选举聘请 4000 名村级义务监督员，监督扶贫项目实施和资金使用情况，完善了专项监督、社会监督和群众监督相结合的扶贫监管制度。加强对扶贫项目实施和资金使用情况抽查监督，拓展了民主决策、民主管理和民主监督渠道。全年各类扶贫项目覆盖贫困户的比率在 75%以上。

【扶贫龙头企业】 按照自治区党委、政府《内蒙古自治区农村牧区扶贫开发实施方案（2013—2017 年）》提出的到 2017 年扶贫龙头企业达到 350 个的目标要求，开展了第二批自治区级扶贫龙头企业申报和认定工作。按照认定原则，共认定了第二批自治区级扶贫龙头企业 68 家。至 2013 年底，全区扶贫龙头企业共计 285 家，其中，国家级扶贫龙头企业 32 家，自治区级扶贫龙头企业 253 家；生产加工类企业 165 家，流通服务类企业 120 家。

（内蒙古自治区扶贫开发办公室
综合处　高凤义）

辽宁省扶贫开发

【概述】 2013年，辽宁省委、省政府继续把扶贫开发作为省重点民生工程，目标是确保100万农村低收入群体年人均纯收入达到2500元以上。按照省委、省政府部署，全省通过开展到户扶贫、移民扶贫、贫困劳动力技能培训、扶贫龙头企业带动、定点扶贫等措施，努力促进贫困人口增收。到年底，全省有112万农村低收入贫困人口收入达到2810元，较好地完成了省委、省政府确定的扶贫工作目标。

【扶贫资金投入】 2013年，辽宁省共投入财政专项扶贫资金54606万元，其中中央财政扶贫资金3015万元，省财政扶贫资金25230万元，市、县财政扶贫资金29376万元，比2012年增加2.43%。各级财政安排项目到户专项扶贫资金24910万元，其中：省以上财政资金17130万元（含中央财政资金2500万元），市、县财政专项资金7780万元。全省安排移民扶贫资金33502万元，其中：省财政投入资金4500万元，市投入资金1001万元，县投入资金5414万元，乡镇投入资金3003万元，整合其他资金12046万元，搬迁户自筹资金7538万元。省财政安排培训专项资金2500万元，市、县财政分级投入培训专项资金729.11万元。省以上安排专项扶贫贴息资金3450万元，其中中央财政扶贫贷款贴息资金450万元，省财政扶贫贷款贴息资金3000万元。财政扶贫资金使用坚持"资金跟着项目走，项目落到贫困户"，实行扶贫项目、资金、措施、效益"四到户"。严格扶贫资金管理，财政扶贫资金年初由省财政直接下达到县，实行县级财政专账管理，封闭运行。

【到户扶贫】 2013年，辽宁省共安排到户扶贫资金79205万元，扶持20.12万户贫困户实施项目到户扶贫。其中：省以上财政安排专项资金17130万元（含中央财政资金2500万元），占全省财政专项扶贫资金总额的21.6%，15个省定扶贫工作重点县14670万元，非重点县2460万元；市、县财政安排专项资金7780万元；整合行业部门资金25988万元；其他资金28307万元。其中：对省15个扶贫工作重点县投入58221万元，扶持13.35万农户；非重点县投入20984万元，扶持6.77万农户。专项扶贫资金投入覆盖1917个行政村，实施种植业、养殖业、林果业等扶贫开发项目共2808个，其中：种植业项目1173个，安排资金31745万元，占资金总额的40.1%；养殖业项目631个，安排资金26816万元，占资金总额的33.9%；林果业项目433个，安排资金13685万元，占资金总额的17.3%；其他项目571个，安排资金6959万元，占资金总额的8.8%。

【易地扶贫搬迁】 2013年，辽宁省开展整村屯移民扶贫搬迁试点。省政府办公厅《关于印发2013年移民扶贫整村（屯）搬迁集中安置工作实施方案的通知》，明确移民扶贫坚持政府主导、群众自愿、县为主体、统筹规划、整体搬迁、集中安置、先易后难、稳步推进的原则，移民搬迁扶贫对象选择坚持五优先：居住在偏远山沟，通路难、通电难、饮水难的村户优先；25度坡以下耕地等农业资源人均占有量低，开发潜力很小，目前仍处于绝对贫困状态，即使给予扶持也难以脱贫致富的村户优先；社会公益事业落后，上学难、就医难、通讯难的村户优先；少数居住在深山区和水源保护区，影响山区建设总体规划，不利于生态建设的村户优先；有致富门路的村、户优先。大幅度提高移民扶贫的补助标准，对重点县的每个移民户建房补助由原来的2.5万元，提高到6万元，其中省财政每户补助3万元，市、县财政共同补助3万元。全省共投入移民扶贫资金33502万元。其中：省财政投入资金4500万元，市投入资金1001万元，县投入资金5414万元，乡镇投入资金3003万元，整合其他资金12046万元，搬迁户自筹资金7538万元。年初计划移民扶贫整村（屯）搬迁集中安置1500户，实际完成1868户，新建移民小区34个，整村（屯）搬迁47个。通过整村（屯）移民扶贫搬迁，改善了贫困群众居住环境和生存条件，促进了贫困劳动力转移就业和拓宽了增收渠道，提高了脱贫致富能力，同时也减少了对生态环境的人为破坏和水土流失，自然生态资源得到有效保护，生态环境明显改善。

【雨露计划】 2013年，辽宁省完成贫困劳动力培训62108人，其中就业技能培训21035人，安置就业19913人，就业率达94.6%；农业实用技术培训37159人；创业培训1488人；中高职教育补贴1506人；其他培训920人。省财政安排培训专项资金2500万元，市、县财政分级投入培训专项资金729.11万元。在就业技能培训工作中，全省始终坚持以市场需求为导向，增强自我发展能力为核心，按照“政府主导推动、依托培训机构、强化部门监管、培育发展能力”的模式，逐步形成了培训、就业、维权“三位一体”的工作格局，基本实现了“培训一人，就业一人，脱贫一户”的目标，有力地提升了贫困家庭脱贫致富能力。同时，依托涉农教育科研培训机构，围绕当地产业发展，对留守务农的贫困劳动力开展农业实用技术培训，努力实现“户户都有一个掌握1—2项现代农业生产技术的明白人”，促进贫困家庭增产增收。在培训方式上，一是推行订单式培训。按照“谁培训、谁负责”的原则，推行订单式、定向式、委托式培训，实现培训与企业对接，企业需要什么技术就培训什么专业，并签订用工合同。二是推行校企合作模式。利用企业的设备、技术及生产线为教学服务，将校企合作引向教学全过程，有效提高培训效率和就业率。三是打造优势品牌。依托品牌优势，抢占就业市场，稳定输出渠道。

【产业扶贫】 2013年，安排财政专项扶贫贴息资金3450万元，其中中央财政扶贫贷款贴息资金450万元，分别安排225万给康平、黑山、大石桥、盖州、凌源等县（市）实施扶贫龙头企业贷款贴息，安排225万元给遭受洪涝灾害严重的清原、新宾、黑山、灯塔、辽阳等县（市）的贫困农户开展到户贷款贴息；省财政扶贫贷款贴息资金3000万元，全部用于产业扶贫龙头企业的贷款贴息。财政贴息资金的使用严格按照省扶贫办、财政厅共同制定的《关于做好中央财政扶贫项目贴息贷款试点工作的意见》精神和《辽宁省扶贫龙头企业贷款贴息资金管理办法》要求执行。

扶贫贷款贴息资金为扶持龙头企业发展，带动贫困农户增收发挥了积极的作用。2013年，享受扶贫龙头企业贷款贴息的扶贫龙头企业150家，带动农户32.6万户，其中贫困农户10.3万户，户均增收820元；225万元到户贷款贴息资金直接带动贫困农户3083户，户均增收2080元。扶贫贷款贴息放大了扶贫资金倍数。2013年，全省享受贴息政策支持的150家企业贴息贷款总额为54569万元，是财政贴息资金3220万元的16.9倍，发挥了财政扶贫资金“四两拨千斤”的作用。由于财政贴息支持，扶贫龙头企业利息负担得到降低，贷款平均利率为8.91%，平均贴息率为5.91%，企业实际承担贷款利率平均为3%，大大低于当前银行一年期贷款利率，提高了企业参与扶贫的积极性。

【定点扶贫】 2013年，以辽宁省扶贫开发领导小组和省直机关工委名义，对2012年定点扶贫工作进行评选表彰，共表彰定点扶贫先进单位118个，定点扶贫先进个人180名。省委、省政府印发《关于做好新时期全省定点扶贫工作的意见》（辽委办发［2013］19号），明确了全省定点扶贫工作的主要任务，提出了定点扶贫工作的保障措施，对新时期定点扶贫工作进行了全面部署。调整了省直定点扶贫力量，帮扶单位在原有234个基础上，新增17个帮扶单位，达到251个。扩大了帮扶范围，由帮扶17个贫困县（市），调整为帮扶20个贫困县（市、区）。进一步明确了沈阳、大连和鞍山对口帮扶阜新、朝阳和铁岭帮扶责任，把对口帮扶工作列入市委、市政府的重要任务。全年，省、市、县共安排定点扶贫单位4718个，投入定点扶贫资金10.55亿元，引进资金6.9亿元，新建帮扶项目3795个，资助贫困学生15354名。其中，省定点扶贫单位251个，帮扶20个县（市、区）245个乡镇，投入扶贫资金7.34亿元，引进资金3.2亿元，新建扶贫项目246个，引进人才90人，资助贫困学生

3218名。市级定点扶贫单位1894个，投入帮扶资金2.1亿元。县级定点扶贫单位2573个，投入帮扶资金1.2亿元。定点扶贫成为全省扶贫开发的一个重要力量。

【村级互助资金试点】 2013年，辽宁省共安排882个贫困村实施互助资金扶贫试点，其中：国家贫困村互助资金试点村92个，省贫困村互助资金试点村790个。试点村共有农户432225户，其中贫困农户206327户。共吸纳入社农户90342户，其中贫困户71330户，占贫困农户总数的34.6%，占入社农户数的16.5%。到2013年底，互助资金总规模达30420.1万元，其中省以上财政投入扶贫资金26999万元，占88.8%，吸纳农户入社资金2467.44万元，占8.1%，其他资金953.66万元，占3.2%。累计发生借款101272次、64477.1万元，其中贫困户84164次、55916.6万元。各试点乡村全部成立了扶贫互助合作社，完成了大部分在民政部门登记注册，并分别组建了理事会和监事会，组织入社农户成立了绑定式互助小组，议事执行机构、组织管理体系和运行保障措施基本健全完善。

（辽宁省扶贫办　纪庆）

吉林省扶贫开发

【概述】 2013 年，吉林省认真贯彻落实党的十八大精神，围绕《中国农村扶贫开发纲要（2011—2020 年）》和《吉林省 2013 年扶贫开发工作要点》，坚持以连片特困地区为主战场，以稳定解决扶贫对象温饱、加快实现脱贫致富和实现“两不愁，三保障”为首要任务，积极做好扶贫开发政策与农村最低生活保障制度衔接，加强领导、强化措施、完善机制，努力实现贫困地区基础设施、公共服务、产业开发、发展能力、生态环境等同步推进，全面完成了年度目标任务，扶贫开发取得了新的进展。经过全省上下的共同努力，实现 31.4 万农村贫困人口脱贫，超额完成省政府确定的 30 万农村贫困人口脱贫任务，投入财政专项扶贫资金首次突破 8 亿元，国家扶贫开发工作重点县农民人均纯收入增幅比全省平均水平高 2.1 个百分点，贫困地区基础设施建设不断完善，公共服务水平进一步提高，经济社会发展形势不断向好，全省扶贫开发工作再上新台阶。在全国扶贫开发考核中，吉林省取得第三名的可喜成绩，得到国务院扶贫开发领导小组的通报表扬和奖励。

【行业扶贫】 各行业部门围绕吉林省委、省政府确定的扶贫开发重点工作任务，积极履行扶贫开发职责，切实加大对贫困地区政策、资金、项目等资源的倾斜支持力度，扎实有效开展行业扶贫，改善贫困地区的生产生活条件，提高社会公共服务水平，增强扶贫对象自我发展能力，解决制约贫困地区发展的突出问题，较好地完成了年度目标任务。省发改委积极将贫困地区的项目纳入相关专项规划，并加快项目前期审批。省财政厅加大对贫困地区的投入倾斜力度，向贫困地区转移支付高于全省平均水平。省交通运输厅加快贫困地区道路建设，高速公路镇赉至白城段和靖宇至通化段完成投资 13.75 亿元，乡村公路新增 205 千米，二级以上等级公路新建 99 千米，建成农村客运站 3 个。省农委大力推进贫困地区农业产业化项目建设，完成投资 14.2 亿元，建成 35 个农业产业项目。省水利厅等部门新增和改善灌溉面积 73 万亩，实施膜下滴灌 103.4 万亩、小流域治理面积 602 平方千米，解决贫困地区 16.3 万人饮水安全问题。省林业厅安排投资 6229 万元，完成造林 26 万亩。省住建厅完成贫困地区 2.66 万户农村危房改造。省民委实施 130 个富民产业项目，1.8 万农户 5.78

万人直接受益，人均增收1700元。省教育厅向重点县投入教育专项资金1.06亿元，农村教育薄弱校改造资金全部到位；营养餐补助资金3390万元，6万多名贫困地区学生受益。省卫生厅在贫困地区建成标准化村卫生室392家。省文化厅扶持建设726个农村文化大院，实现贫困地区行政村全覆盖。省国土厅投资21.49亿元，实施土地整治247万亩，贫困地区12各县得到支持。省环保厅投入资金2.3亿元，贫困地区437个村实现环境综合治理。省民政厅落实农村低保资金12.67亿元，低保标准提高到2099元。省金融办开展收益权抵押贷款试点，发放贷款3.25亿元，8124户受益。省旅游局将75%的项目发展资金投到贫困地区。省畜牧局在贫困地区投入资金2040万元，建设畜禽标准化规模养殖场（小区）项目127个。省广电出版局为贫困地区5874户架通广播电视线路，为贫困地区赠送图书。省委组织部、省人社厅、省司法厅、省科技厅、团省委、省妇联、省残联等部门也都结合自身实际，认真履行扶贫开发职责。

【连片特困地区扶贫攻坚】 编制下发《大兴安岭南麓片区区域发展与扶贫攻坚吉林省片区实施规划》、《吉林省连片特困地区区域发展与扶贫攻坚规划》和《大兴安岭南麓集中连片特困地区吉林省片区产业扶贫规划（2011—2015年）》，并报国家有关部门进行备案。投入财政专项扶贫资金1.18亿元，在15个县（市）启动实施46个片区攻坚财政专项；围绕规划落实，各行业部门加大对片区的倾斜支持力度，行业部门安排财政资金4.35亿元，新建、扩改建50个标准化规模养殖场，推进农业产业化项目35个，在生态治理、通道建设、产业发展、社会事业等方面取得了显著进展，增强了扶贫对象的造血功能，增加了贫困群众的收入，实现了经济社会发展与扶贫开发的协同推进。

【整村推进】 对210个贫困程度较深的村实施整村推进，下拨财政发展资金2.7亿元，群众自筹和地方配套1.2亿元，完成产业发展和基础设施项目398个。省发改委在260个贫困村支持352个建设项目，财政在片区外支持254个贫困村278个扶贫项目，民委在少数民族和边境地区370个村实施了252个项目。实施整村推进的村基本有了扶贫增收项目，村民收入比2012年大幅增长，生产生活条件得到改善，为实现年度脱贫目标打下了坚实基础。

【雨露计划】 继续实施雨露计划改革试点，开展贫困家庭“两后生”中长期职业技能培训，发放补助资金216万元，培养了1440名新生劳动力。加大“阳光工程”和“春风行动”对贫困地区劳动力转移就业促进，推动贫困劳动力享受培训补助政策标准，整合投入贫困劳动力转移培训资金985万元，培训贫困青壮年2.1万人，实现稳定就业1.9万人，稳定就业率达到90.5%，实现劳务收入2.8亿元。

【彩票公益金项目】 吉林省累计发放

互助金贷款2.4亿元，支持4.7万农户发展生产，有1.95万户贫困家庭受益。发放粮食直补资金担保贷款164.5亿元，惠及102.5万农户。安排扶贫贷款贴息补助1100万元，引导贷款资金15.2亿元，扶持1.13万农户发展特色种养业，支持33户扶贫龙头企业发挥辐射带动作用。

【扶贫试点】 经积极争取，靖宇、安图及和龙3个县（市）被确定为国家2013年中央专项彩票公益金支持革命老区整村推进试点县，中央补助资金3750万元。在全国率先实现革命老区县彩票公益金项目全覆盖。

【扶贫资金管理】 对2011年以来财政、民委、发改等部门组织实施的扶贫开发项目进行了全面验收，这是在全省范围开展的规模最大的一次项目验收。验收按照“谁牵头组织项目实施、谁牵头组织验收”的原则进行。通过检查验收，发现个别县存在工程项目管理不规范、缺少招投标程序、更改建设项目和建设规模、扶贫资金滞拨、挪用等问题，及时进行了纠正和整改，确保扶贫资金充分惠及扶贫对象，发挥最大效益。

【法制化建设】 积极推动扶贫立法工作，起草了《吉林省农村扶贫开发条例》征求意见稿，已按程序报送有关部门。省人大、省法制办、省扶贫办组成联合调研组，完成了省内、省外扶贫立法调研，扶贫立法工作正在有序推进。

【定点扶贫】 吉林省205家中省直定点扶贫单位，继续按照《吉林省2011—2015年定点扶贫和省级领导包保实施方案》，制定包保目标责任制，确定帮扶任务，明确考核指标，加大帮扶力度。省公安厅、科技厅、林业厅、粮食局、畜牧局、物价局、监狱管理局、残联等单位自筹帮扶资金都在几十万元以上。省检察院、编办、发改委、财政厅、交通厅、工商局、保密局等部门主要领导亲自到帮扶村调查研究具体帮扶措施。省委办公厅、省经干院、吉大二院、一汽集团等单位派专员到帮扶地任职或驻村帮扶。省直机关工委、住建厅、统计局、东北师大等单位积极帮助帮扶村引进资金和项目。省卫生厅、教育厅、文化厅等单位送知识、送技能、送健康到帮扶村。全省社会帮扶直接投入资金达5790万元，帮助引进各类资金2.4亿元，上项目257个，有力地促进了贫困地区经济社会全面发展。

【建档立卡】 举办吉林省建档立卡培训班，全面开展贫困人口摸底识别工作，自下而上完成了全省224.5万农村贫困人口建档立卡的电子化录入工作。建档立卡成果已相继被省住建厅（危房改造）、财政厅（资金分配）等有关部门采用共享。

【扶贫宣传】 吉林省全面贯彻落实中央扶贫开发工作会议和新纲要精神，围绕党的群众路线教育实践活动，广泛深入地开展各项扶贫宣传活动，认真学习领会习近平总书记一系列重要讲话精神，不断加大扶贫宣传工作力度，丰富扶贫宣传内容和方式，组织开展扶贫创新案例征集和扶贫影视资料整理上报工作，大力弘扬扶贫开发的先进典型，为推动扶贫开发工作，促进贫困地区经济社会发展，加快脱贫致富步伐奠定了坚实基础。吉林省累计在中央主要媒体上发表新闻稿 138 篇。其中新华社 43 篇、《人民日报》14 篇、《中国日报》3 篇、中央电视台 5 篇、《光明日报》3 篇、光明网 1 篇、《中国扶贫》杂志 1 篇、《经济日报》3 篇、中国经济网 7 篇、中国国际广播电台 2 篇、中国网络电视台 9 篇、中央人民广播电台 2 篇、《农民日报》7 篇、人民网 34 篇、国务院扶贫办网站 4 篇。

（吉林省发改委扶贫政策法规处 徐东亮）

黑龙江省扶贫开发

【概述】 2013年，黑龙江省扶贫开发共投入财政专项扶贫资金8.09亿元，其中，国家财政专项扶贫资金7.02亿元，省级财政配套专项扶贫资金1.07亿元；投入行业部门扶贫资金10亿元。由于扶贫资源整合力度大，资金落实到位，整村推进、产业扶贫、贫困户劳动力培训、革命老区建设及片区开发等重点工作顺利开展。

【整村推进】 2013年，黑龙江省按照建设新型农村社区的标准，把基础设施建设和产业发展作为贫困地区实现脱贫致富的基础工程，统筹扶贫资源，加大整合力度，共投入财政专项扶贫资金3.04亿元，行业部门扶贫资金6.96亿元，完成了“十二五”首批500个贫困村扶持任务。500个贫困村村均投入资金达到200万元。共为贫困村新修村内水泥路133.73千米、红砖路24.25千米、农田路534.1千米；新打农田抗旱井563眼，建桥涵闸1284个，修水渠53300延长米，修民堤2140延长米；低产田改造5550亩；购买大型农机具160（台）套，建设农机库房4205平方米；新打人畜饮水井9眼，帮助5304户贫困户安装自来水；安装数字电视446户、路灯1337盏，建卫生室1814平方米、村民文化活动室6624平方米、休闲广场139788平方米，修村屯边沟49773延长米。同时，还为59户贫困户改造了泥草房。由于贫困村基础设施加强，农业生产能力提高，贫困村整体面貌和贫困群众生活环境、生产条件及健康生活水平得到明显提升。

2013年，黑龙江省扶贫开发整村推进直接扶持贫困户5.1万户，贫困村人均收入达到4095元，有12万农村贫困人口实现脱贫。

【雨露计划】 黑龙江省采取网上身份验证的方式，开展了实名制培训。2013年，共投入财政扶贫资金741.43万元，在实施整村推进的500个贫困村开展实用技术培训2000期，培训农村扶贫对象6.07万人；资助农村贫困家庭初高中毕业生接受全日制职业教育学习3659人。同时，与省杂技团联合开办了黑龙江省杂技扶贫班，招收贫困户和低保家庭6—12岁男女学员各18名，实行全免费培训。贫困户劳动力参加培训实行网上申报、网上审核。培训资金直接支付到人，实名补贴。对贫困户子女参加职业教育的资助补贴和到村培训实行预算管理、网上申请备案。

【产业扶贫】 2013年，黑龙江省以提高贫困村农业生产组织化程度为重点，着力发展以贫困户为主体的农民经济合作组织，有序开展土地流转，强化基础设施建设，发展主导及特色增收产业，解决贫困村农业基础设施薄弱、产业发展后劲不足及科技普及不到位等问题，为贫困农民稳定增收提供保障。全年共投入产业扶贫资金 4.21 亿元，扶持 142 个乡镇、174 个贫困村开发富民产业。在实施整村推进 500 个贫困村中，共扶持 3368 户贫困户购买奶牛 105 头、生猪 1015 头、羊 912 只、禽2 万只；建设畜禽养殖房舍 3.86 万平方米、温室大棚 35.94 万平方米；建设葡萄、食用菌、蓝莓、烤烟、绿色无公害蔬菜、马铃薯种植基地 1.35 万亩；扶持 2035 户贫困户引进新品种粮食作物种子 193.4 吨。在产业扶贫项目的支持下，新组建以贫困户为主体的种植、养殖业专业合作社 30 个，直接带动贫困户 0.6 万户。同时，通过使用扶贫贷款贴息资金 1200 万元，对 42 家龙头企业和 2.2 万个贫困户进行贷款贴息，共引导贷款 3.6 亿元用于贫困村产业基地建设。通过实施产业扶贫，贫困地区产业发展基础逐步稳固，贫困群众增收渠道逐步拓宽，农业生产组织化程度和产业化发展水平稳步提高。

【片区开发】 2013 年，黑龙江省编制了特困片区区域发展与扶贫攻坚实施规划和片区产业扶贫规划。共使用国家财政专项扶贫资金 0.68 亿元，在 11 个片区县实施了扶持贫困户发展生产、农业设施、基础设施、水利设施、社会事业等项目，直接扶持贫困户 1.7 万户，有 8.1 万农户受益。通过将财政扶贫资金与行业部门资金整合使用，统筹扶贫资源，将扶贫开发与区域发展相结合，实现了贫困地区经济社会事业协调发展，贫困农户稳定增收，片区县实施整村推进贫困村人均收入达 3969 元。

【社会扶贫】 2013 年，黑龙江省建立了省、市、县、乡和党员干部“一帮一”五级定点扶贫工作体系，并将省直党政机关定点扶贫工作纳入目标责任制进行考评。共组织 160 个省直党政机关、企事业单位，4714 个市、县机关到贫困地区县、乡、村开展定点扶贫工作。有千名干部与 1000 个贫困户结成帮扶对子，共帮助 3.5 万个贫困家庭解决生产生活困难。全年共引进项目资金 0.64 亿元，培训基层干部和科技示范户 3800 人。

【老区建设】 2013 年，黑龙江省共投入资金 2500 万元用于革命老区开发建设。其中，投入财政专项扶贫资金 1000 万元，在 68 个革命老区村开展小型项目建设，重点改善群众生产生活条件；投入中央彩票公益金 1500 万元，在饶河县小佳河镇和大佳河乡 10 个集中连片的革命老区村开展中央彩票公益金支持革命老区整村推进试点项目。同时，完成了延寿县 2011 年中央彩票公益金支持贫困革命老区整村推进试点项目验收和总结。通过扶持建设，革命老区村的农业基础设施进一步增强，群众的生活条件得到改善，经济及社会事业发展步伐不断加快。

【两项制度衔接】 2013年，黑龙江省采取扶贫项目支持、社会帮扶、产业带动等方式，对256万个农村扶贫工作对象落实了扶贫措施；对没有劳动能力的97万个农村贫困贫困人口，全部纳入农村低保范围，实现了应保尽保，应扶尽扶。

【扶贫资金管理】 2013年，黑龙江省为加强扶贫资金项目监管，制发了《关于切实加强财政专项扶贫资金项目管理的通知》和《关于开展扶贫资金项目管理自查的通知》。在各县（市、区）自查自纠的基础上，组织各市（地）专项检查组，采取交叉检查的方式，对扶贫资金管理使用、项目实施、制度建设等情况进行抽查。同时，对贫困村互助金及资金沉淀问题开展了专项清理。

【扶贫工作措施】 2013年，黑龙江省以深入推进产业开发步伐、大力开展基础设施建设、努力发展社会公益事业为重点，着力解决制约发展的突出问题，贫困地区公共服务水平显著提高，区域经济及社会事业发展步伐不断加快，贫困落后面貌明显改善。

完善制度，规范发展。黑龙江省根据新阶段扶贫开发面临的新形势、新任务和新要求，健全完善了整村推进操作规程、资金项目监督管理办法等一系列工作制度。为切实做好扶贫资金、扶贫项目使用管理工作，全面施行扶贫资金项目公告公示制，主动接受群众监督。同时，强化了扶贫资源整合制度建设，完善了考核验收机制、统计监测评估机制和有奖有惩的工作激励机制，鼓励各地积极探索，勇于创新，扎实推进扶贫开发，使各项扶贫政策全部落到实处。

创新机制，提升标准。黑龙江省把整村推进与新农村建设和现代化农业建设紧密结合，按照建设农村新型社区的目标，提高了整村推进建设标准。一是建立扶贫资源整合机制。黑龙江省把资金整合、集中投入作为县一级扶贫开发工作考核指标，由县一级根据扶贫开发规划，按照“渠道不变、投向不乱、集中使用、各负其责、各记其功”的原则，将各行业部门涉农专项资金与财政扶贫资金整合使用，集中投入到整村推进实施村，为整村推进项目建设提供资金保障。二是建立群众参与扶贫开发机制。黑龙江省充分尊重群众意愿，项目由群众选定、实施由群众监督、成果由群众分享。三是建立工作责任落实机制。按照“省负总责、市抓推进、县抓落实、工作到村、扶贫到户”的工作机制，在省、市、县三级建立了目标责任考核评价制度，并根据工作实绩，明确奖惩，把扶贫开发工作成效作为考核领导班子和任用领导干部的重要参考依据，有力地推动了扶贫工作深入开展。

积极探索，破解瓶颈。黑龙江省通过推进贫困村土地流转规模经营，在改革贫困村土地经营体制，建立贫困农民增收长效机制上进行有益探索。一是科学调整整村推进规划。把土地流转规模经营作为扶贫任务纳入规划之中，结合实际，科学论证，明确了主攻方向和发展重点，确立了发展目标和实施步骤。二是因地制宜推进土地流转。在稳定家庭联产承包责任制的基础上，依据相关法律法规，按照“自愿、依法、有偿”的原则，引导贫困村农民进行土地承包经营权流转。对建立土地流转关系 3 年以上的贫困户，给予一定扶贫资金补助；对拉动贫困户增收的规模经营主体，给予贷款贴息支持；对土地流转的贫困户劳动力，进行有针对性地培训转移，实现挣“双份钱”目的。三是强化农业基础设施建设。一方面，强化贫困村农机现代化建设。把农机专业合作社项目重点投放在贫困村，积极争取农机购置补贴，提高农业机械化装备水平。全省整村推进贫困村都配备了大马力农业机械一台（套）以上，50%以上的贫困村成立了一个以上农机专业合作社。另一方面，强化贫困村水利设施建设。通过扶持贫困村发展节水灌溉和排涝等农田水利设施建设，抗旱排涝能力进一步增强。

做强产业，夯实基础。黑龙江省积极推进贫困地区产业化进程，把农业产业化经营作为发展贫困地区经济的重点，落实在整村推进任务之中，不断夯贫困群众实脱贫致富产业基础。一是做强扶贫龙头企业。黑龙江省通过贷款贴息补助、税收优惠等政策，积极支持农产品加工业发展，做大做强扶贫龙头企业，延伸产业链条，提高附加值，增强对贫困地区经济的拉动能力。二是强化农企利益联结。黑龙江省建立了“企业+基地+贫困户”的扶贫机制，引导龙头企业和农民发展订单生产。在监督订单合同履行，维护农企双方利益的同时，引导龙头企业为贫困户提供技术指导、贷款担保、市场信息等服务，不断做大产业基地。三是扶持产业基地建设。黑龙江省把发展规模产业基地作为扶贫政策支持的重点，组织贫困村农民依托产业基地发展农业生产。同时，充分发挥各地政策性担保公司作用，通过财政扶贫资金贴息引导，引导金融资本向贫困村、贫困户及农民专业合作组织流动，为贫困地区产业发展提供资金支持，使产业基地规模不大壮大，带动贫困户增收能力不断增强。

（黑龙江省扶贫办综合处　夏宇光）

江苏省扶贫开发

【概述】 2013年，江苏省委、省政府全面贯彻落实中央、国务院关于扶贫开发工作的方针政策，全力推进脱贫奔小康工程。147万低收入农户全面建档立卡，建立开发式扶贫对象帮扶联系卡制度，帮扶对象、帮扶责任人和帮扶项目“三落实”，积极推进财政资金扶持到户，对1533个经济薄弱村实行省、市、县“五方挂钩”单位结对帮扶。制定6个片区整体帮扶规划，15个省级重点牵头部门定点帮扶，建立片区整体帮扶联席会议制度。全省128万低收入人口脱贫，460个经济薄弱村基本实现脱贫目标，超额完成年初计划。

【扶贫规划】 江苏省委、省政府高度重视6个扶贫开发重点片区整体帮扶工作，省委办公厅、省政府办公厅印发《关于加大整体帮扶力度促进集中连片经济薄弱地区加快发展的意见》（苏办发〔2013〕27号），明确在宿迁市的西南岗地区、成子湖周边地区，徐州、宿迁市的黄墩湖滞洪区，连云港市的石梁河库区，淮安市的刘老庄地区，盐城、淮安市的灌溉总渠以北地区等6个集中连片地区，通过实施脱贫奔小康重点片区帮扶工程，切实解决片区基础设施、产业发展、民生事业等方面的重点问题，推动重点片区加快发展。到2015年，6个重点片区340个经济薄弱村全部实现新“八有”（有群众拥护的“双强班子”，有科学合理的发展规划，有高产高效的农业设施，有特色鲜明的主导产业，有持续稳定的集体收入，有先进适用的信息网络，有健康向上的文明村风，有村容整洁的居住环境）和村集体经营性收入15万元以上，建档立卡低收入农户人均纯收入达到4000元以上目标。省交通运输厅印发《全省六个集中连片区和黄河故道地区交通专项帮扶项目实施方案》、省教育厅印发《集中连片地区教育扶贫工程实施意见》，省农委已印发《关于加快推进集中连片经济薄弱地区农业帮扶工作的意见》，省经信委印发《省经信委实施六个集中连片地区帮扶工作方案》，其他有关部门也在抓紧制定重点片区的行业扶贫规划。

【建档立卡】 2013年，江苏省对全省147万户低收入农户、411万低收入人口，按照公开、公平、公正要求进行新一轮建档立卡，由省扶贫办联合省调查总队等7个部门，对各县新一轮建档立卡低收入农户帮扶对象、帮扶责任人和帮扶项目“三落实”情况进行督查，确保扶贫开发做到工作到村、帮扶到户、责任到人、措施到位。

【驻点帮扶】 2013 年，江苏省进一步深化“五方挂钩”帮扶机制，对丰县等 12 个县（区）派驻省委帮扶工作队，实施重点帮扶，推进党政机关的政策资源、国有企业的产业资源、高校科研院所的技术资源、苏南市县的发展资源，向苏北地区流动。明确未派驻省委帮扶工作队的 7 个县（市、区）为帮扶联系点，“五方挂钩”帮扶关系不变，各项帮扶政策不变，并由苏北各市、县（市、区）组建帮扶工作队进行挂钩帮扶。进一步深化“五个一”富村机制，确保每个经济薄弱都有一个扶贫指导员驻村、一个科技特派员挂钩、一个工商企业帮扶、一个富村结对、一个主导产业带动。2014—2015 年度 167 名省委帮扶工作队员中，有 120 名处级或科级优秀年轻干部到省帮扶重点县（区）担任经济薄弱村帮扶工作指导员。筛选了苏南地区 100 个新农村建设先进示范村，与苏北地区 100 个经济薄弱村结对帮扶。各市县也组织了工商企业与经济薄弱村的结对帮扶工作。

【工作督查】 一是省委办公厅、省政府办公厅 1 月印发《关于切实抓好农村扶贫开发各项措施落实的通知》，要求各地对 2012 年的帮扶工作要全面进行“回头看”。2 月、3 月、9 月、11 月，江苏省委副书记石泰峰赴连云港市、盐城市、宿迁市调研扶贫开发工作，进村入户督查帮扶项目及干部结对帮扶工作落实情况。副省长徐鸣、缪瑞林、傅自应，省人大副主任刘永忠、省政协副主席何权等省领导也多次到各地督查调研帮扶工作“三落实”情况。二是在省领导的带动和要求下，省扶贫办联合有关部门，先后 5 次组织力量，“不打招呼”直接到村到户暗访督查，推动一个农户有一个党员干部或能人大户结对帮扶，一个村有一个以上单位挂钩帮扶的落实。针对有的地方帮扶对象不真实、帮扶责任人不到位等问题，约谈相关县分管领导，逐条通报，限期整改。三是充分发挥“五方挂钩”单位协调小组和重点片区联席会议制度的重要作用，协调项目和资金，省里对后方单位帮扶情况分别于 6 月及 12 月底进行两次通报，督查催办不落实帮扶资金的单位，切实落实工作到村、帮扶到户、责任到人、措施到位的“四到”要求。四是省扶贫办 3 月印发《关于苏北有关县党委政府主要负责同志挂钩帮扶经济薄弱村的通知》，建立苏北 22 个县（市、区）党政“一把手”挂钩帮扶一个最困难经济薄弱村的帮扶机制；8 月份印发《关于建立江苏省农村扶贫开发固定观察点制度的通知》，在 43 个县（市、区）选择 100 个经济薄弱村、1000 个低收入农户建立“江苏省农村扶贫开发固定观察点”制度。在各地自查、整改的基础上，9 月份，省扶贫办与江苏调查总队联合组织 6 个抽查小组，暗访督查各县（市、区）“三落实”整改情况，从督查反馈情况看，各地整改措施落实，进一步夯实了帮扶工作基础。

【集中连片开发】 确定全省6个重点片区扶贫开发的总体思路和工作重点，建立片区整体帮扶联席会议制度，加大政策倾斜、资金投入和工作推进力度，省财政计划2013—2015年专项安排资金8.9亿元，落实15个省重点牵头部门，6个重点片区整体帮扶规划全部编制完成并先后启动实施，排出一批需要对接帮扶的重点项目。在省牵头部门、成员单位和有关市县的共同努力下，2013年6个重点片区累计投入各类帮扶资金30.2亿元，竣工项目261个。目前，全省正集中力量，推进帮扶力量、资源要素、政策扶持向6个重点片区倾斜，兴办一批起关键作用的基础设施、产业发展、民生实事项目。

【扶贫资金投入】 江苏省财政2012—2015年安排专项扶贫资金37亿元，其中脱贫奔小康奖补资金26.68亿元、扶贫小额贷款的贴息奖励及核销资金8亿元、贫困劳动力技能培训资金2亿元，贫困村互助资金2400万元。2013年，为加快推进脱贫奔小康工程目标实现，省级又追加安排2013—2015年专项扶贫资金8.89亿元，包括安排6个重点片区关键工程项目专项补助资金6亿元、片区经济薄弱村低收入农户提标奖补资金8451万元、片区340个经济薄弱村发展扶持资金2.04亿元。在上述省级财政安排的专项扶贫资金基础上，2013年，省本级实际拨付扶贫资金120133万元，比上年增加54362万元，增长182%。其中省财政脱贫奔小康奖补资金68844万元、6个重点片区脱贫奔小康提标奖补资金2817万元、片区经济薄弱村发展资金5400万元、片区关键工程补助资金20000万元、低收入劳动力培训资金3750万元、扶贫互助社试点资金600万元、黄茅老区发展扶持资金1000万元、扶贫小额贷款贴息资金17722万元。

【扶贫小额贷款】 2013年，江苏继续实行放开扶贫小额贷款规模政策，努力扩大低收入农户受益面，全年省财政下拨贴息资金17722万元，引导29个县（市、区）共发放扶贫小额贷款44.78亿元，同比增长31.8%，有39.2万低收入农户受益。

【资金直接到户试点】 江苏省扶贫办5月份印发《关于开展“财政扶贫资金直接扶持到户”帮扶试点工作的通知》（苏扶办〔2013〕3号、苏财农〔2013〕22号文件），明确从2013年起，江苏省开展财政扶贫资金直接扶持到户试点工作，新沂市和灌南县为2013年试点地区。试点工作按照低收入农户直接受益原则，根据帮扶对象的具体情况和实际需求，由现行的项目间接带动改为资金直接扶持到户到人，通过“实名制”，保障帮扶资金落实到帮扶对象，采取“一户一策”、分类帮扶等措施，促进低收入农户增收脱贫。资金直接到户主要采用7种方式：一是帮扶对象户已经具有一定产业项目基础的，拨付一定比例的启动资金，项目完工后再拨付余下资金。二是帮扶对象户或与其他农户组建合作社的，将帮扶资金拨付给帮扶对象户作为入社股金。三是企业吸收帮扶对象就业，且符合基本工资保障、稳定就业等条件的，将帮扶资金作为就业补贴。四是小城镇建设、村庄环境整治养护、河塘河道清淤管护等公益性岗位要尽量安排给帮扶对象，帮扶资金可作为工资的一部分发给帮扶对象。五是县（市）组建小额贷款公司等金融机构，在自愿前提下，将帮扶资金拨付给帮扶对象户作为入股股金。六是建设标准化厂房或商业门面房的，须以收益保障为前提，帮扶资金作为股份量化到人、收益分配到人。七是试点地区可结合当地实际，探索其他更为直接有效的帮扶方式。

【互助资金试点】 2013年，江苏省稳步推进村级互助资金试点工作，低收入农户入社人数和资金规模都有较大幅度提升，全年共在225个经济薄弱村开展互助资金试点，其中国家试点75个，省级试点98个，市县试点52个；资金总规模1.25亿元，其中国家试点资金1145万元，省级财政资金1525万元，市县财政资金2367.6万元，农户入股资金7506.68万元；入社农户3.16万户，其中低收入农户占入社户的53.1%。在资金使用上，江苏要求严格按照国务院扶贫办《关于进一步好贫困村互助资金试点工作的指导意见》（国开办发〔2009〕103号）和《贫困村互助资金操作指南（试行）》执行。试点县（市、区）必须在县域范围内选择具备一定试点条件的经济薄弱村开展。扶贫互助社必须设在行政村，并按规定在民政部门登记注册为非营利性组织。严格遵循互助资金“不出（跨）村、不吸储”，实行民有、民用、民管、民享、周转使用、滚动发展。要求严格借还款程序，确保资金运行安全。

【扶贫资金管理】 2013年，为进一步加强扶贫资金使用和管理，江苏省制定印发了一系列扶贫资金使用和管理的政策文件，规范扶贫资金管理，提高扶贫资金的使用效率。4—7月份，由省财政厅组织中介机构对全省财政扶贫小额贷款使用管理情况进行全面审计。12月份，江苏调查总队开展了脱贫奔小康工程电话调查，每县随机抽取50户脱贫低收入农户，由调查队专业访问员电话随机询问脱贫农户，调查帮扶资金落实情况。

【扶贫宣传工作】 2013年，中央主要媒体和国务院扶贫办主办媒体共采用江苏省扶贫开发新闻稿395篇，其中《人民日报》78篇。同时，《人民日报》、中央电视台等媒体对江苏省扶贫开发的实况进行了系列深度报道。编发《江苏扶贫简报》、《专报》105期。

（江苏省扶贫办　朱浩）

浙江省扶贫开发

【概述】 2013年，浙江省认真贯彻落实开发式扶贫方针，坚持把扶贫开发与工业化、城市化、信息化和农业现代化有机融合，实施“低收入农户收入倍增计划”和“重点欠发达县特别扶持计划”，扎实推进扶贫开发各项工作，全省欠发达地区社会经济发展和低收入农户增收态势良好，农村居民人均纯收入16106元，城乡居民收入比从2007年的2.49∶1降低至2.35∶1，相对差距进一步缩小。据统计监测结果，省扶贫标准以下138万户低收入农户人均纯收入达到6178元，比上年增长18.1%。全省在册农村低保对象57.8万人，农村低保金支出达到16.5亿元。全省平均农村月低保标准406.39元，同比增幅16.1%；全省农民参合人数达2855.1万人，参合率97.8%，平均筹资标准557元，比2012年增长15.4%（财政补助392.9元，占70.5%），所有统筹地区人均筹资标准和各级政府人均补助标准均高于省政府要求的415元和290元；资助农村五保、低保、低收入家庭重病患者、重度残疾人等83.7万人参加新农合，其个人缴费部分全额由当地财政解决，浙江省获得2013年国务院扶贫工作考核A级。

【扶贫资金投入】 2013年，浙江省省级财政安排专项扶贫资金54888万元（不含各项职能扶贫资金）用于低收入农户奔小康工程，其中，异地搬迁项目补助资金40320万元、低收入农户发展资金11000万元（包括低收入农户产业发展扶持资金、低收入农户集中村资金互助组织补助资金、扶贫小额信贷贴息资金和来料加工以奖代补资金），少数民族发展资金2000万元、其它资金1568万元。此外，省财政继续安排专项资金16.8亿元，用于12个重点欠发达县扶贫开发、特色产业、公共服务等特别扶持项目建设。省财政新增安排山区经济发展资金10亿元，主要用于欠发达山区。

【扶贫资金管理】 继续完善因素分配法，加大工作成效因素比重，增加扶贫工作考核、低收入农户发展资金项目实施任务完成情况和扶贫项目管理3个子因素，探索以奖代补的竞争性分配办法。同时，将成效资金单独列出，在立项方向的框架内，给予地方更多的资金投向自主权。加强资金监管，委托会计事务所派出9个组对2010—2012年度中央、省、市、县安排的财政专项扶贫资金使用管理情况进行检查，委托中介机构对全省来料加工以奖代补项目进行成果评价，组织省财政、国土、农业等部门对2012年特别扶持项目进行年度绩效评价。

【特别扶持项目】 2013年，浙江省扶贫开发着眼于增加农民收入、提升民生水平、增强内生功能，着力构建农民收入水平和生活质量不断提升的长效机制，加快群众增收致富奔小康步伐，制定特殊政策，实施特别扶持项目，12个重点欠发达县，完成投资59.5亿元，完成特别扶持项目583个，成效明显。

一是经济发展速度明显加快。据统计，12县2011年、2012年、2013年生产总值分别达到729.42亿元、819.51亿元、869.07亿元，比上年分别增长19.6%、12.4%、6.05%，2013年固定资产投资达517.45亿元，比实施特别扶持政策前增长了41.32%。

二是农民收入水平明显增长。12县通过产业帮扶、就业帮扶、金融扶贫、社会救助等特扶项目的实施，大大拓宽了农村居民的增收渠道，提高了农民收入水平。2013年12县农民人均纯收入达到10110元，实际增长9.79%，增幅高于全省平均水平1.7个百分点，所有县农民收入高于全国平均水平。

三是产业转型升级步伐明显加快。12个县通过支持发展一批有效益的特色富民产业，壮大经济薄弱村集体经济，增强了内生“造血”功能，进一步加快了经济结构调整步伐。

四是公共服务能力水平明显提升。12县集中建设了一批教育、卫生、文化等基本公共服务设施项目，基本公共服务水平和设施利用率明显提高。

五是城乡统筹发展进程明显加快。12县以“小县大城”和城镇优先发展战略，加快了人口集聚和资源集聚。

【产业扶贫】 2013年，确定欠发达地区省级现代农业综合区创建点49个，新增农民专业合作社1574家；积极开展省级生态循环农业示范县、示范区建设，占第一批示范区的45%；欠发达地区从事来料加工人数达到105万人，实现来料加工费收入92亿元，人均加工收入超过8700元；培训农村劳动力68万人次，转移就业22万人，其中培训低收入农户10.3万人次，转移就业6万人。2013年，全省农家乐旅游村（点）数达到3211个，经营农户1.34万户，共计接待游客1.4亿人次，同比增长23.7%；直接营业收入111.9亿元，同比增长26.7%。

【易地扶贫搬迁】 把县城、中心镇和中心村作为人口产业的集聚平台，结合村庄整治、危旧房改造、土地综合整治等工作载体，推进高山远山群众下山搬迁、重点水库群众出库搬迁、地质灾害隐患区群众避让搬迁和偏远海岛群众离岛搬迁，推动人口加速向城镇集聚。加大欠发达地区中心镇、中心村培育工程支持力度，增强城镇的承载和辐射带动能力。2013年，欠发达地区和海岛县区异地搬迁6.3万人，完成投资31.5亿元。

【社会保障】 2013年，印发《关于开展全省社区教育结对帮扶工作的实施意见》，对结对帮扶的总体目标、帮扶内容、工作步骤等作出详细要求。浙江省农民参合人数达2855.1万人，参合率为97.8%，平均筹资标准557元；统筹基金最高支付限额达到全国农村居民人均纯收入的8倍以上且不低于8万元；统筹区域住院政策内报销比例达75%左右，实际报销比例为51.7%；门诊实际补偿率32.2%，特殊病种大额门诊实际报销比例54.9%。资助农村五保、低保、低收入家庭重病患者、重度残疾人等83.7万人；全省在册农村低保对象57.8万人，农村低保金支出达到16.5亿元。全省共有24.27万名16—60周岁的农村残疾人参加城乡居民社会养老保险，12.75万名农村残疾人享受参保补贴，补助金额2527.26万元。补助个体户参加职工养老保险6771名，补助金额1277万元。

【山区扶贫】 以欠发达地区为重点，启动新一轮山区经济发展，出台《浙江省山区经济发展专项资金和项目管理办法的通知》（浙财农〔2013〕607号）等文件。省政府拨付10亿元，用于扶持欠发达地区山区经济发展和山海协作产业园建设。逐步完善森林生态补偿制度，重点生态公益林补偿标准提高至每年每亩24元，全省15000个村、90多万农户直接受惠。建设现代林业园区，加快林业转型升级。2013年，建设林业园区91.5万亩；新增公益林优质林分93万亩，累计建成优质林分面积3245万亩；完成森林通道建设5925.5千米，完成通道沿线林相改造面积40.2万亩；完成森林抚育面积326.5万亩。

【山海协作】 以“山海协作”工程为载体，加强发达地区和欠发达地区的经济、技术、教育、卫生、人才、就业等协作。深入实施“山海协作工程·百村经济发展促进计划”和“省外浙商帮扶低收入群众增收152计划”。2013年，全省新签山海协作新农村帮扶项目170个，到位资金6268万元。组织欠发达地区企业拓展市场实现销售31.67亿元，发达市援助山海协作劳务实训资金1000万元，共组织欠发达地区劳务培训就业3.67万人次。

【金融扶贫】 2013年，29个县共发放扶贫贷款11.3亿元，其中国家贴息贷款3.8亿元，省级小额信贷7.5亿元；发放贴息资金1687.3万元，其中国家贴息资金295.8万元，省级贴息资金1391.5万元；至2013年，全省共组建村级资金互助组织试点620个（其中国家级97个），其中启动运行的村级资金互助组织试点556个，正在筹备运行的村级资金互助组织试点62个。启动运行的村级资金互助组织股本金达17416万元（其中中央和省级财政资金12080万元，农户投入资金4522.8万元），共吸收入会农户3.5万户，其中低收入农户1.5万户；累计发放农户借款2.8亿元，其中发放低收入农户借款1.2亿元；累计借款 2.4 万户次，其中低收入农户借款 1.1 万户次。入会农户年人均增收 1280 元。此外，浙江省还在丽水龙泉市组建了全国首家由 10 个村级扶贫资金互助会联合组成的竹垟乡扶贫资金互助会联合会，互助资金总量达到 303.4 万元，实现了村级互助资金的余缺调剂、风险救助、统一监管。

【结对帮扶】 全面实行“一村一计一单位”和“一户一策一干部”的结对帮扶机制，各结对帮扶单位紧紧围绕省委、省政府提出的目标要求，充分发挥自身优势，认真落实结对帮扶措施，结对帮扶工作扎实推进。2013 年，省级结对帮扶单位全年到村帮扶 7348 人次，其中厅级领导干部 2757 人次，走访低收入农户 3.5 万户次；实施帮扶项目 2019 个，发展特色产业基地 21.8 万亩，落实帮扶资金 2.53 亿元，引进各类资金 2.7 亿元，带动低收入农户 10.8 万户，有力地促进了低收入农户增收和欠发达地区发展。

【行业扶贫和社会扶贫】 切实加强行业扶贫，省级 35 个职能部门组织实施 118 个职能扶贫项目，为欠发达地区提供“普惠”服务和“特惠”支持。积极发动社会力量参与扶贫，省工商联实施的“村企结对”、省侨办侨联实施的“侨胞反哺家乡”、省残联实施的“残疾人共享小康工程”、扶贫基金会实施的“特色农业开发”、慈善基金会实施的“爱心超市”、青少年发展基金会实施的“助学行动”等社会扶贫行动，丰富多彩，亮点纷呈。

【扶贫对象】 2013 年，浙江省开展新一轮低收入农户和扶贫重点村调查认定工作，共认定低收入农户 176.4 万户、417.4 万人，其中省级扶贫标准（2010 年 4600 元）以下的低收入农户 134.0 万户、318.9 万人。省扶持的重点县还同时调查认定了省级扶贫重点村 5000 个。按照省里统一部署，对扶贫重点村和低收入农户全面建立电子数据库，掌握扶贫重点村和低收入农户的基本状况、帮扶需求，为提高扶贫的针对性、实施精准扶贫打好了基础。

【扶贫改革】 丽水市国家级扶贫改革试验区建设以促进农村人口集聚为主线，推动搬迁扶贫、产业扶贫、社会扶贫“三大”扶贫体制创新。在改革试验区加快推进与户口性质相关的配套制度改革，使有关政策与户口性质相分离，逐步取消农业户口、非农业户口性质划分，统一登记为“居民户口”。通过“清产核资、摸清家底，界定成员、明确股东，确权固化、量化股权，搭建平台、规范流转”4 个步骤推进农村集体产权制度改革。探索农民在符合“农村宅基地所有权不变”、“一户一宅”等相关法律规定的前提下，允许在县域范围内跨村进行农村宅基地使用权流转。探索农民异地搬迁“双重管理、社区模式”。开展林权抵押贷款，探索新型抵押贷款。出台土地流转经营权抵押贷款管理暂行办法和农村住房抵押贷款管理暂行办法，积极探索开展农村土地流转承包经营权和农房抵押贷款创新，实现农民基本产权全部可抵押，初步构建了完整的农村产权融资体系。

【调查研究】 针对扶贫政策、扶贫改革、特别扶持等问题，大力开展调查研究，推动工作落实。组织开展全省低收入农户和扶贫重点村调查分析，开展全省扶贫开发创新案例推荐工作。先后编印了《浙江省低收入农户和扶贫重点村调查分析报告》、《小康故事—浙江扶贫开发创新案例汇编》。

【扶贫培训】 大力开展扶贫培训，全年组织3期扶贫系统干部和特别扶持专题培训班。承办国务院扶贫办在浙江省组织了3期全国培训班（全国扶贫改革试验区方案编制培训班、国务院扶贫办第八期中青年培训班、全国扶贫培训体系建设研讨班）。省扶贫办和浙江大学联合承办第四届中非减贫与发展研讨会。

【扶贫宣传】 7月中旬，中非减贫与发展论坛在浙江杭州举办，新华社、中新网、中国网、《浙江日报》、浙江在线、《农民日报》等媒体分别报道论坛情况；9月1日，国务院扶贫办主办的《中国扶贫》杂志专题报道浙江电子商务进村扶贫模式。10月份，在全国人居环境改善工作现场会期间，在新闻联播、《人民日报》等主流媒体上报道浙江省“千村示范万村整治”工程，同时借助《农村工作通讯》积极宣传浙江省欠发达地区美丽乡村建设实施情况，先后发表《浙江美丽乡村再发力》、《浙江的美丽乡村建设之路》、《春风又绿江南岸——浙江乡村见闻》等多篇报道。

（浙江省扶贫办公室　杨叶勇）

安徽省扶贫开发

【概述】 2013年，安徽省扶贫开发工作以习近平总书记“阜平讲话”精神为指导，认真落实全国扶贫开发工作电视电话会议精神，以大别山片区、皖北地区为主战场，着力构建专项扶贫、行业扶贫、社会扶贫“三位一体”的大扶贫格局。全年共减少贫困人口105.9万人，20个国家级扶贫开发工作重点县的农民人均纯收入达到6200元，同比增长18%左右，高于全省农民人均纯收入约5个百分点，扶贫开发工作成效显著。

【扶贫资金投入】 2013年，安徽省财政扶贫资金投入达到12.9亿元，同比增长18%，其中中央财政资金10.2亿元（不含以工代赈资金、少数民族发展资金、贫困林场及农垦资金），省级投入财政扶贫资金1.6亿元，市、县安排扶贫资金1.1亿元。年内，安徽省投入到大别山片区和皖北地区财政扶贫资金分别达到4.99亿元、4.84亿元。

【扶贫资金管理】 2013年，安徽省严格按照扶贫资金的使用范围和投向，切实抓好扶贫项目审查备案，进一步完善扶贫资金和项目公告公示制度，强化社会监督。明确年度目标任务，强化目标管理，认真做好财政专项扶贫资金绩效考评工作。在国务院扶贫办、财政部开展的2012年财政扶贫资金绩效考评中获得A级表彰。年内，组织有扶贫开发任务的70个县（区、市）对2010—2013年期间扶贫部门管理或参与管理的中央和省安排财政专项扶贫资金的使用管理情况进行了自查自纠，在此基础上，省扶贫办组织人员在43个国家扶贫开发重点县（包括片区县）、省扶贫开发重点县和继续享受扶持政策的县中抽查了12个县（区、市），并针对发现的问题，提出了整改意见和措施。同时，根据雨露计划实施方式改革试点资金的使用情况，召开专门座谈会，出台了实施细则，进一步规范资金使用和监管。

【连片特困地区扶贫攻坚】 2013年，编制并实施《安徽省大别山片区区域发展与扶贫攻坚实施规划》。在此基础上，编制完成《安徽省大别山片区产业扶贫规划2011—2015年）》，计划投入614.4亿元，并经国务院扶贫办、农业部、国家林业局、国家旅游局备案，进入实施阶段。2013年，安徽省大别山片区地区生产总值年均增长率为10.6%，人均教育、卫生、社保和就业3项支出为1564元，城镇化率为44.7%，城镇居民人均可支配收入年均增长率为13.5%，农村居民人均纯收入年均增长率为14.1%，九年义务教育巩固率为99%，高中阶段教育毛入学率为91.2%，新型农村合作医疗参合率为96.5%，万元地区生产总值能耗为0.66吨煤，万元工业增加值用水量为50立方米，森林覆盖率为32.5%，有卫生室行政村比例为99.5%，解决农村饮水安全人口比例为86.5%，建制村通沥青（水泥）路比例为97%，大别山片区贫困面貌得到巨大改善。

【整村推进】 2013年，安徽省继续实施“千村整推”工程，在70个县（区、市）的1016个贫困村实施了整村推进（其中纳入国家“十二五”整村推进规划的村167个），围绕“六通、十二有”〔六通：通油（水泥）路，通电，通广播电视，通网络，通电放，通邮；十二有：有安饮用水，有安居住房，有一项特色主导产业，有高产稳定基本农田或增收产业，有扶贫互助化，有学前教育，有卫生室，有文化室和农家书屋，有卫生厕所，有体育健身和民族文化活动场地，有沼气，有农家超市（便利店）和农资放心店〕的总体目标，实际投入资金17.5亿元（其中财政专项扶贫资金7.2亿，整合部门资金7.8亿元，群众投工投劳等其他资金2.5亿元），完成各类扶贫项目2697个。修建、改建道路3647公里，建设独立桥涵1045座，兴修农田水利设施1457处，新增基本农田5.1万亩，改善农田灌溉面积55万亩，新建人畜饮水工程277处，解决了30万人饮水困难和28万头牲畜饮水困难，改厕改栏1445处，修建沼气池7035座，修建垃圾处理场82个。重点村发展经济果林20.4万亩，种植蔬菜29.4万亩，养殖鸡、鸭、鹅、羊等480万只、猪牛等121万头，扶持农民专业合作社250家，扶持国家和省扶贫龙头企业55家。重点村新建、改建中小学校46所，新建、改建村级计生服务室141个，兴建文化活动场所205处，开展劳动力转移培训4.2万人，开展农业实用技术培训14.8万人次，扶贫助学31724人。

【易地扶贫搬迁】 2013年，安徽省坚持实行“党委统一领导、政府全面负责、部门业务归口、基层具体落实”的责任制，建立分级负责、层层分解、上下联动、共同推进的扶贫搬迁工作机制。采取以村民组为单元的村内搬迁，适量采取以行政村为单元的部分搬迁，并加大资金投入，建好安置点，妥善地集中安置搬迁对象。年内，安徽省在17个县（其中国家扶贫开发工作重点县9个）开展了扶贫搬迁，共投入资金7856万元（其中财政扶贫资金2800万元），搬迁并安置群众1956户6848人。搬迁群众的生产条件明显改善，人居环境大为改观，生活质量显著提高，生活方式和水平发生了根本变化。

【产业扶贫】 2013年，安徽省通过以奖代补等方式扶持贫困农户发展种养加项目；安排专项资金2500万元，扶持250家农民专业合作组织，提高贫困农户参与产业发展的组织程度。安排财政贴息资金2741万元，实际发放贷款17亿元，支持贫困地区企业做大做强、带动产业发展，安排小额到户扶贫贷款贴息950万元，实际发放贷款2.2亿元，支持贫困农户发展生产。加强与有关金融机构的合作，探索实施农业银行、进出口银行“两行信贷扶贫”模式，安排财政贴息资金4500万元，撬动扶贫贷款15亿元，其中农业银行放贷10亿元、进出口银行放贷5亿元，在改善贫困地区金融环境、促进贫困地区主导产业发展等方面发挥了积极作用。

【雨露计划】 2013年，安徽省在43个扶贫开发工作重点县（区）（大别山片区县12个，片区外国家重点县8个，省扶贫开发重点县11个，继续享受扶持政策县12个）开展雨露计划工作，共投入6484.08万元，同比增长33.35%，约占全省首批到县资金的10%，完成教育资助及各类劳动力转移培训42878人，完成贫困地区农民实用技术培训150796人，完成其他各类培训资助7598人，贫困学生及劳动力转移培训资助标准较大幅度提高，培训质量显著提升，较好地完成全年雨露计划工作任务。在临泉县、寿县等7个县开展“雨露计划”实施方式改革试点，完成补贴人数31724人，补贴资金4758.6万元。

【扶贫试点】 2013年，安徽省按照“巩固成果、稳步推进、强化管理、规范操作”的原则，切实加大贫困村互助资金试点工作力度，进一步统一和完善资金运作模式和操作规程，健全内部管理和外部监管机制，推动互助资金的制度化和规范化。资金投入制度化，继续安排2500万元用于试点，工作人员和工作机构专门化，同时保障工作经费。全年在30个县（区）组建扶贫互助社2030个，投入资金30242.7万元（其中财政专项扶贫资金24450万元），入社农户137294户，累计借出资金73565万元。推进彩票公益金项目，抓紧抓好岳西县的项目验收，加快石台县的实施进度，启动砀山县、舒城县、裕安区的项目实施。

【以工代赈】 2013年，安徽省大力开展以工代赈工作，加大监督检查，通过实行计划季报制度、实地检查等方式，深入推动工作开展，取得良好成效。全年，安徽省编制下达了四批投资计划，总投资61410万元，其中国家以工代赈资金32400万元，地方配套29010万元。第一批下达以工代赈示范工程34个，计划总投资10115万元；第二批下达易地扶贫搬迁试点工程19个，总投资5400万元；第三批片区综合开发试点项目20个，总投资28197万元；第四批财政预算内以工代赈项目436个，总投资17698万元。这些资金继续投向大别山片区、革命老区、库区和沿淮行蓄洪区等贫困地区，重点支持国家扶贫重点县乡村道路、小型农田水利等基础设施建设、实施易地扶贫搬迁工程和片区综合开发试点等项目，有力地促进了贫困地区的发展。

【科技扶贫】 2013年，安徽省继续抓好科技扶贫综合试点项目，对金寨县大别山石斛种苗繁育基地建设项目、宿松县生态养蟹增效技术示范推广项目进行验收，稳步实施岳西县安徽天鹅科技实业（集团）有限公司良种茶树繁育及有机茶示范基地建设项目。

【定点扶贫】 2013年，安徽省在31位省级领导联系31个扶贫开发工作重点县的基础上，省委下发《关于加强党员领导干部联系服务困难地区的意见》（皖发〔2013〕12号），建立省级领导和省直单位联系服务皖北地区和大别山区五市工作制度。参与定点帮扶安徽的中央、国家机关和有关单位（以下简称中直单位）共有15个，下派挂职干部18人。省、市、县（市、区）直定点帮扶单位达1867个，下派挂职干部1378人。省、市、县三级赴帮扶贫困地区考察11828人次。中直单位和省、市、县帮扶单位直接投入帮扶资金共14893.6万元（含物资折款），帮助引进各类资金（含无偿和有偿）213651.7万元，主要用于贫困地区基础设施建设、产业发展、教育投入、文化活动场所、医疗卫生、基层组织建设、培训、赈灾救济送温暖等，同时帮助贫困地区引进项目910个。通过帮扶，贫困地区落后面貌有了很大的改善。

【南北扶贫结对】 2013年，安徽省的合肥、芜湖等市分别对合作市县3.8万名教师和24名处级干部进行了培训；皖江各市县（区）完成合作共建园区基础设施建设投资134亿元；合肥与阜阳、六安等市签订购销合同近10亿元；芜湖市援建的亳州华佗技师学院已全面投入使用等。南北结对合作工作机制正在逐步建立健全，结对领域不断拓宽，结对合作各方在产业经贸合作、干部人才交流、重点项目建设、社会事业发展等方面取得了大量的合作成果，初步形成皖北和皖江地区有益互动、合作发展的良好态势。

【军队和武警部队扶贫】 2013年，武警安徽省总队积极配合地方政府开展各类教育培训工作，共派出校外辅导员80人次，为阜阳一中、阜阳十五中等驻地学校学生军训1000余人次，上国防教育课20多场次，受教育的学生达3000余人次；并拨出专项扶贫经费10万元，为马寨乡小、王店镇小学购置20台台式电脑和学习用品、书籍。每月组织官兵到敬老院义务为老人清扫卫生、清洗衣物，发放健康知识宣传册，提供常见疾病、季节性疾病的诊疗咨询服务。定期组织官兵到驻地血站开展义务献血活动。全年共出动兵力300余人次参与颍州区社会治安综合治理，配合公安机关打击违法犯罪活动，积极担负城市武装巡逻等临时任务27次，为保一方平安做出了应有的贡献。

【扶贫机构和队伍建设】 2013年，安徽省进一步加强扶贫系统组织建设，强化对扶贫系统考核，将扶贫系统建设情况作为年度考核重要内容。不断充实省级扶贫开发机构力量，配足配强领导班子，充实工作人员，壮大扶贫队伍。积极引导各级扶贫部门加强学习，组织30名扶贫办基层工作人员报考全国贫困地区干部培训中心与中国农业大学合作的专业 MPA 项目。进一步加强思想、作风、廉政和效能建设，严格贯彻执行中央八项规定和省委、省政府 30 条规定，为全省扶贫开发工作提供了强大的精神动力。

（安徽省扶贫办　郭奇峰）

福建省扶贫开发

【概述】 2013年，福建省按照“百姓富、生态美”的要求，加大扶贫攻坚力度，强化政策扶持，突出扶贫重点，增加扶贫投入，完善扶贫机制，全省农村扶贫开发工作取得了较好成绩。全年省级财政扶贫支出达6.64亿元，比上年增长11.9%；市、县两级财政扶贫专项资金3.98亿元，同比增长43.98%。完成了5万户、20万人的易地扶贫搬迁任务，安排小额信贷贴息资金5000万元，共带动银行贷款10亿元，安排专项资金800万元进行雨露计划，培训4万多人。23个省级扶贫开发工作重点县实现国民生产总值1996.49亿元，同比增长12.43 %，比全省平均高1.43个百分点；财政总收入130.48亿元，同比增长14.42%，与全省财政总收入增幅14.5%基本持平；地方财政收入89.87亿元，同比增长21.64%，比全省地方财政收入增幅18.5%高3.14个百分点；农民人均纯收入9666元，同比增长12.9 %，比全省农民人均纯收入增幅高出0.7个百分点。

【扶贫资金投入】 2013年，福建省、市、县3级财政安排专项扶贫资金106233万元，比2012年增加19225万元，其中省级财政安排专项扶贫资金66445万元，比预算增加7070万元。造福工程危房改造共投入资金8.1亿元，其中，省级财政安排5.6亿元，残疾人补助0.05亿元，整合中央危房改造补助资金1.95亿元，省发改、交通部门资金0.5亿元。在资金使用上，直接补助到户6.86亿元，省级安置区基础设施建设补助1亿元。带动市级财政资金0.4799亿元、县级财政资金1.9亿元、乡村资金4.8亿元、群众自筹资金51.63亿元。全省造福工程危房改造项目共投入66.91亿元。省级扶贫开发重点县落实直接帮扶资金22.94亿元，落实信贷扶持资金60.6亿元，扶贫开发重点村共投入资金22.9亿元。安排小额信贷贴息资金5000万元，共带动银行贷款10亿元，安排雨露计划专项资金800万元。

【扶贫资金管理】 各类扶贫资金重点用于支持扶贫开发重点县、重点村、贫困户，并集中较多的资金抓好造福工程搬迁、整村推进、劳动力培训、产业化扶贫和小额贷款等重点工作。一是明确资金用途。把全省扶贫资金区分为产业扶贫资金、易地搬迁补助资金、小额信贷贴息资金、扶贫培训专项资金等，明确各类资金使用范围，确保专款专用。二是创新下拨方式。

根据不同情况，扶贫资金下拨主要采取了切块和打卡到户两种方式。对扶贫开发重点县、重点村采取切块下达形式，对扶贫到户的各类补助资金采取打卡到户形式。三是严格使用程序。所有扶贫资金的使用均实施项目公开、公示制，建立项目责任制，规范操作规程，确保项目优质高效，切实发挥扶贫效益。四是加强检查督查。各级扶贫部门每2年配合审计局对全省财政扶贫资金进行审计，省财政厅每年对大项扶贫资金进行绩效评价，省扶贫办每年不定期地对扶贫资金进行专项检查或抽查。并将检查督查内容作为全省扶贫资金分配安排的重要依据。

【易地扶贫搬迁】 2013年，继续把以扶贫搬迁为主要内容的造福工程列入省委、省政府办实事项目，全年共完成造福工程危房改造任务50110户207210人，扶持了100个100户以上省级造福工程集中安置区基础设施建设。共投入资金8.1亿元，直接补助到户6.86亿元，省级安置区基础设施建设补助1亿元。中央和省财政资金的投入，带动了地方和农民群众的投入，市级财政资金0.4799亿元，县级财政资金1.9亿元，乡村投入4.8亿元，群众自筹资金51.63亿元，使全省造福工程危房改造项目共投入66.91亿元。通过造福工程搬迁，各地群众搬离偏僻山区，看病难、上学难、就医难等问题得到根本性解决，基本公共服务水平明显提高，同时还减少了原居住地的林木砍伐、垃圾排放，保护了江河源头，维护了生态平衡，搬迁群众收入年均增长15%以上，生活明显改善。

【定点扶贫】 2013年，继续将23个省级扶贫开发工作重点县作为扶贫开发工作的扶持重点，实行每个重点县有1—2名省领导联系、4个省直或中央驻闽单位、1家中央或省属企业挂钩帮扶、1个沿海较发达县（市、区）对口帮扶制度，确定帮扶项目，落实帮扶资金，提供人力支持，加快县域重要基础设施建设步伐，培育壮大特色优势产业，集中财力物力实施了一大批教育、卫生、文化、就业、社会保障等民生工程。2013年，23个重点县共实施帮扶项目756个，落实直接帮扶资金22.94亿元，落实信贷扶持资金60.6亿元，组织举办各类培训154期、12634人。23个省级扶贫开发工作重点县实现国民生产总值1996.49亿元，同比增长12.43 %，比全省平均高1.43个百分点；财政总收入130.48亿元，同比增长14.42%，与全省财政总收入增幅14.5%基本持平；地方财政收入89.87亿元，同比增长21.64%，比全省地方财政收入增幅18.5%高3.14个百分点；农民人均纯收入9666元，同比增长12.9 %，比全省农民人均纯收入增幅高0.7个百分点。

【整村推进】 2013年，是福建省第三轮整村推进最后一年，继续采取“部门挂钩、干部驻村、资金捆绑、企业结对”的综合措施，有力地推动了省、市、县3级1661个重点村的发展。全年，扶贫开发重点村共投入资金22.9亿元，实施项目

29098个。省里重点扶持220个省级重点村，带动各级各部门筹措帮扶资金10.21亿元，实施项目1341个。其中，完成农村经济发展项目290个，新增土地整理面积7526亩，新改造农田面积4893亩，新增经济作物面积1.97万亩，新增林竹面积2.07万亩；发展农民专业合作社组织79个，开展农村实用技术培训3.13万人次，农村经济发展后劲得到了增强。完成改善生产生活设施项目677个，新建硬化道路512千米，新增安全饮用水和照明用电覆盖人口分别为5.84万人、1.03万人，新增程控电话覆盖人口6815人，造福工程搬迁人数5844人。完成促进社会事业进步项目374个，建设农民体育健康工程58个，新建或改建农民文化场所6.04万平方米，新建或改建学校面积6.43万平方米，捐赠书籍15.2万册，资助贫困学生2151人，慰问特殊群众9882人次。

【扶贫小额信贷】 2013年，省级财政投入扶贫贷款贴息资金5550.56万元，主要用于23个省级扶贫开发工作重点县实施扶贫小额贷款贴息项目，共安排资金3779万元，占68%。在做好小额贷款贴息的基础上，积极探索扶贫小额贷款新机制，将贴息资金转为担保和风险保证资金，较好地解决了贫困户贷款难的问题，实现了农户得到资金发展生产、财政扶贫资金效益放大和金融机构风险分散“三赢”的局面。在11个县开展小额贷款担保试点，各级财政筹措风险担保金7000万元，为2万多贫困户担保贷款3亿多元，获得贷款的贫困户户均增收4000元以上。

【社会扶贫】 注重发挥企业扶贫的重要作用，倡导企业承担社会责任，按照“互惠互利、双向互动”的工作原则，与贫困村建立共建机制，以主导产业的发展带动贫困户创业、促进贫困劳动力就业、增加贫困户收入。注重发挥共青团、妇联、民主党派的自身优势开展各具特色的扶贫活动，组织实施“希望工程”、“青年志愿者”、“幸福工程”、“春蕾助学活动”、“光彩事业”、“巾帼扶贫行动”、“母婴平安”等形式多样的帮扶活动。注重发挥闽籍华侨、华人的作用，积极引导他们参与家乡的扶贫开发，为他们捐资助学、改善乡村基础设施等方面搭建服务平台。继续推进闽宁对口扶贫协作工作。

【扶贫法制化建设】 2013年8月16日，省委召开会议，专题研究部署全省农村扶贫开发工作，会上讨论通过了《关于进一步支持省级扶贫开发工作重点县加快发展的若干意见》，从产业发展、财政扶持、基础设施、用地供应、金融服务等方面制定促进重点县加快发展的措施。随后，又制定出台了《关于加强省级扶贫开发工作重点县人才和干部队伍建设的意见》、《福建省山海协作共建产业园区规划纲要》等政策文件。自2012年以来，省委、省政府相继出台了十多份文件，形成了较为完善的扶贫开发政策体系。

【彩票公益金试点】 2013年，继续在长汀、宁化、浦城、松溪、政和、周宁、柘荣、屏南、寿宁、建宁、明溪、泰宁、清流等 13 个相对连片的革命老区县实施 1 亿元中央专项彩票公益金试点项目。中央资金 1 亿元，省级财政整合配套 2100 万元，县乡村自筹和群众投工投劳 3300 多万元，共计投资 15470 万元，项目规划涉及 81 乡镇 208 村片，共建设未硬化机耕道 1500 多千米、硬化机耕道 193 千米、蓄水池 345 座、9100 立方米、铺设灌溉管道 180 千米、排水沟排洪沟 195 千米、节水灌溉 8500 亩等农村生产急需的小型公益设施。

【互助资金试点】 全力推进村级互助资金等资金服务组织建设，加强管理，规范运作，提高效益，目前，全省累计有 11 个县 93 个村开展试点工作，入社农户达 6426 户，资金规模 2229.7 万元，扶持了 7198 户农户发展生产。

【扶贫宣传】 2013 年，福建省在中央主要传统媒体和中央网络媒体上共有 259 篇次扶贫宣传报道。新华社用稿 1 篇，《人民日报》用稿 8 篇，中央人民广播电台用稿 1 篇，《光明日报》用稿 3 篇，《经济日报》用稿 1 篇，中国网络电视台用稿 1 篇，《工人日报》用稿 2 篇，《法制日报》用稿 1 篇，《检察日报》用稿 2 篇，《中国青年报》用稿 2 篇，新闻网用稿 12 篇，中国新闻网用稿 15 篇，央视网用稿 2 篇，光明网用稿 2 篇，人民网用稿 206 篇。

（福建省扶贫办 董建武）

江西省扶贫开发

【概述】 2013年，江西省扶贫开发瞄准385万贫困人口，推进3400个贫困村村村庄整治、搬迁移民扶贫、劳动力转移培训和产业扶贫，主攻赣南等原中央苏区和特困片区38个县扶贫攻坚，加快基础设施建设和扶持产业发展步伐，贫困地区和贫困群众增收稳定增长，38个重点扶贫攻坚县农民人均收入达6556元，增长24.9%，高于全省农民人均收入增幅12.72个百分点（其中：17个国定特困片区县5797元，增长23.1%；21个国家扶贫开发工作重点县5268元，增长21.3%；25个国定、省定特困片区县5341元，增长21.5%）。当年全省贫困人口由上年的385万人减少到328万人。

【扶贫资金投入】 2013年，江西省财政专项扶贫资金投入16.75亿元，比上年增加2.34亿元，增长17%，其中：中央财政专项扶贫资金9.87亿元，比上年增加1.37亿元，增长16%；省财政配套专项扶贫资金6.88亿元，比上年增加1.03亿元，增长18%。全年相关部门和企业向38个扶贫攻坚重点联系县投入帮扶资金及物资折款10亿多元，新增贷款额度20.4亿元。落实原中央苏区中央预算内投资48亿元。省财政安排赣南等原中央苏区、特困片区产业扶贫发展资金5.3亿元，统筹资金50亿元支持片区县新农村点建设。

【扶贫资金管理】 科学构建扶贫资金和项目管理“2+14”制度框架，制定《扶贫和移民工作绩效管理考评办法》，将非省定考核县扶贫开发工作考核由各设区市部署，增强扶贫工作考核考评的科学性、公平性和可操作性；制定《关于在推进扶贫和移民系统党风廉政建设中加强专项资金项目风险防控的意见》。在两个文件的基础上，先后出台14项扶贫开发工作管理制度，对20项专项资金的管理流程、风险点、防控措施，从省、设区市、县、乡、村5个层面，进行明确、分析和规范，构建层次清晰、分工明确、责任落实、覆盖全面的扶贫开发工作管理制度体系。精心组织扶贫开发工作考核及扶贫资金绩效考评，首次聘请第三方会计事务所对部分县进行审计，落实《国务院扶贫办关于贯彻落实国务院常务会议精神加强财政扶贫资金管理的通知》精神，布置各地在自查自纠的基础上进行全面审计。2013年，江西在全国财政扶贫资金绩效考评中被评为A级省份，获奖励资金2300万元；在全国扶贫开发工作考核中被评为先进单位，获国务院扶贫开发领导小组的通报表扬。

【扶贫规划实施】　整合力量推进赣南等原中央苏区振兴发展和特困片区扶贫攻坚两大国家战略规划的实施，坚持以区域发展带动扶贫开发，以扶贫开发促进区域发展。省委、省政府出台《贯彻落实国务院关于支持赣南等原中央苏区振兴发展的若干意见的实施意见》，落实扶持政策和规划；罗霄山片区区域发展与扶贫攻坚规划、赣南承接产业转移示范区规划分别由国务院、国家发改委批复出台；组织编制《江西省罗霄山片区区域发展与扶贫攻坚实施规划（2011—2015 年）》和《江西省集中连片特殊困难地区产业扶贫规划（2011—2015 年）》；组织安排相关市、县和省直单位做好 52 个中央部门和单位结对支援赣南等原中央苏区 31 个县（市、区）的对接工作；协调民政部组织召开罗霄山片区区域发展与扶贫攻坚工作会议。继续坚持“四个一”组合式扶贫机制，集中支持特困片区和中央苏区 38 个县扶贫攻坚。即省委常委、省政府领导及其他省级领导、驻赣部队军级领导到特困片区和中央苏区每人定点扶贫一个县，指导帮助特困片区县制定和实施好扶贫攻坚规划、中央苏区县制定和实施好发展振兴规划；每县安排一个综合实力较强的省直部门协助省级领导搞好定点扶贫；每县安排一个国有控股企业、实力较强企业配合省级领导开展定点扶贫；省财政预算连续 10 年每年每县安排 1000 万元专项扶贫资金扶持产业发展。

【整村推进】　开展贫困村整村推进（村庄整治）扶持改革。从 2013 年开始，贫困村整村推进与新农村建设相结合，扶持单位由行政村向自然村下沉，分年、分批、分类扶持实施贫困村自然村点的村庄整治建设，当年全省贫困村安排 1800 个省级新农村建设点、837 个市县自建新农村点。对列入省级新农村建设点的贫困自然村点，安排财政扶贫资金 20 万元；列入区市、县自建的新农村建设点的贫困自然村点，安排财政扶贫资金 15 万元，共投入财政扶贫资金 6.1 亿元，整合新农村建设资金 6.7 亿元，全年投入贫困村的资金 12.8 亿元，与上年相比增加 9.4 亿元。指导各地编制村庄整治建设年度项目计划。督促指导正在实施的 4 个“中央彩票公益金整村推进试点”县和 11 个“中央彩票公益金创新试点”县按照国家要求开展试点工作。

【易地扶贫搬迁】　整合扶贫移民、以工代赈移民、生态移民、地质灾害避灾搬迁、农村危旧房改造等政策开展扶贫移民整体搬迁，启动搬迁移民扶贫进城镇进园区试点，2013 年，全省搬迁移民扶贫投入 3.88 亿元，较上年增长 59%。完成年度扶贫搬迁计划 14814 户 62900 人，其中集中安置 60877 人，占搬迁人数的 97%。完成农村环境污染重点区域搬迁移民 2051 户 7520 人，完成计划的 100%。

【搬迁移民扶贫进城镇进园区试点】2013 年，开始选择部分县开展搬迁移民扶贫进城镇进园区试点，确立“以县为基本单位和平台，以县城为龙头，实行县、乡镇、村三级联动”的基本框架，统筹推进县域经济和社会协调发展；围绕“整体搬得出、长期稳得住、逐步能致富”的基本要求，坚持移民整体搬迁、梯度安置、差别化扶持、综合推进；施行“移民原有权益不伤害，现有权益可增加，未来权益可预期”的基本政策，切实保障搬迁移民合法权益；注重“规划引领、量力而行、因地制宜、稳步推进”的基本方法；坚持“政府主导、农民主体、市场运作、社会帮扶”的基本原则，实现搬迁移民扶贫工作科学开展。

【雨露计划】 开展雨露计划实施方式改革和劳动力转移技能培训两项试点，将雨露计划培训融入城镇化、工业化进程中加以改进，统筹安排扶贫和移民培训资金支持，重点实施贫困农户子女职业教育学历培训和贫困劳动力职业技术技能培训。

2013 年，江西省实际培训 44548 人，扣除国务院扶贫办下达的 15560 人雨露计划实施方式改革试点人数外，省本级实际培训 28988 人，为原计划人数的 102.31%，其中：职业教育培训 6986 人，转移就业技能培训 22002 人。全省雨露计划培训转移就业人数 21061 人，转移就业率 95.72%。

【产业扶贫】 强化以贫困户直接受益为导向的产业扶贫工作，印发《赣南等原中央苏区和特困片区产业扶贫资金项目实施办法》，明确产业扶贫资金主要用于与贫困农户脱贫增收有直接关系的项目，确保产业扶贫资金真正扶贫扶弱。开展担保贷款产业扶贫试点工作；安排下达 2050 万元扶贫贷款贴息资金，用于支持扶贫产业发展；推进互助资金试点，全省有 404 个贫困村开展村级互助资金试点，安排 250 万元新增试点资金用于奖励 21 个试点县 50 个试点村；组织申报扶贫金融合作试点项目，筛选 2 个项目上报国家。

【统计监测】 编制全省扶贫开发工作基础资料，做好贫困农户信息管理系统数据审核、更新和维护。紧紧把握定对象、定政策、定措施、定责任、定目标的“五定”帮扶到户措施的要求，以省委、省政府名义出台《关于全面推进农村扶贫帮扶到户工作的意见》。

协助省统计调查部门，将贫困人口分布数测算到各县、乡、村，明确一次性完成识别工作的原则，启动全省范围的贫困户识别工作。做好已识别贫困人口的动态调整工作，进行重新调查核实和建档立卡。

【定点扶贫】 有 10 家中直单位定点扶贫江西 21 个国家扶贫开发重点县，实现重点县全覆盖。当年中直单位直接投入帮扶资金及物资折款 1.78 亿元。完善定点扶贫激励机制，以省扶贫开发领导小组名义对 2012 年度省直（属）单位定点扶贫工作先进单位和个人进行表彰；联合省委组织部对 2012 年度省直单位定点包扶工作单位和个人通报表扬。

指导各地以定点扶贫为主要载体，动

员各级机关单位和党员干部开展各具特色的扶贫攻坚帮扶活动，全省各级定点扶贫3400个贫困村的帮扶单位共计5156个（其中：省级291个、市级997个、县级3868个），这些部门单位投入帮扶资金及物资折款近8.91亿。

【扶贫开发工作会议】 2013年9月17日，在南昌市召开全省扶贫开发工作会议，会议全面部署新阶段扶贫攻坚，省委书记强卫、省长鹿心社、省委副书记尚勇出席并讲话。4月19日，在南昌市召开中直单位驻赣定点扶贫工作座谈会。4月19—24日，商务部主办，中国国际扶贫中心承办的2013年发展中国家千年发展目标与可持续减贫官员研修班与会的各国代表在江西省实地考察。

（江西省扶贫和移民办　龚亮保）

山东省扶贫开发

【概述】 2013年，山东省认真贯彻落实中央扶贫开发工作部署和习近平总书记赴山东省视察贫困地区重要讲话精神，以“抓党建促脱贫”为统领，以专项扶贫为重点，以行业扶贫和社会扶贫为补充，努力构建扶贫大格局，全面完成了年度扶贫目标任务。据不完全统计，全年投入扶贫资金42亿元，修路1720千米，解决了88.76万人吃水困难，架设生产生活电线1622千米，培训转移农村贫困劳动力52万人，减少贫困人口150万人。

11月28日，习近平总书记赴山东视察工作，在菏泽市考察调研时强调：“要继续下大气力加快扶贫开发。一手抓城镇化，一手抓新农村，即使将来城镇化达到70%，30%的人还在农村生活。要通过推进基本公共服务均等化，发展现代农业，积极推进新农村建设，让农村成为农民幸福生活的美好家园。”

【党建扶贫】 2012年4月开始大力推进“抓党建促脱贫”行动，省选派驻村帮包“第一书记”，深入农村开展扶贫工作，一定3年。到2013年底，省、市、县3级向25096个贫困村和社区派出“第一书记”26828名，投入帮扶资金49.43亿元，走访贫困户31.44万次，解决热点、难点问题11.88万个，建设村集体发展和贫困农户增收致富项目60792个，新建党组织824个，调整选配支部书记1352名，调整选配村“两委”成员2458名，发展党员13843名，培养村和社区后备干部27180名，建立管用制度40676个。

【专项扶贫】 以整村推进为重点，中央和省两级安排财政扶贫专项资金2.34亿元，在潍坊、淄博、滨州、日照、临沂、枣庄、济宁、泰安、莱芜、济南、德州、聊城、菏泽等13个市的39个县（区）扶持省重点贫困村780个，每村平均投入资金30万元集中发展特色产业，种植优质商品粮面积5.11万亩、特色瓜菜面积3.58万亩、林果面积5.37万亩、中药材面积1.26万亩，养殖家畜家禽334.12万头（只）。扶贫开发对象有了保收农田或菜园、果园、一定数量的家畜或家禽，具备了增收致富基础条件，当年农民人均纯收入平均增加1200元以上，高于全省农民人均纯收入增长1174元的平均水平。

【行业扶贫】 省农业厅等17个省直行业部门，按照省委、省政府《关于落实〈山东省农村扶贫开发纲要（2011—2020

年）〉目标任务责任制的工作方案》的通知要求，认真落实“十二五”期间省重点扶持3035个贫困村“五通十有”（通路、通自来水、通电、通广播电视、通信息，有旱涝保收田、有致富项目、行政村“两委”有办公房、有卫生室服务、有卫生保洁制度、有学前教育、有文化活动室、有健身场所、有良好生态环境、有就业保障措施）项目建设任务。

从2012年4月开始组织行业扶贫开始，截至2013年底，除省扶贫办承担贫困村有致富项目任务外，其他16个部门共整合惠农涉农项目资金27.88亿元，帮助贫困村群众改善生产生活条件。其中，省交通厅投资5.59亿元，帮助贫困地区、贫困村修路1577千米。省水利厅投资2.36亿元，帮助785个贫困村村民吃上了自来水。省电力集团公司投资4.93亿元，帮助1023个贫困村架设电线、改造陈旧用电设施。省广电局投资1539万元，帮助188个贫困村、46642户接通了有线电视。省经信委和省通信管理局投资190万元，完成了34个贫困村未安装互联网宽带和12个贫困村未按照固定电话任务。省农业综合开发办投资4.5亿元，为贫困村建设农田水利设施8364个、旱涝保收田64.4万亩。

省委组织部投资1.7亿元，帮助534个贫困村新建了村“两委”办公院，扩建和修缮1427个贫困村办公室。省卫生厅投资193.9万元，帮助1385个贫困村建设了卫生室。省农业厅投资1.53亿元，为贫困村建沼气池6.5万个，安装太阳能热水器4010个、太阳能路灯372盏。省教育厅投资3.49亿元，帮助贫困村建学前教育场所721个。省文化厅投资6080万元，帮助2175个贫困村建设文化室。省体育局投资1.19亿元，帮助1970个村建了体育场所。省环保厅投资3346万元，在贫困村修建19587处垃圾处理设施。省林业厅投资5152万元，为贫困村植树造林、绿化面积10.7万亩。省人力资源和社会保障厅投资9430.3万元，在贫困村开展农业生产技术培训、创业培训和贫困农户劳动力就业技能培训。

【产业扶贫】 按照《关于全面改革扶贫贴息贷款管理体制的通知》（国开办发〔2008〕29号）的要求，安排扶贫贷款贴息资金500万元，其中250万元用于扶持临沂、德州、滨州、聊城、济宁、泰安、日照等7个市地20家扶贫龙头企业发展壮大，250万元用于这些市选择部分贫困村，支持贫困农户小额贷款项目。500万元贷款款贴息资金共引导企业和农户贷款1.33亿元，其中引导企业贷款0.83万元、引导农户贷款0.5亿元。扶贫龙头企业带动贫困地区新增农副产品生产基地面积10万亩、畜禽养殖小区65个，增加畜禽养殖数量32.5万头只。安排小额贷款1250户，户均贷款2000元，帮助贫困户解决了发展生产资金短缺困难。

【雨露计划】 投入资金500万元，在淄博、济宁、泰安、临沂、德州、聊城、滨州、菏泽、日照等9个市的23个雨露计划示范基地进行农村贫困户劳动力培训转移。按照贫困户申请、村“两委”审定、乡镇审查、县扶贫办审核、市扶贫办备案的程序，全年选择培训转移农村贫困户劳动力8380人。

省扶贫办按照每培训转移1人平均补助500元的标准，选择以机电和家用电器维修、微机操作、城市家庭服务、缝纫、保安等一年内短期务工技能培训为主，委托雨露计划示范基地与国内大中型企业、城市等招工用人单位和家庭签订《招工合同》，保证农村贫困劳动力培训出来后能就业。

【互助金试点】 投入资金4282.5万元，新建互助金试点组织161个。截至2013年底，山东省有40个县（区）共建立互助金试点组织995个，入社农户20.21万户。互助资金总规模到达2.94亿元，其中中央和省财政投入资金2.02亿元，农户自筹资金0.86亿元，接受社会捐赠及其他资金0.06亿元。互助金试点简化了贫困农户贷款程序，拓宽了发展生产资金渠道，以贫困农户为主体的农副产品生产、加工、销售、运输等个体经营实体快速发展壮大，得到扶持的贫困农户年增加收入均在3000元以上。山东省互助资金试点工作在2013年全国互助资金绩效考评中被评为A级，受到国务院扶贫办奖励资金600万元继续用于扩大互助金试点。

【彩票公益金试点】 继续实施中央彩票公益金支持沂蒙革命老区创新试点项目建设，投入资金0.8亿元（中央投资0.6亿元，省财政配套0.2亿元）。

自2012年国务院将山东省沂蒙革命老区纳入中央财政专项彩票公益金支持革命老区扶贫开发创新试点范围以来，2012—2013年，共向沂蒙革命老区的沂南县、郯城县、泗水县、费县、临朐县、平邑县、莒县、五莲县、沂源县、苍山县、莒南县、临沭县等12个试点县投入资金1.8亿元，修生产路286.5千米、桥涵907座，打井211眼，筑拦河坝51座，建提灌站（扬水站）20处，挖排灌沟渠130.7千米。项目覆盖253个贫困村、11.82万人，有效改善了沂蒙革命老区交通和农业生产灌溉条件。

【建档立卡】 对“十二五”期间省重点扶持的55个县（区）、200个贫困乡（镇）、3035个贫困村和低于贫困线以下的低收入农户，按照“一村一档、一户一卡”原则，进行建档立卡，实行动态化管理，瞄准贫困村、贫困农户落实扶贫政策，采取有针对性的扶贫措施，改善贫困村、贫困农户的生产生活条件。完成了对2011—2012年从省直部门、单位选派的583个“第一书记”帮包村的建档立卡工作。

【扶贫培训】 2013年，省扶贫办分别会同省委组织部、省财政厅，在山东农业大学举办省重点扶持贫困村党支部书记培训班、互助金试点村理事长和会计培训班。投入财政扶贫资金346.6万元，对省重点扶持2123个贫困村党支部书记集中培训，完成了对“十二五”期间省重点扶持3035个贫困村党支部书记第一轮培训。借助山东农业大学师资和教学力量，对268个贫困村互助金试点村理事长和会计进行培训，学习互助金协会或互助金合作社组织管理做法。

【机制建设】 加强扶贫制度化、规范化建设，4月25—27日，省政府成立5个扶贫开发工作督导组，分别由省委组织部、省发展改革委、省财政厅、省农业厅、省政府研究室牵头，组织有关单位参加，对各市贯彻落实省委扶贫开发会议和扶贫开发工作进展情况进行了督导检查。6月6日，印发《山东省扶贫开发考核办法（试行）》。12月下旬，分别由省扶贫办、省民委、省人力资源和社会保障厅、省审计厅、省统计局牵头，对2012年省选派583名“第一书记”帮包村脱贫情况进行中期评估，提出加快脱贫步伐意见。加强对黄河滩区群众生产生活困难问题调研，撰写了《山东黄河滩区农村贫困问题的调研报告》，向省委、省政府和国务院扶贫办提出加大对黄河滩区扶持政策措施建议。

【机构建设】 山东省机构编制委员会办公室批准山东省扶贫开发办公室设立扶贫规划处、扶贫项目管理处、社会扶贫处。省农业厅长王金宝兼任省扶贫开发办公室主任，配备1名专职副主任，新增1名副主任和2名工作人员。省扶贫开发领导小组保留，省扶贫开发领导小组办公室撤销。省重点扶持村涉及的市都成立了独立的扶贫开发办公室或扶贫开发科，全省扶贫开发队伍得到加强，工作条件有所改善。

（山东省扶贫开发办公室）

河南省扶贫开发

【概述】 2013年，河南省围绕加快贫困地区扶贫攻坚和贫困农民脱贫增收，把实施大别山、伏牛山、太行深山区、黄河滩区“三山一滩”群众脱贫工程作为省委党的群众路线教育实践活动的重大专题，把年度扶贫开发目标任务列入省委、省政府“十项民生工程”，加大财政专项扶贫资金投入，强化行业部门扶贫责任，创新社会扶贫模式，扶贫开发工作取得新的成效。全省1116个贫困村实施整村推进，完成计划任务的111.6%；对5.4万名深石山区贫困群众实施扶贫搬迁，完成计划任务的135%；对20.58万贫困地区劳动力实施雨露计划培训，完成计划任务的102.9%。全省有117万人农村贫困人口实现稳定脱贫，53个贫困县农民人均纯收入总体增幅高于全省平均水平。

【扶贫资金投入】 2013年，投入中央、省财政专项扶贫资金23.35亿元，其中，中央投入16.62亿元、省级投入6.73亿元；投入中央、省专项彩票公益金8250万元，其中中央投入6250万元、省级投入2000万元。省级财政专项扶贫资金中，省级财政扶贫发展资金5.99亿元，比2012年增加51%。市县财政专项扶贫资金投入有较大幅度增加，如郑州市市本级投入2.2亿多元，连续两年增幅在65%以上。

【扶贫资金管理】 制定《河南省扶贫资金项目公告公示实施办法》、《河南省扶贫资金项目自查整改实施方案》、《河南省扶贫办处室联系市县扶贫开发工作制度》、《河南省扶贫办信访案件督导督办工作制度》。建立财政专项扶贫资金提前预拨机制，资金下达时间明显提前；将财政专项扶贫项目的核准权限全部下放到县，强化了省、市两级监管职责。在扶贫资金分配上实行因素法，结合贫困人口规模、贫困发生率、农民人均纯收入、绩效考评等级等因素合理确定权重；在扶贫项目选定上推广参与式扶贫模式，充分尊重农民意愿。

省政府纠风办、省财政厅、省审计厅、省扶贫办4部门联合对全省2011年、2012年财政专项扶贫资金管理使用情况进行专项检查。对2012年财政专项扶贫资金管理使用情况开展绩效考评，评定出A级省辖市、省直管县（市）8个，B级省辖市、省直管县（市）10个；A级贫困县15个，B级贫困县27个，C级贫困县11个。绩效考评结果作为安排资金的重要依据。

【连片特困地区扶贫攻坚】 编制并实

施河南省秦巴山、大别山片区区域发展与扶贫攻坚实施规划和河南省集中连片特困地区产业扶贫规划，全省26个国家集中连片特困地区县投入中央和省级财政专项扶贫资金9.35亿元；开展片区实施规划监测评估工作，对目标实现程度、主要任务完成进度、重大项目推进情况等进行监测评估，推动规划落到实处。

制定《河南省大别山伏牛山太行山贫困地区群众脱贫工程规划（2014—2020年）》和《河南省黄河滩区群众脱贫工程总体方案》，与实施国家集中连片特困地区扶贫攻坚与区域发展规划紧密结合，统筹财政扶贫资金、行业部门资金、金融部门贷款、民间社会资金、群众自筹资金，重点围绕搬迁聚居、改造提升、转移就业、产业发展、生态环境5个方面实施扶贫攻坚，加快“三山一滩”群众脱贫致富步伐。

【整村推进】 河南省整村推进项目投入各类资金28.65亿元，其中各级财政专项扶贫资金7.57亿元、中央和省专项彩票公益金0.825亿元、统筹行业部门资金14.98亿元、群众自筹资金（含投工投劳折资）5.27亿元，对1116个贫困村实施整村推进。坚持整村推进与新型城镇化、新型农业现代化、新农村建设、美丽乡村建设有机结合，实行“持续推进、重点突破、全面提升”整村推进工作机制，围绕实施水、电、路、气、房、环境改善到农家和农户增收致富“六到一增”工程和发展社会事业，统筹安排各类专项扶贫措施，统筹整合部门资源和社会力量，着力打造扶贫开发精品工程。

在全省评选150个整村推进示范村（每村奖励50万元的财政专项扶贫资金项目，提升整村推进效果），分山区片和平原片召开全省整村推进现场观摩培训会，推广成功经验，实行典型引路。

【易地扶贫】 河南省共投入扶贫搬迁项目资金12.97亿元（其中各级财政专项扶贫资金3.39亿元），对5.4万名深石山区贫困群众实施扶贫搬迁，建设安置新村（安置区）113个、安置房132.6万平方米，架设电路227.9千米，修建道路256.8千米，铺设管道516.3千米等。坚持“政府引导、群众自愿，因地制宜、有序推进”的原则，注重加大地方投入和资源整合力度，注重加大整村和整组搬迁力度，注重引导和支持贫困群众向乡镇政府所在地、县城、旅游景区服务区、产业集聚区生活区集中，注重引导和支持后续产业发展，确保搬迁群众搬得出、稳得住、能发展、可致富。

【产业扶贫】 实施产业扶贫贷款贴息项目，投入中央、省财政专项扶贫资金1.44亿元，对377家产业化龙头企业和农民专业合作组织进行贴息扶持，争取金融机构投入贫困地区贷款48亿元，龙头企业直接投入贫困地区产业开发资金1.16亿元，辐射带动特色种植基地2200万亩，辐射带动50.11万贫困人口增收，直接带动7.07万贫困人口务工就业。实施扶贫到户小额贷款项目，投入中央、省财政专项扶贫资金4296万元，对贫困户发展特色产业进行贴息，争取金融部门发放扶贫到户小额贷款8.2亿元，扶持2.58万个贫困户。实施扶贫开发增收到户项目，投入中央、省财政专项扶贫资金2.38亿元，实施829个项目，扶持6.3万个贫困户发展特色产业。

【雨露计划】 雨露计划项目投入中央、省财政专项扶贫资金1.9亿元，培训贫困地区劳动力20.58万人，其中国家助学改革试点3.23万人、贫困家庭新生劳动力职业教育助学工程3.22万人、贫困户家庭劳动力短期技能培训工程5.8万人、贫困村产业发展实用技术培训工程7.3万人、企业就近就地培训就业工程1.03万人。

突出职业技能培训，优选省、市、县3级培训基地，培育了一批劳务品牌，实现了培训对象稳定就业。积极探索雨露计划培训实施方式改革，直补到人资金占补助资金总量的60%以上。启动贫困地区基层组织负责人和致富带头人培训工作，分两批共培训300多人。

【互助资金试点】 坚持“重点支持、固点扩面、稳步推进”的原则，投入中央、省财政专项扶贫资金2878万元，在26个县新增115个试点村，奖励73个试点村。2013年底，互助资金试点覆盖48个县、746个贫困村；互助资金总规模1.44亿元，其中财政专项扶贫资金1.256亿元，农户交纳互助资金1576万元；累计入社农户5.11万户，其中贫困户3.22户；累计发放借款2.18亿元，其中向贫困户发放借款1.49亿元；累计还款1.93亿元，到期还款率100%。

【彩票公益金试点】 利用中央、省专项彩票公益金，在9个贫困县的59个贫困村开展了支持贫困革命老区整村推进试点工作，项目规划总投资2.65亿元，其中，中央专项彩票公益金6250万元、省级专项彩票公益金2000万元、县级财政扶贫资金1069万元、行业部门资金13766万元、群众自筹资金（含投工投劳折资）3402万元，规划实施基础设施、产业发展项目523个。注重社区参与，推广社区主导理念，将项目的选择、决策、监督、管护权赋予村民，充分发挥了群众主体作用。

【以工代赈】 投入中央以工代赈资金2.05亿元、省级以工代赈资金6000万元，在53个贫困县建设乡村道路915千米、桥梁15座、渠道7900米、排水渠7100米、护地坝3408米、拦河坝1594米、饮水管道8050米，整修提灌站10座、大塘18处等。通过516个小型路桥项目建设，解决了约700个村组交通不畅问题；通过小型片区综合治理开发、小型农田水利建设等措施，新增或改善灌溉面积6.36万亩，保护耕地4880亩，治理小流域8.6平方千米，解决了1.79万人饮水困难。

【科技扶贫】 投入中央、省财政专项扶贫资金1.05亿元，实施科技扶贫项目225个，覆盖381个贫困村，示范推广438项新品种、新技术，组织510名省级农业专家现场指导，发放技术资料 59 万册，培训贫困群众 22 万人次。

加大科技成果转化力度，通过优良品种推广、技术提升改造、技术能手加盟等方式，扶持特色优势产业近 100 个。加强科技扶贫项目管理，实行“四个一”工作机制，即每个项目要有一个县级审计报告、一个录像总结、一套统一编号挂牌、一个长效运行机制。

【外资扶贫】 世行五期扶贫项目中期调整后，项目总投资 3.73 亿元。截至 2013 年底，累计完成项目投资 2.25 亿元。已建设村内道路 704 千米、桥涵 81 座、蓄水池 709 个、文化广场 2.65 万平方米、护坡 1.25 万平方米、校舍 2100 平方米、图书阅览室 2897 平方米等；完成互助社注册、开设账户 115 个，83 个互助社已注资 907.6 万元、发放借款 899.54 万元，完成农民实用技术培训 1.88 万人次、村级项目组织成员考察 685 人次；完成 15 个 GEF 项目村的试点活动，培训 860 人次；完成项目管理培训、考察 9916 人次，购置办公设备、家具 552 台（套）、项目用车 16 辆。

【定点扶贫】 23 个中直机关和企事业单位对河南省贫困地区直接投资 5000 多万元，引进资金 1.7 亿多元，培训各级干部、技术人员、农村致富带头人等 3300 多人。省、市、县 3 级共选派 7191 个单位、9107 名干部定点帮扶 7780 个贫困村，对贫困村覆盖面达到 76%，18 个省辖市中有 10 个省辖市实现对贫困村定点帮扶全覆盖。

省、市、县 3 级共投入定点帮扶资金 7.59 亿元，引进资金 16.71 亿元，帮助上项目 4456 个，举办各类培训班 5653 期，培训转移各类技能人才及农村致富带头人 31.8 万人，村企、村校企对接组织劳动力转移就业 16.5 万人。

【企业和社会各界扶贫】 开展“千企帮千村”、“村企共建扶贫工程”活动，1493 家民营企业与 1030 个贫困村结对开展共建扶贫工程，为贫困村投入扶持资金 5 亿多元。

开展“同心”实践行动、“爱心包裹”活动、“军民共建”活动等，其中省委统战部对洛宁县开展的“同心”实践行动，促成 18 个招商项目成功签约，签约资金 45.31 亿元，并协调统战系统、有关部门投入扶持资金 1.5 亿多元。借助“10.17”国际消除贫困日广泛宣传动员，营造浓厚的社会扶贫氛围，如洛阳市在 10 月 17 日社会化产业扶贫“金果树工程”和社会化公益扶贫“爱心圆梦工程”启动仪式上，签约投资和捐资 8.8 亿多元。

【扶贫机构建设】 省扶贫办新设立行业社会扶贫处和互助资金小额信贷管理办公室，充实工作力量。印发《河南省扶贫开发领导小组关于进一步强化扶贫开发工作责任制的通知》，明确各省辖市、直管县（市）和省直各部门的目标责任。制定《河南省扶贫系统干部培训办法》，加强扶贫业务培训。

（河南省扶贫办　郑方）

湖北省扶贫开发

【概述】 2013年，湖北省共解决64.9万农村建档立卡贫困人口的脱贫问题，超年初计划29.8%，分别比2011年、2012年多减少贫困人口24.9万人、14万人，减贫速度明显加快；29个重点县农民人均纯收入达到5675元，比2012年增加793元，增长16.2%，增幅比全省平均水平高3.3个百分点。在全国扶贫开发工作考核获A级。

【连片特困地区扶贫攻坚】 湖北省扶贫办、省发改委组织编制了4个片区区域发展与扶贫攻坚规划和省级实施规划，审核、批复了各县（市、区）片区攻坚规划，会同省直有关部门编制了片区产业发展规划。提出4个片区的指导意见和推进办法。省政府专门建立了片区产业发展基金，投入50亿元支持片区产业发展；省直各单位加大支持力度，每个片区县每年享受政策性扶持资金约3亿—5亿元。采取省领导联系片区、省直单位牵头协调、相关部门密切配合的方式来推进片区规划的实施。召开分片区推进会、市县乡3级干部会等，营造合力攻坚的氛围。积极探索农村融资体系建设、涉农资金整合、土地增减挂钩、产学研结合、跨区域协作、土地流转、城乡一体化发展、部际联席会议等机制；坚持先行先试，认真做好恩施市龙凤镇综合扶贫改革试点、柴湖振兴发展工作。协调督办各项支持政策落实。

2013年，4个片区实现地区生产总值3397亿元、规模以上工业增加值1148亿元、地方财政一般预算收入200亿元，比2012年分别增长18%、40%、20%；城镇居民人均可支配收入17418元、农民人均纯收入5758元，分别增长12%、15%。

【整村推进】 按照整合资源、集中投入的要求，对2013年启动的300个整村推进村，共完成投资177372万元，其中，专项扶贫资金投入38047万元，以工代赈资金投入7279万元，行业扶贫资金投入72923万元，扶贫贴息贷款6090万元，社会帮扶资金16875万元，群众自筹35289万元，其他投入869万元，取得明显成效。

300个村发展种植业28万亩，占年度规划任务的100%；发展养殖业115万羊单位，占年度规划任务的107%；兴修维修公路2548千米，占年度规划任务的101%；建设农田水利999处，占年度规划任务的

104%；完成农村环境整治 1284 处，占年度规划任务的 101%。

通过实施整村推进，300 个村贫困发生率由实施前的 45% 下降到实施后的 28%；农民人均纯收入由实施前的 2769 元增加到实施后的 3577 元，增加 808 元。

【产业扶贫】 2013 年，湖北省共投入财政贴息资金规模达 10200 万元，融资 36 亿多元参与扶贫开发，扶持农业产业化龙头企业 736 多家，辐射带动 2600 个贫困村、94.4 万人，使 14.8 万个贫困户脱贫，建设特色产业基地面积达到 2000 多万亩，基地覆盖贫困乡村和农户达 70% 以上，农民从特色产业中获得的收入占总收入的 60%。

积极推进中央企业支持扶贫开发工作，重点县与中央企业签约项目 18 个，投资总额 159.6 亿元。开展“千企帮千村”活动，有 1072 家省内企业参与扶贫开发，投入资金 3.3 亿元，培训贫困劳动力 67969 人次，提供就业岗位 29827 个，建各类特色产业基地 755779 亩，资助贫困学生 5326 名。

加大招商引资力度，4 个片区 1703 亿元，7 个脱贫奔小康试点县市重大项目投资总规模为 569.25 亿元，较上年增长 44.83%。省委统战部、省工商联开展光彩事业走进武陵山区、丹江口库区活动，促成恩施、十堰项目签约 108 个，投资金额分别达 456 亿元、514.3 亿元。宜昌市吸引宜昌农晟生态农业开发有限公司投资 1.5 亿元在 3 个村发展生态农业，引进风脉新能源有限公司和唐仕集团有限公司分别向贫困村投资 4 亿元、5 亿元。

【扶贫搬迁】 坚持扶贫搬迁与整村推进、农业基地开发、新农村建设、小城镇建设和促进转移就业相结合，确保搬得出、稳得住、能发展、可致富。2013 年，湖北省投入中央扶贫资金 6600 万元、省级扶贫资金 2035 万元、整合部门资金 8870 万元、其他资金 48017 万元，搬迁 11261 户、44412 人，超计划 12.6%，解决了搬迁贫困户的稳定脱贫与长远发展问题。

【雨露计划】 坚持“计划指导、资金到县、培训到户、直补到人、部门协作、全程监管”的原则，深入推进雨露计划的宣传发动、摸底调查、农户申请、部门审核、社会公示、对象确认、资金直补、档案整理和督办检查等工作。全年投入各级财政扶贫资金 5265.4 万元，转移培训农村贫困劳动力 55194 人次（含国家雨露计划试点 22281 人次），占全年指导性计划任务的 110.4%。其中：中职长训 38650 人、高职长训 10194 人、短期技能培训 6350 人。

【革命老区建设】 2013 年，安排专项资金 11124 万元，在 309 个重点扶持老区乡镇各选择一个贫困村，参照整村推进的做法，集中资金解决生产生活突出困难。实施项目 1378 个，其中农田水利、交通、饮水等基础设施项目 542 个，资金 3219.5 万元；发展生产项目 700 个，资金 7145 万元；社会发展项目 58 个，资金 322 万元；培训与科技推广项目 78 个，资金 537.5 万元。

安排810万元对27个革命老区中心乡镇进行重点支持。省财政新增4000万元老区和插花扶贫资金，采取竞争方式，确定12个重点老区乡镇和4个插花贫困乡镇实行整村推进连片开发，每个片区安排扶持资金250万元。

【扶贫试点】 脱贫奔小康试点。坚持以项目为载体，强力推进基础设施建设、特色产业发展等重大项目建设。7县市重大项目投资总规模为569.44亿元，实际完成投资616.57亿元，占年度计划的108.28%。其中，省直13个部门向7县市安排政策性专项资金37.86亿元，较2012年增长13%；定点帮扶单位共落实帮扶资金11.899亿元，发放银行贷款19.02亿元，企业完成投资5856万元。

2013年，7个试点县实现地区生产总值592.23亿元、工业增加值200.75亿元、地方公共财政预算收入35.4亿元，分别是2008年的2.34、2.88、3.8倍；1411个村集体经济收入达到5万元以上，占行政村总数的85.26%；农民人均纯收入6050元，比2008年增加2195元，5年试点工作规划目标实现。

龙凤综合扶贫改革试点。正式启动“以龙凤为点、恩施为片，在退耕还林、扶贫搬迁、移民建镇、产业结构调整等方面先行先试”的综合扶贫改革试点。省政府印发《关于推进恩施市龙凤镇综合扶贫改革试点工作的实施意见》，省、州、市3级政府加大投入、整合资源、创新体制机制，中央和省级财政投入龙凤镇试点项目资金达8.77亿元，重点用于扶贫搬迁、移民建镇、退耕还林、产业结构调整等民生项目。

柴湖镇振兴发展试点。成立省级大柴湖开发区，坚持城乡统筹，加快建设柴湖移民集中安置地振兴发展。省委、省政府印发《关于支持柴湖加快经济社会发展的指导意见》，提出14条支持政策，2013—2015年，柴湖开发区每年将投入3亿元左右扶贫项目资金，改善当地基础设施和民生条件。

中央彩票公益金试点。2012年，湖北省英山县、巴东县、房县3个县启动了中央彩票公益金试点工作，3个县试点规划项目557个，资金总投入10755.2万元。2013年，确定鹤峰县、长阳县、孝昌县、团风县、郧西县、保康县6个县为湖北省试点单位。各试点县的项目书已得到国务院扶贫办审核通过，项目实施有序推进。

贫困村互助资金试点。全省29个扶贫开发工作重点县（市）的360个贫困村成立了扶贫互助社，入社农户达46921户，其中贫困户有30652户，占入社农户总数的65.3%；扶贫互助社发放借款7833万元，其中贫困户借款6635万元，占借款总额的85%；贫困户借款户数20643户，占借款总户数的79%；贫困户通过借款发展生产，户平增收1238元。

【社会扶贫】 17个中直驻鄂定点帮扶单位直接投入扶持资金和物资折款6269万元，帮助引进各类资金39044万元。省、市、县3级党政机关直接投入定点帮扶资金21亿元，帮助引进25.2亿元。省发改、交通、水利、住建、环保、民宗、国土、移民、南水北调局等部门，安排413亿元行业资金，用于贫困地区基础设施建设。省财政、经信、科技、林业、农业、商务、旅游、粮食、供销、科协、农科院等部门安排50.49亿元，扶持片区和重点县培育新型经营主体，发展特色产业。省教育、民政、人社、文化、新闻出版广电、体育、卫生计生等部门安排72.39亿元，加快贫困地区社会事业发展，积极推进基本公共服务均等化。

驻鄂部队及省军区系统共投入帮扶资金2085万元（扶持资金1918万元，物资折款167万元）。定点帮扶红安、麻城革命老区，每个军级单位对口帮扶一所中学或中心小学，师旅团级单位对口帮扶一所小学；团以上干部结对帮扶特困户或困难军烈属、资助贫困学生；医疗单位重点帮扶提升公共服务能力，每年组织1—2次义务巡诊。

省老促会、省扶贫基金会、省扶贫办、省邮政公司开展“善行100·爱心包裹”活动，2013年募捐资金59.5万元，募捐爱心包裹2401件，受益学校102所，受益学生1.1万人。省扶贫开发协会联络110家会员企业和团体，直接投入资金12亿元帮扶贫困户。团省委举办希望工程慈善晚会，现场确认意向捐款4088万元；新建希望小学19所，资助贫困大中小学生8243人次；全年筹资6000万元，在片区建成926个希望厨房；帮助1000名贫困大学生和3000多名贫困高中生完成学业。香港嘉里郭氏基金在孝昌3个贫困村投入3000万元兴建扶贫基地。

国家民委、国家开发银行和湖北等4省市政府共同签署推进武陵山片区扶贫攻坚试点合作协议，邮政储蓄银行湖北省分行与省扶贫办联合开展“阳光信贷”活动。省妇联开展妇女小额担保贷款，发放贷款1.69多万笔，贷款金额11.99亿元，其中湖北省妇联小微企业互助合作社累计发放3.1亿元贷款。省残联安排4800万元康复扶贫贷款指标，贴息280万元，扶持3473名残疾人就业。

【农村合作社发展】 2013年底，全省老区贫困地区农民专业合作社达3.8万个，全省26.5%的农户入社。其中，黄冈市成立各类农民专业合作经济组织1809个。五峰县开展“专业合作式”扶贫开发，扶持贫困户建设各类特色产业基地4万余亩。积极推进扶贫贷款贴息项目改革，完善企业落实扶贫帮带责任评估体系，安排到户贴息资金1125万元，为5620个贫困户发放小额扶贫贴息贷款22500万元，户均贷款4000元，带动户均增收1042元。

（湖北省人民政府扶贫开发办公室）

湖南省扶贫开发

【概述】 2013年，湖南省紧紧围绕年初确定的目标任务，采取有力措施，扎实推进，扶贫工作取得新的成效，贫困地区基础设施建设不断完善，公共服务水平进一步提高，经济社会发展呈现出良好态势，扶贫开发重点县农民人均纯收入继续大幅增长，超过全省农民人均增长水平；减少农村扶贫对象127万人。

【扶贫投入】 2013年，湖南省共落实中央和省财政扶贫资金16.6亿元，其中，中央财政扶贫资金13.9亿元，省级财政扶贫资金2.7亿元。

【扶贫资金管理】 1. 完善管理制度。根据《湖南省财政专项扶贫资金管理办法》，研究制定一系列管理措施，如财政专项扶贫资金因素分配办法、项目审批权下放意见等，严格按照制度办事，做到有法可依，有章可循，实现资金管理的规范化、制度化，提高扶贫资金的使用效益。

2. 实施绩效考评。湖南省扶贫办、湖南省财政厅联合印发通知对48个重点县2012年度财政专项扶贫资金开展绩效考评，促进扶贫项目资金规范使用。在全国扶贫资金绩效考评中湖南省扶贫工作被评为B类。

3. 开展自查自纠。贯彻国务院26次常务会议精神，结合审计提出的意见、建议，对各市州、县市区2010—2012年财政扶贫资金使用情况进行自查自纠活动，对可能存在的贪污侵占、挤占挪用、违规调项、闲置滞留等问题进行了清理，防范风险于未然。

【连片特困地区扶贫攻坚】 1. 推进规划实施。全面完成了湖南省武陵山和罗霄山片区区域发展与扶贫攻坚规划的报批、审批工作，指导各县完成了当地片区扶贫攻坚规划，先后启动实施重点项目2000多个，总投资超过1000亿元。

2. 出台优惠政策。出台了一系列支持片区发展的政策文件，如《关于对武陵山片区农村基层教育卫生人才发展提供重点支持的若干意见》（省委组织部牵头），《关于支持武陵山罗霄山等地区区域发展与扶贫攻坚的若干意见》（省国土厅牵头），《关于推进武陵山片区创建民族团结进步示范区的实施意见》（省民委牵头）等。

3. 加大资金投入。中央和省财政专项扶贫资金的73.1%安排到了两大片区，推进两大片区扶贫攻坚。

【整村推进】 湖南省把贫困村整村推

进与全省少数民族高寒山区脱贫解困工作有机结合起来，安排资金3.65亿元，启动了第二轮453个国定贫困村和211个少数民族高寒山区村开展整村推进，大力实施“水、电、路、气、房和环境改善”六到农家工程。453个国定贫困村投入财政扶贫资金2.265亿元，项目覆盖人数68.56万人，直接帮扶26.89万人；发展种植业20多万亩，其中楠竹低改4.26万亩，油茶1.9万亩，蔬菜4.14万亩，水果5.64万亩，烤烟2.68万亩，药材1.4万亩；养殖家禽115万羽，家畜11.5万头；村组道路248千米，水渠68千米，水塘89口，人畜饮水管道89千米，水池108口。211个少数民族高寒山区村共投入财政扶贫资金1.385亿元。

【两项制度有效衔接】 湖南省把两项制度有效衔接直接帮扶80万扶贫对象，列入省政府为民办实事内容。印发了《关于做好2013年为民办实事帮助80万扶贫对象发展生产的通知》，将考核指标任务分解落实到相关市县，明确了工作责任。按照“脱贫计划、项目规划、资金落实三到户，帮扶责任、项目实施、工作联系三到人”的总体要求，安排专项资金3.2亿元，启动千家万户生产项目20多万个，户均增收2000元以上。

【贫困农户危房改造试点】 省扶贫办、省住建厅研究制定《关于进一步做好贫困农户危房改造工作的意见》，对全省贫困地区有约25万户80万人属危房或无房户进行危房改造，在平江等地按照每户5万元（住建部门4万元、扶贫资金1万元）的补助标准开展试点。

【产业扶贫】 按照国务院扶贫办两个70%的要求，编制了湖南省武陵山和罗霄山两大片区产业扶贫发展规划，研究制定了《关于加强产业扶贫工作的指导意见》。安排重点产业专项资金近2亿元，突出扶持了茶叶、油茶等特色优势产业；投入财政扶贫资金4000多万元，引导贷款5亿余元，对181家农业龙头企业（农民专业合作社）及产业基地进行重点扶持；小额信贷、彩票公益金、互助金、科技推广等试点工作稳步推进。扶贫重点产业的实施可增加产值21.9亿元，增加利润7.5亿元，扶持农村贫困人口23.9万人，贫困人口人均增收1040元。投入财政专项扶贫资金1.333亿元，支持68个面上县扶贫开发，启动实施产业开发、技能培训、基础设施建设等项目近1000个。

【雨露计划】 为适应国家中长期教育改革发展要求，根据国务院扶贫办雨露计划培训方式改革的精神，重新认定了67所扶贫培训基地，投入财政专项扶贫资金1.56亿元，实施培训直补到人；完成职业教育和转移培训61848人，资助湘西州籍贫困大学生3200人次，培训科技带头人和大学生村官5288人次，组织实用技术培训21.4万人次。

【金融扶贫试点】 湖南省扶贫办会同国家开发银行湖南省分行，合力探索金融支持产业扶贫的新路径，选择怀化市和沅陵、石门、古丈、龙山、城步五个县试点。国家开发银行给沅陵授信2亿元，支持当地茶叶、渔业等重点产业发展。研究制定《湖南省产业扶贫贷款贴息资金管理指导意见》，增加扶贫贴息额度，加大信贷资金投入力度，解决贫困农民资金短缺的问题。

【革命老区建设】 2013年，湖南省革命老根据地经济开发促进会共落实省级老区扶贫开发项目资金2000万元，其中资助乡村道路、水利等基础设施建设项目324个，资金1545万元；扶植种养业、农技推广和培训等生产发展项目52个，资金455万元；省各常务理事单位全年落实特殊支持老区项目205个、资金685万元。这些项目覆盖全省14个市州95个老区县的11.7万老区乡村群众直接受益。

【以工代赈】 编制下达了湖南省2013年中央预算内投资以工代赈计划。突出贫困地区农村小型基础设施建设，新增和改善灌溉面积5万亩，新建和改造乡村道路400千米，建设独立桥涵25座200延米，解决30万人交通困难；建设蓄水池130个，引水管道0.83万延米，解决8.3万人、2.4万头大牲畜饮水困难。以湖南省洞庭湖区垸内排水渠系建设为重点，疏浚整修电排排渠360千米，涵闸168处，更新改造电排装机65台套1.6万千瓦。落实以工代赈基础设施建设示范项目资金8500万元，实施项目25个。

【定点扶贫】 14个中直单位共派出20多位挂职干部赴各帮扶县工作，累计直接投入资金8000多万元；培训各级干部、技术人员、农村劳动力6000多人次，组织劳务输出2000多人次。国家民委对湖南省武陵山片区县都派出了挂职干部。湖南省辖6市对口帮扶湘西6县直接投入2590万元（其中资金2440万元，物质折价150万元），帮助引进资金570万元。全省各级党政机关共派出3050个扶贫工作队，1.2万余名干部参与建设扶贫工作，在各贫困村直接投入资金达10亿元，帮助引进各类资金达15亿元，实施了一批群众最渴望、最需要的项目，改善了贫困村基础设施和生产生活条件，增强了自我发展能力。

【扶贫对象监测】 按照精准扶贫的要求，继续做好重点县和监测贫困村的发展情况、农户基本情况、居住情况、人口与劳动力就业基本情况和调查户家庭情况监测。启动建档立卡行动计划，将全省扶贫对象核定到各县、市、区，按程序开展识别、登记造册工作。

【军队和武警部队扶贫】 深入推进“部队2211助老区奔小康”工程，驻湘各部队共确定挂点帮扶村25个，直接投入资金1700万元，帮助引进各类资金4000万元，帮助引进项目120个。举办各类技能培训100余期，培训农村劳动力2.1万人次，建立了多个高科技种养殖基地和民兵科技示范园。

【企业和社会各界扶贫】 省统战部、工商联、扶贫办等部门深入开展“万企联村、共同发展”活动，覆盖1300多万农业人口。发挥省扶贫基金会的作用，会同团省委、省妇联等各类社团组织，广泛开展“邮政爱心包裹”、“筑巢行动”“母婴平安”等活动，引进吸纳各类资金物资 2 亿多元。加强国际交流，推进外资扶贫项目实施。

【扶贫机构建设】 全面完成机构升格后干部选拔任用工作，2013 年人事变动 42 人，其中提拔干部 35 名，接收军转干部 2 人。开展扶贫系统培训班 34 期，培训干部 2459 人次，提高扶贫干部业务水平。

（湖南省扶贫办　冷　凌）

广东省扶贫开发

【概述】 2013年是广东省新一轮扶贫开发“规划到户、责任到人”工作开局之年，全省上下积极贯彻落实全省扶贫开发工作会议精神，按照省委、省政府关于促进粤东西北地区振兴发展的战略部署，围绕振兴抓扶贫，推进扶贫促振兴，坚持政府主导、部门合作、社会参与，动员全省力量对21个扶贫开发重点县，2571个重点帮扶村以及村内有劳动能力的20.9万相对贫困户、90.6万人相对贫困人口开展帮扶，强力推进新一轮扶贫攻坚，促进粤东西北地区振兴发展，着力加快欠发达地区人民群众奔康致富步伐，努力推动全省加快实现“三个定位、两个率先”（发展中国特色社会主义的排头兵、深化改革开放的先行地、探索科学发展的实验区；率先全面建成小康社会、率先基本实现社会主义现代化）总目标。

据统计，2013年，各地、各帮扶单位共投入帮扶资金54.65亿元，其中，用于重点帮扶村项目建设的资金48.98亿元，平均每村190.49万元；用于贫困户脱贫的资金5.67亿元，平均每户2402.67元。帮扶成效初步显现，2013年度重点帮扶村集体经济总收入为6401.79万元，平均每个村达到了2.49万元，比工作开展初时增加了1.36万元；贫困户年人均纯收入为4439.51元，提高了1912.4元。重点帮扶村“低保”、“五保”纳保率，城乡居民社会养老、基本医疗保险参保率，以及贫困户子女应入学率皆达到了100%。

【扶贫机制】 深入推进扶贫“双到”工作，以省委、省政府名义召开全省扶贫开发工作会议，全面启动新一轮扶贫攻坚工作，印发《广东省新一轮扶贫开发“规划到户责任到人”及重点县（市）帮扶工作实施方案》（粤办发〔2013〕14号），对符合农村低保政策，有自我发展能力的贫困户列入开发式扶贫对象，定人、定责帮扶；对于丧失劳动能力且符合低保条件的贫困户列入最低生活保障，并逐步提高低保标准，实现低保与扶贫开发的有效衔接；对居住在缺乏生活条件村庄的农民，实行移民整体搬迁。

【产业扶贫】 2013年，广东省各帮扶单位共启动实施村项目26987个，投入资金48.34亿元，带动和惠及农户812818户，贫困户168643户。在村扶贫项目中，生产经营类项目3373个，平均每个村1.3个，对于带动农户发展优势产业、增加收入发挥着重要作用。开展贫困村互助资金试点工作，全面实施农村小额信贷试点工作，解决农民发展生产的资金瓶颈问题。加强扶贫农业龙头企业建设，打造了一批带动贫困农户增收显著、辐射力强的大中型扶贫龙头企业。组织广大农户发展种养殖业，创造了农地入股等新型发展载体，带动了农民增产增收。扎实开展山水田林路综合治理的“大禹杯”竞赛活动，改善农业生产条件，建设稳定高产农田，促进农业生产增收。

【考核评比】 根据《广东省扶贫开发“双到”工作考核验收办法》，围绕 240 个中直省直帮扶单位，21 个地级以上市、顺德区和 83 个县（市、区），开展 2010—2012 年度扶贫开发“双到”工作目标任务的完成情况，进行了全面的考核验收。全省 3407 个贫困村脱贫工作平均得分为 98.72 分，90 分以上 3362 个村，优秀率 98.68%。省委办公厅、省政府办公厅、省扶贫开发领导小组、省直机关工委对全省 2371 个优秀单位和集体、2745 个优秀驻村干部进行了表彰。

【改造搬迁】 实施农村低收入住房困难户住房改造建设，截至 2013 年底，全省各级财政累计投入改造建设资金达 15 亿元，户均投入 1.5 万元，完成了 10 万户农村住房改造建设任务；完成了不具备生产、生活条件的“两不具备”贫困村庄搬迁安置 1.5 万户搬迁任务。组织各地对农村低收入住房困难户住房改造补助资金进行了专项整治，有效纠正了不符合政策的各种违规行为，确保了资金安全。积极协调“两不具备”贫困村庄搬迁补助资金落实，确保搬迁任务如期完成。

【老区建设】 积极扶持革命老区建设发展，在新一轮扶贫开发工作中，对 7 个原中央苏区县每年每县安排 1000 万元的扶持资金，对省直和中直驻粤单位帮扶的原中央苏区县重点帮扶村每村安排 100 万元的引导资金。开展原中央苏区县的申报认定工作，新增认定梅江区、蕉岭县、丰顺县和五华县为原中央苏区县，目前全省原中央苏区县增至 11 个。

【东西协作】 截至 2013 年底，通过省、市各级财政共安排资金 3650 万元，帮助广西百色、河池两市实施整村推进示范村 23 个，援建项目近 200 个，受益贫困人口 12306 人。为广西举办了两期扶贫管理干部培训班，培训了近 200 名县处级干部和镇干部。珠海市加大对四川省凉山州的帮扶力度，截至 2013 年底，珠海市共落实帮扶资金 4948.78 万元，援建项目 53 个，取得了阶段性显著成效，先后有丽珠集团等 8 家爱心企业为凉山捐资捐物，共 728.78 万元，援助项目 15 个。国务院扶贫办在凉山州举办东西扶贫协作培训班，并参观了珠海市的示范村。

【培训交流】 6 月 7 日，举办了全省新一轮扶贫开发“双到”驻村干部培训班，对 240 多名驻村干部进行了综合培训。9 月 23 至 26 日，国务院扶贫办在广东省举办了全国地市扶贫办主任研讨班。来自全国28个省（区、市）153个地市扶贫办200多人参加了为期5天的研讨班。组织开展了全省扶贫管理干部培训、全省产业扶贫培训、全省互助金培训、全省扶贫开发“双到”信息管理工作培训、全省扶贫监测统计培训等，共计培训各级干部1100多人次，为促进扶贫开发工作落实奠定了基础。

【扶贫宣传】 紧紧围绕全省新一轮扶贫“双到”工作，积极开展扶贫宣传，营造扶贫济困的良好氛围。截至2013年底，刊发《广东扶贫简报》47期，发布焦点新闻300多则，有力促进各地经验交流。编印了《广东“十大”扶贫模式》和《记者眼中的广东扶贫》，总结上一轮扶贫开发“双到”工作经验，供各级扶贫办、帮扶单位和驻村干部学习参考。中央主要媒体、行业媒体及国务院扶贫办主办媒体共发布或转载广东省扶贫开发相关新闻报道共151篇。

（广东省扶贫办）

广西壮族自治区扶贫开发

【概述】 2013年，广西壮族自治区有50个扶贫开发工作重点县，其中：国家扶贫开发工作重点县28个、享受国家扶贫开发工作重点县待遇县1个（合山市），自治区扶贫开发工作重点县21个。“十二五”期间实施整村推进扶贫开发的贫困村3000个。扶贫开发坚持以集中连片特困地区、重点县和贫困村为主战场，扎实推进贫困地区基础设施建设、产业化扶贫、扶贫对象自我发展能力提高、社会扶贫、特困区域综合治理，认真抓好各类扶贫项目的实施管理，扶贫开发取得新成效，全区贫困人口为634万人，比上年减少121万人，同比减少16%。

【扶贫资金投入】 2013年投入财政扶贫资金26.21亿元（中央财政专项扶贫资金14.2128亿元，以工代赈资金2.49亿元，少数民族资金2.0655亿元，自治区级财政资金4.217亿元，市县级财政资金3.227亿元）。自治区、市、县3级财政实际安排专项扶贫资金74437.77万元，比2012年增加11061.93万元，增长14.86%。投入到滇桂黔石漠化片区县和国家扶贫开发工作重点县（包括3个已退出但在“十二五”期间仍扶持不变的县）的财政专项扶贫资金为155830万元，占当年全区财政专项扶贫资金投入总额的59.5%。

【基础设施建设】 2013年投入财政扶贫资金90041万元，支持贫困地区基础设施建设。修建屯级道路4890条4255.5千米，独立桥梁227座4150.8延米，修复水毁道路54条91.6千米，建设人饮工程485处，小型水利39处，小码头、挡土墙等其它基础设施30处。城乡风貌五期改造工程专项资金500万元，修建屯级道路46条20千米，受益人口3767户16198人。贫困群众的生产生活条件不断改善，村容村貌焕然一新。

【产业扶贫】 利用扶贫贴息资金引导金融机构发放扶贫项目贷款180000万元，支持175家扶贫龙头企业发展生产，发放扶贫到户贷款219187万元，扶持8.4万户贫困农户发展产业。投入财政扶贫资金41151万元，扶持发展特色产业开发。

发展种植65.7万亩，低产改造37.1万亩，养殖家禽420.7万羽，养殖家畜7.99万头，水产养殖224万公斤。第一批覆盖2236个村，其中贫困村1971个，扶贫对象户24.6万户，受益人数约99.8万人；第二批覆盖1547个村，其中1106个贫困村，10.6万贫困户，受益人数约46.4万人。

【示范工程】 “十百千”产业化扶贫示范工程（指财政专项资金支持的覆盖扶贫对象1000户以上，连片1000亩以上的种植示范基地或特色高效养殖示范基地建设项目）是广西壮族自治区党委、政府重点推进的“十二五”扶贫攻坚工程。2013年，“十百千”产业化扶贫示范工程项目投入专项扶贫资金12000万元支持40个项目县［其中，国家扶贫开发工作重点县（含享受待遇县）24个，自治区扶贫开发工作重点县15个］发展桑蚕、甘蔗、油茶、竹子、茶叶、金银花、药菊、百香果、葡萄、肉兔、蛋鸡、罗非鱼、毛竹低改和茶园低改等重点产业项目，发展种植8.9万亩，发展低改3万亩，养殖家禽4.5万羽，养殖家畜12.8万只，养殖罗非鱼1540箱。

【雨露计划】 2013年投入财政扶贫资金12710万元，培训劳动力323575人次。农民实用技术培训，投入2000万元，完成培训260584人次。贫困村劳动力转移就业培训，投入资金10710万元，完成培训62991人，其中职业学历教育投入4200万元，资助20800人；普通高校本科学历教育投入500万元，资助1000人；短期技能培训投入4500万元，完成培训30000人；雨露计划实施方式改革试点投入1510万元，计划资助18872人，实际完成资助11191人，未完成的调整到下一年度执行。干部培训投入资金371.46万元，共培训5817人。

【定点扶贫】 广西共有7677个区市县直和中直驻桂单位派3万名新农村建设指导员（含3000名贫困村党组织第一书记），进驻14353个建制村，实现“十二五”时期3000个整村推进贫困村定点帮扶全覆盖。2013年，中央、区、市、县（市、区）帮扶单位直接投入帮扶资金63239.74万元（含物资折款），为贫困地区引进各类资金101620.90万元。部队援建、共建社会主义新农村示范点121个，扶贫点136个，为扶贫联系点上致富项目120多个，协调投入资金7600多万元，直接受益群众近650万人。

同时，全区共有3340多家民营企业家参与光彩事业（即我国民营企业家响应《国家八七扶贫攻坚计划》所发起并实施的一项以扶贫开发为主题的事业），实施项目3272个，总投资23.7亿元。培训人员23万人次，安排就业51.2万人次，帮助255万人解决了温饱问题，共捐资10.5亿元用于兴办学校、卫生院、扶助济困、修桥修路等公益事业。

【东西扶贫协作】 广东省、广州市、东莞市及各级政府、各部门、社会各界向广西提供无偿资金5647.46万元（含物资折款），其中省级和市级财政资金3500万。两广经贸合作签约项目1762个，协议合作投资2457亿元，广东方到位资金2516亿元（含续建到位资金）。帮助广西举办各类培训班53期，培训人员5600人次，其中培训干部1610人次。年内全区外出务工人员在广东省务工466.9万人次，其中：新增外出就业人数为59.98万人次，49个贫困县

(区)共向广东用工企业输送劳动力15.99万人,贫困地区外出务工人员劳务输出纯收入19.188亿元。在百色、河池两市援建整村扶贫开发推进示范村23个,项目受益贫困户2940户12925人。同时,区内对口帮扶深入开展。南宁等9个市落实帮扶资金1860万元对口帮扶区内11个扶贫开发重点县,比上年增加335万元。

【整村推进】 在2012年实施整村推进2219个贫困村的基础上,启动实施剩余的781个贫困村规划项目,实现"十二五"时期3000个贫困村全部推动的目标。全年投入各类资金608850.22万元(含上年资金今年实施的项目,其中中央财政扶贫资金147441.4万元,地方财政扶贫资金50920.23万元,部门整合资金353978万元,其它资金56510.59万元)进行贫困村综合治理。通过实施整村推进,大多数贫困村基础设施、特色产业、社会事业、生态建设得到较快发展,扶贫对象自我发展能力明显增强,一批整村推进贫困村成为社会主义新农村示范村。

【兴边富民行动大会战】 《广西壮族自治区兴边富民行动大会战实施方案》确定,2012—2016年广西实施兴边富民行动大会战总投资5.32亿元。全年下达计划2.94亿元,资金到位2.72亿元,完成投资2.39亿元。大会战29类项目有27类开工,其中农村饮水安全、边境电网保障能力、边境一线居民住房、边境干部和教师公共租赁住房、乡镇卫生院标准化、产业发展的基础设施配套等6类项目已完成了总计划建设任务。

【革命老区建设】 2013年投入84个革命老区县财政扶贫资金69573万元用于基础设施建设,建设屯级道路4131条3653.8千米,独立桥梁195座3452.8延米,维修水毁道路51条76.6千米,修建人饮工程441处,小型水利24处,其它项目11处。投入财政扶贫资金33623万元支持各地发展特色优势产业,发展种植59.5万亩,低产改造32.2万亩,养殖家禽340.5万羽,养殖家畜7.3万头(只),水产养殖203.7万公斤,累计覆盖2799个贫困村,受益贫困户31.4万户,受益人数约128.5万人。

【滇桂黔石漠化片区区域发展与扶贫攻坚】 2013年,与自治区发改委牵头完成《滇桂黔石漠化片区区域发展与扶贫攻坚广西实施规划(2011—2015年)》并得到自治区人民政府批复同意,在此基础上又联合农业、林业、水产畜牧、旅游等部门编制完成《滇桂黔石漠化片区(广西)产业扶贫规划(2011—2015)》。5月21日,滇桂黔石漠化片区省际联席会议第一次会议在南宁成功召开,正式建立滇桂黔3省区跨省协调机制,为片区省际扶贫开发合作探索了新模式。水利部、国家林业局作为联系广西石漠化片区扶贫工作的部委,联合选派了12名同志组成3个扶贫工作组到片区各市帮助开展工作,为基层办实事,给片区扶贫事业增添了新动力。

【互助资金试点】 2013年,贫困村互助资金试点由2012年的210个扩大到380个（不含彩票公益金设立的试点），资金总规模达6880万元，其中中央财政资金5612万元，自治区财政资金998万元，农民交纳互助金270万元，累计入社农户2万户，其中贫困农户约1.5万户，约占入社农户总数的75%。累计发放借款3088.6万元，平均还款率约为98.5%，借款农户户均增收800元。较好地缓解了贫困农户融资难的问题，对促进农户增收起到积极作用。

【中央专项彩票公益金试点】 2013年，7个贫困革命老区县纳入中央专项彩票公益金项目范围，新增专项资金规模8750万元。截至2013年底，中央专项彩票公益金项目已在15个贫困革命老区县160个贫困村开展扶贫项目，覆盖贫困农户22.85万户，受益贫困人口101.07万人。年内完成新建、整治或硬化通村公路214千米；修建或硬化通组（屯）路183.62千米；建设集中供水点/水塔169处；新建或改建活动中心、卫生室34个，建院坝、庭院治理489户；建设垃圾池216个；新建沼气池95个；改灶、厕所、猪圈771户；建设种植业基地35145亩；养殖猪、牛、羊12369头；养殖小家禽19290只；养鱼11263尾；完成实用农技能力培训19394人次。促进了贫困革命老区经济发展，改善了农民生产生活条件，提高了群众自我发展能力。

【外资扶贫和国际合作交流】 2013年成功承办第七届“中国—东盟社会发展与减贫论坛”、“老挝发展与减贫官员研修班”、“2013年葡语国家开发式扶贫政策与实践官员研修班”。与这些国家在扶贫领域国际交流与合作进一步发展，为推动广西扶贫领域交流与合作，服务我国外交战略发挥了积极作用。

积极参与我国与东盟21世纪“海上丝绸之路”建设，推进中国—东盟减贫中心建设，开展中国—老挝减贫调研和组织老挝减贫与发展官员培训，拓展减贫国际交流合作新平台、新空间。同时，加强与国际非政府组织合作，年内与国际非政府组织合作项目完成投资达3011.6万元，建设项目涉及农村基础设施建设、可持续农业发展、教育、卫生、妇女儿童发展、产业发展能力建设、赈灾等内容，项目覆盖21个县，直接受益人口60.7万人次。

（广西壮族自治区扶贫开发办公室 黄兰清）

海南省扶贫开发

【概述】 2013年，海南省加强扶贫开发领导，调整扶贫开发领导小组，省委副书记、省长任组长，省委副书记、副省长任副组长，成员由省政府副秘书长、省发改委、省农业厅、省财政厅等14个相关单位领导组成。6月，省扶贫开发领导小组组织省委办公厅、省政府办公厅、省委组织部等35个单位，成立6个定点扶贫工作交叉检查组，赴全省11个市、县68个乡镇157个贫困村，对省直机关、企事业单位的定点扶贫工作进行量化检查评比。加大扶贫开发工作力度，以改善民生和增加贫困地区农民收入为目标，以整村推进扶贫开发为突破口，重点做好产业扶贫、劳动力培训转移、基础设施建设和社会帮扶等工作。全年投入财政扶贫资金7.5292亿元，社会帮扶资金1.0158亿元，金融机构发放信贷扶贫资金6.8725亿元。财政扶贫发展资金支持贫困地区完成60个贫困村整村推进扶贫开发任务，解决20.96万人行路难和3.2万人安全饮水问题，完成农民实用技术培训4.6万人次，实现1491人转移就业。全省五指山市、保亭黎族苗族自治县、琼中黎族苗族自治县、白沙黎族自治县和临高县5个国家扶贫开发工作重点市、县生产总值227.56亿元，地方财政收入18.96亿元，农民人均纯收入7023元，分别比上年增长11.6%、30%、15.3%。全省农村贫困人口从68.7万人减少到62.3万人，全年减少贫困人口6.4万人。

【扶贫资金投入】 2013年，财政扶贫资金投入7.5292亿元（中央财政发展资金、少数民族发展资金、以工代赈资金3.9255亿元，省级财政专项扶贫资金3.6037亿元），较2012年增加0.5467亿元，增长17.9%。省直相关部门整合资金1.5398亿元，金融部门发放贴息贷款6.8725亿元，定点扶贫单位筹措引进资金和农民自筹资金1.0158亿元。中央财政发展资金主要用于：一是产业扶贫，投入资金10620万元，占47%；二是基础设施建设，投入资金9464万元，占41%；三是培训，投入资金2650万元，占12%。

【扶贫资金管理】 按照财政部《财政专项扶贫资金管理办法》和《海南省财政扶贫资金项目管理规定》的要求，落实项目管理责任制，严格执行扶贫资金专户制、报账制和项目安排公告公示制度。配合省财政、审计、纪检等部门对专项财政扶贫资金使用管理情况进行检查和审计。在扶贫财政资金绩效考核中获国家财政部、国务院扶贫办扶贫资金绩效考评 B 级，奖励资金 1100 万元。

【基础设施建设】 2013 年，海南省共投入财政扶贫资金 9464 万元，支持贫困地区基础设施建设，改善贫困地区生产生活条件。硬化贫困乡村道路 187.5 千米、修建桥（涵洞）278 个、打饮水工程（含打井）44 宗、建水利工程 2 宗、建贫困村文化室和文化设施 825 平方米，解决 11.68 万人出行难、1.39 万人安全饮水问题，改善农田灌溉面积 2050 亩。

【整村推进】 2013 年，海南省扶贫办、省发改委、省教育厅、省财政厅等 14 个扶贫开发领导小组成员单位，印发《关于印发海南省扶贫开发整村推进“十二五”规划的通知》（琼扶发〔2013〕1 号），《通知》明确云南省整村推进总体思路、规划村概况、目标任务、保障措施等，把整村推进扶贫开发作为整合各类涉农资金的重要平台，集中解决制约贫困地区发展的突出问题。全年投入各类资金 58545 万元（其中：中央财政专项扶贫资金 16936 万元，市、县投入财政扶贫资金 16053 万元，整合各部门资金 15398 万元，群众自筹资金 10158 万元），完成 60 个贫困村整村推进扶贫开发规划建设任务。扶持农户种植管理橡胶、南药等经济作物和热带瓜果、蔬菜 9.45 万亩，帮助贫困村实施危房改造 30499 平方米，硬化乡村道路 80.89 千米，建桥 4 座，涵洞 263 个，建饮用水工程 30 宗，打井 5 眼，建水利工程 5 宗，建文化室、球场等 4414 平方米。

【产业扶贫】 2013 年，投入中央财政专项扶贫资金（发展资金）10620 万元，用于扶持贫困农户种植管理橡胶、槟榔等经济作物和热带瓜果、蔬菜 11.81 万亩，受益农户 35866 户 180095 人；养猪 2.52 万头、家禽 142.7 万只、养蜂 5327 箱、养鱼 875 万尾、养羊、鳌、果子狸等 7136 只，受益农户 40474 户 180775 人。

安排扶贫小额信贷贴息资金 2000 万元（其中 1750 万元是中央专项财政扶贫发展资金，250 万元为小额信贷专项财政贴息资金），引导各类金融机构发放贷款 6.87 亿元，重点支持贫困农户发展生产。

按照“自愿参与、项目推动、优势互补、合作共赢”的原则，鼓励企业、专业合作组织参与扶贫开发。海南神农大丰种子科技股份有限公司、海南制药厂有限公司、海南中丝发展有限公司等 10 家企业投入 4169 万元，农民出土地，投工投劳，发展种桑养蚕、种植南药、瓜菜、灵芝、养鸡、制种、吸收劳动力就业等项目。通过项目带村、产业联村、村企结合、整体推进形式，使 6919 户 34595 名农民人均增收 2216 元。

【雨露计划】 2013 年，海南省投入各类资金 5309 万元（其中中央财政扶贫资金 2312 万元，省财政安排 2638 万元，学校帮扶资金 359 万元）用于雨露计划培训工作，举办各类培训班 1308 期（次），培训 65432

人次。举办“雨露计划”中专学历教育班204个班（次），定向招收农村贫困家庭子女2873人，截至2013年12月，在校生8753人，年度毕业生1491人，全部转移就业。18市县（不含三沙市）扶贫办举办劳动力转移培训班118期，培训5911人次。举办农村实用技术培训班923期，培训农民46167人次。举办村干部培训班62期，培训干部3110人次。

【互助资金试点】 海南省自2007年开展贫困村互助资金试点工作以来，已有138个贫困村开展“互助资金”试点，其中琼中黎族苗族自治县38个、保亭黎族苗族自治县17个、白沙黎族自治县39个、五指山市19个、陵水黎族自治县25个。互助资金总量累计达2177万元，其中财政扶贫资金投入2090万元，农户交纳互助资金69.678万元。累计入会农户5756户，其中贫困户4368户，占入社农户的75.9%，累计发放借款2913.2万元，农户借款主要用于种植瓜菜、管理橡胶、槟榔、热带水果及种养殖等。

【彩票公益金试点】 2013年，国务院扶贫办安排海南省中央专项彩票公益金3750万元，整合各类涉农资金17068.5万元。彩票公益金重点支持琼中黎族苗族自治县、保亭黎族苗族自治县、五指山市等3个市（县）22个老区村庄，实施整村推进试点工作，建设项目322个。其中，硬化乡村道路73.4千米，建安全饮用水工程29宗，建文化室500平方米，农田水利建设项目21个，扶持农户种植中药材、茶、桑等4585亩，养殖家畜2500头，受益农户4216户18673人。

【革命老区建设】 2013年12月，海南省召开老区建设工作会议，省政府办公厅印发《关于进一步加强老区建设工作的意见》。全年安排老区专项建设资金8500万元（含省配套资金1000万元），建设总项目154个。其中，硬化乡村道路项目135个、修路168.4千米、涵洞121个、桥梁5座、饮水项目13个、文化室设施建设项目3个、整村推进项目2个、纪念物项目1个、解决9.28万人交通难，1.81万人安全饮用水。

【科技扶贫】 2013年，海南省投入扶贫资金403万元，实施科技扶贫项目612个。科技扶贫项目主要是开展科技咨询、培训和服务活动。邀请中国热带农业科学院、海南大学农学院的专家、科技人员到五指山市、保亭黎族苗族自治县等18个市县，举办橡胶、槟榔、绿橙、养蜂、灵芝、生猪、兔、鸭等种养技术培训班761期，培训31000多人次，印发技术资料3.6万册，带出一批橡胶、香蕉、槟榔、瓜菜等专业村、专业户。

【社会扶贫】 2013年，海南省组织省直机关、企事业、相关市、县（区）等164个单位定点帮扶157个贫困村，开展以“帮思想、帮门路、帮资金、帮技术”为重点的帮扶活动。省领导、省直部门及企事业单位领导深入帮扶点调研指导589人次，筹措资金2353.5万元，帮助贫困地区硬化乡村道路、打井、扶持种植、养殖等项目155个，受益农民6351户31755人，举办各种实用技术培训班55期，培训干部农民2768人次。赠送衣物、大米、食用油等物资折合人民币297.9万元，受益贫困户3786户15144人。

省扶贫办、省邮政公司、共青团省委、省教育厅、《南国都市报》等单位开展“爱心包裹”活动，筹措捐款44.6万元，资助贫困学生3856人；开展“爱心助学”活动，筹措捐款667.5万元，资助贫困大学生925人；开展“爱心捐书”活动，给琼中、临高、屯昌等市、县22所学校7207名学生捐赠字典、课外读物13480本。

驻琼军警部队与32个贫困村开展定点扶贫工作，全年帮助定点帮扶村修路，通电，送医、送药，慰问五保户，捐赠图书，助学支教等，投入帮扶资金及物资累计达47.72万元，受益农民16407人。

【中直机关定点扶贫】 2013年，中国海洋石油总公司投入资金467万元，中国电子信息产业集团有限公司投入资金100万元，国家海洋局投入资金90万元，帮助保亭黎族苗族自治县、琼中黎族苗族自治县、白沙黎族自治县、五指山市和临高县5个国家扶贫工作重点县建设项目5个，受益农民群众13167人次。

【扶贫宣传】 2013年，海南省扶贫系统在国家、省、市、县等多种媒体投稿418篇，采用369篇，采用率88.3%，其中，《“大扶贫”谱写美丽中国海南篇章》等4篇稿件分别在《中国改革报》等国家级媒体刊发；《扶贫，从治“病根”入手》、《扶贫新思路　绘就增收图》等25篇稿件分别在海南广播电视总台、《海南日报》等省级传媒头版播发；337篇稿件分别在南海网、省扶贫办门户网站和《扶贫工作动态》刊发。

【扶贫调研】 2013年，海南省扶贫办经过调研，把贫困类型相同、开发条件类似、地理位置相近的贫困地区划为西部干旱地区、北部火山岩地区和中部少数民族地区3个片区，编制完成《西部干旱片区扶贫开发规划》。开展“扶贫到户”工作机制专题调研，撰写调研报告及课题3篇。

（海南省扶贫工作办公室　吴学静）

重庆市扶贫开发

【概述】 2013年，重庆市扶贫开发工作紧紧围绕市委五大功能定位和武陵山、秦巴山两大片区扶贫示范区建设要求，以片区攻坚为主战场，以减少贫困人口和增加贫困农民收入为主攻方向，突出高山生态扶贫搬迁、整村整片开发、特色产业发展、人力资源开发、社会扶贫和资金监管等6大重点，着力改革发展，机制创新，全年减少贫困人口36万人，完成450个贫困村整村扶贫任务，实现高山生态扶贫搬迁20万人，新建及改扩建乡村公路5100千米，解决22万人的安全饮水问题，完成培训和资助14.6万人，扶贫开发工作重点区、县农民人均纯收入高于全市3个百分点。

【扶贫资金投入】 2013年，重庆市落实的财政专项扶贫资金合计15.6亿元，其中，中央财政扶贫资金10.5亿元，市级配套和市级安排专项资金5.1亿元。中央国家定点扶贫资金4亿元，山东政府援助资金4200万元，集团扶贫资金2亿元左右，一圈帮扶两翼实物量价值达4.4亿元（“一圈”：一小时经济圈，是全市发展水平较高、资源环境承载力较强、基础条件较好的区域，具有加快发展、率先发展的条件；“两翼”：渝东北和渝东南地区，是全市在西部地区率先实现全面小康的重点和难点，转移人口、加快发展、改善民生的任务繁重）。市老促会为市革命老区共募集捐款1800多万元；市扶贫开发协会筹集资金280多万元，启动成立了支持大学生村官创业扶贫开发投资股权基金，募集来自16家单位的股权基金1.58亿元。借助党员干部结对帮扶和中国扶贫开发协会、中国扶贫基金会、曹德旺基金会、香港道德会等民间组织，共筹集资金2000多万元。

【扶贫资金管理】 先后出台和完善资金监管、全程参与、专账专户、竞争入围、公告公示、联席会议、信访投诉、义务监督、审计监察、绩效考评等10项制度，确保扶贫资金安全高效运行。对全市新启动的140个整村推进村280名义务监督员、90余名报账员以及负责监管工作的干部进行系统培训，不断提高他们的监管能力。在巫溪、奉节等重点县引入中介机构参与扶贫项目计划编制、预算评审、决算审计等相关工作，规范管理，阳光操作，得到国务院扶贫办领导的充分肯定。

【连片特困地区扶贫攻坚】 按照“区域发展带动扶贫攻坚、扶贫开发促进区域发展”思路，会同市发展改革委、财政局、民宗委完成武陵山、秦巴山片区实施规划，上报国务院扶贫办、国家发展改革委，获得国家批复同意实施。在武陵山、秦巴山两大片区启动项目98个，完工15个，续建69个，新开工14个，完成固定投资200多亿元。积极协调市级相关部门，配套编制交通、旅游等行业扶贫规划，加大“两山”片区出口通道建设，乡村公路、小流域治理、农村电网改造等基础设施建设投入，提高交通、水利、能源保障和农田设施建设水平，着力实现片区内通村畅乡、人畜安全饮水等各项目标。按照分类指导、以点带面、因地制宜的原则，有序推进重点区县18个小片区的扶贫项目建设，惠及39.8万户、131万农村人口。截至2013年，18个重点县完成县级以上投资22.96亿元，1810个项目纳入规划，完成619个、在建463个、规划建设728个。

【整村推进】 2013年，重庆市共实施1040个贫困村整村推进，其中新启动了140个贫困村整村推进工作，对2011年全市启动的第三批450个贫困村的整村推进村进行验收，全部达到整村推进要求。整村推进的450个贫困村实际完成各类投资49.4亿元，平均每个村达到1097.2万元。其中财政扶贫资金7.1亿元、整合其他部门投入23.6亿元、群众投工投劳12.4亿元、扶贫集团帮扶等其它投入6.3亿元。总投入和扶贫资金投入之比达到7∶1，有效发挥了扶贫资金“四两拨千斤”的杠杆作用。通过把整村扶贫与片区开发有机对接、激活土地承包经营权、创新到人到户机制等方式，突破了长期制约贫困地区的基础设施薄弱、产业增收能力差、公共服务保障水平低三重束缚，贫困村农民人均纯收入增幅超过了所在区、县（自治县）平均水平，贫困村面貌实现了根本改善。

【产业扶贫】 出台《扶持贫困地区产业发展的暂行办法》、《重庆市级扶贫龙头企业认定和运行监测管理办法》，统筹安排特色效益农业资金、科技扶贫资金、信贷扶贫资金等产业发展资金1.5亿元，专项支持特色产业发展。全市投入财政扶贫专项资金2.28亿元，在32个区县1313个贫困村开展互助资金试点，累计发放借款3.98亿元，惠及11.8万农户，到期还款率达97%，较好解决了贫困农户产业发展资金短缺问题。坚持分类指导、因地制宜的产业开发方针，重点支持武陵山片区发展草食牲畜、烟叶等扶贫特色产业，支持秦巴山片区发展林果、中蜂、中药材等支柱产业，产业覆盖80%以上贫困群众。大力支持乡村旅游发展，编制乡村旅游扶贫规划，举办第二届乡村旅游扶贫开发仪式暨百万市民避暑休闲活动，开通乡村旅游扶贫网站，新发展农家乐3000多户、床位5万多张。2013年，全市177个贫困村共发展旅游接待户1万余家，接待游客606万人次，接待农户户均收入5.8万元。

【高山生态扶贫搬迁】 重庆市扶贫办始终瞄准“扶贫开发工作重点区县、贫困村、贫困户”，制定高山生态扶贫搬迁规划。将财政扶贫资金、小额到户贷款、整村扶贫资金和互助资金进行捆绑使用，将山东省对口援助的5000多万元财政资金和中央机关定点扶贫、市级集团扶贫、圈翼帮扶等社会扶贫资金的50%用于扶贫搬迁。全年下达专项资金4.04亿元，启动安置点建设525个，完成搬迁扶贫对象5万人。

【雨露计划】 围绕贫困地区发展林、果、药、桑、菜、鸡、牛、羊、兔、蜂等10大扶贫主导产业，开展农村实用技术培训7.9万人。围绕市场用工需求，依托招投标的11所技工学校开展雨露技工培训0.5万人，实现定向招生、定向培训、定向就业。围绕增强发展的带动示范能力开展创业培训，培训专业大户业主、家庭农场主、合作经济组织负责人、集体经济组织带头人、乡村旅游带头人1万人。围绕提高贫困地区干部带领群众脱贫致富的本领，举办8期500名贫困区县乡镇和村支“两委”干部培训。围绕推动贫困地区公益事业发展，培训贫困地区乡村医生2500名。启动成立支持大学生村官创业扶贫开发投资股权基金，募集股权基金1.58亿元。举行“赢在乡村，圆梦中国”——支持大学生村官成长工程公益行动。全年资助大学生1200名，资助金额320万元。投入5050万元支持全市47768人就读中高职业学校。在重庆旅游职业学院和重庆市安全职业技术学院实施“雨露计划·职教扶贫”项目，定向招收培养农村扶贫对象户家庭应届初中毕业生201人，免费接受中、高职学历培养。

【社会扶贫】 对市级扶贫集团进行调整，对市级扶贫集团成员单位进行充实，新增成员单位200余个。狠抓中央国家机关单位定点扶贫、东西扶贫协作、鲁渝扶贫协作、集团扶贫、圈翼扶贫、社团扶贫、社会爱心扶贫。争取社会各界直接投入资金18亿元，引进投资22亿元。会同市工商联出台共同推进民营企业参与新一轮农村扶贫开发的实施意见。精心组织开展以圆梦为主线，以奉献爱心、消除贫困为主题的民营企业支持贫困区县发展项目对接会，签约项目25个，会议签约金额近58亿元。

（重庆市扶贫办）

四川省扶贫开发

【概述】 2013年，四川省把扶贫开发工作作为全面建成小康社会的重要突破口，坚持统筹片区内外，集中力量推进秦巴山区、乌蒙山区、大小凉山彝区、高原藏区“四大片区扶贫攻坚行动”和基础扶贫、产业扶贫、新村扶贫、生态扶贫、能力扶贫“五大扶贫工程”，强化举措促规范，凝心聚力抓落实。全年投入各类扶贫资金334亿万元，支持贫困地区、贫困群众加快发展，减少贫困人口125万人。

【扶贫资金投入】 2013年，投入各类扶贫资金334亿万元（中、省财政专项扶贫资金4.08亿元）用于扶贫开发。主要用于“四大片区”扶贫攻坚，片区外52个县实施整村推进，就业促进、扶贫解困和民族地区帮扶“三大民生工程”。

【扶贫资金管理】 成立了扶贫资金项目监管工作联席会议办公室，建立了联席会议制度、项目备案制度、工作情况定期报送制度和扶贫资金项目监管工作考核制度，形成了常态化、规范化、制度化的扶贫资金管理工作体系。开展扶贫开发工作考核和财政专项扶贫资金绩效考评工作，并将考核结果与资金分配挂钩。进一步完善了扶贫资金项目监管机制，按照“谁主管、谁负责”的原则，进一步明确了各级扶贫、财政、审计、纪检监察等部门监管主体责任，初步构建了制度监管、政府监管、群众监管、社会监管“四位一体”的监管体系。

【基础设施建设】 2013年，加大支持贫困地区基础设施建设，改善贫困地区生产生活条件和人居环境。建成通村公路2368千米、通组（社）道路6325千米、解决29.95万人安全饮水、解决22.44万头大牲畜饮水困难问题。

【连片特困地区扶贫攻坚】 2013年，编制完成《乌蒙山片区（四川部分）区域发展与扶贫攻坚实施规划（2011—2015年）》、《秦巴山片区（四川部分）区域发展与扶贫攻坚实施规划（2011—2015年）》和《四川省藏区区域发展与扶贫攻坚实施规划（2011—2015年）》。在秦巴山片区和乌蒙山片区，启动实施革命老区连片扶贫开发项目76个，建设巴山新居等扶贫新村376个；在大小凉山彝区，启动实施彝家新寨建设251个村2.22万户，配送“四件套”（餐桌椅、碗柜、储物柜和生物质炉）2.51万套；在高原藏区，实施连片扶贫开发试点8个，投入15400万元开展阿坝州大骨节病试点成果巩固提升工作。

【整村推进】 2013年，启动实施整村推进622个贫困村。修建村（社）公路2438.47千米，改田改土1674.93公顷，新增种植业基地25241.53公顷；建设设施农业913.13公顷，新增种养专业大户11571户，新增大牲畜1.95万头，新增家畜11.95万头，新建或改造农产品加工企业43个，培育农民专业合作社41个；开展农户技能培训4.48万人次，开展农村实用技术培训29.54万人次，实现外出务工（就业转移）1.03万人；新建及改造校舍6081平方米，新建幼儿园9所，新建村卫生站（所）71处，新建村文化室、农家书屋和村委活动室140处，新建农村体育运动设施44套，新建农村商贸供销网点5处，新增农村广播电视、固定电话和移动通信用户453户。

【产业扶贫】 2013年，安排财政专项扶贫资金12000万元用于产业扶贫。每个项目安排200万元，支持60个项目发展优势特色产业。同时，安排扶贫贷款贴息资金3500万元，其中到户扶贫贷款和项目扶贫贷款贴息资金各1750万元，共引导发放扶贫贷款93300万元，其中项目贷款58300万元，到户贷款35000万元。到户贷款覆盖1745个贫困村8799户，带动户均增收2159元。项目贷款覆盖贫困村2329个，覆盖贫困人口48.98万，扶持企业200家。

【雨露计划】 2013年，安排财政专项扶贫资金5028万元用于劳务培训。培训补助农民工6.49万人，用于培训对象的教材、学费、食宿补助和必要的耗材补助，补助金额按照实际情况，采取差别化补助标准，阿坝、甘孜和凉山三州地区及民族自治县、民族待遇县人平均培训补助1200元，其他地区人平均培训补助800元。

【互助资金试点】 2013年，四川省互助资金总额达到35500万元，有近25万农户（其中贫困户近8万户）加入互助社，累计借款达101400万元，平均还款率达96.69%。

【彩票公益金试点】 2013年，6个项目县投入的彩票公益金6000万元，全部用于村内道路建设，其中用于新建村道77.43千米、整治村道36.00千米、新建村组道路14.50千米。

【彝家新寨试点】 2013年，完成住房建设2.47万户，251个彝家新寨公共服务设施和村内道路基本建成，解决安全饮水114700人、建设农村沼气7000口，入户用电项目完成6970户。

【革命老区建设】 四川省共有81个革命老区县，其中：国家认定的有51个，占62.96%；纳入四大片区的有57个，占70.37%。2013年，按照《四川省农村扶贫开发纲要（2011—2020年）》提出的“对贫困地区、革命老区县给予优先、重点扶持”的要求，四川省加大了对81个革命老区县的扶贫支持力度，扶持74.42万农村贫困人口改善生产生活条件、提高自我发展能力。

【以工代赈】 2013年，以工代赈和易地扶贫搬迁项目覆盖全部贫困县，直接受益贫困群众达6.7万户28万人，项目区农民年人均新增纯收入超过500元。实施以工代赈示范工程项目20个、以工代赈示范村项目41个、以工代赈片区综合开发项目6个，建设基本农田74000亩，新改建乡村公路1330千米、桥梁2346延米，解决4.4万人、5.7万头牲畜饮水困难；实施易地搬迁安置贫困群众9378户42500人，建设住房及附属设施118万平方米。

【社会保障】 2013年，城乡低保、五保及医疗救助工作，累计发放临时生活补助56.7万人；为灾区城乡困难群众提供2.6万人次和11.3万人次医疗救助，支出城市医疗救助资金924.7万元、农村医疗救助资金2155.3万元；为730名受灾原有城镇“三无”人员发放生活救助金262.8万元；为962名灾区原有孤儿发放孤儿基本生活费450.5万元。

【定点扶贫】 2013年，22个中央、国家机关（单位）定点帮扶四川36个国家扶贫开发工作重点县，全年直接投入帮扶资金14500万元，物资折款410.66万元，实施项目53个，选派19名挂职干部到受扶地挂职扶贫，368人次到受扶地考察调研，举办各类培训班30期，培训各级党政干部、技术人员、农村致富带头人、农村劳动力3040人次，促进了受扶地脱贫致富步伐。239个省级对口定点扶贫部门（单位）帮扶87个县（市、区），直接投入帮扶资金64000万元，帮助引进项目541个，选派110名干部到受扶地挂职扶贫，1571人次到贫困地区考察调研，举办各类培训班236期，培训各类人员16792人，组织劳务输入5586人。各市（州）、县（市、区）全年参与定点扶贫部门和单位派出4126人次赴贫困地区考察调研帮扶工作，5759名干部挂职扶贫，直接投入帮扶资金136600万元，引进帮扶资金143600万元，在2756个贫困乡结对帮扶贫困户51万户，帮助发展项目7968个，引进人才3501人，建设新村1402个。

【东西扶贫协作】 2013年，浙江帮扶四川藏区工作全面启动，签订《浙江—四川东西扶贫协作工作协议》，实现浙江7市32县对口帮扶四川藏区2州32县“一对一”结对帮扶全覆盖；2013年9月两省在蓉举办《浙江省对口帮扶四川藏区项目规划（2013—2015年）》编制工作培训班；全年浙江省共投入对口帮扶资金14900万元，实施帮扶项目98个，极大地促进了四川藏区和青川经济社会发展。珠海与凉山扶贫协作工作深入推进，双方签订了教育、旅游、文化、劳务、经贸、卫生等9项专项合作协议；累计向凉山州投入政府援助1790万元，实施住房、交通、饮水、教育、社会事业等20个项目。

【军队和武警部队扶贫】 2013年，四川省军区制定下发《进一步做好省军区部队和民兵预备役参加和支援西部大开发工作的意见》，投入200万元援建安曲乡和阿木乡；驻川部队组织返乡农民工技术培训200多期，捐资1280余万元投入该校建设。芦山“4.20”强烈地震发生后，四川省军区积极发动官兵、职工、老干部向雅安灾区捐款1000万元，用于芦山县龙门养老服务中心和宝兴县中坝敬老院重建，受到各方好评。

【企业和社会各界扶贫】 2013年，在“四大片区”四县启动“结对认亲，爱心帮扶”农村特困农户试点活动，在产业发展、重大疾病救助、技能培训、就业促进、捐资助学、饮水安全、危房改造等方面对190户农村特困户给予帮扶。省老区建设促进会协议引资180亿元在巴中建设“四川省老区建设促进会巴中经济园区”，为老区建设注入新的活力。

【“4·20”芦山地震抗震救灾与灾后重建】 按照四川省委、省政府的统一指挥，省局安排地震抢险应急资金300万元，支持雅安市及21个受灾县（市、区）扶贫移民系统开展抢险救灾。协调国务院扶贫办与省政府签订了《关于支持芦山地震灾区灾后恢复重建工作框架协议》，落实帮扶资金达16200万元。编制完成《四川芦山“4·20”地震贫困村灾后恢复重建规划（2013—2015年）》，落实资金55900万元，193个贫困村灾后重建有序推进。

【扶贫机构建设】 2013年，提拔干部33人，对32名处级及以下干部进行轮岗，实现扶贫移民岗位充分融合。修订完善省扶贫移民局机关加强机关行政效能建设、“首问责任制”、“限时办结制”、“责任追究制”等20余个机关内部管理制度，进一步规范机关办公秩序，提高机关运转效率。

【扶贫法制化建设】 2013年，组织完成《四川省农村扶贫开发条例》调研论证，列入2014年四川省一类立法项目。新修订出台《关于进一步加强扶贫项目资金管理工作的意见》（川财农〔2013〕117号）、《四川省贫困村互助资金试点退出管理（暂行）办法》（川扶贫移民发〔2013〕463号）等一系列制度措施。

（四川省扶贫和移民工作局）

贵州省扶贫开发

【概述】 2013年，贵州省围绕“全年减少贫困人口150万人，实现5个重点县86个贫困乡‘减贫摘帽’，50个重点县农民人均纯收入增长18%”3个核心指标，以小康建设引领，扶产业、强基础、提素质、优保障、抓环保、促开放，呈现出省级财政扶贫资金、金融资金、外资资金投入“三增”，扶贫产业、扶贫园区建设实现“两快”，对口帮扶、定点扶贫实现“两个全覆盖”和各项工作深入推进的好态势。全年减少贫困人口166万，实现6个重点县、172个贫困乡“减贫摘帽”，50个重点县农民人均纯收入增幅高于全省平均水平2个百分点，扶贫攻坚取得明显成效。2013年，中央和省投入财政扶贫资金37.78亿元，同比增长18.9%。其中，中央财政扶贫发展资金30.31亿元，同比增长18.86%；省级投入财政扶贫资金7.47亿元，增长19.52%。

【整村推进】 2013年，完成100个重点乡1000个贫困村整乡（村）推进任务。

【基础设施建设】 2013年，治理石漠化1000平方千米、水土流失2706平方千米，完成营造林450万亩。新增耕地30万亩。推进黔中水利枢纽工程、开工夹岩水利枢纽等25个骨干水源工程，开发利用地下水（机井）工程1200眼，水利工程总供水量102亿立方米，增加有效灌溉面积75万亩，新增解决333万农村人口及学校师生饮水安全问题。改造农村危房40.1万户。建成农村中小学学生宿舍120万平方米。

【产业扶贫】 2013年，实施“十大扶贫产业”项目，完成核桃种植242万亩，占全年任务的101%。完成中药材种植39.43万亩，超额完成年初计划任务数20万亩的197.15%。完成基础母羊投放31.3万只（羊单位）、建圈舍65.52万平方米、种草16.35万亩，分别占任务的96.57%、103.06%、104.5%。完成蔬菜种植283万亩，占任务的140%。完成新造油茶林11.15万亩、改造低产油茶林14万亩，完成甘蔗种植12.2万亩，分别占年度计划任务的101.4%、100%、107%。新增、改造高标准特色茶园17.38万亩。完成脱毒马铃薯一级原种扩繁0.27万亩，占全年任务的110.6%；完成脱毒马铃薯二级原种扩繁1.79万亩，占全年任务的105.4%；完成脱毒马铃薯一级种扩繁6.96万亩，占全年任务的101.17%；完成脱毒马铃薯优质薯种植15.57万亩，占全年任务109.96%；可供大田移栽 300 万亩。完成烟草扶贫新村项目 14 个县 100 个村的审批，安排项目资金 2 亿元。为贵州省森林覆盖率贡献 1 个百分点以上。

【易地扶贫】 2013 年，安排 4 亿元财政专项扶贫资金，共完成 0.76 万户，3.33 万人易地扶贫搬迁，竣工扶贫生态移民房 3.6 万套。

【雨露计划】 2013 年，完成雨露计划培训 23.91 万人，推进了国务院扶贫办试点 2.85 万名扶贫对象教育直补有关工作，开展返乡农民工就业创业培训和民族民间技艺培训 0.49 万人，完成扶贫项目农户培训 11.06 万人。

【信贷扶贫】 2013 年，通过实施扶贫金融合作项目、园区建设贴息、项目贷款贴息、小额到户贷款贴息，共引导金融部门向扶贫金融合作试点县、龙头企业、农户直接发放扶贫项目贴息贷款 79.9 亿元。

【乡村旅游扶贫】 2013 年，投入乡村旅游财政专项扶贫资金 8804 万元，在 9 市（州）62 县实施乡村旅游扶贫项目 63 个，项目涉及 73 个乡镇 85 个村，覆盖农户 4.33 万人，其中贫困人口 1.9 万人。配套景观道路路面硬化及铺设 70 千米；修建文化休闲场地、游客接待中心、停车场等总面积达 3.41 万平方米；扶持农家乐、改造乡村旅馆 581 户；庭园美化 470 户；安装路灯 765 盏（套）；新改建公共厕所 14 座；垃圾池、箱修建及安装 325 个；寨门、风雨桥等观光点修建 70 处。同时，围绕乡村旅游发展需要，种植果树、蔬菜、花卉等 0.86 余万亩；发展养殖香猪、鸡、鹅、大鲵等 3.3 万头（只/尾）。并培训农家乐厨艺、刺绣、加工、表演队等旅游从业人员 6956 人次。

【扶贫干部培训】 2013 年，投入财政扶贫资金 2000 万元，完成贫困地区干部培训 2.24 万人，占年度任务的 112.05%。其中，党政干部培训 82 期，2824 人；中青年扶贫业务骨干培训 144 期，6027 人；贫困地区基层组织负责人农村致富带头人培训 212 期，1.35 万人。

【社会扶贫】 2013 年，新增上海、苏州、杭州、广州对口帮扶贵州省，实现了 8 个沿海发达城市对贵州省 8 个市（州）“一对一”对口帮扶全覆盖。8 个帮扶城市与贵州省 8 个市（州）签订了双边合作协议，落实对口帮扶资金 2.9 亿元，其中职校建设资金 7780 万元。8 个城市安排所辖 69 个区（市、县）、园区（开发区）、15 个市直部门与贵州省 75 个县（市、区）结成帮扶对子。8 个帮扶城市 2013—2015 年帮扶计划已经有 8 个帮扶城市政府批准实施，省级总体计划已报省人民政府。干部互派挂职工作有序进行，共建产业园区态势良好，经济协作广泛开展。2013 年新增 9 个中直单位定点扶贫贵州省，共有 31 个中央单位对贵州省 50 个重点县开展定点扶贫工作，定点扶贫实现全覆盖。如中央统战部动员各民主党派、港澳台人士、海外华侨华人、慈善机构、民营企业家和无党派知名人士为赫章县捐资助学、兴办项目、培训人才；国家开发投资公司投资4700多万元，在罗甸、平塘等地开发建设了一批扶贫项目等。

【集团帮扶、党建扶贫】 2013年，共有38个省领导在38个重点县开展“集团帮扶”工作，安排财政扶贫资金1.8亿元。其中新调整21个省级领导联系重点县，投入财政扶贫资金1.05亿元，项目覆盖21个重点县、21个贫困乡、238个村。216个省直机关组成52支党建扶贫工作队开展集团帮扶工作。共安排党建扶贫专项资金900万元，原则上集中投入在党建扶贫工作队所驻乡镇的1-2个村，主要用于集中连片、特殊类型贫困区域的产业化扶贫和基础设施等民生项目。

【革命老区建设】 2013年，安排财政扶贫资金6000万元开展24个革命老区整村推进扶贫项目。涉及全省7个市（州）23个老区县26个村，覆盖农户1.56万户、人口约6.06万人。全部项目累计新建（硬化）村、组公路（机耕道）318.86千米，新建及硬化串户路63.94千米，改善了项目区交通等基础落后状况，为农村群众出行提供了便利；民居改造698户，农户庭院硬化1.3万平方米，安装路灯220盏，新建垃圾池（箱）161个、垃圾处理场300平方米，整治了项目区农村卫生环境，为农户创建了一个干净整洁的生活环境；新建蓄水池126个1.07万立方米，安装饮水管网90.32千米，新建给排水排灌沟渠20.5千米，基本解决了项目区人畜饮水及排污排洪问题，让项目区群众基本用上安全、卫生的自来水。

【扶贫园区】 2013年，16个重点扶贫园区完成投资52.84亿元，其中投入专项扶贫资金2.54亿元，实现总产值47.37亿元，销售收入34.9亿元。现入园企业124个，农民专业合作社142个，从业农民27万人，种植基地40.39万亩，存栏畜109.88万头（只），禽261.08万羽、水产96.27万尾。

【外资扶贫】 2013年，争取到世行产业扶贫试点项目、农村发展项目贷款8.54亿元。世行贫困片区产业扶贫试点示范项目和贵州农村发展项目已顺利通过世行技术考察，力争2014年项目启动实施；日本政府贷款贵州环境与社会发展项目完成总目标的76%；联合国儿童基金会项目已落实到黎平、松桃实施。

【区域协作】 2013年，中央统战部、水利部、交通运输部等国家有关部委就支持贵州省片区扶贫攻坚相继召开专门会议研究。全国政协副主席、国家民委主任王正伟率队到贵州省调研武陵山片区扶贫攻坚工作。贵州、云南、广西3省政府召开了滇桂黔石漠化片区省际联席会议。省政协召开了鄂湘桂渝川滇黔7省（区、市）政协主席联席会议筹备会议。省委统战部等部门主动与国家有关部门沟通，推动了项目和政策的落地。

【扶贫政策法规】 2013年，贵州省人大颁布实施了《贵州省扶贫开发条例》。

【信息化建设】 2013 年，建立了“贵州省扶贫系统电子政务平台”，在全国率先实行扶贫项目 GPS 定位监管，从项目申报、立项、批复、实施、监督、检查、验收、绩效评估等方面实行全程监控。

（贵州省扶贫办　韩易霖）

云南省扶贫开发

【概述】 2013年，云南省继续强化专项扶贫、行业扶贫、社会扶贫“三位一体”的“大扶贫”格局，建立专项扶贫引领行业扶贫、社会扶贫的工作机制。编制4个集中连片特困地区区域发展与扶贫攻坚2011—2020年规划、“十二五”省级实施规划、“十二五”产业扶贫规划，91个片区县“十二五”县级实施规划、“十二五”产业扶贫规划，出台《关于推进集中连片特困地区区域发展与扶贫攻坚工作实施意见》，全年累计投入各类扶贫资金1091.49亿元，完成3201个贫困村整村推进、20万人劳动力转移培训、3万人易地搬迁、3万户安居房建设和15个县的连片特困地区综合扶贫开发示范项目，推进宁蒗扶贫攻坚大会战和独龙族整乡推进整族帮扶，制定《怒江州扶贫攻坚总体方案》，启动怒江整州扶贫攻坚。重点实施56个深度贫困的整乡推进。

各帮扶单位共派出挂职、驻村扶贫干部12543人，直接投入帮扶资金28411.25万元，引进资金490762.3万元；召开沪滇对口帮扶合作第十四次联席会议，省政府与上海市政府、高校、企业签署一批战略合作协议，上海计划援助资金30180万元，实施帮扶项目296个，开展经济合作项目135个，2013年，实际到位资金100.7亿元。全年减少扶贫对象143万人，贫困地区农民人均纯收入达5100元，增幅高于全省平均水平3个百分点。

【扶贫资金投入】 2013年累计投入各类扶贫资金1091.49亿元，其中，投入省级以上财政专项扶贫资金50.24亿元，比2012年增长18.9%（中央专项资金38.94亿元、增19.2%，省级专项资金11.3亿元、增18%）；信贷扶贫贴息贷款60亿元，投入互助资金试点资金6000万元，比2012年增长11.1%；协调行业部门资金1020.69亿元，其中，连片特困地区投入中央及省级资金175亿元；中央、上海、省级帮扶单位和外资扶贫共投入资金33.4亿元。

【连片特困地区扶贫攻坚】 制定《集中连片特困地区区域发展与扶贫攻坚省级实施规划和91个片区县县级实施规划（2011—2015年）》，印发《关于推进集中连片特殊困难地区区域发展与扶贫攻坚工作的实施意见》，推进4个集中连片特殊困难地区区域发展与扶贫攻坚规划实施，启动实施了15个县的连片特困地区综合扶贫开发示范项目，每个项目投入中央财政扶贫专项资金1000万元，要求资金整合比例不低于1∶3，引导各类帮扶资金投入10余亿元，受益群众30余万人。

【信贷扶贫】 云南省123个县（市、区）发放扶贫到户贷款41.35亿元，完成年计划的104%，项目覆盖全省595个乡（镇）3041个村的21.2万农户，户均年增收达2500元以上，较上年增收9%。全省推荐认定137个扶贫贴息贷款项目，推荐认定贷款金额19.79亿元，安排中央和省级财政扶贫贴息资金5937万元（其中，省级分三批推荐认定扶贫贴息贷款项目34个，贷款规模12.25亿元，安排财政专项贴息资金3675万元），项目覆盖全省15个州（市）72县（市、区）的3216村，受益贫困农户达32.8万户。

【雨露计划】 2013年，安排贫困地区劳动力转移培训资金1.36亿元，转移培训20万人，其中，引导性培训4万人，技能培训16万人。安排雨露计划实施方式改革试点资金3627.15万元，用于24181名贫困农民子女职业教育补助。

【易地扶贫搬迁】 2013年，易地扶贫搬迁3万人，财政扶贫专项资金投入由1.5亿元增加到1.8亿元，人均补助标准由人均补助5000元提高到6000元，项目涉及101个县（市、区），其中片区县68个、国家扶贫工作重点县65个、边境县23个、革命老区县32个、直过区23个县，共建成安居房7438套704049平方米。

【溜索改桥项目】 2013年8月8日，国家下发《“溜索改桥”建设规划（2013—2015年）》，拟实施289个“溜索改桥”项目，补助资金22亿元，不足由地方配套，其中，云南省实施“溜索改桥”项目139个，补助11.37亿元，涉及曲靖、昭通、文山、红河、大理、保山、临沧、普洱、德宏、怒江、迪庆等11个州（市）280个建制村、1438个自然村、14.4万户、34.4万人。

【革命老区建设】 云南省是中国革命活动较早的省区，百色起义后建立起以富宁为中心的滇黔桂边区革命根据地。2013年，革命老区投入专项建设资金5000万元，项目覆盖全省47个老区县和38个老区乡镇。整乡推进试点项目有19个安排在革命老区县。彝良县作为2013年中央专项彩票公益金支持革命老区小型公益设施建设项目试点县，投资4380万元，重点实施交通设施、水利设施建设项目，覆盖8个行政村204个村民小组，受益群众11912户。

【互助资金试点】 2013年，云南省互助资金总规模达到2.337亿元，其中：省级以上财政资金2.056亿元，社员缴纳互助金864.3万元，其它资金1946万元，项目覆盖全省16个州市105个县市区489个乡镇775个行政村，组建了1309个互助社，成立了8750个互助小组。

【社会扶贫】 2013年，到云南扶贫的中央国家机关和有关单位从27家增加到68家（部分单位未定点），省级定点挂钩扶贫单位从217家增加到257家，州（市）、县

（区）开展定点挂钩扶贫单位达 9979 家。全省社会扶贫直接投入资金达到 194814 万元，其中，中央国家机关和有关单位定点扶贫投入 9969.2 万元，省级定点挂钩扶贫投入 99232.8 万元，州市和县级定点挂钩扶贫投入 85612 万元。捐赠物资折合人民币 19978.26 万元，其中，中央国家机关和有关单位 1558.36 万元，省级定点挂钩扶贫单位 4792.9 万元，州市和县级定点挂钩扶贫单位 13627 万元。帮助贫困地区引进资金 490762.3 万元，项目 11795 个，其中，中央国家机关和有关单位引进 167571.8 万元，项目 211 个，省级定点挂钩扶贫单位引进 127940.5 万元，项目 1385 个。选派挂职干部 17038 人次，其中，厅局级 88 人，处级 1411 人，科级以下 15539 人。各单位到扶贫点调研考察 23691 人次，其中，部级 41 人次。举办各类培训班 20605 期，共培训 1301335 人次，劳务输出 505233 人次。

【香港乐施会援助项目】 2013 年，香港乐施会投入援助资金 864 万元，省级财政配套 170 万元，在楚雄、大理、保山等三州市的 8 个县市，实施无偿援助项目 20 个。自 1998 年起至 2013 年底，香港乐施会在贵州省 13 个州市的 30 多个贫困县市区累计投入各类援助资金 5495.27 万元，省级财政资金配套 1255 万元，重点用于农村道路、农田水利、饮水工程、种养业、文化活动中心、自然灾害救援和恢复重建、管理监测、机构能力建设等项目，受益人口达 20 多万人。

【贫困地区干部培训】 印发《关于进一步加强扶贫干部教育培训管理的规定》，举办各类业务培训 10 期，参训人员 1170 人次。引导国家教育部、国土资源部、上海市等帮扶单位，在北京、天津、上海、西安等地为云南举办 6 期贫困地区党政领导干部及扶贫骨干培训班；组织扶贫干部参加各类培训 16 期 2300 人次；复旦大学人才培训 1 期，参训人员 50 人。

【一事一议扶贫项目】 2013 年，省财政投入资金 134326 万元，在国家级、省级贫困县、边界县和 4 个集中连片特殊困难地区实施一事一议财政奖补项目。投入财政奖补资金 12039.7 万元，在 56 个扶贫整乡推进试点项目中（总投资 24290.74 万元），安排一事一议财政奖补项目 422 个，项目覆盖 55 个整乡推进试点乡镇（除迪庆州德钦县燕门乡），贫困地区一事一议财政奖补实行以补为主，奖补比例可占总投资的 60%，特殊情况可占到 80%，非贫困地区则以奖为主，奖补比例占总投资的 40%。

【安居扶贫】 2013 年，云南省投入省级以上财政资金 284030.44 万元，完成 50 万户农村危房改造及地震安居房建设，项目总投资约 155 亿元。

【独龙江乡整乡推进独龙族整族帮扶】 2013 年，制定《独龙江乡旅游小集镇孔当建成区环境整治规划（2012—2030 年）》，预算总投资 1826.41 万元，规划已全面启动。投资 3648.66 万元，用于新建集镇道路、管网、污水及垃圾处理、教师住房等基础设施建设，在 25 个项目点建设安居房 448 户。

【中和农信小额信贷扶贫试点项目】 中和农信是中国扶贫基金会的下属企业。试点项目自 1996 年启动，已覆盖全国 14 个省的 70 个扶贫开发工作重点县。截至 2013 年底，云南省已启动富宁、砚山、广南、宾川、楚雄 5 个县（市）的项目试点工作。

（云南省扶贫办　肖义贵）

西藏自治区扶贫开发

【概述】 2013年，西藏自治区扶贫开发工作，认真落实全区经济工作会议精神和农村工作会议精神，深入贯彻落实习近平总书记一系列重要讲话精神和李克强总理重要讲话精神，以保障和改善民生为目的；以增加贫困群众收入为主线；以整乡推进、面上扶贫、劳动力转移、贫困户安居工程等工作为重点；切实瞄准扶贫对象，加强领导，精心组织，狠抓落实，圆满完成了全年扶贫开发任务，减少扶贫对象12.8万人。编制完成了《西藏自治区区域发展与扶贫攻坚规划（2011—2020年）》;《西藏自治区产业扶贫规划（2013—2020年）》。积极实施到户帮扶，落实扶贫项目2060个，覆盖12.8万户、57万人，其中：到户帮扶9.8万户、45万人。扶贫绩效考评被国务院扶贫办评为B级，获得奖励资金1100万元。

【整村推进】 完成低产田改造6.23万亩；改良天然草场、草场围栏、人工种草6.06万亩；新修维修水渠545条、1040.83千米，新修水塘80座，新增库容42.49万立方米，改善和扩大农田草场灌溉面积34.96万亩；新修维修乡村道路73条1459.61千米，新建桥梁468座、5142.6米；新建温室1834座，占地面积512.64亩；牛35725头、羊90273只、猪9577头、鸡253758只，新修牲畜棚圈8503套52.9万平方米；拖拉机4764台。

【扶贫资金投入】 2013年，西藏自治区共落实财政扶贫资金182684万元，其中：中央财政扶贫资金141607万元（其中：发展资金100452万元，以工代赈资金9300万元，少数民族发展资金31855万元），西藏自治区本级财政扶贫资金29400万元（不含提前下达5000万元），同比增加7400万元，增长33.6%。地（市）和县财政扶贫资金11677万元，同比增加3841万元，增长43.9%。

【扶贫项目】 2013年，西藏自治区安排扶贫项目2060个，其中，贫困户安居工程落实中央财政发展资金14000万元，用于7277户贫困户安居工程，使3万人贫困群众住上安全适用住房。人居环境综合建设和整治资金3300万元。在全区7个地市63个县的189个乡镇实施整乡推进，落实中央财政发展资金35376万元，安排整乡推进项目623个。生产发展项目，落实中央财政发展资金77751万元，安排扶贫项目1400个，共完成改造中低产田6.23万亩，新建蔬菜温室大棚 1834 座，修建农田、草场水渠 1041 千米，新增水塘库容 42.5 万立方米，改善农田草场灌溉 35 万亩，修建乡村道路 1460 千米、桥涵 2.6 千米。

【劳动力转移】 安排劳动力转移项目专项资金 2975 万元，安排 36 个项目，辐射带动 2289 户、9800 多人，人均增收 1400 元以上。完成了全区 83 条溜索改桥工程建设任务。

【扶贫培训】 共安排扶贫培训资金 1489.33 万元，举办贫困群众就业技能和先进实用技术培训班 176 期，培训 1.06 万人次；举办基层扶贫干部培训班 18 期，培训 1000 人次。

【产业扶贫】 西藏自治区扶贫开发把种植业、养殖业、农畜产品加工业、民族手工业、旅游业 5 大产业作为产业扶贫重点，坚持产业规划与行业规划相统一，建设内容与行业项目相衔接，搭建起了产业扶贫的平台。产业扶贫严格执行中央“两个 70%”的原则，资金向产业扶贫集中，安排产业扶贫项目 1300 多个，投资 6.9 亿元，购置农牧业机械 4764 台（套）、扶持畜禽 38.93 万头（只、羽），扶持农牧民专业合作组织 183 个。安排互助资金 2000 万元，支持贫困村、贫困户创业发展。

【定点扶贫】 西藏自治区把定点扶贫与驻村工作队帮扶有机结合，实现了西藏行政村定点帮扶的全覆盖，累计定点帮扶 12.5 亿元。援藏扶贫纳入政策扶贫、项目扶贫、产业扶贫、社会扶贫、援藏扶贫“五位一体”的大扶贫格局，援藏资金项目向贫困地区倾斜，落实援藏扶贫项目 88 个，投资 1.55 亿元。区内外社会组织、各类企业和个人积极参与扶贫开发事业，广泛开展“帮扶群众、回报社会、奉献爱心”活动，12 家民营企业和商会投资 72 万多元。

【政策调研】 2013 年，西藏自治区扶贫办与区党委农工办、民政厅、统计局、残联等部门合作，完成了“全区特殊贫困人口集中供养”专题调研；建立完成西藏自治区扶贫办地（厅）级领导与地市联系制度，每个地（厅）级领导每年至少到联系地（市）实地调研 20 天。

（西藏自治区扶贫办）

陕西省扶贫开发

【概述】 2013年，陕西省扶贫开发工作认真贯彻落实中央、陕西省扶贫开发工作电视电话会议和习近平总书记关于扶贫开发的重要讲话精神，按照加快推进城乡发展一体化的总体部署，以增加贫困人口收入为重点，加强领导，创新思路，完善机制，强化措施，大力实施片区攻坚、移民搬迁、到村到户3大扶贫战略，统筹推进专项扶贫、行业扶贫和社会扶贫工作，全省农村贫困地区的经济社会得到快速发展，广大贫困群众的生活水平不断提高。按照2500元（2010年不变价）的省级扶贫新标准，陕西省全年实现110万人口脱贫。

【扶贫资金管理】 2013年，陕西省各级共安排财政专项扶贫资金58.16亿元，比上年增长28.56%。中省安排财政专项扶贫资金27.57亿元，比上年增长13.4%，其中中央财政专项扶贫资金预算18.77亿元，比上年增长11.8%；省级财政专项扶贫资金8.8亿元，比上年增长17.6%。下达到国家连片特困地区、国家重点县和省级连片特困地区的资金共18.5亿元，保证了扶贫资金的使用重点和效益。市县投入本级财政扶贫资金30.6亿元，比上年增长45.7%。省扶贫办下发了《关于进一步加强财政专项扶贫资金项目管理工作的通知》，配合国家审计署对财政扶贫资金进行专项审计；引入第三方力量，对10个市和65个片区县、重点县进行了财政专项扶贫资金绩效考评和审计工作。在全国财政扶贫资金绩效考评中，被评为B级，受到财政部和国务院扶贫办通报表彰，并获得了1100万元的财政扶贫资金奖励。

【易地扶贫搬迁】 2013年，陕西省扶贫移民搬迁安排中央及省内财政扶贫专项资金11.68亿元，搬迁贫困人口5.5万户、21.75万人。其中，陕北搬迁贫困人口1.6万户6万人，延安灾后重建安置1000户4000人，建设集中安置点61个，1.43万户房屋主体已开工建设，开工率达89.78%；秦岭北麓和渭北旱原地区搬迁贫困人口1.22万户4.85万人，房屋主体开工6751户，开工率82.3%，4791户房屋主体已完工，完工率58.4%；陕南移民搬迁工作，搬迁贫困人口2.7万户，10.9万人，房屋主体开工率达到80%。

【重点村建设】 陕西省扶贫办印发《陕西省整村推进扶贫项目管理办法》和《“十二五”农村扶贫开发规划》，实施“一村一策、一户一法”扶贫措施，编制完成了省、市、县3级整村推进3年规划和产业扶贫规划，因地制宜实施到村到户项目。安排财政专项扶贫资金4.42亿元，全面启动“十二五”规划剩余的1301个贫困村整村推进项目。新修道路2152.43千米（其中：通村道路506.44千米、村内道路869.42千米、入户路776.57千米），修建便民桥218座，解决36.2万人行路难的问题；打井434座，铺设饮水管道519.13千米，解决9.80万人的饮水难问题；修建各类灌溉管道242.81千米、农田改造2.1万亩。发展种植业51.8万亩，大型畜禽类养殖（猪、牛、羊）49.91万只/头、小型畜禽类养殖196.18万只/头，小型加工业450个。扶持901家涉农企业带动42.9万贫困人口发展产业。通过整村推进扶贫项目建设，使57万贫困人口实现脱贫。

【产业扶贫】 陕西省扶贫办印发《陕西省产业扶贫项目管理办法》、《陕西省扶贫龙头企业扶贫示范合作社管理办法》，对到户项目实行省级备案制，将项目实施管理权限下放到县（区），简化计划编制流程，缩短项目申报时间。安排财政专项扶贫资金1.18亿元，实施146个产业化扶贫项目，带动贫困户1.67万户；安排1亿元贫困户发展生产补助资金，扶持贫困户1万户。安排财政扶贫资金贴息贷款12.3亿元，扶持龙头企业127个，覆盖带动贫困户54万户；安排小额到户贴息贷款12.91亿元，扶持贫困户4.17万户。1702个互助资金协会发放借款3.1亿元，扶持8万户群众发展生产。

【雨露计划】 陕西省扶贫办、财政厅联合印发《关于新阶段雨露计划培训工作实施的意见》，规范项目管理。雨露计划培训项目安排财政专项扶贫资金0.9亿元，完成贫困家庭“两后生”转移培训5.3万人，其中补助高技能人才学历生2.3万人，培训移民搬迁户及贫困农民工3万人。“雨露计划”实施方式改革试点，安排专项扶贫资金2862万元，资助中高职在校学生3.58万人。农村贫困家庭大学生助学项目，安排财政扶贫资金1.6亿元，续补资助2.6万名贫困家庭大学生，新资助贫困家庭大学生2万名。完成农民实用技术培训100万人次。省扶贫办与团省委联合开展了“雨露计划·扬帆工程”。

【外资扶贫】 推进世行五期扶贫项目实施，陕西省项目区完成投资1.14亿元人民币，占当年计划投资额度的106.9%，项目受益农户2.4万户、9.4万人。其中，CDD（小区基础设施和公共服务）分项目完成投资9662万元；CDF（小区发展资金）分项目完成投资1018万元；GEF（全球环境基金）分项目完成投资273万元；项目管理与监测分项目完成投资450万元。

【社会扶贫】 34个中央部委、企事业单位来陕西开展扶贫工作，对全省50个重点县实现全覆盖，共投入和引进资金1.96亿元，实施扶贫项目182个。554个省级参扶单位包扶554个低收入村，投入和引进各类资金12亿元，实施帮扶项目1200

多个；安排1400多家企业参与新一轮结对帮扶工作，共投入资金1.55亿元。深入推进“富县帮穷县”工程，西安、宝鸡、咸阳、延安、榆林5市组织33个经济实力强的县对口帮扶24个贫困县，投入帮扶资金3.1亿元。

【片区攻坚扶贫】 陕西省政府召开全省扶贫开发工作暨片区攻坚推进电视电话会议，印发《全省集中连片特困地区产业扶贫规划》，省委办公厅、省政府办公厅印发《关于贯彻落实〈支持集中连片特困地区发展的若干政策〉分工方案》，建立健全“政府主导、部门配合、县抓落实”的片区攻坚机制，编制完成3个国家片区《区域发展和扶贫攻坚实施规划》和两个省级片区《区域发展和扶贫攻坚规划》；省交通厅与西安、宝鸡等7市分别签署省市共建协议，省教育部门将国家片区县高考单独招生计划扩大到扶贫重点县，省民政部门将农村低保标准提高到每人每年2020元，省水利、卫生、残联、共青团等部门围绕片区攻坚分别制定行业扶贫规划（意见）。全省3大国家片区启动实施项目1500多个，完成投资676亿元，集中实施一批教育、卫生、文化、就业、社会保障等民生工程，特色优势产业不断壮大，片区的生产生活条件明显改善。

【扶贫统计监测】 2013年，陕西省开展扶贫开发片区县、重点县扶贫统计监测工作，完成对全省98个有扶贫任务县、有扶贫任务行政村和1100户抽样农户的基期调查。完成对省级2500元（2010年不变价）扶贫标准下确定的全省775万农村贫困人口建档立卡，做到户有卡、村有册、镇有簿，县有完整的贫困农户建档立卡资料，实行贫困人口信息电子化管理。以贫困农户信息库为平台，对2012年贫困人口变化情况进行更新，初步实现了数据与贫困户、贫困人口的一一对应，实现对贫困人口的动态管理，为精准扶贫工作提供有力手段。启动了全省扶贫开发信息系统建设，完善对贫困人口的分类监测和动态管理，相关成果在到户项目中得到广泛应用。

（陕西省扶贫办
扶贫监测中心　陈庆客）

甘肃省扶贫开发

【概述】 2013年，甘肃省以“三大片区”58个特困县区为主战场，统筹17个插花型贫困县，以“联村联户、为民富民”行动为抓手，坚持专项扶贫、行业扶贫、社会扶贫“三位一体”有机结合，改善贫困地区基础设施条件，培育富民增收产业，开展劳动力转移培训和劳务就业创收，全省扶贫攻坚各项目标任务取得了显著成效。按照国家确定的脱贫标准，有2个县区（甘州区、肃南县）整体脱贫，有90个乡（镇）、1055个村实现脱贫目标，减少贫困人口140万人。全省贫困人口由2012年底的692.2万人下降到552.2万人，贫困发生率由33.2%下降到26.5%，下降6.7个百分点。贫困人口农民人均纯收入增幅比全省平均水平高2个百分点。

【扶贫资金投入】 2013年，财政专项扶贫资金总量为33.35亿元。其中中央财政专项扶贫资金30.65亿元（包括发展资金23.97亿元，“三西”专项资金2亿元，以工代赈资金2.44亿元，少数民族发展资金1.47亿元，扶贫贷款贴息资金0.32亿元，国有贫困农场资金0.082亿元，国有贫困林场资金0.153亿元，残疾人康复贷款贴息0.0216亿元，中央“两州”专项资金0.2亿元），省级财政扶贫配套资金2.7亿元。省扶贫办管理安排的资金为28.34亿元。其中：中央财政专项扶贫资金26.14亿元，省财政专项扶贫配套资金2.2亿元。易地扶贫搬迁和贷款贴息项目整合资金5.0453亿元。

【扶贫资金管理】 2013年，规范资金使用程序，加强资金管理，制定了《财政专项扶贫资金项目管理办法》，优先安排以产业开发、易地扶贫搬迁、劳动力技能培训、贫困户危房改造等为重点的各类直接扶持到户的民生项目，实行“四项制度”，一是资金实行专户存储、专人管理、专款专用、封闭运行制。二是严格执行县级报账制度。三是实行项目管理制。所有扶贫资金一律直接下达到项目，并实行管理到项目，核算到项目，验收到项目。四是实行扶贫项目公示公告制。

【基础设施建设】 2013年，在贫困村集中实施了一批基础设施建设项目，其中：村组道路建设方面，拓宽砂化道路780千米，砂化道路1493千米，硬化道路1226千米，修便民桥103座，涵洞22个。小型水利工程建设方面，建成集雨节灌903眼，衬砌渠道507千米，小型提灌工程35处，塘坝17个，治理河堤66千米，人饮工程206处，人饮水窖200眼。此外，改造危房7777户，新修梯田17.06万亩，完成五改三建3900户，一池三改199户，发放太阳灶1.1万台，安装太阳能光伏电源237台。

【连片特困地区扶贫攻坚】 2013年，全面启动实施“三大片区”扶贫规划。完成了六盘山片区、秦巴山片区、藏区三大片区省县两级实施规划的编制工作。此外，交通部将甘肃省普通国道补助标准在“十一五”的基础上提高2.6倍以上，通乡镇、通建制村沥青（水泥）路补助标准分别提高了1倍和1.5倍。同时将甘肃省临洮、静宁两县列入六盘山片区扶贫攻坚交通试点示范县。

【整村推进与整乡推进】 2013年，实施整村推进项目677个，整乡推进项目72个。经过项目建设，改善了贫困村生产生活基本条件，解决了村民增收难、饮水难、行路难、求医难、上学难等突出问题，使项目区基础设施全面改善、公益事业逐步健全，夯实农村经济发展基础。同时，全省各地项目村以整村推进为契机，大力发展富民增收产业，贫困村“一村一品”的产业发展格局逐步形成，贫困群众有了相对稳定的收入来源，富民增收产业呈现出良好的发展势头。

【转移就业】 2013年，转移就业扶贫工作本着先打工、后落户的原则，相关县区将其作为促进贫困地区致富的有效途径来抓，全年完成省外劳务移民备案审核20336人。

【产业扶贫】 2013年，稳步实施特色优势富民产业项目，促进农牧民增收，种植双垄沟播玉米402万亩，种植马铃薯4.6万亩，种植中药材9.2万亩，种植蔬菜4.8万亩，建日光温室、蔬菜大棚1.5万座，栽植苹果、核桃、油橄榄等经济林果27.7万亩，建成育苗基地1.3万亩。养羊11.3万只，养猪2.2万头，养牛2万头，养鸡（鸭）15.6万只，养殖鸵鸟0.2万只，修建暖棚1.9万座，种植牧草3.8万亩。建成农家乐137个。扶持扶贫互助社768个。扶贫贷款贴息方面，安排贷款贴息6亿元。

【劳动力培训】 2013年，完成雨露计划培训7万人；“两后生”培训6.5万人次。围绕草食畜、马铃薯、果品、蔬菜、中药材等特色优势产业，突出科技示范作用，完成农业实用技术培训28.6万人次。

【革命老区建设】 2013年，安排庆阳革命老区特困片带专项2000万元，在华池、镇原、宁县、合水等5县的贫困村实施扶贫攻坚项目，通过整村推进、基础设施建设、产业开发、劳动力培训转移等扶贫项目建设，改善了革命老区贫困群众的基本生产生活条件。

【定点扶贫】 2013年，共有35个中央、国家机关和单位定点扶贫甘肃省43个贫困县，实现了中央、国家单位对43个国家扶贫工作重点县定点扶贫的全覆盖。35个中央、国家机关和单位共有343名（其中部级38名）干部到定点扶贫县调研考察，选派干部18名常年蹲点挂职帮扶；定点扶贫单位为贫困县直接投入资金9970.3万元；帮助引进各类资金3269万元；帮助上项目19个，举办各类培训班38期，培训5562人次，组织劳务输出3.756万人次。

2013年9月，中共甘肃省委印发《关于加强和深化联村联户为民富民行动的意见》（甘发〔2013〕14号），继续推进以“单位联系贫困村、干部联系特困户”为载体、以“联村联户、为民富民”为主要内容的“双联”行动，以全省58个贫困县、8790个贫困村为重点，动员省、市（州）、县（市、区）、乡（镇）4级40.8万名干部和14411个机关、企事业单位，与8790个贫困村对接，开展“双联”行动，实行省级领导每人联系1—2个贫困县（市、区），从中联系1个贫困村和不少于5个特困户；地厅级干部每人联系不少于3户，县处级干部每人联系不少于2户，其他干部每人联系不少于1户的工作责任制度，形成了大规模、全覆盖、综合性、常态化的定点扶贫工作局面。全省各级联村单位共派出挂职蹲点干部4356人，帮扶单位直接投入16.18亿元，帮助引进各类资金26.62亿元，帮助引进项目数6056个，举办培训班9809期，共培训各类人员104.17万人次，组织劳务输出107.1万人次，解决群众急事难事10.2万件，开展义诊30.2万人次；帮助化解农村纠纷91940件。

【东西扶贫协作】 2013年，天津市政府援助资金增加到6480万元，比2012年增长8%。2013年5月，天津市合作交流办公室、甘肃省扶贫办、甘南州人民政府在兰州签署了《天津市对口帮扶甘南藏族自治州定向培养医学本科生项目》协议，利用天津政府援助资金，从2013—2015年连续3年招生，在天津医科大学和天津中医药大学为甘南藏族自治州定向培养300名医学本科生。2013年7月成立了天津市对口支援甘肃工作前方指挥部，首批抽调的6名援甘干部赴甘肃开展为期3年的援甘工作。2013年7月22日，甘肃岷县漳县地震发生后，天津市政府于7月23日捐助500万元抗震救灾款，于7月30日提前启动3000万元对口帮扶资金用于抗震救灾。2013年9月，甘肃省46家企业，赴天津参加了“2013中国·天津——全国食品博览会”，为甘肃企业以及陇货精品走向全国、走向世界起到了积极的推进作用。

2013年，厦门市政府援助临夏州资金由原来的800万元增加到2000万元。2013年7月，按照《厦门市对口帮扶临夏州扶贫工作规划（2012—2020年）》内容，厦门市翔安区与临夏州永靖县，海沧区与积石山县，思明区与临夏县，湖里区与东乡县，同安区与康乐县，集美区与和政县，火炬高新区与广河县达成了帮扶协议，已完成了对接并开展帮扶工作。

【军队和武警部队扶贫】 兰州军区机关主动参与甘肃省“联村联户、为民富民”行动，明确提出每个大部帮扶1个贫困村，每名军以上干部联系2户、师职干部联系1

户特困家庭。军区7名首长分头参加四大部机关的帮扶活动，投入110多万元，为帮扶村的4所学校捐赠电脑、电视、课桌等教学设施310多件（套）。军区司令部投资60万元，与联系村合建村委会综合楼和村民文化广场。军区政治部出资26万元，从山东郓城购买169只纯品小尾寒羊，分发给联系村42户特困群众发展家庭养殖业。军区联勤部选购62头优质仔猪，扶持联系村31户特困家庭。

【社会扶贫】 2013年，实施了“民企陇上行”行动，广泛动员民营企业参与甘肃省扶贫开发工作。全国工商联27家直属商会与甘肃省18个贫困县签署的产业开发战略合作协议。甘肃省工商联商会联席会议成员单位的45家商会与省内18个国家特困片区县签订了帮扶协议，确定以“扶贫办统筹规划，工商联组织引导，商协会配合实施，企业家自愿投资，贫困县建设落实”的模式，按照“一会一企带一县或多会多企带一县”的帮扶形式，在18个受援县建立项目带动、产业帮扶、优势互补、资源共享、造血式项目帮扶开发机制，实现共赢的发展目的。18个县市区与全国工商联直属商会、甘肃省商会联席会成员单位会员企业及企业家副主席、执常委共签约项目162项，协议资金494.3亿元，合同资金340.04亿元，到位资金131.33亿元。

2013年2月25日，甘肃省人民政府在北京与中国轻工业联合会、中国有色金属工业协会、中国石油和化学工业联合会、中国建筑材料联合会、中国物流和采购联合会等个行业协会，分别签署了《战略合作框架协议》。国家5大行业协会采取“一县一业”模式，确定了甘肃省87个县（市、区）与90家国家行业协会及其分会（联合会）的结对帮扶。截至2013年底，有19个县（市、区）共签订产业合作项目13项，总投资124.33亿元，实际投资6.41亿元，取得了初步成效。

【扶贫法制化建设】 2013年，按照《甘肃省扶贫开发条例》开展扶贫开发工作。省委、省政府出台了《关于深入实施“1236”扶贫攻坚行动的意见》，提出围绕“一个核心”“两个不愁”“三个保障”“六大突破”（即持续增加贫困群收入，确保贫困地区农民人均纯收入增幅高于全省平均水平以上；稳定实现扶贫对象不愁吃、不愁穿；保障扶贫对象义务教育、基本医疗和住户；基础设施建设、富民产业培育、易地扶贫搬迁、金融资金支撑、公共服务保障、能力素质提升突破）实施扶贫攻坚行动，有效支撑富民兴陇大业。印发了《关于深入实施“1236”扶贫攻坚行动的意见主要目标任务贫解表》，以及《甘肃省扶贫攻坚工作业绩考核评价办法》，明确了各级各部门的扶贫工作目标任务。

（甘肃省扶贫开发办公室
尕藏扎西）

青海省扶贫开发

【概述】 2013年，青海省扶贫开发工作认真贯彻落实党中央、国务院和省委、省政府关于扶贫开发的重大战略决策部署，强化举措，真抓实干，开拓创新，圆满完成了各项工作目标任务。全省减少贫困人口21.3万，超目标任务1.3万人。农牧民人均纯收入增长14%，达到6100元。在全国财政扶贫资金绩效考评中，青海省被评为B级第一名，获得1100万元项目资金奖励。青海省扶贫开发局被青海省文明委评为省级文明单位。

【扶贫资金投入】 2013年，青海省共落实各类扶贫资金16.93亿元，其中：落实中央财政扶贫资金12.76亿元，比上年增长1.43亿元，增幅12.6%；落实辽宁省本级援助资金3727万元；落实辽宁省各市、企业援助资金832万元；落实省级财政扶贫资金4.17亿元，比上年增长2.11亿元，增幅102%。

【整村推进】 2013年，青海省投入各类资金11.06亿元，在380个贫困村实施了扶贫开发整村推进产业带动项目，超目标任务20个村。实施产业项目103个，建成扶贫产业基地190个，7.8万户、31.85万人受益。

【产业扶贫】 坚持把发展扶贫产业作为增强贫困地区“造血”能力的重要举措来抓，投资1.15亿元，在两个片区实施了连片产业扶贫项目。投资8000万元，在藏区6州和西宁、海东2市的藏族乡镇实施了集中连片产业扶贫项目。投资500万元，对全省50家扶贫专业合作社进行扶持，进一步增强了辐射带动能力。通过实施各类产业扶贫项目，项目户年户均增收1500元以上。投资900万元，对全省51家国家和省级产业化扶贫龙头企业进行了贴息扶持，直接拉动银行贷款2.47亿元。

【易地扶贫搬迁】 2013年，青海省投资3.9亿元，在125个贫困村实施易地搬迁扶贫项目72个，搬迁安置1.24万户、5.4万人。同时，投资4226万元，在脱离耕地草场进城入镇的18个项目村，实施了养殖、加工、商贸、服务等后续产业项目，扶持4211户、1.69万人增收。各行业部门投资1.12亿元，跟踪配套水电路等基础设施。项目村基本实现了搬得出、稳得住、能致富的目标。

【藏区扶贫】 督促藏区全面实施了《青海省藏区区域发展与扶贫攻坚实施规划》，投入中央财政扶贫资金5.2亿元，在藏区实施了专项扶贫项目。

【特殊类型扶贫】 协调实施了《同德县特殊类型三年扶贫攻坚规划》，投资14.7亿元实施了6大类项目，全面完成了年度建设任务；在深入调研的基础上，编制并启动了兴海县南部三乡特殊类型扶贫攻坚规划。

【雨露计划】 投资1329万元，对就读于职业学校及一年以上技能培训的1.66万名贫困家庭子女，开展了国家雨露计划实施方式改革试点补助工作。投资966.5万元，对6857名贫困劳动力开展了短期技能培训工作。投资500万元，对省内外中等职业学校就读的2500名贫困学生进行补助。投资233.5万元，对各级扶贫开发干部、项目村干部、农牧民专业合作经济组织负责人等进行了培训，共培训721人，提高了干部素质。

【金融扶贫】 为破解贫困村发展产业融资难的问题，增强持续发展能力，加快脱贫致富进程，构建财政扶贫资金、信贷扶贫资金、社会捐赠资金、贫困群众入社资金等多元化扶贫资金投入机制，在66个贫困村投入资金6800万元，开展了融资扶贫试点，引导各类扶贫资金2.4亿元，有力支持了贫困地区的扶贫开发，从根本上解决了扶贫资金严重缺乏的问题。此项工作得到了国务院扶贫办主要领导的充分肯定。

【互助资金试点】 投资2750万元，在玉树市和海晏、刚察、河南、乌兰等县的90个贫困村开展了互助资金试点，有效缓解了贫困户发展资金短缺的问题。

【行业扶贫】 编制并启动实施了两大片区区域发展与扶贫攻坚实施规划及产业扶贫规划，全年累计投入各类资金237亿元以上，实施了基础设施建设、社会文化事业建设、民生保障工程等规划项目，全面完成了年度目标任务。

【社会扶贫】 充分发挥定点扶贫引领示范作用，推动社会扶贫扎实有效开展。13个中央国家机关企事业定点扶贫单位，向15个国家扶贫开发工作重点县投入帮扶资金2170.6万元，协调引进资金2.53亿元，实施帮扶项目26项。全省抽调万名干部开展进乡镇、进贫困村、进社区、进学校、进寺院的“五进”活动，其中5189名干部入乡驻村，在217个藏区乡镇、634个重点村开展帮扶工作，省财政为每村安排50万元帮扶资金（合计3.17亿元）。启动了新一轮省党政军机关和有关单位定点扶贫工作，123家定点扶贫单位帮扶124个贫困村，市（州）、县2822个定点扶贫单位帮扶2564个贫困村，共投入帮扶资金及物资折价1.35亿元，协调引进项目资金2.56亿元，实施项目550个。探索建立了省内对口帮扶工作机制，全省58个部门、单位和地区对口帮扶果洛州6县，投入资金9837万元，引进资金及物资折价8613万元。动员全省4.6万名干部群众及各界人士，结对帮扶3.4万户贫困户，投入帮扶资金2930万元，协调引进项目资金2187万元，实施帮扶项目300个。动员全省324家企业与407个贫困村建立共建关系，投入帮扶资金及含物资折价3950万元，实施各类项目105个。

【灾后重建】 投资4.6亿元的玉树灾后贫困村恢复重建和援建项目全部竣工，玉树贫困村灾后恢复重建工作圆满收官。

【援青扶贫】 发达省份和中央国家机关、企事业单位对口援助青海藏区的工作再上新台阶，全年落实到位资金11.36亿元，实施项目288个，为藏区六州的经济社会发展和扶贫攻坚注入新的活力。

【干部队伍建设】 为切实解决全省贫困地区乡镇一级扶贫开发干部“空白”问题，积极与省委组织部协商决定，在全省42个县（市、区）的360个乡镇配备了专兼职扶贫干事。此举得到国务院扶贫办的充分肯定。

【扶贫宣传】 主动邀请国家和省级主流媒体记者召开了座谈会，建立了合作机制；创办了《青海扶贫》杂志。年内在各大主要新闻媒体刊播扶贫开发稿件100多篇。

（青海省扶贫开发局

办公室　孙世成）

宁夏回族自治区扶贫开发

【概述】 2013年，经过宁夏回族自治区全区上下广大干部群众合力攻坚，扶贫开发工作机制不断创新完善，各项重点工作全面推进。"扶贫到户、责任到人"工作和福建—宁夏对口扶贫协作得到国务院副总理汪洋的批示和肯定。互助资金工作获得全国一等奖。整村推进工作被确定为全国"十二五"中期评估两个试点省区之一。生态移民工作得到了国务院扶贫办的肯定。福建—宁夏对口扶贫协作等一些工作经验在全国推广。红寺堡区和中卫市兴仁镇、蒿川乡与中宁县徐套乡、喊叫水乡纳入六盘山片区规划范围。中南部地区农民人均纯收入达5230元以上，增幅达到14%以上，较2010年增长53%，增幅连续3年高于全区平均水平。

【片区扶贫】 编制完成了《六盘山片区（宁夏）区域发展与扶贫攻坚实施规划》。《关于请求国家将宁夏六盘山片区设为全国集中连片特困地区产业扶贫试验区的建议》，被全国人大常委会列为2013年重点处理建议，由国务院扶贫办会同国家10个部委推动落实。交通运输部在固原市召开了国家23个部委参加的六盘山片区区域发展与扶贫攻坚部省协调推进会，确定了27个关系宁夏片区区域发展与扶贫攻坚的重要建设项目，并将西吉县列为六盘山片区综合扶贫示范县，将予以4亿元资金支持。国务院扶贫办与自治区政府签署了《关于支持宁夏内陆开放型经济试验区建设加快宁夏扶贫攻坚战略进程合作协议》，国务院扶贫办将进一步加强对宁夏扶贫开发工作的指导与协调，给予宁夏更广泛、更有力的帮助。

【生态移民】 2013年，全面完成自治区政府年初确定的8万人的住房建设和8万人的搬迁安置任务，建成移民住房2.24万套，搬迁安置移民8.55万人，分别占计划的123%和107%。完成开发配套农田5.84万亩，建成设施温棚、大中拱棚、养殖圈棚2.21万亩（座），建成枸杞、马铃薯、葡萄等特色种植达到26.4万亩，完成教育培训3.91万人，实现务工就业3.29万人，架设供电线路328千米，修建村公路241千米，新（扩）建学校、幼儿园、村级（社区）活动场所（含医疗、计生、文化、科技、劳务服务室）、农村超市等6.49万平方米，实施迁出区生态恢复保护工程69万亩。截至2013年底，已累计建成移民住房6.28万套、搬迁安置移民20.66万人，分别占规划总目标的79.7%和59.7%，对9.44万搬迁定居移民实施了教育培训，实现务工就业6.26万人，迁出区生态恢复133.1万亩，迁入区新村绿化4.09万亩。同时，加强和完善生态移民相关政策，大力培育增收产业，积极开展创业就业转移培训，加大迁出区生态恢复，强化移民社区社会管理，一个个和谐、富裕、文明的移民新村初具规模，在塞上大地落地生根。

【整村推进】 从2013年4月起，集中利用3年时间，实施重点贫困村整村推进工作。2013年共投入各类资金133426.1万元，对500个重点贫困村实施整村推进基础设施到村、产业项目扶持到户、培训转移到人、帮扶责任到单位的“四到”扶贫攻坚，村均投入（不含群众自筹）266.8万元，兴建了一批基础设施、环境与生态和社会事业项目，扶持贫困群众发展增收产业，探索西吉县集中力量定点清除、彭阳县产业到户“造血”发展、泾源县整乡推进扶贫模式。

西吉县经验。以19个乡镇的19个整村推进示范村为重点，以点带面，集中资源，通过“危房改造打基础、特色产业做支撑、六小工程相配套、民主管理作保障”的方式，整合项目资金，集中力量合力攻坚。整合各类资金1.72亿元，户均补助1.55万—2.2万元，完成危房改造3911户，硬化村组道路97千米，绿化村组巷道95千米，建成集雨场4908处，自来水入户4948户，贫困村面貌焕然一新。

彭阳县经验。通过调整思路、转变方式、积极探索产业到户扶贫新机制，采取“建设示范园、培育典型户、扶持贫困户、带动一般户”的措施，采取规模户和无场地户进入合作点集中饲养、有条件的散户分户饲养、无任何饲养条件的特困户加入园区托管分红3种办法，探索“合作社+贫困户”的产业扶贫模式，实现了产业到户扶持对贫困户的全覆盖。对1500户贫困户户均投入扶贫资金1万元，帮助这些贫困户奠定了产业发展基础。

泾源县经验。在兴盛乡开展了整乡推进试点，将9个行政村一次性高标准规划，通过整合资源、集中投入、整乡推进、连片开发的方式，把县内生态移民、危房改造、产业培育、幸福村庄建设、新农村建设结合起来，统筹推进，全乡产业发展、人居环境彻底改观，群众安居乐业，为全区开展整乡推进提供了成功经验。

【“四到”扶贫工程】 2013年整合投入各类资金13.34亿元，村均投入267万元。呈现出西吉县集中力量打“歼灭战”、彭阳县探索产业扶贫“造血”机制、泾源县开展整乡推进试点等3种新机制。产业项目到户工作基本建立起了“补、借、贷、贴、保”五位一体的扶持机制。

“补”就是扶贫产业项目资金补到户。投入资金1.93亿元，着力实施“扶贫到户、责任到人”项目，扶持了7.7万户扶贫对象发展增收产业，加上前两年的扶持，基本实现了对60万建档立卡扶贫对象的全覆盖。

“借”就是互助资金借到户。安排专项资金3500万元，支持22个生态移民村建立互助资金项目，全面完成了支持100个A类互助社扩大互助资金受益面的任务，使互助资金项目村到达1120个，资金运行总量达5.18亿元，互助资金总规模、村均投入额度、贫困农户受益面均居全国第一，互助资金工作获得全国一等奖。

“贷”就是金融信贷资金贷到户。着力推进“互助资金·千村信贷”项目，新增“千村信贷”项目村213个，使项日村总数达到338个。截至2013年底，已有304个项目村14307户捆绑信贷资金4.28亿元，户均贷款2.99万元。

“贴”就是贷款贴息资金贴到户。宁夏扶贫办与财政厅出台了捆绑贷款贴息政策，给予“千村信贷”农户贷款，按程序确认扶贫贴息对象和贴息额度，通过农户“一卡通”直接兑付到捆绑贷款对象手中。2013年，投放贴息资金316.6万元，对2012年度产生的农户贷款给予贴息。

“保”就是将保险保到户。把项目风险防控和小额保险相结合，为全区互助资金社员及其家庭成员购买意外伤害保险，为防范互助资金项目风险安上了“防火墙”。2012年6月，全国贫困村互助资金工作座谈会在银川召开，宁夏金融扶贫创新经验得到了国务院扶贫办领导、专家学者和与会代表的一致好评。2013年，互助资金、千村信贷、农村妇女创业贷款及各类小微型金融机构累积贷款余额达到近30亿元，是财政专项扶贫资金的3倍，金融扶贫已成为支撑扶贫产业发展的主导力量。

【雨露计划】 培训转移到人工作，特别是雨露计划改革试点在全国率先实现片区县（区）全覆盖。全年共发放补助金1011万元，补助中高职贫困学生1.26万人。采取基层干部培训与农民培训、职业教育与技能培训相结合，完成干部培训23期1938人，安排资金775万元，组织贫困劳动力技能培训5000人。积极拓宽筹资渠道，与宁夏燕宝慈善基金会签署合作协议，燕宝基金会捐资7200万元，今后4年每年帮助扶贫对象家庭学生3000名在区内高职院校接受职业教育。

【社会扶贫】 2013年，经过多方面的积极争取、协调组织、广泛动员，社会各界高度关注、积极参与扶贫开发，社会各界投资捐物折款达2.42亿元，闽商合同投资逾130亿元，社会扶贫强势突起，与专项扶贫、行业扶贫呈鼎立之势，“三位一体”大扶贫格局得到巩固提升。

中央有关帮扶单位首次实现了“一帮一”全覆盖。国家为宁夏增补调整了8家实力强的中央单位，定点帮扶全区8个国家扶贫开发工作重点县，各中央单位已与帮扶县对接完毕，正在组织制定完善中长期帮扶方案和落实部分具体帮扶措施，已落实扶贫项目投资1880万元。

福建—宁夏协作取得新的突破。福建—宁夏对口协作步入产业合作共赢的新阶段。西吉、盐池、隆德福建—宁夏产业园已开工建设，福建—宁夏产业城、永宁和红寺堡产业园均在规划建设之中。同时，全面开展了福建—宁夏产业城、产业园招商工作，先后组织了“百名企业家宁夏行”等多次富有成效的招商活动，签订合同项目 39 个，总投资 131.7 亿元。一年来，福建省各级组织投入帮扶资金 1.1 亿元，组织实施各类帮扶项目 112 个；募集社会各界捐款捐物折款 5260 万元，扶助困难群众 25 万人次。

区内定点帮扶工作进展顺利。2013 年，区、市、县 3 级 844 个帮扶单位投入帮扶资金（含捐物折款）4795.6 万元，协调项目资金 11160.7 万元，帮助重点贫困村改善基础条件、发展特色产业，促进扶贫对象转移就业、脱贫致富。

【扶贫资金管理】 由自治区扶贫办牵头，会同自治区监察厅、发改委、财政厅、审计厅、纠风办组成的“七部门”联合检查组，对 2012 年自治区下达财政扶贫、以工代赈、“三西”专项、福建—宁夏协作等各类扶贫资金管理和使用情况进行了专项检查。针对检查发现的问题和国家审计署《审计报告》所列问题，分别在 5 市召开通报会，约谈 5 市和有关县（区）分管领导及相关部门负责人，安排和督促整改。2013 年全区扶贫资金使用管理总体上良好，资金运行总体安全，管理机制逐步健全，管理水平逐年提高。

【驻村帮扶】 结合自治区党委组织部开展的“下农村、送政策、促发展”下基层活动，帮扶责任到单位工作扎实有效，完成了自治区、市、县（区）3 级帮扶力量向 500 个重点贫困村调配工作，建立起了“不脱贫不脱钩、一帮到底”的稳定帮扶机制。增派 289 名扶贫开发驻村指导员入驻贫困村开展工作，基本实现了对 500 个重点贫困村全覆盖。

【扶贫宣传】 扶贫宣传工作服从自治区党委、政府百万扶贫攻坚战略总体部署，始终坚持“贴近基层、贴近群众、贴近生活”的原则，以贫困群众增收为核心，以脱贫致富为目的，不断完善宣传组织保障、媒体互动合作、信息交流共享、宣传考核激励长效机制，努力强化扶贫宣传保障，着力提高扶贫宣传效果。

2013 年在国家级主流新闻媒体刊登稿件 80 篇，自治区级主流新闻媒体刊登稿件 103 篇，内部发行《宁夏扶贫开发》季刊 4 期。宁夏扶贫办和自治区话剧团共同策划，反映当代移民搬迁的话剧《沟底村移民记事》在区内多次巡演后，受到社会各界特别是移民群众的好评。

（宁夏回族自治区扶贫办
杜忠良）

新疆维吾尔自治区扶贫开发

【概述】 2013年，新疆维吾尔自治区扶贫开发坚持“划分区域、分类扶持、整村推进、连片开发、完善机制”的工作方针，以“重片区、带山区、强产业、抓管理”为主线，突出南疆三地州、边境地区、贫困山区主战场，以专项扶贫为引领、凝聚扶贫攻坚合力，开展“片区建设年”活动，落实各项扶贫开发规划，大力推进南疆三地州扶贫攻坚，深入开展边境扶贫工作，推动扶贫产业规模化发展、特困山区群众居住环境和生活条件改善，扶贫开发取得明显成效，减少扶贫对象38.4万人，有623个贫困村实施整村推进扶贫开发规划，扶贫培训累计21万人次，35个扶贫开发重点县农牧民人均纯收入增加921元、达到5814元、增长18.8%，其中南疆三地州增加841元、增长18.5%，均超过自治区的平均增长幅度，年度扶贫开发工作任务全面完成。

【扶贫资金项目】 2013年，新疆安排财政专项扶贫资金规模为3.83亿元，其中：中央财政专项扶贫资金2.35亿元，自治区及各地州县（市）财政专项扶贫资金150707万元［自治区本级74248万元、地州32307万元、县（市）44152万元］。

1. 扶贫资金。2013年度，中央财政专项扶贫资金235176万元（生产发展资金和贴息资金155827万元、以工代赈资金22300万元、少数民族发展资金57049万元、国有贫困农场资金1760万元、国有贫困林场资金1220万元）。其中，用于连片特困地区的国家扶贫工作重点县154975万元，用于片区外国家扶贫工作重点县17259万元，用于贫困村211022万元，其中用于623个当年整村推进贫困村189973万元，村均投入305万元；用于产业发展方面的资金186622万元。

2. 扶贫项目。共安排项目2556个，涵盖了种植业、畜牧业、林果业、设施农业、小手工业、水利、交通、住房、培训等方面。安排的项目扶持贫困户31.22万户，覆盖扶贫对象122.36万人，直接入户19.36万户，重点为10308户贫困户安居房建设、26701户贫困户庭院经济建设、27083户贫困户牲畜棚圈建设、20704户贫困户购买牲畜、22037户贫困户购买家禽、17686户贫困户林果建设、8439户贫困户设施农业建设、5318户贫困户发展手工业进行了补助；为21万人次贫困农牧民开展实用技能培训；为贫困村实施农田水利、公益事业等项目，凸显扶贫民生重点实事工程的精确化和精准性。

【整村推进】 2013 年，新疆坚持以整村推进为平台，紧密结合安居富民、定居兴牧工程建设，加大财扶资金支持力度，有 623 个贫困村实施了整村推进扶贫开发规划，其中纳入国家整村推进计划的有 280 个。通过整合资源，全年投入到实施整村推进扶贫开发规划贫困村的资金总额达到了 40.67 亿元，村均投入达到了 651 万元，其中纳入国家整村推进计划的 280 个贫困村投入资金 22.23 亿元，村均投入 794 万元。

1. 实施整村推进扶贫开发的 623 个贫困村农民人均纯收入较上年增长 18%，其中纳入国家整村推进计划的 280 个贫困村农民人均纯收入增长 19%，农民人均纯收入增幅高于非贫困村，贫困村贫困程度有很大改善。

2. 实施整村推进扶贫开发规划的 623 个贫困村新增基本农田 13.13 万亩，新增人工改良草场及饲草料地 10.22 万亩，新建、改造公路 1245 千米，兴修防渗渠道 1355 千米、机井 101 眼，修建桥、涵、闸 2512 座，解决了 15 个贫困村通水、10 个贫困村通电、102 个贫困村通路、5 个贫困村通电话、10 个贫困村通广播电视问题。

3. 实施整村推进扶贫开发规划的 623 个贫困村修建文化活动室 12542 平方米，村卫生室 8524 平方米，建安居房 2415 套，解决了 12 个村就近入学、85 个村科技文化室、142 个村看病就医、455 个贫困村集体经济薄弱问题，新型农村合作医疗全面覆盖，地方病防控工作得到加强。

4. 实施整村推进扶贫开发规划的 623 个贫困村新定植经济林 35.04 万亩、嫁接改造 18 万亩，种植粮食 57 万亩、草料 102 万亩、特色经济作物 122 万亩，建设设施农业大棚 5.6 万座、青贮窖 7542 座、棚圈 6.5 万座，购买大小牲畜 50.23 万头（只）、家禽 421 万羽。

【产业扶贫】 2013 年，新疆扶贫开发以增收为核心，深入推进产业化扶贫工作，大力支持贫困地区种养业、林果业等优势特色产业发展，当年新增粮食播种面积 9.91 万亩，新增经济林果面积 74.34 万亩，扶持发展优质牛羊 15.26 万头（只），对扶贫对象形成了广泛覆盖。坚持龙头拉动、效益覆盖的理念，在南疆三地州新认定了 29 家扶贫龙头企业，建立开发性金融支持产业扶贫的机制，全面开展扶贫龙头企业评估，提供良好的政策服务环境，建立了一支规模达到 204 家的扶贫龙头企业队伍，带动了 15.23 万户贫困农牧民增收，对贫困户的覆盖面达到了 31.8%。

【雨露计划】 2013 年，新疆扶贫培训中，采取培训与产业结构调整相结合；培训与试验、示范、推广项目相结合；季节性培训与全年跟踪服务相结合；培训与农业增产农民增收相结合；培训与转移就业相结合，因地、因人、因产业开展扶贫培训工作，点面结合，以点带面，取得了明显的扶贫效果，全年下达扶贫培训项目404个，资金5000万元。共举办各类培训班1559期，培训21.26万人次。其中，职业技能培训班539期，覆盖1689个贫困村，培训30088人次，实现转移就业18486人，其中妇女8302人；农牧实用技术培训班870期，覆盖2001个贫困村，培训176312人次，其中妇女51181人次；扶贫业务干部培训137期，培训6254人次。

【社会扶贫】 2013年，新疆扶贫开发中，中央、自治区、地州、县（市）4级共有8447个单位在全疆开展定点扶贫工作，其中：中央单位16个、自治区单位285个、地州单位1428个、县（市）单位6718个。下派蹲点扶贫干部13736人，有82667人次赴实地考察调研，共投入帮扶资金及物资11.73亿元，其中单位自筹资金6.5亿元、协调引进资金5.23亿元。帮扶资金按项目类别分，生产建设类项目7.13亿元、公益类项目3.45亿元、到户类项目1.15亿元。协调引进扶贫项目767个、企业33个、各类人才113名，帮助引进技术173项，资助贫困学生29891人；慰问贫困户80104户。举办各类培训班3183期，累计培训175239人次，其中：各级农村干部培训14849人次、常规农牧业技术培训15094人次、实用技术培训99196人次、专业技能培训46100人次，帮助劳务输出144478人次。

【边境扶贫试点】 2013年，新疆全面推广阿合奇县边境扶贫经验，在17个边境重点县扩大边境扶贫试点，以整村推进为平台，围绕民生、产业、畅通、服务、保障5大工程，进行“一线守边、二线固边、三线服务”的功能布局，与常规扶贫、山区扶贫整合，推进边境和谐新村示范区建设，边境扶贫效益显现，已经成为新疆“三区一体”扶贫战略和政策体系的重要组成部分，17个边境扶贫重点县（市）农村经济快速发展，边民群众民生明显改善，贫困程度明显缓解，扶贫进程向快向实向好发展。按照《边境扶贫开发监测评价体系》设定的两个层次、10个类别、41项指标，17个边境扶贫重点县（市）2013年总体进度达到75%，边境一线目标任务完成率达到77.5%，二三线达到72.6%，均超过规划预期20%的年均进度，超额完成了既定的目标任务。

2013年，国家及新疆下达边境扶贫项目资金1.7亿元，其中，中央资金安排1亿元，自治区配套7000万元，实施边境扶贫项目96个，直接扶持边境地区贫困户1.43万户8.2万人。2013年投入的边境扶贫专项资金共带动其他资金投入63.8亿元，其中专项扶贫资金14.7亿元，行业扶贫资金19.4亿元，社会扶贫资金2.2亿元，援疆扶贫资金19.5亿元，边境扶贫资金放大系数（资金总额/试点资金）为37.5，放大效应明显。

【连片特困地区扶贫攻坚】 2013年，新疆认真贯彻落实中央新疆工作座谈会精神，按照“区域发展带动扶贫开发、扶贫开发促进区域发展”的基本思路，全面启动《新疆维吾尔自治区南疆三地州片区区域发展与扶贫攻规划（2011—2020年）》，组织协调专项扶贫、行业扶贫、社会扶贫、援疆扶贫等方面的力量，共同推动规划实施，以片区建设为统领、各行各业为主导、城乡发展为一体、产业崛起为支撑、推进“片中片”为手段，形成了“五化同步”、城乡一体、区域协调、上下联动的发展新格局，南疆三地州的发展形成了强劲推进势头。

1. 经济结构优化提升，区域发展能力增强。与规划基期的2010年相比，2013年南疆三地州的一、二、三产业之比由38.99∶18.25∶42.76调整为25.7∶26.8∶47.5。地区生产总值从502.3亿元增加到863.25亿元、增长72%，完成规划目标1000亿元的86%；地方一般财政预算收入从29.2亿元增加到68.6亿元，年均增长32.9%，超过了28%的规划目标。城乡固定资产投资完成686亿元、年均增长20.5%，城镇居民人均可支配收入达到16619元、年均增长13.2%，完成规划目标2.3万元的72.3%，城镇化率由25%提高到27.2%。

2. 产业支撑能力增强，减贫步伐明显加快。在财政扶贫项目的引导和支持下，2013年南疆三地州新增可灌溉基本农田42万亩，新增人工草料地面积49.5万亩，粮食面积稳定在979.99万亩，林果定植面积从662.61万亩增加到903万亩、增长36%，年末牲畜存栏从1429.8万头只增加到1536.9万头只、增长7%，以农副产品加工为主导扶贫龙头企业达到了77家，占全疆扶贫龙头企业的43%。同时，3年累计培训贫困农牧民33.04万人次，其中劳动力转移培训6.3万人次、实用技术培训26.5万人次、干部培训2400人次。与规划基期的2010年相比，2013年南疆三地州片区农牧民人均纯收入从3345元提高到5412元，年均增长17.4%，实现规划目标6200元的87%。3年累计减少扶贫对象68.8万人。

3. 基础设施明显改善，贫困乡村面貌深刻变化。南疆三地州坚持以贫困村为基本单元，3年实施整村推进规划749个村，有451个村达到“九通、九有、九能”（即贫困村基本实现通水、通电、通路、通电话、通广播电视、通信息、通暖气、通邮、通客运班车；有办公议事场所和强有力的领导班子、有稳定增收的产业、有集体经济收入、有垃圾投放点、有文化室、有卫生室、有双语学前教育场所、有文化体育活动场所、有惠农超市；扶持户实现能用上安全饮用水、能用上电、能用上暖气、能住上住房、能用上卫生厕所、能用上清洁能源、能享受学前教育、能享受基本社会保障、能得到培训和获得信息）的验收标准，完成计划的92%。三年新增和改扩建乡村公路里程13138千米，新修村内水泥（沥青）路132.9千米，新修防渗渠162.5千米，新增人畜饮水管道1070.9千米，解决了101.1万人、228万头（只）牲畜饮水困难问题，通电行政村达3772个、占南疆三地州行政村的95.4%。大力实施安居富民和定居兴牧工程，使50.2万户农牧民家庭住上了安居房。

4. 社会事业显著进步，公共服务水平提升。按照“大扶贫”的工作格局，汇聚教育、科技、文化、卫生等行业政策和资源，丰富南疆三地州的文化生活，拓宽现代信息传播渠道，使更多的贫困农牧民子女享受到优质基础教育资源。有卫生室的行政村达到2875个，有幼儿园或学前班的行政村达到2012个；初中毕业生升入高中阶段的升学率达到80.5%，学前3年毛入学率达到89.1%，参加新型农村合作医疗保险人数达到483.96万人，参加新型农村社会养老保险人数达到253.87万人，扶贫开发政策与农村最低生活保障制度有效衔接、实现全覆盖。

【易地扶贫搬迁】 2013年，新疆投入到易地扶贫搬迁的财政扶贫资金23954万元（其中：中央财政专项扶贫资金8525万元、自治区财政专项扶贫资金2524万元、部门资金3252万元、其他资金9653万元，搬迁1253户、5137人。搬迁地新开垦基本农田6.2万亩，低质土地整治10.22万亩，模拟飞播种草35.55万亩，林地建设7.12万亩，解决了1022户子女就近入学难、815户就医难的问题，有1115户搬迁户能够参加科技文化活动，1022户有稳定收入来源的生产项目，1253户有经济适用住房。

【山区扶贫试点】 2013年，新疆进一步加大山区特困村扶贫攻坚力度，建立县级以上领导分工包村负责制，把实力较强的定点帮扶单位调整到299个山区贫困村，强化扶贫攻坚合力。同时，在思路和方式上进行创新，将299个山区贫困村分为6个批次，把分散的专项资金集成使用，并特别强调对行业、社会等多方面资金的整合比例，确保突出重点、收缩战线、梯度攻坚。2013年，共安排专项扶贫资金2.99亿元，其中种植项目1327万元，占4%；棚圈建设3448万元，占12%；禽舍项目202万元，占1%；家禽养殖485万元，占2%；牲畜养殖7813万元，占26%；草料地建设969万元，占3%；防渗渠2551万元，占9%；节水灌溉452万元，占2%；土地整理924万元，占3%；住房建设6711万元，占22%；庭院经济建设2863万元，占10%；其他类项目2155万元，占7%。实施扶贫项目农业种植16589.5亩，棚圈5747座，禽舍1010座，家禽养殖938700只，购买羊42665只，购买牛3176头，购买骆驼157峰，购买马200匹，购买驴200头，人工草料地建设19380亩，修建防渗渠212.6千米，节水灌溉7537亩，低质土地整治18480亩，安居房建设2237户，庭院经济建设5726户。

【互助资金试点】 2013年，新疆继续开展扶贫开发互助资金试点工作，安排专项资金3000万元，在200个贫困村开展互助资金试点，组建了200个互助小组。并将中央奖励新疆的400万元扶贫资金也用于了26贫困村开展互助资金试点工作，全疆开展互助资金试点的贫困村达到726个。

随着互助资金试点工作的不断深入，其“民有、民用、民管、民受益”的效果日益突出，深受贫困群众的欢迎，累计借款达到了21222户次，其中贫困户15624户次，累计发放借款2998万元，其中贫困户借款2443万元，到期还款率达100%。

【扶贫贴息贷款】 2013年，新疆扶贫贴息贷款实际发放28.08亿元，其中发放到户贷款金额17亿元，扶贫龙头企业通过各类承贷金融机构发放贷款11.08亿元。

1. 到户扶贫贷款。2013年，新疆到户扶贫贷款平均贷款利率8.66%，最高贷款利率11.55%，最低贷款利率5.65%，当年到期贷款回收率为100%，全年共安排贴息资金5000万元，其中自治区本级财政安排贴息资金2000万元。实际发放的170021万元中，用于种植业的100312万元，占60%；用于养殖业的55235万元，占32.49%；用于商业、运输业的12021万元，占7.07%；用于其他的2453元，占1.44%。当年到户扶贫贷款共覆盖贫困村3062个，302514户贫困户得到了贷款，户均贷款5620元。

2. 扶贫项目贷款。2013年，新疆国家和自治区级扶贫龙头企业从农业银行、农业发展银行、农村信用社联合社、工商银行、建设银行等承贷金融机构实际取得贷款11.0774亿元，贷款平均利率8%，最高利率10%，最低利率6%，当年到期贷款回收率100%，全年共安排贴息资金3623万元。扶贫龙头企业项目覆盖村数4925个，其中贫困村1893个，覆盖总户数63.63万户，其中贫困户23.5万户，共安排了4.96万农民就业，其中贫困人口2.9万人。

【机制创新】 2013年，新疆扶贫开发机制创新中，一是提高扶贫措施的瞄准精度。进一步完善扶贫资金项目到户机制和贫困农户信息动态管理系统，全面推广“新疆农村贫困人口扶持证”，对到户项目逐一分段编码、进行标识，做到扶贫对象、贫困户信息、扶贫项目、扶持政策“四统一”的管理手段。二是改进扶贫开发考核工作，解决自治区年度考核与基层考核“两张皮”的问题，将工作考核时间提前至当年11月份，强化了考核结果的运用。三是开展财政扶贫资金绩效考评，使结果导向机制更趋成熟，一方面激发地州、县（市）的积极性；另一方面也为今后建立财政扶贫资金激励性机制奠定基础。

【调查研究】 2013年，新疆在扶贫理论研究和创新上，选择了关系贫困地区经济社会发展的具有战略性、全局性一些课题，组织开展了“新疆贫困地区全面建成小康社会研究”、“新疆贫困地区农业产业化发展对策研究”、“改变山区贫困的探索及攻坚”、“拓展三线联动边境扶贫新模式”、“新疆边境扶贫试点及其成效的调查研究”，制定了“新疆非重点地区扶贫开发对策”、“外资项目对新疆扶贫开发的影响”等课题研究计划，组织各级扶贫部门调研约380次，为全疆扶贫开发提供决策参考。

（新疆维吾尔自治区扶贫办
宁钢）

新疆生产建设兵团扶贫开发

【概述】 2013年，新疆生产建设兵团（以下简称“兵团”）围绕兵团党委六届十一次全委（扩大）会议确定的扶贫开发目标任务，启动了贫困团场脱贫动态调整工作，全年兵团投入扶贫团场各类资金9.3亿元，其中，国家下达兵团中央财政专项扶贫资金43903万元，扶贫发展资金5500万元，16个团场实现脱贫。3月29日，在乌鲁木齐市召开了兵团扶贫开发工作电视电话会议，会议全面部署了兵团扶贫开发工作。8月22日，兵团召开城镇化、服务业暨扶贫开发现场推进会，总结典型经验，就进一步深化和创新扶贫工作进行动员安排。10月30日，兵团扶贫办举行2013年扶贫开发工作新闻媒体发布会。

【扶贫资金投入】 2013年，国家下达兵团中央财政专项扶贫资金43903万元，明确资金使用优先支持《南疆三地州集中连片特困地区兵团片区区域发展与扶贫攻坚实施规划》确定的重点区域和项目，集中用于培育特色优势产业和改善贫困团场基本生产生活条件。扶贫发展资金5500万元，主要用于中低产田改造、渠系建设、养殖基地、能繁母畜补贴、农贸市场建设、屠宰加工及冷链一体化建设项目。

【基础设施建设】 2013年，兵团投入扶贫团场各类资金9.3亿元，修建干渠防渗78.56千米，高新节水灌溉面积19.12万亩，治理盐碱地1.5万亩，综合治理水土流失面积16.3平方千米，实施中小河流治理项目治理河水28.35千米；支持扶贫困团场加强道路建设；支持南疆三地州贫困团场建设高标准基本农田8.56万亩；实施了叶尔羌河中下游湿地省级保护区湿地保护与恢复工程；启动实施了塔里木盆地周边防沙治沙工程建设规划；南疆三地州兵团片区22个贫困团场纳入实施范围；支持贫困团场建设保障性住房65358户，实施棚户区改造30645户，解决了9576户困难职工家庭住房问题；支持贫困团场实施农村饮水工程，解决了20.53万居民、3.24万学校师生饮水安全问题。

【连片特困地区扶贫规划】 2013年，兵团司令员办公会议审议通过了《新疆南疆三地州集中连片特困地区兵团片区区域发展与扶贫攻坚实施规划（2011—2020年）》（以下简称《实施规划》），《实施规划》明确了区域发展与扶贫攻坚指导思想、发展目标、重点任务和保障措施，为指导片区扶贫攻坚，提供了重要依据。

【科技扶贫】 兵团加大贫困团场科技投入，持续推进贫困团场科技创新服务能力建设。2013 年起，设立“科技人员服务南疆专项”、“少数民族聚居团场科技特派员帮扶计划”等专项资金，安排 1060 万元用于支持南疆三地州贫困团场、少数民族聚居团场科技创新和推广应用，组织派遣 80 多名科技特派员赴南疆三地州贫困团场开展技术成果引进示范，培训南疆科技特派员 60 多名。三师 53 团“肉羊标准化高效繁育关键技术成果与示范”、十四师皮山农场“肉用山羊品种改良及高效繁育技术示范”项目获科技部科技富民强县专项支持，三师前进农业科技园区被认定为第三批兵团农业科技园区。

【兵团机关结对扶贫】 2013 年，大力开展“兵团领导联团定连帮户、兵团机关、大专院校、科研院所定点扶贫”工作。参加结对扶贫的 52 家兵团机关部门将结对扶贫工作纳入年度总体工作统筹考虑，制订结对扶贫年度工作方案。结对扶贫单位班子成员明确结对帮扶的贫困户，把帮助贫困户和落实脱贫增收目标作为重点，推进扶贫工作重心下移。兵团机关部门派出师（局）级干部 313 人次，处级及以下干部 727 人次，赴结对帮扶团场调研，资助贫困学生 1108 人。兵团机关各部门投入和引进各类帮扶资金 2217 万元，举办培训班 107 期，培训各类人员 6067 人，组织劳务输出 440 人次。

【企业定点扶贫】 兵团 12 家定点帮扶企业帮扶 12 个贫困团场，赴定点帮扶团场调研 42 人次，资助贫困团场学生 15 人，直接投入和引进各类资金帮扶资金 1252 万元，举办培训班 3 期，培训各类人才 84 人。

【师师结对帮扶】 兵团首次组织开展师师帮扶，分别选定经济发展较好的第一、六、八师与南疆三地州兵团片区第三师开展师师结对扶贫；第二、十二师与南疆三地州兵团片区第十四师开展结对扶贫。2013 年，相关师帮扶第三、十四师培训各类人才 1382 人次，投入帮扶资金 3338 万元，派挂职干部 48 人，到贫困团场调研 52 人次。

【兵地扶贫】 2013 年，兵团投入专项扶贫资金 300 万元，支持新疆维吾尔自治区扶贫开发工作重点县吉木乃县别勒阿热克村实施节水灌溉和耕地围栏项目。项目建设依托兵团技术力量和资源，由第十师 186 团以代建的形式实施。

（新疆生产建设兵团扶贫办
李新成）

四

行业扶贫篇

综 述

2013年，担负行业扶贫任务的34个政府部门、企事业单位认真贯彻落实党中央、国务院关于新阶段扶贫开发的总体部署，推进《中国农村扶贫开发纲要（2011—2020年）》确定的重要政策措施，整体统筹，发挥优势，帮助贫困地区发展特色产业、开展科技扶贫、完善基础设施、发展教育文化事业、改善公共卫生和人口服务管理、完善社会保障制度、推进能源和生态环境建设等工作，全国行业扶贫工作稳健持续推进，农村地区贫困面貌得到进一步改观。

总的来看，各部门、各单位能够充分发挥自身优势，从农村贫困地区的发展规划编制实施，到实施产业帮扶、技术帮扶、教育帮扶、金融帮扶、社会文化帮扶等，都起到了非常重要的作用。全年来看，34个部门、单位所帮扶的农村贫困地区社会经济得到进一步发展，农村居民收入进一步提高，农村基础设施得到较好的改造和提升，农村基础教育、文化卫生、生态环境等事业得到较大提升。

指导编制发展规划。各部门发挥行业优势，指导、编制、实施贫困地区发展规划，从战略上描绘了农村贫困地区的未来发展蓝图。国家发改委指导各省编制了省级片区实施规划，会同国务院扶贫办完成了41个集中连片特殊困难地区区域发展与扶贫攻坚分省实施规划的备案审查工作，会同13个定点联系部门积极发挥片区定点联系机制作用，不断加大对片区的支持力度。民政部从加快集中连片特殊困难地区等贫困地区城镇建设、提高城镇人口集聚能力、推动城镇化进程出发，实施了3件县级以上行政区划调整：罗霄山片区的江西省赣州市南康市改区，秦巴山片区的四川省巴中市巴州区分设恩阳区，六盘山片区的青海省海东地区改市。商务部将支持沿边民族地区市场建设和贸易发展列入《国内贸易发展“十二五”规划》（国办发〔2012〕47号），并明确提出：“大力支持沿边省（区）和民族地区发展，建设一批具有民族和地方特色边贸市场、商品交易市场和区域性商贸中心，扶持少数民族地区发展特需商品和民族贸易”。

推动农村经济发展。各部门、单位结合贫困地区的实际情况，从政策、资金、项目等方面予以适度倾斜，大力支持贫困地区发展经济，提高发展水平。住房和城乡建设部协调推进了河南固始县等9个扶贫重点县建筑劳务发展和特色产业发展，支持湖北团风县重点打造钢结构产业，提升了全县产业结构，获得了可观的经济效益和税源。国土资源部从规划、政策、项目、资金和人才等方面加大对贫困地区的支持力度，推进落实《国土资源部关于支持集中连片特殊困难地区区域发展与扶贫攻坚的若干意见》（国土资发〔2012〕122号），取得显著成效。农业部提高了农机购置补贴标准，农机购置补贴范围继续覆盖全国所有农牧业县（场），继续在13个省（区）牧区半牧区县实施草原生态保护补助奖励政策。中国人民银行引导金融机构加大对贫困地区的信贷投放，对农村合作银行、农村信用社分别执行比大型商业银行低5.5个和6个百分点的准备金率，同时加大支农再贷款、再贴现限额调剂，调动农村金融机构扩大“三农”信贷投放的积极性。全国妇联以西部贫困地区为重点，开展示范基地创建和科技扶贫工作，在中西部20个省区市累计投入项目经费900多万元，扶持创建“全国巾帼现代农业科技示范基地”和全国“三八绿色工程”项目示范基地152个。国资委及中央企业发挥在涉及国计民生的电力、通讯、油气、粮棉、食盐、运输、基建等方面的保障和服务作用，并从产业带动、吸纳就业、企地共建等多种形式支持贫困地区经济社会发展。

推广发展科学技术。科技部、工业和信息化部、农业部等部门发挥所在行业的技术优势，找准与农村贫困地区的需求结合点，做到有的放矢，提高了技术资源的利用效率和水平。科技部以“星火科技30分”为主要载体，加快新技术新成果的信息向贫困地区传播扩散，带动农民增收、脱贫，以提高基层创新创业能力为工作重点，围绕县域支柱产业发展开展科技扶贫，将优势科技资源转变成贫困地区发展的内生动力，显著地提高了贫困地区自我发展能力。工业和信息化部协调整合行业资源，重点对企业技术改造、中小型企业发展、公共服务平台建设、中药材生产、企业清洁生产等项目进行专门指导。农业部构建了“专家—农技人员—科技示范户”的农业科技成果转化应用快速通道，建立了县、乡、村农业科技试验示范网络，并组织农学、园艺、畜牧、水产、农机等行业首席专家，帮助14个连片特困地区遴选了331个农业适用品种和191个农业适用技术，加快了农业优良品种和先进技术的推广和应用。

发展农村基础教育。2013年，中央财政安排农村义务教育经费保障机制改革资金约828.4亿元，进一步提高农村中小学公用经费基准定额，年生均达到中西部小学560元、初中760元。教育部通过全面加强基础教育、加快发展现代职业教育、提高高等教育服务能力、提高学生资助水平、提高教育信息化水平等5个方面加快教育发展和人力资源开发。2013年，全国约1.2亿名农村义务教育阶段学生享受免杂费和免费教科书政策，中西部地区约1260万名家庭经济困难寄宿生获得资助。中央财政安排资金 120.36 亿元，支持各地落实好城市义务教育免学费政策，保障进城务工农民工随迁子女平等接受义务教育。2013 年，全国约有 2725 万名城市义务教育阶段学生享受到了免学杂费政策或相应补助，支持约 1394 万名农民工子女在城市接受义务教育。

推动基础设施建设。农村贫困地区的基础设施普遍较为落后，限制了当地经济社会的快速发展和全面进步，加快农村贫困地区基础设施建设，是各部门、各单位扶贫工作中的普遍共识和普遍举措。交通运输部安排了 715 亿元车购税资金，支持 14 个片区建设近 2.6 万公里国省道；安排了 481 亿元车购税资金，支持 14 个片区建设约 6.6 万公里农村公路，直接解决了 1.2 万个建制村的通畅问题。教育部安排专项资金 318 亿元，重点支持农村中小学校食堂等生活附属设施建设、留守儿童集中地区寄宿制学校建设和县镇大班额扩容改造，为薄弱学校配齐图书、音体美器材、教学实验仪器设备及多媒体教学设备。水利部发挥水利行业优势，不断加强贫困地区民生水利建设，以“五水加科教”（农村饮水、农田水利、农村水电、水土保持、水文和科技教育）为重点，加大对贫困地区水利工作支持力度，为农村地区经济社会发展提供了支撑和保障。

发展文化卫生事业。文化部从 2013 年起正式实施了流动图书车工程，为六盘山区、秦巴山区、武陵山区、乌蒙山区、滇桂黔石漠化区、滇西边境山区、大兴安岭南麓山区、燕山—太行山区、吕梁山区、大别山区、罗霄山区等区域的连片特困地区和西藏、四省藏区、新疆南疆 3 地州的 656 个县级公共图书馆每馆配送 1 辆流动图书车。2013 年共拨付专项资金 8200 万元，为 328 个县级公共图书馆配送流动图书车。国家卫生计生委安排儿童营养改善项目资金 3 亿元，实施范围由 8 个片区的 100 个县扩大至全部 14 个片区的 300 个县，使 82.2 万农村婴幼儿受益。2013 年中央财政安排专项经费 5880 万元，为片区农村 49 万名新生儿免费提供先天性甲状腺功能减低症、苯丙酮尿症和听力障碍筛查服务。

推进生态环境建设。国土资源部加大土地、矿产资源开发政策的倾斜力度，部署开展了江西钨矿和稀土、云南锡钨、贵州遵义锰矿等一批重点矿区和重点矿种的专项规划，并在全国贫困地区安排土地整治项目 1735 个，建设规模 2109 万亩，投入资金 333 亿元，大幅提高了贫困地区耕地质量，联合国务院扶贫办制定了“生物多样性保护与减贫推进计划”，推进生物多样性保护与减贫工作。支持贫困地区开展农村环境综合整治，全国共 15 个省（区、市）纳入连片整治示范，安排中央财政资金 42.5 亿元，重点支持饮用水源地保护、生活污水和垃圾处理等方面，一批农村突出的环境问题得到解决。

推动发展社会事业。2013 年，经国务

院批准，建立了民政部牵头，包括扶贫办在内24个部门参加的全国社会救助部际联席会议制度，共同指导地方健全社会救助工作机制，指导特殊困难地区省份按照《全国综合减灾示范社区标准》，认真做好“全国综合减灾示范社区”创建工作。财政部、民政部共安排中央自然灾害生活补助资金103.22亿元，民政部组织调拨救灾帐篷19.6万顶、棉大衣15.4万件、棉被47.3万床、睡袋1.9万条、折叠床8.9万张、炉子1.3万个等大量中央救灾物资，支持贫困地区灾区做好灾害应急和冬春救助工作，保障好受灾群众基本生活。人社部强化公共就业服务，促进贫困地区劳动力转移就业和稳定就业。住建部和财政部、国家发展改革委联合实施了扩大农村危房改造试点。全国工商联推进开展“中国光彩事业西藏行”活动、光彩事业扶贫的工作。中国残联与国务院扶贫办共同制定了《关于在集中连片特困地区加强残疾人扶贫开发工作的通知》（残联发〔2013〕12号），要求加大财政扶贫资金对残疾人扶贫开发的支持力度。

支持少数民族地区发展。2013年中央财政安排少数民族发展资金36.9亿元，比2012年增长30%。其中安排西部12省（区、市）和新疆生产建设兵团共27.9亿元，占资金总额的75.6%。根据国家统计局对全国31个省（自治区、直辖市）7.4万农村居民家庭的抽样调查，按新的国家扶贫标准，2013年，民族八省区农村贫困人口为2562万人，比2012年减少559万人，减贫率为17.9%，全国同期减贫率为16.7%，民族八省区减贫速度快于全国。

总体来看，全国行业扶贫呈现三个特点：一是高度重视、认真部署。各部门、各单位主要领导同志能够关心、支持行业扶贫工作，部分领导同志还亲自抓部署、亲自抓实施和推进。工信部召开了扶贫工作会议。工信部、科技部、教育部、全国工商联、中国铁路总公司等单位组织召开了扶贫工作专题会或座谈会，专题部署扶贫工作。例如，盛光祖同志担任了中国铁路总公司扶贫开发领导小组组长，并在扶贫工作会议上要求该单位继续站在讲政治、讲大局、讲奉献的高度，切实做到“认识不滑坡、力度不减小”，积极履行总公司职责，进一步发挥铁路优势，更好地服务于全国扶贫开发工作大局。二是重视调研，有的放矢。各部门、各单位均有不同层次、不同频次的实地调研、考察和对接，并在调研的基础上确定扶贫方案。例如，农业部19个司局和事业单位赴大兴安岭南麓片区结对帮扶县开展农业农村经济发展情况调研。三是稳步推进，突出重点。在前期调研对接的基础上。各部门、各单位均按各自的扶贫方案推进落实各项工作。在推进落实过程中，各部门、单位能够发挥优势、突出重点、重视实效，使全国行业扶贫工作呈现出更加喜人的局面。

（崔鹏伟）

国家发展和改革委员会扶贫

【概述】 2013年，国家发展和改革委员会（以下简称“发改委”）贯彻落实党中央、国务院关于新阶段扶贫开发的总体部署，推进《中国农村扶贫开发纲要（2011—2020年）》确定的重要政策措施，不断拓展工作内容，创新工作机制，为帮助贫困人口尽快脱贫致富、缩小贫困地区发展差距、促进区域协调发展作出了贡献。

发改委重视贫困地区扶贫开发工作，会同国务院有关部门开展加快推进贫困地区经济社会发展的相关政策研究。为贯彻落实党的十八大和新一届中央领导集体关于扶贫开发工作的系列指示精神，按照国务院的有关要求，配合国务院扶贫办起草了《关于创新机制扎实推进农村扶贫开发工作的意见》。中办、国办以中办发〔2013〕25号文件出台《印发<关于创新机制扎实推进农村扶贫开发工作的意见>的通知》后，发改委及时组织开展学习，明确任务分工，确保文件精神落到实处。此外，发改委会同国务院扶贫办等部门对扶贫开发立法的有关事宜进行仔细研究，听取部门和专家意见，多次就扶贫开发立法的必要性、可行性开展严谨论证。

组织高校及科研机构对扶贫开发工作进行系列专题研究，先后指导完成了《新时期新疆承接产业转移思路与对策研究》、《新时期开展连片特困地区扶贫攻坚对策研究——以大别山和武陵山实验区为例》、《乌兰察布市兴和县扶贫开发研究》、《青海藏区跨越式发展研究》等课题，从不同角度和视野对扶贫开发政策机制的完善、老少边穷地区经济社会发展等问题进行了深入的分析研究。

【片区规划实施指导】 指导各省编制省级片区实施规划，并会同国务院扶贫办完成了41个集中连片特殊困难地区区域发展与扶贫攻坚分省实施规划的备案审查工作。为客观评价片区规划提出的发展目标、主要任务、重大项目和重要政策等落实情况，发改委配合国务院扶贫办开展了片区规划实施监测与评估工作，先期在武陵山和乌蒙山片区开展试点。协调有关方面加快推进片区内重大项目前期工作，对于符合条件的项目尽快予以审批或核准，推动加快工程建设步伐。会同13个定点联系部门积极发挥片区定点联系机制作用，通过开展调查研究、召开片区内省际协调会议、编制行业扶持规划、提高相关领域的补助标准等方式，不断加大对片区的支持力度。

如配合交通运输部、水利部编制并印发了集中连片特困地区交通建设扶贫规划、水利扶贫规划，对贫困地区交通、水利两大短板作了认真谋划和布局；提高片区内农村公路中央预算内投资补助标准，其中，通乡（镇）沥青（水泥）路由60万元/千米提高到80万元/千米，通建制村沥青（水泥）路由25万元/千米提高到50万元/千米；将片区内大型灌区续建配套节水改造、农村饮水安全和病险水库除险加固工程的中央投资补助比例提高到60%、80%，分别提高了13个至15个百分点；将片区内农村危房改造中央户均补助标准由7500元提高到8500元，并对边境一线农村危房改造额外补助每户2500元。此外，在研究制定相关区域、产业、价格政策，以及参与制定财税、金融、土地等政策过程中，都对片区予以了倾斜支持。

【专项扶贫投资】 2013年，发改委累计安排以工代赈、易地扶贫搬迁工程中央投资87.2亿元。其中安排中央预算内投资以工代赈示范工程15亿元；安排财政预算内以工代赈工程42.2亿元；安排易地扶贫搬迁工程中央预算内投资30亿元。按照全国人大预算委员会和财政部的要求，提前下达了2014年财政预算内以工代赈计划30亿元。全年计划搬迁不适宜居住地区的农村贫困群众50.61万人，建设基本农田43.8万亩，新增和改善农田灌溉面积274.8万亩，新建和改扩建乡村公路1.7万千米，解决57.5万人、49.3万头牲畜饮水困难，治理水土流失面积2483平方千米，建设草场13.8万亩等，贫困地区基础设施面貌和公共服务水平明显提升，有效地解决了当地群众行路难、吃水难、就医难、子女入学难等问题。同时，以工代赈工程发放劳务报酬7亿元，贫困地区群众通过参与工程建设直接受益，提高了务工收入。

【扶贫资金管理】 为进一步加强和改进扶贫资金的使用和管理，2013年，发改委有针对性地赴河南、四川、贵州、甘肃、宁夏等省区开展了调研，与地方政府和基层干部群众进行了交流沟通，深入研究扶贫资金使用和管理过程中存在的问题，就改革扶贫资金管理机制、进一步加强民生领域资金管理问题开展研究。为适应新阶段的工作要求，发改委在《国家以工代赈管理办法》和《关于易地扶贫搬迁的实施意见》修改稿的基础上再次征求了各地的意见，结合近年来工作中的实际情况，进一步规范了以工代赈和易地扶贫搬迁项目的管理程序，加强资金使用和管理。继续加强对各地分解下达投资计划情况、投资到位情况、项目建设进度的督促检查，规范和加强中央预算内投资计划执行情况季度报告工作。督促各地按时分解、转发中央投资计划，严格履行基本建设程序，积极落实地方投资，推进项目及时开工建设，加快工程项目建设进度和资金支付进度。

【老少边穷地区扶贫】 贯彻落实党中央、国务院关于支持革命老区、民族地区、边疆地区和特困地区发展的政策性文件和区域规划，在安排农村危房改造、安全饮水、农村公路、农网改造、教育医疗、以工代赈、易地扶贫搬迁等方面的中央预算内投资时给予支持。通过召开专门会议、开展实地调研、指导编制专项规划、加强干部交流等方式，着力增强老少边穷地区自我发展能力和造血功能，提高自身经济实力和发展水平。针对有关地方提出的特殊困难和问题，先后就原川陕苏区、云南省怒江州、赤水河流域、毕节试验区、大小凉山、临沂革命老区等老少边穷地区专项问题进行深入调查研究。指导河北省怀安县研究编制经济社会发展战略规划，协调解决大别山革命老区振兴发展重点问题并组织编制实施《大别山革命老区振兴发展规划》。继续推动落实《国务院关于支持赣南等原中央苏区振兴发展的若干意见》，牵头编制了《赣闽粤原中央苏区振兴发展规划》。稳步推进对口支援新疆、西藏、青海、贵州等省区的工作，推动建立发达省市对口支援川、滇、甘三省藏区工作机制。安排中央预算内投资10亿元，对片区内261个民族自治县开展“民族地区教育基础薄弱县普通高中建设”计划。

【易地扶贫搬迁调研】 为进一步做好新时期的易地扶贫搬迁工作，发改委组织开展了摸底调查和工作总结，并会同有关部门到贵州、甘肃、宁夏等省区开展了实地调研，查看了多个移民安置区和迁出区，详细了解住房等工程建设、基本公共服务、后续产业发展和迁出区生态恢复等情况，听取了当地干部群众的意见，对“十二五”以来易地扶贫搬迁工程的成效、存在的问题进行了深入研究，对如何更好地开展下一步工作进行了策划。

【定点扶贫】 按照党中央、国务院关于新阶段定点扶贫工作的要求，发改委加强统筹协调，选派了6名年富力强的干部深入4个定点扶贫县挂职，并先后派出50多人次到当地调研考察，帮助解决县域经济发展中的突出问题。先后指导地方编撰和完善了《汪清县八大产业发展规划》、《汪清县资源枯竭城市转型规划》等相关规划，开展了《促进灵寿县云母行业健康发展的意见和建议》等课题研究。会同省级发展改革委在安排资金项目时给予支持，促进了当地教育、水利、卫生、交通等基础设施建设和社会事业发展。协调推动汪清县西大坡水利枢纽工程、田东县规模化节水灌溉增效示范项目等一批重大项目实施。利用发改委网上办公系统、当地招商引资平台等宣传定点扶贫县相关项目信息，帮助引进项目资金。

（国家发展和改革委员会）

教育部扶贫

【概述】 2013年，教育部贯彻落实党中央、国务院的决策部署，按照《中国农村扶贫开发纲要（2011—2020年）》要求，集中出台和实施了一系列教育惠民、教育富民工程，通过政策保障、资金支持、项目倾斜等手段进一步促进了各级各类教育较快发展。

2013年7月29日，国务院办公厅转发了教育部、国家发展改革委、财政部、国务院扶贫办、人力资源社会保障部、公安部、农业部等部门《关于实施教育扶贫工程的意见》，将在集中连片特困地区680个县实施教育扶贫工程。通过全面加强基础教育、加快发展现代职业教育、提高高等教育服务能力、提高学生资助水平、提高教育信息化水平5个方面加快教育发展和人力资源开发，发挥教育在扶贫开发中的重要作用，培养经济社会发展需要的各级各类人才，促进连片特困地区从根本上摆脱贫困。

【教育扶贫】 2013年，中央财政安排农村义务教育经费保障机制改革资金约828.4亿元，进一步提高农村中小学公用经费基准定额，年生均达到中西部小学560元、初中760元；对在连片特困地区乡、村学校和教学点工作的教师实施生活补助政策的地区给予综合奖补。2013年，全国约1.2亿名农村义务教育阶段学生享受免杂费和免费教科书政策，中西部地区约1260万名家庭经济困难寄宿生获得资助。中央财政安排资金120.36亿元，支持各地落实好城市义务教育免学费政策，保障进城务工农民工随迁子女平等接受义务教育。2013年，全国约有2725万名城市义务教育阶段学生享受到了免学杂费政策或相应补助，支持约1394万名农民工子女在城市接受义务教育。

【教育设施基本建设】 2013年，农村义务教育阶段薄弱学校改造计划安排专项资金318亿元，重点支持营养改善计划实施地区义务教育阶段农村中小学校食堂等生活附属设施建设，留守儿童集中地区寄宿制学校建设和县镇大班额扩容改造，为薄弱学校配齐图书、音体美器材、教学实验仪器设备及多媒体教学设备。农村学前教育推进工程安排中央专项投资27亿元，支持28个省（自治区、直辖市）、新疆生产建设兵团以及黑龙江省农垦总局的乡村幼儿园建设，建筑面积231.3万平方米。边远艰苦地区农村学校教师周转宿舍建设项目共安排中央专项投资40亿元，在中西部23个省（自治区、直辖市）、新疆生产建设兵团以及黑龙江省农垦总局累计新建、改扩建7万套周转宿舍。民族地区教育基础薄弱县普通高中建设项目安排中央专项投资9.76亿元，在13个省（自治区、直辖市）支持64所普通高中的教学和学生生活类校舍建设。特殊教育学校建设项目安排中央专项投资8亿元，在21个省（自治区、直辖市）支持27所特殊师范教育院校建设和残疾人高等院校、职业学校建设。

【农村贫困地区定向招生专项计划】 教育部印发《关于2013年扩大实施农村贫困地区定向招生专项计划的通知》，将招生规模由2012年的1万名增至3万名，招生区域由2012年的680个集中连片特殊困难县扩大到832个贫困县以及重点高校录取比例相对较低的河南、广东、广西等10省区，招生高校由2012年的222所扩大到263所，覆盖所有“211工程”高校和108所中央部属高校。专项计划覆盖省份上重点大学的农村学生数较2012年增加38.5%，进一步增加了贫困地区学生接受优质高等教育的比例。

【连片特困地区乡村教师生活补助政策】 按照2013年中央1号文件精神，教育部会同财政部积极推动各地落实农村教师生活补助政策，中央财政从2013年起按照“地方自主实施、中央综合奖补”的原则，对已实施这一政策的地方给予奖补。进一步提高了农村教师待遇，调动了教师的工作积极性。

【定点扶贫】 1. 加大资金支持力度。教育部协调中国教育传媒集团筹集资金30万元，组织“2013年春节送温暖”活动，赴青龙、新河和威县慰问了贫困户和困难教师。经与河北省教育厅协商，筹集39万元定点扶贫资金在青龙、新河和威县3个定点扶贫县开展扶贫项目试点工作。

2. 提供教学设备保障。教育部协调相关企业向阜平职业技术教育中心、涞源县职业技术教育中心、石家庄工程技术学校、邯郸市职业技术教育中心、新河县职业技术教育中心和威县职业技术教育中心捐赠了价值31.9万元的汽车维修工具和24.3万元的发动机及台架；协调广汽丰田汽车有限公司向河北赞皇、平山、安徽大别山、山东临沭、广西宜州和江西上犹共赠送6台教具车，供学生实习使用。

3. 帮扶学校建设。教育部协调相关部门和企业支持安徽省金寨县“大别山中等职业学校”建设。与相关部门研究制定对口支援江西省上犹县工作实施方案。

（教育部扶贫办公室）

科学技术部扶贫

【概述】 2013年是落实“十二五”规划承上启下的关键之年，同时也是我国实施《中国农村扶贫开发纲要（2011—2020年）》、进入扶贫新阶段的第二年。科学技术部（以下简称“科技部”）扶贫工作在国务院扶贫办的指导和总体安排下，坚持以邓小平理论、“三个代表”重要思想和科学发展观为指导，发挥科技优势，落实《中国农村扶贫开发纲要（2011—2020年）》、《关于进一步做好定点扶贫工作的通知》和《秦巴山片区区域发展与扶贫攻坚规划》等文件精神，利用自身行业优势，以“服务主导产业、突出创新理念、促进民生改善、服务地方发展”为指导方针，结合贫困地区经济社会发展现状及未来发展重点，秉承“情系老区、扎根基层、求真务实、创新创业”的科技扶贫精神，开展了行业扶贫、定点扶贫和集中连片特殊困难地区扶贫工作，为推动贫困地区工农业发展、贫困地区经济社会发展作出了贡献。

【科技扶贫调研】 科技部高度重视科技扶贫调研工作，2013年组织了对定点扶贫县、秦巴山片区和科技特派员创业扶贫工作的调查研究。5月28至29日，科技部党组成员、副部长张来武前往秦巴山片区湖北省十堰市等地，就科技创新驱动贫困地区经济社会发展等进行了深入调研；2月26至28日，科技部副部长曹健林一行赴湖北省襄阳市保康县调研秦巴山片区扶贫攻坚工作。第27届科技扶贫团10名工作人员利用1年的时间在定点县开展调研，并专门安排1周时间在贫困村与村民同吃、同住、同劳动。2013年，形成科技扶贫调研报告25篇，其中驻村调研报告7篇。通过调研收集了大量一手材料，了解了贫困地区扶贫开发面临的共性问题和突出矛盾，准确把握了贫困地区扶贫开发的需求和方向，为贫困地区发展规划的制定提出意见和建议。

【科技培训】 针对贫困地区干部、群众科技素质低、科技意识弱的问题，采取现场授课与远程培训相结合的方式，开展了一系列科技培训工作。以“星火科技30分”为主要载体，加快新技术、新成果的信息向贫困地区传播扩散，带动农民增收、脱贫。“星火科技30分”在地方电视台联播，免费向包括103个国家扶贫开发工作重点县（市）在内的1000多家县级电视台提供科技节目。据不完全统计，各定点县在示范推广新技术过程中，采取“县培训到乡、乡培训到村、村培训到户、一级抓一级”的培训方式，围绕支柱产业开展农业科技培训 61 期，共培训 10312 人次，提升了贫困地区干部群众依靠科技、自力更生脱贫致富的能力和水平。

【科技创业扶贫】 各单位密切协作，调动科技部内相关科技资源，以提高基层创新创业能力为工作重点，围绕县域支柱产业发展开展科技扶贫，将优势科技资源转变成贫困地区发展的内生动力，显著地提高了贫困地区自我发展能力。一方面促进片区内相关省份的大专院校、科研院所将有关贫困地区纳入科研项目示范范围，支持企业转化科技成果、提高创新能力。另一方面在项目实施地建立科技扶贫示范基地，引进成果和人才，示范推广新品种、新产品、新技术，提高贫困地区的自我发展能力和区域创新能力。

【农业科技成果转化项目】 通过星火计划、火炬计划、农业科技成果转化资金、中小企业创新基金、科技富民强县专项等科技计划，扶持片区、定点扶贫县涉及农户多、带动能力强的支柱产业发展。据不完全统计，2013 年科技部帮助指导定点县申报茶叶、水稻等项目 69 项，直接投入 4227 万元。围绕行业扶贫，科技富民强县专项行动支持了 21 个省（自治区、直辖市）的 115 个国家级扶贫开发工作重点县，国家直接投入 20336 万元；通过农业科技成果转化项目，支持经费共计 7160 万元，覆盖 80 个贫困县，支持农业新品种创制、种质资源开发、农产品加工关键技术推广、示范等领域；在国家科技支撑计划中，设置“干旱半干旱地区节水农业技术与装备研究与示范”、“重点牧区‘生产生态生活’保障技术集成与示范”、“中药材规范化种植及大宗中药综合开发技术研究”等项目，投入经费 42087 万元，用于开展农业节水实用技术新成果及重点牧区“生产生态生活”保障技术的大面积集成和示范。同时，支持 33 个国家级扶贫开发工作重点县发展中药材产业，通过项目实施，预计 88 种中药材在贫困地区的种植面积将提升到 653 万亩，产值达到 395 亿元，新增就业岗位 29 万个；通过国家科技基础性工作专项，在贫困区、县立项 35 项，支持经费 32962 万元，激活贫困地区的科技创新潜力和优势产业的发展，促进贫困地区民生改善；通过科技惠民计划，部署 20 个项目，支持经费共计 23370 万元，重点支持了 21 个贫困县在医疗、药材、农业、生态建设、公共安全等方面开展科技成果推广示范工作；通过国际科技合作专项，立项“焙烧还原法开发加蓬软锰矿生产无硒电解锰技术合作”，支持经费 245 万元，用以推进武陵山片区稀有矿产资源的开发和利用。

【社会扶贫】 2013 年，科技部组织社会力量，向定点县捐赠了总价值超过 655 万元的科技物资，其中包括在英山县孔坊乡实施饮用水安全工程，5000 多个农户用上达标的饮用水；联系广东、安徽企业向井冈山市捐赠太阳能节能路灯 130 盏，价值 70 万元，在相对贫困的鹅岭乡和国家农业科技园区文水核心区进行照明设施 LED 改造，开展半导体照明示范，改善贫困村居民生活条件；为井冈山市茅坪乡八角楼景区联系捐献了 LED 大屏幕，价值近 100 万元，提升了茅坪景区旅游服务形象和品质；积极联系 301 医院远程医学中心向永新县基层卫生院捐赠 2 套价值 30 余万的远程医疗设备，改善了基层医疗条件；向魏县捐赠近 4000 册书籍，并联系北京桂馨慈善基金会向永新县捐赠了 6 个书屋，2 万余册精美少儿读物，65 名志愿者为近 600 名学生开设了 980 余堂丰富多彩的课程，以及邀请乡村老师到北京、浙江培训学习；联系中国华夏文化遗产基金会向永新县捐赠 670 多册《中华遗产》、《国家地理》等精品杂志；联系长城公司向永新县三湾学校捐赠了价值 10 万元的电脑教室，包括 20 套台式电脑、1 台便携式电脑以及整套资源系统；联系首都师范大学向佳县捐赠 110 台电脑。通过联系社会各方力量，在一定程度上改善了老区人民的生活条件，提高了基层科技服务能力，促进了民生事业建设。

【定点扶贫工作会】 科技部高度重视各定点县推进各项扶贫任务深入落实，2013 年 3 月 15 日，科技部扶贫办在京组织召开了定点扶贫座谈会，科技扶贫协调领导小组各成员单位及历届科技扶贫团部分成员参加了座谈会，商讨新时期定点扶贫帮困的主要途径、工作方式方法、扶贫团的管理机制等。有效地履行了联系秦巴山片区区域发展与扶贫攻坚工作的职责。

10 月 17 至 18 日，科技部扶贫办在柞水县召开了 2013 年科技扶贫工作现场交流会，科技部有关司局及中心领导、第 27 届科技扶贫团、有关省科技厅、有关县（市）科技局代表共商新时期定点县和秦巴山片区扶贫工作；12 月 11 至 13 日组织开展了第 27 届科技扶贫团年度总结座谈会，交流、总结和部署各定点县相关扶贫工作。

（科学技术部　胡嫚华）

工业和信息化部扶贫

【概述】 2013年，工业和信息化部（以下简称“工信部”）贯彻落实中央扶贫开发工作会议精神和《中国农村扶贫开发纲要（2011—2020年）》，履行职责，深入实施通信村村通工程，加强信息化手段扶贫力度，按照《创新机制扎实推进农村扶贫开发工作的意见》要求，工信部牵头，会同农业部、科技部、教育部和国务院扶贫办共同推进贫困村信息化工作；根据国务院新一轮定点扶贫工作的调整，继续关注民生和项目扶贫，做好四川省南部县、嘉陵区和河南省洛宁县、汝阳县定点扶贫任务；负责牵头联系“燕山—太行山片区”区域发展与扶贫攻坚工作，履行“联系沟通、调查研究和督促指导”职责。

发挥工业和信息化行业优势，协调整合行业资源，支持贫困地区提升产业发展能力，重点对企业技术改造、中小型企业发展、公共服务平台建设、中药材生产、企业清洁生产等项目进行专门指导。2013年，工信部在现有政策指导和项目资金支持上对定点扶贫县予以适度倾斜，在企业技术改造、中小企业发展、清洁生产等方面累计支持定点扶贫县资金7024.2万元；支持燕山—太行山片区内河北、山西和内蒙古3个省（区），分别切块安排中小企业发展专项资金5277万元、4307万元和3962万元；支持燕山—太行山片区企业技术改造专项18个，项目资金达到7518万元。

【通信村村通工程】 发挥通信的基础设施作用，从行政村通电话、自然村通电话、乡镇互联网接入、信息下乡4个方面，持续深入开展“村村通”工程建设。2013年，工信部在通信行业共投入63亿元，为全国贫困农村地区新增1.4万个行政村开通宽带，行政村通宽带比例达到90.5%；新增6800多个自然村通电话，20户以上自然村通电话比例提高到95.5%。新增1000余个乡镇开展信息下乡活动，新建成乡信息服务站近400个、村信息服务点3400余个，乡镇涉农信息库近1000个、村信息栏目近3400余个。

【贫困村信息化工作政策】 工信息部与农业部、科技部、教育部、时任国务院扶贫开发领导小组办公室联合向省级相关主管部门及三大电信运营商印发了《关于印发贫困村信息化工作实施方案的通知》（工信部联规〔2014〕146号），发布了《贫困村信息化工作实施方案》，明确了落实贫困村信息化工作的指导思想、总体目标、责任分工、阶段任务和保障措施。确定了工信部负责连片特困地区内农村互联网覆盖和义务教育学校和普通高中、职业院校宽带接入。教育部负责梳理连片特困地区内义务教育学校和普通高中、职业院校宽带接入需求，做好校内网络教育环境建设。农业部会同科技部，负责整合开放各类信息资源，为农民提供信息服务；培训贫困村信息员，提高其信息获取和服务能力。国务院扶贫办负责统筹协调，协助提供贫困村、行政村、自然村等基础信息数据。

【扶贫工作会议】 2013 年 5 月 3 日上午，工信部在北京召开扶贫工作会议。工信部部长苗圩，时任国务院扶贫开发领导小组副组长、国务院扶贫办主任范小建出席会议并作了重要讲话。5 月 3 日下午，工信部召开了定点扶贫工作座谈会，会议对工信部 2011~2012 年定点扶贫工作进行了总结，明确了下一步工作。同时召开的还有“燕山—太行山片区”部省联系会议，会议在总结改进《推动燕山—太行山片区区域发展与扶贫攻坚工作方案》基础上，推进了片区内河北、山西、内蒙古 3 个省（区）际间的协调，探索工信部与省（区）合作共同推进片区扶贫的机制方法。

【扶贫调研】 工信部部领导、各司局和相关单位为深入了解和掌握定点扶贫县（区）和片区发展现状，有针对性地为当地发展提供支持。2013 年 8 月 5~6 日，工信部部长苗圩一行赴内蒙古自治区化德县与河北省康保县调研，深入乡村看望慰问贫困群众，并与当地村民代表进行座谈。期间，部长苗圩在河北省康保县组织召开“燕山—太行山片区扶贫开发工作座谈会”，就山西、内蒙古、河北 3 个省（区）扶贫、工信主管部门和部分县反映的问题及建议，结合走村到户调研情况，对进一步联系群众，共同做好扶贫开发工作提出了要求和意见。

2013 年，工信部组织到定点扶贫县（区）进行扶贫工作实地调研、考察项目、召开座谈会等近 10 次，累计 112 人次；工信部到“燕山—太行山”片区进行总体调研 1 次，各司局单位到片区县“一对一”调研 20 余次。

【片区“一对一”对口帮扶】 工信部各单位在扶贫调研的基础上，主动开拓思路、采取措施，开展片区“一对一”对口帮扶。围绕有利于片区贫困县发展推进各项工作。科技司以帮助万全县企业进一步提高管理水平为突破口来落实帮扶举措；在节能与综合利用司协调推动下，河北省人民政府印发了《关于加快尾矿库综合开发利用的意见》（冀政〔2013〕37 号），提出以承德地区为试点，建立可持续发展准备金制度，明确了省级技术改造资金等支持尾矿综合利用企业实施技术改造；装备工业司与望都县建立了互访互动机制，一方面，协调望都县工信局与北京市经信委装备处商谈召开“北京工业企业产业转移对接会”，推动北京外迁工业企业转移到望都县落户发展。另一方面，协调福建省经贸委促进福建省企业到望都县建厂；中小企业发展促进中心组织开展了建立促进县域经济发展协调会议机制，制定组织县干部培训考察方案，与县政府共同筹备建设大同县中小企业园区。有步骤地对县里已建的物流园区进行帮扶，指导拓展当地劳务输出。借助《中国中小企业》杂志等宣传手段，对大同县区位优势、投资环境、经济社会等6项工作发展情况进行宣传。

【定点扶贫项目】 工信部定点帮扶河南省汝阳县、洛宁县，四川省南部县、嘉陵区，在听取定点扶贫县意见，开展调研、论证的基础上，2013年安排定点扶贫项目21项，包括改善民生工程、产业富民工程、基础设施建设、文教社会事业等项目。项目总投资3218万元，其中工业和信息化部帮扶资金800万元。

【干部挂职扶贫】 2013年5月工信部完成了定点扶贫干部的换届工作。4名新任扶贫干部熟悉各自岗位职责，并尽心融入当地，为定点县脱贫致富做了大量的工作。帮助南部县协调有关企业捐赠价值100万元设备，建成了连接县城和中心镇的高清视频会议系统。促成工信部信息化推进司将南部县列入缩小城乡数字鸿沟工作试点县；在嘉陵区发起了“1+1”结对助学行动，促成工信部42名干部和北京市的30名居民成为首批爱心人士，与嘉陵区72名贫困学子结对，让贫困学生及家庭受到更多关爱；通过微信平台等网络媒体发起了“关注汝阳，帮助山区贫困儿童温暖过冬”的网上募捐活动，号召爱心人士伸出帮扶之手。并将募集的数百件衣物、上百册图书和大量的文具送到了汝阳县最偏远乡镇的2个贫困村小学王坪乡聂坪小学和柳树小学学生手中；为洛宁县争取国家清洁能源项目资金5000万元、中小微企业发展专项资金241.2万元、省三税奖励资金1335万元，市标准化厂房、结构调整奖励资金343万元；通过招商和对接，吸引了福建一家高科技公司在洛宁县的20亿元投资意向。

【社会扶贫】 工信部注重发挥行业协会、企事业单位的作用，倡导企业履行社会责任，调动行业和社会力量参与扶贫开发工作。工信部电子工业出版社和人民邮电出版社捐助现金2万元，为洛宁县儿童福利院每个儿童购置了一套运动服、运动鞋、玩具、学习用具及生活用品；电子工业出版社为四川省南部县建兴镇小学捐赠图书3270册。同时，社长敖然以个人名义向南部中学1名品学兼优的贫困学生捐助了学习用具和1万元人民币；联想集团基于“扶贫志愿者行动计划——联想平板电脑互动课堂项目”向阜平县城厢中学捐赠了价值十几万元的平板电脑；中国乳制品协会组织乳品企业为化德县希望小学捐赠价值15万元的爱心牛奶；在英特尔（中国）公司的支持下，国际合作司扶贫工作小组向蔚县工信局再就业指导中心捐助了10台笔记本电脑，用于再就业中心的工作、培训等。

【扶贫工作制度建设】 2013年，工信部不断加强扶贫工作制度建设。为完善部相关扶贫项目资金管理制度，组织修订了《工业和信息化部定点扶贫项目（资金）管理办法》和制定了《工业和信息化部燕山—太行山片区扶贫项目（资金）管理办法》，并印发相关部门。创新工作机制，印发了《定点县年度扶贫需求清单》，建立了工信部各司局单位与定点扶贫县直接沟通渠道，提升了扶贫工作的针对性和有效性。

【人才培训扶贫】 2013年，工信部向贫困地区提供技术、管理、信息化方面的人才培训，在定点扶贫县（区）组织相关扶贫培训8期，培训人员2980人次，其中培训基层各级干部300人次、技术人员640人次、农村劳动力2000人次、致富带头人40人次。

【扶危济困】 2013年，工信部组织开展了“圆梦大学”行动，协调资金10万元，帮助定点扶贫县（区）63名考上大学的贫困学子顺利入学。

组织开展“访贫问苦”活动，协调资金8万元，在元旦、春节等重要节假日，看望定点扶贫县（区）的困难群众，解决了贫困户的燃眉之急。

（工业和信息化部扶贫办）

国家民族事务委员会扶贫

【概述】 2013年，国家民族事务委员会（以下简称“国家民委”）按照有关民族工作的重要部署和《中国农村扶贫开发纲要（2011—2020年）》的要求，开展的少数民族地区扶贫开发工作扎实有效，稳步推进。多年来，国家民委集中力量抓好扶持人口较少民族发展、兴边富民行动、少数民族特色村寨等专项工作，参与少数民族和民族地区扶贫开发，做好武陵山片区区域发展与扶贫攻坚联系工作，推动牧区加快发展，加强定点扶贫工作，协调智力支边扶贫，促进了少数民族贫困地区的脱贫致富和经济社会的发展，巩固和发展了民族团结进步事业。

【扶贫调研】 贯彻落实新10年扶贫开发纲要，加强对少数民族地区扶贫开发工作情况的调查研究。配合国务院有关部门参与武陵山片区、乌蒙山片区、滇桂黔石漠化片区等9个集中连片特殊困难地区区域发展与扶贫攻坚规划的实施工作，牵头或参加有关集中连片特困地区规划实施进展情况调研和规划实施推动协调会，配合参与做好集中连片特困地区扶贫开发政策落实情况督查，参加国务院扶贫办牵头组织的省区扶贫开发工作考核。

加强对牧区发展工作的综合协调和有关政策措施落实情况的督促检查。对全国牧区开展书面调研，要求有关省区民委报送贯彻落实国发17号文件情况。进一步加强牧区政策落实情况研究，查找问题不足，提出意见建议。联合农业部、国家发改委、环境保护部共同组成监督检查组，对内蒙古自治区的呼伦贝尔等6个盟（市）开展监督检查。联合相关部委对云南怒江州、四川凉山州、甘肃临夏州加快发展开展调研，提出支持3个州发展的特殊政策建议。参与有关部门关于新疆、西藏和四省藏区经济社会发展问题的有关研究，加大全国民委系统对口支援新疆西藏工作力度，制定颁布了《国家民委关于进一步做好民委系统对口支援新疆西藏工作的意见》，在西藏林芝召开全国民委系统对口支援西藏新疆工作会议。

【农村贫困监测工作】 国家民委继续配合做好由国家统计局组织开展的全国农村贫困监测工作，组织开展民族自治地方农村贫困监测工作，总结少数民族地区扶贫开发工作进展情况，分析研究少数民族地区扶贫工作的新情况、新问题，为有关部门研究制定促进少数民族地区扶贫开发政策提供科学依据。

根据国家统计局对全国 31 个省（区、市）7.4 万农村居民家庭的抽样调查，按新的国家扶贫标准，2013 年，民族 8 省区（指少数民族人口相对集中的内蒙古、广西、西藏、宁夏、新疆 5 个自治区和贵州、云南、青海 3 个省）农村贫困人口为 2562 万人，比 2012 年减少 559 万人，减贫率为 17.9%，全国同期减贫率为 16.7%，民族 8 省区减贫速度快于全国。民族 8 省区农村贫困人口占乡村人口的比重为 17.1%，占全国农村贫困人口的 31.1%。从贫困发生率来看，8 省区高于全国 8.6 个百分点；从 8 省区农村贫困人口和乡村人口分别占全国比重看，8 省区农村贫困人口占全国的比重（31.1%）是其乡村人口占全国比重（15.4%）的 2 倍多。民族 8 省区贫困面较大，广西、贵州、云南 3 省区有农村贫困人口 2040 万人，占八省区农村贫困人口的比重为 79.6%，占全国农村贫困人口的 1/4，西南少数民族地区的扶贫开发任务仍为繁重。

民族八省区与全国分年度贫困人口及贫困发生率

指标		2009 年	2010 年	2011 年	2012 年	2013 年
贫困标准（元）		1196	1274	2536	2625	2736
贫困人口（万人）	民族八省区	1451.2	1034	3917	3121	2562
	全 国	3597.1	2688	12238	9899	8249
	八省区占全国比重（%）	40.3	38.5	32.0	31.5	31.1
贫困发生率（%）	民族八省区	12.0	8.7	26.5	21.1	17.1
	全 国	3.6	2.8	12.7	10.2	8.5
	八省区与全国对比	比全国高 8.4 个百分点	比全国高 5.9 个百分点	比全国高 13.8 个百分点	比全国高 10.9 个百分点	比全国高 8.6 个百分点

【扶贫资金投入】 2013 年，中央财政安排少数民族发展资金 36.9 亿元，比 2012 年增长 30%。其中安排西部 12 省（区、市）和新疆生产建设兵团共 27.9 亿元，占资金总额的 75.6%。

【扶持人口较少民族发展】 《扶持人口较少民族发展规划（2011—2015 年）》实施 3 年来，进展顺利，取得实效。国家民委有关领导和部门负责人带队深入实地开展调研，对规划实施和专项资金使用情况进行督促检查。建立了扶持人口较少民族发展监测指标体系和监测系统，制定并下发了规划实施中期评估办法和考核验收指标及办法 3 个制度性文件。国家民委委属有关单位全力配合支持人口较少民族发展工作，继续实施国际合作项目，争取社会各界资助，开展培训和宣传等，推动规划的落实。由香港旭日集团和香港中华总商会资助，组织每批25人共3批“人口较少民族聚居地区干部赴香港工商业研讨班”。人口较少民族所在省区全面加强领导，精心谋划，周密部署，抓落实。一是制定规划，出台政策，明确职责；二是统筹协调，整合资源，加大力度；三是因地制宜，因族举措，增收发展；四是严格管理，督促检查，推进落实。扶持人口较少民族发展部际联席会议34个成员单位按照规划任务分工方案，发挥行业部门的职能作用，采取多种措施对人口较少民族的发展给予支持，由各部门牵头和参与的133项任务分工大都部署实施。扶持项目围绕规划提出的人口较少民族聚居村实现“五通十有”目标任务安排建设，与群众生产生活息息相关，帮助人口较少民族提高了发展的基础条件和能力。据对2119个人口较少民族聚居村监测统计，19项村考核指标中有3项指标（户通电率、自然村广播电视覆盖率、有办公场所的村比率）已达到验收标准。2013年，2119个村农牧民人均纯收入5034元，比2010年增长45.4%，聚居村其他考核指标均比2010年有所提高，人口较少民族聚居村村容村貌得到了明显改善，为实现全面建成小康社会目标打下了良好基础。

【兴边富民行动】 2013年，国家民委协调有关部门继续加大对“兴边富民”行动的支持力度，开展“十二五”规划中期督查，推动规划实施。“兴边富民”支持边境县发展特色优势产业工作全面推开，实施种植业、养殖业等方面的特色优势产业项目，群众收入明显增加，更重要的是建立了发展“兴边富民”特色优势产业的机制，初步探索出了适合各地实际的发展路子。中央财政不断增加“兴边富民”补助资金规模，吸引和带动了大量其他各类资金投向边境地区，兴建了一批基础设施、产业发展、实用技术培训、教科文卫等方面的项目，改善了边境地区各族群众生产生活条件，为加快边境地区经济社会发展奠定了基础。

【少数民族特色村寨保护与发展项目】

少数民族特色村寨保护与发展项目实施以来，在全国28个省（区、市）600多个村寨开展了试点，涉及45个少数民族，取得明显成效。通过项目建设，保护和改造了村寨的少数民族特色民居、促进了村寨特色产业特别是民族特色旅游业的发展、改善了村寨的生产生活条件、繁荣和发展了村寨的民族文化、促进了村寨民族关系的和谐发展。

【武陵山片区扶贫】 协调有关部门继续加大对武陵山片区资金项目支持力度，发挥联络员和挂职干部作用，推动武陵山片区发展规划落到实处。一是与国家开发银行共同研究出台《关于支持武陵山片区区域发展与扶贫攻坚试点的意见》、《关于支持武陵山片区区域发展与扶贫攻坚试点的实施方案》，明确加大金融支持力度，利用开发行金融支持武陵山片区加快发展。在湖南长沙召开了国家民委、国家开发银行支持武陵山片区区域发展与扶贫攻坚试点工作会议，与湖北、湖南、重庆、贵州4省市签署了支持片区发展的合作协议；二是协调有关部门落实铁路建设等重大基础设施项目，推动片区规划实施；三是派驻联络员和开展培训，从委机关、委属事业单位择优选派第二批77名司、处级干部赴湖北、湖南、重庆、贵州担任联络员，做好调查研究、沟通协调和情况反映等。

【少数民族干部和专业技术人才培训】

实施少数民族干部和专业技术人才骨干培训计划、少数民族高层次和科技骨干人才特殊培养计划，实施边远贫困地区、边疆地区和革命老区人才支持计划，推动全国少数民族干部人才数据库信息集成平台建设。2013年，为西部地区等少数民族贫困地区培训各级各类干部人才5000多人。发挥委属院校自身优势和特色，加强对少数民族贫困地区干部和少数民族干部、高技能人才、农村实用人才和“双语”人才的培训。推动委属院校少数民族毕业生通过“大学生村官”、“西部计划”和“三支一扶”等项目到少数民族贫困地区工作，磨炼意志、增长才干，为国家培养了大批留得住、用得上、干得好、转得动的少数民族优秀干部人才，为各级党组织干部选拔任用工作提供了“源头活水”。

【定点扶贫】 继续加大对内蒙古巴林右旗、广西德保县2个扶贫点的工作力度，促进县域经济和各项社会事业平稳快速发展。

1. 增加资金投入。2013年，国家民委向2个旗县投入扶持资金630.5万元，安排落实项目25个，主要用于基础设施建设、特色产业扶持和少数民族特色村寨项目，促进了2个旗县农村基础设施的改善和特色产业的发展；

2. 抓好干部培训。2013年，组织2个旗县各30名科级干部在京参加扶贫开发能力建设培训班，提高当地少数民族干部的素质和能力；

3. 深入调研慰问。2013年春节前夕，国家民委有关领导带队到2个扶贫点开展春节慰问活动，为少数民族贫困群众送温暖，在慰问活动中，慰问组还深入扶贫示范点考察，召开座谈会，与扶贫点的干部和群众共商脱贫发展大计。国家民委有关领导深入德保县都安乡窑庄民族小康示范村、城关镇西读社大朔壮族特色村寨及云梯村那吞新农村建设点3个民族工作示范点调研民族旅游产业发展和民族干部教育培训工作；

4. 继续选派干部。选派2名机关年富力强的干部到扶贫点蹲点扶贫，挂职锻炼，参与指导定点扶贫工作。

【智力支边扶贫】 由中央统战部和国家民委牵头的各民主党派中央、全国工商联开展的智力支边扶贫工作，为少数民族贫困地区的发展献计献策、办实事，帮助少数民族贫困地区培训人才、制订脱贫计划、进行项目论证和咨询等。协调贵州省民委落实国家民委对贵州省毕节试验区建设和黔西南州“星火计划、科技扶贫”试验区扶持资金3305万元，实施项目400多个，重点改善毕节地区和黔西南州乡村基础设施和生产生活条件，促进群众增产增收，开展各类培训。

（国家民委经济发展司
扶贫处　袁　彦）

民政部扶贫

【概述】 2013年，经国务院批准，建立了民政部牵头、包括扶贫办在内24个部门参加的全国社会救助部际联席会议制度，共同指导地方健全社会救助工作机制，明确部门职责，加强协调配合，搞好制度衔接，形成工作合力。指导特殊困难地区省份按照《全国综合减灾示范社区标准》，认真做好“全国综合减灾示范社区”创建工作。把江西永新、云南芒市作为亚洲社区综合减灾合作项目示范点，两年投入资金400万元，对社区综合减灾建设进行扶持。结合项目实施，培训特殊困难地区省份从事社区综合减灾的工作人员40人次，促进特殊困难地区省份社区减灾工作水平提升。2013年，命名特殊困难地区省份全国综合减灾示范社区729个。

在研究制定《民政部 财政部关于加快推进社区社会工作服务的意见》（民发〔2013〕178号）、《民政部关于加快推进灾害社会工作服务的指导意见》（民发〔2013〕214号）、《中国社会服务志愿者队伍建设指导纲要（2013~2020年）》等社会工作和志愿服务的专项政策和顶层规划设计过程中，将贫困地区的灾害社会工作、社区社会工作和志愿者队伍建设纳入重点扶持范围，引导当地的社会工作和志愿服务发展。

民政部会同财政部研究制定低保工作绩效评价办法与评价指标，将低保和扶贫开发两项制度衔接作为重要绩效内容，设立了“按照低保对象的劳动能力等状况建立分类核查制度、对有劳动能力的低保对象采取扶贫措施”的评价指标。

2013年，民政部会同财政部出台了新的城乡医疗救助基金管理办法，将城市、农村医疗救助资金账户合并，推进医疗救助城乡统筹；印发《关于加强医疗救助与慈善事业衔接的指导意见》（民发〔2013〕132号），探索医疗救助与慈善事业有效衔接。

2013年，民政部出台《关于加强民政社会救助相关信息共享的通知》（民办发〔2013〕9号），在民政系统内实行社会救助相关信息共享；会同国家档案局出台《农村五保供养工作档案管理办法》（民发〔2013〕36号），逐步完善、整合农村低保和扶贫开发数据库，做到信息互通，资源共享。

【农村低保标准救助】 截至2013年底，全国共有农村低保对象5382.1万人，占全国农村人口总数的6.1%；全国平均农村低保标准为2434元/人·年，月人均补助111元；全年累计支出农村低保资金841.9亿元，其中，中央财政安排612.3亿元（含一次性春节生活补贴资金106亿元），占全国总支出的75.3%。

【农村五保供养服务】 截至2013年底，全国共有农村五保供养对象538.2万人，占全国农村人口总数的0.6%；其中，集中供养183.8万人，集中供养率为34.2%；全国平均集中供养标准为4685元/人·年，分散供养标准为3499元/人·年；全年累计支出农村五保供养资金174.3亿元。全国共有农村五保供养服务机构3.3万所，床位261万张（2012年底统计数）。2013年，民政部继续实施“农村五保供养服务设施建设霞光计划”，安排部本级彩票公益金2亿元，支持各地农村五保供养服务设施建设。

【医疗救助】 2013年，全国医疗救助对象范围进一步扩大，从城乡低保对象、农村五保对象扩大到低收入家庭重病患者、重度残疾人等特殊困难群体。2013年，全国共支出救助资金257.6亿元，其中中央财政补助132亿元；共实施医疗救助10832万人次，住院、门诊救助和资助参保参合水平分别达1673元、142元和63元，政策范围内住院自付费用救助比例超过55%。此外，民政部门积极推进重特大疾病医疗救助试点，全国共实施重特大疾病医疗救助156.2万人次，支出资金37.7亿元；会同卫生部门继续开展提高农村居民重大疾病保障水平工作，对儿童白血病、先天性心脏病等病种提高报销和救助比例。

【临时救助】 2013年，全国获得临时救助的家庭共3937.1万户次，其中农村家庭为2739.7万户次，比2012年增加2263万户次，增长474.8%。各省份共支出临时救助资金93.4亿元，其中，农村支出57.6亿元，比2012年增加34.5亿元，增长149.2%。2013年，全国临时救助平均水平为每户每年237.3元，农村为每户每年210.3元。

【防灾救灾能力救助】 2013年，财政部、民政部共安排中央自然灾害生活补助资金103.22亿元，民政部组织调拨救灾帐篷19.6万顶、棉大衣15.4万件、棉被47.3万床、睡袋1.9万条、折叠床8.9万张、炉子1.3万个等大量中央救灾物资，支持贫困地区灾区做好灾害应急和冬春救助工作，保障好受灾群众基本生活。

2013年，在采购及芦山地震后追加采购的中央救灾物资存储时，适当向设置在集中连片特殊困难地区和全国扶贫开发工作重点县及其他贫困落后地区所在省份的14个库倾斜，采购的12平方米棉帐篷、12平方米单帐篷、12平方米单帐篷（折叠式）、20平方米单帐篷、36平方米单帐篷、60平方米单帐篷、折叠桌凳全部存放在上述14个库，全年上述库共计新储备了12平方米棉帐篷30000顶、12平方米单帐篷40750顶、12平方米单帐篷（折叠式）

9250 顶、20 平方米单帐篷 20000 顶、36 平方米单帐篷 9000 顶、60 平方米单帐篷 1000 顶、60 平方米指挥帐篷 170 顶、棉被 160000 床、棉大衣 180000 件、睡袋 100000 条、折叠床 70000 张、折叠桌凳 50000 套、简易厕所 900 座。代储库的设置和代储物资的存放，可支持集中连片特殊困难地区和全国扶贫开发工作重点县及其他贫困落后地区及时有效应对突发自然灾害。

【专业人才扶贫交流】 2013 年，民政部选派 1 名司局级干部到重庆市巴南区挂任区常委、副区长，1 名处级干部到江西省兴国县挂任县委常委、副县长。接收安排了 1 名罗霄山片区干部担任机关司局副处长。

民政部顺利完成首批边远贫困地区、边疆民族地区和革命老区社会工作专业人才支持计划。共安排落实中央财政专项资金 1890 万元，支持中西部 24 个省份选派 1000 名社会工作专业人才到 24 个国家确定的集中连片特殊困难地区覆盖的县、国家扶贫开发工作重点县和省级扶贫开发工作重点县及新疆生产建设兵团困难团场、西藏和青海、四川、云南、甘肃四省藏区开展专业社工服务，同时支持受援地区培养了 500 名社会工作专业人才，推动“三区”社会工作专业人才队伍建设，引领带动“三区”社会工作事业发展。

【集中连片特困地区行政区划调整】 从加快集中连片特殊困难地区等贫困地区城镇建设、提高城镇人口集聚能力、推动城镇化进程出发，支持相关地区行政区划调整。2013 年，集中连片特殊困难地区等贫困地区共实施县级以上行政区划调整 3 件，分别是：罗霄山片区的江西省赣州市南康市改区、秦巴山片区的四川省巴中市巴州区分设恩阳区、六盘山片区的青海省海东地改市。

【社会扶贫】 2013 年，中央财政支持社会组织参与社会服务共立项 470 个项目，其中：

援助西部地区项目共立项 291 个（占全部项目的 61.9%），拨付资金 11339 万元（占全部项目资金的 57.9%），配套资金 11617 万元，直接受益约 228 万人。其中，西部 13 省市和新疆兵团直接立项 244 个（占全部项目的 51.9%），拨付资金 7244 万元（占全部项目资金的 37.0%），配套资金 7144 万元，直接受益约 132.1 万人；全国性社会组织和其他地区社会组织援助西部的项目立项 47 个（占全部项目的 10.0%），拨付资金 4095 万元（占全部项目的 20.9%），配套资金 4473 万元，直接受益约 96.0 万人。

援助西藏及四省藏区项目共立项 118 个（占全部项目的 25.1%），拨付资金 4574 万元（占全部资金的 23.4%），配套资金 4159.5 万元，直接受益约 83.2 万人；其中西藏、青海、四川、云南、甘肃 5 省直接立项 97 个（占全部项目的 20.6%），拨付资金 2822 万元（占全部资金的 14.4%），配套资金 1902.9 万元，直接受益约 36.2 万人；全国性社会组织和其他地区社会组织援助西藏及4省藏区的项目立项21个（占全部项目的4.5%），拨付资金1752万元（占全部资金的9.0%），配套资金2256.6万元，直接受益约46.9万人。

援助新疆地区项目共立项48个（占全部项目的10.2%），拨付资金2552万元（占全部资金的13.0%），配套资金2243.9万元，直接受益约46.1万人；其中新疆维吾尔自治区和新疆生产建设兵团直接立项26个（占全部项目的5.5%），拨付资金800万元（占全部资金的4.1%），配套资金135.2万元，直接受益约6.8万人；全国性社会组织和其他地区社会组织援助新疆的项目立项22个（占全部项目的4.7%），拨付资金1752万元（占全部资金的9.0%），配套资金2108.7万元，直接受益约39.3万人。

援助罗霄山片区项目共立项45个（占全部项目的9.6%），拨付资金2371万元（占全部资金的12.1%），配套资金2479.6万元，直接受益约48.2万人；其中江西和湖南直接立项21个（占全部项目的4.5%），拨付资金635万元（占全部资金的3.3%），配套资金475.7万元，直接受益约5.1万人；全国性社会组织和其他地区社会组织援助片区的项目立项24个（占全部项目的5.1%），拨付资金1736万元（占全部资金的8.9%），配套资金2003.9万元，直接受益约43.1万人。

【罗霄山片区扶贫推进】 2013年2月，民政部在江西省赣州市组织召开第一次罗霄山片区区域发展与扶贫攻坚工作会议。民政部部长李立国主持会议并讲话，国务院扶贫办主任范小建，江西省省长鹿心社出席会议并讲话，协调推动罗霄山片区区域发展与扶贫攻坚。2013年，共安排中央预算内资金3620万元和部本级福利彩票公益金4000余万元支持片区福利院、敬老院、未成年保护中心、社区等项目建设，安排专项经费8.1亿元支持湖南、江西2省散葬烈士墓和零散烈士纪念设施建设。下拨罗霄山片区城乡低保资金10.08亿元、五保供养资金1.82亿元、抚恤资金4.24亿元、救灾资金0.6亿元。协调中国社会福利基金会等向江西片区捐赠500万元，为敬老院购置31辆就医专用车，组织中国光华科技基金会等8家社会组织捐助片区各类物资460万元。在中央财政支持社会组织参与社会服务项目中，给予罗霄山片区重点支持，2013年立项45个、拨付资金2371万元，分别占全部项目和资金的9.6%和12.1%。

（民政部规划财务司综合处　郭　哲）

人力资源和社会保障部扶贫

【概述】 为贯彻落实《国务院办公厅关于印发中央国家机关及有关单位对口支援赣南等原中央苏区实施方案的通知》（国办发〔2013〕90号），人力资源和社会保障部（以下简称“人社部”）研究制定了对口支援江西省宁都县人力资源和社会保障事业发展指导意见。

人社部会同发改委，指导各地在基层劳动就业和社会保障服务设施建设项目中，不断加大对集中连片特殊困难地区和全国扶贫开发工作重点县及其他贫困落后地区的支持力度。2013年，人社部强化公共就业服务，促进贫困地区劳动力转移就业和稳定就业。

一是加强政策支持和工作指导。结合实施就业优先战略和就业政策，开展困难地区就业政策落实情况调研，指导贫困地区加大工作力度，落实各项就业扶持政策，推动贫困地区就业创业工作开展；二是推进公共就业和人才服务体系建设。指导贫困地区进一步健全完善公共就业和人才服务体系，推进基础建设和信息化建设，优化服务流程，明确服务标准，拓展服务内容，提高贫困地区公共就业服务的能力水平；三是深入开展专项活动。会同中国残疾人联合会组织开展主题为“就业帮扶、真情相助”的就业援助月活动，会同全国总工会、全国妇联举办主题为“搭建供需平台、促进转移就业”的“春风行动”，组织开展民营企业招聘周、高校毕业生服务月等专项活动，帮助贫困地区就业困难人员和残疾登记失业人员实现就业和稳定就业、农村富余劳动力实现转移就业，促进贫困地区高校毕业生就业；四是促进贫困地区农村劳动力多渠道转移就业。加强农村劳动力就业监测和农村劳动力转移就业工作示范县建设，依托示范县带动贫困地区劳动力转移就业工作，进一步摸清形势，推动外出务工、就地就近转移就业和返乡创业，鼓励多渠道转移就业，不断推进贫困地区劳动力转移就业工作深入开展。

【“三支一扶”计划】 中央组织部、人力资源社会保障部等8部门印发《关于做好2013年高校毕业生“三支一扶”计划实施工作的通知》（人社部发〔2013〕37号）。2013年，各地注重把“三支一扶”工作与贫困村整村推进、产业扶贫、雨露计划等工作有机结合，取得良好效果。全年共选拔招募6300名高校毕业生到农村基层从事扶贫工作，为促进地方经济社会发展和人民群众脱贫致富起到了积极作用。

【贫困地区劳动保障信息化建设】 一是印发了《关于推进人力资源社会保障信息系统省级集中的意见》（人社部发〔2013〕86号），指导各地推动信息系统向省级集中建设，在一定程度上缓解了贫困落后地区信息化建设力量不足以及资金短缺等问题。截至2013年底，各省基本实现了城乡居民养老保险系统省级集中，部分省份实现了就业、劳动关系领域的系统省级集中以及城镇职工部分险种的系统省级集中；二是督促各地加快信息化基础设施建设，提高包括贫困落后地区在内的公共就业服务机构和社会保险经办机构的业务专网覆盖率，畅通信息服务渠道；三是全国招聘信息公共服务网进一步扩大联网范围，为缓解信息滞后、引导和促进贫困地区失业人员再就业发挥了重要作用；四是按照金保工程新型农村社会养老保险信息系统试点工程对21个省份享受中央补助资金的要求，继续落实对西藏及四省藏区100%的建设资金补助和西部省份及享受西部政策的中东部地区30%的建设资金补助，其中18个省份共计1.07亿元已申请到位；五是推动贫困落后地区做好社会保障卡发放和应用工作。按照“覆盖全民”的要求，24个省份开始面向农村居民发放社会保障卡，推进实现对包括贫困人口在内的各类人力资源社会保障管理服务对象的覆盖。截至2013年12月底，全国334个地区已发行社会保障卡，实际持卡人数达到5.4亿人。社会保障卡已普遍应用在医疗保险费用结算中，大部分地区实现了持卡就医即时结算。

【定点扶贫表彰项目】 2013年，人社部全国评比达标表彰工作协调小组办公室认真履行职能，对国务院扶贫办报送的中央国家机关等单位定点扶贫表彰项目组织开展审核工作，并将初审意见报送协调小组。经中央批准，同意国务院扶贫办开展一次中央国家机关等单位定点扶贫先进集体和先进个人表彰活动，表彰名额为先进集体120个，先进个人40名。

【定点扶贫】 人社部在山西省天镇县、安徽省砀山县和安徽省金寨县开展定点扶贫县的扶贫工作，2013年，加大了扶贫工作力度：

1. 派驻干部挂职，开展人才智力扶贫。选派4名干部到定点县挂职扶贫，结合人社部职能特点开展人才智力扶贫，对扶贫县各级干部组织开展学习培训，对扶贫县教师、医生以及农业等专业技术人员进行培训，学习蔬菜种植技术和农业产业化管理的知识和经验。开展医疗卫生专家义诊活动，组织“江淮名医大别山老区行”走进金寨，近300名患者接受免费诊断；组织北京、上海、西安的15位医学专家、教授到天镇县举办健康讲座和医务人员专业培训，在县人民医院、县中医院开展义诊。

2. 坚持就业导向，开展技能培训。协调山西、安徽2省人力资源社会保障部门，结合当地实际，开展促进就业和技能培训。

在砀山县，通过促进就业和劳动力转移增加劳动者收入，帮助群众应对自然灾害损失。开展创业培训，建设农民工创业园7个，其中3个达到省级标准。城镇登记失业率控制在4.3%以内，全县就业局势保持基本稳定。在天镇县，开辟劳务输出新模式。与北京的职业院校和家政服务机构建立“基地—中心—高校”“三位一体”的培训输出用工机制。建立健全了学习培训、联系办卡、跟踪回访、上门家访等多项制度，及时帮助解决在外务工人员的困难和问题，开展技能培训52期3500人，帮助640名妇女在北京成功就业。与北京、天津等地联系对接单位，建立长期用工协议，输送各类人员就学和就业数百人。

3. 推进新农保全覆盖，完善城乡社会保障。2013年底，山西省天镇县、安徽省砀山县和安徽省金寨县3个县符合条件的60岁农村老人，每月都能领到不低于55元的养老金。2013年天镇县新农保参保率达到了93.95%。在砀山县，被征地农民养老保险实现了“即征即保”，参保率达到100%。各项保险待遇按时调整、足额发放。金寨县以民营企业、个体私营企业为重点，进一步扩大社会保险覆盖面，全县城镇职工养老、失业、医疗、工伤、生育“五险合一”扩面征缴工作扎实推进，覆盖面不断扩大。

4. 开展科技扶贫，促进企业发展。邀请农业技术专家到定点扶贫县进行蔬菜等经济作物技术指导。在金寨县设立省级专家服务基地，进行项目研发、成果转化、合作攻关、人才培养、技术咨询等，建立金寨县首家博士后工作站，促进产、学、研结合。举办“海外赤子为国服务行动计划”，开展技术帮扶，现场为农户们讲解了种植技术和生产方法。邀请专家学者到3个扶贫县进行专业技术讲座和咨询达20余次。

5. 结合实际，开展项目扶贫和社会公益事业。砀山县共实施58个扶贫项目，共投入扶贫开发资金2237万元。以整村推进为重点的贫困村建设成效明显。实施16个整村推进项目，总投资1410万元。新建村级公路18.2公里，暗排管道3030米，新建便民活动中心1座，打深水井1眼，建设无塔供水及配电设备1套，新建桥涵4眼。扶持贫困农户发展增收产业工作稳步推进。对5家带动力强的农民专业合作社投入扶贫资金50万元。提高贫困人口自我发展能力。“雨露计划”资助贫困大学生520人，资金104万元，劳动力转移培训360人及农村实用技术培训3000人次，培训资金51万元。社会扶贫工作效果明显。社会各界共捐款（包括物资）175万余元，救助贫困人员4000人。完成农村贫困人口监测和建档立卡工作。全县贫困人口做到“户有卡、村有册、乡有簿、县有库（电脑数据库）”。2013年，砀山县被列为中央专项彩票公益金支持贫困革命老区整村推进项目县，获得中央专项彩票公益金1250万元，用于8个村的基础设施建设、环境改善和公共服务等。在金寨县，针对路难行、电压低、农田水利设施陈旧等问题，2013 年争取到 330 万的扶贫搬迁项目，争取了燕岩、方坪朱畈和郑长 3 个农网资金整改项目 350 万元。以贫困村为重点，组织帮扶麒麟河村和蔡贩村，先后捐赠 8750 元和 5000 元扶贫慰问资金。组织看望慰问敬老院、五保户和一些困难户，送去米油等生活用品，捐送慰问金 5000 多元。在天镇县，将老、孤、残和贫困家庭学生作为救助的主体，重阳节、春节组织人员到敬老院开展慰问活动，为老人送去各类衣物、食品、生活用品。2013 年春节，募集慈善资金 10 万元，开展了“扶贫济困、情暖边城”活动，走遍 11 个乡镇慰问了 120 户贫困家庭。动员各界爱心人士开展慈善捐助活动，争取到顶新国际集团救助 13 名贫困大学生（全国 300 名），每人 3000～5000 元；争取“葵花助学”资助困难大学生 3 人（每人每年 5000 元）。2013 年共募集各类捐款 60 多万元，各种物资物品 100 多万元，各类图书 20 多万元，各类项目款近 600 万元。

（人力资源和社会保障部
农民工工作司　杜国羽）

国土资源部扶贫

【概述】 2013年，国土资源部学习贯彻党的十八大、十八届三中全会精神和习近平总书记关于扶贫工作系列重要讲话精神，将扶贫工作作为重要的政治任务，明确责任分工，纳入部重点工作布局和绩效考核。5月8日，部长姜大明主持召开第3次部长办公会，专题听取扶贫工作汇报，要求转变观念，创新思路，发挥国土资源部门优势，聚集全系统力量，从规划、政策、项目、资金和人才等方面加大对贫困地区的支持力度。国土资源部机关各司局和单位在出台政策、制定规划、开展试点等工作中，加大对贫困地区支持力度，推进落实《国土资源部关于支持集中连片特殊困难地区区域发展与扶贫攻坚的若干意见》（国土资发〔2012〕122号），取得显著成效。

国土资源部配合国务院扶贫办做好“燕山—太行山片区阜平试点”工作。分管扶贫工作的副部长张少农在国务院扶贫办《关于认真学习贯彻〈习近平总书记在河北省阜平县考察扶贫开发工作时的讲话传达稿〉的函》（国开办函〔2013〕5号）上批示：“各单位要认真学习，学习实事求是的思想方法，学习全心全意为人民服务的宗旨意识。”《国土资源部办公厅关于支持河北省阜平县扶贫开发政策措施的函》（国土资厅函〔2013〕189号），提出了土地利用总体规划评估调整、重大项目用地等7个方面的支持措施，选派1名机关司局副处级干部到阜平县挂职副县长，为阜平县单列建设用地计划指标300亩，拨付扶贫工作经费50万元支持阜平县援建希望小学。国土资源部还确定将全国模范国土资源所所长韦寿增的家乡——广西壮族自治区靖西县作为扶贫联系点，落实了支持靖西县的具体措施和项目，支持开展低丘缓坡等未利用地开发利用试点，追加新增建设用地指标300亩，实施了“兴地富民”土地整治项目，有效地支持了靖西县经济社会发展和民生改善。

国土资源部扶贫办被国务院扶贫办评为“中央国家机关等单位定点扶贫先进集体”。

【乌蒙山片区区域发展与扶贫攻坚规划实施】 国土资源部作为乌蒙山片区的联系单位，履行“调查研究、联系沟通、督促指导”的片区联系单位职责，推进《乌蒙山片区区域发展与扶贫攻坚规划（2011~2020年）》的组织实施。

1. 督促片区3省完成省县级实施规划。四川、贵州、云南省级实施规划已经报国务院扶贫办备案审查，3省乌蒙山片区县级实施规划已经编制完成。参加国务院扶贫办组织召开的部分片区省级实施规划评审会，就云南、贵州、四川省级实施规划提出了修改意见。同时，汇总了乌蒙山片区10个市（州）38个县（市）编制和落实省、县级实施规划过程中需要国土资源管理工作支持的事项。

2. 启动基层扶贫联系点工作。印发《国土资源部办公厅关于印发建立国土资源部乌蒙山片区基层扶贫联系点意见的通知》（国土资厅函〔2013〕532号），乌蒙山片区10个市（州）分别由部领导联系，38个县（市）分别由部机关司局、中国地质调查局和部其他直属单位联系。2013年，32个司局和单位到扶贫联系点开展调研，并形成调研报告。

3. 协调部际联系会议成员单位落实支持措施。乌蒙山片区部际联系会议第一次会议后，国土资源部协调35个部委和单位就3个省提出的53项需要支持的事项予以落实，并将各部委的支持意见分别反馈给3个省人民政府办公厅。2013年3月底，国土资源部向3省人民政府办公厅去函了解协调落实情况。

4. 结合乌蒙山片区扶贫开发工作实际需要举办培训班。乌蒙山片区3个省10个市（州）38个县（市、区）扶贫和国土资源部门负责人和工作人员共193人参加培训。

5. 发挥部门优势，给予重点倾斜。给予建设用地指标倾斜，保障经济发展用地需求。2013年，在调剂追加土地利用计划指标时，对乌蒙山片区38个贫困县（市、区）分别安排计划指标300亩。加大乌蒙山片区地质调查力度，促进资源优势转化为经济优势。中国地质调查局编制实施了《乌蒙山片区地质调查规划（2013~2020年）》，2013年设置区域地质调查、特色农业区土地质量调查等工作项目19个，投入经费7510万元。

开展地质灾害防治和找水打井，保障人民群众生命财产安全。2013年地质灾害防治资金按因素法切块部分向四川省、云南省和贵州省倾斜。经国务院同意，2013年起连续8年每年安排10亿元，用于云南省地质灾害综合防治体系建设。组织编制《乌蒙山区水文地质环境地质调查总体方案（2013~2015年）》，计划利用3年时间，在乌蒙山片区完成38个图幅的1∶5万水文地质调查，在严重缺水地区打井152眼，预计可解决100万人的饮水困难问题。

批复同意《贵州省毕节市国土资源差别化政策综合改革试点方案》，试点内容涵盖土地资源、矿产资源和地质灾害防治等9个方面内容。积极落实四川省凉山州提出的需要有关部委支持的事项，以及需要国土资源部给予支持的10个问题。

实施人才支持，从部机关司局和直属单位选派了1名司局级和4名处级扶贫挂职干部，分别到贵州省毕节市、四川省凉山州和宜宾市、云南省楚雄州和昭通市挂职。选派了6名机关青年干部分别到四川省凉山州和贵州省毕节市开展为期1年的基层学习锻炼。

6. 承办“两会”建议提案涉及国土资源部的扶贫工作任务。2013年，全国人大建议第1215号、第1715号和全国政协第3008号由国务院扶贫办牵头，国土资源部作为协办单位，提出了落实差别化土地政策、建设用地计划指标倾斜、支持高标准基本农田建设、支持开发利用优势矿产资源和支持和谐矿区建设试点等支持意见，并将协办意见报国务院扶贫办。

此外，国土资源部配合全国政协民族和宗教委员会赴乌蒙山片区3省开展了“推进乌蒙山片区区域发展与扶贫攻坚，促进民族地区生态文明建设与经济社会协调发展”专项调研。开展了“国土资源管理工作支持乌蒙山片区区域发展与扶贫攻坚路径和方法”课题研究。

【国土资源行业扶贫】 2013年，国土资源部制定了《中国农村扶贫开发纲要（2011~2020年）》重要政策措施分工方案，向参与部委和省级国土资源主管部门印发通知推进牵头工作落实，并协调国家发展改革委、财政部和农业部等参与部委，提出了落实工作任务的意见和措施。

1. 加大土地、矿产资源开发政策的倾斜力度。国土资源部结合国家扶贫开发有关规划的编制实施，在建设用地计划安排、城乡建设用地增减挂钩试点等方面给予倾斜，并要求各地充分考虑农村扶贫开发实际需求，加大支持力度。加强对集中连片特殊困难地区矿产资源规划编制实施指导，部署开展了江西钨矿和稀土、云南锡钨、贵州遵义锰矿等一批重点矿区和重点矿种的专项规划。在矿产资源综合利用、绿色矿山建设等方面给予贫困地区倾斜政策，推进建设“江西赣州稀土资源综合利用示范基地”等一批示范基地。

2. 推进土地整治，改善农民生产生活条件。印发了《国土资源部办公厅关于落实〈中国农村扶贫开发纲要（2011~2020年）〉有关推进贫困地区土地整治工作的函》（国土资厅函〔2013〕522号），组织指导和督促各有关省级国土资源主管部门推进贫困地区的土地整治。2013年，国土资源部在全国贫困地区安排土地整治项目1735个，建设规模2109万亩，投入资金333亿元，大幅提高了贫困地区耕地质量，改善了当地生产生活条件，增加了贫困农户收入。

3. 加大地质灾害防治力度，保障人民生命财产安全。国土资源部印发的《全国地质灾害防治规划（2012~2015年）》，将六盘山区等11个集中连片特殊困难地区、西藏和四省藏区、新疆南江三地州分别纳入13个突发性地质灾害重点防治区，并部署了针对性的防范措施。2013年，部领导和有关司局负责人先后30多次赴重点地区调研指导工作。针对重大隐患点开展应急演练，全国共组织开展演练 4668 次，参加人数达 54.8 万人。

【定点扶贫和对口支援】 2013 年 11 月 29 日，国土资源部部长姜大明作为党的十八届三中全会精神宣讲团成员在南昌结束宣讲后，即赴赣南考察调研定点扶贫和对口支援工作，并在赣县主持召开部赣南扶贫和对口支援赣县工作座谈会。部长姜大明要求，国土资源部扶贫开发工作要以党十八届三中全会精神和中央新一轮扶贫开发目标措施为指导，解放思想，开阔眼界，调动扶贫地区内在动力，探索有效路径和方法，突出解决民生问题，集中财力、精力改善老百姓基本生活。2013 年，出台了支持赣南苏区振兴发展和对口支援赣县的政策措施，落实了支持湖南省新田县的政策和项目，定点扶贫开发工作取得新的成效。

1. 支持赣州的政策措施。印发了《国土资源部办公厅关于 2013 年支持赣州经济社会发展若干措施的函》（国土资厅〔2013〕647 号），在土地、矿产管理、地灾防治和地质环境保护等 3 个方面提出了 22 项具体措施。

① 加大土地资源政策支持。全力保障赣州市调结构、转方式、保民生重大项目用地计划。2013 年，单独下达赣州建设用地指标 8000 亩，还为赣州市 8 个国家定点扶贫县每县追加建设用地指标 300 亩。单列赣州市低丘缓坡荒滩等未利用地开发利用试点规模 1 万亩，并支持赣州继续开展工矿废弃地复垦利用试点。安排赣州市 8 个县开展城乡建设用地增减挂钩试点，试点规模 0.67 万亩。

② 支持矿产资源勘查开发和综合利用。2013 年，投入稀土资源调查评价项目资金 1.2 亿元，开展地质矿产调查评价。支持赣州市钨资源节约与综合利用示范基地项目建设，奖励资金项目 13 个，下拨资金 4700 万元。支持绿色矿山建设，批准赣州市第二批国家级绿色矿山试点 2 个矿山、第三批 8 个矿山。针对赣州市高标准农田建设区、富硒土壤资源分布区、土壤重金属污染区等重点区域、重点县（市），开展了农业地质调查与评价研究工作。

③ 加大地质灾害防治和地质环境建设，改善生活环境。2013 年，共安排赣州市地质灾害防治项目资金 5000 万元，基本摸清了赣南地质灾害的分布情况和规律。安排赣州市矿山地质环境恢复治理项目资金 3 亿元，开展了寻乌县石排废弃稀土矿山地质环境治理示范工程。支持赣州市开展国家级地质公园建设和省级地质公园建设。

④ 投入专项扶贫工作经费开展新农村建设。2013 年，投入扶贫工作经费 80 万元，带动整合各项涉农工作经费和项目经费 1752.89 万元，在会昌县西江镇湾兴村、宁都县青塘镇孙屋村和于都县罗江乡前村开展了新农村建设。投入专项培训经费 20 万元，举办赣州农民知识化培训，罗霄片区 11 个贫困县（市）200 名农民参加培训。

2. 对口支援赣县的政策措施。按照《国务院办公厅关于印发中央国家机关及有关单位对口支援赣南等原中央苏区实施方案的通知》（国办发〔2013〕90 号）的要求，国土资源部和科技部共同对口支援赣县。国土资源部与江西省、赣州市、赣县人民政府和国土部门进行协调对接，并与科技部就共同做好对口支援赣县工作进行了沟通。根据赣县经济社会发展对国土资源管理工作的需求，国土资源部出台了 13 项对口支援的具体措施和项目。

3. 落实支持湖南省新田县的政策项目。2013 年，共投入各类扶贫工作经费和项目经费 3679.6 万元，实施了土地综合整治、矿产资源、水资源、土地质量地球化学评估、富硒农业产业开发、扶贫开发培训、新农村建设示范等项目 15 个。安排土地整治项目投资总额 2551.07 万元，新增耕地 1.18 公顷，整治耕地面积 592.2 公顷，3 个项目区 17 个行政村 1.78 万人口受益。结合土地综合整治，以枧头镇老屋村为新农村建设示范点，以点带面推进新农村建设，共投入各类建设经费 900 多万元。

① 实施矿产资源远景调查。开展了“湖南省新田县知市坪矿区铁锰矿普查”和“湖南省新圩—龙溪地区铅锌多金属评价”项目，投入项目经费 546 万元。2013 年，投入工作经费 100 万元，在富硒农产品适宜开发区开展农业地质调查工作，圈定了富硒土壤 615.4 平方公里，为新田县发展富硒农产品等特色农业提供了科学依据。投入专项培训经费 10 万元，举办了富硒产业开发培训班，30 家农业龙头企业和农业生产专业合作社负责人、技术骨干和农村种养大户共 300 余人参加培训。

② 继续开展岩溶地下水资源开发利用。2013 年，投入项目经费 642 万元，开展了新田县毛里乡水浸窝水库地下堵漏工程注浆试验，建立新田县重点地区岩溶地下水资源数据和信息系统。在新田县中部和东南部严重缺水地区开展地下水资源勘察项目，已完成钻探井 14 孔，涌水量可解决所在村庄及周边 9200 余人饮用水及 600 余亩农田灌溉问题。

（国土资源部）

环境保护部扶贫

【概述】 环境保护部贯彻落实国务院扶贫开发工作座谈会、全国扶贫开发工作会议精神和《中共中央办公厅、国务院办公厅印发〈关于创新机制推进农村扶贫开发工作的意见〉的通知》（中办发〔2013〕25号）要求，把加强贫困地区环境保护作为环保重点工作，不断加大工作力度，推进贫困地区生态保护和建设，实施环境治理工程，努力解决影响可持续发展和损害群众健康的突出环境问题，进一步健全环保扶贫开发工作机制，行业扶贫和定点扶贫各项工作取得进展。

【贫困地区生态建设与保护】 2013年，联合国务院扶贫开发领导小组办公室共同制定“生物多样性保护与减贫推进计划”，推进生物多样性保护与减贫工作。结合实施《中国生物多样性保护战略与行动计划（2011~2030年）》，先后在内蒙古新巴尔虎右旗呼伦贝尔嘎查、内蒙古呼伦贝尔市、湖北省利川市、贵州省三都县、陕西省太白县和云南省玉龙县开展生物多样性保护与减贫试点工作，共计支持资金290万元，通过替代生计，提高农民生活水平，减少对生物多样性的破坏，探索生物多样性保护与减贫共赢模式。积极支持贫困地区国家级自然保护区的发展，不断加大对贫困地区自然保护区的投入力度，安排生物多样性保护专项资金2亿元，支持74个国家级自然保护区建设（含5个生物多样性保护试点项目）。配合财政部通过中央财政国家重点生态功能区转移支付，对贫困地区生态功能保护予以支持，组织开展环境质量考核，督促贫困地区县级人民政府进一步加大保护力度。

【农村环境综合整治】 支持贫困地区开展农村环境综合整治，在《全国农村环境综合整治“十二五”规划》中将国家扶贫开发重点县和14个集中连片特殊困难地区纳入全国农村环境综合整治重点地区。分别将扶贫开发工作重点县较多的甘肃、青海、新疆、山西、陕西等16个省（区）列为农村环境连片整治示范省。2013年，全国共15个省（区、市）纳入连片整治示范，安排中央财政资金42.5亿元，重点支持饮用水源地保护、生活污水和垃圾处理等方面，一批农村突出环境问题得到解决。

【农村饮用水水源环境保护】 推动《全国农村饮水安全工程“十二五”规划》实施，督促指导乡镇及农村地区加强饮用水水源环境状况调查评估和环境监管，并将农村饮用水源保护作为重点流域、地下水污染防治和江河湖泊生态环境保护项目的重点内容。联合发展改革委、水利部及卫生计生委出台《关于加强农村饮水安全工程水质监测能力建设的指导意见》和《农村饮水安全工程建设管理办法》，要求各地加大工作力度，进一步提高农村饮水安全工程水质检测能力，促进水质达标，确保供水安全，对纳入《全国农村饮水安全工程“十二五”规划》、使用中央预算内投资的工程项目建设管理提出明确要求。

【定点扶贫】 按照国务院扶贫开发工作有关要求，环境保护部联系河北省围场、隆化 2 个定点扶贫县实际，进一步加大帮扶力度，加快解决突出环境问题，促进 2 个县经济社会可持续发展。2013 年 7 月，环境保护部副部长周建带队赴围场县、隆化县进行了扶贫调研，在隆化县召开环境保护部定点扶贫工作现场会，调研组看望了 2 个县环保局、监测站干部职工，实地勘察了农村环境综合整治、机械林场、塞罕坝污水处理厂和御道口垃圾处置场选址、隆化县第一、第二污水处理厂、监测执法业务用房等项目，与当地有关部门和干部职工进行了交流。支持自然保护区建设，2013 年，安排中央财政资金 487 万元支持塞罕坝国家级自然保护区建设，加强规范化建设，提高自然保护区管护水平。将河北省纳入全国农村环境连片整治示范省，协调将围场、隆化 2 个县有关项目纳入支持范围。在环保科普专项中拨付 25 万元支持围场、隆化两县开展环保科普活动，组织开展了环保宣传月、“感恩自然”环保主题征文和环保科普进社区等一系列活动，共设立永久性环保科普宣传牌 15 块、张贴环保宣传挂图 150 套、发放宣传资料 6000 余份和发放环保布袋 10000 个。组织北京育英学校和围场二中开展“中学生环保科普帮扶活动”，通过赠送环保宣传礼物、开展环保热点问题讨论和参观塞罕坝国家环保科普基地并现场检测七星湖水质等活动，促使两校建立了长期的帮扶关系。加大人才交流支持力度，选派基本素质好、工作能力强、业务水平高的年轻干部赴 2 县挂职，支持 2 个县经济社会发展，2013 年继续从直属单位选派优秀干部赴围场、隆化挂职。

（环境保护部）

住房和城乡建设部扶贫

【概述】 2013年，住房和城乡建设部（以下简称“住建部”）会同有关部委继续加大对贫困地区农村危房改造支持力度，并认真履行大别山片区联系单位职责，积极推动大别山片区住房城乡建设事业稳步发展。

为帮助贫困农户解决最基本的安全住房，推进农村实现住有所居目标，从2009年起，住建部和财政部、发改委联合实施了扩大农村危房改造试点。该项工程重点是帮助居住在危房中的农村分散供养五保户、低保户、贫困残疾人家庭和其他贫困户改造建设最基本的安全住房。

为贯彻中央精神，落实扶贫开发行动计划，3部委从2013年起调整和完善了加大支持贫困地区的3方面政策措施。一是提高了对贫困地区的中央补助标准，对贫困地区的中央户均补助标准由7500元提高到了8500元；二是下达任务时对贫困地区予以单列；三是按照全面建成小康社会的目标制定最低建设要求。2013年7月，住建部联合发改委、财政部印发了《关于做好2013年农村危房改造工作的通知》，明确了对贫困地区的支持政策，提出了农村危房改造在建筑面积、主要部件、结构安全、基本功能等方面执行最低建设要求。3个部委还明确了农村危房改造补助对象、资金筹集、质量安全、农户档案信息化管理等方面的具体管理措施，要求各地县级以上有关部门加强组织领导与实施管理，加大指导和监管力度，积极开展现场巡查，做好培训和宣传推广。

【社会化环境保护扶贫】 2013年，印发《住房城乡建设部关于动员和组织社会力量支持大别山片区村镇建设的意见》（建村函〔2013〕146号），支持和鼓励社会力量，特别是国有企业、民营企业、金融机构、科研院所、社会公益组织、慈善组织、国际组织参与到大别山片区扶贫开发与区域发展工作中来。支持的项目可结合住建部开展的工作实施，包括绿色低碳小城镇示范、重点镇建设、特色景观旅游名镇名村示范、传统村落保护和发展、美丽宜居小镇和美丽宜居村庄示范、村镇产业发展及其他项目。具体项目可包括村镇规划编制、村镇道路建设、危桥改造、村镇供水、垃圾和污水处理、农房建设、可再生能源利用、传统民居保护修缮、公共设施、旅游设施和服务、产业发展等。同时，鼓励支持单位引入符合村镇实际、符合可持续发展要求的新理念、新技术、新材料。住建部已与有关企业沟通，争取落实一批支持项目和资金。

【干部扶贫培训】 根据印发的《住房城乡建设部办公厅关于组织大别山片区住房城乡建设系统干部赴东部地区培训锻炼的通知》（建办村函〔2013〕203号），明确2013~2015年住建部每年组织大别山片区36县（市）各选派1名优秀干部赴东部8省市培训锻炼，3年共组织3期。每期培训锻炼时间为6个月。同时，要求东部地区做好日常培训和管理，安排培训锻炼干部参与有关工作并解决住宿等困难。2013年，第一批为期半年的培训锻炼任务结束。据东部地区反馈的意见，对大别山片区选派的干部普遍评价较好。这些干部不仅完成了与东部地区的对接，而且有的培训锻炼干部在招商引资方法发挥了突出作用。

【片区重点村镇建设】 将湖北省罗田县九资河镇列入绿色低碳重点小城镇试点示范候选名单。将片区15个镇列入了中央财政支持建设污水处理设施配套管网的重点镇名单。

指导村镇规划编制和试点示范，开展传统村落保护。组织有关院校编制安徽寿县县域体系规划和名镇保护性规划及修建性详规。编印了《大别山片区村庄整治指南》及图解。支持4个村庄开展规划编制示范。将大别山20个村庄列入传统村落保护名录。

【产业发展扶贫】 协调推进了河南省固始县等9个扶贫重点县建筑劳务发展和特色产业发展，扶贫效果明显。住建部还支持湖北省团风县重点打造钢结构产业，不仅提升了全县产业结构，获得了可观的经济效益和税源，而且带出了大批专业队伍，为农民增收致富提供了工作岗位。

（住房和城乡建设部）

交通运输部扶贫

【概述】 交通运输是扶贫开发的重要内容，是集中连片特困地区脱贫致富的基础性和先导性条件。2013 年，交通运输部贯彻落实党的十八大精神和中央扶贫开发工作部署，把交通扶贫作为重点工作，继续加大对集中连片特困地区交通运输发展的支持力度。同时，履行六盘山片区联系单位的职责，并做好定点扶贫、对口支援等扶贫专项工作。

2013 年，交通运输部在贵州省贵阳市召开集中连片特困地区交通扶贫工作推进会，全面推进《集中连片特困地区交通建设扶贫规划纲要（2011～2020 年）》的实施，继续加大对集中连片特困地区交通建设的支持力度。一是编制年度计划时优先安排集中连片特困地区建设项目，严格按照交通扶贫新标准予以支持，其中普通国道建设补助标准在“十一五”期基础上提高了 260%以上，通乡镇、建制村沥青（水泥）路建设的补助标准在“十一五”期基础上分别提高了 100% 和 150%；二是在“十二五”规划中期评估和调整工作中，保证各省（区、市）的交通扶贫资金总量和扶贫目标不得降低，并在“十二五”后两年再向贫困地区增加 254 亿元车购税资金；三是协调各有关省（区、市）同步加大对集中连片特困地区之外的贫困县支持力度，推进所有贫困地区交通运输加快发展；四是针对年度计划执行情况、地方落实部省共建协议有关支持措施情况开展督促检查，研究解决新问题、新情况。

2013 年，交通运输部安排了 715 亿元车购税资金，支持 14 个片区建设近 2.6 万公里国省道；安排了 481 亿元车购税资金，支持 14 个片区建设约 6.6 万公里农村公路，直接解决了 1.2 万个建制村的通畅问题。全年投入到集中连片特困地区的车购税资金比 2012 年增长了 25%。

【六盘山片区扶贫攻坚部省协调推进会】 根据国务院扶贫开发领导小组的统一部署，交通运输部被确定为六盘山片区的联系单位。交通运输部履行联系单位的职责，深入开展调查研究，推进片区扶贫攻坚工作的开展。2013 年 5 月 13 日，交通运输部在宁夏回族自治区固原市组织召开六盘山片区扶贫攻坚部省协调推进会，进一步协调 4 省区和中央各有关部门的力量，推进片区扶贫攻坚规划的组织实施。片区部际联系工作组成员单位参加了会议，其中国家发展改革委、教育部、水利部、农业部、国家林业局等部门重点发言，并现场回应了4省区的有关需求；国务院扶贫办副主任王国良、交通运输部副部长翁孟勇作了讲话，交通运输部副部长何建中主持会议。4~8月，交通运输部对4省区提出的亟须解决的主要困难和需求进行梳理，并协调有关中央部门予以解决落实。

【干部扶贫培训】 2013年3月28日和4月26日，交通运输部先后印发并启动实施了《六盘山片区干部人才扶贫挂职锻炼工作方案》和《支持六盘山片区教育培训工作实施方案》。“十二五”期间，交通运输将按照“派出为主、接纳为辅”的思路，组织协调全国交通运输行业、部机关和部属单位干部人才深入六盘山片区进行扶贫锻炼，协调接收部分六盘山片区干部人才到部机关、部属单位和经济发达地区交通运输部门挂职锻炼。同时，交通运输部立足六盘山片区交通干部职工队伍特点，以“请出来”与“送进去”相结合的方式，综合采取管理干部轮训、技术人员知识更新、干部职工队伍学历结构改善、交通职业院校师资队伍建设等形式，全面提高片区交通干部职工的综合素质。2013年8月，交通运输部派出1名局级干部挂职宁夏固原市副市长，1名正处级干部挂职西吉县委常委、副县长，工作周期均为2年。

【扶贫攻坚试点】 为深入贯彻落实中央关于创新机制推进农村扶贫开发工作的要求，发挥好六盘山片区联系单位的作用，2013年底，交通运输部会同陕西、甘肃、青海、宁夏四省（区）人民政府在片区内选取5个县开展扶贫攻坚试点工作。试点将围绕《六盘山片区区域发展与扶贫攻坚规划（2011~2020年）》确定的扶贫攻坚目标，针对制约片区发展的瓶颈因素和重大问题，由交通运输部与4省（区）各级政府共同加大对试点地区交通运输等基础设施建设、特色产业发展、农村生产生活条件和公共服务改善等方面的支持力度，推动试点县率先完成部分扶贫攻坚重点目标，探索扶贫工作的体制机制创新，为“十三五”扶贫工作积累经验。

【片区扶贫督查】 六盘山片区扶贫攻坚启动会后，交通运输部按照会议精神督促指导4省区编制完成分省实施规划，并配合国务院扶贫办、国家发展改革委做好备案工作。2013年4月，中央办公厅督查室开展六盘山区扶贫攻坚督查调研，交通运输部作为片区联系单位全程配合参加。调研组采取暗访、随机走访、蹲点等方式，深入甘肃、宁夏的4县、11个乡镇、20个村，与贫困户、基层干部、有关学者进行交流，了解扶贫成效、有关困难及主要诉求，形成调研报告提交中办有关领导作为制定片区扶贫开发政策的参考。

【溜索改桥工程】 为进一步改善边远贫困地区的对外交通条件，解决部分山区群众仍然主要依靠溜索出行的问题，2012年，交通运输部会同国务院扶贫办对全国溜索情况进行全面核查。在此基础上，2013年，交通运输部与国务院扶贫办签署

"溜索改桥"合作备忘录，联合编制了《"溜索改桥"建设规划（2013～2015年）》，计划在"十二五"后3年，将四川、贵州、云南、陕西、甘肃、青海、新疆等7省（区）的289对溜索改造成221座车行桥和68座人行桥，并配套建设860公里左右连接道路。工程预计将惠及904个行政村的95.77万人（其中贫困人口65.76万人）。

为确保上述"溜索改桥"工程的顺利实施，2013年8月，交通运输部扶贫办、国务院扶贫办开发指导司联合在京组织召开了实施贫困地区"溜索改桥"工程建设座谈会。会议明确，各有关省（区）交通运输、扶贫部门要加强协调配合，落实工作责任和配套资金，加快推进项目前期工作，力保工程建设质量。

【对口支援扶贫】 按照国务院办公厅《关于印发中央国家机关及有关单位对口支援赣南等原中央苏区实施方案的通知》的有关要求，交通运输部负责对口支援江西省安远县。2013年11月，交通运输部由翁孟勇副部长率队，会同中华供销合作总社开展了实地调研，随后编制印发了《交通运输部对口支援安远县振兴发展工作方案》。

对口支援工作按照"中央统筹、省负总责、县抓落实"的扶贫工作要求，在部省会谈纪要和交通扶贫规划框架下，坚持统筹兼顾、远近结合、突出重点、合力推进，加强人才技术支持，加快交通基础设施建设，加强业务指导协调，提升运输服务水平，构建交通运输与民生、产业相结合的对口支援工作格局。通过各方面的共同努力，到2020年，力争实现赣州市综合运输水平显著提升，安远县交通运输基础设施条件明显改善，主要对外出口通道高效畅通，内部交通网络连接顺畅，城乡客货运输服务效率有效提升，交通运输安全水平和防灾抗灾能力明显提高，特色优势产业加快发展，基本公共服务水平主要指标达到全省平均水平，为实现安远县、赣南等原中央苏区与全国同步建成小康社会目标提供重要支撑。

【扶贫宣传】 为广泛宣传交通扶贫的政策、成就、经验和典型事迹，营造政府部门、社会力量和广大群众共同支持和参与交通扶贫建设的良好氛围，继2013年8月在交通运输部外网开设《中国交通扶贫》专栏后，2013年下半年，交通运输部又全面启动了交通扶贫宣传工作，着力解读规划、反映民声、记录过程、展示成果。10月29日，《中国交通报》启动"小康梦·交通情"集中连片特困地区交通扶贫系列报道，截至2013年底，已先后以特刊或专版的形式报道了黑龙江、宁夏、贵州、甘肃、陕西、云南、河北、新疆生产建设兵团、青海等地的交通扶贫工作进展情况。2013年10月31日，交通运输部部长杨传堂就《"小康梦·交通情"集中连片特困地区交通扶贫特刊——黑龙江篇》做出批示："集中连片特困地区交通扶贫是中央交给的重大任务，各部门、各单位都要协力推进，坚决打好攻坚战、歼灭战，特别要注意总结宣传推进中的好做法、好经验，形成良好氛围与合力，为片区群众同步实现小康梦助力加油”。

【定点扶贫】 按照国务院扶贫办、中央组织部等8部门《关于做好新一轮中央、国家机关和有关单位定点扶贫工作的通知》（国开办发〔2013〕78号）的有关要求，交通运输部负责定点扶贫四川阿坝州的黑水、小金、壤塘3个国家扶贫工作重点县。交通运输部围绕藏区跨越式发展和长治久安的工作大局，把推进阿坝州定点扶贫工作作为保障和改善民生的大事，细化工作思路，加强项目管理，注重扶贫实效。交通运输部定点扶贫阿坝州社会反响良好，2013年入选“全国社会扶贫创新案例”，同时，驻阿坝州扶贫联络组（第二批）获评“中央国家机关等单位定点扶贫先进集体”。

1. 抓好干部帮扶，扎实做好组织保障。2009年起，交通运输部以两年为一个工作周期，派出定点扶贫联络组驻阿坝州开展工作。2013年6月，交通运输部又选派了两名技术骨干组成第三批扶贫联络组（以下简称“联络组”），其中组长挂职任阿坝州委常委、副州长，成员挂职任阿坝州交通运输局副局长。

2. 抓好规划实施，强化交通建设扶贫。交通运输部稳步推进《阿坝交通扶贫规划纲要》的实施，2013年，共安排阿坝州实施交通扶贫项目13个，其中新建项目11个（包含公路6条54.8千米、桥梁4座193延米、安保工程1个15千米），续建项目2个（包含公路65.654千米、隧道1560米、桥梁737延米）。计划总投资1.3642亿元，其中交通运输部车购税投资1亿元，四川省交通运输厅补助2000万元。2009～2013年4年间，交通运输部共安排交通扶贫项目51个，已完工47个，累计完成投资6.8646亿元。

3. 加强智力支持，合力推进帮扶工作。交通运输部驻阿坝联络组加强与部及直属相关院所的沟通联系，组织开展阿坝州交通专业技术人才和运输管理人才培训工作，举办了以“农村公路建设管理”为专题的阿坝州第四期交通运输人才培训班，培训交通技术管理人员36人，组织实施了阿坝州交通运输系统在职人员专升本的学历教育工作。2013年8月，交通运输部规划研究院派出青年技术专家赴阿坝州进行青年实践调研活动，并捐款30万元用于公路养护道班改善用电工程。2013年9月，交通运输部直属机关团委调研实践团进驻汶川、松潘和茂县开展实践调研活动，调研期间，调研团向州公路局职工捐助资金7.4万元、衣物3156件、学习用品2863件。

（交通运输部扶贫工作办公室）

中国铁路总公司扶贫

【概述】 2013年3月，铁路政企分开管理体制改革后，中国铁路总公司党组高度重视扶贫开发工作，党组书记、总经理盛光祖就贯彻落实中央关于新阶段扶贫开发工作决策部署作出指示，要求铁路部门以党的十八大精神为指导，始终坚持“人民铁路为人民”的宗旨，主动适应新形势、新任务和新要求，不断巩固扩大铁路扶贫开发成果。盛光祖担任总公司扶贫开发领导小组组长，分管扶贫工作的副总经理彭开宙主持召开总公司扶贫开发领导小组会议进行研究部署，要求继续站在讲政治、讲大局、讲奉献的高度，切实做到“认识不滑坡、力度不减小”，积极履行总公司职责，进一步发挥铁路优势，更好地服务于全国扶贫开发工作大局。铁路系统自觉贯彻铁路总公司部署要求，克服困难，落实扶贫开发工作任务，发挥铁路行业优势，开展铁路建设和运输扶贫，在促进区域经济社会发展和贫困地区扶贫开发工作上发挥了积极作用。

【秦巴山片区联系工作】 按照国务院扶贫办有关片区联系工作任务安排，中国铁路总公司落实秦巴山片区区域发展与扶贫攻坚启动会精神和国务院扶贫办有关片区工作要求，加强与科技部、国家铁路局的沟通协调，参与配合做好秦巴山片区联系工作。继续落实联系沟通、调查研究、督促指导3项任务，组织相关单位参与了片区规划实施监测和评估等工作。明确郑州、武汉、西安、成都、兰州5个铁路局各1名局领导和有关部门参与有关扶贫工作，加强与秦巴山片区6省市扶贫办、科技厅、铁路办等部门的联系沟通，统筹抓好各项支持政策、扶贫项目和帮扶措施的落实。铁路建设方面，按照国家加快中西部铁路建设的总体部署，多次与秦巴山片区6省市沟通协商，会同地方政府有序推进有关铁路项目建设。

2013年，秦巴山片区铁路建设投资完成约400亿元，截至2013年底片区在建铁路新线里程约2300公里，投资规模约3000亿元。铁路运输方面，主动听取秦巴山片区6省市政府和重点企业的意见，落实货物运输和旅客列车开行等各项运力支持政策，全力保障6省市重点运输任务，为秦巴山片区经济社会发展提供了有力支撑。

【铁路建设扶贫】 加快实施《中长期铁路网规划》和铁路“十二五”发展规划，继续重点支持西部地区铁路建设加快发展。

按照《国务院关于改革铁路投融资体制加快推进铁路建设的意见》（国发〔2013〕33号）和李克强总理在促进西部发展和扶贫工作座谈会上的重要讲话精神，在“十二五”后3年铁路建设中，从服务西部经济社会发展和促进扶贫开发大局出发，把西部特别是贫困山区铁路作为建设重点，加大建设投资力度，推动西部铁路优先发展、加快发展。2013年，国家铁路完成固定资产投资6638亿元，其中铁路建设投资5308亿元，新线投产5586千米。西部地区完成铁路建设投资2307亿元，新线投产1866千米。截至2013年底，全国铁路营业里程10.3万千米，其中西部地区铁路营业里程4.0万千米，占全国铁路的38.4%。西安至宝鸡客专、柳州至南宁城际、湘桂扩能衡阳至柳州段、西安至平凉铁路、重庆至利川铁路、西康铁路复线等项目建成投产，兰渝铁路、西安至成都铁路、巴中至达州铁路、重庆至万州铁路、成都至兰州铁路、宁西复线等在建项目有序推进，渝黔线扩能、成贵铁路、敦格铁路、呼准鄂铁路等重点项目开工建设。西部地区铁路建设加快推进，在带动贫困地区扶贫开发、促进区域经济社会发展上发挥了不可替代的作用。

【铁路运输扶贫】 紧紧围绕贫困地区扶贫开发面临的突出矛盾和需求，加强与地方政府的联系沟通，加大对贫困地区和贫困群众的运力倾斜力度，为促进中西部地区经济社会发展和扶贫开发提供可靠的运力支撑。农民工运输方面，根据全国务工格局的变化，及时优化调整运力安排，在农民工客流长期饱满的方向上增开多趟图定旅客列车，在高铁开通后的同方向既有线上大量保留普速列车。2013年春运期间，大量开行满足农民工单方向流动的临客列车。8～12月开行新疆往返郑州、西安、兰州、天水、信阳等方向临客列车425列，运送棉农工127万人次。2013年，全国铁路运送农民工旅客超过4亿人次。贫困地区货物运输方面，健全完善铁路运输沟通协调机制，适应涉农物资运输季节波动性大、临时调运任务多且集中的要求，加强各铁路局之间的运输组织和协调配合，完成了各项重点运输任务。克服线路条件差、空车调配困难、外运能力有限等困难，组织开行特色农产品货运班列，方便了广大农村地区、贫困山区货物外运。2013年，国家铁路粮食、化肥、棉花、农副产品、农机、鲜活等涉农物资发送量完成1.95亿吨。全力保障青海、西藏、西南山区、南疆等路网尽头地区运输需求，2013年，新疆、西藏、青海、宁夏、陕西、甘肃、云南、贵州、广西9个省（区）铁路货物发送量完成51021万吨，在全路货物发送量同比持平的情况下，实现了正增长。

（中国铁路总公司办公厅　戴飞翔）

水利部扶贫

【概述】 2013年，水利部按照国家关于大扶贫工作格局的统一部署，发挥水利行业优势，开展水利扶贫工作，具体承担了5个方面的水利扶贫任务，一是针对14个集中连片特困地区和国家扶贫开发工作重点县等贫困地区的水利行业扶贫任务；二是滇桂黔石漠化片区扶贫攻坚联系任务；三是重庆市城口、巫溪、开县、云阳、丰都、武隆，湖北省房县，广西壮族自治区田林、凌云，贵州省望谟、册亨，云南省广南、富宁等13个县的定点扶贫任务；四是青海省贵德县、江西省宁都县、河北省阜平县、甘肃省临夏州、安徽省金寨县的对口支援任务；五是贵州省铜仁市、毕节市的水利扶贫试点任务。2013年，水利部继续坚持以项目扶持、对口帮扶和干部挂职为主要手段和渠道，不断加强贫困地区民生水利建设，以“五水加科教”（农村饮水、农田水利、农村水电、水土保持、水文和科技教育）为重点，加大对贫困地区水利工作支持力度，水利扶贫各项工作全面推进，水利为当地经济社会发展提供了支撑和保障。

【滇桂黔石漠化片区部际联系会议第一次全体会议】 2013年1月29日，水利部和国家林业局在北京联合召开滇桂黔石漠化片区部际联系会议第一次全体会议。正式启动滇桂黔石漠化片区联系工作机制，进一步加强了有关单位的沟通联系，并对石漠化片区联系工作进行了安排部署。水利部部长陈雷、国家林业局局长赵树丛、时任国务院扶贫办主任范小建出席会议并讲话，水利部副部长矫勇主持会议。滇桂黔石漠化片区部际联系会议31个中央部门成员单位，以及广西、贵州、云南三省区成员参加会议。副部长矫勇分别于4月、11月赴贵州、云南与2省座谈交流，推进滇桂黔石漠化片区联系工作。

【扶贫政策】 2013年，水利部坚持扶贫工作规划先行的有效做法，组织编制并印发了《全国水利定点扶贫专项规划》、《安徽省金寨县水利扶贫专项规划》，在深入分析贫困县水资源特点、水利基础设施现状及存在问题的基础上，围绕全国扶贫开发工作的总体目标，提出了水利部开展定点扶贫工作和对口支援金寨县工作的总体思路、目标任务、总体布局、建设重点和主要帮扶措施。

2013年，水利部组织编制并印发了《甘肃省临夏回族自治州水利扶贫重点项目实施方案》、《河北省阜平县水利扶贫重点项目实施方案》、《水利部 2013 年滇桂黔石漠化片区联系工作安排意见》，组织编制了《全国水利扶贫规划滇桂黔石漠化片区水利扶贫实施方案》、《水利部对口支援江西省宁都县振兴发展的指导意见（2013~2020年）》，对水利扶贫相关规划提出的目标任务进行了分解细化，落实了责任单位，为做好相关水利扶贫工作提供了科学依据。

【扶贫工作制度建设】 为进一步发挥滇桂黔石漠化片区扶贫工作组的优势，推进片区联系和扶贫开发工作有序开展，2013 年，水利部会同国家林业局研究制定并印发了《水利部、国家林业局滇桂黔石漠化片区扶贫工作组联系工作规则》，明确了工作组的管理体制、工作职责、工作程序和工作重点。

【扶贫调研】 为进一步加大对贫困地区水利发展的支持力度，解决其面临的水利基础薄弱、配套资金筹措困难、人才技术资源匮乏等突出问题，扭转贫困地区水利严重滞后的局面，5~10 月，水利部组成 5 个调研组 15 人次赴滇桂黔石漠化片区、四省藏区、六盘山片区、罗霄山片区、秦巴山片区 5 个集中连片特困片区开展水利差别化政策专题调研，研究支持贫困地区水利发展的差别化政策。

针对新形势下水利扶贫新任务，水利部及有关司局多次组织调查研究，深入基层了解情况，发现问题并提出建议，为推进水利扶贫工作打下了良好的基础。副部长矫勇分别于 4 月、11 月深入贵州、云南 2 省滇桂黔石漠化片区和水利部定点扶贫县调研指导水利扶贫工作。13 个定点扶贫对口支援小组分别深入水利部 13 个定点扶贫县开展调研，掌握基层的发展和需求情况，与贫困地区干部群众建立了深厚的感情。据统计，2013 年到定点扶贫县考察的水利部各级干部达 206 人次，其中部级领导 2 人次。

【水利定点扶贫专项规划】 全力推动《全国水利扶贫规划》和《全国水利定点扶贫专项规划》的实施。水利部分别于 2013 年 5 月和 11 月召开了两次扶贫工作推进会，水利部扶贫领导小组成员单位，湖北、重庆、广西、贵州、云南 5 个省区市水利部门，13 个定点扶贫县分管水利的副县长和水利局长参加会议，沟通了定点扶贫工作进展情况，针对存在的问题进行了深入研究，明确了进一步推进水利扶贫工作的措施。

【基础设施建设】 2013 年，在全国贫困地区（14 个集中连片特困地区和国家扶贫开发工作重点县）的中央水利投资为 276 亿元。主要用于农村饮水安全、病险水库除险加固、大中型灌区续建配套与节水改造、小型农田水利建设、中小河流治理、水土保持生态建设等民生水利工程建设。解决了 934.6 万农村人口的饮水安全问题，新增和改善灌溉面积 127.1 万亩，新增供水能力 21.7 亿立方米。其中主要包括以下几个方面：

1. 在滇桂黔石漠化片区方面。落实年度计划 69.66 亿元，其中中央资金 45.54 亿元，解决农村饮水不安全人口 188 万人，新增和改善灌溉面积 28.4 万亩，治理水土流失面积 112.6 平方千米。

2. 在定点扶贫方面。13 个定点扶贫县落实年度计划 27.28 亿元，其中中央资金 15.82 亿元。解决农村饮水不安全人口 53.29 万人，新增、恢复及改善灌溉面积 52.64 万亩，治理水土流失面积 53.6 平方千米，新建及加固堤防 35.41 千米。

3. 在对口援青方面。青海省落实年度计划 53.2 亿元，其中中央资金 25.3 亿元。解决了 30 万人的饮水不安全问题，改善灌溉面积 32.53 万亩，治理水土流失面积 180.33 平方千米，治理河道 79.6 千米，完成规划内重点小（2）型病险水库除险加固。贵德县落实年度计划 2.26 亿元，其中中央资金 1.19 亿元。解决了 0.37 万人的饮水安全问题，马什格羊水库以及东河、西河防洪工程、拉西瓦水库灌区等工程正在稳步推进。

4. 在水利扶贫试点方面。铜仁市落实中央资金 12.34 亿元，续建中型水库 6 座、新开工中型水库 4 座，治理病险水库 92 座，解决农村饮水安全 35.31 万人，新增、改善、恢复灌溉面积 16.87 万亩，治理水土流失面积 35 平方千米，新增小水电装机 2.2 万千瓦。毕节市落实中央资金 3.55 亿元，续建中型水库 2 座，新增水库库容 4816 万立方米，新增、改善和恢复灌溉面积 11.59 万亩，新增水电装机 1.4 万千瓦，新增中小河流治理河长 13.24 千米，新增水土流失综合治理面积 76.63 平方千米，完成石漠化综合治理面积 148 平方千米。

【干部挂职扶贫】 2013 年，根据中组部工作部署和地方的需求，水利部共选派了 40 余名挂职干部赴贫困地区挂职扶贫，其中有 20 人负责滇桂黔石漠化片区联系工作并兼顾定点扶贫工作，有 2 人专门从事定点扶贫工作。扶贫挂职干部在水利部扶贫领导小组和当地党委政府的领导下，发挥桥梁纽带作用，为扶贫开发事业发展作出了贡献。

【贫困地区干部培训】 2013 年，针对贫困地区基层水利人才短缺和管理落后的现状，水利部注重基层水利干部业务素质提高，通过聘请专家学者授课，共举办 37 期农村供水、水利建设、水利管理等方面的培训班，培训贫困地区基层水利干部、业务骨干和挂职干部 3000 多人次。其中，面向滇桂黔石漠化片区，举办培训班 1 期，130 余名基层水利干部参加了培训；面向定点扶贫县，举办培训班 10 期，13 个定点扶贫县的 444 名水利技术干部和农民参加了培训。

【定点扶贫】 水利部所属 53 个机关司局、直属单位和企业分成 13 个定点扶贫对口支援小组，开展捐资助学送温暖献爱心和水利技术帮扶等活动，帮助 13 个定点扶贫县贫困群众和水利部门解决实际困难。直接投入资金 672.96 万元，捐赠物资 24 万元。其中投入基础设施建设资金 452.5 万元，捐赠 87.85 万元资助了 514 名家庭贫困的学生，投入救济送温暖资金 39.61 万元。各对口支援小组都明确专业技术人员指导并帮助 13 个定点扶贫县编制相关水利规划，派出高级工程技术人员深入定点扶贫县的水利项目规划建设地点进行考察研究，帮助做好水利项目前期工作。

（水利部移民局扶贫处　虞　泽）

农业部扶贫

【概述】 2013年，农业部高度重视行业扶贫工作，按照中央有关部署和要求，贯彻落实《中国农村扶贫开发纲要（2011—2020年）》和中央扶贫开发工作会议精神，针对贫困地区农业农村发展实际，以促进农牧业发展和农牧民增收为中心任务，发挥行业优势，采取一系列倾斜和帮扶措施，加大工作力度，促进了贫困地区农民持续增收、农业稳定发展、农村繁荣和谐。

健全领导小组会议制度，确定每年年初组织召开部扶贫开发及援疆、援藏工作领导小组会议、研究部署全年工作、细化工作方案；健全办实事制度，积极推动落实大兴安岭南麓片区结对帮扶、专家咨询和挂职锻炼制度。各帮扶单位全年共落实办实事50多件，涉及编制规划、加大项目资金支持、加快技术推广和人才培养、开拓农产品市场等方面；健全宣传制度，围绕农业部行业扶贫、片区扶贫、定点扶贫、援疆、援藏、对口支援三峡库区、贵州毕节联系点等主题，在《农民日报》、农业部网站等媒体连续刊发了8篇关于农业部扶贫开发工作的宣传文章。

【扶贫调研】 农业部赴定点扶贫地区、大兴安岭南麓片区、新疆、西藏、四省藏区、贵州毕节、赣南等原中央苏区等地区开展调研。3月以来，农业部19个司局和事业单位赴大兴安岭南麓片区结对帮扶县开展农业农村经济发展情况调研。3月，农业部开展“百乡万户调查”活动，调研组深入湖南湘西、湖北恩施、大兴安岭南麓片区调研，深入了解贫困地区强农惠农富农政策落实、春耕备耕、农业经营体制机制创新等情况。5月，农业部将全国人大建议“支持西藏高原特色农产品基地建设”作为部内重点建议办理，由司局领导带队，会同全国人大联络局、财政部等部门赴西藏开展专题调研，提出进一步加大西藏高原特色农产品基地建设力度的有关政策建议。9月，完成中央新疆工作领导小组经济社会发展组部署的“降低棉花生产成本，治理白色污染”的政策研究报告，提出了推进棉花生产全程机械化的一系列政策建议以及解决残膜回收利用几个关键性问题的对策。

【扶贫发展规划文件】 1. 出台扶贫发展规划。农业部先后发布了《农业行业扶贫开发规划（2011～2020年）》、《大兴安岭南麓片区农牧业发展规划（2012～2020年）》、《支持新疆农牧业发展规划（2012

~2020年）》、《支持西藏农牧业发展规划（2012~2020年）》、《支持四省藏区农业发展规划（2013~2020年）》，明确了贫困地区农牧业发展的总体思路、发展目标、区域布局和重点任务，进一步引导动员全国农业系统和社会力量加大对贫困地区的支持力度。

2. 组织修编特色农产品区域布局规划。新一轮《特色农产品区域布局规划（2012~2020年）》将14个连片特困地区96个品种纳入范围，涉及2388个县（市、区、行委），占全国县（市、区、行委）总数的83.7%。其中，涉及新时期国家扶贫开发工作重点县558个，占总数的94.3%；涉及14个连片特困地区县（市、区、行委）639个，占片区县总数的94%。

3. 帮助制定产业规划。农业部规划设计研究院等直属单位指导贫困地区农口部门编制了《宁夏内陆开放型经济试验区现代农业发展规划》、《西藏农作物种业发展规划》、《湖北恩施州现代农业发展规划》等规划。

【扶贫政策实施】 1. 提高农机购置补贴标准。2013年，农机购置补贴范围继续覆盖全国所有农牧业县（场），大型棉花采摘机单机补贴限额可提高到30万元，新疆和新疆生产建设兵团可提高到40万元。

2. 实施草原生态保护补助奖励政策。继续在13个省（区）牧区半牧区县实施草原生态保护补助奖励政策。

3. 出台优先扶持贫困农户沼气政策。在尊重农民意愿和需求的前提下，优先在丘陵山区、老少边穷和集中供气无法覆盖地区，因地制宜发展户用沼气。

4. 推动农业保险工作。对于种植业保险，对中西部省份补贴保费的40%，高于东部沿海省份35%的标准。

【项目扶持】 农业部通过新增千亿斤粮食工程、种子工程、生猪标准化养殖建设、保护性耕作、基层农技推广体系、退牧还草、农村沼气、农产品质检体系、农业综合开发部门项目等农业基本建设项目，以及良种补贴、测土配方施肥补贴、高产创建、农机购置补贴、农产品产地初加工补助、土壤有机质提升补贴、草原生态保护补助奖励、农村劳动力培训补助、农业标准化实施示范等财政资金，不断加大投入力度。2013年，农业部共安排贫困地区及新疆、西藏各类中央资金294亿元，促进了当地农牧业综合生产能力的提高和农牧民生产生活条件的改善。

【科技扶贫】 1. 构建基层农技推广体系。通过在贫困地区实施基层农业技术推广体系改革与建设补助项目4.7亿元，构建“专家—农技人员—科技示范户”的农业科技成果转化应用快速通道，建立县、乡、村农业科技试验示范网络。

2. 配备科技直通车。农业部先后举办了定点扶贫地区和大兴安岭南麓片区农业科技直通车交接仪式，为大兴安岭南麓片区配备了21辆农业科技直通车。

3. 遴选适用品种和技术。组织农学、

园艺、畜牧、水产、农机等行业首席专家，帮助14个连片特困地区遴选了331个农业适用品种和191个农业适用技术，加快了农业优良品种和先进技术的推广和应用。

4. 开展科技扶贫活动。农业部各直属单位采取科技手册、技术明白纸、广播电视、科技网络书屋、学术论坛、科技推广等形式，针对贫困地区优势特色农业资源和主导产业，帮助制定实施特色产业基地实施方案、开展“三品一标”认证、培训病虫害绿色防控技术、启动农产品质量安全风险评估等工作。

5. 创新贫困地区农业科技推广方式。利用公益性行业（农业）科研专项在十一世班禅在西藏寺院所办的2个农场，开展天然草地可持续利用、人工饲草高产栽培、牦牛藏羊标准化养殖等技术的试验示范。

【教育培养扶贫】 1. 开展双向干部挂职。农业部共有26名干部在贫困地区以及新疆、西藏、青海藏区挂职，接收了新疆、西藏5名“西部之光”访问学者、6名挂职干部以及3名特培学员。

2. 开展实用人才培训。农业部依托新疆三道沟村、西藏才纳村农村实用人才培训基地，为新疆、西藏、四省藏区培养了2425名农村发展带头人。组织农业部定点扶贫地区90名农村实用人才带头人，到新农村建设先进村学习培训、参观考察、交流研讨。

3. 开展“阳光工程”培训。农业部围绕贫困地区农牧业发展需求，安排“阳光工程”培训资金1.28亿元，培训农民37.17万人。

4. 开展远程教育培训。农业部通过远程教育网络举办现代农业科技大讲堂、农技人员知识更新大讲堂；利用新疆132个站点，对新疆农牧民、农技人员进行同步直播培训，全年举办14期，培训近万人次。

【市场营销扶贫】 一是开展专题调研。农业部注重贫困地区农产品市场体系建设，深入贫困地区开展了搞活农产品市场流通问题专题调研，提出了加强农村田头市场建设等建议；二是给予优惠政策。在农业部定点市场申报认定过程中，对西部贫困地区市场的交易额要求采取了适当的优惠政策；三是启动市场建设。在贫困地区建设国家级农产品产地市场，开展甘肃定西马铃薯市场、江西赣南脐橙市场建设；四是搭建产销平台。在第三届中国—亚欧博览会期间支持新疆举办首届中国优质水果推介活动。开展以“绿色新疆，精品农业”为主题的“2013新疆名优特及精深加工农产品上海展示会”。举办“农业部农产品加工（青海）技术对接暨农牧业项目推介会”；五是推进媒体营销。中央电视台七频道、中国农业信息网、农民日报等媒体开设专栏、刊登免费广告，提升贫困地区特色农牧产品的影响力和知名度。为定点扶贫地区以及新疆、西藏播出504分钟信息扶贫广告；六是减免认证费用。农业部绿色食品中心继续减免定点扶贫地区、西藏、新疆等贫困地区绿色食品、有机食品认证费、标志使用费等政策；七是建立预警机制。农业部与新疆签订部省监测预警联动协议，支持开展市场预警工作。

【生态保护】 1. 继续实施退牧还草工程。继续实施退牧还草工程，共涉及72个国家扶贫开发重点县，通过禁牧休牧、划区轮牧、牲畜舍饲圈养、人工饲草基地建设等措施，使贫困地区退化草原休养生息。

2. 扩大实施草原生态保护补奖政策。在全国13个省区所有牧区半牧区县和新疆生产建设兵团、黑龙江农垦总局，全面建立草原生态保护补助奖励机制。

3. 倾斜支持农村沼气建设。安排中央投资5.09亿元，支持连片特困地区户用沼气、小型沼气工程、乡村服务网点、大中型沼气工程等建设，在新疆、甘肃贫困地区启动废旧地膜回收再利用示范项目建设。

（农业部）

商务部扶贫

【概述】 2013年，商务部贯彻落实中央扶贫开发工作会议精神和《中国农村扶贫开发纲要（2011—2020年）》关于行业扶贫的战略部署，调动全行业、全系统广大干部群众积极性，用足用好系统资源，以部省（区、市）合作为平台，以项目政策为抓手，以资金支持为依托，全力发挥商务扶贫行业优势，突出商务扶贫特色，创新商务扶贫思路，打造商务扶贫新亮点，取得积极成效。同时，做好本部门定点扶贫工作，推动四川省广安市广安区、南充市仪陇县和湖南省邵阳市城步苗族自治县经济社会发展。

商务部将支持沿边民族地区市场建设和贸易发展列入《国内贸易发展“十二五”规划》（国办发〔2012〕47号），并明确提出：“大力支持沿边省（区）和民族地区发展，建设一批具有民族和地方特色边贸市场、商品交易市场和区域性商贸中心，扶持少数民族地区发展特需商品和民族贸易。”

加大中小商贸企业融资担保补助和内贸信用险补助力度。高度重视和支持贫困地区中小商贸企业发展，着力加大中小企业融资担保补助和国内贸易信用险补助倾斜力度，扩大政策覆盖面，进一步推动缓解贫困地区中小商贸企业融资困难。

【农产品流通体系建设】 2011年以来，商务部会同财政部先后实施农产品现代流通综合试点、农超对接试点、“南菜北运”、“西果东送”、大宗农产品错峰冷藏仓储等试点工作，累计安排资金31.99亿元支持农产品流通体系建设，并在试点地区安排上，考虑贫困地区发展的实际需要，支持农产品流通基础设施升级改造等项目。在试点项目的带动下，试点地区尤其是贫困地区的产地流通基础设施建设水平显著提高，有效地缓解了区域性农产品“卖难”，带动了农民增收。其中，统筹安排专项资金直接支持部分贫困县农产品流通市场升级工作，完成仪陇县回春、油坊巷农贸市场和安徽金寨县南溪农贸市场升级改造项目。

【万村千乡市场工程】 会同财政部从2005年开始实施“万村千乡市场工程”，健全农村流通体系，改善农村消费环境。截至2013年底，中央财政累计支持“万村千乡市场工程”新建改造农家店近73万家，配送中心4447个，乡镇商贸中心822个。为帮扶农村贫困残疾人就业，增加收入，摆脱贫困，会同中国残联依托“万村千乡市场工程”实施“十二五”期间助残扶贫项目，安置农村贫困残疾人或家庭成员就业。据中国残联统计，截至2013年底，已安置贫困残疾人5968人，开办村级农家店2059个。

截至2013年底，累计将88个贫困县列入试点，支持资金达4218万元。其中，2012年57个县投入2788万元，2013年31个县投入1430万元。

【区域协调平衡发展】 一是加大对中西部地区企业推介宣传力度。在广交会一般性展位基数重核与品牌展位评审中，对贫困地区较多的中西部地区倾斜支持。2013年，分别在重庆、内蒙古、新疆等地举办3期提升出口产品质量宣传交流活动；二是支持中西部地区建设国家外贸转型升级示范基地。协调财政部扩大中央财政边境地区专项转移支付资金规模，协调口岸办加强口岸建设，提高口岸通关能力；四是开展对外劳务合作。鼓励地方建设对外劳务合作服务平台，印发《对外投资合作在外人员知识手册》，加强对劳务人员出国前适应性培训，支持贫困地区加大劳务输出；五是支持替代种植工作开展。会同相关部门对替代种植企业给予财政、信贷支持，对替代种植的返销农产品，经国务院批准免征进口关税和进口环节增值税等，鼓励云南等地有实力的企业到缅、老北部开展替代种植、发展替代产业，使当地民众摆脱罂粟种植，带动当地经济发展。

【国际援助扶贫】 1. 争取国外援助资金。2011年以来，共争取国际援助资金9000万美元支持我国扶贫事业。其中2013年，接受联合国儿童基金会、人口基金等多边机构援助2400万美元，涉及教育、卫生、医疗等诸多领域，覆盖我国中西部多个省区；接受澳大利亚、加拿大等国双边援助350万美元，涉及4个扶贫减贫领域的项目。

2. 全面开展国际合作。2011年，商务部与联合国儿童基金会、联合国人口基金会、联合国开发计划署正式实施2011~2015年国别合作方案，总金额超过5.75亿美元。2011~2015年期间，与上述机构将围绕推进低碳和绿色经济、保护弱势群体、广泛参与国际交流等重点领域开展合作。

3. 支持承担对外援助项目。2013年，沿边省区企业共承担援外成套、物资和技术合作项目共127个，承担援外培训项目148期，派遣援外志愿者47人次，带动了沿边省区的对外交流和合作。

【智力培训扶贫】 2011年以来，加强对四川省广安市广安区和南充市仪陇县的商务人才培训力度，通过教育培训的形式帮助当地商务事业发展，先后围绕岗位服务技能、外派劳务法律、企业经营管理等专题在两地举办4期商贸从业人员培训班，在苏州工业园区为两地举办5期企业经营管理人才培训班，培训当地商务主管部门及商贸企业经营管理人员共1500余人。

2011年以来，先后选派4名处级干部到贫困地区扶贫挂职工作，接受贫困地区3

名干部到部机关挂职工作。

【外贸发展项目对接活动】 2013年，商务部坚持统筹商务重点工作和帮扶对象实际，突出办实事、求实效，务实开展各项帮扶工作。邀请广安、仪陇和城步商务主管部门及企业参加2013年中博会的“培育外贸竞争新优势：外贸品牌、国际营销网络暨外贸订单对接活动”，组织其参加外贸品牌、国际营销网络交流活动，听取专家的研究报告，了解先进省市和企业的做法经验，并与东部外贸品牌企业、国际营销网络合作对接，承接东部转移订单。期间，广安明裕服饰、仪陇县荣发服装厂分别与部分东部企业达成初步合作意向，东部企业陆续赴定点扶贫地区进一步考察洽谈。

【特色农产品对接活动】 在邵阳开展了特色农产品推介对接活动，邀请国内出口企业和专家，与邵阳（含城步县）企业进行对接，介绍国际市场行情、质量安全情况，推介邵阳柑橘、冷冻蔬菜等特色农产品。邵阳市有150家企业、近200名代表参加了对接活动。其中，城步县商务主管部门和10家企业参加了对接。

【对外劳务合作项目对接活动】 在以往开展对外劳务合作行业扶贫工作的基础上，进一步了解广安、仪陇、城步3地需求，继续推动与中央企业开展具体项目的劳务资源对接活动。制作对外劳务合作的宣传材料，并通过当地商务主管部门向有意向的劳务人员发放，使劳务人员了解劳务输出相关知识和政策，收到了较好的社会效果。

【定点扶贫】2013年12月，商务部副部长李金早带队赴城步县调研考察，听取意见建议，并正式启动商务部对城步县定点扶贫工作，提出扶贫工作思路：注重统筹规划，安排45万元资金专项用于城步中长期扶贫开发规划制定工作，邀请权威机构和专家参与规划工作，研究提出中长期扶贫开发工作思路和举措；开展智力扶贫，安排75万元资金，委托城步县人民政府组织开展商务和扶贫工作专项培训，夯实对接工作基础；立足扶贫重点，筹措资金660万元，专项用于整村推进、教育助学等项目建设；拓展社会扶贫，协调希捷公司出资40万元在城步捐建3所“希捷希望数字图书室”。

（商务部财务司　谢宇）

文化部扶贫

【概述】 2013年，文化部坚持“文化扶贫”的工作思路，立足文化资源优势，依托重大文化项目，加大资金投入，推进项目建设，并坚持开展定点扶贫开发，推进贫困地区文化建设与当地经济社会协调发展，有效地发挥了文化维护社会稳定、改善人民民生、加强民族团结、促进经济发展的作用。

文化部深入贯彻落实党的十八届三中全会和全国宣传思想工作会议精神和中共中央办公厅、国务院办公厅《关于创新机制扎实推进农村扶贫开发工作的指导意见》，进一步加强贫困地区公共文化服务建设，按照中央领导要求，结合中宣部《加强贫困地区公共文化建设研究报告》提出的政策建议，文化部会同有关部门，共同起草制定了《贫困地区公共文化服务体系建设工作方案》。《工作方案》针对当前在贫困地区公共文化服务体系建设存在的主要问题，计划从健全文化设施、增加服务供给、创新服务内容、强化文化队伍等方面入手，通过制定专门政策、加大投入力度、实施重点项目等特殊扶持手段，加快贫困地区公共文化建设进程，力争到2020年实现所有贫困地区公共文化建设达到全国平均水平。

【连片特困地区扶贫】 根据中共中央、国务院印发的《中国农村扶贫开发纲要（2011—2020年）》，确定将武陵山区、乌蒙山区等11个连片特困地区和已明确实施特殊政策的西藏、四省藏区、新疆南疆3地州作为新时期扶贫攻坚的主战场。文化部作为国务院扶贫开发领导小组成员单位，积极参加11个片区的基层调研、规划编制、征求意见答复、任务完成情况反馈等各项工作，并向财政、发改部门积极争取项目资金，为集中连片贫困地区文化发展提供了有力保障。

为支持文化单位面向基层提供流动文化服务，进一步丰富和满足基层广大人民群众的精神文化需求，经与财政部沟通，从2013年起正式实施了流动图书车工程，为六盘山区、秦巴山区、武陵山区、乌蒙山区、滇桂黔石漠化区、滇西边境山区、大兴安岭南麓山区、燕山—太行山区、吕梁山区、大别山区、罗霄山区等区域的连片特困地区和西藏、四省藏区、新疆南疆三地州的656个县级公共图书馆每馆配送1辆流动图书车。该项目计划分两年完成，2013年共拨付专项资金8200万元，为328个县级公共图书馆配送流动图书车。

【贫困地区文化人才队伍建设】 根据中央组织部等部门印发的《边远贫困地区、边疆民族地区和革命老区人才支持计划实施方案》（中组发〔2011〕23号），到2020年前，每年将引导1.9万名优秀文化工作者到边远贫困地区、边疆民族地区和革命老区（以下简称“三区”）工作或提供服务，并为“三区”培养1500名急需紧缺的文化工作者，进一步推动“三区”文化人才队伍建设。2013年，该工作正式启动。共拨付专项资金31141万元，引导16684名优秀文化“三区”开展服务，并为“三区”培养1498名急需紧缺的文化工作者。

【春雨工程】 2013年，文化部和中央文明办继续组织开展“春雨工程”——全国文化志愿者边疆行活动。组织内地多个地区以及文化部部分直属单位为边疆民族地区实施了61个文化志愿服务项目，对包括六盘山区、滇桂黔石漠化片区、滇西边境山区的部分县、乡、村以及西藏、四省藏区、新疆南疆三地州等贫困地区开展文化服务，共举办文艺演出、文化讲座和特色展览200多场（次），为贫困地区群众近20万人次开展了文化服务。

【对口支援新疆和西藏文化建设】 为进一步确保对口支援新疆和西藏文化建设落实到位，文化部建立健全了4项工作制度：一是分工协作制度，按年度印发按司局和直属单位分工的工作计划表，明确职责分工、实施目标和完成时限；二是监测交流制度，对照工作计划，按季度监测各项任务进展；三是联络员工作制度，不定期召开联络员工作会议，建立考核激励机制；四是督促检查制度，加强对重点工作的督促检查，并及时组织实地调研工作，认真督查对口支援实际效果。

2013年10月21日，文化部、国家文物局在北京组织召开了第三次全国文化文物系统对口支援新疆工作会议，全面总结了2010年中央新疆工作座谈会以来文化文物援疆工作的经验和成绩，研究部署了新时期文化文物援疆工作，增强了对口支援工作的针对性。

【定点扶贫】 根据国务院统一部署，文化部自1995年以来定点帮扶国家级贫困县山西省娄烦县、静乐县。文化部贯彻落实党中央、国务院关于扶贫工作的要求，高度重视扶贫工作，采取多种措施，利用国家机关优势和文化资源，依托重大文化项目，进行了人才、观念、教育、文化、经济等多形式的帮扶，为两县投入大量的人力、物力和财力，在支持和推动2个定点扶贫县的发展方面取得了一定成效。

自1995年以来，文化部先后从部机关和直属单位选派了16批共50人次到静乐、娄烦县挂职扶贫，加强了文化部与2县沟通和联系，协调督办了大量的具体扶贫项目，为2县经济社会发展作出了突出贡献。2013年，文化部多方筹措资金，为2县捐赠了大量乐器、演出服装、书籍、计算机等文化设备物资，捐赠物资共计130余万元。

（文化部）

国家卫生和计划生育委员会扶贫

【概述】 2013年，在推进机构改革和医药卫生体制改革的同时，国家卫生和计划生育委员会（以下简称“卫生计生委”）党组高度重视卫生计生扶贫工作，要求对普遍支持的卫生计生政策项目，在贫困地区予以重点支持；对先行先试的政策和项目，在贫困地区予以优先支持；对没有明确政策和项目的，为贫困地区争取，予以特殊支持。将扶贫工作与国家的西部大开发、民族、区域发展等政策相结合，与深化医药卫生体制改革工作和计划生育基本国策落实相结合，与实施“十二五”医改规划和卫生计生事业发展规划相结合，推进贫困地区卫生计生事业发展。

针对贫困地区儿童营养缺乏的实际，研究设立贫困地区儿童营养改善项目，在2012年中央财政安排专项经费1亿元基础上，2013年，中央财政又安排儿童营养改善项目资金3亿元，实施范围由8个片区的100个县扩大至全部14个片区的300个县，使82.2万农村婴幼儿受益。启动贫困地区新生儿疾病筛查项目，2013年中央财政安排专项经费5880万元，为片区农村49万名新生儿免费提供先天性甲状腺功能减低症、苯丙酮尿症和听力障碍筛查服务。组织实施“光彩·西藏和四省藏区健康促进工程”，加强西藏和四省藏区基层卫生计生服务机构和人员的能力建设，提高农牧民家庭健康素养，促进孕产妇住院分娩率，减少孕产妇及婴幼儿死亡，预计惠及近200万农牧民。启动贫困地区“服务百姓健康行动”。

【扶贫调研】 2013年7月，卫生计生委主任李斌亲赴吕梁山片区开展实地调研，召开多个部门座谈会，深入了解片区扶贫攻坚和卫生计生事业发展情况，研究推进扶贫工作措施。副主任陈啸宏带领有关司局工作人员赴新疆喀什、青海藏区黄南州和尖扎县等地调研指导，推动民族地区扶贫工作。2013年12月，副主任王培安主持召开吕梁山片区区域发展与扶贫攻坚部际联系会议，总结推进片区工作。副主任王培安带队赴吕梁山片区开展“三下乡”慰问并就扶贫工作进行了调研。

【新型农村合作医疗制度】 新农合人均筹资水平进一步提高，人均财政补助标准达到280元。政策内报销比例达到75%左右，优先安排贫困地区开展20种重大疾病保障试点工作。2013年，20种重大疾病保障试点工作已在贫困地区以省为单位全面推开，其中儿童白血病实际补偿比已达到66%，儿童先心病达到76%，乳腺癌等6类疾病达到70%，12个新增病种达到64%，有效缓解了贫困地区群众因病致贫、因病返贫问题。

【卫生计生服务体系建设】 协调有关部门加大中央支持力度，在项目个数和投资额度上向贫困地区倾斜，2013年共安排中央专项投资201.6亿元支持中西部地区2.6万个卫生计生机构基础设施建设，占当年全部投资220.7亿元的91%，改善了贫困地区卫生计生服务条件。

【公共卫生项目实施】 2013年，基本、重大公共卫生服务项目覆盖面继续扩大，人均基本公共卫生服务经费补助标准由25元提高至30元。支持贫困地区开展艾滋病、结核病等重大传染病以及碘缺乏病、地方性氟中毒、大骨节病等地方病防治工作。在燃煤污染型中毒病区完成49.8万户改炉改灶任务，在大骨节病、克山病病区，对8850名大骨节病和950名克山病患者给予治疗；在贫困地区建立突发传染病防控和医疗救援国家级卫生应急队伍；支持开展食品安全保障、学生营养健康状况监测、饮用水卫生监督监测、职业病防治等工作；实施“百万贫困白内障患者复明工程”项目，共为29.6万名白内障患者实施复明手术；在贫困地区深入开展健康素养促进行动，制定播放健康公益广告、开展健康巡讲、创建健康促进医院，并组织其他健康教育活动。实施农村孕产妇住院分娩补助、乳腺癌和宫颈癌检查、增补叶酸预防神经管缺陷等项目，使贫困地区1892万名农村孕产妇、2343.4万名农村适龄妇女、2115万名农村妇女直接受益，贫困地区孕产妇住院分娩率、死亡率，新生儿破伤风发病率和死亡率均有显著改善。

【卫生计生人才队伍建设】 在贫困地区继续实施万名医师支援农村卫生工程，2013年，派遣医师4775人次到贫困地区县级医院进行重点帮扶，派出10932名医技人员对口支援乡镇卫生院；派出19支国家医疗队赴16个省区开展巡回医疗，直接为当地群众提供服务，并发挥国家医疗队的传、帮、带作用，通过示范手术和技术培训等，提高当地医务人员的业务能力和服务水平；建立城市大医院与贫困地区医疗卫生机构之间的远程会诊系统，通过远程会诊、远程教育、人才培训、转诊、预约诊疗等有效手段，促进贫困地区医疗卫生服务能力全面提高。

【计划生育服务管理】 继续实施计划生育利益导向奖励扶助、特别扶助、“少生快富”3项制度，2013年，中央财政为西部地区安排18.4亿元，对近222万人进行了奖励扶助。研究制定独生子女伤残死亡家庭关怀政策，深入推进计划生育优质服务。在贫困农村地区，实现国家免费孕前优生健康检查项目全覆盖，2013年共为908万多名计划怀孕夫妇进行了优生健康检查。深入开展“生育关怀”、“幸福工程—救助贫困母亲”、“创建幸福家庭”、“婚育新风进万家”、“关爱女孩”5 大行动。这些政策措施有效缓解了计划生育家庭的生产、生活、医疗、养老等困难，促进了计划生育困难家庭的脱贫致富。

【社会扶贫】 协调中国医药卫生事业发展基金会等单位向贫困地区捐赠价值 3000 多万的医疗设备和技术服务。组织健康快车赴贫困地区为 12164 名白内障患者免费实施复明手术，在贫困地区捐建了 7 所健康快车白内障治疗中心。

【健康暖心工作】 实施“健康暖心”工程，组织募集资金 400 万元，为吕梁山片区 4 个定点扶贫县特殊困难家庭 2200 余人提供大病救助、医疗补助、养老服务救助及实施先天性心脏病儿童免费救治等“一免三助”服务，慰问卫生计生困难职工 254 名。在安徽阜南县启动实施“圆梦女孩志愿行动”，安排志愿者 100 余人，深入阜南开展走访服务活动，并结成了 104 个帮扶“对子”，为阜南县贫困纯女户家庭的女孩进行“一对一”帮扶活动。

（国家卫生和计划生育委员会

财务司　曾云光）

中国人民银行扶贫

【概述】 2013年，中国人民银行贯彻落实《中国农村扶贫开发纲要（2011—2020年）》和《关于创新机制扎实推进农村扶贫开发工作的意见》（中办发〔2013〕25号），积极发挥中央银行职能作用，改进和完善货币信贷政策指导，推进金融产品和服务方式创新，发展农村普惠金融，支持贫困地区经济社会持续健康发展和贫困人口脱贫致富。

中国人民银行灵活运用差别存款准备金率、差别存款准备金动态调整机制的正向激励作用，引导金融机构加大对贫困地区的信贷投放，继续对农村合作银行、农村信用社分别执行比大型商业银行低5.5个和6个百分点的准备金率，其中资产规模小、涉农贷款比例高的机构其准备金率再降1个百分点。改进支农再贷款管理方式，拓宽支农再贷款使用范围，加大支农再贷款、再贴现限额调剂，调动农村金融机构扩大“三农”信贷投放的积极性。截至2013年末，中国人民银行向贫困地区（含680个连片特困地区县、152个非片区重点县，共832个县）下达再贷款、再贴现限额612.7亿元和30.3亿元，同比增长23.8%和20%；其中，再贷款余额551.8亿元，同比增长36.7%，高于全国增速14.3个百分点。

2013年，中国人民银行落实“十二五”期间民族贸易和民族特需商品生产贷款优惠利率政策，继续对民贸民品生产贷款执行比一年期贷款基准利率低2.88个百分点的优惠政策。截至2013年末，全国贫困地区民品民贸贷款余额433.65亿元，同比增长39.59%。

中国人民银行配合有关部门研究制定连片特困地区发展规划和配套金融服务政策措施，引导和督促人民银行分支机构结合实际研究制定相关政策文件。同时，在深入实地调研的基础上，研究出台了《中国人民银行办公厅关于建立连片特困地区扶贫开发金融服务联动协调机制的通知》（银办发〔2013〕186号），推动14个连片特困地区分别建立金融服务联动协调机制，加强信息交流、政策研究和协调合作，促进扶贫开发金融服务工作创新发展。截至2013年末，贫困地区人民币各项贷款余额2.8万亿元，同比增长21.2%，比全国平均增速高出7.1个百分点。

【扶贫贴息贷款】 1. 完善扶贫贴息贷款政策，不断加大扶贫贴息贷款投放。

继续改进和完善扶贫贴息管理体制，优化扶贫贴息贷款流程。同时，发挥中央财政贴息资金的杠杆作用，并支持各地结合自身需要增加扶贫贷款贴息资金规模，扩大扶贫贴息贷款投放，有力地支持贫困地区经济发展和贫困群众脱贫致富。据中国人民银行初步统计，截至2013年底，全国贫困地区扶贫贴息贷款余额225.65亿元，其中中央财政贴息扶贫贷款余额121.91亿元。

2. 改进和完善康复扶贫贷款政策，鼓励和引导金融机构做好助残扶贫工作的金融服务工作。配合中国残联、财政部、国务院扶贫办等有关部门，以康复扶贫贴息贷款为抓手，建立财政政策与信贷政策合力支持残疾人扶贫开发的长效机制，加大康复扶贫贴息贷款投放。截至2013年末，全国残疾人康复扶贫贷款余额达15.55亿元，当年累计发放康复扶贫贷款12.03亿元，扶持30.04万残疾人创业就业。

【区域性扶贫倾斜政策】 1. 加大新疆跨越式发展支持力度。2013年，中国人民银行总行指导和督促新疆辖区人民银行相关分支机构落实《关于金融支持新疆跨越式发展的意见》（银发〔2011〕118号）和《关于金融支持喀什霍尔果斯经济开发区建设的意见》（银发〔2012〕239号），通过综合运用多种货币政策工具，加强信贷指导，创新金融产品和服务等方式，提升新疆地区金融服务水平，促进新疆经济社会持续健康发展和社会长治久安。截至2013年底，新疆人民币贷款余额9840.44亿元，同比增长24.34%，高于全国平均增速10.21个百分点。

2. 对西藏实施优惠的金融政策。继续对在藏银行业金融机构贷款执行优惠的再贷款政策，即西藏各商业银行资金头寸不足时，人民银行拉萨中心支行可在总行核准的限额内发放再贷款，并按照不低于法定存款准备金利率的原则确定再贷款利率。落实“十二五”期间对西藏银行执行与农信社相同的准备金率的优惠政策，支持西藏地区经济发展。截至2013年底，西藏人民币贷款余额1076.31亿元，同比增长62.15%，高于全国平均增速48.02个百分点。

【小额担保贷款政策实施】 2013年，中国人民银行、财政部、人力资源和社会保障部出台了《关于加强小额担保贷款财政贴息资金管理的通知》，规范小额担保贷款财政贴息资金管理，促进小额担保贷款政策的长期可持续。中国人民银行各级分支行推动地方创新实施小额担保贷款政策，扩大小额担保贷款政策支持范围，提高贷款额度，降低担保门槛，简化审批流程，加大对小额担保贷款的投放。截至2013年底，全国金融机构小额担保贷款余额844.15亿元，同比增长18.79%，高于全国各项贷款增速4.65个百分点，当年累计发放583.12亿元，同比增长7.46%。其中，劳动密集型小企业贴息贷款余额84.95亿元，同比增长9.5%。

【高校毕业生就业创业金融服务】 2013年6月，中国人民银行出台《关于做好高校毕业生就业创业金融服务工作的指导意见》，要求银行系统积极探索和创新符合高校毕业生就业创业实际需求特点的金融产品和金融服务方式，不断改进和完善包括贫困地区在内的高校毕业生就业创业金融服务工作。据初步统计，2013年末全国高校毕业生贷款余额为74.9亿元，同比增长27.94%，当年累计发放60.6亿元，直接扶持17.2万高校毕业生就业创业。

【大学生村官、农民工、妇女就业金融服务】 加强与中组部、人社部、妇联等部门协调合作，从激励引导、宣传推广、评估督促等方面入手，不断创新金融产品，做好包括贫困地区在内的大学生村官、农民工、妇女等群体的金融服务工作。据初步统计，截至2013年底，全国大学生村官创业贷款余额5.04亿元，当年累计发放3.66亿元，扶持5273名大学生村官创业；农民工贷款余额680.47亿元，当年累计发放413.57亿元，扶持93.75万农民工创业就业；妇女创业担保贷款余额919.97亿元，当年累计发放437.09亿元，扶持67.82万妇女创业就业。

【金融基础设施和金融生态建设】

1. 优化金融机构网点布局，改善贫困地区支付环境。支持和鼓励银行、证券、保险机构在贫困地区设立分支机构，进一步向社区、乡镇延伸服务网点。加强贫困地区银行结算账户的开立与管理，抓住各类财政惠农补贴资金发放的有利契机，以直拨入户、方便农户为目的，大力引导农村居民开立个人银行结算账户。支持农信社、村镇银行接入人民银行跨行支付系统，推进支付清算网络向广大农村贫困地区延伸。积极推行惠农支付服务，合理布放ATM、POS机、转账电话等现代化支付机具，继续深化银行卡助农取款和农民工银行卡特色服务，有效地满足贫困地区农户余额查询、取现、转账、消费、缴费等基本的金融需求。截至2013年底，全国贫困地区已设立县级银行业金融机构5427个，服务网点42347个，证券分支机构131家、保险分支机构4585家，布放ATM机、POS机等自助设备56.59万台。

2. 继续推进贫困地区农村信用体系建设，发展小额信用贷款。2013年，在地方政府、相关部门的支持下，中国人民银行推进农村信用体系建设，深入开展信用与金融知识宣传、农户信用信息征集与评价，推进“信用户”、“信用村”、“信用乡（镇）”建设工作。进一步加大农户和农业企业信息数据库建设力度，多渠道整合社会信用信息，支持守信农户和企业融资，切实发挥农村信用体系在提升农村生产经营主体信用等级、增强金融机构支农意愿、增加农村经济活力等方面的重要作用。截至2013年底，共为全国贫困地区3980.91万农户建立了信用档案，评定了2818.45万户信用农户；贫困地区小额信用贷款余额1946.15亿元，同比增长19.89%。

【定点扶贫】 2013年，在中国人民银行党委的领导和指导下，在定点扶贫县区领导和人民群众的支持和配合下，贯彻落实国家扶贫工作方针和相关文件会议精神，以改善贫困区群众生产生活条件、增强群众自我发展能力为着力点，以加大扶贫济困工作力度、帮助困难群众脱贫致富为己任，改进作风，健全机制，突出重点，落实责任，完成了定点扶贫工作任务。2013年实施基础设施建设工程7个，共投资70万元；投资9万元开展农村实用技术培训；安排产业扶贫资金15万元；安排8万元贴息资金，撬动贷款88万元；资助贫困大学生6万元；发放慰问款10万元。同时，联合金融机构开展人民币反假、助农取款、征信知识等宣传活动300余次，并将宜君县确定为全国唯一的“金融知识进农村”示范点，建立金融知识示范图书室1个，摆放各类金融书籍800余本，建立金融宣传园地2块。

（中国人民银行　马贱阳　邝希聪）

国务院国有资产监督管理委员会扶贫

【概述】 2013年，国务院国有资产监督管理委员会（以下简称“国资委”）组织指导中央企业深入参与扶贫开发，在新疆、西藏、青海以及广大贫困地区开展援助帮扶活动。根据情况变化，调整并充实了援疆援藏援青扶贫工作协调小组及办公室。先后组织召开了中央企业扶贫开发工作会议、中央企业援青工作座谈会、对口援藏中央企业就业工作座谈会、对口支援（帮扶）青海工作座谈会、在疆中央企业反恐维稳工作座谈会等重要会议，动员部署中央企业深入推进产业援疆，切实做好对口援藏、对口援青和定点扶贫等工作。2013年，国资委开展了中央企业扶贫开发工作先进单位和先进个人评选表彰活动。国资委领导多次深入新疆、西藏、青海等地对中央企业扶贫开发工作进行调研检查。在国资委的组织推动下，中央企业扶贫开发工作力度进一步加大，扶贫开发资金投入进一步增长，取得了更大的成绩。

国资委除承担定点扶贫、对口支援任务外，在涉及国计民生的电力、通信、油气、粮棉、食盐、运输、基建等方面，中央企业长期发挥着重要的保障和服务作用，并从产业带动、吸纳就业、企地共建等多种形式支持贫困地区经济社会发展。

【援疆援藏援青扶贫工作协调小组及办公室成立】 根据中央企业援青任务进一步增加的实际情况，2013年，7月29日，国资委印发《关于成立国资委援疆援藏援青扶贫工作协调小组的通知》（国资厅发群工〔2013〕58号），撤销原援疆援藏扶贫工作协调小组及办公室，成立了国资委援疆援藏援青扶贫工作协调小组及办公室，负责统筹协调国资委和中央企业援疆援藏援青扶贫工作。国资委副主任、党委委员徐福顺担任协调小组组长，国资委办公厅、规划发展局、企业领导人员管理一局、企业领导人员管理二局、群众工作局作为协调小组成员厅局。协调小组办公室设在群众工作局，群众工作局局长谢俊兼任协调小组办公室主任。

【援疆工作】 2013年，中央企业继续深入推进产业援疆工作，扩大建设规模，狠抓重点援疆项目落实。2013年，共有38家中央企业在疆投资项目7192个，累计完成投资近2000亿元。中央企业相继建成和正在建设一大批新疆经济发展和民生改善亟须的重要项目，中央企业已成为新疆能源资源开发和重要基础设施建设的主导和骨干力量。在大力推进产业援疆的同时，中央企业切实履行政治责任和社会责任，积极参与社会公益事业和民生工程建设，在疆投资建设中注意带头节约资源和保护环境，广泛开展文化教育、医疗卫生、抗灾救灾、人才培训、无偿捐赠、行业扶持、定点扶贫等方面援助帮扶工作。2013 年，中央企业在疆投入无偿援助帮扶资金 1.13 亿元。

【援藏工作】 2013 年，中央企业广泛参与西藏经济社会建设，在藏完成投资 183.55 亿元，在藏开展援藏项目 68 个，投入无偿援藏资金 4.71 亿元。其中承担对口援藏任务的中国石油、中国石化、国家电网、中国海油、神华集团、中国电信、中国联通、中国移动、中国一汽、东风汽车、宝钢集团、武钢集团、中国铝业、中远集团、中国中化、中粮集团 16 家中央企业开展对口援藏项目 56 个，投入对口援藏资金 1.28 亿元。

【援青工作】 2013 年，中央企业在青海完成投资 261 亿元。除 2011 年明确的中国石油、中国石化、国家电网、中国华能、中国大唐、中国华电、中国国电、中电投集团、神华集团、中国移动、中国铝业、中国中化、中国五矿 13 家对口援青中央企业外，又新增了中国电信、中粮集团、宝钢集团 3 家中央企业承担对口援青任务。2013 年，16 家对口援青中央企业累计明确对口援青资金 7400 万元。

【中央企业扶贫开发工作先进单位和先进个人评选表彰活动】 为总结中央企业扶贫开发 10 年来取得的成绩和经验，宣传典型，激励先进，动员中央企业进一步参与扶贫开发，2013 年，国资委开展了中央企业扶贫开发工作先进单位和先进个人评选表彰活动。经中央企业推荐，国资委扶贫工作协调小组评审，国资委党委会议审定，1 月 18 日印发了《国资委关于表彰中央企业扶贫开发工作先进单位和先进个人的决定》（国资发群工〔2013〕13 号），评选表彰了 2001～2010 年中央企业扶贫开发工作 71 个先进单位和 113 名先进个人。

【中央企业扶贫开发工作会议】 2013 年 1 月 26 日，国资委会同国务院扶贫办在京组织召开了中央企业扶贫开发工作会议，贯彻落实《中国农村扶贫开发纲要（2011～2020 年）》、中央扶贫开发工作会议和全国扶贫开发工作电视电话会议精神，总结上一阶段中央企业扶贫开发工作，交流经验，表彰先进，部署推动新阶段工作。国资委副主任姜志刚、国务院扶贫办副主任郑文凯出席会议并讲话，国资委副秘书长郭建新主持会议。会议宣读了《国资委关于表彰中央企业扶贫开发工作先进单位和先进个人的决定》，中航工业、中国石油、国家电网、三峡集团、神华集团、中远集团 6 家中央企业分别介绍交流了开展扶贫开发工作的经验做法和下一步部署安排。国资委和国务院扶贫办有关司局负责人，承担定点扶贫任务的 116 家中央企业负责人，中央企业扶贫开发先进单位和先进个人部分代表共170多人出席了会议。会后，《中国扶贫》杂志社编发了对姜志刚关于中央企业扶贫开发工作的专题访谈稿。

【中央企业援青工作座谈会】 2013年3月2日，国资委和青海省政府在京组织召开中央企业援青工作座谈会，进一步学习贯彻中央第五次西藏工作座谈会、中央对口支援西藏青海工作座谈会精神，研究部署新阶段中央企业援青工作。国务委员、时任国资委主任王勇，时任青海省委书记、省人大常委会主任强卫出席会议并讲话，时任青海省委副书记、省长骆惠宁主持会议，时任青海省委常委、常务副省长徐福顺介绍了青海省经济社会发展和对口援青工作总体进展情况。国资委副主任黄丹华、姜志刚，副秘书长郭建新，青海省委常委、组织部长齐玉等出席会议。中国石油、神华集团、中国移动、中国中铁4家中央企业分别介绍交流了开展援青工作的经验做法和下一步部署安排。国资委有关厅局、青海省有关部分负责人和青海省受援六州政府负责人，承担对口援青任务以及部分参与青海经济社会建设的31家中央企业负责人共80多人出席会议。

【对口支援（帮扶）青海工作座谈会】

2013年6月10日“青洽会”期间，国资委会同青海省政府、中央统战部、国家发展改革委、财政部共同召开了对口支援（帮扶）青海工作座谈会。国资委副主任徐福顺，青海省委书记、省人大常委会主任骆惠宁，中央统战部副部长斯塔和国家发展改革委、财政部有关负责人出席会议并讲话。对口援青省市、部委国家电网、中国五矿两家中央企业代表分别发言。中央机关有关单位、国务院有关部门、援青省市、援青央企、青海省有关部门单位以及各地州市负责人共160多人参加会议。

【对口援藏中央企业就业工作座谈会】

2013年6月28日，国资委会同西藏自治区政府在西藏林芝组织召开了对口援藏中央企业就业工作座谈会，进一步推动有关中央企业继续做好支持西藏就业工作。国资委副主任徐福顺、西藏自治区政府常务副主席丁业现出席会议并讲话。国资委援藏工作协调小组办公室主任、群众工作局局长谢俊主持会议。中国石油、国家电网、神华集团、中国电信、东风汽车、中国中化、中信集团7家中央企业交流发言。西藏自治区党委组织部、自治区发改委、教育厅、财政厅、人社厅、国资委，西藏林芝地区行署有关负责人，国资委有关局负责人，17家对口援藏中央企业分管负责人和人力资源部门负责人共80多人出席会议。

【在疆中央企业反恐维稳工作座谈会】

根据新疆特殊形势需要，2013年7月10日，国资委和新疆维吾尔自治区国资委、新疆生产建设兵团国资委在乌鲁木齐市召开了在疆中央企业反恐维稳工作座谈会，国资委党委委员、副秘书长杜渊泉和新疆维吾尔自治区党委常委、自治区政府副主席库热西·买合苏提出席会议并讲话。国资委有关厅局负责人和70多家中央企业在疆分支机构党政主要负责人共170多人参加会议。会后，由国资委援疆办牵头，协调新疆维吾尔自治区国资委、新疆生产建设兵团国资委、中央企业在疆分支机构，建立了中央企业在疆单位维稳应急联席会议制度，协助做好维护新疆稳定工作。

【援疆干部交流中心项目建设】 2013年4月，新疆维吾尔自治区党委组织部给国资委发函，请国资委协调有关中央企业帮助解决援疆干部交流中心项目建设2000万元资金缺口。按照国资委领导批示精神，协调在新疆投资量大、建设项目多、效益较好的中国石油、国家电网、神华集团、中国移动、国投公司予以支持。截至2013年9月，5家中央企业先后向新疆维吾尔自治区党委组织部完成了资金捐赠，每家捐赠400万元。2013年7月，按照国务院领导在中国残疾人福利基金会（以下简称“基金会”）有关信函上的批示精神，国资委组织部分中央企业对基金会有关公益慈善项目积极予以支持。经与基金会协商，国资委商请兵器工业集团、中国石油、中国石化、中国海油、国家电网、中国华能、神华集团、中国移动、一汽集团、东风公司、宝钢集团、中航集团、南航集团、中粮集团、中国建筑、国开投公司、招商局集团、华润集团、国机集团、中国建材、中交集团共21家中央企业参与此项工作，中央企业捐赠资金在基金会设立“中央企业集善工程”，体现中央企业特色，打造中央企业公益慈善品牌。

截至2013年底，有关中央企业向基金会共捐赠1700万元，主要用于支持基金会“启明行动”、“启聪行动”、“自闭症儿童救助计划”、“盲人电脑培训教室”和“残疾人社区康复站”5个公益慈善项目。

【新疆马兰基地随军家属、子女就业】

根据新疆维吾尔自治区方面的工作建议和请求以及新疆马兰第21试验训练基地（以下简称“马兰21基地”）的特殊困难，国资委组织协调12家中央企业赴新疆马兰21基地考察调研，和新疆维吾尔自治区当地国有企业一起，为马兰21基地随军家属、子女安排就业岗位。2013年5月，自治区政府举办马兰21基地专场招聘会，有关企业尽量放宽就业门槛，简化录用程序，共录用71人（包括7名40岁以上大龄子女和3名残疾人），其中中央企业录用42人，地方国有企业录用29人。6月5日，马兰21基地举行了中央企业、地方国有企业安置随军家属、子女就业签约仪式。国资委副主任徐福顺，新疆维吾尔自治区政府副主席库热西·买合苏提出席签约仪式并讲话，马兰21基地政委孔令才致辞，副政委刘思刚主持签约仪式。中国石油、新疆中泰集团分别代表中央企业和地方企业发言，国资委有关局、新疆维吾尔自治区有关单位、马兰21基地、12家中央企业和11家新疆国资委监管企业有关负责人参加会议。

【第三届中央企业面向西藏青海新疆高校毕业生专场招聘活动】 为帮助西藏、

青海、新疆3地高校毕业生解决就业问题，2013年12月18日，国资委会同教育部、人社部在四川大学联合举办了第三届中央企业面向西藏青海新疆高校毕业生现场招聘会，50家中央企业提供了近3000个就业岗位。2012年，国资委已先后两次举办中央企业面向西藏青海新疆高校毕业生专场招聘活动。

【中央企业团委与河北环首都地区县市区团委扶助共建活动】 2012年，中央企业团工委与河北省团委签署《合作备忘录》，14家中央企业与14个河北环首都县（市、区）团委签署合作协议书。至2013年底，央企团委与河北环首都县（市、区）团委通过助学助教、植树造林、志愿公益、走进企业参观访问等形式，共计开展了46次共建活动，直接投入资金260余万元，捐赠衣物6200余件，文具用品230余套，图书1200多本，计算机25台，以及体育用品、树苗等大量物资。如中国华能投入近100万元用于改善怀来县当地教学条件，中国电科在丰宁县建立了“大爱电科”希望学校、“中国电科”计算机教学室，中国商飞两次组织大厂优秀青少年举办了“走进上海、走进大飞机”冬令营等。

【定点扶贫】 2013年，中央企业结对帮扶239个国家扶贫开发工作重点县，此外还结对帮扶了多个地方政府安排的贫困县，在定点扶贫工作中共计投入扶贫资金14.21亿元，累计开展各类定点扶贫项目463个，派出扶贫干部125人，组织各类培训101期（次），培训各类技术人员10000多人次，援建学校122所，资助贫困生10156名，援建医院（卫生所）868所。

国资委机关结对帮扶河北省平乡县。2013年初，国资委成立了机关扶贫工作协调领导小组及办公室。3月，协调领导小组与平乡县委、县政府主要领导及相关部门工作人员进行了座谈，建立了工作联系。随后，协调小组办公室赴平乡县开展了调研，制定了《国资委机关对平乡县帮扶工作计划》。7月，国资委分管副主任徐福顺会见了平乡县委、县政府的主要负责人。12月，国资委机关派出了1名干部挂职平乡县委常委、副县长。

（国资委扶贫工作协调小组办公室）

国家新闻出版广电总局扶贫

广播电视方面

【概述】 2013年，国家新闻出版广电总局（以下简称“新闻出版广电总局”）认真贯彻落实国家扶贫开发工作部署和要求，积极推进贫困地区广播影视事业建设。一是以实施广播电视村村通工程、直播卫星户户通工程、农村电影放映工程等重点工程为抓手，提升公共服务水平；二是以加强少数民族语言广播影视节目建设为重点，满足少数民族群众广播影视收听收看需求。

【广播电视村村通工程】 中西部贫困地区是村村通工程实施的重点地区，“十二五”期间工程建设任务有两项：一是继续以直播卫星覆盖为主，解决自然条件比较差的偏远农村广播电视覆盖“盲村”群众收听收看广播电视问题，重点加强20户以下已通电自然村和新通电农村地区广播电视覆盖；二是加强重点高山无线发射台站基础设施建设，进一步巩固和提升无线覆盖地区广大农村群众收听收看广播电视节目的效果和水平。“盲村”村村通方面：截至2013年底，国家已下达“盲村”建设中央投资18亿元，组织了3次村村通直播卫星接收设备集中招标，共招标设备818万套，完成了约65万个20户以下已通电自然村“盲村”建设任务。高山台站基础设施建设方面：截至2013年底，商国家发展改革委批复安徽等24省（区、市）及新疆生产建设兵团总体建设方案。2013年，国家首次安排下达中央投资3.3742亿元，支持相关省区开展工程建设。

【农村电影放映工程】 农村数字电影放映工程建设发展历经10余年，其内涵不断丰富、规模日益宏大、影响更加广泛，在满足农民群众精神文化需求、推动社会主义新农村建设等方面发挥了积极作用，已成为农村精神文明建设的重要载体和公共文化服务的重要品牌。截至2013年，全国共成立农村数字电影院线249条，农村数字电影放映队近5万支，2011年、2012年、2013年，每年放映电影均在800万场左右，年观众人次15亿左右，超额完成公益放映任务。2013年中央财政共资助中、西部22省区农村电影放映场次补贴资金7.1986亿元。

【直播卫星户户通工程】 为贯彻落实中央领导关于发挥直播卫星作用扩大农村电视覆盖的重要批示，新闻出版广电总局组织在全国有线网络未通达的农村地区开展直播卫星户户通工程。2013年，全国广电系统继续推进户户通工程建设，继续完善公共服务运行维护体系，截至2013年底，全国共发展户户通用户1309.4万户，新建专营服务网点 3000 多个，户户通工程总体进展顺利，直播卫星维护体系初具规模，其中宁夏、甘肃、贵州、青海、内蒙古已全面完成工程建设任务，宁夏、贵州、海南基本实现了服务体系全覆盖，提升了农村地区广播电视公共服务水平。随着第一批“户户通”整省推进的实施，2013 年下半年，中央财政又专门安排“以奖代补”资金 11.86 亿元，用于支持河北、山西、吉林、黑龙江、安徽、江西、河南、湖北、湖南、内蒙古、广西、重庆、四川、青海、新疆 15 省（区、市）开展户户通，进一步扩大工程实施范围。2013 年 11 月，新闻出版广电总局联合财政部向 2014 年各任务省份下发户户通目标责任书和专项奖补资金，计划 2014 年发展用户约 1186 万户。

【地面数字电视覆盖示范网工程】 为加强农村乡镇地区地面数字电视覆盖示范网建设，解决本地州、县节目覆盖，新闻出版广电总局支持四川甘孜州委、州政府采用地面数字电视技术，在康定县实施了面向农村乡镇覆盖的地面数字电视示范网项目，在通过直播卫星实现中央、省级节目覆盖的同时，通过地面数字电视实现州、县节目的覆盖，发放安装了 6000 套机顶盒，解决了 2 万多群众收看当地电视节目难的问题，并建立了调频和地面数字电视的应急广播内容发布手段，提高了农村广播电视公共服务水平。

【影视剧捐赠】 按照已经形成的工作机制，2013 年，新闻出版广电总局组织影视剧制作单位向新疆、西藏、四川等边疆民族地区组织捐赠 2000 集电视剧、36000 分钟电视动画片，每年推荐 80 部影片（其中故事片 60 部、科教片 20 部）作为少数民族语待译制片目并提供译制素材。按照“建养并重”原则，在推进少数民族语译制制作能力建设的同时，每年协调安排专项运行维护经费，确保设施设备的正常运行，安排少数民族语言广播影视节目译制经费，专项用于少数民族语言广播影视节目译制工作，提高了民族地区广播影视译制制作能力，丰富了少数民族群众精神文化生活。

【定点扶贫】 2013 年，新闻出版广电总局继续定点扶贫四川甘孜州，支持州县广电设备升级改造、加强宣传和赠送节目源。投资 200 万元，实现甘孜州广播电视台的网上藏、汉双语播出和 3G 手机收看；投资 100 万元，完成了甘孜州广播电视台广播直播间和甘孜、色达、理塘、德格县广播录播间建设任务；赠送价值 247 万元的广电设备；捐赠 6000 场农村公益数字电影和 30 部电视电影；投入 80 万元，为甘孜州拍摄制作文化旅游宣传片《圣洁甘孜》；为德格县拍摄了宣传片《德格印经院》；在 CCTV6 滚动播放为其拍摄的宣传片《中国·德格》，每天 6 次，共播放近 300 次，折合广告价值近 500 万元；投入经费 60 多万元，为甘孜州广电技术人员举办 4 个培训班，培训 90 人次；组织职工捐款 80 万元，资助甘孜州 830 名贫困学生高中以上阶段的学习。

（国家新闻出版广电总局
财务司事业发展一处　修红丽）

新闻出版方面

【扶贫调研】 新闻出版广电总局增补了“定点扶贫工作领导小组”（简称“领导小组”）成员，党组成员、副局长孙寿山任组长，办公厅、机关党委、人事司、财务司等相关部门主要负责人任领导小组成员，领导小组办公室设在办公厅行政处（简称“扶贫办”），负责定点扶贫的日常工作。扶贫办积极协调、推动领导小组每年定期召开扶贫工作会议，听取工作汇报，落实扶贫项目和资金，研究部署年度工作安排。

2013年，新闻出版广电总局领导和有关司（局）人员多次到山西省壶关县、平顺县进行实地考察与调研，通过与当地县委县政府开展座谈、深入农村、走访群众摸情况等方式，掌握大量第一手资料，了解当地经济文化发展状况，了解2县经济社会文化建设中的需求，为扶贫工作的开展打下了良好基础。

【干部挂职扶贫】 2012~2013年，新闻出版广电总局2名扶贫干部潞州、章泽锋分别在山西壶关、平顺2个县挂职扶贫。2名挂职干部克服当地生活方式、工作条件、语言环境等困难，以高标准要求自己，深入基层、深入农村和农民家中，虚心向地方干部群众学习，在较短的时间内很快转换角色，融入当地的各种日常工作中去。在两年挂职扶贫期间，他们为贫困地区群众办了不少实事、好事，与当地的干部群众结下了深厚情谊；利用广电总局机关和其他兄弟单位的资源，为国家扶贫开发工作重点县的发展做出了新贡献，深得当地干部群众的赞誉；同时利用身临贫困地区一线的优势，不断深入思考、研究一些扶贫问题，为国家扶贫工作的前景开展出谋划策。

【旅游宣传帮扶】 山西省壶关、平顺2个县拥有得天独厚的旅游资源——太行山大峡谷。由于开发较晚，基础设施亟待完善。为了盘活当地旅游资源，做大旅游产业，新闻出版广电总局协调一些媒体进行加大宣传工作，提高2个县在全国的知名度，从而打开旅游市场。

落实《太行山大峡谷》旅游宣传画册的出版。在新闻出版广电总局领导的直接协调下，壶关县《太行山大峡谷》旅游宣传画册由商务印书馆赞助正式出版。该画册平装本7000册、精装本3000册，出版印装成本费用56万元；新闻出版广电总局扶贫办为宣传平顺出版《平顺，平顺》画册，加大平顺旅游宣传力度；联系中国摄影家协会帮助平顺举办“晋善晋美　诗画平顺”风光摄影大赛。

【基础设施建设】 由于壶关、平顺2县属于太行山区，也是革命老区，历史悠久，但交通不便，文物古迹常年失修，影响旅游开发和经济发展，新闻出版广电总局扶贫办从实际出发，积极协调。

邀请国家文物局专家到平顺考察，经过沟通，国家文物局已经同意拨付 6400 万元修复平顺的国保单位金灯寺，2013 年前期 760 万元的前研经费已经由国家文物局认证的公司垫付并已经开始启动文物修复工作。

壶关县城西外环路工程正式获得立项。在广电总局副局长阎晓宏的协调和山西省有关领导的支持下，壶关县城西外环路工程获得正式立项，山西省财政给予补助资金超过 3000 万元。

协助平顺县向交通运输部成功申请 16.2 千米的环线红色旅游公路的资金 4000 多万元。

落实下拨壶关县晋庄畅村公路建设资金。联系落实山西省交通厅下拨了壶关县晋庄畅村公路建设资金 15 万元。

联系落实太行山大峡谷索道测线工作。协助壶关县建设太行山大峡谷索道的建议，并联系中国索道协会完成了太行山大峡谷八泉峡索道测线工作。

【文化教育医疗扶贫】 壶关、平顺 2 个县文化教育落后，医疗设备简陋，广电总局扶贫办主动出主意、想办法开展工作。

新闻出版广电总局领导每年春节赴 2 个县慰问，捐赠 24 万元帮助困难群众和贫困学生；联系中央党校教授进行党史授课。联系邀请中央党校干部教育学院副院长刘宝东教授，赴壶关县为全县干部作了题为《中国共产党与中华民族的伟大复兴》的党史报告；落实国家出版基金管理办公室的捐赠活动。国家出版基金管理办公室于 2013 年 1 月 31 日向壶关县人民医院捐赠了急需的医学类精装工具书 219 册、光盘出版物 133 张、阅读卡 49 张，总码洋 42378.2 元。在壶关县传统文化光盘出版方面在出版司的帮助下，联系协调《上党乐户壶关班社经典曲目》等三张光盘的出版工作；邀请中国人民抗日战争纪念馆馆长沈强、副馆长于延俊、黄超前后 3 次到平顺为展览馆的讲解员和全县导游作培训。

（国家新闻出版广电总局办公厅）

国家林业局扶贫

【概述】 2013年，国家林业局（以下简称“林业局”）贯彻中央扶贫开发工作会议精神，结合《林业定点扶贫规划纲要》的实施，立足九万大山地区林业资源优势，结合林业重点工程建设，以改善贫困地区生态状况和提高贫困地区和贫困人口自我发展能力为重点，进一步加大了对定点扶贫地区的帮扶力度，取得了显著的成效。对口帮扶的九万大山地区生态环境明显改善，以经济林为龙头驱动的主导产业基本格局已初步形成，贫困人口逐年减少，走出了一条靠山养山、养山兴山、兴山致富的林业扶贫开发之路。

为做好新一轮的林业扶贫开发工作，按照中央扶贫开发工作会议精神和国家扶贫工作的总体部署，结合林业发展实际，按照“因地制宜、生态优先 、产业带动、综合开发”的方针，组织有关力量编制了《全国林业扶贫攻坚规划（2013～2020年）》及11个集中连片特困地区林业扶贫攻坚规划。该规划是指导集中连片特殊困难地区林业扶贫攻坚工作的纲领性文件，提出了今后一段时期林业扶贫工作的总体思路、基本原则、工作目标以及重点任务，为林业扶贫工作的有序开展提供行业指导。

【基础设施建设】 2013年国家林业局共安排九万大山地区19个定点扶贫县各项林业建设资金6.66亿元，这些资金主要用于天然林保护、退耕还林、珠江防护林建设、速生丰产林基地建设、自然保护区建设、种苗基础设施建设、森林防火、森林公安、木材和林产品加工等项目建设，这对加快九万大山地区的造林绿化，保护和改善生态环境，增加后备森林资源和提高林产品产量，调整林业产业结构，改善贫困地区林业基础设施，增强森林资源保护能力和发挥资源优势，带动农民增收等方面发挥了重大作用。

【科技扶贫】 林业科技推广和技术是提升农民致富技能的关键举措。通过组织举办各类林业实用技术和管理培训班，有针对性的组织专家和科技人员下乡，积极推广林业科技实用技术，现场实地指导和帮助解决基层存在的技术问题，提高了帮扶地区干部群众的科技意识和水平。2013年，国家林业局委托国际竹藤中心举办了5期林业扶贫专项技术培训班，培训林业部门生产一线管理人员、技术人员、种植大户、林农等420人。培训内容包括竹材加工利用与创新技术、竹资源丰产培育技术、竹林病虫害防治技术、竹与竹制品艺术、油茶良种抚育及高产栽培与低产林改造技术、茶油营养品质及加工质量控制技术等。

【干部挂职扶贫】 干部人才支持也是林业扶贫的一项重要内容。2013 年，国家林业局派到扶贫第一线锻炼的各级干部共 13 人。扶贫干部深入基层，扎扎实实为九万大山地区的群众办了不少实事、好事，为促进当地生态、经济、社会的协调发展作出了贡献。

【送报下乡活动】 根据林业定点扶贫工作计划，2013 年，继续开展了送报下乡活动。委托中国绿色时报社向贵州、广西九万大山 19 个贫困县 380 个乡镇林业站每期发送《中国绿色时报》800 份，使基层群众能够及时了解国家林业的方针政策，了解林业脱贫致富的各类信息。

【扶贫工作措施】 按照中央扶贫开发工作会议精神和《中国农村扶贫开发纲要（2011—2020 年）》的要求，国家林业局采取了一系列重要举措，加大扶持力度，取得了新的进展和成效。

1. 加强生态保护，维护贫困地区生态安全。多年来，国家林业局持续加大对九万大山地区的资金投入，重点用于加强林区基础设施建设，加强保护区建设，营造速丰丰产林和经济林，改善山区生态条件，促进了九万大山林业事业的发展，并带动了当地的经济发展。九万大山地区已经实现了重点林业工程全覆盖，将结合国家相关规划的实施，力争“十二五”期间对九万大山贫困地区林业的总投入高于“十一五”，尽快从整体上遏制贫困山区局部生态恶化的趋势，减少自然灾害的危害，改善贫困地区生产生活条件，拓宽生存发展的空间，为区域经济和社会的可持续发展提供强大保障。

2. 发展林业特色产业，推动贫困地区生态扶贫。坚持走“生态建设产业化、产业发展生态化”的道路，统筹林业生态和经济的双重作用，把生态治理与产业发展结合起来，把治穷与致富结合起来，获得最大的综合效益。根据九万大山各扶贫县的经济发展状况、资源特点和产业优势，结合正在实施的林业重点工程，以市场为导向，集中力量帮助贫困地区规划和发展一批市场前景好、投资少、见效快、受益面广，对群众脱贫致富起示范带头作用的名特优新经济林、速生丰产林、优良种苗培育、生态旅游等绿色产业以及相关的配套基础设施建设项目。通过项目帮扶，提高贫困群众自我生存与发展的能力，有效减少片区贫困人口。

3. 深化林业改革，创新林业扶贫的体制机制。注重体制创新、机制创新和科技创新，发掘贫困地区和贫困农户内在的发展活力和动力。通过资金、项目、信息和技术的帮扶，为贫困地区寻找能够与市场有效接轨，能够不断积累和发展，并不断扩大再生产的机制和模式。深化集体林权制度改革，制定完善各项政策，进一步释放林农、林地、林木资源的巨大潜力，同时带动林下种植、林下养殖、森林旅游等林下经济的发展，让农民尽快走上脱贫致富之路。发展非公有制林业，采取股份制、股份合作制、承包、租赁、兼并、收购等多种市场化运作的手段和措施，鼓励和吸引更多的资本进入林业扶贫开发。制定鼓励优秀人才进入扶贫开发领域的相关政策，调动社会各方面力量参与林业扶贫开发，为林业扶贫开发工作带来新的活力。

（国家林业局
发展规划与资金管理司　解炜炜）

国家旅游局扶贫

【概述】 2013年，国家旅游局通过政策创新、资金支持、产品建设、规划引导、人才培训、宣传推广等方式定点帮扶贵州江口县、内蒙古阿尔山市和广西巴马县发展旅游业，重点支持贵州和黔西南试验区旅游业发展。在做好定点扶贫县和重点地区旅游扶贫工作的基础上，进一步整合资源，创新手段，加大行业扶贫工作力度。

2013年7月，国家旅游局与国务院扶贫办联合印发了《国家旅游局 国务院扶贫办关于联合开展“旅游扶贫试验区”工作的指导意见》，确立了联合推进旅游扶贫试验区的工作机制。

【扶贫调研】 国家旅游局开展多种形式的旅游扶贫调研。2013年2月，为贯彻落实习近平总书记考察河北省阜平县的重要指示精神，赴河北阜平县开展实地调研，了解旅游发展需求，提出支持阜平旅游发展的意见。7月，赴定点扶贫县——内蒙古阿尔山市、广西巴马县开展实地调研，研究问题，了解需求，为当地旅游发展出谋划策。参加了国务院扶贫办组织的全国人大第1715号“关于请求国家支持建设宁夏六盘山集中连片特困地区产业扶贫试验区的建议”的调研，赴宁夏石嘴山市、银川市、吴忠市、固原市泾源县、西吉县实地考察了当地的劳务移民、生态移民和旅游扶贫等项目。

【旅游扶贫创新试点】 国家旅游局和国务院扶贫办共同批复江西省赣州市、吉安市、内蒙古阿尔山市、河北省阜平县为“国家旅游扶贫试验区”，鼓励贫困地区在工作机制、发展模式等方面试点示范。国家旅游局与环境保护部共同确立内蒙古阿尔山国家森林公园、贵州毕节百丽杜鹃风景区为“国家生态旅游示范区”，探索资源开发与环境保护相结合的发展模式。

【片区旅游规划指导】 为落实国家扶贫战略，国家旅游局开展了集中连片特困地区旅游发展规划编制工作。启动广西巴马和内蒙古阿尔山旅游产业发展行动计划编制工作，继续推进乌蒙山、滇黔桂石漠化片区旅游发展规划编制工作，完成大别山片区、太行山片区、武陵山片区、秦岭地区等区域旅游发展等课题研究。

【连片特困地区旅游产品建设】 指导集中连片特困地区和扶贫开发重点县创建7家5A级旅游景区，分别是：四川省阿坝州汶川特别旅游区、四川省绵阳市北川羌城旅游区、四川省广安市邓小平故里旅游区、四川省南充市阆中古城旅游区、新疆喀什地区泽普金胡杨景区、安徽省阜阳市颍上八里河景区、贵州省毕节市百里杜鹃景区。

【试验区旅游项目扶贫】 2013年，旅游发展基金补助地方项目资金共支持江口县、阿尔山市、巴马县、毕节试验区、黔西南试验区旅游项目9个，资金总额1220万元。

【连片特困地区旅游人才培训】 通过举办研讨班、培训班、送教上门、名导进课堂等方式，对新疆、西藏、秦巴山区等西部贫困地区、集中连片特困地区旅游行政管理人员、景区管理人员、讲解员、导游员和乡村旅游从业人员开展培训5000人次。国家旅游局继续捐资10万元，以奖学金的形式资助新疆旅游专业在校大学生。

【贫困地区旅游宣传】 国家旅游局利用中国国际旅游交易会等平台，组织境外旅行商、媒体团赴贫困地区踩线，为其免费提供宣传资料，减免展台费用。支持贵州铜仁市、内蒙古阿尔山市、贵州毕节试验区等定点扶贫县和重点地区举办宣传推介会，帮助邀请旅行社代表和新闻媒体参会。

（国家旅游局）

国家烟草专卖局扶贫

【概述】 2013年，国家烟草专卖局深入贯彻党的十八大精神，坚持以《中国农村扶贫开发纲要（2011—2020年）》为指导，继续秉承真扶贫、扶真贫的宗旨，突出民生重点，经济发展，实施农村基础设施建设，扶持农业产业发展，支持教育卫生事业，全面完成了扶贫规划目标。

2013年4月，国家烟草专卖局与贵州省政府正式签订《烟草扶贫新村建设框架协议》，拟定了《烟草扶贫新村建设总体实施方案》，并以贵州省扶贫办、贵州省烟草局、贵州中烟公司、贵州省财政厅4家名义下发了《贵州省烟草扶贫新村建设项目及资金管理办法》。通过竞争入围方式选择的2012年度14个县100个村及2013年度22个县100个村的建设工作已经开展。

在资金方面，国家烟草专卖局2013年度已拨付贵州省财政厅扶持资金1亿元；此外，贵州省局、贵州中烟工业有限责任公司也分别落实了扶持资金各5000万元。

在项目带动方面，2013年，国家烟草专卖局共批复贵州烟草工商企业技术改造项目6个，总投资估算63.32亿元。具体情况如下：一是工业企业方面，批复遵义卷烟厂、贵定卷烟厂、铜仁卷烟厂技术改造项目，总投资估算46.75亿元。二是商业企业方面，批复遵义复烤厂、铜仁复烤厂、湄潭复烤厂技术改造项目，总投资估算16.57亿元。

【对口支援】 按照《国务院办公厅关于印发中央国家机关及有关单位对口支援赣南等原中央苏区实施方案的通知》（国办发〔2013〕90号）的要求，国家烟草专卖局党组高度重视，专门制定下发了《国家烟草专卖局关于落实国务院有关文件精神及对口支援兴国县的意见》，并明确由国家烟草专卖局党组成员、副局长杨培森作为局分管领导，计划司作为责任部门研究落实扶持措施。2013年，烟草行业共安排1亿元资金支持兴国县新农村建设及烟田基础设施建设、灌区改造、河堤加固等烟田配套工程，并选派1名干部到兴国挂职开展对口支援工作。

【扶贫资金管理】 工作程序规范和资金安全使用是项目顺利实施的根本保障。对扶贫资金的管理是国家烟草专卖局扶贫工作的重要环节。始终严格落实《国烟扶贫资金管理办法》、《国烟扶贫资金管理实施细则》以及《国烟扶贫资金财务管理办法》等管理制度，在项目实施过程中始终坚持项目内容、办事程序、资金数额、验收兑现“四个公开”，自觉接受当地群众的监督，得到了项目所在地群众的一致好评。在财务管理方面坚持公示、预拨、报账和审计4项基本制度，确保了资金封闭运行、专款专用。同时，在资金拨付环节坚持“四个挂钩”，即资金的拨付与工程总量、工程进度、工程质量和检查验收结果挂钩，确保了国烟扶贫资金的使用效益。

（国家烟草专卖局
综合计划司 谭海滨）

国家能源局扶贫

【概述】 2013年，国家能源局（以下简称“能源局”）结合工作职责，加大力度，支持14个片区（11个连片特困地区，加上西藏、四省藏区、新疆南疆三地州）能源项目建设，在煤炭、油气、电力和新能源项目建设方面予以政策和资金倾斜，提高“造血能力”，带动贫困地区经济社会发展。

2013年，国务院扶贫开发领导小组第一次会议后，即成立能源局扶贫工作领导小组，制定了工作规则，印发了通渭县、清水县扶贫工作指导意见。领导小组主要负责研究部署工作任务，协调相关重大问题，督促检查相关工作任务的落实。2013年，能源局重组后，已召开2次领导小组会议，局领导2次带队赴通渭县、清水县调研扶贫工作。

【能源资源政策措施制定】 出台服务新疆、山西、内蒙古、陕西、甘肃、青海、宁夏、四川、云南9省（区）能源科学发展的若干意见，支持能源资源大省将能源资源优势转化为经济优势。

新修订的《天然气利用政策》对新疆用气实施差别化政策，明确提出支持新疆适度发展限制类中的天然气化工项目，以拉动天然气化工下游相关行业发展，调动企业投资积极性。

【能源项目建设】 核准贫困地区10个煤矿项目，建设总规模2730万吨/年，总投资222亿元；批复开展前期工作项目13个，建设总规模4000万吨/年。

贫困地区已建成投产输气管道项目4个，在建项目2个，正在开展前期工作的管道项目4个。

核准贫困地区火电项目7个，合计装机646万千瓦，均已开工建设。批复开展前期工作项目15个，合计装机1882万千瓦。

加强新疆主网架建设，核准2项750千伏输变电工程，同意2项750千伏输变电工程开展前期工作。

核准贫困地区开工了16个水电站，总装机容量2532万千瓦，总投资2353亿元。组织主要电力企业分别与西藏自治区签署“十二五”电力援藏工作协议，直接援助资金超过9亿元。

2013年，西部12省（区、市）风电新增核准量1549万千瓦，占全国的50%。截至2013年底，西部地区累计核准风电装机6991万千瓦，占全国的51%。其中内蒙古、甘肃、新疆累计核准风电装机占全国的36.4%。2013年11月，西藏那曲高海拔试验风电项目首期5台风电机组共0.75万千瓦并网发电，实现了西藏自治区风电项目零的突破，创造了世界风电项目最高海拔纪录。至此，我国所有省（区）均有风电运行。

鼓励青海、甘肃、新疆等省（区）扩大光伏电站建设规模，2013年，西部各省全年新增光伏电站并网规模突破500万千瓦。

【农网改造等工程资金支持】 累计安排中央预算内资金207亿元，支持贫困地区农网改造升级、无电地区电力建设、风电送出、西藏电网建设、玉树电网与青海主网联网工程、煤矿安全改造、煤炭地质补充勘探、煤矿产业升级。

2013年7月，能源局启动《全面解决无电人口用电问题三年行动计划（2013~2015年）》，明确通过电网延伸解决154万人口用电问题，通过光伏独立供电解决119万无电人口用电问题。通过实施以上工程，结合移民搬迁工程，到2015年底，可全部解决273万无电人口用电问题。2013年，已安排无电地区电力建设中央预算内资金24亿元，通过光伏独立供电和电网延伸工程解决了150万无电人口用电问题，占全国无电人口总数的55%。

在农网改造升级工程中央资金补助政策方面，继续对中西部少数民族地区和贫困地区实施特殊的中央资本金政策。2013年，安排农网改造升级中央预算内资金100亿元。农网改造工程开展至今，显著改善了农村地区供电条件和质量，提高了农村人口用能水平。

2013年4月，批复南疆天然气利民工程可研报告，项目总投资约64亿元，其中中央预算内投资20亿元。2013年，一期工程已经完成，成功向南疆三地州12个县市团场供气，解决当地居民基本用能问题。

【定点扶贫】 2013年，能源局按照“统筹兼顾、突出重点，优势互补、形成合力，政府引导、市场主导，以人为本、民生为先”的原则，帮助甘肃省通渭县、清水县推动、引进各类项目，加快当地能源项目建设进度，完善城乡基础设施建设。我局直接投入资金用于组织农牧业技术培训和小学生游学、帮扶建设村级文化卫生基础设施，单位干部职工捐款捐物用于购买图书电脑、抗旱救灾。

支持贫困地区重大能源项目建设，带动当地经济社会发展。推进通渭华能华家岭风电项目建设。2013年底，二期工程（5万千瓦）已全面完工；三期工程（20万千瓦）已完成可行性研究，正在申报核准；四期工程（20万千瓦）已完成测风工作。

加强区域电网建设和改造，为贫困地区经济社会发展提供可靠的电力保障。2013年，协调甘肃省电力公司落实通渭县农网升级改造投资约1338万元，清水县约1382万元。指导制定清水县农网改造7年规划，促成清水县2014年全部农网改造计划获批。

【农村基础设施建设】 推动通渭县马营至陇西县云田二级公路全线开工（全长74.58千米、5.94亿元），推进通渭县2012~2014年中央财政小型农田水利重点县项目建设，协调落实的易地搬迁安置房、村文化站、卫生室主体工程已基本建成，协调修建漫水桥2座、硬化道路边沟11千米，协调落实郑阳村农村环境连片整治项目资金。

（国家能源局）

中国银行业监督管理委员会扶贫

【概述】 近年来，中国银行业监督管理委员会（以下简称“银监会”）引导银行业金融机构按照调整优化信贷结构、保证“三农”投入的思路，在注重防范金融风险前提下，加大对涉农、县域经济的信贷资源配置，2009~2013年连续5年实现涉农信贷投放增量不低于2012年、增速不低于各项贷款平均增速“两个不低于”工作目标。2013年2月，专门印发指导文件，要求银行业金融机构进一步提高农村金融服务工作的针对性，确保涉农信贷支持力度不减弱。截至2013年底，银行业金融机构涉农贷款余额20.9万亿元，占各项贷款比重为28%，比年初增加3.4万亿元，同比多增3895亿元，比2012年同期增长18.5%，高于各项贷款平均增速4个百分点，继续保持涉农信贷投入持续增长的良好态势。

【农村金融服务能力建设】 坚持服务县域、服务小微、服务“三农”的市场定位，在保持县域法人地位不变的前提下，稳步推进农村信用社产权改革，增强资本实力和贷放能力。截至2013年底，全国共组建农村商业银行和农村合作银行611家。全国农村中小金融机构营业网点较年初增加1419个。推动省联社逐步强化服务职能，进一步发挥好与农村信用社的服务协调效应。按照商业可持续和“贴近基层、贴近社区、贴近居民”原则，允许城商行在辖内和周边经济紧密区申设分支机构，在社区范围特别是农村社区探索建立村级金融服务点等多种形式的便民服务网络，强化农村社区金融服务。督促农业银行继续深化“‘三农’金融事业部”改革试点。引导邮政储蓄银行发展小额贷款等涉农零售贷款业务。农业发展银行在强化政策性职能基础上，进一步加大农业综合开发和农村基础设施建设贷款投放力度。

【新型农村金融机构培育】 近年来，银监会科学统筹中西部网点覆盖和金融服务情况，进一步完善新型农村金融机构的相关市场准入政策，严格执行“东西挂钩、城乡挂钩、发达地区与欠发达地区挂钩”政策，突出强调村镇银行应始终坚持面向“三农”的市场定位，坚持“支农支小”的经营原则。截至2013年底，全国共组建新型农村金融机构1134家，其中村镇银行1071家，贷款公司14家，农村资金互助社49家。在已组建机构中，有665家设在中西部，占比62%。已开业机构各项贷款余额3660亿元，农户和小微企业贷款合计占比90%。

【支农服务三大工程】 自2012年6月以来，银监会引导农村中小金融机构启动实施“金融服务进村入社区”、“阳光信贷”和“富民惠农金融创新”三大工程。2013年，银监会专门印发《中国银监会办公厅关于持续深入推进支农服务“三大工程”的通知》，继续督促引导农村中小金融机构在更广范围、更深层次上持续推进三大工程，农村金融产品和服务方式不断丰富，“三农”金融服务满足度持续提高。农村中小金融机构因地制宜，创新开展农村小额贷款业务，扩大农户小额信用贷款和农户联保贷款覆盖面；探索大型农机具、农村土地经营权、种粮补贴资金担保、土地收益保证、农业科技专利权等抵质押贷款方式；加强与担保、保险机构的合作，探索发展涉农贷款保证保险业务、涉农保险保单和农村小额人身保险保单质押贷款等一批业务新品种。工作实施一年多来，全国农村中小金融机构新增ATM机覆盖乡镇5783个，ATM机乡镇覆盖率达59%，新增POS机覆盖行政村85316个，POS机行政村覆盖率达42%；增设各类公示牌（板）33万张，新增授信评议小组6.4万个，增设阳光办贷大厅、窗口2.9万个，创新各类金融产品5349个。

【农民工金融服务】 为改进农民工金融服务，提高农民工金融服务的匹配度和适应性，2013年9月，银监会印发《中国银监会办公厅关于改进农民工金融服务的通知》（银监办发〔2013〕232号），要求银行业金融机构完善农民工金融服务档案，创新符合农民工实际需求的服务产品，推广贴近农民工的金融服务方式，落实农民工信贷扶持的各项政策，切实解决农民工贷款“两头难”问题，持续做好新时期农民工金融服务工作。

【老少边穷地区农村金融服务】 为贯彻落实党的十八大关于“加大对革命老区、民族地区、边疆地区、贫困地区扶持力度”精神，中国银监会专门印发《关于银行业金融机构做好老少边穷地区农村金融服务工作有关事项的通知》。要求各银行业金融机构资源配置、特别是信贷投放要加大向老、少、边、穷地区倾斜，从2013年开始，每年在老、少、边、穷地区的信贷投入增长速度要高于其他地区平均水平，高于当地城市地区的平均水平。根据老、少、边、穷地区区域发展的总体战略和布局，突出支持重点，通过创新加强老、少、边、穷地区金融服务。不断完善金融服务体系，进一步放开银行业金融机构准入政策，鼓励各类银行业金融机构在老、少、边、穷地区增设机构网点，发起设立村镇银行。

【定点扶贫】 近年来，银监会始终高度重视对甘肃省临夏回族自治州和政县的定点扶贫工作，2013年，银监会定点扶贫工作领导小组对扶贫工作进行深入研究部署，因地制宜，认真筹划，结合甘肃省和政县实际，以智力扶贫、项目扶贫、产业扶贫、平台扶贫为重点，按照年度规划，完成定点扶贫项目8个，并由点及面，注重示范带动，实际效果显著。一是举办两次和政县产业发展培训项目，培训干部100人次，培训企业经营者和致富带头人20人次，有效地提升了干部行政能力；二是以贫困学生救助、乡村小学援建为核心，开展教育扶贫；三是发展交通、卫生等民生事业，帮助贫困群众生产生活。全面完成投资460万元、贯通22.6千米的“银和路”村社道路修建项目，向和政县90余名农村贫困母亲捐助了4.5万元的生活用品；四是以劳务、农牧、文化产业为主，募集投入资金30万元，举办农村群众劳务技能培训和农业实用技术培训，覆盖群众2500人，开展产业扶贫项目；五是搭建各类型平台，金融扶贫效果空前。投入资金10万元，实施金融支持和政县“三农”和产业发展项目。2013年各项工作实际效果明显，得到和政县群众的高度认可，也得到地方党政领导的一致好评。和政县贫困人口由2012年的8万人降至5万人，脱贫速度达到历史最高水平；和政县扶贫工作考核结果为：甘肃省一等奖、临夏州第一名。

（中国银行业监督管理委员会

合作部　付正丽）

中国保险监督管理委员会扶贫

【概述】 2013年，中国保险监督管理委员会（以下简称“中国保监会”）按照党中央、国务院的统一部署，认真贯彻国务院扶贫办《关于做好新一轮中央、国家机关和有关单位定点扶贫工作的通知》（国开办发〔2012〕78号）精神，继续定点帮扶内蒙古自治区乌兰察布市察右中旗和察右后旗（以下简称“两旗”）两个国家扶贫开发工作重点旗（县）。中国保监会高度重视定点扶贫工作，严格落实2013年中央扶贫开发工作会议精神，发挥保险行业优势，在与定点帮扶单位沟通协作的基础上，全年累计拨付扶贫资金130万元、选派交流挂职干部2名、捐助物资6000余件，完成了2013年定点扶贫任务。

【扶贫调研】 中国保监会于2013年3月，邀请2个旗旗长和主管副旗长分别带领各旗扶贫办工作人员在北京召开帮扶工作交流会；2013年12月，组建扶贫工作调研小组前往2个旗开展了一次全面调研。研究部署帮扶工作，落实帮扶措施，同时对扶贫项目和扶贫资金进行督导，为今后扶贫工作的科学持续开展打下了坚实基础。

【干部挂职扶贫】 中国保监会按照《关于做好新一轮中央、国家机关和有关单位定点扶贫工作的通知》（国开办发〔2012〕78号）要求，在机关干部中筛选并确定2名副处级中青年干部，于2013年12月，分别派驻帮扶的2个单位挂职锻炼，督导扶贫工作、监管扶贫资金落实情况。

【平安保险扶贫】 为确保农村牧区小学生从平安险中得到保障，投资20万元为察右后旗4020名农村小学生办理了学生平安险补贴，做到农村牧区小学生应保尽保，防止农牧区家庭因孩子病患等原因返贫、致贫。

【基础设施建设】 中国保监会投入资金60万元，支持察右中旗完善农牧业基础设施和公共服务设施。已完成新打配套机电井10眼，铺设地埋管道2410米，新建文化室卫生室168平方米，维修改造通村公路5.8公里，累计投入资金160万元。项目的实施，对发展灌溉农业，实施禁牧舍饲，控制水土流失，改善生态环境，改善农牧业生产条件，提高抗灾自救能力都具有重要作用。

【产业扶贫】 为了发挥专业合作社在农牧民脱贫致富中的带动作用，给予合作社必要的扶持，中国保监会投入40万元，用于察右后旗土牧尔台镇顺旺生猪养殖农民专业合作社总投资3900万元、年出栏为5000头种猪的项目进行补贴，用于种猪购置。

【教育扶贫】 为解决定点扶贫单位小学学习用品匮乏问题，中国保监会于2013年4月组织机关干部职工进行了一次募捐活动，号召大家捐献学习用品和体育用品，募集物品6000余件，并运送交付定点单位小学。

【送温暖活动】 中国保监会每年春节期间向两旗贫困农牧民开展“送温暖”活动，2013年底仍按过去的做法，为2个旗分别拨款5万元，用于购买米、面、油、煤等生活必备品，慰问2个旗贫困户，贫困户的名单由当地党委、政府提供，切实把党和政府的关怀送到贫困农牧民家中。

（中国保险监督管理委员会
办公厅　赵家松）

中国农业银行扶贫

【概述】 2013年，中国农业银行（以下简称“农业银行”）贯彻落实中央扶贫开发战略部署，履行社会责任，以集中连片特困地区为工作重点，扎实推进金融扶贫，各项工作取得显著成效。一是继续增大对两类贫困县的信贷支持。2013年在国家级和省级扶贫开发工作重点县累计投放贷款5357.6亿元，年末贷款余额7566.1亿元，较年初增加1111.1亿元，增幅17.2%，比同期全行贷款增幅高6.4个百分点，有力地推动了贫困地区经济发展和贫困群众增收致富；二是重点支持集中连片特困地区经济社会发展。2013年在全国14个集中连片特困地区累计投放贷款2224.2亿元，2013年底贷款余额3863.7亿元，较年初增加609.4亿元，增幅18.7%，比同期全行贷款增幅高8个百分点，助推连片特困地区经济加快发展；三是不断建设完善贫困地区普惠金融体系。在基础金融薄弱的农村地区实施金穗惠农通工程，通过惠农卡、转账电话、POS机等渠道为群众提供普惠金融服务，截至2013年末，设立惠农服务点58.2万个，改善了贫困地区基础金融服务状况。

【扶贫政策】 为贯彻中央扶贫工作战略部署，农业银行制定出台多项金融扶贫政策：一是将集中连片特困地区金融服务确定为新时期全行服务“三农”的重要内容和践行党的群众路线教育实践活动的重要措施，下发了《关于加强集中连片特困地区金融服务工作的意见》，明确了片区金融服务重点；二是下发了《关于印发〈武陵山片区区域发展与扶贫攻坚金融服务试点方案〉的通知》、《关于建立集中连片特困地区基础数据统计体系的通知》、《关于按照统一模板编制集中连片特困地区金融服务方案的通知》等一系列文件，不断细化完善支持片区各项工作措施；三是持续惠农让利，对农户实行优惠贷款利率，农户小额贷款利率定价比市场平均低150个基点，每年减少农户利息支出约20亿元。对已发放的1.4亿张惠农卡实施“三免一减半”政策（免收小额账户服务费、免收卡和交易明细折的工本费，减半收取卡年费），每年减免各项费用约10亿元；四是树立典型，推广先进，探索开展驻村帮扶工作，下发了《中国农业银行关于推广河北分行先进经验积极做好驻村帮扶工作的意见》，要求各分行结合实际，与当地党政部门对接，在本地欠发达地区特别是国家级、省级贫困县中选择1~2个村庄开展帮扶，精准扶贫到村到户。

【连片特困地区扶贫】 2011年中央扶贫工作会议召开后，农业银行及时将工作重心转移到集中连片特困地区，将推动片区区域发展作为开展金融扶贫工作的有效切入点，全面加大工作力度，积极支持片区主导产业、民生事业、城镇化以及贫困农户脱贫致富。2011年以来，农业银行在片区累计投放贷款5575.7亿元，2013年末，片区各项贷款余额较2011年初增加1585.2亿元，增幅69.6%，与去年同期全行贷款相比增幅24.5%。一是在服务片区工作中，将支持片区社会民生事业发展、减小基本公共服务差距作为片区金融工作的服务重点。例如，在西藏投放安居工程贷款40多亿元支持农牧民安居工程建设，受益农牧民20余万户；二是积极支持片区重大基础设施建设，破解制约片区发展的瓶颈，加大对片区能源、交通、电力等基础设施建设项目的信贷投放力度，截至2013年末，贷款余额1297.9亿元，较2011年初增加474.4亿元，增幅57.6%；三是响应国家“四化同步”（工业化、信息化、城镇化、农业现代化同步发展）号召，加强对片区城镇化建设的支持力度。2013年末农业银行在集中连片特困地区的城镇化建设项目贷款余额达360.3亿元，较2011年初增加141.7亿元，增幅为64.8%，改善了片区群众生产生活条件，完善了城镇基本功能。

【银政合作扶贫】 农业银行探索创新，推出银政合作扶贫新模式。一是政府成立担保公司的甘肃“双联惠农贷”模式。农业银行甘肃分行与省财政厅合作推出了“双联惠农贷”产品，由各级政府出资以县为单位成立担保公司，为惠农贷款进行担保。农业银行连续5年每年安排60亿元专项信贷资金，共投入300亿元，在甘肃58个贫困县、8790个贫困村开展扶贫贷款业务，支持农户、专业合作组织和农业产业化企业发展生产经营，帮助农民脱贫致富。贷款执行基准利率，相当于农业银行每年让利农民2个亿，5年让利10个亿；省财政按基准利率6%全额贴息，每年60亿元贷款，5年贴息18亿元，合计给农民让利近30亿元。截至2013年末，双联惠农贷款已覆盖甘肃省10万户农户，发放总金额达到67.5亿元。二是政府建立风险补偿金的内蒙古“金融扶贫富民工程”模式。内蒙古分行把推动“金融扶贫富民工程”作为未来5年服务“三农三牧”工作重中之重，与自治区扶贫办签署合作框架协议，由各级政府出资建立贷款风险补偿金，农业银行将连续5年累计投放300亿元以上的“金融扶贫富民贷款”，其中38个重点旗县平均每个旗县第一年累放1亿元以上、其他19个贫困旗县第一年累放5000万元以上；推出“金穗富农贷”和“金穗强农贷”

两项专门产品，分别针对农户和法人自主发放贷款，并由政府部门分别按 5%和 3%的标准进行贴息。

【产业扶贫】 农业银行在总结金融扶贫历史经验的基础上，变过去单一的“输血式”扶贫为“造血式”扶贫，依托贫困地区区域发展规划，以支持当地主导、特色产业为重点，以促进农户参与产业链生产为手段，确保金融扶贫商业可持续实现“放得出、收得回、有效益”。一是重点支持国家级扶贫龙头企业 166 家，授信总额达 232.9 亿元，贷款余额达 149.7 亿元，带动 192 万贫困农户实现户均增收 2804 元；二是全年在贫困地区投放交通、电力等基础设施贷款 819.1 亿元，2013 年底，贷款余额 2179.4 亿元；三是完善贫困地区发展的产业支撑体系。重点服务贫困地区优势产业集群中小企业 11808 个，全年累计投放贷款 2503.1 亿元，年末贷款余额 3226.9 亿元，促进了贫困地区产业集聚、结构调整和转型升级；四是减小贫困地区基本公共服务差距。加强对贫困地区民生工程的信贷支持和金融服务力度，如投放贷款 53.1 亿元积极支持贫困地区教育医疗事业发展，2013 年底，贷款余额 96.2 亿元，较年初增长 11.8%。

【小额信贷扶贫】 促进农户贷款持续稳定增长，2013 年在贫困地区累计投放农户贷款 1259.6 亿元，年底贷款余额 1541 亿元，较年初增加 333.7 亿元，增幅 27.6%，比同期全行农户贷款增幅高 3.6 个百分点。其中，重点推动专门针对贫困人口的农户小额贷款业务，2011 年以来累计投放 5 万元以下的农户小额贷款 3649.3 亿元，支持农户达 300 万户，2013 年当年投放 1049.28 亿元。创新金融扶贫方式，有效结合大型银行的资金优势与小额信贷机构的渠道优势，积极为扶贫小额信贷机构提供批发资金，支持这些机构在广大贫困地区开展扶贫小额信贷业务。其中，对中国扶贫基金会授信 3 亿元，累计向其提供贷款 2.6 亿元，贷款资金全部用于向贫困地区农户发放小额贷款，支持了 17 万农户发展生产；发放贷款支持河北省易县扶贫社、贵州省兴仁扶贫社、青海省同仁扶贫社等小额信贷机构。

【康复扶贫贷款】 农业银行高度重视残疾人事业发展，发挥金融部门职能作用，持续提高残疾人金融服务水平。2013 年，累计投放康复扶贫贷款 2.8 亿元，辐射带动贫困残疾人实现户均增收 5665 元。除康复扶贫贷款外，农业银行还突破财政贴息贷款规模限制，向有信贷资金需求的残疾人企业和个人发放一般扶贫贷款 3.54 亿元，带动残疾人户均增收 6259 元。一是贯彻落实国家康复扶贫贷款指导意见，加强康复扶贫贷款管理，解决贫困残疾人开展种植业、养殖业、手工业和家庭副业的资金问题，使康复扶贫贷款真正落实到残疾人，切实起到增收致富的效果。二是支持残疾人集中就业、自主创业、社区就业等多元化就业，提高残疾人自我发展能力。

三是完善残疾人金融服务，将尊重残疾人、关爱残疾人的服务意识渗透到金融服务的各方面多环节，明确网点大堂残疾人引导服务流程，同等情况下优先办理残疾人业务。四是积极鼓励各级分行和支行开展“帮、包、带、扶”活动，动员系统内干部职工开展残疾人对口帮扶，与辖内民政福利企业和残疾户结对子，通过提供信息、捐钱捐物等方式为残疾人提供贴心服务。

【光彩事业扶贫】 光彩事业是在中央统战部、全国工商联组织推动下，以消除贫困为宗旨，以贫困地区为领域的一项社会扶贫事业。光彩事业促进会每年向农业银行推荐一批光彩事业申贷项目，农业银行独立开展信贷调查，在遵守国家相关政策和行内制度的前提下，择优予以支持，助推企业发展壮大。近3年支持光彩事业促进会推荐项目8个，总授信达5.3亿元，累计发放贷款4.2亿元，推动了民营企业参与扶贫，取得了较好社会效益。其中2013年，当年支持项目6个，为江苏玖久丝绸股份有限公司等5个项目提供总授信额度达1.85亿元，2013年底贷款余额1.38亿元；为陕西汉中中园农畜产品科贸有限公司出具2000万元贷款承诺函。

【金穗惠农通工程】 金穗惠农通是农业银行在县域农村地区，以惠农卡为载体，以服务点为依托，以电子渠道为平台，以流动服务为补充，以提高农村基础金融服务为目标，全面推进农村金融服务能力建设，为惠农卡持卡客户提供方便快捷的金融服务。农业银行将金穗惠农通工程作为服务“三农”的一项战略性工程，不断提升农村金融服务水平。截至2013年底，全行依托金穗惠农通工程在县域农村地区布放电子机具115.4万台，较年初增加2.8万台；电子机具行政村覆盖率68.3%，惠农卡发卡总量达1.4亿张，加强与商务部、人社部、供销合作总社等机构的合作，拓展惠农金融服务范围，代理新农保、新农合1543个县，占全国有农业人口县的54.1%。代理财政补贴、代收水电费等其他涉农项目1667个，较年初增加1175个。

【定点扶贫】 不断加大定点扶贫开发的力度，全力做好河北省武强县、饶阳县2个定点贫困县的扶贫开发工作。将2个定点扶贫县捐助50万元专项扶贫款的标准提高到100万元，将定点扶贫挂职干部的期限延长至3年，将总行机关每年捐助10万元的扶贫培训资金增加到18万元。以农村基础建设、改善农村基础教育的办学条件和加强农民的技能培训为重点，近年来坚持帮扶武强县建设两所希望小学（北代乡农行希望小学和常村金穗希望小学）项目、武强县中学塑胶运动场建设项目、武强中学教学实验室的建设项目、扶武强县全部行政村建设26所卫生室等7个重点项目。坚持每年组织总行机关员工开展“献爱心、送温暖”活动，向2个定点扶贫县希望小学捐款，捐助电脑、书包、文具等学习生活用品，帮助和鼓励贫困学生完成学业。坚持每年为2个定点扶贫县举办一期乡镇长培训班，通过培训提高了乡镇长的理论水平，收到显著成效。此外，积极支持地方分行响应当地政府号召，开展驻村帮扶，河北分行向阜平县大道村派驻了工作组，围绕大道村脱贫致富、基础设施建设、改善民生、基层党组织建设等具体工作开展帮扶，2013 年，已为大道村打深水井 12 口；硬化村内主街道 3000 平方米；安装路灯 35 盏；引进扶贫产业 3 个，设立助农取款服务点 1 个；先后 4 次向大道村捐赠物品 12 万元等。

（中国农业银行

农村产业与城镇化金融部　么晓颖）

中华全国供销合作总社扶贫

【概述】 2013年，中华全国供销合作总社（以下简称“供销合作总社”）系统围绕中央1号文件提出的“充分发挥供销合作社在农业社会化服务和农村流通中的重要作用”的新要求，进一步强化为农服务宗旨，参与扶贫开发工作。供销合作总社贯彻落实党中央、国务院关于扶贫开发工作的一系列精神，通过会议、文件的形式，对全系统扶贫开发工作做出部署，特别要求集中连片特殊困难地区的省（区、市）供销合作社发挥自身优势，通过产业化项目带动，主动参与到扶贫开发工作中，为当地的经济社会发展，农民的脱贫致富发挥积极作用。供销合作总社领导及相关部门还多次到贫困地区调研，深入到村、户和扶贫项目基地进行实地考察，指导扶贫开发工作。

【农村流通网络建设】 供销合作总社把新农村现代流通服务网络建设与扶贫开发工作相互衔接，加快贫困地区流通基础设施建设，特别是农产品流通体系建设，发挥流通对农业生产的引导和促进作用，培育农村特色产业。积极发展新型流通方式，加大对农产品批发市场等具有公益性质的流通主体的支持力度，提高农产品流通效率，实现助农增收。2013年，中央财政共安排“新网工程”专项资金14亿元，用于支持供销合作总社系统构建农村现代流通服务网络。供销合作总社在安排项目资金时，对贫困地区给予倾斜，621个项目大部分分布或能够辐射到贫困和经济欠发达地区。同时，将拥有11个国家级扶贫开发工作重点县的江西省赣州市、10个国家级扶贫开发工作重点县的陕西省榆林市、6个国家级扶贫开发工作重点县的甘肃省天水市、5个国家级扶贫开发工作重点县的山东省临沂市列为供销合作总社改革发展联系点给予重点扶持，每年安排项目资金300万元。

【合作社扶贫】 围绕贫困地区优势特色产业，供销合作总社采取产权结合、牵头领办、业务连接等多种方式，发展农民合作社，推进供销合作与生产合作的深度融合，在资金、技术、渠道等方面对贫困农户进行针对性帮扶，形成紧密联系的利益共同体。截至2013年底，供销合作社共组织农民兴办各类专业合作社9.3万个，其中通过有机、绿色、无公害等认证的农民专业合作社2.2万个，拥有产品注册商标的农民专业合作社1.1万多个，为1100

多万入社农户提供信息技术、品牌营销、加工储运等服务。同时，供销合作总社进一步加大对贫困地区农民合作社发展的扶持力度，通过 2013 年农业综合开发供销合作总社新型合作示范项目，扶持了 100 个国家扶贫开发重点县的农民合作社和龙头企业种植、养殖基地、加工流通项目，安排中央资金 7365 万元，带动地方配套资金 3075 万元，推动了贫困地区特色农产品产业的发展。

【综合性服务帮扶】 顺应农业农村发展新形势和为农服务新要求，供销合作总社创新服务方式，扩大服务领域，充实服务内容，推动生产服务向大田托管、种苗供应、信息服务、农机具维修等农业全产业链服务延伸，生活服务向文体娱乐、养老幼教、家电维修、劳动就业等城乡社区综合服务拓展，供销合作总社综合性服务平台的功能和优势日益显现。2013 年 7 月 11 日，总书记习近平在视察河北省正定县塔元庄村供销合作社时，对供销合作总社把超市开到农村，把社区服务送到千家万户的做法，给予高度评价。截至 2013 年底，全系统共建立农村综合服务社（中心）31.5 万个，比 2012 年新增加 4 万个，其中，与村委会共建 6.1 万个，基本覆盖了全国 50%的行政村，综合服务社已经成为地方党委、政府推进城乡公共服务均等化、加强和创新社会管理的重要抓手。

【产业扶贫】 根据贫困地区自然条件，供销合作总社培育发展集生产、加工、销售一体化的农业产业化龙头企业，实行“龙头企业+合作社+农民”、“龙头企业+基地+农民”等多种形式的产业化经营模式，带动贫困农户实现规模化种养、标准化生产、品牌化经营，提高产品质量，提升产品附加值，增加贫困农户收入。非贫困地区供销合作社积极引导直属企业、主管行业协会、科研院所、农业产业化龙头企业到集中连片特殊困难地区投资兴建项目，参与当地农业产业化发展。截至 2013 年底，全系统共有各级政府和省以上部门认可的农业产业化龙头企业 2289 个，带动农户 1788.4 万户，帮助农民实现收入 817.8 亿元。同时带动建立标准化生产基地 3.3 万个，联结农户 1942.1 万户，帮助农民实现收入 1191.2 亿元。

【科技教育扶贫】 依托系统现有的 94 所各级各类职业院校，加强对贫困家庭未升学的初中、高中毕业生进行中等职业教育和短期技能培训，2013 年，在校生近 30 万人。同时面向贫困地区农民，开展实用技能教育培训，通过承接“阳光工程”、“农村劳动力就地就近转移培训工程”、家庭手工业辅导员培训等项目，开拓贫困地区劳动力就业渠道，帮助贫困地区劳动力转移就业。依托系统 8 所直属科研院所，4.8 万个庄稼医院，为农民群众提供技术培训、推广、应用和信息咨询等服务。2013 年，共建立科学试验示范田 19.1 万公顷，开展测土配方施肥 120.5 万公顷；提供技术培训、信息咨询 1434.6 万人次；提供种子、种苗63亿元；发放科技资料2155.4万份。

【定点扶贫】　2013年，供销合作总社采取多种措施，推进定点扶贫安徽省潜山县的开发工作。

1. 强化与定点扶贫县的互动交流。全年组织安排8名局级、19名处级及以下干部赴安徽省潜山县开展调查研究，指导扶贫开发工作。潜山县政府有关领导和部门多次来供销合作总社沟通情况、交流工作，双方形成了良好的互动关系。

2. 加强对定点扶贫县的人才支持。供销合作总社将潜山县作为培养锻炼干部的基地，2013年，选派了2名干部进行扶贫挂职，其中1名处级干部挂职县委常委、副县长，1名干部挂职乡镇副书记，2人分别立足各自岗位，尽心尽力，尽职尽责，作了大量卓有成效的工作，受到当地党委、政府和群众的高度认可。

3. 进一步提高定点扶贫专项经费。在2012年60万元定点扶贫专项经费的基础上，2013年增长至80万元，并一次性拨付到位，方便当地有效开展扶贫工作。

4. 扶持一批重点项目。通过“新网工程”资金倾斜，农业综合开发项目计划单列，动员本级企业参与合作等方式，重点支持了特色农产品加工、无公害蔬菜基地等一批项目，强化自身脱贫的“造血”功能。

5. 推进农业特色产业发展。利用供销合作总社直属科研院所和行业协会的专业优势，支持当地瓜蒌、茶叶、食用菌等特色农业发展，先后组织直属南京野生植物综合利用研究院、杭州茶叶研究院和中国食用菌协会的负责人和资深专家赴定点扶贫县进行“问诊把脉”，通过以奖代补的方式扶持新发展食用菌产业基地100亩，改造老基地50亩，新建食用菌生产示范园区2处。

（中华全国供销合作总社
经济发展与改革部　刘喜成）

中华全国总工会扶贫

【概述】 2013年，中华全国总工会贯彻党的十八大和十八届三中全会精神，以邓小平理论、“三个代表”重要思想、科学发展观为指导，贯彻落实国务院扶贫办、中央组织部等8个部门《关于做好新一轮中央、国家机关和有关单位定点扶贫工作的通知》和《中国农村扶贫开发纲要（2011—2020年）》要求，围绕和顺县经济社会发展目标，制订扶贫工作方案，扎实推进定点扶贫工作，取得显著成绩。2013年以来，共推动扶贫项目18个，投入资金140多万元，撬动资金600多万元，受益专业合作社8个，受益村11个，覆盖贫困人口2000多人，贫困人口人均年纯收入由2054元增至2067元，全县有9000人实现脱贫。

【产业开发扶贫】 抓好产业开发，以产业发展促进农村的增收脱贫。根据和顺县资源特点和产业基础条件，发挥密切联系劳动模范的优势，以农村专业合作社为依托，不断扩大扶贫项目受益面，促进农村贫困人口增收脱贫。重点实施了玉堤核桃种植专业合作社灌溉项目、扶持松烟镇松沟村发展核桃树种植项目、扶持恋思水库移民发展食用菌培育和苗木项目等，利用扶贫资金的杠杆撬动作用和帮扶项目的示范带动作用，扶持做大特色农业，推动当地农业产业结构调整。

【技术培训扶贫】 先后与农经办联合举办专业合作社财务制度培训班，与县总工会联合举办进城务工人员培训班，与畜牧局联合举办养殖技术培训班等，还实施了与县委组织部、县委下乡办、山西农业大学联合制作种植养殖技术推广光盘等项目，提高了贫困农民的科学素质，增强了致富能力。

【农村基础设施建设扶贫】 不断改善农民群众生活条件，支持部分水源匮乏乡镇的人畜饮水设施设备升级改造、自来水入户、房檐集蓄雨水实验示范推广、生物质固化设备引进推广等项目建设，扶持当地改进农村基础设施建设，改善贫困地区农民群众的生活条件。帮扶平松乡西河会村修建了一座牲畜饮水池，解决了该村牛羊吃水难的问题，解决了村民养殖牛羊的后顾之忧，促进了增收致富。

【教育扶贫】 与和顺县总工会多次共同开展金秋助学活动，资助困难职工子女读大学。为2所有大量留守儿童和进城务工子女的幼儿园升级硬件设施，改善教学条件。特别是串村寄宿制幼儿园，是位于城郊的一所村办幼儿园，园内 300 多个孩子中，90%都是进城务工人员的子女，通过帮扶，该园硬件设施得到提升，孩子们的学习生活状况得到改善，也使得进城务工人员能够安心工作。

（中华全国总工会
经济技术部　代明梅）

中国共产主义青年团中央委员会扶贫

【概述】 2013年，中国共产主义青年团中央委员会（以下简称“共青团中央”）贯彻落实中央扶贫开发工作会议和《中国农村扶贫开发纲要（2011—2020年）》精神，根据国务院扶贫办、共青团中央联合下发的《关于动员和支持各级团组织及广大青年积极参与扶贫开发的意见》（国开办发〔2012〕35号）统一部署，以集中连片特困地区为重点，围绕农村青年创业就业、人才培养、科技服务、定点扶贫等方面，通过机制化、项目化推进，参与新一轮扶贫开发工作。

【创业培训扶贫】 共青团中央结合实施农村青年创业就业行动、农村青年科技特派员创业行动、青年星火带头人培训工程、YBC（中国青年创业国际计划）等培训项目，充分利用城乡各类培训机构、共青团培训阵地和创业就业见习基地、农业龙头企业和产业基地，面向贫困地区青年有针对性地开展实用技能培训，提高农村青年的创业能力和就业技能。一是与国务院扶贫办合作，继续实施“雨露计划·腾飞工程——中西部地区万名应用人才助学行动”，帮助中西部贫困地区1900余名“两后生”免费接受职业教育；二是采取组织对接、区域协作、城乡互动等工作模式，促进贫困地区农村青年转移就业；三是不断完善与银行业金融机构的合作机制，创新贷款担保方式，深入推进贫困地区青年创业小额贷款工作及农村青年信用示范户工作，加强贫困地区农村信用环境建设。据不完全统计，全国共发放贫困地区农村青年创业小额贷款39.4亿元，获得贷款的农村青年7.5万人；开展金融知识培训2430期，培训9.68万人；评定农村青年信用示范户1.21万户，发放贷款4.23亿元；四是继续开展全国大中专学生志愿者暑期文化科技卫生“三下乡”社会实践活动，招募组建106支由专业教师和学生组成的实践服务团队，开展农技人员培训、农业科普讲座、先进农技推广，为贫困地区农民提供生产实践指导等服务。

【志愿者扶贫】 一是继续实施西部计划和研究生支教团扶贫接力工作，深入开展“中国梦·西部情”西部计划10周年巡回报告会，挖掘参与扶贫开发的优秀典型，报道志愿者扎根西部基层的先进事迹，推介服务西部的政策措施和发展机遇。动员近6.5万名应届高校毕业生和在读研究生报名参加2013年西部计划。2013年，共选派西部计划志愿者17500人，研究生支教团志愿者1506人；二是继续组织西部文化建设志愿服务活动，向内蒙古、新疆等12个省、区的部分乡镇文化站选派517名志愿者。加大对四省藏区和国家确定的连片特困地区中西部11个片区的志愿者派遣力度；三是在河北省燕山、太行山片区探索实施“燕山—太行山”扶贫开发计划；四是进一步落实志愿者参与扶贫开发的相关激励政策，将中央财政给予服务期间的志愿者每人每月1000元的生活补贴纳入国家艰苦边远地区津贴，同时执行所在地区津贴标准。

【社会扶贫】 共青团中央发挥团的组织化和社会化动员优势，广泛整合社会资源，建立起团组织内部力量和外部资源协同参与的社会化扶贫工作机制。

一是实施“物华工程”和送温暖等系列活动，动员爱心企业特别是出版发行单位积极参与帮助贫困群众和弱势群体，2013年通过基层团委向贫困群众捐赠服装等生活物资总价值812万元；二是组织100多名青年企业家，参加了青海省人民政府举办的“2013中国·青海绿色经济发展贸易洽谈会”等活动，努力促进项目对接，为青年企业家到西部地区投资兴业搭建平台，服务地方经济发展；三是继续配合中组部选派“博士服务团”193名成员到西部地区、革命老区和部分少数民族地区挂职服务，为西部地区提供人才和智力支持；四是继续实施民族地区团干部“培养计划”，选派51名少数民族团干部，分赴沿海发达地区开展为期半年的挂职锻炼；积极实施青少年民族团结交流万人计划，重点面向中西部青少年开展9个交流项目；五是开展“科技之光”青年医疗专家服务团社会服务试点项目，为甘肃、宁夏的200个乡镇卫生院送去价值198万元的医疗器械设备，为13324名青少年、青年农民工免费发放了39.2万元的药品、11000册医疗保健读本，培训乡村青年医务人员654名；六是多方募集社会资金开展贫困地区学生资助工作，援建希望小学66所，资助农村家庭经济困难学生6.3万人。其中，“2013希望工程圆梦行动大型公益助学活动”资助农村家庭经济困难学生1.74万人，资助金额8700万元；七是资助遭受严重自然灾害的甘肃、四川等地青年就业项目资金550万元。

【贫困地区基层团组织建设】 1. 加大对贫困地区基层团组织的资金支持力度。继续为2218个中西部地区和部分东部地区县级团委提供每年3万元的经费。其中，共为832个国家级贫困县和14个特困连片地区县提供2496万元经费。

2. 加大对贫困地区团组织的工作指导力度。启动第二轮第四批选派地市以上团的领导机关干部驻县级团委指导工作，共选拔738名团干部赴西部贫困地区部分县级团委开展工作；组织第三批全国部分高校的1066名团干部赴县级团委挂职。

【定点扶贫】 共青团中央选派3人组

成第 13 批扶贫工作队进驻山西省灵丘县，在产业发展、人力资源开发、招商引资等领域实施帮扶项目，助力灵丘县经济社会发展。

1. 继续巩固韩家坊整村推进成果。与水利、供电、交通等部门共同解决村里大棚用水、用电及道路硬化等问题；出资 2.3 万元购买垃圾清运车及清洁工具，支持整村清洁工程建设；多方争取资源支持村小学绿化，并向村小学捐赠图书及光盘。

2. 实施示范农业项目。为村民协调外出学习种植技术；资助上寨镇 3 万元建设核桃育苗基地；资助柳科乡 10 万元实施山坡地带小黑平蘑大棚项目。

3. 多渠道培养人才。选拔 10 名青年党政干部赴沿海发达地区短期挂职锻炼；选派 18 名农村青年致富带头人、大学生村官赴江苏学习有机农业和农村专业合作社管理；邀请全国“五四奖章”获得者赴灵丘举办青年创业典型报告会；选派 3 名青年党政干部及青年创业典型出国访问考察。

4. 帮扶教育等社会事业发展。继续选拔 26 名研究生支教团志愿者到乡镇中小学支教；组织 20 名师生赴京参加“全国青少年英语口语展示交流活动”；争取各类资金 38.95 万元，资助 220 名贫困中小学生和 60 名考取大学的贫困生入学就读；争取中央电视台《社区英雄》栏目奖励资金及其他社会资源，为扶贫点新建 9 个图书室，捐赠 30 万码洋的图书和音像制品，配备 58 万元的远程网络教学设备、体育等器材；争取 50 万青少年宫扩建资金；争取民政部“留守儿童暑期课堂项目”资金 10 万元，从学业辅导、心理陪护、自护教育等方面关爱留守儿童；为贫困学生争取 3 万元爱心基金和 50 套运动衣；为贫困家庭捐赠 300 双鞋、3300 余件衣服及 200 余件床上用品。

（中国共产主义青年团中央委员会
农村青年工作部）

中华全国妇女联合会扶贫

【概述】 2013年，中华全国妇女联合会（以下简称“全国妇联”）贯彻《中国农村扶贫开发纲要（2011—2020年）》，根据党中央、国务院关于扶贫工作的总体部署和要求，立足贫困地区妇女儿童的实际需求，把帮助贫困地区妇女儿童解决温饱问题、促进贫困地区妇女儿童发展作为“建设坚强阵地和温暖之家”的重要抓手，发挥妇联自身优势，进一步加大对贫困地区妇女儿童的扶持力度，为推动贫困地区经济社会发展和改善妇女儿童生存状况作出了贡献。

【妇女小额担保贷款】 2013年，全国妇联继续推动实施妇女小额担保贷款政策，为贫困妇女提供资金支持。截至2013年末，全国累计发放妇女小额担保贷款1803.36亿元，获贷妇女358.07万人次，中央及地方落实财政贴息资金共计113.39亿元。其中，西部12个省区市发放贷款累计达1033亿元，占全国贷款总额的57%，

中央财政落实贴息资金65.99亿元，占中央财政贴息资金总额的61%。妇女通过小额贷款，发展种植、养殖、农产品加工、手工编织、绿色庭院经济等，增加了收入、提高了地位、改善了生活质量、逐步摆脱了贫困。

【农村妇女“两癌”免费检查】 2013年，全国妇联继续配合卫生部门开展农村妇女“两癌”免费检查项目，在执行过程中，各地始终坚持贫困妇女优先的原则。2013年，共完成1014万名农村妇女宫颈癌免费检查和151万名乳腺癌免费检查，促进了“两癌”早诊早治，降低了农村妇女疾病负担和因病死亡的风险。为推动解决农村贫困妇女“两癌”治疗难题，全国妇联争取中央彩票公益金的支持，专门设立了贫困母亲“两癌”救助专项基金，2013年，为9900名患病的农村贫困妇女给予每人1万元救助，防止患病妇女家庭因病返贫。

【春风行动】 2013年，全国妇联与人力资源和社会保障部、全国总工会联合下发文件，继续在全国开展以“搭建劳务对接平台、共同帮您尽早就业”为主题的“春风行动”，以进城务工妇女、就业困难妇女和高校女毕业生为重点人群，坚持促进就近就业、扶持返乡创业、加强劳务对接“三结合”，为妇女送去优惠政策、项目和岗位信息。据28个省区市妇联的统计，各地通过组织各类专场招聘会，共为92万

名妇女提供技能培训，为186万名妇女提供就业服务，组织劳务输出女性150多万人。

【送温暖·三下乡活动】 2013年春节前夕，全国妇联启动“送温暖·三下乡”活动，由主要领导带队，分赴湖北、宁夏边远贫困乡村看望慰问当地贫困妇女和空巢老人，为少数民族和贫困地区农村妇女送温暖、送知识、送健康、送服务，为两地妇女儿童送去1600万元的项目资金及物资，帮助她们解决生活、生产、学习中的实际问题。自2000年以来，每逢“两节”期间，全国妇联深入老、少、边、穷地区开展“送温暖、三下乡”集中服务活动，已累计向中西部贫困地区捐助项目资金及物资达3亿多元，有效地改善了贫困地区妇女儿童生产生活条件。

【妇字号示范基地创建】 全国妇联以西部贫困地区为重点，开展示范基地创建和科技扶贫工作，2013年，全国妇联在中西部20个省区市累计投入项目经费900多万元，扶持创建“全国巾帼现代农业科技示范基地”和“全国三八绿色工程”项目示范基地152个，扶持了一批致富女能人、农产品流通女经纪人，通过基地的示范带动，有效地发挥了“做给妇女看、带着妇女干”的示范引领作用，取得了“创建一个基地，带动一方经济，帮助一批妇女增收”的综合效益。

【教育培训扶贫】 全国妇联通过开展教育培训，提高贫困地区妇女反贫困能力。2013年，在中西部20个省区市举办各类农村妇女培训班共15期，培训妇女1600人，并启动集中连片特困地区县级妇联干部培训工作，武陵山片区县（市、区）妇联主席108人参加了在湖南省举办的首期培训。在全国妇联的推动下，各地妇联结合实际，因地制宜开展各类培训。河南省妇联通过实施“巾帼扶贫培训工程”，培训贫困妇女近7万人。海南省妇联联合有关部门，通过开办扶贫巾帼励志中专班，培训贫困女生1033名，就业率达95%以上。据对内蒙古、黑龙江等10个中西部省区市的统计，各级妇联组织通过开展各类农村妇女培训，受益妇女达350多万人。

【贫困地区儿童营养改善项目】 2013年，全国妇联与国家卫生计生委继续合作实施贫困地区儿童营养改善项目，为集中连片特殊困难地区6~24月龄婴幼儿补充辅食营养补充品，提高儿童家长科学喂养知识普及程度，改善贫困地区婴幼儿营养和健康状况。2013年，共投入项目资金3亿元，项目覆盖集中连片特殊困难地区300个县，受益儿童达到了40万人。

【定点扶贫】 2013年，全国妇联坚持“举全会之力，助漳县脱贫”的总体思路，充分发挥自身优势，整合各类资源，继续选派第14批帮扶队员赴甘肃省漳县驻县帮扶，全年累计落实帮扶资金及物资折合235.85万元。在漳县发生6.6级强烈地震后，全国妇联及时向地震灾区紧急划拨220万元救灾资金和物资。书记处领导亲自带队，深入漳县，了解群众受灾情况，看望慰问受灾群众，共同研究灾后重建工作。积极开展教育扶贫，全年累计举办各类培训班6期，培训农村贫困妇女近千名，输送外出务工妇女200人。通过智力扶贫、项目扶贫、产业化扶贫等措施，改善了漳县基础设施建设，实现了群众收入稳步增长，促进了漳县经济社会的发展。2013年，在全国妇联的帮扶下，漳县在大灾之年经济社会发展取得了进展，主要经济指标均实现两位数增长，其中，2013年完成生产总值16.02亿元，同比增长14.5%；农民人均纯收入达到4091元，同比增长18%。

（中华全国妇女联合会
妇女发展部扶贫处　符　鸽）

中国残疾人联合会扶贫

【概述】 2013年，中国残疾人联合会（以下简称“中国残联”）残疾人扶贫开发成效显著，贫困残疾人生产生活状况得到进一步改善。238.7万贫困残疾人得到扶持，其中120.6万人通过扶贫开发实际脱贫；接受实用技术培训的残疾人达到85.6万人次。

康复扶贫贴息贷款扶持7.9万农村残疾人，6.4万个单位和40万个人对贫困残疾人开展结对帮扶。残疾人扶贫基地达到6201个，安置16.4万残疾人就业，扶持带动24.6万残疾人。

完成12.2万户农村贫困残疾人危房改造，各地投入危房资金11.5亿元，14.4万残疾人受益。

基层党组织助残扶贫项目帮扶76845名农村贫困残疾人。万村千乡市场工程助残扶贫项目安置6925名贫困残疾人就业，帮扶贫困残疾人创办2372个村级农村店。

【连片特困地区残疾人扶贫】 依据农村贫困残疾人数据库资料，中国残联与国务院扶贫办共同制定《关于在集中连片特困地区加强残疾人扶贫开发工作的通知》（残联发〔2013〕12号），要求加大财政扶贫资金对残疾人扶贫开发的支持力度，在实施整村推进、新农村建设、易地搬迁和片区产业发展政策时，加大对残疾人的优惠和扶持，减轻支出负担，降低产业扶持准入条件等措施，并要求把贫困残疾人纳入贫困监测整体工作，建立集中连片特困地区残疾人扶贫开发工作统计汇总制度。

【农业行业助残扶贫】 中国残联协调农业部印发《关于加强农业行业助残扶贫工作促进农村残疾人增收的通知》（农政发〔2013〕2号）提出加强对残疾人农业生产技术服务、创办农民专业合作社的扶持、加强农村残疾人农业生产与经营管理技能的培训、支持农村残疾人家庭购置和使用农机、加快改善农村残疾人家庭生活燃气环境等降低享受政策的准入条件，提高优惠补贴等政策。

【农村贫困残疾人家庭危房改造】 中国残联与住房城乡建设部共同印发了《关于优先支持农村贫困残疾人家庭危房改造的通知》（建村〔2013〕103号），提出各地确保年度完成贫困残疾人家庭危房改造数量占年度总任务的比例高于当地农村贫困残疾人家庭存量危房占存量危房总数的比例。各地要在补助对象和补助标准上对贫困残疾人家庭倾斜照顾，优先安排住房最危险、经济最贫困的残疾人家庭，减免农村贫困残疾人家庭建房的相关规费。

【定点扶贫】 2013 年，中国残联为定点扶贫县河北省南皮县捐赠了 1 辆康复服务车以及盲人文化用品、辅助器具、棉衣等价值 100 余万元的物资，中国残疾人辅助器具中心捐赠了价值 10 万元的残疾人辅助器具，并对贫困残疾人进行了一次摸底调查，为贫困残疾人配备和安装了辅助设备和假肢。中国残联领导、有关部门和直属单位走访慰问南皮残疾人康复中心、残疾人家庭，进行实地调研，指导农村残疾人扶贫工作。

（中国残疾人联合会
教育就业部就业扶贫处　李　哲）

中华全国工商业联合会扶贫

【概述】 2013年，中华全国工商业联合会（以下简称“全国工商联”）学习贯彻党的十八大、十八届三中全会精神，加强党风廉政建设，开展党的群众路线教育实践活动，以“坚定理想信念、切实转变作风、促进两个健康”活动为载体，围绕“两个健康”工作主题，按照中央扶贫开发工作会议精神和《中国农村扶贫开发纲要（2011—2020年）》提出的要求，开展调查研究，创新服务载体，探索扶贫工作新思路，提出了“跳出扶贫抓扶贫”、“做大县域经济，增强贫困地区内生动力”等工作思路和要求，加强对基层工商联扶贫工作的指导，与政府部门和社会组织的合作，结合工商联自身优势和特点，履行职能，扎实开展各项扶贫工作，在鼓励、引导和支持非公有制经济在农村扶贫开发中发挥积极作用和提升定点扶贫工作质量方面，取得了较好的成效。

2013年4月19日，全国工商联与国务院扶贫办在全国工商联机关召开了扶贫开发工作联席会议。会议原则通过了《全国工商联 国务院扶贫办关于共同推动民营企业参与新一轮农村扶贫开发的意见》和《2013年联合工作方案》。全国政协副主席、全国工商联主席王钦敏，时任国务院扶贫办主任范小建分别做了重要讲话。

第十一届全国工商联扶贫工作委员会成立会，于2013年6月26日，在巴中市召开。会议选举产生了新一届主任、副主任，并建立了有关规章制度，明确了新一届扶贫工作委员会的工作思路、工作领域、工作目标。全国政协副主席、全国工商联主席王钦敏出席会议。

全国工商联积极探索连片特困地区小微企业发展对带动扶贫开发影响作用研究和规律性认识。在深入调查研究、走访小微企业、调查问卷和搜集资料基础上，2013年12月撰写了《连片特困地区中的小微企业》调研报告。

根据全国工商联与织金县政府签订的《同心·光彩助农生产性帮扶基金协议书》，截至2013年12月底，全年共发放滚动扶贫资金312万元。全年共为18户企业担保贷款1150万元。并为农户提供小额贷款，以支持他们发展生产、增加收入。

【乡镇干部培训】 2013年4月21至27日，全国工商联与中国民生银行在深圳市共同举办了全国工商联第十一期乡镇干部培训班。来自四川省仪陇县、平昌县、旺苍县，贵州省毕节市、黔西南州以及安徽省金寨县的83名学员参加了培训。

2013年5月，全国工商联与国务院扶贫办联合下发《关于共同推动民营企业参与新一轮农村扶贫开发的意见》。

【扶贫与社会服务工作座谈会】 2013年6月15至16日，全国工商联在安徽省合肥市召开扶贫与社会服务工作座谈会。来自全国31个省（市、区）和新疆生产建设兵团工商联的分管副主席与工作部门负责人等60多人参加了会议。会议交流了过去5年的工作经验，分析了新时期工商联扶贫与社会服务工作面临的新问题，明确了新的工作思路和具体工作部署。

【扶贫调研】 2013年6月27至28日，全国政协副主席、全国工商联主席王钦敏到四川省巴中市平昌县和南充市仪陇县开展扶贫工作考察调研。考察期间，全国工商联向巴中市平昌县人民政府捐资500万元，并与平昌县签署了《关于共同建立光彩助农帮扶基金项目协议书》，由当地政府等额配套，用于推动平昌县农民增收、农业增效和农村发展，进而促进秦巴连片特困地区的扶贫开发工作。

【光彩事业扶贫】 2013年4月20日四川省雅安市芦山县发生里氏7.0级地震后，全国工商联动员和组织民营企业参与抗震救灾。据不完全统计，全国各地民营企业（以工商联会员企业和光彩会理事单位为主）捐款捐物总额达102015.7806万元，其中捐款69241.2846万元、捐物32774.496万元。

2013年5月8至9日，全国工商联、中国光彩事业促进会和安徽省人民政府，在安徽省革命老区六安市共同主办“中国光彩事业六安行暨安徽省与全国知名民营企业合作发展会议”。活动期间，共组织签约项目988个、签约金额6644亿元，其中六安市签约项目42个、签约金额272.3亿元。本次活动为六安市金寨县捐赠2000万元，用于惠及近20万人的饮用水改造工程。

2013年6月26日，全国政协副主席、全国工商联主席王钦敏率团参加“光彩事业巴中行暨川商革命老区行”活动。全国工商联邀请了全国112家知名民营企业参加，其中民营企业500强企业11家、行业50强企业35家。此次活动，共促成全国各地民营企业与巴中市签约了39个项目，总投资额346.2亿元；其中投资额在10亿元以上的项目有12个，单个项目的最大投资额达40亿元。

10月21日，由全国工商联、中国光彩事业促进会、江西省人民政府共同主办的“中国光彩事业革命老区赣州行”活动在江西省赣州市举行。来自全国的200多位民营企业家参加活动。此次活动共签约项目113个，总投资额1040.9亿元。本次活动向瑞金捐款2070万元，用于支持在乡烈士遗属危房改造等项目。

【援藏战略合作框架协议签订】 2013年3月1日，全国工商联与西藏自治区人民政府在北京签订战略合作框架协议。双方旨在进一步加强合作，全面深入实施西部大开发战略、新阶段扶贫开发战略，发展非公有制经济，推进西藏跨越式发展。全国政协副主席、全国工商联主席王钦敏，中央统战部副部长、全国工商联党组书记、常务副主席全哲洙；西藏自治区党委书记陈全国，西藏自治区主席、党委副书记洛桑江村出席签约仪式。

西藏自治区人民政府主席洛桑江村和全国工商联主席王钦敏代表各方在协议书上签字。

【中国光彩事业西藏行】 2013 年 8 月 4 至 5 日，由全国工商联、中国光彩事业促进会、西藏自治区党委、自治区人民政府共同举办的“中国光彩事业西藏行”活动在西藏拉萨市隆重举行。来自全国 300 多位非公有制经济代表人士参加了此次活动。这次光彩事业西藏行活动，全区共签约项目 229 个，投资总额 3613.07 亿元，其中合同项目 131 个，总投资额 2393.29 亿元。中国光彩事业基金会向拉萨市曲水县养老院捐款 1800 万元；中国光彩会与国家卫生和计划生育委员会合作举行了“光彩·西藏和四省藏区健康促进工程”启动仪式，泛海集团向该项目捐款 1000 万元；西藏自治区人民政府与中国民生银行签署了合作框协议，民生银行捐款 4000 万元，分 4 年实施，用于支持西藏儿童先天性心脏病救治工作；奇正藏药集团捐款 1100 万元，用于支持西藏那兰扎寺五明学院建设和在林芝、那曲地区各捐建一所藏医诊所。

【扶贫捐赠】 2013 年 11 月，全国工商联联系中国民生银行向新疆生产建设兵团捐赠 320 万元，为兵团所属偏远、边境地区的 600 家农户和 2 个边防哨所购置和安装 602 套太阳能光伏系统和配套设备，以解决农户的照明、取暖、看电视之需。

【就业与再就业扶贫】 2013 年 5 月 21 至 27 日，全国工商联与人力资源社会保障部、教育部、全国总工会联合组织全国 31 个省、自治区、直辖市开展了“2013 年全国民营企业招聘周”活动。据统计，全国有 22 万户民营企业参加了招聘周活动，提供各类岗位信息近 351 万条；有 102 万人次求职者与用人单位达成了就业意向，其中，大中专毕业生 61 万人次，农民工 25 万人次，其他各类求职者 16 万人次。招聘现场累计发放政策宣传品 764 万份，提供维权及法律援助 21 万人次。

2013 年 12 月 16 日，全国工商联、人力资源社会保障部、全国总工会在京联合召开第五届全国就业与社会保障先进民营企业表彰大会，授予东华软件股份公司等 100 家民营企业“全国就业与社会保障先进民营企业”荣誉称号。

【社会化扶贫】 2013 年 2 月 5 日，全国政协副主席、全国工商联主席王钦敏率队赴河北省滦平县开展春节“送温暖”活动，并实地考察全国工商联在滦平县的绿色蔬菜产业扶贫建设项目，慰问当地困难群众。

2013年4月26日，中华红丝带基金在安徽合肥举办了“携手防艾·抗震救灾——第二届中华红丝带基金才子佳人翡翠专场慈善竞买”活动。近300人参加此次活动，筹得善款424.4万元。其中一部分捐给雅安地震灾区用于灾后重建，其余资金将用于救助安徽省皖北1000余名受艾滋病影响的儿童和老人。

2013年9月21至23日，全国工商联与民政部、国资委、广东省人民政府和深圳市人民政府共同在深圳市主办了“第二届中国公益慈善项目交流展示会”。本届慈展会以“慈善，让中国更美丽”为主题，参展单位828家，共吸引14.1万人次参观。展会实现了慈善资源有效对接，优化配置，共有342个项目对接总额达17.08亿元，其中全国工商联组织四川科创集团、中国民生银行现场分别捐赠2000万元和1000万元给中国光彩基金会用于解决西部贫困地区百姓的民生问题，来自深圳本地的深圳华强集团、碧桂园集团以及腾讯基金等知名民营企业共捐赠善款2.1亿元。

2013年11月30日，由中国健康教育中心、中国性病艾滋病防治协会、中华红丝带基金共同主办的2013年世界艾滋病日主题宣传活动在京举行。宣传主题为“行动起来，向‘零’艾滋迈进——共抗艾滋共担责任　共享未来”。国家卫计委、全国工商联有关领导及部分公益人士参与了宣传活动。

（中华全国工商业联合会扶贫与社会服务部扶贫工作处　郭东风）

五

定点扶贫篇

综　述

2013年，国务院扶贫办会同中央组织部、中央统战部、中央直属机关工委、中央国家机关工委、解放军总政治部、教育部和国务院国资委等定点扶贫牵头组织部门，进一步加大工作力度，组织召开全国定点扶贫工作培训班、中央企业参与扶贫开发工作会议、教育部直属高校定点扶贫工作培训班、全国金融机构定点扶贫工作培训班、全国定点扶贫表彰评审暨社会扶贫研讨班，开展中央国家机关等单位定点扶贫先进集体和先进个人评选表彰活动，以国务院扶贫开发领导小组名义对评选出的120个先进集体和40名先进个人进行表彰，切实加强对定点扶贫工作的分类指导、督促落实和协调服务。

总体来看，中央和国家机关等单位立足本行业、本部门实际，积极发挥各自优势，努力为各定点扶贫地区做实事、办好事。许多单位还将定点扶贫与单位自身建设有机结合，将定点扶贫地区打造成为本单位优秀青年干部的锻炼基地、群众路线教育的实践基地和政策制定的调研基地，取得显著成绩。据统计，2013年，中央和国家机关及企事业等单位共向定点扶贫地区选派挂职扶贫干部451名，比上年增加26.3%。直接投入帮扶资金（含物资折款）20.82亿元，比上年增长9.5%。其中，用于基础设施建设14.8亿元，占70.8%；用于产业开发1.93亿元，占9.3%；用于科教文卫事业2.35亿元，占11.3%。派员赴定点扶贫地区考察调研6162人次，帮助引进各类资金53.85亿元，培训各类人员11.6万人次，组织劳务输出7万人次，资助贫困学生6.45万人次。

310个中央和国家机关等单位中，承担定点扶贫任务最多的是国家林业局，帮扶16个重点县，其次是水利部帮扶13个重点县。选派挂职扶贫干部最多的是水利部，22人，其次是国家林业局16人。投入帮扶资金（含物资折款）最多的是中国石油化工集团公司，无偿投入6788万元，其次是招商局集团4452万元。培训各类人员最多的是中国科学技术协会，为定点扶贫地区培训各级干部、技术人员、农村致富带头人和农村劳动力共计2万余人次，其次是科技部10312人次。组织劳务输出最多的是中国五矿集团公司，共为定点扶贫地区输出劳务人员7913人次，其次是神华集团有限责任公司1424人次。

在中央定点扶贫的示范带动下，2013

年，全国有扶贫任务的 28 个省（自治区、直辖市）和新疆生产建设兵团都在本辖区内组织开展了定点扶贫工作。参加省、市、县（兵团、师、团）三级层面定点扶贫工作的单位达到 15.4 万个，帮扶 15 万个贫困村。全年共向定点扶贫地区选派挂职蹲点干部 18.8 万名，派员实地考察调研 94.2 万人次，直接投入帮扶资金（含物资折款）313.4 亿元，比上年增长 62.7%，帮助引进各类资金 641.6 亿元，培训各类人员 879.9 万人次，组织劳务输出 558.3 万人次，资助贫困学生 74.4 万人次。

2013 年，中央和地方层面定点扶贫直接投入的帮扶资金达到 334.2 亿元，比上年同期增长 57.6%，总量创历史新高。此外，军队和武警部队继续扎实推进对全国 63 个县、547 个乡镇、2856 个贫困村的定点帮扶工作，先后帮助 30 余万贫困群众摆脱贫困。

（国务院扶贫办
国际合作和社会扶贫司）

全国政协办公厅定点扶贫

【概述】 2013年，全国政协办公厅定点帮扶安徽省六安市舒城县和阜阳市颍东区。在全国政协主席俞正声，副主席兼秘书长张庆黎等领导同志的高度重视和关心下，在机关党组的直接领导下，健全工作机构，完善工作机制，精心选派挂职干部，明确智力帮扶、项目帮扶、爱心帮扶“三位一体”的帮扶思路。一年来，帮助舒城县做了以下工作：协调环保部将“万佛湖环境保护项目”正式列入国家江河湖泊重点保护名录；“中小河流治理项目”得到水利部的重视和支持；“中央彩票公益金支持革命老区整村推进项目”得到国务院扶贫办大力支持，1250万元已经落实到位；“环巢湖流域农业面源污染综合治理项目”已报送农业部；“万佛湖5A级旅游景区创建”工作已和国家旅游局取得联系，并在积极推进中。帮助阜阳市颍东区做了以下工作：将颍东区追加确定为国家城镇化试点，国家开发银行和安徽省政府将连续10年，每年给予5亿元的建设资金支持；关于低洼地和矿区沉陷区的湿地建设项目，已经过国家林业局初步同意并已派专家组进行了实地勘察，相关规划已报安徽省林业厅；协调水利部将加大颍东区中小河流治理的政策和资金支持力度，安徽省水利厅目前已给颍东区水利项目划拨了近3000万元资金。

【扶贫制度建设】 在总结以往扶贫工作经验和做法的基础上，进一步明确了以全国政协副秘书长卢昌华为组长，以秘书局、人事局、机关事务管理局、机关党委等办公厅综合部门和提案委员会、经济委员会、人口资源环境委员会、教科文卫体委员会、港澳台侨委员会等专委会办公室，共9个部门为成员单位的全国政协机关扶贫工作领导小组架构，确立了成员单位间的联席会议制度及各项协同工作机制。为进一步强化对扶贫工作的领导，巩固和发展党的群众路线教育实践活动成果，形成长效机制，规范领导干部到基层联系点工作行为，制定了《全国政协机关党组成员基层联系点工作制度》，明确提出每年应制订工作计划，确保每年安排2—3次，每次安排1—2名党组成员到扶贫点调研，了解情况，听取意见，切实推动实际问题的解决。

【扶贫调研】 全国政协机关党组书记、常务副秘书长孙怀山，机关党组成员、副秘书长卢昌华2次分别率队，赴舒城县、颍东区调研考察，看望挂职干部。全国政协经济委员会、人口资源环境委员会、港澳台侨委员会等专委会根据两个扶贫区县不同的区情、县情，先后 4 次组织调研考察组，邀请国务院扶贫办、国家发改委、中国农业银行、国家开发银行等部门和单位的负责同志以及部分海外侨胞，就地区发展规划、工业农业发展及基础设施建设、文化及旅游发展、教育和养老等社会事业、提升软实力、吸引“侨”资等方面，听取汇报，现场交流，为当地发展“把脉会诊”。之后，需要全国政协办公厅帮助协调有关部委推进的项目及一些委员企业和海外侨胞具体投资项目再持续跟踪推进。

【扶贫工作思路】 全国政协具有智力密集、人才荟萃、联系面广、信息渠道通畅等独特资源和优势。在实际工作中通过不断摸索、总结，逐步明确了“发挥三方力量作用，聚焦三个方向”的扶贫思路。即充分发挥全国政协机关、专门委员会、挂职扶贫干部等三方力量的作用；重点从三个方向集中发力推动扶贫，一是“智力帮扶”：发挥好政协委员的智力优势，多为扶贫区县提供好主意、好思路，帮助地方在发展中把握方向，少走弯路，科学发展。二是“项目帮扶”：紧紧依靠政协委员中的党政部门领导和知名企业家，多为扶贫区县争取好政策、好项目。三是“爱心帮扶”：尽量争取更多社会爱心人士的关心，多给贫困区县提供帮助。

【干部挂职扶贫】 创新挂职干部派遣机制，变过去单一向下派遣为双向派遣挂职干部。经全国政协办公厅党组研究决定，选派优秀干部下去挂职扶贫的同时，接收区县的优秀干部到全国政协来“上挂”锻炼学习，开阔视野，此举受到两区县的热烈欢迎。精心选派的 4 位挂职干部，在地方都被安排在重要部门和岗位任职，直接参与协助主要领导分管重要经济社会发展工作，同时协助地方领导开展招商引资工作，经常是连续多日在外奔走。除此之外，还积极开动脑筋，努力争取更多的资源和条件，推动地方经济社会发展，造福当地百姓。在全国政协挂职的 4 位地方干部素质优秀，作风扎实，进入角色快，得到了所在部门的肯定和好评，还协助机关扶贫办公室做了大量联络协调和服务工作。

【基础设施扶贫】 抓关键，促大事，针对影响贫困区县发展的制约因素重点突破。舒城县地处江淮之间，集山区、库区、老区为一体，水利工程多为 20 世纪六七十年代兴建，标准低、损毁严重，对舒城县人民生命和财产安全构成了很大威胁。境内的万佛湖是舒城县乃至合肥的饮用水源地，保护和利用好万佛湖是舒城县的重要责任。2013 年初，舒城县向全国政协提出恳请帮助协调推动“万佛湖生态环境保护项目”及“中小河流治理项目”。全国政协办公厅领导听取汇报后，亲自同环保部、水利部、安徽省委的主要领导同志沟通情况，请求支持，同时指示有关专委会办公室协同推进此项工作。经全国政协办公厅的协调帮助，以上工作均得到实质性推动，“舒城县万佛湖生态环境保护项目”已经正式列入国家江河湖泊重点保护名录；“舒城县的中小河流治理项目”得到水利部部长陈雷高度重视，并表示将予以支持。

颍东区三湾洼地积水区和口孜东煤矿沉陷区面积达87平方千米，居住其中的7万多群众生活十分困难。为从根本上改变这一现状，颍东区向全国政协提出支持请求，机关领导立即安排人资环委员会办公室积极联系国家林业局、水利部，提出“将87平方千米范围内群众逐步搬迁、异地安置，分期治理，将积水区和煤矿沉陷区逐步改造为集生态湿地、现代农业、旅游观光于一体现代休闲观光区域”的构想，得到了各方的大力支持。国家林业局湿地办负责同志明确表示，将加快审批，尽早挂牌。对于颍东区的中小河流治理，水利部也已明确表示将加大政策和资金支持力度，部分中小河流治理项目已在联系申报过程中。

【产业扶贫】 根据舒城县和颍东区各自的区情县情，有针对性地进行特色产业扶贫。舒城县致力做好万佛湖保护的基础上，同时希望全国政协帮助协调国家旅游局，努力创建国家5A级旅游景区，积极谋划大力发展朝阳环保产业——旅游业，努力做好旅游这篇大文章。颍东区是国家重要的粮食生产基地，当前产业扶贫重点之一则突出“农业扶贫”。全国政协办公厅积极协助颍东区政府完善5年扶贫规划，围绕“发展高产、优质、高效、生态、安全农业”的工作要求，帮助颍东区成功申报国家级农业产业化示范基地，建成了颍东省级现代农业示范区，目前正在积极筹备申报国家级现代农业示范区。

【扶贫慰问】 全国政协港澳台侨委员会邀请来自14个国家的28位曾列席全国政协全体会议的海外侨胞精英组成考察团，到舒城县和颍东区实地考察，除了为他们带来科技、经济等各个领域最先进的资讯、技术和经验之外，考察团成员向两区县敬老院、学校等现场捐助54万余元。全国政协信息中心党支部赴颍东向冉庙乡梧樟小学捐赠电脑、学习用具和工具书。协调中国残疾人福利基金会向该颍东区捐赠了首批5台电动轮椅、50台手动轮椅。全国政协办公厅所属的《中国政协》杂志社联系澳大利亚慈善家，赴舒城为听力残疾群众现场诊断治疗并赠送助听设备7000余套。联系全国政协委员成龙慈善基金会，向颍东区定向捐赠100万元作为救助基金，专门用于16岁以下儿童大病救治。

（全国政协办公厅）

中共中央组织部定点扶贫

【概述】　2013年，中共中央组织部（以下简称“中组部”）深入贯彻落实《中国农村扶贫开发纲要（2011—2020年）》精神，突出重点、开拓进取、狠抓落实，继续推进甘肃省舟曲县定点扶贫工作，取得了新的进展。2013年舟曲县农民人均纯收入达到4089元，同比增长13.6%；贫困人口人均纯收入达到2282元，同比增长22%；全县减少贫困人口2.21万人，减贫比例达到33%，返贫率控制在10%以内。

【扶贫会议】　舟曲灾后重建任务完成后，中组部协助县委、县政府及时把工作重心转向扶贫攻坚。2013年3月25日，召开了舟曲县经济工作暨扶贫攻坚会议，围绕落实《舟曲县“十二五”扶贫攻坚规划》，印发工作实施方案，签订目标管理责任书，强化扶贫开发工作考评，推动规划任务的落实。

2013年12月27日，中组部召开定点扶贫舟曲工作情况汇报会，常务副部长陈希同志，秘书长高选民同志，以及部机关扶贫工作领导小组成员，部扶贫工作组全体同志，甘肃、江苏省委组织部有关负责同志和部内有关单位负责同志出席会议。会议回顾总结了3年定点扶贫工作情况，分析了定点扶贫舟曲工作面临的形势和任务，研究提出了下一步工作思路和重点措施。

【劳务输出】　配合舟曲县委、县政府加强组织引导和协调服务，扎实开展技能培训，稳定扩大劳务规模，提升劳务经济层次。全年完成劳务技能培训10150人、农技培训7470人、“9+3”职业教育（即在9年义务教育的基础上，对藏区各民族青少年提供3年的免费中职教育）800人，培训“两后生”920人、“一村一名大学生”30人；开展“春风行动”“秋季攻势”等有组织的劳务输出活动，及时发布用工信息，多渠道组织劳务输转，在新疆、内蒙古、北京、江苏、西藏等地拓建劳务基地74个。全县共输转劳动力3.87万人次，劳务创收4.38亿元，分别完成年度计划任务的102%、103%，发展劳务经济显著促进了农民增收。

【扶贫培训】　按照“舟曲千名干部培训、百名干部挂职、百名专业技术人员见习锻炼”计划，分两批选派舟曲100名教育、卫生、农业、水利等部门的专业技术骨干人员，到江苏省宜兴市对口行业和部门进行为期3个月的见习锻炼，为舟曲经济社会发展培养紧缺急需人才。同时，组织舟曲200名“两代表一委员”（即党代表、人大代表、政协委员）到江苏省华西村等地培训和考察学习，学习先进经验、开阔眼界视野，更好地为舟曲扶贫攻坚献计献策。

【扶贫资金投入】 舟曲县全年完成扶贫开发投资55697.9万元，其中财政专项扶贫资金4408万元，县财政投入资金3268.7万元，整合部门资金33021.2万元，发放“双联”惠农贷款15000万元。

协调对口支援单位江苏省宜兴市，援助舟曲干部培训资金300万元，并出资240多万元用于舟曲贫困乡村的基础设施建设和民生工程。争取有关爱心企业和人士，为舟曲捐款154万元。

【产业扶贫】 舟曲县全年完成退耕还林1.54万亩，新建育苗基地1000亩。种植推广中藏药材、经济林果、冬播油菜等特色产业8.69万亩，新建蔬菜大棚800座。

【基础设施建设】 完成危房改造1200户，新建沼气池500座，安装太阳能热水器1589台；完成3个村354户1797名群众的易地扶贫搬迁；建设乡村道路211千米，建成防洪堤坝10.08千米、灌溉水渠58.35千米。

【整村推进】 组织实施了1个整乡推进和11个整村推进项目。将大川镇土桥子村、峰迭乡狼岔村和城关镇月圆村等3个示范村纳入全县整村推进计划，根据不同地理条件，制定实施扶贫开发规划；分别安排200万元发展建设资金，并将争取到的150多万元社会捐助资金全部投入示范村建设，加快基础设施、产业开发、村容村貌改造等项目实施。

【扶贫开发与防灾减灾试点】 国务院扶贫办在舟曲拱坝河流域实施的“扶贫开发与防灾减灾”试点项目顺利推进，2013年启动的10个试点村建设项目已经全部通过县级验收，完成投资1105万元。

【基层党建】 协助县委严格落实党建工作责任制，组织开展了党委书记党建工作专项述职，大力加强农村、机关、学校等基层党组织建设；协助抓好新一轮村级组织换届选举，围绕扶贫攻坚选好配强村级班子。指导县委组织部在务工人员集中的地方建立临时党支部，加强对外出务工流动党员的管理和服务。

（中共中央组织部办公厅　陈宇）

中共中央宣传部定点扶贫

【概述】 2013年，中共中央宣传部（以下简称“中宣部”）按照国务院办公厅关于《中央国家机关及有关单位对口支援赣南等原中央苏区实施方案》（国办发〔2013〕90号）明确的中宣部、国家统计局两家单位对口支援赣州市寻乌县的要求，认真抓好对口支援前期调研、选派挂职干部等任务的落实。继续定点帮扶陕西省铜川市耀州区，结合当地经济社会发展实际和宣传思想文化工作实际，着力文化扶贫、教育扶贫，完成27名基层宣传思想文化干部到全国宣传干部学院学习培训，18名山区优秀教师前往辽宁、北京参观学习；选派6名机关干部前往耀州区挂职扶贫，直接投入资金423.4万元，帮助引进各类资金5000万元，有效促进了耀州区经济、社会和文化事业的发展。

【扶贫调研】 2013年7月10—12日，中共中央政治局委员、中央书记处书记、中宣部部长刘奇葆同志前往陕西调研期间，于11日专程到耀州区考察调研定点扶贫工作和基层宣传思想文化建设情况。在耀州考察调研过程中，刘奇葆同志瞻仰革命旧址，重温光荣传统，看望老红军、老党员，走访基层干部群众，了解教育实践活动开展情况，考察爱国主义教育基地建设、公共文化服务、文化企业发展等情况。调研中，刘奇葆同志强调，党无己利，一心为民，中宣部机关来耀州挂职扶贫的干部要深入基层，向实践学习，向群众学习，在工作中锻炼和提高自己，要与地方的同志一起继承和发扬延安精神，牢记并恪守全心全意为人民服务的根本宗旨，牢牢抓住服务群众这个根本，加强理想信念和宗旨意识教育，始终把人民放在心中最高位置，着力解决群众反映强烈的突出问题，为群众办实事、谋利益，扎扎实实为耀州人民做事，做耀州发展所需要的事。刘奇葆同志还特别就加强耀州区文化建设、完善群众文化活动设施作出指示，强调指出，要加快推进文化改革发展，不断完善公共文化服务体系，繁荣发展文化事业和文化产业；推动红色旅游健康发展，在挖掘红色文化内涵上下工夫，在发挥爱国主义教育作用上下工夫；牢固树立以人民为中心的工作导向，为人民奉献更好更多的精神食粮。中宣部将下拨300万元资金，专项用于耀州区基层群众文化活动设施建设。

10月28—29日，按照刘奇葆同志和中

宣传部部务会的部署，中宣传部副部长、部机关扶贫工作领导小组组长孙志军同志和机关党委有关同志专程前往江西省寻乌县，就认真落实国务院办公厅关于中央国家机关对口支援赣南等原中央苏区的文件精神，做好对口支援寻乌县工作进行实地调研。国家统计局有关司局负责同志一同参加了调研。

【扶贫座谈会】 国务院办公厅关于《中央国家机关及有关单位对口支援赣南等原中央苏区实施方案》（国办发〔2013〕90号）下发后，中宣部及时召开部机关扶贫工作会议，组织办公厅、干部局、机关党委等部门负责同志认真学习文件精神，进一步提高对这项工作重要性、紧迫性的认识，明确自身承担的重大责任和光荣使命，增强做好对口支援工作的主动性和自觉性。9月18日，中宣部邀请江西省、赣州市、寻乌县三级有关负责同志到部机关沟通、座谈，了解掌握寻乌县经济社会发展的基本情况和帮扶的工作重点。10月28日晚，中宣部、国家统计局联合调研组在寻乌调研期间，再次召开对口支援工作座谈会，与江西省、赣州市、寻乌县的同志一道，围绕如何扎实有效地开展对口支援，切实推动寻乌经济、社会和文化事业加快发展进行座谈交流。座谈会明确了4个方面的事项：一是中宣部把寻乌县作为联系欠发达地区的重要基地，加强工作联系与指导。二是按照欠发达地区公共文化建设“反弹琵琶”的思路和标准化、均等化的要求，扶持寻乌县公共文化建设，重点面向乡村，实现设施建设和服务能力方面有明显提升，走出一条经济欠发达地区加强公共文化服务建设的新路子。三是对寻乌县提出的经济社会发展方面需要关心支持的相关项目，按照轻重缓急梳理分类。对已经列入国家部委发展规划的项目积极推动和支持；对具备一定基础但尚未立项、确定的项目积极争取，密切关注；对尚在考虑中的工作设想，要从实际出发，科学规划。四是与国家统计局和江西省、赣州市、寻乌县共同协商，尽快研究制订对口支援的中长期工作规划和年度工作计划。座谈会还确立了对口支援的目标，通过各方不懈努力，力争使对口支援寻乌工作走在赣州18个县的前列，使寻乌县的宣传文化工作走在赣州的前列、全省前列，走在全国同类地区的前列。

【扶贫工作机构】 成立中宣部对口支援寻乌工作领导小组，确定1名副部长担任组长，办公厅、干部局、机关党委3个部门的主要负责同志任成员，领导小组办公室设在机关工会。

【干部挂职扶贫】 选派部机关6名干部组成扶贫工作组到耀州区挂职扶贫，1名干部到寻乌县挂职扶贫。

【文化扶贫】 2013年，下拨耀州区基层群众文化活动设施专项资金300万元，并做好管好、用好该项资金工作。联系学习出版社等单位，为耀州区各乡镇、街道、图书馆、文化站（室）、中小学捐赠价值31

万余元的书籍、音像制品、电视、书柜等。

【教育扶贫】 2013 年暑期，继续出资并协调组织第 11 批 18 名山区优秀教师赴辽宁、北京参观考察学习活动，在京期间，邀请优秀教师到部机关座谈。协调争取相关部委的支持，每年为耀州安排 1 个乡村学校少年宫建设指标，促进耀州农村中小学基础条件逐步改善。指导帮助梳理耀州区“华光奖”基金管理和表彰工作制度规范，促进基金更好地发挥激励优秀山区教师的作用。

【智力扶贫】 帮助促进耀州区提升党委中心组学习质量，提升党委中心组学习平台“耀州大讲堂”的品位和档次。联系协调《时事报告》杂志社，形成每年帮助邀请 2—3 名国内知名专家、学者到“耀州大讲堂”授课、演讲制度，每年向耀州区党委中心组赠送 20 份《党委中心组学习》和《时事报告》杂志。协调建立耀州区宣传思想文化系统干部参加中宣部培训的长效机制，将耀州区每年新进宣传思想文化系统干部纳入全国宣传干部培训总体规划并形成制度，2013 年度培训干部 2 批 26 人；提高基层宣传文化骨干队伍的业务能力和技术水平，协调安排耀州区电视台业务技术人员到中央电视台进行 3 个月跟班作业见习锻炼，完成 2 批 8 人；协调安排 1 名耀州区互联网信息办负责同志参加全国舆情信息工作培训班。

【扶贫宣传】 2013 年，继续联系中央有关媒体支持对耀州区的宣传工作。协调将耀州作为中央媒体“走转改”下基层长期联系点，协调联系中央电视台在“新春走基层”活动中对石柱镇马咀村蔬菜大棚建设进行采访报道，并于 2013 年 2 月 17 日在中央电视台“新闻联播”中播出。策划并协调香港《紫荆》杂志社免费为耀州出版一期特刊，并随主刊在国内外发行。

【产业扶贫】 协调联系广东益建集团到耀州区兴办药材经营企业，深度开发耀州区的道地中药材资源，为耀州群众特别是后塬山区生活困难群众提供增加收入、脱贫致富的门路和渠道。首期 5000 万元注册资金已经到位，首家公司开始运作。

（中共中央宣传部
扶贫工作办公室 吕凯）

中共中央统一战线工作部定点扶贫

【概述】 2013年，中共中央统一战线工作部（以下简称“中央统战部”）深入贯彻落实中央扶贫开发工作会议精神，按照《关于贯彻实施〈中国农村扶贫开发纲要（2011—2020年）〉重要政策措施分工方案的通知》（中办发〔2011〕27号）要求，坚持定点扶贫与区域扶贫相结合，继续按照统一战线参与毕节试验区建设联席会议分工，民革中央帮扶纳雍县、民盟中央帮扶七星关区、民建中央帮扶黔西县、民进中央帮扶金沙县、农工党中央帮扶大方县、致公党中央帮扶七星关区、九三学社中央帮扶威宁县、台盟中央和中央统战部帮扶赫章县、全国工商联帮扶织金县，全面统筹推进统一战线参与毕节试验区建设工作，切实抓好赫章县定点帮扶。部长办公会专题研究定点扶贫工作，部领导多次听取工作汇报并作出批示，亲赴毕节试验区考察调研，促进当地经济社会持续发展。积极参与黔西南“星火计划·科技扶贫”试验区建设，助推黔西南州发展。扶贫开发工作取得了明显成效。

【扶贫工作座谈会】 3月25—26日，中共中央政治局常委、全国政协主席俞正声在全国政协副主席、中央统战部部长令计划陪同下，深入毕节试验区视察指导工作，召开民主党派扶贫工作座谈会。俞正声指出，各民主党派中央、全国工商联要坚持积极参与和量力而行相结合、发挥优势与立足实际相结合、出主意与办实事相结合、促进发展与深化认识相结合。要树立长期奋斗的思想，解决好农村发展、缩小城乡差距；坚持实事求是、因地制宜，改善群众生活质量；抓好人才培训这个关键，大力开展职业技术教育。统一战线要一如既往地参与试验区建设，特别是要好好研究新形势下各民主党派中央、全国工商联和无党派人士参与试验区建设的新思路、新途径、新办法，把参与毕节试验区建设工作做得更好、更有成效。

【同心工程】 统一战线参与毕节试验区建设联席会议制定下发了《统一战线参与毕节试验区建设2013年工作项目计划》，全年在毕节组织实施“同心工程”项目339个，完成投资近162亿元。组织领导、学者、专家、企业家共55批856人次赴毕节试验区开展工作指导、考察调研、各类培训、帮扶活动、考察投资等工作。

【助推发展】 以《深入推进毕节试验区改革发展规划（2013—2020年）》为着

力点，相关单位不断加大对试验区政策支持和公路水利等基础设施建设力度。16个部委先后出台贯彻落实规划的具体措施，指导试验区在教育、科技、项目建设用地等方面先行先试。2013年，公路建设项目累计完成投资91.15亿元，铁路建设全年完成投资32亿元。杭瑞高速毕节段全线开通，毕节飞雄机场正式通航并开通北京、上海、广州等6个城市定期航线，夹岩水利枢纽工程正式开工，成贵快速铁路和毕节至镇雄、织金至普定、贵阳至黔西等高速公路实质性开工。

【智力扶贫】 统一战线继续推进“烛光行动”、“彩虹行动”、“同心·智力支持”活动，实施“乡村教师安居”工程、干部域外培训工程，协调国家部委继续推进“国培计划”等，全年为试验区培训党政干部、教育、医疗卫生等各类人才54658人次。部机关为毕节市赫章县举办3期培训班，培训乡镇干部等150人。

【改善民生】 协调国家相关部委支援农村卫生工程，支持农村沼气池建设及现代农业产业技术体系建设。推进地方重特大疾病医疗救助试点，完善低保认定标准体系。支持少数民族特色村寨保护发展。支持中小河流治理、病险水库除险加固，以及烟水工程、烤房建设、土地整理、育苗大棚等建设。

【生态建设】 协调相关部门继续关注威宁草海治理，编制石漠化综合治理工程实施方案，落实水土保持重点工程治理面积71平方千米，开展农产品产地土壤重金属污染防治项目普查，下达公益林森林生态效益补偿等资金，安排生态移民，巩固退耕还林成果，指导经果林及药材基地建设，助推地方经济生态协调发展。

【示范带动】 统一战线继续打造帮扶示范点。稳步推进黔西县星火计划科技示范项目、熊家场乡无公害大棚蔬菜种植示范项目，黑莓基地、茶叶种植基地、新农村示范建设等试点示范项目。继续开展威宁、大方连片特困地区扶贫优势特色产业试点、特种养殖、集团帮扶等项目。中央统战部协调企业定点支持黔西10个贫困村建设，援建“光彩图书室”。

【百企帮百村】 由中央统战部牵头，东部10省市党委统战部组织民营企业与毕节试验区乡村形成“一村一企”结对帮扶，积极探索企业与贫困村实现利益互联、风险共担、收益共享、发展共赢的帮扶新途径。到2013年底，全国112家民营企业与112个村建立结对帮扶关系，已到位帮扶资金1248.3万元及100万元物资。

【干部挂职】 统一战线选派11名干部赴毕节挂职锻炼，在建言献策、人才培训、招商引资方面发挥积极作用。中央统战部把选派干部挂职作为推动当地发展和实现干部自身发展的重要途径，选派第四批2名同志赴毕节市和赫章县挂职。

【科技扶贫】 依托“星火计划”平台，推动黔西南“星火计划、科技扶贫”试验区建设。建立了联席会议制度，调整了联合推动组，明确统一战线参与黔西南试验区建设工作思路。协调相关部门在黔西南州开展“美丽乡村”等系列公益活动。全年，联席会议成员单位组织实施帮扶项目43个，完成投资2900余万元，为地方经济社会发展起到了助推作用。

（中央统战部办公厅　张奔）

中央国家机关工作委员会定点扶贫

【概述】 自2011年11月国务院扶贫办批复中央国家机关工作委员会（以下简称“工委”）对河北省临城县实施定点帮扶以来，工委按照“临城需要、符合政策、工委可为”的原则，提出了定点帮扶临城县工作思路，制订了年度定点扶贫工作计划。在工委办公室加挂工委扶贫办的牌子，办公室秘书二处承担扶贫办秘书处职责。3年来，工委通过人才扶贫、智力扶贫和项目扶贫等方式，以产业、交通、教育、文化、卫生和旅游等6个方面为主导，努力推进定点扶贫工作。2013年，帮助临城县争取到道路改造、特色农业、彩票公益金等项目资金共计1.499亿元，工委办公室秘书二处被国务院扶贫办评为“定点扶贫工作先进集体”。

【扶贫会议】 工委领导班子高度重视定点扶贫工作，把定点扶贫工作作为一项政治任务来抓，摆上重要议事日程。在认真研究临城“十二五”发展规划的基础上，2013年，常务副书记李智勇主持召开4次工委会专题研究定点扶贫工作，并专门作出批示，对定点扶贫工作提出明确要求。分管副书记陈存根（正部长级）多次主持召开会议，听取扶贫工作汇报，研究推进定点扶贫工作。

【扶贫调研】 为深入了解临城县经济社会发展情况及存在的主要困难，研究制订定点帮扶工作规划，考察工委帮扶村，2013年4月22—25日，工委副书记陈存根带队赴河北省临城县开展调研考察。考察组围绕“基层发展最迫切的需求、群众生活最关心的问题”，深入了解临城县经济、社会发展状况，走访了3个乡镇、4个村、2座中心小学、2个村党支部，看望慰问了5户困难群众，召开2次座谈会，考察了17个工业企业、林果业和旅游项目。与河北省直机关工委、省扶贫办有关同志就临城县有关扶贫项目进行了协调沟通。调研期间，河北省委书记周本顺会见了考察组，介绍了河北省下一步发展思路，就帮扶临城工作进行了座谈。通过考察调研，工委还研究确定，在抓好临城全县扶贫工作的同时，把赵庄乡围场村作为长期联系扶贫示范点，以点带面，示范带动面上扶贫工作。

2013年11月19—20日，工委副书记陈存根带领香港新恒基国际（集团）有限公司一行赴河北省临城县专题开展投资合作考察。通过重点考察临城县农业、工业和文化旅游项目，帮助香港新恒基国际（集团）有限公司深入了解临城县经济社会发展状况，为开展投资合作奠定基础。在此基础上，临城县与香港新恒基国际（集团）有限公司签订了战略合作框架协议。

【干部挂职扶贫】 工委高度重视定点扶贫工作，委派1名副局级领导干部挂职县委副书记，帮助临城县研究政策，协调项目，确保定点扶贫规划落到实处。在工作中，挂职干部严格要求自己，认真履行职责，按照县委提出的领导干部“一联五”（联系一个企业、联系一个项目、联系一个乡、联系一个村、联系一户农户）活动要求，深入乡镇和部分村、企业调研，了解县域经济社会发展情况和当地老百姓的需求，认真分析贫困原因，积极为脱贫致富提建议、想办法。同时，充分发挥其在第一线的桥梁和纽带作用，积极做好扶贫县与工委之间的信息沟通、协调联系工作。恪守工作纪律，自觉扎根基层、服务群众，做了大量的基础性工作。

【扶贫慰问】 2013年1月17—18日，工委常务副书记李智勇和副书记邵旭军等赴临城县走访慰问，带去慰问金20万元，走访了2个乡镇的4个行政村党支部，入户看望了16户贫困户和老党员，了解了他们的家庭生活状况，介绍了近年来党中央制定实施的强农、富农和惠农政策，送上了工委领导和同志们的亲切问候和节日祝福。同时，与村党支部委员和村民代表进行了座谈，倾听他们对党和政府工作的意见建议。

【公益扶贫】 2013年初，工委机关开展了扶贫济困爱心捐赠活动，工委领导带头捐款捐物，机关和各直属事业单位全体干部职工积极参与，共计捐助17.46万元现金和价值5万元的电脑、图书、衣物等。工委副书记陈存根代表230余名干部职工将捐赠款物送到工委帮扶示范点赵庄乡围场村56个贫困户手中，并资助临城县围场中心小学46名贫困学生3年的伙食费。

【产业扶贫】 按照“农民致富、企业盈利、社会发展、干部进步”的扶贫总体目标，工委与临城县确立“一产富民、二产强县、三产支撑跨越式发展”的发展共识。工委依据帮扶项目规模、难易程度、急缓要求等情况分类推进，对规模大、时限紧的重点项目，由工委领导出面帮助联系；对于其他的帮扶项目，主动与有关对口部门进行联系；对正在推进落实中的项目，密切关注进展情况，及时协调解决出现的问题，积极发挥督促提醒作用。2013年，先后帮助临城县争取路网改造建设项目资金4900万元（其中1500万元已到位，剩余3400万元待履行规划手续后即可拨付），小型农田水利建设项目6900万元（连续拨付3年，其中第一年2300万元已到位，剩余4600万元将分别于后两年拨付），国家农业综合开发龙头企业项目1400万元，中央彩票公益金扶贫开发项目帮扶资金1250万元，省级农村面貌改造提升示范村项目资金400万元，护林防火物资80

万元，气象服务项目 60 万元等。

【文化扶贫】 针对临城实施“文化育县”战略，工委帮助联系文化部所属中央文化管理干部学院，赴临城县开展了“文化惠民 走进临城——中华戏曲演唱会”义演活动。与国家发改委、河北省有关领导和省文物局等部门联系，争取到在临城建设“河北省邢窑博物馆”。以临城县“每月一讲”干部培训活动为载体，帮助邀请专家教授为各级干部举办《临城旅游大有可为》、《公共文化服务体系建设》和《县域文化产业发展思路》等讲座。依托工委培训中心每年为临城代培一批干部。向临城县委常委赠阅中央国家机关学习刊物《大讲堂》，为 8 个乡镇和 220 个村订阅《人民日报》等报刊。联系新华社在新华网和《新华每日电讯》上发表了《中国薄皮核桃之乡：小核桃产生大效益》、《河北临城：树立“三摒三树三转变”理念，实施大循环战略》，联系中央电视台农业频道为临城薄皮核桃录播免费公益广告，录制并播出专题片《乱石岗上的核桃林》。帮助宣传推介临城及其特色产品和典型做法。此外，工委自筹资金 350 万元帮助临城县建设一所中心学校。

（中央国家机关工作委员会办公室　张庆元）

中共中央党史研究室定点扶贫

【概述】 2013年，中共中央党史研究室（以下简称“党研室”）定点扶贫单位由四川省叙永县调整为甘肃省镇原县。3月份，挂职干部到位工作。5月份，党研室副主任吕世光带队调研，代表党研室看望慰问困难群众。12月份，党研室就镇原县“肉羊产业开发配水工程建设”项目立项问题，协调水利部相关部门予以咨询指导。

【组织机构】 党研室室委会将定点扶贫工作当作一项严肃的政治任务认真对待，将其列入室委会重要议事日程。根据定点扶贫单位调整后的实际需要，调整充实了扶贫工作机构，由室副主任吕世光任领导小组组长，在办公厅设立扶贫工作办公室。领导小组及时学习领会相关文件精神，及时向室委会汇报工作，定期同定点扶贫单位联系，加强对扶贫工作的领导。

【扶贫调研】 5月21—24日，党研室副主任吕世光一行4人，赴甘肃省镇原县调研，走访慰问了贫困家庭，看望了桃园小学师生。5月22日，召集相关单位座谈，全面了解镇原县经济社会发展状况、党史工作情况、扶贫开发工作现状、主要矛盾和困难及需要帮助解决的问题。会后进行实地考察，了解感受镇原的历史发展脉络、基本产业状况和改革发展思路。之后，到庆阳、兰州分别与市委、省委负责同志接洽，交流扶贫工作思路。

【干部挂职扶贫】 全年共派出3名干部到镇原县所属地区庆阳市委党史研究室挂职工作，3名同志通过参与当地工作，全面了解了当地党史资源情况，切身感受了当地人民群众贫困状况，学习了基层干部艰苦朴素的工作作风，深化了对中央有关政策的理解和认识，强化了全心全意为人民服务的公仆意识。

【送温暖活动】 2013年5月，党研室副主任吕世光赴镇原县调研期间，专程到该县方山乡关山村看望慰问因病因教致贫的47岁农民贺志刚和朱玉军，到张大湾村看望慰问了因夫妻患病致贫的50岁农民路志锋和因副业亏损、家人患病致贫的47岁农民路志清，为每户家庭送上1000元慰问金。

【产业扶贫】 2013年6月，根据镇原县人、畜饮水安全实际需要，党研室专门联系水利部了解镇原县水利扶贫建设情况。12 月份，镇原县提出开发“肉羊产业”设想，为研究配水工程建设问题，党研室副主任吕世光带领镇原县长李崇暄与水利部相关部门接洽、会谈。水利部农水司对镇原县开发“肉羊产业”设想及“配水工程建设”问题给予了具体的指导帮助。

（中共中央党史研究室）

中国科学技术协会定点扶贫

【概述】 2013年，在中国科学技术协会（以下简称“中国科协”）党组、书记处的领导下，中国科协扶贫办认真贯彻落实中央扶贫开发工作会议精神和《关于做好新一轮中央、国家机关和有关单位定点扶贫工作的通知》（国开办发〔2012〕78号）内容，按照《中国农村扶贫开发纲要（2011—2020年）》和《全民科学素质行动计划纲要》的要求，紧密结合山西省吕梁市委、市政府的重点工作，发挥科协自身优势资源，坚持通过建立农业示范项目，推广农村实用技术，举办科普活动为主要方式，提高农民科学素质，不断更新观念，提升贫困地区群众自我组织、自我发展能力，为贫困地区小康社会建设发展、提高劳动者素质、帮助贫困人口脱贫方面发挥了积极作用，受到吕梁广大干部群众的一致好评，较好地完成了本年度扶贫任务。

【扶贫工作机制】 在中国科协党组、书记处领导下，设立中国科协科技扶贫工作领导小组、扶贫领导小组办公室（以下简称“扶贫办”）、农技中心扶贫工作处、吕梁扶贫团构成4级工作框架，扶贫团成员在岚县和临县两个重点县任职，兼顾石楼县、兴县、方山县、中阳县4个贫困县。由吕梁市委、市政府，山西省科协，中国科协扶贫办3方共同成立“吕梁科技扶贫协调领导组”，以加强沟通协调。

【扶贫工作会议】 召开3次重点会议：每年年初召开中国科协科技扶贫工作领导小组会议，中国科协书记处分管领导出席。会议总结上年度扶贫工作情况汇报，研究本年度工作计划与安排，协调处理扶贫工作中出现的问题；吕梁科技扶贫协调领导组召开中国科协吕梁科技扶贫工作协调会议，通报中国科协科技扶贫领导小组会议精神，沟通协调扶贫工作任务，确定本年度工作重点，安排新一届扶贫团成员交接工作；扶贫办召开部分全国涉农学会、科研院所、大专院校扶贫工作座谈会，听取各单位关于吕梁科技扶贫意见，集合多方资源为吕梁科技扶贫献智出力。

【干部挂职扶贫】 按照党中央、国务院对定点扶贫工作的要求，中国科协扶贫办始终坚持把开展定点扶贫工作与培养干部结合起来，中国科协机关每年选派青年优秀干部赴吕梁重点县挂职锻炼。2013年，中国科协第十六届扶贫团由中国科协学会服务中心李鹏超和中国科协农技中心陈韶光组成，分别在吕梁临县和岚县挂职锻炼，担任县长助理。扶贫团团员通过下到基层，使他们吃透基层的情况，了解了实际，与基层同志增进了感情，强化了中国科协干部队伍的作风，培养了一批优秀的后备干部队伍。

【扶贫调研】 2013 年，中国科协扶贫办组织国内外农业科技专家，深入考察吕梁地区农业、牧业和自然资源情况，与吕梁地区贫困县政府、农业龙头企业共同分析探讨脱贫、增收之路，进一步明确定点扶贫工作以示范项目为主要方式，以帮助提升农民科学素质，掌握先进农业科学技术，形成良性可持续的农业发展，从而确定设施蔬菜技术培训与示范项目，仁用杏品种改良及技术推广项目，马铃薯种薯示范基地建设项目，食用菌种植示范项目、肉驴养殖示范项目，农业新品种引进及新技术推广示范项目（包括浅池莲藕、全膜双垄沟地膜覆盖栽培技术）。此外，扶贫办督促指导近几年实施的科技扶贫项目，邀请农业科研院所的专家们对农业项目的发展与产生问题进行指导、会诊；继续扶持科普惠农获奖协会开展种养殖技术科普工作等。

【扶贫资金投入】 2013 年，中国科协扶贫办在结合自身优势资源的基础上，坚持围绕吕梁市委、市政府的中心工作，按照“坚持政府主导，通过必要的扶持，增强贫困对象自我发展的能力”的基本思路，直接投入资金 300 万元，农业示范项目及培训带动资金上千万元。

【科普惠农兴村计划】 中国科协扶贫办以“科普惠农兴村计划”为旗帜，建立科技扶贫示范项目，帮助吕梁市各贫困县与全国“科普惠农”获奖单位建立合作关系，促进了吕梁地区与全国各地优秀农技协的交流和学习。

2013 年，吕梁市获得“科普惠农兴村计划”先进集体单位 9 个，其中协会 8 个、示范基地 1 个、先进个人 3 名，奖补资金共 195 万，为吕梁现代农业的发展搭建了平台，帮助吕梁打造自己的农业产业奠定了基础。围绕科技扶贫项目，扶贫办聘请辽宁北镇、甘肃临洮、山东泰安等地获奖协会技术员常驻吕梁进行蔬菜、葵花、食用菌、肉驴养殖等技术指导和优良品种的引进、试种。带领岚县、临县等地种养殖户赴甘肃民勤考察油葵种植技术、赴山东泰安考察食用菌种植技术，到辽宁阜新考察养鹅、发酵床养猪和肉驴养殖项目、到河北秦皇岛学习肉羊养殖技术。“请进来”聘请老师手把手教授种养殖技术，及时解决生产中的问题，帮助农民提高种养殖技术水平；“走出去”使吕梁当地种养殖户开阔眼界，提高认识，激发学习先进技术的能力。

【实用技术培训】 2013 年，中国科协扶贫办继续发挥科协优势和资源，开展多层次多种类培训和讲座，提高吕梁地区农民科学素质。通过中国农函大吕梁分校进行中等职业学历教育，2013 年共招收国家承认学历的中专生 1400 名，招生覆盖吕梁 13 个县区，涉及园林技术、家政与社区服务、酒店管理等9个专业。教学工作结合当地实际，实行农业基础知识系统教育与地域针对性培训相结合的方式，切实帮助当地培养一批“不走的技术员”。在支持中等学历教育基础上，扶贫办扩大培训规模，开展经常性下乡活动，举办各类农业实用技术培训班。2013年共举办培训班180多期，内容涉及红枣、核桃、小杂粮、养猪、养鸡、养驴、养鹅等10多个产业的30多项种养殖技术，累计培训近20000人次。扶贫办还结合农业示范项目，开展马铃薯、仁用杏、蔬菜、食葵和油葵等有针对性的种植技术培训，累计培训10000人次。通过深入扎实的培训，提高了农民农业技术水平，促进了农业增产、农民增收。

【科普月活动】 2013年，中国科协围绕“节约能源资源、保护生态环境、保障安全健康、促进创新创造”主题，组织举办第十二届吕梁科普月活动。扶贫办协助邀请小杂粮、食用菌、养蜂等农业种养殖专家16名，大型科普讲座专家5名，医疗讲座和义诊专家15名和冶炼技术培训专家1名，深入吕梁13县市区、40个乡镇、60个行政村开展科普专题讲座、农业技术培训和医疗义诊等活动。活动期间发放农业技术等科普宣传资料30000余份，举办各类专业技术培训班14期，培训人数达2800余人，受到吕梁干部群众的欢迎和好评。

【教育扶贫】 2013年，中国科协扶贫办联合中国计算机学会开展了优秀教师评奖活动。在2012年从岚县、兴县和石楼县评选优秀教师的基础上，2013年增加方山县，从4个县各评选出5名优秀教师共20人，组织开展为期一周的北京理工大学附中、附小教学观摩和交流活动，并参加吕梁优秀教师座谈会和颁奖会等。9月下旬，学会前往吕梁岚县开展科技教育扶贫活动，受到当地教育系统和学生们的热烈欢迎。

【社会扶贫】 2013年，中国科协扶贫办充分借助社会力量参与吕梁扶贫工作。先后联系各基层科协、农技协，中国农村专业技术协会向日葵种植技术交流中心、河南“好想你”枣业公司等在扶贫县开展马铃薯产业和油葵产业规划与红枣产业咨询等工作。

【公益扶贫】 关注青少年健康成长，培养青少年科学素质是扶贫工作的重要内容。2013年，继续动员科协系统单位及爱心企业捐款近8万元对吕梁方山县和石楼县118名学生（中学生36名，小学生82名）进行资助。9月下旬，与科协系统12个单位协助开展了“吕梁受助学生赴京考察学习活动”。石楼中学36名品学兼优的受助学生通过此次北京之行，拓宽了视野，增长了见识，感受到来自中国科协和全社会无处不在的关爱。通过与科协机关和事业单位领导、2013年成功考入清华大学的石楼中学受助学生郑文辉等同志交流，使同学们备受鼓舞，树立了远大的理想。

（中国科学技术协会扶贫办　陈韶光）

中华全国台湾同胞联谊会定点扶贫

【概述】 2013年，中华全国台湾同胞联谊会（以下简称“全国台联”）深入贯彻落实《中国农村扶贫开发纲要（2011—2020年）》精神，严格落实《关于新一轮中央、国家机关和有关单位定点扶贫工作的通知》要求，根据自身特点，坚持以人为本，坚持开发式扶贫方针，着力开展教育扶贫，落实定点帮扶工作，继续推进甘肃省榆中县定点扶贫工作。全年向榆中县直接投入和引进资金73.41万元；组织第12届榆中优秀师生北京夏令营活动，邀请10名老师，28名学生来京参加活动；为3所希望小学捐建图书馆1间，捐建电教室3间；筹资20万元设立全国台联帮扶基金蔡培辉奖学金。此外，为响应中央号召，募得70万元捐建贵州省赫章县儿童福利院。

【扶贫调研】 为进一步做好定点帮扶工作，全国台联汪毅夫会长、纪斌副会长于5月、11月先后两次前往甘肃调研。期间汪毅夫会长与甘肃省省委书记王三运、省长刘伟平会见，就扶贫工作交换看法。会领导调查了解榆中县情况，落实了扶贫项目，走访了台联捐建的希望小学，了解当地社会情况，并举行了现场捐赠仪式，分析了定点扶贫工作面临的形势和任务，研究了下一步工作思路。

【基础设施建设】 8月19日，会长汪毅夫率连捷集团总经理许清水一行赴贵州省赫章县捐资70万元援建儿童福利院，并出席了儿童福利院奠基仪式，有力地支持了当地福利事业的发展。

【教育扶贫】 5月20日，联系连捷集团总经理许清水，捐资20万元用于捐建榆中县希望小学1间图书室，3间电脑室，改善了偏远山区学校的教学环境；联系《读者》杂志社为希望小学捐赠价值10万元的图书。至此，全国台联捐建的7所希望小学已配齐图书室和电教室。在榆中优秀师生北京夏令营期间，台联联系台湾爱心姐妹联谊会和台联干部职工为贫困学生举行捐赠仪式，以手拉手一对一的方式与贫困学生结成帮助对子，捐赠了约5.7万元的物品。

【赴京夏令营项目】 榆中优秀师生北京夏令营是全国台联坚持15年共12届的项目，参加师生均来自于台联捐建的希望小学。2013年暑期，继续邀请10名优秀老师和28名优秀学生参加夏令营。在短短的7天行程中，师生们切身感受到历史厚重的古都北京和现代化的首都北京，开拓师生们的眼界，鼓励师生积极向上，厚积薄发，为建设更好的家乡而努力。

【蔡培辉奖学金项目】 11 月，全国台联联系台商蔡培辉先生捐资 20 万元，在甘肃省兰州市签订三方协议，设立全国台联帮扶基金蔡培辉奖学金，每年奖励品学兼优的学生 60 名，每名学生 500 元，以资鼓励他们刻苦学习，追求卓越。

（中华全国台湾同胞联谊会

人事处　成龙奎）

公安部定点扶贫

【概述】 2013 年，在国务院扶贫开发领导小组办公室和公安部党委的领导下，公安部扶贫开发领导小组办公室（以下简称“部扶贫办”）较好地完成了全年定点扶贫任务，被国务院扶贫开发领导小组评为“中央国家机关等单位定点扶贫先进集体”。根据国务院扶贫开发领导小组办公室等部委《关于做好新一轮中央、国家机关和有关单位定点扶贫工作的通知》（国开办发〔2012〕78 号），公安部定点扶贫的帮扶对象由黑龙江省杜尔伯特蒙古族自治县和泰来县调整到了贵州省普安县和兴仁县。2013 年，公安部定点帮扶贵州省普安县和兴仁县，共筹集帮扶资金 504 万元，用于两地科教文卫事业、公安基础设施与装备建设、特色产业发展等。支援当地教育事业，在普安县开工建设一所希望小学；推动当地特色农业，在兴仁县纯寨修渠上山、对进寨公路修缮拓宽，支持当地枇杷基地建设；支持当地公安工作，支援基层公安机关基础设施建设，为黔西南州公安局调拨冲锋舟、公安快艇等，并走访慰问牺牲、病故及特困民警家庭。为促进两县经济社会发展和维护社会稳定发挥积极作用。

【扶贫方案】 按照筹资力所能及、帮扶突出重点、资金用于急需、工作务求实效的原则，结合普安、兴仁两县的实际情况和具体困难，着力将定点扶贫资金落实到具体的帮扶项目上，用有限的资金力量，着力增强当地的“造血”发展能力。加强与普安、兴仁两县，以及国家、省、州有关部门的联系沟通，按照“急需、所能、民生”的要求，共同确定适合当地经济发展的帮扶项目。同时，根据《公安部关于进一步支持贵州公安工作维护贵州社会稳定的意见》精神，在公安经费投入、装备建设和基础设施建设等方面给予普安、兴仁两县一定倾斜，加强工作协调和指导，切实提高当地公安机关维护社会稳定的能力。

【扶贫调研】 2013 年，部扶贫办先后两次组织工作组深入普安、兴仁两县进行调研，取得了大量第一手资料。部扶贫办结合两县不同的自然经济社会条件，科学确定扶贫建设任务和工作重点，合理确定扶贫项目和资金标准，宜大则大，宜小则小，不搞形象工程。

【扶贫会议】 公安部于 2013 年 6 月 8 日，组织召开部属定点单位扶贫工作会议，部属定点单位分管领导和具体负责同志参加会议，时任装备财务局副局长（正局级）刘明望出席会议并做重要讲话。会议全面总结了2012年以来部扶贫办开展的定点扶贫和对口援青各项工作，及时下达了2013年资金筹措任务。

【教育扶贫】 针对普安县基础教育比较薄弱的实际，2013年公安部组织人员在青山镇与县政府共同建设一所“平安之星”希望小学，通过前期规划立项与实地选址调研，土建工程已接近完工。

【公安装备建设】 2009年以来，中央转移支付资金对普安、兴仁两县公安机关的投入力度不断加大，极大地缓解了两县公安机关经费紧张、装备和基础设施滞后的状况。但是，由于地方财政经费保障水平较低、警力相对不足，两县公安工作依然面临着诸多困难。2013年，公安部充分发挥职能优势，帮助两县建立标准化的社区（村）警务室，配备必要的维稳装备和器材，针对黔西南州湖泊等水域面积较广，水上巡逻装备不足，严重影响水上治安工作开展的实际情况，向该州公安局调拨冲锋舟2艘，公安快艇2艘。

【扶贫慰问】 2013年春节前夕，部扶贫办通过公安英烈基金会安排困难民警慰问金10万元，赴普安、兴仁两县开展慰问活动，走访慰问牺牲、病故及特困民警家庭。

【扶贫资金投入】 2013年，公安部为普安、兴仁两县共筹集资金504万元。其中，通过预算安排160万元，协调部属研究所、消防所、公安报社等10家部属单位筹集扶贫资金由2012年的120万元，提高到200万元。

【扶贫资金管理】 2013年，公安部进一步加强扶贫资金的程序管理，全面推行“三个公开”（资金公开、项目公开、受助户公开）和“三项监督”（群众监督、媒体监督、出资单位监督），不断提高扶贫资金管理的科学化、规范化水平，提高资金使用效益。进一步发挥审计、督察等部门的监督作用，将扶贫资金使用情况纳入年度审计计划，加强使用情况的经常性督查，切实防止扶贫资金出现廉政风险。

（公安部扶贫工作办公室　由建）

财政部定点扶贫

【概述】 财政部定点帮扶国家扶贫开发工作重点县为湖南省平江县和云南省永胜县。财政部每年均派出2名机关干部分别到湖南省平江县和云南省永胜县进行扶贫挂职。

2013年，财政部有关司局同志到平江县实地考察33人次，直接投入资金500万元，引进资金9172万元，资助学生1349人，培训农民4210多人。2013年，平江县减少贫困人口1.5万人，农民人均纯收入从2012年末的3781元增加到2013年末的4650元，增加869元，增长23%。

2013年，财政部有关司局同志到永胜县实地考察36余人次，直接投入资金400万元，引进资金1330万元，资助贫困学生8人，培训技术人员2期180人次。2013年，农民人均纯收入从2012年末的4861元增加到2013年末的5858元，增加997元，增长20.5%，全县减少贫困人口逐步减少。

【扶贫工作规划】 在深入调查、全面了解平江县贫困现状及扶贫开发工作进展的基础上，按照《平江县新十年扶贫开发工作思路》及《平江县2011—2015年整村推进扶贫开发规划》，制定了《2013年财政部驻平江县定点扶贫工作计划》，并结合国务院新老十年扶贫规划政策过渡调整情况，明确了今后一段时期"以消除绝对贫困为首要任务，以重点区域和重点贫困村为主战场，坚持开发式扶贫与搬迁式扶贫相结合，坚持扶贫开发与农村低保制度有效衔接，坚持政府主导、社会帮扶与自力更生紧密结合，更加注重提高贫困群体的综合素质，增加自我发展能力"的扶贫开发总体思路。同时，选择南江镇百合村、黄金洞乡大福村作为财政部驻平江扶贫实践基地，注重先行先试，积累扶贫开发经验。

【基础设施建设】 平江县完成省道207平江段改造30.13千米的全部工程，打通了平江直通长沙的第三条通道。启动中央彩票公益金支持贫困革命老区整村推进项目，完成黄金洞环库区10个村14.42千米公路硬化、童市镇白花村隧道加固、新建村组公路8.75千米、尧塘水库饮用水源保护等建设项目。完成德援助项目第三期9座山塘水库建设，解决了5个贫困村灌溉难问题。

【产业扶贫】 平江县主要推进了三大产业帮扶。一是扶持到户，发展家庭产业。启动新一轮两项制度有效衔接扶持，精准识别4639户、18750个两项制度有效衔接扶持对象，并登记建档，计划在3年内按人均1000元的标准扶持其发展脱贫产业。第一批人均300元的项目启动资金已打卡发放到户，目前所有扶持对象已经启动脱贫项目建设，预计贫困户人均增收1200元。二是扶持到村，发展特色产业。按照“一乡一业、一村一品”原则扶持贫困村发展油茶、楠竹、高山有机茶、蔬菜、中药材等县内特色产业。实行连片开发，投入资金1000万元，扶持贫困群众在海拔800米以上的福寿山、幕阜山、连云山高寒山区发展高山有机茶1160亩，2012年冬、2013年春又新造3000亩。实行龙头带动，重点扶持九狮寨茶业、福星木业、白云茶业、瑞丹公司、发展高山有机茶。三是牵线搭桥，发展旅游产业。帮助平江成功争取石牛寨入选国家地质公园保护项目，帮扶资金3年预计达6000余万元，2013年已到位2090万元，将大力推动平江旅游业的发展。

【教育扶贫】 平江县建设合格学校47所，改造学校危房20.6万平米，吸引社会力量捐资助教857万元。全面开展贫困村初中毕业生、高中毕业生的摸底调查，扶持549名“两后生”到县职业技术学校、湘北女校等职校就读，对800名在读贫困高中生、大学生人均发放生活补贴750元。

【实用技术培训】 平江县围绕农业产业结构调整、农业产业化建设和新技术、新品种的推广应用，加大农民实用技术培训力度，2013年共举办高山有机茶栽培、楠竹栽培、油茶低改、养蜂、黑山羊养殖等实用技术培训班8期，培训农民1960人次。转移培训农村剩余劳动力2100人次，实现收入200多万元。

【扶贫资金监管】 平江县按照《平江县财政扶贫资金管理办法》，执行财政扶贫资金专款、专户、专人、专账管理，实行资金封闭运行和财政报账制，设立扶贫资金专户，实行专账核算，保证专款专用。坚持群众监督，每个项目村都成立了5—7人的村民监督委员会，全程参与并监督项目实施进度和资金使用情况，有效防止财政扶贫资金被挪用和挤占。坚持项目公示，将扶贫项目纳入县、乡、村政务公开内容，接受社会监督。

永胜县制定和完善扶贫重点村管理办法、扶贫资金报账制实施管理办法、安居工程建设技术标准等一系列管理制度和办法，实行项目管理合同制、大宗物资统购统管制、项目评审制、监督管理机制。以强农惠农专项资金清查为契机，认真开展扶贫资金自查自纠和专项检查工作，加强扶贫资金和专项惠农资金的监督管理，推进涉农、扶贫资金的整合和统筹安排，提高了资金使用效益。

【易地扶贫搬迁】 平江县针对部分贫困群众地处偏远，生产资料匮乏，生存环境恶劣，水电路讯等基础条件改善投入过大，而且投入后依然不能改变偏远闭塞面貌的状况，积极探索搬迁式扶贫。2013年按照“市场引导，群众自愿，以奖代补”的原则，选择黄金洞乡、咏生乡等5个乡镇10个村作为搬迁式扶贫试点，整合资金4000余万元，引导群众搬迁到工业园区、城镇集镇等宜居地区，岑川、三市、芦头林场搬迁对象陆续搬进新居，福寿山、大洲、童市、咏生乡镇正在加快集居点建设。

永胜县实施了东风乡麦叉拉村委会文史记、顺州乡西马场村委会石桩地易地扶贫搬迁项目，共安置67户300人，实施了安居房建设、人畜饮水工程、道路建设、通电工程、产业扶贫、科技培训等项目。

【整村推进】 平江县继续实行扶贫开发“一把手”负责制和“县级领导联乡包村、县直单位包村、科级干部包户”的对口帮扶模式，对本轮34个贫困村实施整村推进。国定村每村每年40万元、省定村每村每年12万元的财政扶贫资金下拨到村，共硬化村组公路112千米，新建组级公路68千米，7个村完成农村低压电网改造，新建村级组织活动中心3个、卫生室3个、农家书屋3个、饮水工程项目8处，新修加固山塘6口、水渠560千米，新建移动信号接收基站1个。

永胜县2012年度省、市级整村推进项目75个，每个项目安排财政专项扶贫资金15万元，共计1125万元，项目主要安排在东山、东风、六德、羊坪、大安、光华等少数民族贫困乡，重点扶持水、电、路等基础设施建设项目和“一村一品”的产业发展项目。2013年，项目已全部完成，通过市级验收。

【安居工程】 平江县开工建设廉租房860套、公租房1855套，改造棚户区1755套，助援2081户农村无房户新建住房，1510户农村危房户维修住房。成功争取在浯口镇四合村和南桥乡永联村启动扶贫危房改造试点，已完成四合村（含白石、指泉、长江村）和永联村（含汤塅、富强村）的贫困户、危房户摸底和D级危房登记鉴定工作，制定了聚居点规划，设计了安居房方案。

永胜县完成了2012年度安居工程260户，户均补助资金1万元，共计补助资金260万元，其中松坪乡80户、顺州乡80户、东风乡50户、光华乡30户、程海镇10户、仁和镇10户，户均改造不低于80平方米的安居房1所。2013年，项目已全部完成，通过市级验收。

【就业扶持】 平江县积极创建省级创业型城市，举办招聘活动22场次，提供就业岗位5176个，发放创业小额贷款2532万元，帮助1346名就业困难对象实现再就业，新增城镇就业人数6213人，新增农村劳动力转移就业16642人。

【信贷扶贫】 永胜县认真做好2012年度发放的2000万元到户贷款的贷后管理工作，如期收回全部贷款。继续实施好2013年扶贫到户贷款3000万元，并及时足额兑现贷款贴息资金。

【革命老区建设】 永胜县实施了2012年度顺州乡州城村委会东云二村革命老区

项目1个，财政补助资金50万元。2013年，项目已全部完成，通过市级验收。新争取2013年度片角乡片角村委会大梭罗村、永北镇南华村委会观栏村、程海镇海腰村委会海腰村革命老区项目3个，财政补助资金100万元，目前项目正在实施。

（财政部人事教育司　孙　慧）

国家质量监督检验检疫总局定点扶贫

【概述】 2013年，国家质量检验检疫总局（以下简称“质检总局”）定点帮扶甘肃省礼县和河南省民权县。质检总局认真贯彻落实国务院扶贫办、中央组织部等8部门《关于做好新一轮中央、国家机关和有关单位定点扶贫工作的通知》精神，在总局党组和总局扶贫工作领导小组的指导下，结合质检工作自身特点和优势，因地制宜制订帮扶规划和实施方案。2013年先后对定点扶贫县直接投入资金200万元，帮助引进各类资金（含有偿和无偿）5522万元，完成党政干部培训75人次，选调23名乡镇干部到质检系统沿海机构挂职，培训农村劳动力并组织输出525人，在加强基础设施建设、改善文化教育条件、引进扶贫资金项目、加强干部教育培训等方面做了大量工作。

【扶贫调研】 2013年，质检总局共计36人次赴定点扶贫县调研，访民意、摸实情、查问题、听建议，看望慰问贫困群众和挂职扶贫干部，归纳梳理发展缓慢的原因，为定点扶贫县发展有针对性地研究制订解决措施，科学制订工作规划，积极争取资金。总局机关各司局、各直属单位结合本单位实际，也纷纷组织本单位干部职工赴定点扶贫县开展捐献爱心、深入基层等相关活动。

【民权检验检疫办事处】 质检总局在民权县设置检验检疫办事处以来，积极服务地方经济发展，被称赞为“真正为群众办事的办事处，办事让群众满意的办事处”。为帮助企业缩减出口家电型式试验周期，办事处实行分类管理加强监管，大幅降低检验频次。注重走访调查，了解企业发展现状并提出建设性意见，重新设计企业厂检单格式、项目，指导检验记录、档案管理等。还与商务、海关等部门加强沟通协调，掌握地方承接产业转移的规划和建设动态，配合该县招商引资，吸引外地企业落户。自办事处成立以来，民权县新上项目26个，其中有进出口业务的项目占7成。

【干部挂职扶贫】 质检总局2013年度先后派出2名处级干部到河南省民权县和甘肃省礼县挂职扶贫，分别担任县委副书记、副县长职务，分管定点扶贫工作。在工作中，下派挂职扶贫干部面对新的岗位和新的环境，时刻牢记自己的使命，克服工作和生活方面的种种困难，全身心全方位地投入县里的工作中。他们积极转变角色，虚心向县里其他领导学习，深入基层，深入群众，了解定点扶贫县域的经济社会发展情况和当地老百姓对扶贫项目的需求，理清工作的思路和扶贫的着力点，围绕贫困县的发展规划、重要工作，依托质检总局的职能，办实事，办好事，认真做好定点扶贫各项工作，也为树立质检总局“人民质检 质检为民”的良好形象做出了积极努力。

支持并安排民权县23名优秀年轻干部，到广东、浙江、山东、江苏等沿海发达地区质检系统进行为期1年的挂职锻炼，以提高该县干部服务经济建设、从事经济工作的能力，发展壮大贫困地区主导产业，推动县域经济社会全面发展，加快贫困群众脱贫致富步伐。这是国家质检总局为民权县开展“造血式”扶贫帮扶而采取的一项新举措。据了解，这23名优秀年轻干部是民权县在参加报名的160余名干部中，通过笔试、面试等程序选拔出来的。挂职锻炼干部的主要任务是，深入学习先进地区的新思维、新观念、新举措、新经验，多渠道、深层次、全方位宣传推介民权县的经济社会发展情况和优势条件，力争在承接主导产业和引进知名企业上取得新突破。

【扶贫干部培训】 先后两次组织礼县52名乡镇干部赴山东、辽宁、江苏、福建，就如何建立高科技农业示范区，以及水果蔬菜的种植技术、产业的培育和市场流通，如何做大做强旅游产业以及绿化、卫生管理等方面进行学习培训，进一步开阔了基层干部视野、更新了思想观念。

【产业扶贫】 按照“建好高新区、搭建大平台、培育大产业、促进大发展”的要求，紧紧围绕打造中国制冷产业基地、建设“中国冷谷”的目标，帮助民权县申报、建设了河南省唯一的制冷机电产品质量监督检测中心、葡萄酒质量监督检验中心，为做大做强制冷和果酒生产两大主导产业提供了技术支撑。民权县在此基础上开展“大招商”活动。先后成功引进总投资12亿元的香雪海冰箱冷柜项目、总投资5.3亿元的飞龙电器压缩机和铝板材加工项目、总投资6亿元的华美冷柜项目、总投资20亿元的广州万宝集团年产300万台冰箱冷柜、600万台冰箱冷柜用压缩机和冷藏车用制冷机组等项目。到2013年，民权产业集聚区入驻了兆邦电器、松川专用车、奥爱斯冷柜、维雪制冷等制冷设备相关企业40多家，冰箱、冰柜年生产能力达到400万台；冷藏车年产1万辆，在国内市场占有率达到了40%，稳居全国第一。产品畅销国内及韩国、尼日利亚、坦桑尼亚、埃及等国家。河南商丘市民权县也因此被中国轻工业联合会和中国家用电器协会联合授予“中国制冷设备产业基地（民权）”称号。在河南省召开的重点项目暨产业集聚区建设工作表彰大会上，民权县产业集聚区荣获“全省十快产业集聚区”称号，主要经验做法在全省进行了交流。

【科技扶贫】 根据《地理标志产品保

护规定》，由当地的省级质检机构初审，经国家质检总局审查合格，2013 年 2 月核准 4 家企业使用“礼县苹果”地理标志保护产品专用标志，予以注册并发布公告（国家质量监督检验检疫总局公告〔2013 年第 22 号〕）。该专用标志的使用，使“礼县苹果”产品品牌在市场上有了法律保护，在全国范围内进一步扩大和提升品牌知名度和市场占有率。

【产业扶贫】 按照“政府主导、科学引导、部门联动、龙头带动、全面参与”的管理模式，陇南市礼县的国家级出口苹果质量安全示范区创建工作于 2013 年 5 月初全面启动。天水检验检疫局相继出台《天水检验检疫局创建出口苹果质量安全示范区建设实施方案》等 6 个规范性文件，明确了示范区建设领导小组、推进计划、建设规范、目标要求等，并同果业、农牧、商务、质监等部门协调沟通，同促共建。同时，礼县人民政府也相继出台了“创建国家级苹果质量安全示范区实施方案”，明确了领导小组及成员单位的相关职责，制定了推进计划表，创建工作顺利有序进行。

【教育扶贫】 2013 年直接安排贫困村教育资金 100 万元，用于改善全县贫困村学校教学条件和设备购置。帮助民权县野岗中心小学全面翻修操场，购置文体教学用具；为民权县重点高中购置了 50 多台电脑，及相关配套设施，建成了电脑教室；为民权县第一高中争取了国家扶贫基金会的资助，给 50 个家庭贫困的孩子发放每人 1 年 2000 元的资助。帮助礼县永兴华测质检希望马沟小学维修了受“泯县 7.22”地震暴洪灾害影响倒塌的围墙 80 米，修建 83 米围墙护坡、2000 平方米操场；为礼县城关、石桥、永坪、桥头四乡 5 所小学购置 300 张课桌椅。

【基础设施建设】 上坪乡是质检总局扶贫挂职干部“联村联户”的联系点。该乡年家村有农户 200 余家、1000 余人。几十年来，1000 余人通往牧场、田地、学校等生产生活的唯一道路，被一年四季从山上流下的河水分为两段，无论大人出行还是学生上学都要从河面上铺垫的石头上走过，既不方便也存在安全隐患。在广泛听取意见后，为该村修建两座过水路面桥和河堤，彻底解决了困扰 1000 多人几十年出行难问题。投入扶贫资金，在田间地头设立农业信息化显示屏幕，为农民生产提供帮助。

（国家质检总局扶贫办　董慧池）

国家机关事务管理局定点扶贫

【概述】 河北省阜平县是国家机关事务管理局（以下简称“国管局”）定点扶贫县。2013年是阜平县扶贫攻坚第一年，国管局紧紧围绕阜平县“3年大见成效，5年稳定脱贫，8年建成小康”中心任务，充分发挥桥梁纽带和参谋助手作用，积极协助阜平县保护和弘扬红色革命历史文化，着重从发展教育、助推产业、改善民生、整村推进等4方面入手开展帮扶工作。选派4名青年干部组成第17批扶贫工作组，并安排有阜平挂职经历的司级干部担任工作组组长，形成“市—县—科局—乡村”四级干部挂职的新布局。2013年，国管局直接投入资金和物资约185万元，主要用于教育帮扶、技能培训以及慰问救济困难群众；协调社会力量投入资金和物资约1789万元，主要用于校企合作建设汽车技工培训基地、信息化扶贫，以及矿产资源勘查等；联系争取各类行业项目31个，涉及农、林、畜牧、工业以及文物保护等方面，资金总量约5600万元。

【教育扶贫】 1. 基础教育扶贫。为稳步提高阜平人口素质，让更多山区孩子能接受良好的基础教育，国管局在多年工作的基础上，继续着力改善阜平中小学，尤其是乡村小学的教学条件。2013年，为阜平中学更新了全部学生课桌椅共2542套，捐赠电脑10台，新资助家庭困难的高中生5名；向多个乡村小学送去了教学设备和书包文具，捐赠3000套学生运动服；完成天生桥镇不老树村小学翻建工程，并配备新的课桌椅和教学设备；为阜平县城2所幼儿园捐赠儿童床、电脑、洗衣机等设施设备；为马兰小乐队捐赠部分急需乐器；为县职教中心捐赠300个保温水杯，作为教师节礼物。同时，还组织部分阜平学生参加了中国关心下一代工作委员会举办的暑期夏令营活动，组织爱心企业的职工家庭到阜平乡村小学开展结对帮扶活动。

2. 职业教育扶贫。2013年，国管局所属单位与阜平县职业技术教育中心按照校企合作模式，联合设立2个物业管理专业班，招收学员100名，并为职教中心改善教学条件捐资10万元。同时，为进一步促进阜平青年人通过接受职业教育走出大山、改变命运，协调国务院扶贫办将阜平县纳入“雨露计划”实施方式改革试点，为职业教育贫困生安排专项补贴；联系国家行政学院等多家中央国家机关及所属企事业单位，为职教中心酒店运营与管理等专业的学生提供就业岗位。

【扶贫培训】 1. 汽车技工培训。2013年5月23日，协调一汽集团、上汽集团、长安汽车、比亚迪汽车等4家企业，与阜平职教中心签订校企合作协议，采取“联合办学、定向招生、定向就业”方式设立汽车技工基地，由企业投资800余万元，提供实训装备、专业师资，以及就业机会和创业基金。基地招生面向燕山-太行山连片特困区共11个贫困县（河北9县山西2县：阜平、涞源、涞水、易县、曲阳、唐县、顺平、望都、博野、五台、繁峙），首批招生规模由原计划600人增加至800人。9月10日，“阜平县梦翔汽车技工培训基地”正式开班办学，并被保定市教育局确定为“保定市九县职业教育协作区”，阜平县职教中心也被确定为“保定市九县职业教育协作区示范校”。

2. 专业技术培训。2013年7月，协调中南大学，在湖南长沙举办了“阜平县基层卫生管理骨干人员培训班”，阜平乡镇卫生院院长、卫生计生系统业务和管理骨干等50人参加培训，职业素养和管理水平得到进一步提升，有效促进了阜平县医疗卫生事业的健康发展。此外，中南大学为阜平县教师举办30人的专科及专升本培训班，并免除3.6万元/人的本科学历教育学费。

3. 干部培训。2013年8月，联合国家行政学院在京举办了“阜平县—乡—村三级党政干部培训班”，全县212名党政干部接受了基层党建、依法行政、危机管理等课程培训，并对北京地区的城市建设、农村产业发展和新农村建设等进行现场观摩学习。

4. 农民技能培训。2013年11月，联系中国农科院赴阜平举办养殖技术培训，全县畜牧管理技术人员以及肉羊、肉牛、肉鸡、蛋鸡养殖场（户）负责人和技术人员共500余人参加培训，有效促进了全县范围内牲畜防疫、育肥等技术水平的提高，在一定程度上缓解了各类新建养殖基地缺乏技术和经验问题，降低了农民的投资风险。同时，中国农科院还向县畜牧局和各类养殖户赠送了一批养殖技术系列丛书。

【科技扶贫】 协调中国农科院与阜平县签订战略合作框架协议，协助规划设计集“科研、教育、生产、示范”为一体的现代农林科技示范园，指导建设一批大枣、蔬菜和生态养殖示范基地，同时设立新品种、新产品、新技术试验示范基地，并为阜平县农产品加工企业和农户提供全面的技术指导和咨询服务。

【矿产资源勘查】 针对阜平矿产资源种类、储量不明，开发方式粗放低效，以及生态破坏较为严重等问题，联系协调中南大学安排50万元专项课题经费，协助阜平县开展为期3个月的矿产资源重点详查工作，分别确定了一个金、铜、铁矿区的矿化带走向，并为阜平县编制了对应的2014年地质勘查项目申请书。

【宣传引资】 根据阜平资源优势和地

方省市县的需求，国管局积极联系各类优势企业，宣传推荐阜平，先后邀请中粮集团、航天科技集团、船舶重工集团等多家国有、民营企业实地进行投资考察，积极推动有关特色种植养殖和“高端、低碳、环保”型工业生产项目落户阜平，为县域经济发展提供支撑。2013年5月，中粮集团已与阜平县签订战略合作框架协议，在特色林果业方面开展合作，并为相关养殖业提供技术支持。

【革命文物保护】 阜平是全国著名的革命老区，红色文化底蕴深厚，革命遗址众多。国管局组织阜平有关部门赴同样为革命老区的山西省武乡县学习经验，并协调国家文物局完成“晋察冀边区政府及军区司令部旧址文物保护”规划编制项目、维修工程项目的立项审批工作，安排规划资金100万元、消防避雷及技改资金137万元，为2014年全面推动实施文物修缮工程奠定基础。

【产业扶贫】 积极协调国家和河北省相关行业主管部门，为阜平争取各类扶持项目。农业部在国家普惠政策基础上，对阜平县给予特殊照顾，安排马铃薯脱毒育苗、肉牛肉羊鲟鱼良种扩繁等10个扶持项目，中央投资共1750万元；国家林业局、省林业厅在政策、项目、资金和技术等方面，支持阜平县林业发展，安排太行山绿化、退耕还林、科技推广示范等扶持项目13个，资金量约2817万元。

【信息化扶贫】 联系爱心企业，向保定市捐赠价值300万元的扶贫系列软件及配套硬件，向阜平县164个贫困村捐赠了价值82万元的计算机164台。同时，协调市级扶贫主管部门，将阜平作为保定地区试点，率先启动新阶段贫困人口建档立卡工作，为扶贫攻坚持续顺利推进奠定基础。

【三下乡活动】 2013年5月，组织中央国家机关“三下乡”活动赴阜平县城、龙泉关镇平石头村开展了义诊送药活动，累计义诊500余人次，发放和捐赠价值8万元的常用药品，并为2个贫困村援建卫生室和幸福书屋。10月，在阜平开展“中央国家机关幸福工程——救助贫困母亲”项目，提供100万元无息贷款扶持多个贫困村的计划生育母亲家庭发展生产，并捐赠40万元资金用于农村基础设施建设。

【送温暖活动】 2013年，先后为阜平县民政事业服务中心捐赠饺子机、衣物烘干机，为老红军和孤寡老人送去了慰问金以及换季服装、米面肉油等生活物资，折合资金3万元。在春节等传统佳节前夕，前往10个贫困村走访慰问41户贫困群众，送去急需生活物资和慰问金。

【整村推进】 2013年，对阜平县龙泉关镇的骆驼湾村、平石头村进行定点帮扶。对骆驼湾村，安装太阳能路灯10盏；援建幸福书屋1个，配备图书4000册以及配套书柜等；援建卫生室1个，捐赠一批医疗设施设备和药品。

对平石头村，从规划入手，加强基础设施建设，逐步改善贫困群众医疗、教育以及生产生活条件，并推广节能环保新技术，同时探索建立农副产品销售新模式，增加农民收入并逐步培养集体经济，增加自我造血能力。一是完成环境整治规划、综合性村庄规划编制，制订农村废弃物处理方案。二是协调完成 1.2 千米主要水泥道路的加宽加厚，为 2 个自然村新修 1.4 千米“村村通”水泥路，完成村委会周边 80 米道路征地拓宽、砌筑护坡和路面硬化工作，以及村口广场护坡加高和场地平整工作。三是安装 61 盏太阳能路灯，解决了人口较为集中的 4 个自然村夜间照明问题。四是组织开展义诊送药活动，援建了卫生室和幸福书屋。五是争取到 62 万元捐款用于整村推进工作，协调爱心企业为村小学更换全部课桌椅，并捐赠取暖器和大量文具图书。

【村庄亮化工程】 2013 年，为国管局历届挂职干部帮扶过的 11 个贫困村实施村庄亮化工程，共捐赠安装太阳能路灯 173 盏，价值 67 万多元。

（国家机关事务管理局
陈功　张彬松）

国务院侨务办公室定点扶贫

【概述】 2013年，国务院侨务办公室（以下简称“国侨办”）定点帮扶甘肃省积石山保安族东乡族撒拉族自治县（以下简称“积石山县”），共6批20人次前往积石山县开展扶贫工作。其中，部级领导1人（次），司局级领导人6人（次），处级干部人5人（次），科级干部7人（次）。2013年扶贫工作以调研、培训、慰问、支教活动、侨爱工程等活动为主要措施，共完成党政干部培训30人次、医务人员培训160人次。

【扶贫调研】 为进一步掌握积石山县脱贫致富实际情况，提高国侨办对口帮扶工作的精准度和力度，国侨办以开展党的群众路线教育实践活动为契机，组织办内部分中青年干部于9月9日至14日，赴积石山县开展“扶贫调研暨国情教育实践活动”。调研过程中，组成员深入山乡僻壤，采取随机抽样的方式选取自然村，以分散入户的办法与当地百姓进行面对面沟通交流，了解当地农民贫困状况与所思所想，深入分析眼下妨碍脱贫致富的主要困难与障碍；并与县扶贫办、财政局、畜牧局、劳动就业培训等部门负责人进行座谈，听取县职能部门对本县社会经济发展中存在问题的分析与未来规划；实地考察部分学校、医院、养殖基地、农产品加工基地等，力求能够多角度掌握积石山县目前发展现状，以便进一步拓展扶贫思路，提出更具针对性的帮扶项目。

【扶贫培训】 1. 举办党政干部培训班。5月19日至31日，国侨办在华侨大学举办“第八期积石山县党政干部培训班”，来自积石山县各委办局、各乡镇等党政部门的30名干部接受了为期13天的培训学习。本期培训旨在帮助积石山县干部增强开放意识，拓宽工作思路，提高领导能力和政策水平，促进积石山县定点扶贫事业和社会主义新农村建设事业的发展。在为期13天的培训期间，华侨大学9位专家学者，分别围绕解读十八大的新意、转变县域经济增长方式、政府公关与危机处理、战略管理、经济社会改革发展分析、法律共同体下社会自治体制建构、公共组织文化管理、税收与经济发展、中国财政税收制度改革等内容开设了专题讲座。此外，还组织学员结合相关课程对厦门经济特区发展、海西建设、国家闽台缘博物馆、晋江制鞋厂、石狮服装城以及安溪茶叶生产、加工与销售情况等进行了实地考察。

2. 举办医务人员进修班。7 月，积石山县卫生系统选派的 16 名医务骨干抵达暨南大学所属“广州华侨医院”进行为期半年的进修学习。暨南大学附属第一医院指派技术过硬、带教经验丰富的医生担任教师对学员进行培训，针对学员特点专门制订了详细的培训计划、轮科计划，遴选部分学员参加“卓越医生暑期实验班”课程，通过临床教学、模拟训练中心实践等多种途径提高学员的医疗水平和技能。经过培训，该批 16 名学员的临床诊断的视野得到了拓展、常见病的规范处理及应急处置能力有了较大幅度的提高。

【教师培训】 根据积石山县对于英语、数学、地理等薄弱学科专科教师的具体需求，暨南大学 3 名英语、数学、地理等科目任教老师于 9 月 14 日至 11 月 22 日远赴积石山县开展为期 10 周的支教和教师巡回培训工作。支教教师认真随堂听课，课后与师生交流调研，深入思考，有针对性地给出教学课堂改革、使用“导学案”进行课堂教学、恪守教师职业道德等合理化建议并参与制定相关制度。开设示范课和公开课、进行体验式教学，运用现代化的教学手段和灵活多样的授课形式，与当地教师交流课堂组织方法和教学技巧，激发了当地学生的学习兴趣，拓展了他们的视野。注重学生工作，通过召开家长会、作《女生自我保护和规划成长》、《家庭教育的重要性》等专题讲座，营造师生融洽的教学氛围，调动家庭教育等外部因素提升学生的学习效果。

【支教活动】 1. 华侨大学支教活动。7 月份，华侨大学选派了 56 名大学生志愿者组成的支教团，在积石山县开展支教活动。支教志愿者时刻注意关爱学生、启迪学生，用新颖有趣的授课方式、无微不至的关怀和真心实意地交流走进每一个贫困学生的内心，与他们成为朋友，使他们逐渐树立“知识改变人生”，“走出大山、追求理想”的信念，为他们的发展注入精神希望。同时，支教团还组织了多项爱心募捐活动，为积石山贫困地区募集到“一帮一圆梦”助学金 28500 元，“爱心课桌椅”等资金 55580 元。这些资金一部分用于资助 11 所中小学的 103 名贫困学生，一部分用于购置爱心课桌椅 125 套、办公桌 23 套、电脑 2 台、打印机 2 台。支教团特别成立了“西部少数民族地区义务教育与大学生支教状况调研团”前往积石山县 15 个乡镇，近 300 户家庭进行走访调查，开展为期 1 个月的调研活动。对贫困学生建立贫困档案，详细了解积石山地区的贫困原因，思考如何建立更加科学有效的扶贫长效机制。

2. 东亚银行“萤火虫”计划支教活动。5 月 6 日至 8 日，由侨办推介，上海宋庆龄基金会—东亚银行公益基金选派 15 名青年志愿者到积石山县刘集中学开展了 2013 年“萤火虫”计划支教活动。在为期 3 天的支教活动中，东亚银行青年志愿者通过做游戏、与师生交流谈心、讲解案例等多种教学方式，进行历史、法律、美术、武术、书法、物理等课程的素质拓展培训。志愿者还向吹麻滩镇后阳洼小学捐赠了总价值1万元的校服和学习用具，为改善当地办学条件、拓宽师生视野提供了有力支持。

【教育扶贫】 1. 中国寻根之旅夏令营北京集结营活动。由积石山县选送的10位青少年学生参加了侨办举办的华裔青少年学生中国寻根之旅夏令营北京集结营活动。来自积石山的孩子们与来自世界各地的华裔青少年同吃同住同活动，为他们提供了开阔视野增长见识的宝贵机会。

2. 发放“中国侨商会助学金”。10月25日，“中国侨商会助学金”发放仪式在积石山县举行，中国侨商投资企业协会资助了10名积石山县今年考取大学的贫困学生，每人获得现金资助1万元，帮助贫困学生顺利完成学业，缓解了其家庭经济压力。

【侨爱工程】 1. 6月，组织香港昌泰集团邓慕莲博士及香港心连大地摄影会一行赴积石山县考察安全饮水项目，在侨办积极引导下，邓慕莲博士和心连大地摄影会计划捐赠100万元人民币在积石山县开展“水源工程”项目，用于解决积石山县后沟村359户1780人的安全饮水问题。并邀请了国际著名影星赵雅芝小姐为该项目代言，该项目正在顺利推进。

2. 9月11日，“侨爱工程——陈沙立先生救护生命万里行”捐赠仪式在兰州市举行，此次捐赠中为积石山县医院捐赠1辆救护车，帮助积石山县提高医疗水平。

3. 10月底，国内司领导陪同法国法华工商联合会黄学铭会长一行赴积石山出席关家川芦家庄小学教学综合楼建设项目竣工典礼，考察验收项目，黄会长一行当场又向学校捐赠了价值1万多元的文具，改善学生学习条件。

【扶贫慰问】 1. 办领导率团开展慰问活动。春节前，国侨办副主任任启亮一行赴积石山县开展春节慰问活动，在吹麻滩镇后沟村举行慰问物资发放仪式，给部分贫困家庭送去价值3.3万元的慰问物资。并走访部分特困乡亲家庭，鼓励他们通过国侨办的帮扶和自身的努力，树立信心，争取早日脱贫。

2. 暨南大学开展扶贫慰问活动。12月13日至15日，暨南大学组织了医疗专家组前往积石山开展医疗帮扶工作。为当地30位少数民族贫困白内障患者开展复明手术，手术耗材费用4万元，为当地贫困患者节省手术费用近10万元（不包括手术各种耗材），并为每位患者发放慰问金200元。医疗队将此次医疗帮扶工作作为践行党的民族政策、将温暖带给少数民族的一次实际行动，用精湛的医术和求真务实的工作作风向积石山县人民送去了爱心。

（国务院侨务办公室定点扶贫办）

中国地震局定点扶贫

【概述】 2013年，中国地震局定点帮扶甘肃省永靖县。按照国务院扶贫办、中央组织部等8部门《关于做好新一轮中央、国家机关和有关单位定点扶贫工作的通知》（国开办发〔2012〕78号）和全国定点扶贫工作会议精神，中国地震局坚持以科学发展观为思想指导，以深入开展党的群众路线教育实践活动为动力，以农业增产、农民增收为总体目标，以改善群众生活条件、改变农村发展环境、改进农村教育设施为帮扶重点，以实施甘肃省委联村联户、为民富民行动为帮扶载体，紧密结合永靖县情民情和扶贫脱贫整村推进计划，突出优化生态环境扶贫、教育文化扶贫、智力培训扶贫特色，有针对性地开展定点扶贫工作，取得了显著成效。2013年永靖县经济生产总值年均增长超过14%，农民人均纯收入增长17.4%，农村安全人饮入户率达94%，能源沼气普及率达35.4%，完成造林绿化17.21万亩，治理水土流失面积232.2平方千米，全县经济持续快速发展，人民生活幸福安康，社会秩序和谐稳定。

【扶贫调研】 中央纪委委员，中国地震局党组书记、局长陈建民多次听取永靖县定点扶贫工作汇报，并专门批示“我局扶贫工作按照党中央的部署和要求，取得了较好的成绩与效果，望继续努力，既开拓创新，又要务实求效，尽最大努力为贫困地区做贡献”。分管定点扶贫工作的中国地震局党成员、副局长修济刚同志专程到永靖县进行实地考察调研，指导永靖县定点扶贫工作，主持召开专题会议，听取永靖县定点扶贫工作汇报，要求中国地震局发展与财务司和甘肃省地震局立足长远发展，突出帮扶重点，进一步完善工作机制，适应扶贫工作需要，加大沟通协调力度，增加扶贫工作投入，努力做好扶贫工作。

【扶贫机制】 中国地震局成立定点扶贫工作领导小组，修济刚副局长任组长，局机关相关部门和甘肃省地震局主要领导为小组成员，统一领导永靖县定点扶贫工作。领导小组下设办公室，由发展与财务司领导任主任，中国地震局相关部门和甘肃省地震局分管领导为办公室成员，具体承担定点扶贫工作任务。采取统一领导、统筹规划、分工负责、就近指导的定点扶贫工作方式，中国地震局负责扶贫工作总体领导和规划部署，甘肃省地震局具体承担定点扶贫工作任务，安排48名机关党员干部“结对”帮扶永靖县徐顶乡三联村、久长沟村88户困难群众。与此同时，甘肃省地震局选排1名经验丰富、责任性强的处级干部担任扶贫专干，专门负责与永靖县相关部门的日常联系和工作沟通，及时协调解决工作中遇到的困难和问题，为搞好扶贫工作提供强有力的组织保障。2013年，甘肃省地震局发展与财务处荣获国务院扶贫开发领导小组“中央国家机关等单位定点扶贫先进集体”称号，甘肃省地震局荣获甘肃省临夏回族自治州联村联户为民富民“民心奖”。

【扶贫资金】 中国地震局始终把永靖县定点扶贫作为履行社会责任、巩固群众路线教育实践成果的重要任务，纳入发展规划和年度工作计划，在预算资金来源渠道单一、行政事业经费比较紧张的情况下，通过压缩机关日常运行经费等各种渠道，想方设法筹集扶贫项目资金。2013年共筹措安排扶贫资金80多万元。

【基础设施建设】 针对部分山区村社交通不便、农产品运销困难、村社文化活动设施匮乏、农村环境脏乱差等实际，筹措投入43万元，实施乡村道路改造、文化活动场所和村民院落环境改造基础设施建设。完成4个村社4.6千米道路拓宽、铺沙和硬化，新建1个村级文化广场、1个村委会办公室、文化活动室和医务室，方便群众文化活动和就近就医；组织乡村干部和群众代表赴外地调研单体家庭污水处理系统，为改善村庄人居环境提供科学支持。

【教育扶贫】 结合永靖县教育基础设施比较落后，农村学校年久失修、个别甚至已成危房，教学设施陈旧匮乏，农村群众整体科学素质不高的现状，中国地震局研究确立并持续组织实施教育扶贫发展战略。一是继续将永靖县第九中学作为中国地震局的重点支教学校，安排教育扶贫专项4万元，支持完成图书馆、电教室、实验室和活动室改造；二是在已建成刘家塬小学、太极镇小学、岘塬小学和陈井小学等4所希望学校的基础上，2013年再投入10万元，建成并投入使用三塬镇金党标准化小学，教师办公和学生学习条件得到较大改善，学校围墙、大门修饰一新，地面操场全部硬化，学生课桌椅全部更新，使得所在村社的学龄儿童入学率达到100%；三是结合“六一”儿童节、教师节，购买2万多元的学习、生活、文体用品和防震减灾科普读物，由甘肃省地震局领导带队，对学校师生进行走访慰问，对家庭困难学生给予重点资助，帮助完成学业；四是依托村委会文化室，投入5万多元购置农业实用化科学技术读书和防震减灾宣传教育读书各100套，影碟机5套，丰富农村文化生活，提高干部群众科学素质和防灾减灾意识。

【生态扶贫】 永靖县地处黄河上游刘家峡水库库区，县城横跨黄河和库区，由于社会经济发展滞后，长期以来守着黄河水却山荒土松，严重影响着永靖县和黄河上游刘家峡库区的生态环境。针对这一现状，中国地震局与永靖县共同商定，持续在龙汇山共同建设“减灾林”。一是经过调研论证和效益评估，2013 年中国地震局投入 10 万元，改造喷灌、上水设施，扩大“减灾林”种植面积 1000 亩，使“减灾林”总面积达到 3000 多亩；二是完成“减灾林”二期改造工程方案设计，计划投资 50 万元，改扩建“减灾林”文化广场，升级改造减灾碑林文化长廊，建设防震减灾科普教育文化交流展示基地，改造“减灾林”沿黄河景观大道大型石刻群和登山文化小道；三坚持每年“植树节”、“五四青年节”组织甘肃省地震局团员青年，在“减灾林”开展植树造林活动。

【智力和产业扶贫】 一是购置发放农业科学技术和脱贫致富实用读书，邀请相关专家组织村民生产致富和防灾减灾科学知识教育培训，提高干部群众致富技能和科学素质；二是发挥地震工程和地质灾害防治研究专业优势，组织专业机构对永靖县部分村社滑坡隐患点进行地质灾害调查评价，提出了防治对策和措施建议；三是积极协调甘肃省扶贫办、建设厅、财政厅等相关部门，落实永靖县扶贫专项 10 万元，增加永靖县农村危旧房改造计划，帮助永靖县推进整村脱贫计划实施；四是支持永靖县徐顶乡政府发展百合种植、储存、加工和运销支柱产业及家庭养殖产业，建设集种养加、产供销、内外贸、农科教为一体的经济管理体制和运行机制，积极协调招商引资，推动百合种植、储藏、加工产业基地建设，进一步促进农民增产增收。

（中国地震局　甘肃省地震局
张守洁）

中国证券监督管理委员会定点扶贫

【概述】 2013年，中国证监会（以下简称“证监会”）认真贯彻落实国务院扶贫办等8部委《关于做好新一轮中央、国家机关和有关单位定点扶贫工作的通知》（国开办发〔2012〕78号）要求，在会扶贫工作领导小组统筹下，在会机关、交易所、中国证券业协会8个对口帮扶单位共同努力下，在全系统和证券行业鼎力支持下，证监会在河南省兰考县和桐柏县、安徽省太湖县和宿松县、山西省汾西县和隰县、内蒙古自治区察哈尔右翼前旗、陕西省延长县、甘肃省武山县、吉林省龙井市等10个国家重点贫困县的新一轮定点扶贫工作顺利开局，总共投入资金2000余万，协助从国有银行、证券行业和社会各界引进资金1.54亿元，落实到援教助学、民生基础、抗震救灾、产业发展等70多个帮扶项目。为贯彻落实证监会扶贫工作会议精神，各对口帮扶单位及扶贫干部还特别在社会扶贫、金融服务、产业扶贫、市场培育、智力扶贫和凝聚正能量等方面，做出了一系列探索，取得初步成果。

【扶贫会议】 2013年3月，证监会召开了扶贫工作会议，姚刚副主席在会上对新阶段定点扶贫进行了全面部署，要求在做好传统扶贫工作的基础上，瞄准定点县贫困根源和制约发展瓶颈问题，凝聚证监会系统和资本市场帮扶合力，发挥智力、信息、管理、技术、资金、项目、市场等方面优势，综合驱动贫困地区内生性发展，形成帮扶特色。国务院扶贫办郑文凯副主任出席了会议，并从搞好调研、做好衔接和抓好落实3个方面，对证监会新一轮定点扶贫工作提出了具体要求。

【干部挂职扶贫】 坚持把定点扶贫与培养锻炼干部相结合，6月底前从会机关、6家交易所、证券业协会、证券行业选派了10名德才兼备的优秀中青年干部赴定点县挂职扶贫。扶贫干部到位后，迅速转变角色，发挥自身优势以及证监会与定点县之间的桥梁纽带作用，积极开展摸底调研，推进培训交流，研究发展规划，培育重点企业，争取项目资金，开展招商引资，落实扶贫项目，组织抗震救灾等，展现了良好的工作作风。

【扶贫调研】 按照8部委和证监会扶贫工作会议要求，8个对口帮扶单位高度重视扶贫规划编制工作，在扶贫干部摸底调研的基础上，深圳证券交易所理事长陈东征同志等单位领导分别亲自带队，先后组织20批118人次深入10个定点县开展调研，结合帮扶单位自身、证监会系统、资本市场的特点和优势，从定点县实际出发，因地制宜地制定了10个县的帮扶规划，为证监会新8年定点扶贫工作提供了科学依据。同时，细化了2013年实施方案，协调各方力量，配合扶贫干部认真落实。

【行业扶贫】 根据国务院扶贫办和会扶贫工作会议要求，中国证券业协会依托山西汾西、隰县定点扶贫，为证券行业履行社会责任搭建了新的平台，引导证券行业与协会共同选派扶贫干部、制定扶贫规划，调动行业参与积极性，形成行业扶贫共识。即突出造血功能，由协会牵头，集中行业力量办大事，重点推进产业化扶贫；兼顾公益性扶贫，由挂职干部筛选公益性帮扶项目，行业单位自主认领对接实施。2013年9月，协会向行业发布两县首批12个公益类帮扶项目，19家证券公司积极响应提出了305万元扶贫资金认捐意向。为进一步建立便捷、畅通、公开的扶贫资金运作渠道，规范捐赠行为，降低捐赠成本，监督资金使用，协会还协调中国扶贫基金会，合作建立证券行业扶贫专项基金，资金来源于证券行业及从业人员捐赠，主要用于山西汾西、隰县的帮扶项目，签约当天首期募集资金就达到了252.8万元。

【金融扶贫】 为解决贫困地区中小微企业融资难问题，疏通企业发展资金“瓶颈”，在甘肃武山，深圳证券交易所推动了与建行天水分行、兰州银行的金融服务合作试点，约定深交所在银行存入铺底资金，银行按优惠利率，放大倍数给予双方共同认定的帮扶企业信贷支持，释放企业成长动力，带动当地产业发展。12月份，深交所首笔铺底资金1000万元到位，合作银行给予帮扶企业6000万元授信额度，金融服务带动产业扶贫进入了实质性帮扶阶段。在河南兰考，会机关扶贫干部推动当地设立财政投资公司，与商业银行分担风险和共同把关，把资金通过财政投资公司投放到小微企业。还促成国开行河南分行一揽子支持兰考及小微企业发展，选派分行员工到兰考财政局挂职落实，未来两年计划在兰考投入资金约5亿元，其中2013年度的土地储备资金1.1亿元已通过审核。

【产业扶贫】 发展产业是帮助贫困地区脱贫致富的根本保障。本论扶贫启动后，各对口帮扶单位指导挂职干部通过帮扶重点企业、招商引资等方式，以点带面，带动当地产业发展。在甘肃武山，深交所结合金融支持产业扶贫思路，瞄准当地农牧产业优势，筛选发展潜力大、产业带动效应广、财政贡献大的龙头企业，从战略规划、产业链拓展、资金扶持、风险防控、管理提升、现代企业制度建立等方面，进行全面扶持，引导当地群众创业兴业。首批入选并得到扶持的畜牧业龙头通济牧业公司，目前发展势头良好，产业辐射带动效应将逐渐显现。在河南桐柏，郑州商品交易所挂职干部积极协助当地国有茶厂改制和引进战略投资者工作。香港文化传媒公司已经签订协议，计划投资1亿元，接手茶厂并在原规模上扩大种植面积，开展多种经营，将有效带动当地相关产业发展和群众增收。第一批3000万投资项目已经启动。在山西汾西，证券行业扶贫干部结合当地产业发展需求，主动牵线搭桥和招商引资，组织召开“2013山西汾西（北京）招商引资推介会”，现场签约9个招商项目，涉及农业、工业、服务业、社会事业等领域，意向投资额110多亿元。项目落地工作正在积极推进。在陕西延长和内蒙古考察右前旗，还直接瞄准贫困村、贫困户，投入资金70万元，支持3个贫困村180户农户养鸡和养羊，试点发展“一村一品”特色养殖产业，同时援助10个贫困村购买农机设备，帮助提高农机化生产水平，助力贫困农户早日实现脱贫致富。

【培育上市企业资源】 本轮扶贫启动后，各对口帮扶单位积极贯彻落实会扶贫工作会议精神，瞄准当地重点企业，加大上市企业资源培育力度。在河南兰考，会机关扶贫干部推动中原证券与兰考县签订支持兰考企业上市和资本市场发展的战略合作协议，推进了对兰考飞龙机械、天民种业等企业辅助工作，其中天民种业拟上市工作程序已经启动，在当地形成良好的示范效应。在河南桐柏，郑州商品交易所扶贫干部促成桐柏信鸿、东裕精密、南阳金牛3家企业分别与政府、证券公司签署战略合作协议，启动了“新三板”挂牌的准备工作，还稳步推进桐柏最大资源类企业中源化学借壳上市工作。在安徽宿松，上海证券交易所扶贫干部通过实地走访和问卷调查等形式，对当地重点企业上市后备情况进行了摸底调研，提出合理性建议，推动当地政府重视企业直接融资，助力区域经济发展，并为下一步市场培育打好基础。在甘肃武山，深圳证券交易所积极发挥自身优势，拟在重点扶持企业中，加强辅导力度，培育拟上市企业资源。在安徽太湖，证监会2009年协助引进的高科技企业金张科技，经过2010年投产和近3年快速发展，实现3年营业收入和盈利水平持续增长，2013年，还顺利完成改制工作，为2014年申请公开发行和创业板上市创造了有利条件。

【扶贫慰问】 2013年证监会系统单位及干部员工不断驰援受灾群众，开展暖心关爱行动，群众意识进一步增强，社会公益正能量不断凝聚。在甘肃武山，“7.22地震”和“7.25暴洪”灾害后，深圳证券交易所紧急划拨120万元资助8个受灾严重乡镇抗震救灾和恢复生产，员工公益基金也及时拨付100万元为受灾的包坪小学援建教学楼，扶贫干部还联系北京爱心人士吴旭捐款100万元，资助灾区贫困学生390人。在陕西延长，7月份特大暴雨洪涝灾害期间，中国金融期货交易所第一时间拨付20万元，助力救灾安置工作，单位员工也积极响应捐款18.25万元，帮助贫困群众灾后温暖过冬。挂职干部主动牵线，借助手机微信等新媒介，动员山西证监局、山西证券期货业协会干部及其他社会各界爱心人士向受灾幼儿园及47名贫困学生捐助了64.98万元助学款。在吉林龙井，证监会机关老干部积极关心下一代，联合大连商品交易所共同向龙井市孤儿院捐助了5万元。在河南兰考，证监会上市一部全体员工踊跃捐款13.6万元，资助38名大学新生圆大学梦。

【智力扶贫】　2013年，各对口帮扶单位累计投入和引进资金近800多万元，一方面继续做好传统教育扶贫，帮助16所学校援建校舍、图书室、多媒体教室等设施，资助教师54人、学生940人，助力当地提高贫困人口综合素质，储备发展潜力。另一方面，重点瞄准引领当地经济社会发展的重点人群，围绕资本市场、区域经济、农业现代化、新农村建设、新型城镇化等方面，采取请进专家培训交流和组织外出学习考察等形式推进智力扶贫，帮助他们转变思想观念，拓宽发展思路。在安徽太湖和吉林龙井，上海期货交易所和大连商品交易所组织当地领导干部、企业家80人，到上海和大连进行了为期一周的系统性培训，实地考察科技园区、企业和新农村建设；还邀请证监会老干部和业界专家到当地调研，与各级领导干部座谈，为当地扶贫脱贫建言献策。在河南兰考，证监会扶贫干部带领产业集聚区负责人、企业负责人200余人，分10批次到广东学习拟上市公司发展经验，到三全食品、雏鹰农牧等上市公司学习规范管理模式。在安徽宿松，上海证券交易所接受了3名宿松干部到本所进行为期一个月的系统性学习实践，辅导上市公司信息披露监管、发行上市和债券融资等内容；并邀请专家在当地为70名企业家和领导干部开展了一期专题培训。在山西汾西、隰县，山西证监局局长为两县领导干部、企业家约500人，做了两期“资本市场与县域经济发展”的专题授课。在陕西延长，扶贫干部邀请专家为商贸流通小企业主、农村合作社负责人开展了电子商务实务培训，拓宽当地产品销售渠道。该县第一家农品淘宝网店已经开业。

（中国证监会　谢莉）

国务院扶贫开发领导小组办公室定点扶贫

【概述】 2013年，是国务院扶贫开发领导小组办公室（以下简称“国务院扶贫办”）承担定点扶贫任务的第一年。一年来，国务院扶贫办认真贯彻落实《中国农村扶贫开发纲要（2011—2020年）》和《关于做好新一轮中央、国家机关和有关单位定点扶贫工作的通知》（国开办发〔2012〕78号）要求，成立以国务院扶贫办副主任郑文凯为组长的定点扶贫工作领导小组，协调推动各司各单位与定点帮扶对象青海省泽库县共同努力做好全年的定点扶贫工作。

【扶贫调研】 2013年，国务院扶贫办在泽库县先后组织了4次调研。一是时任国务院扶贫办党组书记、主任范小建带队赴泽库县开展扶贫调研，深入了解泽库县产业扶贫和科技扶贫工作的进展情况，指导推动当地扶贫工作；二是国务院扶贫办机关党委常务副书记、定点扶贫工作办公室主任夏更生赴泽库县调研工作，与当地协调定点帮扶有关事宜；三是由中国国际扶贫中心副主任何晓军带队赴泽库县开展驻村调研，进村入户，深入了解泽库县贫困的总体情况、具体表现和主要原因；四是由友成企业家扶贫基金会有关人员组成的调研组赴泽库县开展教育扶贫调研，深入了解泽库县初级教育发展的基本情况、总体成效和具体问题。

【扶贫规划】 为使定点帮扶工作思路清晰化、措施具体化，在与泽库县深入沟通的基础上，针对当地的发展需求和发展规划，结合国务院扶贫办实际，编制了《国务院扶贫办定点扶贫工作规划（2013—2015年）》。《规划》明确了定点帮扶的指导思想、组织领导、工作任务及保障措施等，形成了近3年开展定点扶贫工作的基本框架。同时，为做好2013年的工作，制定了更为具体、更具操作性的《国务院扶贫办2013年定点扶贫工作计划》。《计划》对各项帮扶措施进行了任务分解，把各项工作责任落实到具体部门和单位。

【产业扶贫】 协调安排200万元科技扶贫资金，支持当地开展科技扶贫综合试点项目。为使资金发挥最大效益，泽库县紧密结合实际需求，进行充分调研论证，计划实施“宁秀乡智格日村贫困牧户苗圃为主多元化生产经营示范项目”和“泽曲镇有机畜牧业黑牦牛繁育基地项目”两个项目。

【智力扶贫】 协调安排泽库县有关人员参加党政领导干部培训班和扶贫办主任

培训班。2013 年共安排 11 人参加了 3 期培训班，其中 3 人参加了 7 月份在内蒙古通辽举办的学习贯彻党的十八大精神县级党政领导干部专题研修班，6 人参加了 11 月份在天津举办的乡镇党政领导干部培训班，2 人参加了 12 月份在西宁举办的南疆三地州和四省藏区扶贫办主任培训班。通过参加各类培训，促进了当地领导干部和扶贫干部的能力提升。

【干部挂职扶贫】 2010 年 8 月至 2013 年 7 月，中国国际扶贫中心财务处处长魏伯平受国务院扶贫办委派作为援青干部在泽库县挂职。2013 年 8 月，根据第二批援青干部工作部署，选派中国国际扶贫中心培训处处长张慧东到泽库县挂职。经县委、县政府研究决定，张慧东协助县长桑德合开展国务院扶贫办定点帮扶泽库县的工作，并分管县扶贫开发和残疾人联合会工作。

【扶贫项目及资金投入】 落实“新长城高中生自强班”项目。此项工作由中国扶贫基金会负责实施，黄南州民族中学 50 名 2013 级新长城自强班学生，第一学年（2013 年 9 月—2014 年 7 月）9 万元资助款于 2013 年 10 月中旬拨付到学校，并且已经将 2013 年秋季学期的资助款（每月 180 元/人）发放至学生手中。

组织实施“爱心包裹”项目。此项工作由中国扶贫基金会负责实施，2598 名小学生获赠夏季爱心包裹，5350 名小学生获赠冬季爱心包裹，部分学校获赠音乐包和体育包，2013 年共计投入 134.70 万元。

友成企业家扶贫基金会捐赠 Toms 布鞋。2013 年 9 月，友成企业家扶贫基金会通过与泽库县政府、教育局及青海 NGO 组织的协作，完成了受捐赠学校的确定及学生鞋码信息的收集工作。2014 年 1 月，12153 双捐赠布鞋送达泽库县，该批布鞋总价折合人民币约 223 万元。

【爱心捐赠】 赠送“母亲邮包”。国务院扶贫办系统干部职工共捐款 1.54 万元，其中，1.5 万元用于捐购“母亲贴心包”150 个，以“一对一”的模式捐助泽库县 150 位贫困母亲。

鼓励国务院扶贫办系统干部职工结对资助贫困学生、帮扶贫困家庭。中国国际扶贫中心副主任何晓军资助宁秀乡赛日龙村高中生华杰吉布，2013 年秋季学期已资助 2000 元。

（国务院扶贫开发领导小组办公室
机关党委　高辉）

中国投资有限责任公司定点扶贫

【概述】 中国投资有限责任公司（以下简称“中投公司”）高度重视履行企业社会责任，积极支持公益事业，秉承“造血式扶贫”的理念，一步一个脚印，扎扎实实地做好各项扶贫工作，取得了一定的成效。2011年，按照国务院扶贫办的部署，中投公司负责定点帮扶贵州省施秉县。经认真研究，公司决定每年向该县投入扶贫资金500万元，10年共计5000万元。2012年，为贯彻中央扶贫工作会议精神，中投公司又安排系统内的直管企业承担了甘肃省静宁县、会宁县和青海省循化县的定点扶贫工作，明确在5年内为3县投入扶贫资金4450万元，其中当年在循化县和静宁县投入扶贫资金410万元。同时，中投公司成立了由公司党委书记、董事长任组长、总经理和分管副总经理为副组长，中再集团、中国建投、银河金控、银河证券、申银万国、中投证券等直管企业负责人为成员的扶贫工作领导小组。2013年，中投公司进一步加大扶贫工作力度，全年共投入资金2139.57万元，取得明显成效，得到了国务院扶贫办、相关地方政府的肯定。中国建投荣获2013年全国定点扶贫先进集体。

【教育扶贫】 中投公司及直管企业在各定点扶贫县开展了校舍场馆建设、购买教学器材、资助学费生活费等多项教育扶贫项目，取得显著成效。

1. 中投公司资助贵州省施秉县中等职业技术学校建设多座教学场馆。其中，2号教学楼于2013年3月建成并投入使用，总投资500万元；实验楼主体工程已完工，正在验收，总投资450万元；综合楼于2013年11月开工，预计2014年底竣工，总投资551.77万元。随着上述项目建成后，该校办学能力还要提高，在校生由原来的300多人增加到2013年底的1241人，从2014年起，该校在校生将达到2500人，每年还可培养1000名技术人才服务地方经济，并帮助1500名下岗工人或失业青年培训专业技能，为再就业创造条件。该校办学条件日趋完善，已开设了计算机、旅游、酒店、汽修等8个专业。施秉县计划在2014年为该校申报省级重点中职学校，2015 年申报国家级重点中职学校。

2. 中再集团每年向青海省循化县捐助帮扶资金 210 万元，5 年共计投入 1050 万元。帮扶项目包括：对当年考入省级重点大学的贫困生发放助学金；选定 10 所中、小学，补贴在校学生的午餐餐费；购置学生宿舍御寒毡垫、体育器械，以及添置生活设备；为当地学校建立阅览室等。

3. 银河金控、银河证券援建甘肃省静宁县实验小学，每年投入资金 100 万元，5 年共计投入 500 万元。截至 2013 年底，该小学主教学楼已经建成并投入使用，实验楼预计 2014 年竣工。实验小学全部建成并投入使用后，可满足 3000 名适龄儿童入学就读，极大地缓解了当地入学压力。另外，还投入资金 100 万元，援建该县职教培训中心，促进当地贫困学生提升专业水平和劳动力务工技能。

4. 申银万国、中投证券援建甘肃省会宁县文昌初级中学，平均每年投入资金 420 万元，5 年共计投入资金 2100 万元。截至 2013 年底，该校教学楼、图书楼项目已初步完成征地工作并进入拆迁阶段，预计在 2014 年开工建设。

【产业扶贫】 为提高定点扶贫县的自我发展能力，中投公司及直管企业针对各地实际，开展了多项产业扶贫项目。

中投公司、中国建投与贵州省施秉县政府、县旅游局共同编制了《贵州省施秉县旅游发展规划编制需求》，走访了多家旅游规划设计单位，组织了公开招投标，最终上海同济城市规划设计研究院中标，负责编制施秉县旅游规划，费用约 300 万元。规划编制工作于 2013 年 11 月启动，2014 年 6 月底完成。

银河金控、银河证券在甘肃省静宁县投入资金 100 万元，连片建设“现代苹果高新技术示范园”500 亩，通过走“土地流转、企业管理、集约生产、集群发展、生态循环”的路子，建设具有全国领先水平的苹果高新技术示范园，带动全县果品产业形成基地规模化、生产标准化、服务社会化的发展格局。

【整村推进】 银河证券在甘肃省静宁县四福村开展“整村推进”式扶贫，每年投入资金 30 万元，5 年投入 150 万元，共硬化村庄巷道 1 千米，新修村社道路 6 千米，新植寒富苹果 1500 亩，种植全膜洋芋 1500 亩，引进良种仔猪 500 头，建成标准化养殖小区 4 个，带动发展养殖户 50 户，举办以苹果栽植、洋芋种植、养殖技术为主要内容的科技培训 5 期 500 人（次）。帮扶后，全村 196 户 882 名贫困人口实现稳定解决温饱，基础条件显著改善，优势产业一次成型，群众科技素质普遍提升，村域经济发展能力明显增强。

【智力扶贫】 2013 年，中投公司及直管企业成功开展了两项智力扶贫项目。

一是中投公司选派2名优秀员工赴青海省循化县短期支教，对当地教师和学生进行计算机和英语培训，包括为该县4名小学英语老师培训英语音标及发音，与当地教师分享国外语言教学的先进经验，探讨如何通过寓教于乐的形式提高学生英语水平；为当地教师培训计算机基础应用、计算机故障分析、Excel基础应用、Powerpoint课件制作，解决了老师课件制作、Word排版、学生成绩计算和排名、计算机维修等日常应用问题。二是银河证券利用与校团网的良好合作关系，以该网为平台大力宣传静宁苹果，帮助静宁县进一步拓展苹果销售渠道，并力争引入苹果深加工企业，帮助静宁县把苹果这个优势产业做大、做强。

【金融扶贫】 为满足当地企业和群众对金融服务的需要，中投公司及直管企业充分发挥专业优势，积极开展金融扶贫。银河证券和中投证券分别在拉萨市和兰州市设立1个营业部，为促进当地的经济金融发展作出了贡献。

【公益扶贫】 2013年，中投公司各直管企业共开展4项公益扶贫，取得良好效果。

1. 银河证券出资126万元，参与由中国发展研究基金会主办的“山村幼儿园计划”项目，该项目得到了习近平、李克强、刘延东等党和国家领导人的关注，中央电视台对该项目进行了采访报道，并多次直播和重播。

2. 银河证券公司参与央视“黄河善谷”慈善活动，捐赠100万元援建宁夏红寺堡镇中心小学，该小学已于2013年9月份建成并投入使用。银河证券还捐赠40台电脑在该校建立电化教室。央视“对话”、“经济半小时”等栏目多次播出。

3. 中国建投员工自发组织风信子公益志愿者协会，关怀和帮扶社会弱势群体。2012年5月，该协会组织员工捐款14.95万元，聘请了专业的体检机构为弘善打工子弟小学1108名学生进行体检。2013年2月，该协会组织“爱的风信子”义卖活动，为一名两岁半的先天性右腿胫骨假关节患儿筹集手术费。共募集善款11.85万元，已成立专项基金，根据患儿康复情况，为其提供帮助。

4. 申银万国和中投证券发动员工捐款，按照每名贫困学生人民币1000元的标准，资助350名会宁县贫困小学或初中学生，每年投入资金35万元，5年共计投入资金175万元。

【扶贫资金投入】 2011—2013年，中投公司及直管企业共计投入资金3759.57万元，其中：教育扶贫投入资金2871.77万元，占投入资金总额76.39%；产业扶贫投入资金600万元，占投入资金总额的15.96%；公益扶贫投入资金287.8万元，占投入资金总额的7.76%。（见附表）

中投公司扶贫资金项目情况表（2011—2013年） （单位：万元）

年份	捐助对象	项目名称	实施单位	金额	进展情况
2011	贵州省施秉县	中等职业技术学校2号教学楼	中投公司	500	已竣工并投入使用
	贵州省施秉县	冰溪村银河小学	银河证券	100	主体教学楼已竣工，预计2014年9月投入使用
	中国发展研究基金会	山村幼儿园计划	银河证券	60	已为3000名儿童提供免费学前教育
	宁夏省吴忠市	红寺堡银河小学	银河证券	100	已竣工并投入使用
2011年捐赠金额总计：				760	
2012	贵州省施秉县	中等职业技术学校实验楼	中投公司	450	正在办理竣工验收
	青海省循化县	中小学生午餐补助和资助贫困大学生	中再集团	210	发放10所中小学生的午餐补助；资助20名贫困大学生
	甘肃省静宁县	银河实验小学	银河证券	100	正在建设，预计2014年9月投入使用
	甘肃省静宁县	定点扶贫项目	银河证券	100	苹果示范园、整村推进项目均在建设中
2012年捐赠金额总计：				860	
2013	贵州省施秉县	中等职业技术学校综合楼	中投公司	551.8	正在建设，预计2014年底竣工
	贵州省施秉县	编制旅游规划	中国建投	300	编制工作已启动，预计2014年6月完成
	青海省循化县	中小学生午餐补助和资助贫困大学生	中再集团	210	已完成10所中小学生的午餐补助；资助20名贫困大学生
	甘肃省静宁县	定点扶贫项目	银河证券	200	苹果示范园、整村推进项目、扶贫培训中心均在建设中
	西藏省拉萨市	羊八井中心小学	银河证券	100	正在建设中，预计2014年投入使用
	中国发展研究基金会	山村幼儿园计划	银河证券	66	已将捐赠资金划拨至中国发展研究基金会
	甘肃省会宁县	文昌初级中学教学楼	申银万国	350	已初步完成征地并进入拆迁阶段
	甘肃省会宁县	文昌初级中学图书楼楼	中投证券	300	已初步完成征地并进入拆迁阶段
	甘肃省会宁县	资助中小学生	系统员工	35	已资助350名贫困中小学生
	弱势群体	风信子公益志愿者项目	系统员工	26.8	为打工子弟小学学生体检；为1名患儿建立康复基金
2013年捐赠金额总计：				2139.6	

（中国投资有限责任公司）

国家开发银行定点扶贫

【概述】 国家开发银行（以下简称“开发银行”）作为服务国家战略的开发性金融机构，长期以来，始终以“增强国力，改善民生”为宗旨，积极贯彻落实党中央、国务院关于扶贫开发的战略部署，运用开发性金融理论和方法，多措并举，大力推动定点扶贫开发工作。2013 年，开发银行深入贯彻落实党的十八大和十八届三中全会精神，按照《关于做好新一轮中央、国家机关和有关单位定点扶贫工作的通知》（国开办发［2012］78 号）的具体要求，将推动定点扶贫县区脱贫致富奔小康作为自身重要使命和义不容辞的社会责任，大力推动四川古蔺，重庆黔江、秀山，贵州务川、正安、道真 6 个定点县的扶贫开发工作。全年累计向定点扶贫县发放贷款 120 亿元，投入扶贫捐赠资金 1860 万元。2013 年，向定点扶贫县发放信贷资金 12 亿元，扶贫捐赠资金 900 万元，公益项目捐赠资金 560 万元。同年，开发银行定点扶贫领导小组办公室被国务院扶贫办授予“全国定点扶贫先进单位”称号。开发性金融支持扶贫开发工作取得的成效，得到了中央领导及有关部门的高度认可。

【扶贫机制建设】 2013 年，开发银行在深入调查、反复研究的基础上，制定了《国家开发银行关于进一步做好定点扶贫工作的意见》（开行发［2013］418 号）（以下简称“《意见》”），成立了定点扶贫工作领导小组，明确了新一轮的定点扶贫工作将以十八大和十八届三中全会精神为指引，坚持开发性金融理念和方法，从单纯捐赠的“小扶贫”向规划扶贫、产业扶贫和人才扶贫多管齐下的“大扶贫”转变，将项目建设与信用建设相结合，资金扶贫与智力扶贫相结合，捐赠扶贫与信贷扶贫相结合，发展生产与改善民生相结合，不断加大“融资+融智”支持力度，实现资源开发可持续、生态环境可保护、扶贫开发科学化，推动新一轮定点扶贫工作取得明显成效。《意见》以推动 6 个贫困区县到 2020 年实现脱贫致富，与全国同步建成小康社会为目标，重点支持民生领域、特色产业和重点项目建设，提出了 9 项具体的工作措施和 5 项工作要求，并明确了开展定点扶贫工作的重点。随后，开发银行四川、重庆、贵州分行分别成立了定点扶贫工作组，并结合自身实际制定工作措施。如，重庆分行制定了《国家开发银行重庆市分行定点扶贫工作方案》；四川分行与省扶贫移民局联合制定《关于集中连片特困地区扶贫开发建设指导意见》，以古蔺为试点，探索金融支持连片特困地区的新模式。

【银政扶贫合作】 开发银行以“政府热点、雪中送炭”为切入点，将融资融智融商优势与政府的组织协调优势相结合，先后与四川古蔺，贵州务川、正安、道真等地政府签订了《扶贫开发合作协议》，与重庆黔江区、秀山县政府也达成了合作共识。深化银政合作，通过整合政府、社会、银行、企业等各方资源，建设培育健康的市场主体，构建信用建设，把资金难以进入的瓶颈领域逐步培育成商业可持续的领域，带动社会资金进入，以市场化的方式支持社会发展的薄弱环节，为市场发挥配置资源的决定性作用创造条件。

【融智扶贫】 开发银行坚持规划先行，加大融智服务，促进定点扶贫县区科学发展。先后参与编制《古蔺县扶贫开发规划》及《古蔺县“十二五”第三批农村饮水安全项目实施方案》，并提供专项经费支持。协助务川、正安、道真编制扶贫攻坚规划，并将其纳入开发银行编制的《武陵山片区区域发展与扶贫攻坚系统性融资规划研究报告》，设计融资支持的总体思路。为了进一步推动贫困地区发展，开发银行按照“一县一策”的原则，为贫困县设计金融服务方案，组建扶贫工作小组，启动规划咨询项目，聘请农业、旅游、矿产、扶贫等领域的专家，就6个定点扶贫县区的扶贫开发规划及县域未来发展提出咨询建议，并研究编制融资规划，设计融资模式。

【基础设施建设】 开发银行发挥中长期融资优势，积极支持新农村基础设施建设。授信1.6亿元支持古蔺石梁子水库建设，将古蔺县城防洪标准从10年一遇提高到50年一遇。以重庆高速公路集团有限公司、重庆市水利投资有限公司等市级平台为载体，发放贷款3.1亿元，重点支持黔江区和秀山县的农村公路、农田水利、农村电网等基础设施建设。授信10.7亿元支持务川、正安和道真3个县的棚户区改造、土地储备等重点项目。2013年，开发银行向6个定点扶贫县区发放新农村基础设施建设贷款9亿元，为推动脱贫致富创造有利条件。

【产业扶贫】 开发银行积极创新融资模式，支持特色优势产业发展。与贵州省扶贫办合作，整合财政扶贫资金，完善“四台一会”（管理平台、借款平台、担保平台、公示平台、信用协会）融资机制，重点支持正安的白茶、务川的畜牧和茶叶、道真的中药材和花椒等优势特色产业发展，向3个县发放扶贫小额贷款1.4亿元，直接惠及农户1520户、小微企业20家、合作社2家，带动逾万农户走上脱贫致富道路。在重庆，通过支持黔龙卷烟材料有限公司、黔江区生绿农业开发有限责任公司、秀山红星中药材开发有限公司等产业化龙头企业，有力促进了中药材、绿色有机蔬菜种植等高效现代农业发展，进而带动农户致富增收。2013年，开发银行共向黔江区和秀山县优势特色产业领域发放贷款7600万元，贷款余额2.5亿元。

【教育扶贫】 2013年，加大对生源地助学贷款支持力度，按照“应贷尽贷”的原则，向6个定点扶贫县区发放助学贷款6990万元，帮助12724名贫困学生实现大学梦想。同时，推动教育基础设施建设，发放贷款3010万元，融资支持秀山职业教育中心扩建以及秀山高级中学建设，促进贫困地区教育事业发展。

【捐赠资金扶贫】 开发银行充分发挥捐赠资金的杠杆作用，扶贫济困并举，撬动更多地信贷资金和社会资金参与扶贫开发。2013年，共安排捐赠资金900万元（每个定点扶贫县150万元），其中，320万元用于扶贫产业发展，占比36%；315万元用于通村道路建设，占比35%；135万元用于中小学校舍安全工程；130万元用于生态扶贫搬迁。捐赠资金支持的上述项目将直接惠及2万多名贫困群众。开发银行从实际情况出发，注重加强定点扶贫捐赠资金管理。主要方法：一是严格程序，落实责任，落实项目实施条件。扶贫项目实施前，要求必须办理项目设计、招标以及建设审批等相关手续。二是扶贫项目实施严格按照“四制”的要求，建立项目法人责任制、招标投标制、工程监理制、合同管理制。三是所有项目建设单位都必须建立开发银行扶贫资金专户，实行专款专用，封闭运行。四是严格执行项目检查和验收制度，对项目建设、资金使用、扶贫效益等情况进行全面验收。

【公益扶贫】 开发银行主动与社会公益团体和机构合作，在6个定点扶贫县开展公益活动。一是与中国西部人才开发基金会、北京师范大学联合设立“彩烛工程”西部地区小学校长培训公益项目。旨在通过讲授教育理念、管理制度和教学方法，达到“培训一名校长，提升一所学校，带动一个地区”，促进定点扶贫县区基础教育发展。2012—2013年，“彩烛工程”已举办7期培训班，先后共有320所小学的校长参加了赴京培训，其中2013年组织6期，培训校长270名，投入公益项目捐赠资金310万元。二是与中国残疾人福利基金会联合开展“启明行动”白内障康复项目。2012-2013年，每年投入公益项目捐赠资金200万元，为6个定点县贫困患者实施4000例免费手术，帮助他们重见光明。三是与中国扶贫基金会开展新长城特困高中生资助项目。2013年，除延续资助贫困大学生之外，新长城项目在重庆黔江、四川古蔺、贵州务川、正安、道真的5所中学分别设立高中自强班，为250名高中学子提供经济资助，送去温暖，投入公益项目捐赠资金50万元。

【“四台一会”模式】 “四台一会”是开发银行开展产业扶贫的基本模式。模式框架是先构建管理平台、借款平台、担保平台、公示平台和信用协会，再通过制度安排明晰各方责权，按照标准流程运行的业务模式。管理平台是指帮助开发银行收集项目信息并做出初步风险判断的机构，发挥贴近项目的优势，为开发银行识别风险、控制风险提供帮助；借款平台是指在“统借统还”模式下承担借款主体的机构、公司，统一向开发银行借款并委托其它商业银行或农信社（即代理结算行）将贷款资金分解发放给企业（用款人），同时负责贷后管理和本息回收，将企业偿还的贷款本息进行归集并统一偿还给开发银行，借款平台一般具有比较强的经济实力，并对当地的中小企业具有比较强的控制力，是开发银行管理项目的有力助手；担保平台是指承担担保职能的专业担保机构，是信用结构的重要组成部分，第二还款来源，发挥弥补、分散开发银行风险的作用；公示平台是指合作办、借款平台等平台机构对开发银行中小企业贷款实行“三公”（受理公开、发放公示、还款公告）而建立的各种社会公示途径和机制的总称，目的在于充分利用社会力量共同监督开发银行贷款公开、公正、公平实施并共同防范风险。信用协会是小企业、个体工商户、农户自发成立的社会团体，会员之间互相监督、评议后，推荐优秀会员申请贷款，贷款企业进行联保互保并向协会缴纳一定的保证金，用于分担贷款风险；信用协会发挥群众组织的民主监督制约优势，是运用社会力量防范风险的重要手段。

（国家开发银行评审三局　白　石）

中国农业发展银行定点扶贫

【概述】 2013 年，中国农业发展银行（以下简称“农发行”）认真贯彻落实党中央、国务院关于做好定点扶贫工作的安排部署，本着为贫困地区多做实事的原则，积极主动地开展定点扶贫工作。总行党委高度重视定点扶贫工作，选派 4 名优秀干部进驻吉林省大安市、广西壮族自治区隆林各族自治县、贵州省锦屏县和云南省马关县执行定点扶贫任务，总行机关各级领导干部共 27 人次前往扶贫点进行考察调研，针对扶贫工作中的重点、难点问题与地方政府有关部门和基层干部群众召开定点扶贫座谈会议 6 次，共商做好扶贫工作的具体措施。先后为扶贫点解决信贷资金和专项捐助资金共 13648.6 万元，用于支持农村基础设施建设和新农村建设项目，改善中小学教学条件，解决人畜饮水项目、改造边远乡村水泥路面、赈灾救济等，发挥了良好的社会效益，为当地经济社会发展和农民脱贫致富贡献了力量。

【扶贫调研】 为增强帮扶工作的针对性和时效性，2013 年初，由负责定点扶贫工作的农发行总行机关党委主要负责人带队前往扶贫点进行工作衔接，开展实地调研，与 4 县（市）党委、政府主要领导同志和扶贫工作部门负责同志就做好新一轮定点扶贫工作交换意见，听取他们对开展帮扶工作的建议。在实际工作中，农发行挂职扶贫干部深入乡镇、村屯和农户进行调研，对部分贫困乡镇急需解决的人畜饮水、村道修建等项目进行了实地察看。多次到县扶贫办、县教育局了解扶贫工作情况和县中、小学校急需解决的问题，并到学校实地察看，掌握第一手资料，了解真实情况，为做好定点扶贫工作打下扎实的基础。

【教育扶贫】 农发行以智力扶贫为重要抓手，进一步改善贫困地区农村教育条件，帮助扶贫点解决教育硬件设施落后，优秀大学新生因家庭困难无法入学等问题。贵州省锦屏县教育硬件设施整体水平相对落后，文斗村小学条件非常艰苦，课外活动没有操场等场所，没有学习资料，外出阅览书籍又很不方便，出行只能靠水路船只，农发行为该学校捐助场地硬化、读书亭建设项目资金 12 万元，改善教学环境。贵州省锦屏县平略中学的学生 87%是留守学生，与父母缺乏沟通交流，心理上缺少亲情关爱。农发行捐助 18 万元，资助该校亲情话吧、图书室建设，并从总行机关调配价值 12 万元的 30 台电脑用于视频聊天室建设。8 月份，农发行从专项捐助资金中拿出 16.6 万元，资助 4 个扶贫点 83 名因家庭贫困、无法入学的大学新生每人 2000 元学费，帮助他们圆了大学梦。

【基础设施建设】 农发行瞄准扶贫点基础设施薄弱、产业发展不足、公共服务欠缺等特点，从道路建设、教育、文化基础设施建设等方面进行帮扶，改善贫困地区人民群众生产生活条件，增强贫困地区发展动力。云南省马关县健康农场二队至古箐乡花鱼洞村四级公路水泥路面受2013年持续强降雨影响，公路水毁严重，沿线群众正常生产生活和经济作物的种植、销售受到严重影响，农发行在专项捐助款中拿出58万元资助该村水泥路面改造工程。农发行吉林省分行对2013年遭受洪涝灾害的吉林省大安市捐赠30万元，用于支援抗洪抢险物资，解决了灾区群众的燃眉之急。农发行总行相关业务部门负责人和广西壮族自治区分行负责人先后到隆林各族自治县考察调研，举办有县委、县政府主要领导参加的银政座谈会，了解县域发展规划，发展优势，制约因素和融资需求，积极运作，促成贷款金额为1亿元的村村通公路贷款项目，涉及67条路，650千米。并从专项捐助资金中拿出50万元资助该县贫困村人畜饮水项目建设。

【产业扶贫】 农发行坚持以开发式扶贫推进新农村建设，把工作重点放在培育龙头企业，增强造血功能，引领和带动当地经济发展上。通过加大对贫困地区的信贷支持力度，有效落实对贫困地区"办贷优先、规模倾斜、利率优惠、期限延长"政策，促进贫困地区加快发展，同步实现小康。吉林省大安市安大牧业作为全国定点扶贫龙头企业，涉及当地1000多户农户的收入和就业，具有很强的社会效益和扶贫功效。农发行大安市挂职扶贫干部多次与当地政府、企业负责人一起分析企业面临的经营管理问题，研究制定改进措施，帮助该企业解决流动资金短缺困难，得到了当地政府和广大群众的肯定和称赞，认为农发行"扶贫不是喊口号、摆架子，而是真扶贫、扶真贫，是实实在在的帮助地方和企业发展经济，帮助农民脱贫致富。"

【招商引资】 农发行扶贫点地处大兴安岭南麓山区和滇桂黔石漠化区等集中连片特殊困难地区，信息相对闭塞，急需与外地优质企业对接，把当地企业做大做强，从而带动当地经济社会发展和农户就业、脱贫致富步伐的加快。贵州省锦屏县具有丰富的农业资源，工业园区已经省政府批准，但由于交通不便，招商引资难度很大，入驻园区的企业很少。锦屏县扶贫干部于2013年9月份带队到浙江、湖南、湖北招商，分别到水产加工、高效农作物种植加工、木材深加工、药材加工等农业产业化龙头企业考察，洽谈项目对接，其中3家企业签订了入驻合同，2家公司达成框架协议，项目涉及水栀子种植、紫薯加工、水产养殖和山茶油加工等。

（中国农业发展银行机关党委　张康）

中国工商银行股份有限公司定点扶贫

【概述】 2013年，中国工商银行股份有限公司（以下简称“工商银行”）定点扶贫工作紧紧围绕党中央、国务院关于新阶段扶贫开发工作的部署和《中国工商银行扶贫工作规划（2011—2020年）》要求，以帮助定点扶贫地区实现“巩固温饱成果、加快脱贫致富、改善生态环境、提高发展能力、缩小贫富差距”为目标，按照着眼长远、突出重点、集中开发的原则，全年共计投入扶贫资金1200余万元，在定点扶贫的四川省巴中的南江县、通江县和达州的万源市开展了金融扶贫、教育扶贫、卫生扶贫等工作，并加大金融扶持力度，投放信贷资金5亿元，有力支持了当地重点项目和小微企业发展，提升了定点扶贫地区的自我发展和可持续发展能力，推动了当地经济和社会事业协调发展，取得了明显成效。

【扶贫调研】 为了找准扶贫工作的突破口，使扶贫工作有的放矢，工商银行派出了由总行相关部门负责人带队的工作组赴3县、市开展调研工作，督导验收扶贫援建项目，听取地方党委、政府的意见建议，围绕当地群众最迫切的需求遴选扶贫开发项目，有针对性地开展扶贫工作。与此同时，四川分行作为定点扶贫工作的桥头堡，机构主要负责人多次赴定点扶贫县开展专项调研，摸清了3县、市的贫困情况、发展局限和资源优势，研究部署了以优质金融服务支持当地经济发展的新举措。

【干部挂职扶贫】 为了保证扶贫效果，工商银行建立了派驻工作组定点帮扶的机制，并将干部挂职扶贫作为锻炼干部和联系群众的重要途径，每年从总行、分行选派优秀中青年干部赴定点扶贫县（市）挂职帮扶，18年共选派81人，从未间断。一批批扶贫干部翻山越岭、走村串户，为革命老区人民脱贫致富动真情；他们出谋划策，招商引资，为当地经济快速发展下真功夫，充分发挥了在扶贫工作第一线的桥梁和纽带作用。

【扶贫制度建设】 为规范定点扶贫援建工程项目的建设行为，确保捐赠资金用在刀刃上，工商银行根据有关法律、法规和政策、技术规范，结合当地实际情况，制定了《工商银行定点扶贫三县（市）援建项目管理办法（试行）》，明确了工程建设项目的审批核准、勘察、设计、监理、招投标、建设管理、竣工验收、项目评价、预算审计及责任追究机制等，提高了援建工作效率，确保了工程质量。

【金融扶贫】　工商银行继续发挥自身优势，将信贷资金、信息优势与捐赠资金相配套，全方位推动扶贫工作，累计向3县（市）发放贷款5亿元，支持当地发展了工业、旅游业、城市基础设施和高速公路项目，并扶植了一批产业带动力强、示范性广、经济效益显著的农业深加工企业及小微企业，为贫困县从根本上解除贫困创造了条件。同时，根据国家积极支持中小企业发展的要求，由扶贫干部牵线搭桥，从成都引资7000万元成立了通江县首家小额贷款公司，有效缓解了当地中小企业和“三农”融资难题；协调引入成都一家投资管理有限公司，与通江县政府签署了2亿元的融资租赁协议，为当地经济发展全面“输血”。

【教育扶贫】　本着“扶贫先扶智”的原则，工商银行在定点扶贫地区开展了一系列扶贫助教活动，形成了良好的扶贫助教工作体系。

1. 捐建教学楼和宿舍楼。工商银行定点扶贫地区的教育设施投入严重不足，不少学校的教学楼和学生宿舍楼存在严重的安全隐患，特别是在“撤点并校”政策实施以后，中心校学生数量大为增加，校舍和学生宿舍的安全问题更加突出。为了改善学生的学习和生活环境，2013年，工商银行捐赠资金400万元，资助通江县龙凤场乡中心小学新建了1250平方米的宿舍楼，资助万源市石塘学校新建了1800平米的教学楼，并配套完成了围墙修建、操场硬化等项目，受益学生达到2000名。

2. 继续开展优秀山村教师评选活动和优秀贫困大学生助学行动。2013年，工商银行捐款30万元，表彰了150名扎根山区教育工作的优秀乡村教师，弘扬了山村教师扎根农村、吃苦耐劳、无私奉献的精神；捐款168.48万元，资助356名品学兼优但家庭经济条件特别困难的新入学大学生步入大学校门，基本解决了大学生因为家庭贫困而失学的问题。截至2013年底，工商银行在3县（市）累计资助优秀贫困大学新生1400余名，累计表彰优秀山村教师890人次，得到了当地群众的广泛好评。

3. 捐赠越冬棉被和学生书包。为了缓解学生住宿难问题，2012年工商银行捐款215万元与中国扶贫基金会合作开展了“筑巢行动”项目，在3县（市）各援建了一座学生宿舍楼，并于2013年正式投入使用。由于定点扶贫地区地处山区，冬天特别寒冷，为使孩子们有一个温暖的冬天，2013年，工商银行捐款20.8万元，为3所学校近700名住宿生捐赠了越冬棉被和御寒用品。此外，工商银行员工捐款近3万元为通江县董溪小学235名学生购买了“爱心书包”，弥补了该校学生在基础文具、美术及手工课用具方面的不足。

【卫生扶贫】　受自然、历史、地理等诸多因素的限制，定点扶贫地区的医疗服务水平较低，卫生基础设施缺乏，因病返贫现象突出。为改变这一现状，工商银行积极开展卫生扶贫，缓解了当地群众“看病难”问题。

1. 开展“集善工程·启明行动——中国工商银行光明行”活动。白内障是工商银行定点扶贫地区高发的地方病之一。为贫困白内障患者实施免费复明手术，可以帮助其摆脱视障，重新投入生活，实现“帮助一人复明，带动一家致富”的效应。在2007—2008年捐款170万元帮助3县（市）1700名贫困白内障患者重见光明的基础上。2013年，工商银行再度捐款240万元，与中国残疾人福利基金会合作实施免费复明手术，力求使3县（市）全部贫困白内障患者得到救治，并以项目实施为契机为当地培养一支“带不走”的眼科医疗团队。

2. 扩大“母婴平安120行动”资助范围。为了帮助贫困母婴在医院分娩，降低母婴死亡率，从2009年开始，工商银行与中国扶贫基金会在3县（市）开展“母婴平安120行动”。2013年，工商银行将“母婴平安120行动”资助额增加到120万元，受助贫困高危孕产妇数量扩大到2000人。截至2013年底，该项目已惠及3县（市）5500名贫困孕产妇，当地的母婴死亡率大大降低。

【绿色扶贫】 为提高农户养殖水平，倡导先富带后富、互帮互助的新风尚，2006年起，工商银行累计捐资590万港币，与国际小母牛组织香港分会合作在3县（市）的13个乡镇16个村开展了家庭养殖项目，向小型农户提供畜禽、技术培训及相关服务。向贫困家庭提供礼品牲畜并进行相关培训，受助农户再向其他农户传递礼品畜，相互帮助，逐步扩大受助面，致力于缓解饥饿和贫困问题。该项目一直延续至今，截至2013年6月末，项目已累计提供了猪、牛、羊等3种礼品畜约6500余头（只），黑鸡约27000多只，受益农户达2500多户，改（新）建标准圈舍550间4400平方米，并培养了一批致富带头人，带动乡村走上脱贫致富路。

【扶贫宣传与荣誉】 为总结回顾1995年以来的扶贫工作成绩，集中展示工商银行积极履行社会责任的历程，让广大员工充分了解工商银行参与扶贫开发的重要意义，更加关心和积极参与定点扶贫事业，工商银行在总行本部和四川分行分别举办了《爱心永恒　情暖巴山——中国工商银行定点扶贫十七载》图片展，并编印了《爱心永恒情暖巴山——中国工商银行定点扶贫十七载》画册。总行党委班子和董事会、监事会成员及广大员工参观了图片展，行领导还接见了17年历届扶贫干部，营造了关心支持扶贫开发的良好氛围。2013年，四川分行获得了中央国家机关定点扶贫先进单位称号。

（中国工商银行）

交通银行股份有限公司定点扶贫

【概述】 2013 年，交通银行股份有限公司（以下简称“交通银行”）连续第 11 年定点帮扶甘肃省天祝藏族自治县（以下简称“天祝县”），共投入帮扶资金 238.73 万元，开展帮扶项目 4 个。常驻天祝县的交通银行帮扶干部扎实开展工作，另有 3 人次前往该县实地考察，子公司交银金融租赁有限责任公司员工也前往该县实施帮扶项目。交通银行在天祝县开展的高标准日光温室建设，以及养殖小区和养殖暖棚建设等项目，为天祝县的高寒山区农牧民集中居住以及产业配套工程，发挥了积极作用。

自 2003 年开展定点帮扶天祝县工作以来，交通银行先后累计投入帮扶资金 2600 余万元，帮助引进各类资金 4000 多万元，开展大型项目近 20 个，如天祝县城达隆路大桥、打柴沟镇深沟小学、县二院、乡村道路的建设和改造；农牧民科技培训、劳务输出；太阳灶推广；特色产业开发；医疗设备文体用品捐赠、救济慰问贫困户和敬老院等。帮扶项目的陆续实施和见效，有效解决了贫困群众看病难、上学难、行路难、生产难、发展难的问题，成为群众最急需、得实惠最多、受益范围最广的项目，有力地助推了天祝县的扶贫开发进程。

【扶贫资金投入】 2013 年，交通银行共在天祝县投入帮扶资金 238.73 万元，全部为现金捐助，具体为：用于补贴建设高标准日光温室 200 座（产业开发类项目）176.23 万元；资助修建养殖小区 12 个及养殖暖棚 25 座（产业开发类项目）33.5 万元；资助当地祁连中心小学改善办学条件（文化教育类项目）26 万元；帮助孤寡老人解决生活难题（赈灾救济类项目）3 万元。

【扶贫资金管理】 交通银行在具体帮扶项目实施中，注重对资金的严格规范管理，确保帮扶资金用在有利于受助民众稳定脱贫的领域，真正发放到受助农牧民手中。以补贴建设高标准日光温室大棚为例，交通银行对日光温室的钢屋架、钢绞丝、棚模、立柱等重要建材进行询价议标，由交通银行帮扶人员会同天祝县扶贫、农业部门和项目乡镇、村代表先期进行考察的基础上，依法进行公开招标，选择既物美价廉、又适合当地建设条件的建设材料进行采购发放。与此同时，强化协调配合，根据扶贫资金计划下达的时间，及时与天祝县主管部门沟通联系，采用“边建设、边拨款”和“资金到厂家、材料到农户”的方式，使资金到位情况和拨付情况合理运行，形成与资金报账单位和项目实施单位的有效衔接，流水作业形式。

【扶贫方案】 2013年，交通银行数次组织工作组深入天祝县考察调研，结合天祝县扶贫开发工作实际，研究制定对口帮扶规划和实施方案，突出工作重点，结合自身实际，因地制宜，灵活选择帮扶方式，丰富帮扶内容，从单一的资金扶持向信息、物资、技术、资源等多方位帮扶转变。项目筛选中，交通银行严把效益关、资金关和群众参与关，对申报的帮扶项目组织相关业务部门、技术人员进行实地调研，聘请专家技术人员评审项目，按科学程序规划编制项目，真正把资金用在贫困人口受益、为政府解忧、为群众解困的地方，集中力量办大事情。项目建设中，所有帮扶项目向群众公示；实施过程中，派专人跟踪蹲点督查，及时准确掌握和了解帮扶项目进展情况，积极协调解决项目建设中存在的各类问题，确保了帮扶工作的顺利进行。

【产业扶贫】 交通银行结合天祝县当地“高寒地区水土保持不易、农牧民居住分散不利于脱贫”的特点，通过加强与天祝县主管部门的协调联系，开展广泛深入的调查研究，筛选论证扶贫项目，最终选定天祝县政府重点推进的“农牧民集中安置并配套建设相应产业”工程为2013年具体帮扶目标，以位于天祝县金强川经济综合发展核心区、设施农业发展前景较好的打柴沟镇日光温室示范点建设作为2013年的帮扶项目，共投入资金176.23万元。

项目总计建设标准化高效节能日光温室200座，并配套水、电、路等基础设施，其中铁腰村185座，打柴沟村15座。项目总投资958万元，其中由交通银行负责提供日光温室建设钢屋架、棚膜、立柱和钢绞线4大件，经天祝县财政局招标办组织统一招标，采购高效保温无滴防尘日光温室专用塑料棚膜15.1623吨、水泥立柱6800套、镀锌钢丝35吨、钢梁3400副，每座投入资金8811.58元，200座日光温室共计1762316元；整合项目资金178万元；县财政配套每座0.9万元，共计180万元；群众自筹400万元。

2013年内，200座日光温室全部建成，部分已扣棚定植，实现当年建棚，当年见效。建成的200座日光温室，其中121座种植红提葡萄，正常发挥效益后，可年产红提葡萄18.15万千克，实现产值363万元；79座种植反季节蔬菜，预计到2014年初，每座可采收西葫芦4000千克，每公斤按市价3.0元计，可实现产值1.2万元，棚均纯收入达到1万元，累计达到79万元，人均增收2000元以上。

【产业扶贫】 交通银行结合当地牧民比例较高的经济特点，投入资金33.5万元在天祝县祁连乡祁连村和马场村帮扶贫困户修建养殖小区12个，新建养殖暖棚25座8600平方米，所有小区已于2013年内全部建成并投入使用，正常发挥效益后，可使贫困牧民每户人均增收3000元以上。

【教育扶贫】 2013年，交通银行全资设立的子公司——交银金融租赁有限责任公司捐资26万元，支持天祝县祁连中心小学改善办学条件。其中为祁连中心小学安装价值16万元的碳晶板电子采暖设备，有效解决了祁连中心小学寄宿学生采暖安全、降低了学校供暖费用；投资10万元为祁连中心小学捐赠了电脑等教学用品和学生学习用品，有效改善了该校的教学设备和学习环境。

【扶贫慰问】 交通银行帮扶工作人员在走访基层过程中，深入了解民意，切实帮助群众解决生活难题。2013年10月，交通银行帮扶人员赴天祝县参加由省慈善总会组织的“重阳节为五保老人献爱心”慰问活动，并向天祝县岔口驿敬老院捐赠3万元的面粉8.6吨。帮扶人员走进老人们居住的房间，了解孤寡老人饮食起居、生活和健康状况，和老人亲切交谈，拉近了与藏区人民的距离。

【经验总结】 在一如既往地延续“科学编制规划”、“明确工作重点”、“紧抓工作质量”、“确保扶贫效益”等帮扶特点的同时，2013年，交通银行帮扶工作又呈现出“集团多点联动”、“扩大帮扶范围”的新特点。在开展帮扶项目过程中，逐渐呈现出总分行紧密配合、子公司积极参与的良好态势。2013年，交通银行总行为天祝县帮扶工作专项配置200万元资金，主要用于在当地支持发展设施农业；甘肃省分行在此基础上，结合省政府推动的“双联富民”行动，配套资金12.73万元，主要用于开展慰问活动和补助设施农业建设；交银租赁也选择天祝县作为开展公益活动的主要帮扶对象的主要地区，确定将至少连续3年在当地支持教育事业，其中2013年度投入资金26万元。总行、分行、子公司的多方联动，既有效扩大帮扶的范围和形式，也体现了正在走“综合化道路”的交通银行在公益领域的新风采。

（交通银行企业文化部 王龙）

中国光大（集团）总公司定点扶贫

【概况】 2013年，中国光大（集团）总公司（以下简称：光大集团）定点帮扶湖南省新化县。光大集团坚持以习近平总书记新时期扶贫开发战略思想为指导，紧紧围绕打赢全面建成小康社会的扶贫攻坚战这一主线，不断增大扶贫力度，共投入扶贫资金740万元，招商引资350万元，组织实施扶贫项目13个。光大集团定点扶贫工作在国务院扶贫办2013年《扶贫工作动态》第2期、《中国扶贫杂志》（2013年第18期）进行了报道，在2013年全国金融机构定点扶贫工作培训会和全国定点扶贫工作培训会上做了交流。2014年1月17日，光大集团扶贫办公室被国务院扶贫开发领导小组授予“中央国家机关等单位定点扶贫先进集体”荣誉称号。

【扶贫调研】 2013年12月5日，光大集团董事长、党委书记唐双宁到湖南长沙调研，专门听取系统驻湘企业对新化县帮扶工作汇报，并就重点帮扶项目提出具体要求。2013年7月29日至8月1日，集团机关党委书记（集团总监级）、集团扶贫工作领导小组成员张岚带工作组到定点扶贫县考察调研，先后走访5个乡镇，考察了2所山区乡村学校、1所乡镇卫生院和2个贫困村，深入到田间地头，同县委、县政府有关干部和村民座谈，了解情况，征求意见，并深入到孤寡残疾特困户家庭，访贫问苦、嘘寒问暖。通过实地调研，按照“两不愁，三保障”的目标要求，结合当地需求，精准实施“五扶一推进”，即教育扶贫、卫生扶贫、素质扶贫、产业扶贫、救助式扶贫和“三个确保”贫困村整村推进，使帮扶向最边远的山区延伸，向最偏僻的村落倾斜，向最贫困的群体投入，向最急需的地方立项，制定了光大集团2013年度定点扶贫工作计划。截至2013年底，集团扶贫办已跑遍全县26个乡镇、两个国有林场、一个开发区和一个办事处，使定点扶贫工作覆盖全县。

【教育扶贫】 1. 援建光大希望小学。2013年投入240万元改造危房扩建学校。在新化县边远山区金凤乡和田坪镇，新建光大希望小学1所、光大希望学校1所。新建教学楼2栋和集学生食堂、图书室、阅览室、科学实验室、多媒体阶梯教室、教研室的综合楼1栋，总面积5140平方米。改建后，学生由原来的1200名扩容到1800名，为学校周边两个乡镇，26个贫困山区村，共10万人口的孩子改善了上学条件。

2. 改善教学生活条件。2013 年投入 60 万元，一是为新化县白溪镇东富村光大希望学校、游家镇金子村光大希望小学等 4 所学校捐赠课桌椅 2000 台套、电脑 56 台套、图书 5000 余册，建学校图书室 2 个、电脑室 2 个。二是帮助新化县槎溪镇朝阳光大希望小学等 5 所学校改造更新学生食堂设备，添置大型不锈钢厨房用具 5 台套及厨房冷柜、食梯、通风设备和部分学生不锈钢餐具等，改善了学校食堂条件差、学生用餐标准低等常年得不到解决的老大难问题。

3. 开展“爱心助学”活动。2013 年投资 15 万元资助新化县参加全国高考被国家二本以上正规大学正式录取的家庭生活困难的大学生 121 名。按照家庭困难情况每个学生资助 1000—2000 元，并在新化县举行的光大集团捐资助学仪式上将助学金发放到特困大学生手中，帮助他们解决赴校的路费和第一学期的生活费，使特困生能够顺利走进大学校园。

【医疗卫生扶贫】 1. 援建光大卫生院。2013 年投入 100 万元，在新化县荣华乡新建 1 所光大卫生院。新建一栋建筑面积 3950 平方米的门诊综合楼及附属设施。医院建成后，住院病床由原来的 15 张，增加到 80 张，解决了周边 3 个乡镇，5 万余人口看病难的问题。2. 捐赠医疗设备。集团扶贫办通过多方协商，集团挂职扶贫干部与总后解放军第 304 医院有关部门联系，将部队医院升级换代和堪用的医用诊断 X 射线机、B 型彩色超声诊断仪、牙科综合治疗椅、血生化分析仪、医用恒温箱等医疗设备数台套捐赠给荣华乡光大卫生院，提高了乡镇卫生院的医疗服务水平。3. 选送医务人员外出深造。为了提高乡镇卫生院医务人员技术水平，集团扶贫办与湖南省人民医院联系，并安排专项资金，资助 10 名卫生院医师到湖南省人民医院进修学习。

【扶贫培训】 素质扶贫是集团扶帮的传统项目。2013 年举办各类扶贫培训班 6 期，共培训 490 人次，其中各级干部 100 人次、技术人员 150 人次、致富带头人 140 人次，劳动力技能培训 100 人次。一是举办领导干部专题研修班。为了提升新化县当地干部的管理能力，更新思想观念，改善知识结构，由集团挂职干部带队，组织县委县政府 4 套班子部分成员及乡镇党委书记 46 人到清华大学培训，以助推新化人才兴县、人才强县战略。二是举办黄牛养殖培训班。为了壮大发展养牛业，组织县直、乡镇扶贫干部和养牛专业户代表到西南地区最大的肉牛交易市场，贵州省贵阳市花溪区等地考察，学习黄牛饲养、肉牛交易、养牛加工业等先进地区养牛及产业开发经验。三是举办农民实用技术培训。通过养猪、养牛和种植技术的培训，提高了农民致富技能。有 5 个养牛专业户，吸引和投入资金 500 万元发展养殖业，带动了增收项目。

【产业扶贫】 新化县种茶、制茶、饮茶历史悠久，茶叶是新化县的传统优势产业，一直是山区农民经济收入的重要来源。2013年，光大集团以促进农业结构调整和农业增效，农民增收为目的，投入30万元与新化天鹏生态园有限公司和桑梓镇政府合作，在桑梓镇向荣村大力扶持茶农发展茶叶产业，新建有机茶基地300亩，采取以点带面和“合作社+基地+农户”产业化模式，建立高标准化生态茶园、无公害茶园和绿色食品茶园，提高单位面积产量和茶叶质量，带动了周边3个乡镇连片开发，有力地调动了农民的积极性，促进了当地经济的发展。另外，在水车镇金龙村实施整村推进，新修水利渠道工程2千米，使年久失修的塌方和漏洞得以修复，提高了灌溉能力，解决了全村梯田供水，防止了村民抛荒，还整修公路7.5千米，建成了光大连心路。

【抗旱救灾】 2013年入夏以来，新化县晴热高温，连续50多天少雨，全县大部分塘库露底，溪水断流，水井干涸，农作物失水枯萎。新化县1142个行政村有1015个村受灾，农作物受旱面积43.6万亩，重灾面积18.1万亩，绝收面积6.68万亩，有39万人、14.86万头大牲畜饮水困难，干旱已造成总经济损失4.23亿元。一是紧急捐款救灾。光大集团得知灾情后，集团党委书记、董事长唐双宁十分重视和关心，及时询问灾情，集团总经理罗哲夫听取情况汇报。为支持新化县广大干部群众抗旱救灾，2013年8月13日，集团计划外向新化县紧急拔出扶贫救灾专款50万元，用于支持县贫困村水利基础设施建设和灾区群众生产生活急需。二是及时捐物抗灾。2013年7月30日，集团机关党委书记张岚代表集团在新化县举行了捐赠防汛抗旱应急通讯设备仪式，捐赠金融图文电话机1000台，表达了光大集团广大员工对灾区群众的亲切问候和对抗旱救灾工作的大力支持。另外，集团还坚持“元旦、春节”期间，组织对县特困户开展“送温暖、献爱心”活动，投入经费20万元，走访慰问特困家庭300人次，帮助贫困户解决过冬过节困难。

【扶贫资金管理】 光大集团自承担国务院赋予定点扶贫任务以来，扶贫工作没有专项经费，主要靠内部捐款解决。2013年3月，集团印发《关于为集团定点扶贫县募集捐款的通知》（光京党宣发〔2013〕4号），在集团系统组织开展了“向贫困人民奉献爱心”的捐助活动，广泛号召各企业向贫困地区奉献爱心，共筹集扶贫捐款590万元，并全部按年度工作计划拨付新化县。2013年11月25日至12月3日，集团审计部有关人员赴新化县对集团2011年11月至2013年9月拨付给湖南省新化县的扶贫资金使用情况进行了现场审计。审计结果表明，扶贫资金单独设账，凭证单独装订保存，账目记录比较清楚、规范，工程管理也较为规范，工程质量未发现明显问题，扶贫资金使用和帮扶项目基本符合要求，但也提出了3个方面的问题和建议。集团扶贫办会同新化县扶贫办与挂职干部共同研究整改方案，并进行了整改和反馈，从而加强了扶贫资金的监督管理。

【干部挂职扶贫】 光大集团始终坚持向定点扶贫县选派干部挂职。根据集团干部挂职扶贫两年的规定，2013 年 2 月 10 日，集团党委组织部对挂职干部进行了轮换调整，新挂职干部中国光大银行长沙分行同业票据部票据业务处处长张岳林到位，并任新化县政府副县长。挂职干部以新化发展为己任，把新化当作第二故乡，深入基层，履职尽责，牵线搭桥，引进高山绿色有机蔬菜资金 350 万元，主动联系湖南省人民医院安排乡镇卫生院医师进修学习，积极协调解放军 304 医院为乡镇卫生院捐赠医疗设备等，年终受到了湖南省娄底市委组织部的表彰。

【公益扶贫】 光大集团除做好定点扶贫工作外，还积极参加其他社会扶贫活动。集团所属企业光大银行自 2005 年 10 月起正式参与支持“大地之爱·母亲水窖”公益活动。2013 年募捐 200 万元，首次支持母亲水窖校园安全饮水项目，持续推进母亲水窖公益项目。截至 2013 年 12 月 31 日，累计募集捐款 2238 万元，通过“大地之爱·母亲水窖”项目投放给自然条件和经济状况较差的甘肃、宁夏、陕西、内蒙古、新疆、西藏、贵州、广西、四川等 9 省（区），共支持建设“母亲水窖”7633 口，小型集中供水工程 45 处，受益 18849 户，受益 85910 人；校园安全饮水项目 2 处，受益师生 1061 人。

【扶贫宣传】 1. 利用司庆作宣传。2013 年是光大集团成立 30 周年，在纪念活动中，集团对 10 年来定点扶贫工作和档案材料进行了整理，制作了《中国光大集团定点扶贫成果图片资料汇编（2002—2012）》、《中国光大集团定点帮扶新化县扶贫项目分布示意图（2002—2013 年）》和《大爱洒遍新化——中国光大集团定点帮扶新化纪实（2002—2013）》宣传光盘等，利用《光大报》连续报道集团扶贫成果，并更新集团网站内容，宣传扶贫工作。

2. 组织开展“两走两看”活动。2013 年 8 月 11 日至 17 日，开展“走出大山，看北京”夏令营活动。组织新化县两所光大希望小学的优秀学生来京，安排他们到天安门广场观看升国旗、登天安门城楼，参观游览故宫、八达岭长城，参观中国科技馆、国家体育场（鸟巢）和国家游泳中心（水立方）等，并到光大银行北京分行参观学习。集团总经理罗哲夫和集团分管领导专门看望了贫困学生，向他们赠送了书包、课外图书等学习用品，让贫困山区的孩子们感受到了光大员工的爱心和光大集团的温暖。2013 年 12 月 2 日至 5 日，开展“走进新化，看扶贫”教育活动。组织集团系统负责扶贫工作的负责同志 22 人赴新化感受贫困，体验扶贫。活动中，考察团一行驱车 500 余千米，一路翻山越岭，深入到新化县 8 个边远山区乡镇，考察了集团重点帮扶的 8 个项目，并专程到深山区的白溪镇印塘村小学，向 46 名贫困师生送去了价值1.6万元的爱心包裹和文体器材。通过考察，进一步增强了做好扶贫工作的政治责任心和历史使命感。大家纷纷表示，要积极支持新化的发展，力所能及地帮助乡亲们早日脱贫致富。

[中国光大（集团）总公司扶贫办　吕铁军]

国家文物局定点扶贫

【概述】　2013年，国家文物局定点帮扶河南省淮阳县，局领导先后3次，共12人次，深入淮阳县实地调研，了解淮阳县社会经济发展概况、发展中存在的困难和问题，明确“选准两个点，抓好一个面”的扶贫工作思路，即选准结合点、找准突破点、抓好规划先行项目带动这个层面，贯彻“保护为主、抢救第一、合理利用、加强管理”的国家文物工作方针，通过把文化遗产资源的科学保护、合理利用，将文物工作和对口扶贫工作有机结合起来，统筹文物保护与经济建设、城乡发展、环境优化、旅游开发等方面的关系，融入经济社会发展。

拨付淮阳县重点文物保护利用项目资金共1973.01万元，同时协调河南省文物局支持文物保护资金70万元，共同支持淮阳县改善文物保护状况，提高文化遗产保护管理水平；为尽早让文化遗产服务社会、惠及民生，切实提升淮阳县文化遗产保护利用水平，促进基层社会经济全面协调发展。注重人员培训，推进队伍建设。完成博物馆一线员工5人次赴上海参加“全国博物馆新入职员工培训班”和郑州“全省博物馆馆长培训班”，取得了一定的效果，打开文博人才专门培训的新局面。

【扶贫调研】　2013年，国家文物局领导带队先后3次赴定点扶贫单位河南省淮阳县深入考察淮阳县经济发展情况和文化遗产保护事业发展现状；检查定点扶贫工作进展情况，听取挂职扶贫干部关于扶贫工作的汇报；实地了解淮阳县文化遗产保护事业发展等方面的需求以及定点帮扶项目实施情况和所面临的困难。进一步强调要按照对口扶贫总体工作部署，结合淮阳县文物资源特点和优势，遵循“保护为主、抢救第一、合理利用、加强管理”的文物工作方针，坚持规划先行的原则，科学谋划文物事业中长期发展规划和年度计划，储备一批文物保护重大项目，完善规划方案，加强管理机构建设等基础工作，以项目为抓手实现文物事业新发展。要求挂职干部始终牢记肩负的光荣使命，按照更高标准要求自己，在地方党委、政府的正确领导下，扎实有效地开展好扶贫工作。

【扶贫制度建设】　协助淮阳县制定《国家文物局定点扶贫淮阳县工作方案》。提出2013—2020年期间，淮阳文化遗产保护事业4大工作任务，即加快编制《淮阳县文物博物馆事业中长期发展规划纲要

(2013—2020 年）》；部署安排基层人民群众最关心、最直接、最现实的文化遗产保护领域若干重大保护利用项目；提炼推进文化遗产事业改革发展的合理化政策建议；实施打牢文化遗产事业发展基础的关键措施。期间将重点实施一批重大文物维修、保护、勘探工程，有效保护一大批重要文物，基本排除重大文物险情；使全县体现淮阳地方文明形象和资源特色的博物馆数量达到 3 家，实现全县馆藏文物保管水平提升，境内 3 处全国重点文物保护单位保护利用水平明显提高、6 处省级文物保护单位启动保护规划编制、12 处市级文物保护单位得到有效保护和 100 余处县级文物保护单位和一般性文化遗产遗存保存状况得到改善。

【文物扶贫专项资金】 2013 年，国家文物局累计 6 次为淮阳县拨付太昊陵统天殿、显仁殿及部分陵墙维修、防雷设施、抢救性文物保护基础设施建设，淮阳县博物馆藏青铜器保护修复、平粮台古城遗址保护展示、刘崇墓保护规划编制等文物保护领域专项支持资金，资金总额 1973. 01 万元，是该县前 3 年获得的文物保护专项资金总额的 1. 56 倍。带动河南省文物局安排刘崇墓环境整治和平粮台安全技术防范工程专项资金，共计 70 万元，是前 3 年的 1. 32 倍。同时积极指导协助淮阳县将所有文物保护建设项目，全部通过省、市相关招标平台实施公开招投标，主动接受制度和社会监督，确保专项资金使用的公开、透明，为专项资金的规范、高效使用奠定了制度保障和坚实基础。

【文化遗产扶贫】 支持淮阳县大力发展文化旅游。为了配合河南省委、省政府实施“华夏历史文明传承创新区”总体部署，和周口市关于加快推进扶贫开发工作的意图，以及淮阳县实施“旅游带动、工业强县”的发展战略，在 2013 年全国非物质文化遗产展示馆保护性基础设施建设项目申报之际，积极协调有关部门，使淮阳县非物质文化遗产传习馆列入其中，为传承优秀民族文化、振兴地方经济、造福基层群众创造了有利条件。大力协调有关部门，协助淮阳县积极申报“泥泥狗”制作技艺列入第四批国家级非物质文化遗产名录；协助淮阳县申报伏羲文化生态保护实验区为省级项目、伏羲八卦拳等 7 个项目申报为第三批市级非物质文化遗产名录。

深入羲皇故都风景名胜区调研，在创建太昊陵风景名胜区为 5A 级旅游景区、编制《陈楚故城保护利用规划》、陈楚古城及北城门展示性复建、旅游综合体（淮阳县姓氏博物馆）等项目中，提出中肯意见、采取措施、推动解决。

（国家文物局　支小勇　张后武）

国家测绘地理信息局定点扶贫

【概述】 根据《关于做好新一轮中央、国家机关和有关单位定点扶贫工作的通知》（国开办发［2012］78号）要求，从2012年底起国家测绘地理信息局（以下简称“测绘地信局”）定点帮扶黑龙江省海伦市。帮扶工作受到局领导高度重视，测绘地信局党组书记、局长徐德明同志多次作出重要批示，并亲自联系协调扶贫项目；2013年1月22日，局党组副书记、副局长王春峰同志率队到海伦市开展扶贫对接和调研工作，积极协调测绘单位开展扶贫工作。2013年初，测绘地信局党组召开会议听取扶贫汇报，研究批准了海伦市定点扶贫工作计划，确立了以科技强能力，以创新促发展为中心，以科技扶贫、行业扶贫、产业扶贫为主攻方向，以充分发挥测绘行业优势、测绘地信局平台优势为依托，以推进海伦市城市建设和服务农业现代化建设为主线，夯实信息化、城镇化发展的测绘地理信息保障基础。局党组选派了得力的扶贫干部到海伦市直接参加扶贫工作，发挥了积极作用。全年共直接投入测绘地理信息服务项目资金971万元，协调争取黑龙江省国土资源厅项目投入7500万元，协调有关公司捐赠175万元测绘仪器及地理信息软件产品。

【基础设施建设】 2013年，在海伦市编制市域村镇体系规划，城北产业园区规划，供水、供热、供气、污水、和凸显、垃圾处理的“三供两治”专项规划、12个乡镇总体规划、十二个乡镇整镇推进城镇化建设规划，旧城改造控详规划等一系列规划的过程中，测绘地信局发挥行业优势，为扶贫地区发展提供测绘地理信息保障服务，2013年安排直属单位黑龙江测绘地理信息局、四川测绘地理信息局、国家基础地理信息中心，帮扶海伦市优先开展海伦市急需的测绘地理信息保障服务工作，建设内容包括：

1. 城镇大比例尺地形图测图工程。黑龙江测绘地理信息局承担了海伦市城镇1：1000大比例尺地形图测图工程，总面积100平方千米，工程总经费721万元，由测绘地信局负责筹措。2013年已完成海伦市城区和海伦镇的航摄约45平方千米，测图面积约36平方千米的任务。

2. 城区地下管网普查工程。四川测绘地理信息局承担了海伦市城区地下管网普查和建立管线综合管理系统工程，预计各类管线约600千米，工程总经费约180万元，全部由四川局承担。2013 年已完成 5 千米地下管网普查试点任务。

3. 卫星定位连续运行基准站建设。国家基础地理信息中心 2013 年已完成前期野外勘选、外业测试等工作，工程总经费 50 万元，为海伦市城市建设和精准农业提供高精度、实时、可靠的测绘基准服务。

【项目争取】 1. 积极争取国土资源部门支持。为加大扶贫开发力度，加快脱贫步伐，争取多方面资源、拓宽帮扶渠道，测绘地信局主动同黑龙江省国土资源厅联系，积极协调争取对海伦市扶贫工作的支持和帮助。年内争取到特殊支持海伦土地整理和地质环境治理项目 3 个，累计金额达 7500 万元。项目的实施，将对当地发展高效农业，增加农民收入和改善生态环境、发展现代服务业起到重要作用。此外，经黑龙江省扶贫办批准，省国土资源厅已将定点帮扶贫困县从五常市调整到海伦市，主要是同测绘地信局合力做好海伦市定点扶贫开发工作。年内共批准海伦市用地指标 40 公顷，极大地缓解了海伦市用地指标不足、严重制约经济建设发展的难题。

2. 动员企业、事业单位参与扶贫。在测绘地信局的积极协调下，奥腾思格玛（SIGM）集团向海伦市捐赠了价值 175 万元人民币的测绘仪器设备和地理信息软件产品，5 月 31 日测绘地信局组织在北京举办了捐赠仪式。黑龙江省测绘地理信息局对海伦市测绘技术人员进行为期 10 天的业务培训，参加培训人员近 70 人，培训费用 20 万元全部由省局承担。这些不仅为海伦市提高了科技装备水平，增强了人员专业技能，更为海伦市走上了自我发展道路，进一步创造社会效益和经济效益夯实了基础。

【扶贫调研】 2013 年 1 月 22 日，按照国务院扶贫开发领导小组办公室等 8 部门《关于做好新一轮中央、国家机关和有关单位定点扶贫工作的通知》要求及安排，国家局新一轮定点帮扶的国家扶贫开发工作重点县为黑龙江省海伦市。测绘地信局党组对此高度重视，选派国家基础地理信息中心高级工程师蒋志浩担任首任扶贫挂职干部，扶贫期限 2 年。测绘地信局党组副书记、副局长王春峰、黑龙江测绘地理信息局副局长孙明晶、测绘地信局办公室主任周远波、测绘地信局办公室综合处杨和平处长、扶贫挂职干部蒋志浩高工等一行 5 人赴海伦市开展定点扶贫工作现场对接并举行了扶贫工作调研座谈会。海伦市市人大常委会主任顾春季，市委副书记、市长杨全胜，市政协主席姚权等市领导及相关部门同志出席。

【扶贫捐赠仪式】 2013 年 5 月 31 日，测绘地理信息企业奥腾思格玛集团向测绘地信局定点扶贫黑龙江省海伦市捐赠测绘仪器仪式在中国测绘创新基地举行，奥腾思格玛集团向海伦市捐赠了价值 175 万元的 16 台套拓普康测绘仪器及该集团自主研发的地理信息软件产品。测绘地信局党组副书记、副局长王春峰，海伦市委书记佟伟，拓普康中国总代表邹熹光出席仪式并讲话。在捐赠仪式上，测绘地信局、海伦市、奥腾思格玛集团签署了捐赠协议书，同时举行了扶贫工作座谈。参加座谈会的还有海伦市市长杨全胜、副市长丁树峰，挂职干部蒋志浩副市长、市办公室主任王春录，市国土资源局局长路洪民，市扶贫开发办主任何义、测绘地信局办公室主任周远波、副主任任振宇、综合处处长杨和平，国家基础地理信息中心党委书记金舒平，黑龙江测绘地理信息局朱杰局长等。

（国家测绘地理信息局
办公室　杨和平）

中国航天科技集团公司定点扶贫

【概述】 按照国务院扶贫办、中央组织部等8部门《关于做好新一轮中央、国家机关和有关单位定点扶贫工作的通知》的要求，2013年，中国航天科技集团公司(以下简称“航天科技集团”）承担陕西省洋县、太白县和河北省涞源县定点帮扶任务，集团公司对各定点扶贫县扶贫工作组进行了重新安排，派出3名干部担任各扶贫县挂职副县长；集团公司包括张建恒副总经理在内的各级领导共228人次到扶贫县调研和帮助工作；投入专项扶持资金251.3万元，完成帮扶项目16个，捐助贫困学生200余人。

【扶贫工作会议】 2013年，航天科技集团召开了扶贫工作领导小组会，集团公司党组成员、副总经理、扶贫工作领导小组组长张建恒主持会议，会上传达、学习了中央扶贫开发工作会议、全国定点扶贫工作会议和国资委关于“中央企业学习贯彻中央扶贫开发工作会议精神座谈会”精神，进一步深刻领会各级领导同志的讲话精神，全面落实新阶段扶贫开发各项任务，研究制订2013年集团公司定点扶贫工作计划。

【扶贫慰问】 航天科技集团积极开展社会救助和扶贫慰问活动，共投入资金36.3万元。集团公司张建恒副总经理多次率领扶贫工作组深入扶贫县，慰问老党员、特殊困难户等弱势群体，资助贫困学生，开展“捐献爱心、帮教助学”活动；修复洋县谢村镇老庄村的暴雨灾害垮塌道路，方便群众出行；救助洋县10名贫困大学生，每位发放救助金3000元；组织医务工作者到洋县贫困村诊疗患者360多人，发放价值3万元的药品及价值2万元的米、面、油。为太白县桃川小学幼儿园捐赠幼儿床100套、被褥100套、大型户外玩具1套，为县残联捐赠轮椅100辆。向狼牙口小学生捐助了学习用具和生活用品。

【扶贫资金投入】 航天科技集团投入专项扶持资金251.3万元，完成帮扶项目16个，捐助贫困学生200余人。其中用于产业开发150万元，用于文化教育44.3万元，基础设施建设30万元，赈灾救助送温暖24万元，医疗卫生3万元。

【产业扶贫】 1. 航天科技集团利用航天育种技术探索出了产业扶贫的新途径。利用航天育种技术培育成功了近百个具有稳产、高产性能的新品种、新品系农作物品种，2013年投入产业扶持资金40万元，在太白县3个镇24个村，扶持850户农民免费种植以架豆为主的太空蔬菜1640亩，每亩增收2000元，增强了贫困人口“造血”功能和致富本领。航天蔬菜种植推广项目在太白县获得了县委县政府、农民群众的高度认同，带动了高端蔬菜产业发展、大幅度增加了农民收入，取得了良好的经济效益和社会效益，2014年拟增加种植面积3500亩。

在河北省涞源县投资20万元建设高效育苗温室项目。在南屯飞建蔬菜合作社建一个长100米、宽10米、高5米，总投资42万元的育苗温室。已投入使用，能够满足该社及周边500亩蔬菜大棚的育种需要。

2. 在前期初步建成洋县槐树关村红薯加工项目的基础上，2013年增加资金投入20万元，新建红薯手工粉条加工点3个，产品销售经营房150平方米，场院水泥硬化300平方米。该项目的建成，每年至少可为农户增收4000多元。

3. 发挥“航天”品牌优势，投入帮扶资金20万元，帮助洋县建成了中国航天科技集团公司草坝村千亩有机黑米示范种植基地，为农户增收亩均1100元，为洋县培育壮大地方特色拳头产品奠定了基础。

4. 投入帮扶资金10万元，帮助洋县谢村镇老庄村完成175亩核桃园改造，新嫁接优质核桃8600多株，成活率在85%以上。在今后3到5年内，每亩核桃至少为农户增收500元。在河北涞源县水堡镇大台峨村建设千亩核桃示范基地。现在一期500亩核桃苗已种植完毕，完成预定目标。

5. 扶持开展羊驼养殖项目，投入10万元扶持资金，鼓励南马庄乡开太养殖合作社进行饲养羊驼的创新性尝试，并显著降低其经营风险，希望摸索一条农民增收致富的新途径。现有羊驼为占地50亩，总投资逾千万元的该合作社种羊繁育基地增添了亮点，提升了基地的知名度，正积极探索羊驼养殖产业化渠道。

【科技扶贫】 航天科技集团利用返回式航天器，依靠多种环境因子共同诱变作用下使生物基因产生变异，创造出性状优良的新种植或育种材料，依托多年航天育种技术积累，为定点扶贫县成功培育了近百个具有稳产、高产性能的新品种、新品系农作物品种，2013年投入扶持资金40万元，扶持850户农民免费种植太空蔬菜1640亩，每亩增收2000元，增强了贫困人口“造血”功能和致富本领。航天蔬菜种植推广项目得到各级政府、农民群众的高度认同，带动了高端蔬菜产业发展。

卫星农家数字书屋是通过卫星数字发行平台，将数字化图书、报纸、期刊、音像视频等内容服务通过专有的接收和存储装置投递到用户终端，用户可以通过连接电视、投影、电脑、手机、阅读器及音响等设备随时观看使用，是创新型的农村公共文化服务数字化综合运营管理和服务平台。集团公司投入扶持资金30万元。扶持建成太白县咀头初级中学和鹦鸽初级中学数字农家书屋，丰富了师生文化生活，项目覆盖2个中学180名教师和1170名学生。在涞源县西道沟村、荆山口村建设了两家高标准的示范书屋搭建了信息平台，在涞源县插箭岭、庄伙、王家井、狼牙口、井子会、南石佛等村新增了数字农家书屋，提升了当地农家书屋数字化水平，解决集中连片特殊困难地区出版物投递难的问题，形成了广泛影响。

【文化扶贫】 航天科技集团投入扶持资金15万元，支持太白县广电局购买虚拟演播设备1套，迈出了虚拟演播室建设第一步，实现了新闻与信息及时采编和播出，项目覆盖全县5.2万人。

【基础设施建设】 航天科技集团投入帮扶资金10万元，帮助洋县白石镇冯岭村完成了村委会场院水泥硬化1200平方米、绿化100平方米，新建围墙80米和群众文化娱乐设施等，改善了村两委办公条件，为该村周边3个村群众文化生活提供了便利条件。

集团公司扶持资金20万元，启动了长46.22米、宽3.5米的靖口镇关上街村水泥平板桥建设项目，完成了桥梁设计与地质勘探工作。该项目建成后可彻底解决关上街村53户群众行路难问题。

（中国航天科技集团公司）

中国船舶工业集团公司定点扶贫

【概述】 根据国务院定点扶贫工作统一安排部署，中国船舶工业集团公司（以下简称“中船集团”）自2002年起定点扶贫云南省大理白族自治州鹤庆县，截至2013年，共计投入直接帮扶资金1294.72万元，从教育、水利、电力、救灾救济、安居工程、卫生室建设、道路建设、就业帮扶等8个方面开展帮扶工作，从人力、物力、财力等方面对鹤庆县给予帮助，对改变贫困山区落后面貌，加快农民脱贫致富步伐，促进鹤庆经济社会发展起到了积极的推动作用。

【扶贫调研】 2013年10月23日，中船集团党组成员、总会计师周明春率总部有关部门及有关下属单位负责人等一行8人赴鹤庆考察调研，期间向集团派出的挂职县长了解情况，走访贫困群众，与县委、县政府领导、受助的春蕾班优秀学生代表分别举行了座谈会，到龙开口镇朵美初级中学举行了“中船春蕾班”开班仪式，并在朵美卫生院举行了医疗设备捐赠仪式，深入考察鹤庆县的教育与医疗方面的需求，坚持根据实际需求调整扶贫项目，坚持把扶贫与中船集团的产品发展结合在一起，加大扶贫力度。

【扶贫慰问】 2013年4月16日，中船集团向鹤庆县贫困学生捐赠图书2800余册，并在鹤庆二中举行了图书捐赠仪式。中船集团新捐赠的图书，既有中国古典文学，又有外国名著；既有励志故事，又有科普读物，使这些边远乡村的学生感受到温暖，通过书籍了解广阔、精彩的世界，拓宽了视野。

【扶贫资金投入】 2013年，中船集团共投入直接帮扶资金97.35万元，实施了救助孤、寡、残单亲家庭学生、开办“中船春蕾班”及建设辛屯镇大福地村中心校“校中园”附属幼儿园等3个教育帮扶项目和乡镇基础卫生机构建设援助项目。

【教育扶贫】 2013年，中船集团共投入直接教育帮扶资金54.35万元。投入10万元，实施救助孤、寡、残单亲家庭学生100人工作；投入12.4万元，在六合、松桂、龙开口（朵美）3个乡镇新招3个“中船春蕾班”，共招生155名学生；投入23.95万元，继续开办9个“中船春蕾班”，共帮扶479名学生；投入8万元，实施辛屯镇大福地村中心校“校中园”附属幼儿园工程项目。

春蕾班办学已经取得了较好成绩。

2013年鹤庆“中船春蕾班”3个毕业班共160名学生参加了全县中考，中考成绩在550分以上有147人，其中700分以上有9人，600分以上有106人，上线率达92%。其中2名学生被推荐到省“春蕾女童班”就读高中。

【卫生医疗】 2013年，中船集团统筹资金43万元，为鹤庆县2个基层卫生机构购置江苏无锡海鹰集团生产的彩超2台，并已投入使用。

目前鹤庆县基层卫生设施建设已经得到了改善。通过资助建立村级卫生室，捐献医疗卫生设备等卫生帮扶项目的实施，进一步改善了乡镇一级、村一级的卫生医疗条件，一定程度上缓解了百姓“小病忍，大病拖，挨不了才上卫生院”的状况。

（中国船舶工业集团公司　麦怀森）

中国兵器装备集团公司定点扶贫

【概述】 中国兵器装备集团公司（以下简称“兵装集团”）认真贯彻落实党中央、国务院扶贫开发工作部署，积极组织所属各企事业单位，发挥产业、产品、技术和人才优势，做好对定点扶贫地区云南省泸西县和砚山县的扶贫开发工作。开展调研，落实项目，积极推进专项扶贫、行业扶贫和社会扶贫。通过开发性扶贫，促进农民增收、农业增收、农村发展，达到改善泸西县和砚山县贫困落后状况的目标。

2013 年，兵装集团（总部）累计投入扶贫款项 120 万元（对泸西县和砚山县各投入资金 60 万元）。2013 年 4 月，四川省雅安市芦山县发生里氏 7.0 级强烈地震，兵装集团（含子公司）共计捐助总额折合价值逾 1150 万元。

【扶贫调研】 2013 年年初，兵装集团扶贫办 4 人次到泸西和砚山实地考察调研，了解帮扶项目情况，并与泸西县和砚山县人民政府相关领导座谈，就帮扶项目、工作机制进行商讨，签订了挂钩扶贫协议，分别援建两个县各 1 个扶贫项目。

【扶贫会议】 2013 年 10 月 16 日，兵装集团与云南省红河州在北京举行扶贫工作座谈会。兵装集团副总经理、党组成员、扶贫开发领导小组组长聂晓夫，红河州委副书记刘琪琳参加，双方就加快实现由输血式扶贫向造血式扶贫的转变进行了交流，达成了共识。

【扶贫制度建设】 为规范兵装集团扶贫开发工作，有效履行政治责任、社会责任，促进集团公司经济、社会、环境综合价值最大化，制定了《中国兵器装备集团公司扶贫开发管理办法》。

【整村推进】 1. 泸西县永宁乡阿峨村委会新寨村整体推进项目。兵装集团投入挂钩扶贫资金 60 万元，实施 3 个方面惠民工程。一是硬化进村道路一条 1.5 千米、村内道路 0.5 千米；二是新建 20 口容积为 25 立方米的小水窖，解决村民饮水难问题；三是带动村民发展黄姜种植及养殖业。

2. 砚山县阿舍乡鲁都克村委会黑巴村整村推进项目。兵装集团投入挂钩扶贫资金 60 万元，实施以下几方面惠民工程。一是建设 2 户农家乐；二是建设 500 平方米民族文化广场；三是改造村民危房 58 户；四是新建一套展板；五是新建 57 套农村太阳能；六是开展科技培训两期 400 人次；七是带动村民发展种草（该村有 3 万亩黑巴草场）和养殖业。

【抗震救灾】 2013 年 4 月 20 日四川省雅安市芦山县发生里氏 7.0 级强烈地震，给当地带来了严重灾难，给人民群众的生命财产造成了巨大损失。地震发生后，兵装集团迅速反应，积极组织捐款捐物，用实际行动帮助灾区战胜灾难、重建家园。重庆长安汽车股份有限公司作为兵装集团核心企业，以救灾为己任，鼎力相助，捐助总值 666 万元（其中员工捐款达 156 万元，捐赠物品价值 128 万元），并援建灾区一所乡中心小学，命名“长安希望小学”。嘉陵股份、西南自动化研究所等单位在捐款的同时组织救援队赴灾区开展救援工作。所属企事业单位包括许多困难企业职工也纷纷解囊相助，奉献爱心。在此次赈灾期间，集团公司上下共计捐助总额逾 1150 万元（其中捐款人民币 895 万元，捐助物品总值约 260 万元），向灾区及受灾企业传递了团结友爱的正能量，彰显了兵装集团作为中央企业勇于担当、切实履行社会责任的良好形象。

（中国兵器装备集团公司　易哲）

中国石油天然气集团公司定点扶贫

【概述】 中国石油天然气集团公司（以下简称“中石油”）自2002年参与国家新阶段定点扶贫工作。截至2013年底，定点扶贫10个县，包括新疆维吾尔自治区尼勒克县、察布查尔县、托里县、巴里坤县、吉木乃县、青河县，河南省范县、台前县，贵州省习水县，江西省横峰县。此外，按照国务院扶贫办要求，2012—2015年帮扶福建省长汀县。2013年，按照“民生项目重质量、产业帮扶重实效、智力扶贫重实用”的思路，全年投入3650万元，援建13个项目，解决了一批受援地政府和群众最关心、最直接、最现实的利益问题，有效改善了农牧民生产生活条件，促进了受援地经济社会发展，被国务院扶贫开发领导小组授予“中央国家机关扶贫先进集体”称号。

【扶贫规划】 按照中央新要求，结合片区扶贫攻坚规划和定点扶贫县经济社会发展规划，编制“中石油定点扶贫工作中长期规划”，明确到2020年定点扶贫工作思路、原则、目标、重点工作和保障措施，实现近期工作有部署、远期工作有规划。

【基础设施建设】 投入270万元，援建河南范县颜村铺乡安全饮水工程，解决了6000多人的安全饮水问题；投入250万元，援建贵州习水县醒民镇乡村公路硬化工程，解决了7个村、1200户家庭、5400人的出行问题；投入300万元，援建江西横峰县王家坞灌区低效农田灌溉工程，新增灌溉面积10536亩，每年增产粮食2000吨、人均增收1500元。

【智力扶贫】 在新疆6县投入200万元，举办5期农牧民实用技能培训班，开设畜牧养殖、电工、汽车修理、厨师等专业，培训农牧民210人，保证每人掌握一门职业技能，取得职业技能鉴定证书，就业率达到90%；投入240万元，为新疆巴州、塔城、农二师举办4期党政干部和科技人员培训班，培训党政干部、科技人员200名；投入120万元，为范县、台前县、习水县、横峰县举办1期县乡干部培训班，培训20人；投入500万元，支持新疆扶贫办专项培训和援疆干部交流中心建设。

【产业扶贫】 2013年，公司继续扩大产业扶贫成果，按照“两同时、两优先”原则（即中石油在化工原料销售时，同等条件下优先供给定点扶贫县龙头企业；定点扶贫县龙头企业有产品销售时，同等条件下中石油优先采购），向河南范县和台前县龙头企业提供化工原料12万吨，实现产值9亿多元，税费近千万元，促进了县域经济发展和农民工返乡就业。投入50万元，在贵州习水县援建一座年产值200万元蔬菜基地，提高困难群众收入水平。充分利用中石油加油站销售资源，代销习水县当地特色产品习酒。

【教育扶贫】 投入300万元，援建河南台前县12所农村寄宿制中学餐厅改造项目，解决了近万名师生饮食安全隐患和部分“留守儿童”就餐问题；投入300万元，在国家级贫困县河南桐柏县实施“石油·助学”项目，捐赠200台电脑，改善3所中小学食宿和教学条件；投入30万元，改造河南范县陆集乡小学信息教学设施，有效改善了信息化教学条件。

【文化扶贫】 投入170万元，向10个定点扶贫县和西部贫困地区赠送5900份《人民日报》和《农民日报》，帮助干部群众了解致富信息。

【医疗扶贫】 充分利用中石油企业医疗资源，组织医疗队赴革命老区贵州毕节海子街镇，为当地38个行政村，312个村民组开展现场义诊、专题培训，向当地卫生院赠送15台电脑、30个医疗床、医疗床垫及60套其他医用物品。免费为台前县进修培训医务人员6人。

【扶贫培训】 举办一期定点扶贫工作培训班，组织受援地政府扶贫干部、挂职干部、所属企业兼职扶贫干部共52人进行集中培训，邀请专家讲授业务知识，通过座谈交流方式交流经验，组织学员到大庆油田、大连石化等企业的生产现场学习，提升扶贫干部业务素质和能力。

（中国石油天然气集团公司
扶贫办　陈根文）

中国石油化工集团公司定点扶贫

【概述】 2013年，中国石油化工集团公司（以下简称“中国石化”）在继续承担原定点扶贫安徽省颍上、岳西和湖南省凤凰、泸溪4县的基础上，新增定点扶贫新疆维吾尔自治区岳普湖县和甘肃省东乡县，共承担6个县的定点扶贫工作。2013年，中国石化派出扶贫挂职干部5人，在6个定点扶贫县实施了28个扶贫项目，共投入扶贫资金6798万元，比2012年的1394万元增加5404万元。扶贫项目的重点是支持基础设施建设，开展整村推进，协助产业开发，以及加强劳务输出培训和帮助发展教育事业等。

【扶贫调研】 2013年，中国石化总部领导傅成玉、李春光等深入甘肃省东乡县调研扶贫工作，全年处级以上干部调研扶贫工作达31人次。中国石化扶贫办先后在湖南、安徽、新疆和甘肃的定点扶贫县召开8次座谈会，了解贫困地区群众最关心的问题和最需要解决的实际困难。调研内容涵盖产业开发、人畜饮水、通村道路、劳务培训和新农村建设等方面。深入调研为有针对性地开展扶贫工作提供了可靠保证。

【基础设施扶贫】 2013年，中国石化在定点扶贫县共修建通村水泥路11条45.2千米。其中甘肃东乡县布楞沟村硬化路总投资达2800万元，从开工到交付使用仅两个月时间，在当地受到好评；援建凤凰县两个乡的硬化路，解决了沿线20000多人出行以及沿途2000多亩农田和果园的生产条件。在新疆岳普湖县建设了10个村级群众文化活动广场，对丰富群众文化生活，维护边疆稳定，积累促进社会发展的正能量起到很好的作用。

【产业扶贫】 中国石化注重加大扶持产业开发，增加贫困群众经济收入，提高他们的发展能力。在湖南资助凤凰县落潮井乡落潮井村新建“红心猕猴桃”产业基地，新开发种植1100亩；在泸溪县新开发100亩。并将“红心猕猴桃”引入到位于安徽大别山区的岳西县试种成功，未来也将加大在该地区的推广种植，增加困难群众的收入。2013年习近平总书记在湘西考察期间品尝“红心猕猴桃”后称其口感好，附加值高。预计每亩果园纯收入能达到20000元以上，给群众带来很好的经济收益。

【捐资助学】 共投入教育扶贫资金500万元。其中助学资金200万元，共资助学生1245人，其中大学生225人、高中生1020人。自2008年设立中国石化助学金以来，中国石化在安徽、湖南4个定点扶贫县累计资助贫困生7542人。中国石化资助的学生有的考上北京大学、清华大学等全国重点大学。资助家庭贫困、学习成绩优秀学生受到当地政府和学生及家长的热情欢迎，取得了很好的社会效益。中国石化还资助甘肃东乡县用于发展当地教育事业资金300万元。

【整村推进】 在岳西县开展了移民搬迁、整村推进项目，为村里建设了环村公路、路灯和污水处理等基础设施，并进行了新村规划，目前正在按照规划有序实施中。整村推进项目节约了资源，方便了生活，美化了乡村，改善了困难群众的生产生活条件。

【劳动力培训】 举办各类培训班23期，共培训2448人次。包括培训数控机床操作工、电子电工、驾驶员、电脑操作工和猕猴桃种植等其他农业科技培训。通过转移培训，为贫困户增收创效起到显著作用。

【抗旱救灾】 2013年，湖南湘西地区遭受多年不遇的干旱灾害，农作物受损严重。中国石化定点扶贫的凤凰县、泸溪县受灾较重。中国石化资助两县各50万元，专项用于打井、引水等抗旱救灾项目。

【钱物捐赠】 向安徽的颍上县、岳西县捐赠电脑、打印机等280多台，分别捐给了学校、留守儿童之家及医院等；向甘肃东乡县布楞沟小学捐赠30台电脑。

（中国石油化工集团公司对口支援及扶贫工作领导小组办公室　朱卫华）

国家电网公司定点扶贫

【概述】　国家电网公司自1995年起定点扶贫湖北省秭归县、长阳县、巴东县、神农架林区（以下简称“湖北‘三县一区’”），2011年开始定点扶贫青海省玛多县。2013年，国家电网公司认真贯彻落实《中国农村扶贫开发纲要（2011—2020年）》和国务院扶贫办等8部委《关于做好新一轮中央、国家机关和有关单位定点扶贫工作的通知》（国开办发〔2012〕78号）的要求，坚持电力行业扶贫为主，扶贫与开发相结合，治标与治本相结合，积极做好对湖北“三县一区”和青海玛多县的定点扶贫工作，实际安排扶贫项目28个，总投资3459.6万元，其中投入国家电网专项扶贫资金1880万元，地方自筹1579.6万元；在湖北“三县一区”投入定点扶贫资金800万元；在玛多县投入定点扶贫资金1080万元。经过帮扶双方的齐心协力，除玛多县申请一个调整项目延后之2014年一季度竣工外，其余27个项目均于2013年竣工并通过验收。

【扶贫调研】　国家电网公司总部、省、地市（州）、县4级扶贫工作管理部门及相关人员深入扶贫工作现场，指导扶贫项目实施，检查项目质量，协调解决项目实施过程中的困难和问题，确保扶贫项目的有序推进，确保项目实施质量，确保扶贫工作取得实效。建立与地方政府、扶贫工作有关单位的沟通协调机制，得到了地方政府的大力支持，确保了地方配套资金的到位。公司针对玛多县的特点，与玛多县政府进行了多次沟通，就扶贫援助的方向、原则和管理模式取得一致意见；召开6次会议研究玛多县扶贫工作；邀请玛多县政府、扶贫管理部门参加了湖北省的扶贫调研，促进了工作交流；选派优秀副处级干部到玛多县挂职，对扶贫开发工作发挥了积极作用。

【扶贫规划】　积极配合湖北“三县一区”地方政府扶贫开发规划的实施，制订湖北“三县一区”第五期定点扶贫规划2013年滚动修编计划，进一步提高了扶贫工作的针对性。针对定点扶贫玛多县的新任务，花大力气对玛多县经济社会发展情况和扶贫需求开展了深入调研，并针对玛多县属于高原、藏区、黄河源保护等特性，主动联系政府，启动了《国家电网公司扶贫援助玛多县第一期规划》的编制工作，经多方征求意见，反复研究论证，充分考虑玛多县的相对优势、比较优势和群众意愿，注意与地方政府发展规划、惠民措施相结合，预期形成聚合效应，发挥了最大效益，完成对规划的两上两下编，完成了规划评审。

【扶贫项目管理】 省（自治区、直辖市）电力公司年初制定定点扶贫工作实施节点计划，县供电公司根据该方案倒排工期，加快项目实施进度。公司总部、省电力公司及相关的市州、县供电公司的管理人员先后到扶贫现场检查督导工作163次，项目开工、招投标、验收等重要节点相关扶贫工作人员必到现场。重视定点扶贫项目管理创新和典型选树，整理并向国务院扶贫办推荐“国家电网户户通电工程”、“神农架黄柏阡村整村推进项目”和“巴东县神农世家野猪养殖项目”为定点扶贫创新案例。“巴东县神农世家野猪养殖项目”入选国务院扶贫办《全国100例定点扶贫创新案例》。

【产业扶贫】 实施产业扶贫项目13个，总投资2173.6万元，投入国家电网扶贫资金1009万元。其中：

1. 秭归县生态山鸡养殖项目扶持生态山鸡养殖合作社3个、养殖专业户100户，建种鸡孵化场3个，建设种鸡孵化室、标准鸡舍、脱温室、育雏室、消毒室3个套；培训养殖人员100人。项目实施后，新增存笼种母鸡5000只，产蛋50万枚，可产小鸡35万只；年出笼生态山鸡30万只、优质生态山鸡蛋180万枚，年创利300万元以上。

2. 秭归县屈原镇小水果产业发展项目。总投资160万元，投入定点扶贫资金70万元，地方自筹90万元。新发展桃园300亩、精品桃园100亩，改造老桃园60亩；新开发石榴园200亩，改造老石榴园60亩；新建小水果批发市场一处500平方米。项目建成3—5年后，可实现产值360万元，3个村人均增收900元/年。同时，扩大屈原镇的旅游经济影响力。

3. 长阳县磨市镇多宝寺村柑橘基地建设项目。总投资185万元，投入定点扶贫资金40万元，地方自筹145万元。实施柑橘品质改良1000亩，新建水池300立方米，配方施肥200亩，新建田间路800米。项目达产后，提高柑橘产值90万元，使2772个受益农民人均增收300元/年。

4. 巴东柑橘打蜡生产线建设工程项目。总投资120万元，投入定点扶贫资金50万元，自筹70万元。改造柑橘打蜡厂房800平方米，建柑橘打蜡生产线1条，建柑橘保鲜用冻库200立方米，年加工处理柑橘1000吨，解决了柑橘不宜长期贮藏的问题。周边19746户农户的柑橘打蜡后，既可自销也可由柑橘专业合作社统购外销，每斤价格由2.50元提高到3.50元，大大增加了农户的收入。

5. 巴东县摩天岭特种山羊养殖工程。总投资55万元，投入定点扶贫资金25万元，地方自筹30万元。建设特种山羊养殖基地1个，养殖规模已达1500头左右，使该地区300户年增收2000元/户。

6. 巴东县清太坪镇大石垭、青山湾中

药材基地建设工程。总投资 70 万元，投入定点扶贫资金 25 万元，地方自筹 45 万元。在两个贫困村种植独活、党参、大黄、木香等优质中药材 400 亩，使该村 600 户年均增收 2000 元/户。

7. 巴东县援建东壤口雷家坪柑橘基地项目。总投资 100 万元，投入定点扶贫资金 30 万元，地方自筹 70 万元。在三峡库区移民村——东壤口镇雷家坪村发展柑橘产业 400 亩，使该村 350 户每户年均增收 2000 元。

8. 玛多县农畜产品交易市场建设项目。该项目为 2013 年申请调整项目，投资 444 万元，已完成设计招标工作，计划 2014 年 7 月完工。该项目的实施能够加快城镇建设，拓宽生态移民就业途径，巩固生态建设成果，增加农牧民收入。

9. 长阳县大堰乡松元坪村早茶基地项目。总投资 200 万元，投入定点扶贫资金 40 万元。新发展无性系茶叶 300 亩，改造茶叶 400 亩，新发展栀果 200 亩，改造栀果 100 亩，配套灌溉水池 500 立方米，管线 1.5 万米，改造田间渠及村组断头公路 1.2 千米。提高产量和品质，提前上市时间，预期新增收入 400 万元，2500 人均年增收 1000 元以上。

10. 长阳县大堰乡晓麻溪早茶基地项目。总投资 100 万元，投入定点扶贫资金 20 万元。新发展无性系茶叶基地 500 亩，改造村组公路 3 千米。预期新增收入 200 万元，1500 人受益群众人均年增收 1000 元以上。

11. 长阳县鸭子口乡天柱山村猕猴桃基地项目。总投资 70 万元，投入定点扶贫资金 15 万元。新增猕猴桃基地 500 亩，整修田间作业道 3 千米，机耕道 2 千米，抗旱水池 1400 立方米，铺设灌溉饮水管道 4258 米，整治沟道 0.64 千米，建设田间立柱 4 万根。挂果后户均增收 7000 元以上，稳定增加农户经济收入 200 万元以上，同时可改善农业生产环境。

12. 长阳县渔峡口镇岩松坪村清江柑橘精品园项目改造新建 500 亩连片柑橘园，实施果园“三通”，推行精品园“四化”标准。新建排灌系统，支干道及田间路 2.54 千米，建废弃处理池一个，推行配方施肥 100 亩，购太阳能杀虫灯 6 台，黏虫板 6000 张，捕食螨 6000 袋、单柱枝果牵引设备 6000 套。项目可使 450 户、2000 人受益，每户年增收 2000 元以上。

13. 神农架林区木鱼镇有机核桃基地项目。总投资 240 万元，投入定点扶贫资金 100 万元。建成核桃基地 687 亩，共栽植嫁接成品核桃树苗 28854 株，成活率达 98%。项目采取“企业+基地+农户”的生产方式，帮助 156 户、513 人脱贫，人均年增收 1500 元。

【教育扶贫】 实施科教扶贫项目 11 个，总投资 500 万元，使用国家电网定点扶贫资金 205 万元。其中：

1. 新长城扶助贫困大学生项目 4 个。总投资 20 万元，由中国扶贫基金会、湖北“三县一区”电力公司、县扶贫办与地方教育局、有关学校协作遴选资助对象，帮助 100 名学子顺利实现上大学的梦想。

2. 科技三下乡项目4个。总投资20万元，均为定点扶贫资金。重点用于宣传安全用电、农业科技知识、医疗卫生等知识，共深入各乡镇、学校、福利院放映电影80余次，发放宣传资料10万余份，送科普图书2000册。为长阳县鸭子口乡和都镇湾镇两个卫生室进行环境整治、设施添置。举办各类培训班82个，累计培训致富带头人和农村劳动力4970人。

3. 长阳县实验小学电教室建设项目。总投资80万元，投入定点扶贫资金45万元。完成24个班级“班班通”建设，购置网络设备完善配套设施，添置电脑100台，改善了该校1800名学生的教学条件。

4. 巴东县一中学生食堂建设工程。总投资180万元，投入定点扶贫资金30万元，在巴东一中新校区建设食堂7600平方米，使3000名学生的就餐环境得到改善。

5. 神农架林区高级中学运动场。总投资200万元，投入定点扶贫资金90万元。建设运动场1个，同时完善其他各类配套设施，满足校内体育课教育，提高学生健康水平。

【基础设施建设】 2010—2013年，公司累计投入近10亿元对长阳县、巴东县和神农架林区电网进行改造升级，加快电网发展，重点提高电网供电能力，解决电网“卡脖子”和“低电压”问题，惠及5万群众。针对玛多县地方电力发展的特殊情况，2011—2013年国家电网公司累计投入1938万元帮助玛多县发展电力，占同期援助玛多县资金的62.9%。2013年，重点实施了玛多县党政军企共建示范村供电项目，投入扶贫资金168万元，为玛拉驿村新建0.4千伏线路1.8千米、100千伏安配电变压器1台、下户182户，为维日梗村新建10千伏线路0.5千米、0.4千伏线路3.4千米、配电变压器2台、下户53户、路灯18盏，共为上述2个移民安置村235户、646人解决了通电问题，改善了牧民的生产生活条件。

【医疗卫生扶贫】 实施医疗卫生扶贫项目3个，总投资618万元，使用国家电网定点扶贫资金498万元。其中：

1. 巴东县人民院医疗设备购置工程。总投资150万元，投入定点扶贫资金30万元。为该院购置了多功能麻醉机、心电图、脑电图机、生化仪等医疗设备各1台。

2. 玛多县花石峡镇措柔等8村人畜饮水安全工程。投入定点扶贫资金378万元，为玛多县花石峡镇措柔、斗纳、加果、维日梗、吉日买、日谢、东泽和扎地村新建111眼水井，共解决3194人、94391头（只）牲畜的饮水不安全问题，改善项目区人畜生存环境，彻底结束了项目区人畜饮水靠拉、背、驮的时代。

3. 玛多县玛查理镇玛查理村卫生院建设项目。投入定点扶贫资金90万元，为玛查理村建设卫生院340平方米，配置桌椅、诊查床、无菌厨柜等设施11套；购置听诊器、血压计等医疗设备8台。

（国家电网公司农电工作部　邓汉万）

中国华电集团公司定点扶贫

【概述】 2013年，中国华电集团公司（以下简称“中国华电”）对口国务院扶贫办安排定点扶贫县分别为新疆维吾尔自治区克孜勒苏柯尔克孜自治州（简称“克州”）阿图什市、乌恰县。中国华电对口地方政府或其他方面安排定点扶贫县分别为新疆喀什市，新疆克州阿克陶县，青海海西州都兰县，西藏昌都地区左贡县绕金乡，四川阿坝州金川县俄日乡，云南普洱市西盟县中课乡。

2013年，中国华电集团公司及各子公司共计开展扶贫项目8个，帮扶资金总投入20.7426亿元（含无偿、有偿和物资折款等），直接投入帮扶单位20.7426亿元，其中基础设施建设投入6497万元，产业开发投入20亿元，教育投入（含校舍建设）投入150万元，资助贫困生450人，文化活动（含场地建设）投入2万元，医疗卫生投入37万元，举办培训班8期，培训干部人才150人次，赈灾救济送温暖52.02万元，其他投入79.5万元。

【产业扶贫】 中国华电继续建设喀什三期2×35万千瓦热电工程。该工程动态投资32.35亿元，2013年完成投资12亿元。现主体工程已完成，计划2014年初投产运行，项目建成后将为新疆西部和南疆地区的电力供应提供坚强保障，同时，还为市区提供清洁高效的热力供应。

中国华电积极推进了四川金沙江上游川藏段、木里河流域、俄日河流域等藏区水电站的开发建设，实现产业扶贫。资助2500万元援藏资金，由西藏自治区统筹安排用于无电地区电力建设。

根据国家能源局《关于新疆维吾尔自治区无电地区电力建设有关安排的通知》文件要求，无偿承担喀什地区疏附县、英吉沙县、莎车县、麦盖提县、巴楚县、塔县6个县3377户无电户光伏供电工作，工程总投资4647万元。2013年完成户用光伏系统发放工作。2013年12月18日，巴楚县夏马力林场奇特二村光伏电站正式通电运行，结束了夏马力林场64年未通电的历史；目前，夏马力林场奇特一村、三村、塔县大同乡电站已陆续通电运行。

【教育扶贫】 与新疆扶贫办、克州及乌恰县和阿图什市扶贫办就乌阿定点帮扶工作进行了对接，确定3个扶贫实施项目：（1）医院综合业务楼建设项目。在阿图什市西城区工业园区新建一座2500平方米医院综合业务楼；（2）乌恰县黑孜苇乡康西湾新村600平方米双语幼儿园项目；(3)乌恰县波斯坦铁列克乡依买克新村600平方米双语幼儿园项目。2013年，上述项目正在开展施工前期准备工作。开展了四川金川县俄日乡嘎斯都村村部至纳海景区约10千米旅游栈道项目建设（75万元），在二楷村实施600亩优质青稞种植（30万元）。

投资400万元在青海都兰县建设大风车标准化双语幼儿园，消除了原幼儿园校舍安全隐患，改善了办学条件；确定了2013年3个新扶贫项目，分别为新疆克州阿克陶县依也勒干村建1100平米华电双语幼儿园及配套附属设施、社区文化广场健身器材等设施、5个居民爱心服务超市。上述项目正在开展前期准备。

【基础设施建设】 完成都兰县“党政军企共建示范村”建设工作以及购买部分计生服务设备，援助资金327万元和物资款33万元人民币（合计360万元）用于都兰县23个村“村庄亮化改造工程”项目和改善计生服务设备项目；积极开展产业援助工作，结合海西州风光资源丰富的实际，积极发展清洁能源项目，已投产格尔木并网光伏电站项目3万千瓦，在建的德令哈一期2万千瓦并网光伏发电项目计划年内日投产发电，都兰县诺木洪4.95万千瓦风电项目正在积极推进前期工作。根据《国家能源局关于青海省无电地区电力建设任务安排的通知》，无偿承担了海北州无电人口的电力建设任务，负责刚察县、海晏县、祁连县、门源县4个县3640户光伏供电工程，总装机1164.8千瓦，总投资4606万元。2013年，青海省发改委已核准该项目，计划2014年上半年完成设备安装调试工作。完善云南普洱市西盟县中课乡村委会软硬件设施并投入2.5万元，资助贫困学生343名2万元；用于医疗卫生1万元。

【干部挂职扶贫】 中国华电选派2名援疆干部继续在喀什市市委和人民政府任职工作，分别任市委副书记和副市长职务。援疆干部在工作中艰苦奋斗、任劳任怨、兢兢业业，充分发挥在科技创新、管理等方面的带动作用，彰显了华电特色。

中国华电先后选派屈卫海、赵发林两位同志作为华电集团第一、二批援青干部赴海西州都兰县任职副县长。开展了干部和专业技术人员培训工作，对当地的基础建设和社会稳定起到积极的作用。

【智力扶贫】 中国华电从新疆华电喀什二期发电有限责任公司选派3名民族干部，组成新疆华电扶贫工作小组，由1名副厂处级民族干部带队，于2013年2月到阿克陶县皮拉里乡阿克土村开展为期1年的服务群众、集中整治工作等扶贫工作。

中国华电选派云南华电昆明发电公司谢宝贵同志到西盟县中课乡中课村任新农村建设指导员，努力为当地村民解决困难，踏实为村民办实事，赢得了当地政府和村民的好评。

【捐资助学】 中国华电组织爱心捐助活动，华电新疆公司党组组织新疆公司系统干部员工慷慨解囊，捐出爱心捐款20万元用于贫困县贫困家庭救助帮扶；开展节日扶贫慰问，在肉孜节、古尔邦节，华电新疆公司领导带队先后两次带着价值17.52万元的面粉、大米、清油慰问了阿克土村和依也力干村的五保户、残疾人、低保户等438户。同时，华电新疆公司8位领导班子每位成员还确定一户困难群众进行一对一帮扶。开展捐资助学活动。与皮拉力乡阿克土村小学签订捐资助学协议，协议约定，华电新疆公司“郭明义爱心团队”每年将捐助10名贫困学生，帮助他们完成学业，将有60名品学兼优贫困生陆续受到3年的助学；同时先后对皮拉力乡阿克土村捐赠价值4.5万元电脑15台，为阿克土村双语幼儿园捐赠书架和图书等助学活动。

（中国华电集团公司
战略规划部　侍露露）

中国移动通信集团公司定点扶贫

【概述】 根据中央中国家机关定点扶贫工作会议的精神，2002年，国务院扶贫开发工作办公室将黑龙江省桦南、汤原县确定为中国移动通信集团公司（以下简称“中国移动”）帮扶对象；2012年7月，根据中央关于农村扶贫开发工作的相关要求，中国移动承担了新疆维吾尔自治区疏勒县、阿克陶县、洛浦县3个贫困县的帮扶任务。

中国移动作为黑龙江和新疆5个贫困县的帮扶单位，积极贯彻落实中央关于定点扶贫工作的相关要求，紧密围绕“推进定点扶贫地区经济、社会、文化、生态建设，提高扶贫对象自我发展能力，实现脱贫致富”的工作目标，扎实推进定点扶贫工作。2013年，中国移动以“立志扶智、选路子、扶资金”为主体扶贫工作基本思路，帮助扶贫困县多办实事。针对各贫困县的实际困难，选准帮扶重点，积极落实帮扶计划，深入开展帮扶工程建设。全年共投入扶贫资金998万元，其中扶贫项目资金913万元，主要用于开展安全饮水、温室大棚、双语幼儿园、人畜饮水、桥涵、烤烟房、村办公室、健身广场等项目的建设；投入扶贫慰问金80万元，解决了部分贫困群众越冬期间生产生活的实际困难；捐资助学5万元，资助了100余名应届贫困大学生。同时，2013年中国移动还选派两名优秀扶贫干部深入基层，确保各扶贫项目的有序开展。

中国移动扶贫工作的开展对促进当地经济社会发展起到了一定的推动作用，使当地的教育、文化、卫生等公益事业，以及通信、道路交通、人畜饮水等基础设施水平得到了一定程度的提高。中国移动的扶贫工作得到了贫困群众和社会各界的一致好评。2013年，中国移动被国务院扶贫开发领导小组评为定点扶贫先进集体。

【扶贫制度建设】 在中国移动扶贫工作领导小组的带领下，2013年，中国移动进一步优化扶贫工作组织体系及管理模式，确定了“三级”管理模式，建立了一支包括总部各相关部门、相关省公司以及扶贫干部在内的“三级”扶贫工作团队。新的管理模式重点强化了省公司对扶贫工作的管理，充分利用其了解当地实际的特点以及与当地政府的沟通协调优势，为合理确定扶贫项目计划，确保扶贫项目顺利开展，扶贫资金的合理使用奠定了基础。同时，以扶贫管理模式调整为契机，制定并发布了《中国移动通信集团公司扶贫项目及资金管理办法》，明确了各级扶贫单位的主要职责，理顺了相关工作流程，为保障扶贫规划质量、规范资金使用、提高项目质量和合规性提供了制度保障。

在总结前期扶贫工作经验的基础上，经过充分调研，以及与5个贫困县政府的反复沟通，组织完成了《中国移动集团公司2013—2015年定点扶贫工作规划》，涵盖了公司在定点扶贫县的资金及项目援助、人才帮扶、网络投资、慈善援助、爱心捐助等多方面的扶贫规划和实施计划。《规划》整合了各渠道对口帮扶资源，形成了公司内外上下联动机制，统筹推进定点扶贫工作。

【扶贫慰问】 中国移动扶贫干部通过走村串户，调查摸底，深入了解贫困户生活困难，2013年共给予黑龙江桦南和汤原两县元旦和春节慰问金80万元，有效解决了部分贫困群众越冬期间生产生活的实际困难，切实做到雪中送炭、温暖人心。

【扶贫资金管理】 为加强和规范扶贫项目资金的管理，中国移动扶贫办在与相关省公司、扶贫干部共同商讨的反复论证的基础上，2013年出台了有关扶贫资金管理的相关管理办法，《办法》进一步优化了资金的使用流程，详细明确了资金的使用要求。《办法》要求项目结余资金只可用于原计划项目的续建或新的对口支援（扶贫）项目，当出现项目结余资金时，援助（扶贫）干部需会同当地政府确定结余资金使用方案，并提交至省公司工作组，经省公司工作组审定通过后方可执行。同时，《办法》还要求扶贫对象地方政府必须单独设立中国移动对口支援（扶贫）账户，以确保扶贫资金的合理、合规、有效的使用。

【产业扶贫】 中国移动充分利用行业优势和部门优势，积极争取上级部门和关系单位的大力支持，帮助贫困村招商引资、联系项目，为贫困村脱贫致富创造条件。提高贫困村专业化生产水平，发展规模经济，打造品牌，帮助贫困村积极推进农业产业化进程。在黑龙江省，中国移动鼓励农村致富能人、种养大户领办创办各类专业合作经济组织。打造出了“孙斌”牌大米、“北大荒”牌肉鸡等21个特色品牌，形成了“红丰烤烟”、“群英木耳”、“大八浪棚室瓜菜”等“一村一品”的特色种植产业。

【教育扶贫】 “建国君民，教学为先”，良好的教育将是强国惠民的重要举措。中国移动一方面通过定点扶贫项目开展捐资助学，另一方面通过公益慈善项目为贫苦地区的解决教育方面的难题。

1. 捐资助学。为使黑龙江桦南县贫困大学新生免因家庭困难而失学，2013年中国移动投入助学资金5万元，对100余名应届贫困大学生给予平均每人500元的资助，勉励学生勤奋学习，掌握技能，回报社会。

2. 完善基础设施。中国移动黑龙江公司捐资16万元，全年为5所“希望小学”援建厨房，为偏远学校的师生提供午餐，保证学生成长所需；为2所特殊学校援建“快乐体育园地”，为残疾儿童提供康复、锻炼场所。

将作为报废资产处理但还可以良好使用的20台办公电脑经过维修、清洗后，捐赠给贫困学校建设“爱心电脑室”，为贫困学校的孩子们提供电脑入门工具，丰富学生视野。

3. 开展移动送你上大学活动。贫困使很多学子的大学梦难以实现，甚至有的贫苦家庭，连入学的车票都拿不出来，2013年，中国移动黑龙江公司捐资20万元开展“圆梦行动——移动送你上大学”项目，把收到大学录取通知书的120名贫困学生送进梦想中的大学。

4. 开展移动为你送寒衣活动。随着全球二氧化碳过量排放引起的气候异常，黑龙江冬季气候更加寒冷，很多贫困学生在冬季缺少御寒衣物，尤其师范类大学生更是如此。针对这种情况，中国移动黑龙江公司捐资10万元开展“移动为你送寒衣”捐赠项目，为240名哈尔滨师范大学没有御寒衣服的贫困学生提供过冬羽绒服，让这些离家求学的孩子冬天不再寒冷。

5. 捐赠移动爱心车票。在节日里与家人团聚，是大多数人的愿望，可是，许多贫困大学生因为经济问题，在假期无法回家，甚至在春节这样传统的合家团聚的日子，也选择留在学校。中国移动黑龙江公司连续3年为200名贫困学生捐赠春节回家的“爱心车票”，让回家的路充满关爱，不再遥远。

6. 设立移动励志奖学金。通过该奖学金对品学兼优的大学生给予奖励，表彰他们在困境中矢志不渝、刻苦求学的精神。2013年，中移动黑龙江公司共为100名符合条件的大学生提供了奖学金。

【基础设施建设】 1. 农村基础设施建设。按照整体规划，2013年，中国移动共投入扶贫资金450万元用于贫困县的农村基础设施建设。

在新疆喀什地区疏勒县，投入扶贫资金150万元用于疏勒县巴仁乡的30座高标准温室大棚的项目建设，截至2013年底已完成25座大棚主体竣工，并开始育苗。该项目为“十二五”设施农村发展规划和“一市两县”大力推进“菜篮子”工程建设实施意见的落实提供一分力量，在实现农村发展、农业增效、农民增收的同时帮扶疏勒县巴仁乡5村30户贫困户早日实现脱贫致富。

在新疆和田地区洛浦县，投入扶贫资金150万元用于建设和田地区洛浦县阿其克乡的农村安全饮水工程。项目2座清水池、1间办公室、1间值班室、210米围墙、1座大门等土建工程已基本完成主体工程建设，工程建设总体形象进度已经达到96%。预计项目竣工投入使用后将可解决436户贫困户饮水问题。

在新疆克州阿克陶县，投入扶贫资金150万元用于阿克陶县恰尔隆乡双语幼儿园项目建设。该项目预计在2014年8月前竣工投入使用，确保全乡幼儿按时入园。该项目有效解决了当地适龄幼儿入园难，办园规模小、班额普遍超标，财政投入不足等问题，有力提高农牧区学前教育质量，结束了阿克陶县乡镇最后一个没有双语幼儿园的历史，实现贫困山区孩子们的上学梦。

2. 通信基础设施建设。中国移动持续致力于缩小城乡数字鸿沟，推进农村信息化进程。大力搭建和完善“农村通信网”，拓展“农村信息网”，为贫困县农民提供“用得上、用得起、用得好”的通话和信息服务。2013年，中国移动共投入7900万元用于黑龙江和新疆5个贫困县的基础通信网络建设。

在黑龙江省桦南和汤原县共投入579万元用于通信工程建设，建设基站34个、WLAN AP 64个、管道8.3千米、光缆17千米；在新疆喀什地区疏勒县区域新建2G基站11个、3G基站28个、4G基站26个及配套设备、设施，基础通信网络总投资达2284万元；在新疆和田地区洛浦县区域新建2G基站20个、3G基站31个、4G基站32个及配套设备、设施，基础通信网络总投资达3361万元；在克州阿克陶县区域新建2G基站14个、3G基站15个、4G基站23个及配套设备、设施，基础通信网络总投资达1677万元。

中国移动在基础通信网络上的持续投入和建设对促进经济发展、跨越信息鸿沟、提高人民生活水平、构建社会主义和谐社会，起到了推动作用。

【整村推进】 按照国家“整村推进”和开发式扶贫的方针，中国移动面向贫困地区的实际需求，集中力量以点带面开展扶贫工作。

2013年，中国移动在黑龙江省桦南县投入扶贫资金229万元，用于重点帮扶桦南镇东华村、梨树乡东柞村、闫家镇闫家村、石头河子镇八一村4个贫困村。一是人畜饮水工程项目。投资80万元，由县水利勘测设计队进行项目工程施工设计，实施自来水管网入户工程，解决了1060户贫困户人畜饮水问题；二是道路建设工程项目。投资140万元，为贫困村新铺设水泥路4千米，解决1660户贫困群众行路难的问题；三是桥涵建设工程项目。投资9万元，用于贫困村因灾水毁桥涵建设。通过以上扶贫项目建设，有效改善了贫困村投资环境，吸引外来投资，拉动附近村屯经济发展，对发展贫困村经济、加快整村推进步伐起到了十分重要的作用。

2013年，中国移动在黑龙江省汤原县共投入扶贫资金234万元，为汤原县6个乡镇的8个村安装铁艺大门5个、新建烤烟房14栋、新修村内水泥路1千米、新建村办公室1栋、新建健身广场1处。这些项目已全部竣工投入使用，直接受益农村人口达6530人。改善了贫困村的交通条件，解决了村民出行难、无健身场等实际困难。对汤原县的交通运输、农副产品流通和经济快速发展起到了很好的拉动作用，改善了农民群众的生产生活条件，促进了经济与社会事业的协调发展，得到了汤原县委、县政府和贫困村老百姓的高度评价。

（中国移动集团公司扶贫办）

中国远洋运输（集团）总公司定点扶贫

【概述】 2013 年，中国远洋运输（集团）总公司（以下简称“中远集团”）克服国际航运市场低迷、自身经营困难的不利影响，在湖南沅陵和安化县委、县政府的高度重视和积极配合支持下，以科学发展观为指导，认真贯彻落实中共中央办公厅、国务院办公厅《关于进一步做好定点扶贫工作的通知》精神，坚持开发式扶贫方针，强化措施，创新机制，不断加大帮扶力度。2013 年，中远集团向湖南沅陵和安化两县直接投入扶贫资金 600 万元，以引导群众脱贫致富为目的，在基础设施建设、产业扶贫、智力扶贫、劳动力转移培训、整村推进、教育扶贫和扶贫慰问等方面实施帮扶项目 10 多个，为改善当地群众生产生活条件，推动特色产业发展，促进农业增效、农民增收和农村进步作出了积极贡献。

【扶贫调研】 中远集团党组书记、董事长马泽华和董事、总经理李云鹏多次听取扶贫工作情况汇报，给予工作指导。新任挂职扶贫干部上任前，中远集团纪检组长、援藏扶贫领导小组组长宋大伟同志专门抽出时间接见，对扶贫干部进村驻点，做好扶贫工作调研提出明确要求，他勉励扶贫干部要加强调研，充分利用挂职扶贫工作机会，深入乡镇村组，了解社情民意，增长才干，有的放矢地做好定点扶贫工作。2013 年 4 月，中远集团总会计师、援藏扶贫领导小组副组长孙月英带领集团援藏扶贫领导小组办公室成员深入沅陵县借母溪乡，查看“中远幸福苑”借母溪乡敬老院、村级组织活动场所、千胡消防公路、借母溪游步道等项目现场，对项目的规划实施及效果进行实地调研。

【扶贫项目管理】 近年来，中远集团逐步将企业的精益管理延伸到扶贫工作管理中，变“粗放式管理”为“精细化管理”，变主要审核把关扶贫规划为全程监管扶贫项目，变年度扶贫资金的一揽子支付为分项目按进度支付。中远集团与扶贫地方政府就每个项目签订协议，明确项目实施内容、责任主体、完成时间、资金支付及项目评估等事项，极大地增强了中远集团对扶贫项目和资金的监管力度，提高了扶贫工作精益化管理水平。为了保证“中远幸福苑”项目的快速推进和工程质量，项目现场工作指导组严把“三关”：严把工程项目竞标关。按照国家规定，严格招投标程序，全面审核和物色有资职、实力强、建筑经验丰富的施工方，保证施工的快速顺利进行；严把工程质量监理关。专门从沅陵县住建局聘请经验丰富、工作责任心强、公道正派的监理单位担任监理，严格按照施工进度和工程要求，进行质量检测，坚持一周一检查，发现问题及时限期整改；严把施工现场检查关。专门安排借母溪乡 1 名分管领导和敬老院管理人员，全程跟踪和现场检查施工的每个环节，发现偷工减料或质量问题，随时报告给现场指导小组，及时作出处理。

【基础设施建设】 在湖南沅陵，投资近 200 万元，新建成一栋集村级组织、游客接待、蜂蜜加工和村级卫生室于一体的高标准、高规格的土家族特色风格的村级组织活动场所，改善了村级组织的办公条件，为村集体增加了收入；投资 28 万元，实施了借上—借下—千塘湾 12 千米人行便道建设；在县委、县政府的高度重视下，积极衔接，启动了 2300 万元 14 千米的巡护步道项目；联系怀化移动通信公司在借下组建成了移动发射基站，结束了保护区内无通信信号的历史。在湖南安化，投资 200 万元，全力资助黄沙坪古茶市建设。自 2010 年开始，中远集团连续 4 年持续发力，向该项目共投入资金 800 万元，该项目目前建设进展顺利，全部工程将于 2014 年全部完工；实施了羊角塘镇石牛村危病桥改造项目，将已使用 30 多年、历经多次洪水毁坏和风雨侵蚀、无任何安全防护设施的简易预制板搭危桥改建为钢筋混凝土结构倒制桥，方便了村民出行，为附近村民的生命财产安全提供了保障。

【产业扶贫】 在湖南沅陵，中远集团扶贫工作队将以茶叶、农家乐、蜂蜜 3 大产业为主的特色种养殖业，作为借母溪村群众发家致富的路子狠抓落实。紧紧围绕县委、县政府“两茶一鱼”的产业战略目标，在借母溪村冒古洞原有的茶叶基础上，采取“大户+农户”的模式，大力鼓励村民发展茶叶产业，截至 2013 年底，茶叶面积达 180 亩，年增收达 20 万元以上；紧扣县委、县政府“一点四线”旅游发展战略，借助借母溪生态旅游，大力扶持农家乐产业，并围绕农家乐鼓励村民发展种养殖业，拓宽增收渠道，农家乐产业年收入达到 80 万元以上；立足借母溪自然保护区生态资源和丰富的蜜源，大力发展蜂业产业，帮助成立了借母溪蜂业有限公司，采取“公司+协会+大户+农户”模式，发展蜂农 25 户，年收入达 40 多万元。目前，借母溪村的茶叶、农家乐、蜂蜜 3 大产业竞相发展，为群众增收奠定了坚实的基础。在湖南安化，中远集团积极参与援建黄沙坪古茶市，打造以黑茶文化为核心，集梅山文化、安化民俗风情、农家休闲观光为一体的旅游度假区、茶产业发展交流区和文化保护区，不断扩大“安化黑茶”的品牌影响力；以加快茶园基地建设为着力点，积极发展生态茶园和休闲茶园，为安化茶产业发展“东山再起”夯实基础，铺石开路。2013 年新援建高城茶园基地 198 亩，胡家村小九茶园基地 200 亩。此外，为确保茶园基地有优质茶苗供应，进一步加快茶园基地建设，投入 50 余万元援建了茶苗基地 2 处，总面积 300 亩，培插茶苗达 4000 余万株。加大茶产业从业人员培训，推动就业增收和产业全面升级。

【养老助残】 在湖南沅陵，通过中远慈善基金会积极争取中央财政支持，实施了中远幸福苑（借母溪乡敬老院）项目。该项目共投资 220 万元，其中中央财政支持资金 95 万元，中远集团投入资金 80 万元，沅陵县政府配套 40 多万元，建设了 1 栋建筑面积为 1380 平方米的 3 层楼，同时配置了室内生活设施（床、桌椅、衣柜、床上及生活用品等）、餐厅设备，购置康复医疗及体育锻炼器材、老人活动室文化娱乐设备等，为 100 位孤寡老人创造了一个环境良好、设施齐备、功能完善的养老福利场所，并为居家养老人员提供休闲娱乐场所，间接受益者预计可达 500 余人，切实推动了农村养老服务业发展，该项目已于 2013 年年底完工并投入使用。

【智力扶贫】 在湖南沅陵，中远集团扶贫工作队始终坚持“以人为本”的扶贫理念，创新“致富先治愚，扶贫先扶智”的培训机制，围绕茶叶、养蜂、农家乐和生态旅游及种养殖等内容，通过开办培训班、聘请专家现场指导等形式先后举办养蜂技能培训、旅游知识等实用技术和劳动技能培训，提高村民致富技能；多次组织村支两委干部、组长和群众代表，到官庄镇海沙坪、沐濯铺村、望城光明村和宁乡关山村等扶贫开发工作典型示范点参观学习，开阔眼界，转变观念，树立发展信心，激发创业热情。

【劳动力转移培训】 安化人口 108 万，其中农业人口占 80% 以上。中远集团入驻安化开展定点扶贫后，非常注重劳动力的转移工作，通过举办茶产业从业人员培训班、开展茶艺大赛等活动，逐步引导农村劳动力从第一、二产业向第三产业转移。2013 年，捐资 20 万元扶持安化县开展农村剩余劳动力转移技能培训项目，组织、鼓励、扶持符合条件的贫困群众，参加根据产业机构及技能人才需求举办的劳动技能培训班，为贫困学员支付培训、食宿、考试费用，帮助他们取得国家劳动部门颁发的职业技能证书，从而拓宽农民就业、增收渠道，为当地经济发展充实人力资源。在 2013 年劳动力转移培训项目中，除继续举办 2 期茶企业管理人员和中、高级茶艺师培训外，为培养外向型人才，经向益阳市人事劳动和社会保障局申报，中远集团与安化县委、县人民政府联合举办了“中远杯”首届安化黑茶茶艺大赛。大赛产生了安化黑茶茶艺文化“金牌企业”1 家、“优秀企业”2 家、“示范企业”3 家，安化黑茶“首席金牌茶艺师”1 名，“金牌茶艺师”2 名，“优秀茶艺师”5 名。本次活动的成功举办，受到各界广泛赞誉，为安化茶艺从业人员“走出去”扩宽了空间。

【整村推进】 在湖南安化，羊角镇石牛村整村推进扶贫工作于2013年3月启动，已将电网改造、通讯设施、公路硬化、桥梁修建、清洁能源、水利设施等建设项目列入建设计划，预计项目可整合各级财政资金投入达400余万元。已落实2.6千米公路扩改、硬化，电网改造192户，农村清洁能源（沼气）项目21户，为解决通讯盲区建设电信、联通基站2座，维修病险水库1座，改扩建病险桥梁2座，其他各项目建设也在有序推进，预计2014年底前全面完成该村扶贫工作任务。

【扶贫慰问】 在湖南沅陵，积极开展扶贫帮困工作，为村民张仕武、符星国等3户困难户解决危房建设资金3万元；在春忙时际，为贫困群众解决生产困难资金，投入10台抽水机，帮助群众抗旱自救；春节前夕，出资2万元，走访慰问全村困难户、五保户、贫困大学生和80岁以上老人，及时把党的温暖送到老百姓的心坎上；中远挂职扶贫干部柴全顺同志于2012年被怀化市委组织部记个人二等功，并获得3000元奖励，2013年8月奖金下发后，柴全顺将3000元奖金全部捐助给借母溪村10位贫困老人；积极牵手县人民医院免费为借母溪村老百姓义诊120人次。在湖南安化，多次开展访贫问苦活动，2013年共向五保老人、残疾人、特困户发放慰问金3万余元，把党中央、国务院的关怀与温暖传送到基层弱势群体心头。

【教育扶贫】 在湖南沅陵，着力推进助学工程，为筒车坪九校捐资2万元助学；在湖南安化，针对因父母外出务工形成的“留守”农村学生学习知识途径有限、获得信息渠道闭塞的状况，中远集团会同青岛远洋团委、安化团县委、县教育局组织了“远航．追梦”同读一本书，共圆一个中国梦的捐书助学活动，青岛远洋团员青年无偿募集1500余册书籍，中远集团资助1万元资金新购500册书籍并负责全部图书的邮寄、运输、装卸，为山区学生送去丰富的精神食粮。

【两项制度衔接】 在湖南沅陵，中远集团根据当地实际，创新扶贫新机制，加大对两项制度衔接户的扶持力度，围绕茶叶、蜂蜜和农家乐3大产业，采取以奖代补的方式鼓励扶贫对象户发展3大产业相关的种养殖业，并拿出部分资金，作为股金投入到借母溪蜂业有限公司进行参股分红，为“两项制度户”脱贫致富引好路。几年来，经过中远集团多任扶贫干部的积极探索和大胆尝试，中远在湖南沅陵民生工程建设、特色产业扶持、劳动力转移培训和养老助残等方面，逐步摸索和形成了一套如“公司+协会+大户+农户”及“大户+农户”帮扶茶产业发展等行之有效的“帮扶+示范+带动”的扶贫模式和工作方法，并取得了实实在在的成效，为实现扶贫工作的可持续发展打下了良好的基础。

【扶贫先进】 柴全顺，男，1969年10月出生，中共党员，大学本科，作为中远集团派出的扶贫干部，于2012年3月挂职湖南省沅陵县委常委、副县长，接力定点帮扶沅陵县借母溪乡借母溪村开展定点扶贫工作。从繁华的城市不远千里到偏僻的湘西村寨，从一名国有企业业务经理转变成一名湘西贫困县“扶贫县长”，柴全顺把全部的精力投入到沅陵县借母溪村的扶贫工作，两年多来，他带领中远集团扶贫工作队着实建设基层组织，重点夯实基础设施，顺势推进产业发展，真情构建和谐村庄，使得那古朴的借母溪村焕发出新的生机与活力。为表彰他为定点扶贫工作做出的突出贡献，2014 年 1 月，国务院扶贫开发领导小组授予柴全顺同志“中央国家机关等单位定点扶贫先进个人”称号。

［中国远洋运输（集团）总公司
援藏扶贫领导小组办公室　侯京妙］

中国建筑工程总公司定点扶贫

【概述】 2013年，中国建筑工程总公司（以下简称“中国建筑”）认真落实中央的方针政策，以资金扶贫、技术扶贫、教育扶贫为重点，以重大专项建设项目为载体和抓手，全力支持和帮助定点地区的经济社会发展。所属子企业也扎实稳步推进各定点地区的扶贫开发工作，取得了初步的成效。

中国建筑继续保持“资源共享、体系联动、共同推进”的定点扶贫格局：中国建筑总公司定点扶贫甘肃省康乐县、卓尼县和康县，所属子企业中建三局定点扶贫湖北省英山县方家咀乡、咸宁市桂花镇；中建四局通过广东扶贫基金会定点扶贫广东省五华县潭下镇乐道村；中建七局定点帮扶湖北罗田县并借助自身优势参与河南省濮阳郭吉村的扶贫开发；中建五局参与湖南省委组织的扶贫援建工作；中海集团、中建安装、中建钢构、中建二局、中建西北院等企业也以实际行动参与扶贫及公益活动，参与企业已达20个。

【资金投入】 作为国有骨干中央企业和世界百强企业，根据国务院扶贫办、中共中央组织部等8部委联合印发的《关于做好新一轮中央、国家机关和有关单位定点扶贫工作的通知》（国开办发〔2013〕78号）文件，2013年，中国建筑工程总公司总部向定点扶贫地区——甘肃省康乐县、卓尼县、康县拨付专项扶贫资金829万元，用于专项扶贫项目的开发建设。

2013年，中国建筑对外捐赠总额为3120.3万元。为定点扶贫地区捐赠929万元（含子企业投入资金），占对外捐赠总额的29.77%；为四川雅安地区捐款1024万元，占对外捐赠总额的32.82%，为中国残疾人福利基金会捐赠100万元（用于贫困地区白内障手术“复明工程”），中国建筑所属子企业捐赠1167.30万元（含100万元定点扶贫投入资金）。

【扶贫调研】 2013年4月8日至11日，中国建筑扶贫办企业文化部定点扶贫的2名负责同志赴中国建筑定点扶贫县——甘肃省康乐县、卓尼县、康县进行了实地调研和考察，并与当地政府部门进行深入沟通，初步遴选出了各个扶贫地区的建议方案。

【扶贫交流】 2013年8月，甘肃省临夏州委书记、州长一行7人到访中国建筑，介绍了康乐县扶贫开发的有关情况并感谢中国建筑的扶贫工作，双方就今后的定点扶贫工作开展情况进行了交流。

中国建筑所属中建七局于1月16日、3月26日两次召开了对口帮扶罗田县建筑业发展座谈会，与罗田县领导探讨当地建筑业企业发展、基础设施投资与建设、劳务基地建设、建筑业人才培训等问题。利用中建七局投融资建设方面优势，将对罗田县基础设施建设以及农田水利等方面建设进一步加大扶持力度，已将双方合作模式（BT、快速BT、劳务基地等）意见和建议形成文件资料提交至罗田县县委、县政府，双方正在进一步洽谈当中。

【教育扶贫】 中国建筑总部捐资建设卓尼县木耳镇博峪小学项目。该项目总投资320万元。其中：中国建筑捐资280万元，县级配套40万元。新建教学楼及附属工程1348m^2。其中：教学及辅助用房750m^2，办公用房243m^2，生活用房355m^2，室外场地硬化1200m^2、附属围墙400m等。由甘肃兰州理工大学建筑勘察设计院勘察地质，甘肃泓文建筑设计院完成了教学楼施工图纸设计，甘南州建南招标代理公司完成了该项目的招标工作，甘肃云发建筑工程有限公司施工建设，甘肃兴通建设工程监理有限公司监理。该项目已完成校舍3层主体和围墙建设任务，正在进行装饰安装工程。该项目极大地改善了卓尼县博峪学校的办学条件，有利于更好地开展全县青少年学生的爱国主义教育，促进卓尼县教育事业的健康、持续、均衡发展。

中国建筑所属中建四局第二轮扶贫定点单位为谭下镇乐道村，帮扶时间3年。2013年共计投入30.83万元，主要用于改造小学校舍20万元、助学助教补助2.44万元、给贫困户购买鸡苗3.39万元、给村集体经济投入5万元。

中国建筑所属中建五局向湖南省泸西县石榴坪小学捐款50余万元，衣物3批，并与该校19名孤儿结成了一对一帮扶关系，通过4年的持续帮扶，学校面貌焕然一新，各种教学器材和生活设施不断完善，得到了当地政府的高度评价。此外，中建五局继续做好对“中国建筑韶山希望小学”的定点帮扶，在长沙铁道学院附小、广西河池市大化瑶族自治县雅龙乡镇西小学、南昌市生米镇山图村小学等地捐款近百万元，建立校园“超英爱心书吧”，传递“超英精神”，深受老师和同学的喜爱。

【卫生医疗扶贫】 中国建筑捐资250万元建设康乐县妇幼保健站建设项目。该项目于2013年6月9日开工建设，建筑面积2999.1m^2，总投资786.75万元（其中中国建筑2013年已捐资250万元，2014年度拟捐资236.75万元）。康乐县妇幼保健站业务楼已完成主体结构建设及墙体砌筑工程。该项目的建设实施，有效改善了康乐县妇幼保健站的医疗条件，提高了妇幼保健站的整体实力和医疗服务水平，为增强康乐县发展潜力、加快发展步伐添砖加瓦。

【旅游节点开发工程】 中国建筑捐资230万元帮助建设康县旅游节点开发工程。旅游业是康县经济收入的主要来源。旅游节点建设项目总投资230万元，全部由中国建筑捐资兴建，位于康县南部旅游风情线上，是游客前往阳坝梅园沟4A级风景区所必经的唯一道路。康县低垭扶贫旅游节点建设项目已建设完成，并投入使用。该项目的实施预计年创收入860多万元，户均收入2万多元以上。

【科技培训中心工程】 中国建筑捐资69万元帮助建设康县扶贫科技培训中心工程。该工程承担全县贫困户劳动力的科技实用技术、劳务技能培训等任务，2008年汶川“5.12”大地震给该县造成重大灾害，培训中心楼房严重受损，成为危房，中国建筑捐资69万元用于培训中心的维修。目前该项目完成全部施工任务并投入使用。

【三万活动】 根据湖北省委、省政府对口帮扶湖北省英山县方家咀乡5年（2009—2013年）工作计划，中国建筑所属中建三局在“万名干部进万村洁万家”活动（第三轮“三万活动”）中，捐助现金10万元，在该乡4个村共新建垃圾池24个，修建道路1500米，购置了垃圾桶220个，清沟渠4700米，清垃圾195车，栽绿化桂花树苗30棵、松树150亩、樟树500棵、杨树1000棵。通过开展“三万”活动，有力地改善了村庄环境卫生，村容村貌焕然一新，创造了良好的人居环境；为援建村民安全饮水工程捐款10万元，解决了100户村民饮水问题。

【文化扶贫】 根据湖北省委、省政府结对帮扶湖北省咸宁市咸安区桂花镇柏墩村3年（2011—2013年）工作计划，中建三局为援建柏墩村群众文化活动中心捐助资金10万元。在秋冬闲暇时间，中建三局、湖北省公安厅驻咸安区柏墩村新农村工作队鼓励引导群众在村群众文化活动中心开展文体活动，利用村文化中心的电脑、投影仪、音响等设备，深入各村湾，以放老电影、公益短片等形式开展讲安全、讲公德等宣传教育活动，用村民喜闻乐见的形式搞好村风文明建设。

此外，根据湖北省政府《关于全省对口支援三峡工程移民工作意见》和湖北省三峡办的相关工作要求，中建三局对口援助神农架林区八角庙村生态种养产业链农场项目建设资金44万元，从根本上解决了移民的生产生活问题，实现了“搬得出、稳得住、不反弹、能致富”的目标。

【城乡创新发展】 中国建筑驻港企业中海集团所属中海投资梳理出了统筹城乡业务的创新发展理念。启动实施了重庆南川黎香湖、山东淄博文昌湖、陕西渭南太华湖、成都龙泉驿、惠州罗浮山等5个统筹城乡项目。此举在帮助解决业务所在地“三农”问题的同时，也为中海集团业务的可持续发展开创蓝海市场，创造社会与业务共享价值。

（中国建筑工程总公司
扶贫办　崔鹏伟）

中国节能环保集团公司定点扶贫

【概述】 新一轮中央、国家机关和有关单位定点扶贫重点县调整后，中国节能环保集团公司（以下简称“集团公司”）领导高度重视，主动与定点扶贫县进行工作对接。2013 年，集团公司根据国务院扶贫开发领导小组的要求，派出 3 批考察组共计 34 人次，深入定点扶贫县进行实地考察研究，探索新的扶贫模式，决定在新一轮定点扶贫工作中，将集团公司的主营业务与当地实际相结合，进行产业扶贫，以产业带动和促进贫困地区的发展。集团公司还确定选派优秀骨干到定点扶贫县挂职帮助工作，并主动投入资金支持定点扶贫县的扶贫开发工作。

【扶贫会议】 2013 年初，集团公司主动与新一轮定点扶贫县之一河南省嵩县进行工作对接，举行了工作对接座谈会。集团公司主要领导与洛阳市主要领导参加了工作对接座谈。2013 年 4 月，集团公司与广西壮族自治区富川县进行了工作对接。集团公司有关领导与富川县主要领导进行了座谈。集团公司与两个定点扶贫县相互进行了沟通交流，对下一步如何开展工作进行了深入探讨。集团公司认为：做好新一轮的定点扶贫工作，既要起点高、内容实、方式新、方法活、效果好，还要充分发挥和利用双方优势，共同努力，共同创造产业项目扶贫开发新模式，共同搭建可持续的扶贫开发合作平台。

【产业扶贫】 2013 年 4 月 16 日，集团公司与嵩县举行了产业扶贫项目签约仪式，集团公司主要领导牵头参加。签约仪式上，签署了项目合作框架协议。

签约仪式后，集团公司下属的中节能风力发电股份有限公司立即行动，派技术人员到嵩县进行实地勘测，采集数据；中节能太阳能科技有限公司很快确定项目，只待条件成熟，立即投入。

【扶贫调研】 2013 年 3 月，由集团公司有关领导带队，集团公司总部 4 个部门和 7 个下属企业的代表人员，共 15 人组成考察组，赴嵩县进行实地考察调研；5 月 28 日，由集团公司相关领导带队，集团总部相关部门及 2 个下属企业的有关人员共 5 人组成考察组赴富川县进行了实地考察调研。集团公司调研组深入到定点扶贫县的部分乡、镇以及村庄，与当地政府进行座谈，进一步了解实际情况，要把新一轮的定点扶贫工作当作契机，认真学习扶贫政策，深入了解定点扶贫县的资源优势，开展市场调研，利用好双方优势，以产业推动定点扶贫开发工作。调研组还认为，中国节能将充分发挥自身节能环保主业优势，充分利用定点扶贫县扶贫开发的有利平台，积极探索生态扶贫的新模式。

【接待来访】 集团公司欢迎并认真接待定点扶贫县有关人员来访，进一步加强沟通，加深双方相互了解，增进了双方的感情，推动了相关工作的开展。

【干部挂职扶贫】 经集团公司研究，选派集团公司企业文化处处长程华同志和集团公司所属二级公司中国新时代控股（集团）公司党群工作部主任李鸿昌同志分别到两个定点扶贫县挂职，帮助定点扶贫县进一步做好扶贫开发工作。

【扶贫资金投入】 2013 年底，集团公司向两个定点扶贫县捐赠 100 万元，用于支持当地的扶贫开发工作。

【公益扶贫】 2013 年，集团公司认真贯彻落实党中央、国务院关于支持新疆、西藏、青海、四川云南甘肃藏区以及扶贫开发工作的一系列指示精神和决策部署，在新疆、西藏、青海、三省藏区和有关贫困地区大力开展投资建设和援助帮扶工作，积极参加当地经济社会建设，为推动新疆、西藏、青海实现跨越式发展和长治久安，推动三省藏区和有关贫困地区加快经济社会发展做出了应有的贡献。

（中国节能环保集团公司
党群工作部　刘俊号）

中国国际技术智力合作公司定点扶贫

【概述】 中国国际技术智力合作公司（以下简称“中智公司”）自2003年起，定点帮扶云南省大姚县、姚安县，一直派遣优秀干部在当地挂职扶贫，在教师培训、捐赠助学、抗震救灾、劳动力培训、劳动力转移、出国劳务、地方病防治、农产品贸易等项目上对当地进行帮扶。2013年，中智公司响应国务院国资委党委的号召，与宁夏回族自治区外事（侨务）办公室合作，联合在宁夏中卫市沙坡头区香山乡米粮川村进行扶贫开发。2013年，中智公司在云南扶贫投入231万元，在宁夏扶贫投入51万元，合计282万元。

【扶贫调研】 2013年2月，中智公司广州公司、四川公司和湖北公司的领导到大姚县捐赠助学物资、考察调研当地劳动力转移情况。2013年4月，中智公司党委副书记、纪委书记、扶贫开发领导小组组长胡京和副总经理吴镝同志带队，到楚雄州职教园区考察，洽谈合作办学、拓展高端就业岗位事宜。2013年5月，胡京和副总经理程功带队，党委组织部、中智公司北京公司、上海公司的领导到大姚县、姚安县考察调研，走访贫困户，与大姚县、姚安县政府相关部门座谈，听取定点扶贫地区对中智公司扶贫开发工作的意见和建议，并就中智公司的扶贫开发工作计划进行沟通。2013年8月，胡京带队赴宁夏中卫市米粮川村调研考察，走访贫困户，了解最需要帮扶的项目。2013年，中智公司中层以上干部15人次到云南和宁夏调研。

【教育扶贫】 中智公司在2012年决定设立专项资金，对大姚、姚安全部在高中和职业技术学校就读的孤儿给予资助。2013年，中智公司继续资助符合资助条件的孤儿40名，资助资金10.8万元，由大姚县民政局负责按月发放给被资助的孤儿。

2013年，在中智公司的积极协调下，北京日坛中学、北京史家胡同小学和北京府学胡同小学分别同意接收20名骨干教师的培训和交流，共计60名大姚县的中小学校长、校长后备人选和优秀骨干教师分两批到北京培训和交流。中智公司为大姚教师到北京培训交流项目资助交通和食宿费用15万元，并向相关学校支付培训费6万元，合计向教师培训项目投入资金21万元。

【干部培训】 中智公司在人力资源管理咨询和培训方面有独特的优势，拥有完整的培训体系、拥有一批金牌课程和业内著名的培训师。2013 年，中智公司选派金牌培训师，对大姚县各委局办和各乡镇的 260 干部进行了《高效沟通技巧》的培训，受训干部对培训课程非常满意。

【农产品贸易扶持】 2012 年，从定点扶贫地区采购农产品，扶持当地农业产业发展的扶贫举措，得到国务院扶贫办的肯定。2013 年，中智公司继续从定点扶贫地区采购农产品，公司职工从云南采购农产品 54.2 万元，从宁夏采购农产品 16 万元。

【产业扶贫】 宁夏中卫市米粮川村居民是因宁夏全面禁牧政策而从原海原县蒿川乡麻地村整体移民搬迁到现址的，村民在养殖业上有传统优势，国家已投资为该村建设了占地 100 亩的养殖园区，并建有圈棚、饲草棚、青储池等配套设施，具备发展养殖业的基本条件。2013 年，中智公司向米粮川村全部 83 户低保户捐赠了 166 只母羊和 7 只种公羊，支持当地养殖业的发展。

【基础设施建设】 2013 年，中智公司为米粮川村投入资金 10 万元，用于建设农田灌溉用蓄水池和配套输水管线。

【公益扶贫】 2012 年底，中智公司党委、扶贫办、工会和团委组织开展了“奉献一片爱心　改变一种命运——中智公司 2012 年大型慈善捐赠活动”，动员中智公司的合作伙伴和内外部员工为大姚县和姚安县贫困地区的中小学和学生捐赠电脑、衣物、被褥、课外图书和爱心书包。慈善捐赠活动于 2013 年 1 月底结束，共收到捐赠的衣物 7451 件、被褥 41 件、床垫 10 件、图书 2866 册，旅游鞋 1200 双，电脑 32 台和一批篮球、排球、羽毛球，总价值超过 100 万元。捐赠的衣物、被褥、床垫、图书、旅游鞋、篮球、排球和羽毛球，发放给大姚县和姚安县贫困山区的孩子们。捐赠的电脑，在大姚县最贫困的环百草岭地区的昙华乡中心学校设立了“中智电脑教室”。捐赠活动还收到内外部员工捐赠的爱心书包资金 31 万元，中智公司另行捐赠 14 万元，合计 45 万元，共制作了 4500 个爱心书包，覆盖了大姚县、姚安县的 2012 年入学的全部一年级学生和大姚县最贫困山区的 2013 年入学的一年级学生。2013 年 5 月，在大姚县赵家店乡大平地小学和姚安县前场镇盐井小学分别举办了“中智公司爱心书包捐赠仪式”。

（中国国际技术智力合作公司
扶贫办　羊敬德）

中国北方机车车辆工业集团公司定点扶贫

【概述】 中国北方机车车辆工业集团公司（以下简称“中国北车集团公司”）是中央企业中最早开展定点扶贫工作的单位之一。自2002年参与国家定点扶贫开发工作，在甘肃省天水市甘谷县和麦积区2个国家级贫困县开展定点扶贫。先后共派出8批16位干部赴天水挂职，投入扶贫资金累计3000多万元，发挥了良好的社会效益。在国务院扶贫办的正确领导下，中国北车集团公司在积极应对经济形势下滑影响的同时，正确认识新阶段扶贫开发工作重要性，全面把握新阶段扶贫开发工作新要求，不断深化定点扶贫工作，加大扶贫开发力度，全力落实帮扶资金和各项帮扶措施，努力为发展农村经济，全面建设小康社会服务。2013年直接投入资金256万元，圆满完成了定点帮扶甘肃省天水市甘谷县和麦积区的各项任务。2013年中国北车集团公司被国务院扶贫开发工作领导小组授予“全国扶贫开发先进集体”荣誉称号。

【扶贫资金】 2013年，中国北车集团公司继续把筹措扶贫资金作为扶贫开发工作的重要内容之一。年初，中国北车集团公司及时召开了第十三次扶贫开发工作领导小组会议，审议通过了2013年度扶贫资金收缴方案。向所属子企业直接下发收缴扶贫款的通知。扶贫开发主管部门——公司行政管理部（集团公司扶贫办）负责具体实施筹款，并列入单位绩效考核关键型指标，与部门全年奖金直接挂钩。在公司财务部的积极配合下，中国北车集团公司扶贫办与各企业反复沟通协调，进一步明确缴款数额、方法和途径等。所属各企业认真贯彻落实中国北车集团公司扶贫开发工作领导小组关于上交扶贫开发资金的相关要求，在企业流动资金趋紧的情况下，想方设法克服自身困难，积极按时上缴扶贫开发资金。促进了资金收缴工作的顺利进行，表现出高度的大局意识和社会责任感。共筹措扶贫资金327万元，为实施好当年帮扶项目奠定了基础。

中国北车集团公司扶贫办严格执行《扶贫开发基金管理办法》，认真履行资金监管责任。根据今年的帮扶项目进展情况，于6月份一次性完成了年度帮扶资金拨付工作，提高了帮扶项目资金使用效率，确保了项目实施质量和资金效益的正常发挥。

【扶贫调研】 集团公司扶贫办利用送温暖和应邀参加天水市扶贫攻坚推进大会等时机，先后 2 次对帮扶项目工程进度、施工质量和效果进行了专题检查调研，并就有关项目进展情况与地方党政领导进行了沟通协调，有力促进了帮扶项目的落实。

【干部挂职扶贫】 集团公司派出的 2 名挂职干部，努力克服挂职期增加到 2 年带来的种种困难，主动与当地干部群众打成一片，认真完成了当地各级领导和集团公司扶贫办交给的各项任务，发挥了重要作用。

【扶贫培训】 2013 年，中国北车集团公司帮扶天水市级扶贫资金 10 万元，开展了扶贫培训和项目管理工作。11 月份在天水市委党校举办了整村推进项目村干部培训班 2 期，培训村干部 120 人。结合十八大和十八届三中全会精神，重点学习培训了整村推进扶贫项目论证、筛选和申报程序，财政扶贫资金使用范围，扶贫项目实施管理方法等内容。同时，天水市扶贫办对麦积区、甘谷县实施的中国北车集团帮扶项目开展了检查指导及项目管理工作。

【基础设施建设】 2013 年，对麦积区共投入帮扶资金 123 万元。一是按计划完成了颍川河流域元温公路——麦积镇刘坪村 9.3 千米道路沙化工程。该工程由麦积区扶贫办招标确定施工单位，并在资金未到位的情况下开始施工，上半年就完成了全部工程。7 月份，天水地区出现极端天气，降雨量超过平常达 500 多毫米，很多道路被冲毁，该段道路个别路段也出现水毁现象，但总体保持畅通，并在麦积区紧急疏散受灾人员过程中发挥了重要作用。二是继续扶持土地流转企业康红葡萄有限公司完成葡萄基地苗木补植 2 万株，但因受春季持续干旱、短时低温霜冻和夏季暴雨影响，葡萄基地补栽苗木成活率不够理想。为了确保帮扶项目建设质量，麦基区扶贫办及时组织人员，投入机械，采取一系列措施，对葡萄基地加强管理，对水毁路段进行了加固维修，保证了项目效益的正常发挥。

【万人饮水工程】 2013 年，对甘谷县共投入帮扶资金 123 万元。主要用于八里湾乡、金山乡等 4 个乡镇，65 个贫困村的村级管网建设项目，该项目属于"甘谷县东北部农村饮水安全工程"的一部分。整个工程于 2011 年 6 月开工，2013 年 7 月 1 日顺利实现通水，目前，已完成了全部建设内容。中国北车集团公司投入的帮扶资金，采取各村"一事一议"的原则，落实了户均入户资金 400 元，并鼓励村民投工投劳挖管沟，以确保工程建设资金的落实。对工程建设资金，坚持专款专用，专户储存，封闭运行，报账制管理。通过一系列行之有效的资金管理制度，不仅保证了工程进度和质量，而且充分调动了当地广大群众投资投劳的积极性，促进了工程的顺利建设，确保了如期完成工程建设任务。

【扶贫工作会议】 2013年3月22日，中国北车集团公司扶贫开发领导小组在北京召开了第十三次工作会议，中国北车集团公司扶贫开发工作领导小组组长崔殿国，副组长赵光兴、林万里及领导小组全体成员出席，林万里主持会议。

会议传达学习了国务院国资委召开的中央企业扶贫开发工作会议精神和全国定点扶贫培训会议精神。

会议听取并审议了中国北车集团公司扶贫开发工作领导小组办公室关于2012年工作总结和2013年重点工作计划的汇报。集团公司扶贫开发工作领导小组组长崔殿国作了重要指示。

会议充分肯定了2012年中国北车集团公司扶贫开发完成项目和所取得的各项荣誉，对中国北车集团公司在扶贫开发工作中认真履行中央企业社会责任，展示中国北车集团公司形象，扎扎实实为帮扶地区群众脱贫致富坚持不懈的努力予以肯定。

会议原则同意中国北车集团公司2013年扶贫开发重点工作计划和提出的帮扶项目立项。明确了2013年度扶贫资金收缴方案。

【扶贫慰问】 1. 送温暖活动。春节前夕，中国北车集团公司派出由扶贫办和部分企业主管领导组成的慰问团，深入甘谷县和麦积区部分贫困山区，走村入户，对6户特困户进行了走访慰问。同时委托甘谷县和麦积区扶贫办慰问贫困户300户，共发放慰问金6万元，给两个县、区的贫困农民带去了中国北车集团公司的问候，送去了党和政府的关怀。

2. 扶贫慰问。春节前，天水市王均副市长带领市扶贫办同志，甘谷县委书记贾忠慧同志带领有关部门先后来京对中国北车集团公司总部进行了回访慰问。

3. 扶贫座谈。按照2013年帮扶工作计划，中国北车集团公司扶贫办在中国北车大连培训中心组织天水市、麦积区、甘谷县扶贫办召开了一次定点帮扶工作座谈会，天水市扶贫办主要领导，麦积区和甘谷县负责扶贫工作的党政主管领导和扶贫办主任出席了会议。会议总结交流了定点帮扶工作经验，对如何贯彻落实《中国农村扶贫开发纲要》的工作思路和主要途径进行了深入的研讨。会议就如何进一步完善帮扶工作制度，规范帮扶工作程序，加强帮扶项目和资金管理，不断提升帮扶工作水平，增强贫困地区自我发展能力进行了广泛探讨，达成了共识。会议组织与会人员参观考察了中国北车大连机辆公司和大连机车研究所以及大连电力牵引研发中心，并乘坐大连至长春的高寒动车组赴长春参观了中国北车长客股份公司。通过这次活动，进一步加深了定点帮扶双方的感情，提高了在帮扶项目确定、资金拨付、项目检查验收以及挂职干部职责任务等方面的认识，明确了工作思路和工作程序。同时，通过对中国北车“大国重器”的参观，也是对帮扶双方扶贫干部一次非常好的爱国主义和“中国梦”教育。

12月初，天水市委市政府召开全市扶贫攻坚推进大会（视频会议），对今后一个时期天水市的扶贫攻坚工作进行安排部署，会议邀请中国北车集团公司在主会场代表社会帮扶单位作大会发言。

（中国北方机车车辆工业集团公司扶贫办　刘新华）

中国民主建国会中央委员会定点扶贫

【概述】 2013年，中国民主建国会中央委员会（以下简称“民建中央”）按照中共十八大精神和民建十大精神的要求，以邓小平理论、“三个代表”重要思想和科学发展观为指导，以改善民生为重点，以智力支持为主线，以产业带动为抓手，坚持整村推进的工作方针，完善机制，发挥合力，以更大热情主动投入新一轮扶贫攻坚工作。全年投入资金84万元、物资折款31万元，建设村级卫生室10所、沼气池50套、进村便桥1座、捐赠救护车3台、捐赠打印机等办公设备17台；完成乡村干部培训100人、乡村教师培训630人、乡村医生培训300人；慰问困难户30个、义诊200多人次。召开丰宁防沙治沙研讨会，探索发展林下经济和防沙治沙相结合的致富新路子。

【扶贫沟通】 2013年1月6日，全国人大常委会副委员长、民建中央主席陈昌智，全国人大常委会副秘书长、民建中央副主席张少琴在民建中央机关会见了来访的丰宁县负责同志，详细了解丰宁县发展状况。陈昌智主席希望丰宁县在今后的发展过程中要注意以下几个问题：一是要关注发展的质量和效益；二是要重视环境保护；三是要注重民生改善。陈昌智指出，丰宁县虽然发展起步较晚，但是也有不少有利条件，要抓住机遇，充分利用即将上马的一批重大项目，带动其他产业发展，形成新的经济增长点。

【基础设施建设】 民建中央多年来协调推动的河北丰宁抽水蓄能电站工程正式开工。2013年5月29日，全国人大常委会副委员长、民建中央主席陈昌智赴河北丰宁出席该工程建设动员会并致辞。丰宁抽水蓄能电站规划总装机360万千瓦，动态总投资170亿元人民币，是目前世界上装机容量最大的抽水蓄能电站。项目建成后，能为河北省张承地区千万级风电场及其他能源项目建设提供保证，能够有效缓解京津唐电网长期存在的高峰容量不足问题，能够加速推动地方经济社会的发展。据测算，项目实施后，每年还可为华北电网节煤130万吨，节约燃油80万吨，减少6万多吨二氧化硫的排放，节能环保效益明显。

【扶贫会议】 2013年12月10日，民建中央组织农业部、国家林业局等部委同志，会内外防沙治沙专家，丰宁县负责同志召开了“丰宁防沙治沙研讨会”。会前，全国人大常委会副委员长、民建中央主席陈昌智会见了前来参会的丰宁县同志。全国人大常委会副秘书长、民建中央副主席张少琴出席研讨会并作重要讲话。与会专家围绕“企业家、市场、防沙治沙与可持续发展的关系”、“防沙治沙的工程措施与生物措施”、“防沙治沙基本政策”等问题作了发言。

【扶贫制度建设】 按照国务院扶贫办要求，2013 年 1 月，民建中央成立了以全国人大常委会副秘书长、民建中央副主席张少琴为组长的民建中央扶贫开发工作领导小组，制定了领导小组及下设办公室的主要职责，为做好丰宁县的帮扶工作奠定了制度基础。

2013 年 5 月 27 日，民建中央组织召开京津冀民建组织对口帮扶丰宁县第一次联席会议。全国人大常委会副秘书长、民建中央副主席张少琴出席会议，并对下一步的工作提出了要求。京津冀民建组织对口帮扶丰宁县联席会议的召开标志着京津冀 3 省市对丰宁县的对口帮扶机制正式建立，京津冀民建组织和会中央社会服务部将每年召开一次联席会议，共同探讨和总结丰宁县的扶贫工作。

【扶贫调研】 为进一步贯彻京津冀民建组织对口帮扶丰宁县第一次联席会议精神，2013 年 8 月 9 日至 10 日，民建中央社会服务部部长包瑞玲率队组织京津冀 3 省民建组织驻会副主委、社会服务处处长及部分企业家赴丰宁考察调研。考察团先后参观了河北丰宁经济开发区，丰宁缘天然乳业有限公司。听取了丰宁县“十二五”期间交通、招商项目、投资环境、投资政策等方面的情况介绍。两家民建会员企业表达了进一步考察和投资的意向。

【扶贫培训】 一是常规培训。2013 年，民建中央在丰宁县投入 5 万元，开展乡村医生、乡村干部培训。共培训乡村医生 300 名、乡村干部 100 名。二是以“走出去”的方式，组织 50 名丰宁县乡村骨干教师赴秦皇岛参加培训，50 名教师通过为期一周的异地学习，在教学方法、课堂管理水平、教师自我成长等方面都得到了提高。三是以“请进来”的方式，将纵线合作与横向合作相结合，支持民建北京市委和民进北京市委在丰宁开展为期 3 年的“丰宁助教培训计划”。2013 年 7 月，该计划的第一期顺利实施，对丰宁县 13 所学校的校长、教导主任、骨干教师 580 余人进行了为期 4 天的培训。参加培训人员反响热烈，收获很大。

【医疗卫生扶贫】 2013 年，民建中央捐资 50 万元，对丰宁县五道沟门村、松木沟村、白营村等 10 所村级卫生室进行修建升级，已经全部竣工、验收并交付使用。至此，民建中央在丰宁县捐赠的村级卫生室已达 40 个。民建中央还向村级卫生室捐赠电脑、打印机等办公设备 17 台。为方便乡卫生院及时转诊病患，民建中央协调中华思源工程扶贫基金会向丰宁县大滩镇、万胜永乡、西官营乡卫生院捐赠了 3 台救护车。2013 年 8 月，民建中央社会服务部组织来自北京大学第一医院、北京友谊医院、北京朝阳医院的6位内科、外科、妇科、儿科、眼科、骨科专家，赴河北省丰宁县天桥镇开展送医下乡活动，共接诊患者200多人次，得到了当地群众的广泛好评。

【教育扶贫】 民建中央协调民建北京市朝阳区委成立丰宁春华助学金，每年从丰宁一中评选15名品学兼优的困难学生给予每人每学年2000元奖励。

【送温暖活动】 2013年1月25日，民建中央秘书长孟孝忠，民建中央社会服务部部长包瑞玲，民建中央社会服务部副部长夏赶秋等一行7人，在丰宁县相关领导的陪同下，冒着严寒，深入天桥镇前沟门村和小辽东村的困难户家中，送去2万元慰问金，并表达了新春的祝福。自2003年起，民建中央已连续10年赴丰宁开展送温暖活动，投入资金40万元，慰问丰宁6个乡镇的贫困户1630多户，赢得了丰宁人民的广泛赞誉。

【思源沼气项目】 2013年，民建中央捐资10万元在丰宁县修建新型沼气池及配套设施50套，新设施将沼气池和沼气罐相结合，极大地方便了沼气池的清理和使用。

【整村推进】 按照国家整村推进和开发式扶贫的方针，民建中央集中力量以点带面开展帮扶工作。将丰宁县天桥镇前沟门村作为重点帮扶村，发展以葫芦和有机蔬菜种植为特色的生态农业，帮助贫困户脱贫致富。2013年，民建中央在丰宁县继续依托会员企业丰大农业发展产业示范项目。丰大农业已经搭建蔬菜大棚67个，种植时差有机蔬菜70亩，喜获丰收，供不应求。在实施产业带动的同时，民建中央积极解决群众生产生活困难。前沟门村有一条贯穿南北的河道，既是上游水库的排水通道，也是两个行政村及6个自然村水流汇聚的河道。每到雨季，就无法通行。民建中央投入10万元在建设进村桥一座，已经竣工通车，彻底解决了10个居民组946口人出行问题。

（中国民主建设会中央委员会
社会服务部　薛雯）

中国致公党中央委员会定点扶贫

【概述】 2013年，中国致公党中央委员会（以下简称“致公党中央”）定点帮扶重庆市酉阳县，按照《关于做好新一轮中央、国家机关和有关单位定点扶贫工作的通知》的要求，本着发挥优势、突出重点和量力而行的原则，围绕教育、医疗、生产等领域积极开展智力支持和民生改善工作，一年来，致公党中央及致公党重庆市委会在酉阳县定点扶贫工作中直接投入资金250.3万元，帮助引进各类资金200万元，举办培训班12期，完成培训1000人次；同时，致公党中央也结合调研情况积极研究近期工作计划，开展机制创新，加大资源整合力度和广度，通过申请成立“致福慈善基金会”、加强东西部协作等途径，为“致酉合作”蓄积更加强劲持久的发展动力。

【扶贫调研】 致公党中央积极组织队伍前往酉阳县考察，与酉阳县干部群众座谈，听取意见和建议。其中4月14日至15日，致公党中央常务副主席蒋作君率队赴酉阳县考察了麻旺镇卫生院、麻旺中学、重庆华方武陵山制药有限公司，出席了麻旺中学“金祖鑫健华图书馆”开馆仪式并为图书馆授牌。10月21日，致公党中央社会服务部组织致公党北京市朝阳区委会领导及旅游界致公党员前往酉阳，对酉阳龚滩古镇提档升级建设情况进行考察，并召开了帮扶合作座谈会。

【扶贫慰问】 1月14日，致公党中央和致公党重庆市委会共同组队前往酉阳贫困山区开展春节慰问活动，为105户贫困农户、160名学生和30名农村教师发放了慰问金6万元和助学金2.7万元，用于改善酉阳贫困群众和学生的生活和学习状况。

【劳动力培训】 致公党中央、致公党重庆市委会协调重庆机械电子高级技工学校继续开办“致公·酉阳班”，招收200名酉阳籍贫困学生在重庆机械电子高级技工学校进行学习，实施免费培训，以此提高酉阳贫困学生的职业技能；另据统计，2013年共有260名酉阳班毕业生走出校门，成长为具有一技之长的专门技术人才。

【科普培训】 致公党中央、致公党重庆市委会继续开展“致福工程”——免费培训农民学电脑项目，争取重庆市扶贫办

200万元培训经费，培训各类人员1000余人次，其中各级党政干部280人次，技术人员150人次，农村致富带头人270人次，其他农村劳动力300人次，以此提高当地群众的生产技能。

【教育扶贫】 7月22日，致公党中央与清华大学教育扶贫处邀请香港曾宪备基金会董事长曾庆辉前往酉阳县考察了解酉二中校园建设和办学情况，并看望来自美国、中国台湾、中国香港的12名到酉二中支教的大学生，考察期间，曾庆辉代表曾宪备基金会，计划出资30万元，帮助酉阳建立双向互动的“清华大学教育扶贫现代远程酉阳教学站”，并表示将多方牵线搭桥，联系更多有实力的知名企业家支持酉阳教育事业发展。10月17日，致公党中央协调致公党烟台市委会，为酉阳县泔溪镇太吉小学捐赠了价值10万元人民币的爱心图书，在酉阳县建立一所“同心·致福书屋”，并为一批贫困小学生送去了爱心款。致公党重庆市委会争取美国健华社支持，继续关注麻旺中学教育状况改善，为该中学图书室建设捐赠资金1.6万元。

【医疗扶贫】 致公党中央继续关注2012年实施的酉阳黑水镇卫生院援建项目，并协调致公党广东省委会联系到海外洪门侨团，向酉阳县铜鼓乡卫生院改建项目捐赠了100万元援建款项，11月23日，致公党中央、致公党广东省委会派员前往酉阳参加了项目捐赠仪式。

【扶贫座谈会】 11月14日，致公党中央组织东西部组织在海南省海口市召开了“致公党中央扶贫专题研讨会”，与会人员结合《中国农村扶贫开发纲要（2011—2020年）》、《国务院办公厅转发教育部等部门关于实施教育扶贫工程意见的通知》（国办发〔2013〕86号）及致公党中央有关扶贫工作计划等文件，围绕酉阳等西南贫困地区的扶贫工作进行交流研讨，并下发了国务院扶贫办编写的《中国社会扶贫创新行动优秀案例集（2012）》，要求各地方组织认真学习各定点扶贫单位的经验成果，努力促进致公党扶贫工作取得新成绩。

【扶贫联席会议】 11月8日，致公党云南、四川、贵州、重庆、陕西西部5省市组织在四川省南充市召开了西部五省市组织联席会议。与会代表就各自在连片扶贫方面开展的工作、取得的经验成果以及今后的工作思路进行了交流。会议还提出了《致公党西南片区2013年会议联合倡议》，号召与会单位继续发扬致公党致力为公、扶贫济困的优良传统，将长期参与秦巴山区、武陵山区、乌蒙山区和滇桂黔石漠化区连片扶贫开发作为履行参政党职能的重要内容。

【金融扶贫】 8月30日，“致福慈善基金会”正式获民政部批准成立。9月4日，致公党中央副主席闫小培赴民政部出席“致福慈善基金会备忘录签字暨颁证仪式”，与民政部民间组织管理局局长王建军共同签署了《民政部作为致福慈善基金会业务主管单位有关事宜备忘录》。随后，

“致福慈善基金会”先后从民政部、国家税务总局、财政部、西城区地税局、财政部票据监管中心、德外税务所、华夏银行办理了税务登记、公益性捐赠税前扣除、公益事业捐赠统一票据、免税资格申请等事宜，并制定了基金会管理制度和工作计划，以便为酉阳县等定点扶贫和致公党其他社会服务工作提供更加强劲的资金支持。

（中国致公党中央委员会
社会服务部　黄鹏飞）

中国人民保险集团股份有限公司定点扶贫

【概述】 2013年，中国人民保险集团股份有限公司（以下简称“中国人保”）认真贯彻落实国务院扶贫办相关文件精神，积极促进当地特色产业发展，改善当地农村教育基础设施，利用保险机制帮助开发优势资源，提高扶贫对象自我发展能力，对新一轮定点扶贫工作做出努力。中国人保先后选派4名处级干部挂职扶贫，直接投入扶贫资金400万元，在江西省乐安、吉安两县，陕西省留坝县和黑龙江省桦川县开展了金融扶贫、产业扶贫、教育扶贫、基础设施扶贫等扶贫开发工作，取得了比较显著的成效，赢得了地方政府和群众的好评。

【扶贫资金投入】 自2013年开始，中国人保按照“依法合规、专款专用、职责清晰、流程规范”的基本原则，分别对乐安、吉安、桦川和留坝4个定点扶贫县按每年每县拨付100万元的标准编制预算。

【干部挂职扶贫】 按照扶贫干部管理的总体要求，2013年，中国人保从系统内抽调4名年富力强的扶贫干部深入4个定点扶贫县开展扶贫工作。4名扶贫干部深入实际，认真开展调查研究，因地制宜地提出相关扶贫项目，通过强化措施，狠抓落实，扶贫项目得以稳步推进，并初显成效。同时，4名扶贫干部按照当地县委、县政府的工作安排，积极协助当地分管领导做好扶贫、抗灾、招商引资等相关工作，受到地方政府的好评。

【基础设施建设】 2013年，中国人保投资66万元的吉安县万福镇大杏村光坑水库和安塘乡下坑水库除险加固工程，有效地解决了2个乡镇600多村民1600多亩地的灌溉用水难题；其余投资52万元的14个新农村建设项目，为吉安县新农村建设添砖加瓦。帮扶乐安县一些偏远乡村修建共计5.2千米水泥公路，在宋水线增田段全长600米道路两旁共安装50盏高亮度太阳能路灯。投入资金30万元，对桦川县敬老院环境进行维修改善。

【产业扶贫】 2013年，中国人保为吉安县天河镇（横林村委会）山羊产业开发项目投入资金30万元，项目示范牵引作用明显，为天河镇顺利争取到省政府的1000万元山羊扶贫开发项目起到了“四两拨千斤”的标杆效应。合作社及部分养羊户按照“滚动式发展”的思路，以多生羔羊和自购良种羊的方式不断提高羊的数量和品质。在乐安县开展“乐安花猪”的保护与开发，在招携、金竹、增田和南村4个乡镇分别确定了7个乐安花猪养殖合作社农户养殖点。"乐安花猪"已列入农业部农产品质量安全中心在京召开的2013年第五次农产品地理标志登记专家评审会议议程。评审通过后将取得"乐安花猪"农产品地理标志。帮扶留坝县留侯镇土鸡养殖项目成立了"留坝野牧生态农业开发有限公司"土鸡养殖基地，现已建成130平方米厂房1座，标准化孵化间3间，土鸡散养场地7亩，存栏土鸡2500只，已出售1700只，产值达12万元；投入扶贫资金15万元的林麝养殖项目，完成了圈舍维修，围墙加固，水毁道路修复等基础设施建设，并购买林麝种源15对，养殖场已开始正常运转。对桦川县400亩蔬菜大棚按每亩1500元标准补贴，将60万元扶贫资金支付给菜农，同时农业技术部门全程对菜农给予技术辅导支持，取得良好效果。

【教育扶贫】 2013年，中国人保为吉安县固江镇古巷小学基础设施建设（希望工程）项目投入资金34万元，为全校300余师生解除了教学、住宿后顾之忧。留坝县江口镇中心小学基础设施建设项目于2013年全面竣工并投入使用，满足了学校近400余名师生开展体育教学及室外活动的需要。帮扶乐安县湖溪中心小学修建篮球场、塑胶跑道等基础设施，从根本上改变该校极其落后且存在安全隐患的体育教学设施。协调北京市教委组织乐安县增田中小学部分优秀教师赴首都师范大学附属学校学习交流，提升贫困地区师资教学水平。投入资金10万元，开展城乡困难群体中学龄阶段子女教育救助工作，对桦川县100名中学龄贫困家庭学生给予资助。

【金融扶贫】 吉安县横江葡萄种植项目是吉安县特色农业产业之一，中国人保投资18万元对部分葡萄种植大户提供葡萄种植保险补贴。该项目通过与横江葡萄专业合作社合作，为49户1163.25亩葡萄办理了葡萄种植保险，共收取保险费18.6万元，其中公司扶贫资金补助15.5万元，葡萄种植户仅交保费3.1万元。该扶贫项目剩余资金2.3万元用于横江镇高陇村（吉安县支公司扶贫单位、国家级贫困村）帮助农民发展葡萄种植。帮扶乐安县大力实施农业保险扶贫，为当地农民提供了14万亩价值2800万元的水稻风险保障，通过该项保险扶贫工作既可提升农民风险防范意识，有效抵御风险，又有力地促进了乐安粮食生产持续健康发展。投入扶贫资金20万元，对留坝县102.68万亩公益林进行统保，为留坝大力发展旅游产业，实现"一业突破"提供了有力的保障，同时解决了群众因森林火灾等自然灾害返贫的问题。在桦川县开展农房保险保费补贴项目，收取保费近30万元，填补了黑龙江省分公司农房统保业务的空白，并得到了当地县委、县政府与地方百姓的认可和赞誉。

（中国人民保险集团
股份有限公司扶贫办）

中国太平保险集团有限责任公司定点扶贫

【概述】 中国太平保险集团有限责任公司（以下简称“太平保险集团”）是管理总部设在香港的中管金融保险集团。2013年，太平保险集团共有甘肃省两当县和安徽省六安市裕安区两家定点帮扶单位。自2002年以来，截至2013年12月，已累计在两县（区）投入帮扶资金350余万元，捐赠电脑20台，组织两地所属县、乡和村3级干部出外参加培训720余人次，为两当县和裕安区改变贫困落后面貌作出了一定贡献。2013年，太平保险集团扶贫办被国务院扶贫办评为“全国定点扶贫工作先进单位”。

【扶贫工作会议】 2013年9月6日，太平保险集团扶贫工作领导小组组长沈南宁在香港主持召开了2013年首次太平保险集团扶贫工作领导小组视频会议。专门研究了如何发挥好集团优势，做好太平保险集团下一步的定点扶贫工作，形成自己的扶贫工作特色，并就如何做好当前的太平保险集团定点扶贫工作提出一系列具体措施，包括：在太平保险集团层面组织成立“保险扶贫工作小组”，到太平保险集团两个帮扶点进行调研，并在调研的基础上提出保险扶贫工作方案；督促太平保险集团挂职扶贫干部要深入调研当地保险需求，积极提供相关信息，协助集团保险扶贫工作小组找到切入点；在集团内网开辟版块或相关链接，加强扶贫工作的宣传力度，让广大员工关心和参与扶贫工作。

2013年10月23日，太平保险集团扶贫工作领导小组在深圳组织召开了太平保险集团保险扶贫工作专题研讨会议，围绕上级机关和集团党委关于扶贫工作要求，重点研究了如何利用各子公司主业优势做好保险扶贫工作，并提出了利用好集团的央企优势和下属子公司主营业务优势，充分发挥集团挂职扶贫干部的作用，做好招商引资工作、整合资源，开创扶贫工作的新局面等几项具体工作。

【扶贫调研】 为了进一步掌握帮扶单位的第一手情况，明确今后的帮扶工作方向，2013年10月28日至31日，太平保险集团党委委员、副总经理沈南宁带领集团扶贫办负责人肖方文等有关人员赴两当县和裕安区调研，参加了集团援建工程项目——甘肃两当县金洞乡“太平桥”和安徽裕安区康家埠村拦水坝的落成仪式，并看望了太平保险集团在当地的挂职扶贫干部。调研期间，沈总一行与两县（区）主要领导就今后如何开展产业扶贫、智力扶贫、保险扶贫和招商引资扶贫等课题深入交换了意见，并形成了专题调研报告。

【扶贫制度建设】 自《中国农村扶贫开发纲要（2011—2020 年）》颁布以来，太平保险集团加大了扶贫制度建设力度。2013 年，太平保险集团扶贫工作领导小组组长沈南宁、副组长张惠萍召集集团扶贫办和人力资源部相关领导，对《集团扶贫挂职干部管理暂行办法》进行了修订和完善，对扶贫挂职干部的挂职年限、福利待遇、工作职责和日常管理等问题进行了研究和明确。

【扶贫培训】 根据两当县提出的请求，太平保险集团扶贫办根据两当县的实际情况，11 月 11 日至 16 日，在太平保险集团共享服务中心（上海）为两当县举办了为期一周的领导干部培训班，两当县委、政府、人大和政协 4 大班子相关领导、14 个乡镇及县直有关部门负责人共 29 人参加了培训。期间，太平保险集团精心制定培训方案，分别邀请了成都市建设规划院、上海杨浦区招商服务中心和上海市金山区旅游局领导和专家分别讲授《小城镇建设与规划》、《招商引资基础和实务》、《旅游开发与管理》等课程。同时，安排一天半的时间组织全体学员到上海张江高科集团实地观摩了该企业招商引资做法和成效，还组织学员到江苏省昆山市就小城镇规划进行了实地考察、调研和交流。这次培训为两当县干部开阔了视野，拓展工作了思路。

【扶贫宣传】 为了在太平保险集团内部形成分支机构和员工都能积极参与定点扶贫工作的良好氛围，2013 年，太平保险集团利用集团全年和半年工作会议、太平保险集团员工刊物《中国太平》和太平保险集团内网等多种渠道和平台，在系统内部大力宣讲和介绍定点扶贫工作，使太平保险集团所有单位和全体员工对定点扶贫工作有了更多的了解和更高的认识。同时，为了让更多的人能随时随地了解集团定点扶贫工作情况，在太平保险集团官网“社会责任”板块增设了“定点扶贫”栏目，把太平保险集团定点帮扶单位介绍、国家和太平保险集团扶贫重要资料、年度扶贫工作报告和太平保险集团定点扶贫工作动态等登载在上面。

2013 年 11 月，太平保险集团扶贫办有关人员陪同《二十一世纪经济报道》记者，赴两当县和裕安区进行了现场深度采访，宣传推介当地的历史文化、自然风光、风土人情和产业产品等情况，有关报道将于 2014 年在该报刊登。

【创新扶贫】 2013 年 6 月，太平保险集团子公司太平人寿将两当县纳入“2013 年客户服务节”主题活动范围，由太平人寿甘肃分公司投入 2 万多元，给两当县云屏小学建立了“太平爱心图书馆”。

2013 年，太平保险集团扶贫办充分利用部门领导的个人社会资源，从深圳市为裕安区引进了一家总投资约 1.5 亿元的木地板加工，利用当地丰富的杨木原材料，为当地招商引资牵线搭桥。现已正式签约。对此，裕安区区委、区政府给予了高度评价并深表谢意。

【基础设施建设】 为了更好地使用定点扶贫资金，不断加强两当县和裕安区部分贫困地区的基础设施建设，造福当地民众，太平保险集团扶贫办坚持“项目和资金进乡进村”的方针，取得了很好的成效。

2013 年，太平保险集团将 2012—2014 年 3 年的专项扶贫资金集中使用，为两当县金洞乡新潮村援建了一座便民桥。该座“太平桥”已于 9 月底竣工，彻底改变了全村 7 个组 204 户 806 人的“出行难”问题，加快该村农户的脱贫致富步伐。

2013 年，太平保险集团与裕安区达成共识，定点帮扶该区狮子岗乡康家埠村，将 2012 年和 2013 年的专项扶贫资金集中使用，为其建设一段水泥公路、三段村级砂石路和一座拦水坝等基础公共设施和农田设施。这些项目已于 12 月底前全部完工，解决了裕安区 6 个村民组 1100 亩基本农田农业灌溉用水问题、60 多户村民的就业问题和 12 个村民组“行路难”的问题，受益人口近 2600 人。这些项目将为未来康家埠村全面脱贫发挥重要作用。

为了确保以上项目的工程质量，2013 年，太平保险集团旗下深圳太平投资专业工程技术人员除事先审核建设图纸、施工方案和招投标方案外，还 4 次专程分别奔赴裕安区和两当县，在工程建设过程中实地检查施工情况、建筑材料和工地管理情况，在工程完工后进行工程验收。

【扶贫资金管理】 为了取得更大的扶贫成效，太平保险集团已将专项扶贫资金纳入了集团年度预算体系，每家各投入 40 万元共 80 万用于改善两当县和裕安区民生、支持当地经济发展。2013 年度，太平保险集团定额帮扶资金都已顺利划拨两当县和裕安区专项账户上，有力地支持了当地扶贫项目的建设。

【扶贫挂职干部管理】 2013 年，太平保险集团有两名干部挂职扶贫，其中，太平人寿甘肃分公司陇南中心支公司负责人李顺录在两当县任职副县长，集团综合开拓部副总经理吴文斌在裕安区任职区委常委、副区长。

2013 年初，他们已经全部到位，在条件艰苦的新岗位上开始了新的工作。根据帮扶单位反馈的信息，这两位挂职干部工作认真，不怕吃苦，深受当地干部群众好评。为保证扶贫工作的延续性，根据需要，经太平保险集团党委研究，并报经安徽、甘肃两省组织部门同意，将以上两位同志的定点扶贫工作延长一年至 2014 年底。

春节期间，为了表达对扶贫挂职干部的关心，太平保险集团扶贫办及相关子公司领导分别上门向两位挂职干部及其家属致以新春的慰问。

（中国太平保险集团有限责任公司
员工关系部　冯天骄）

北京科技大学定点扶贫

【概述】 2012年11月，国务院扶贫开发领导小组办公室等8部委下发了《关于做好新一轮中央、国家机关和有关单位定点扶贫工作的通知》（国开办发〔2012〕78号），确定北京科技大学（以下简称“北科大”）与甘肃六盘山区秦安县为扶贫结对关系。北科大为教育部直属重点高校，在人才培养、科学研究、社会服务等各领域为国家和社会做出了重要贡献。秦安县位于甘肃省东南部，天水市北部，渭河支流葫芦河下游。属陇中黄土高原西部梁峁沟壑区，山多川少，梁峁起伏，沟壑纵横，是甘肃省十八大干旱县之一，也是全国扶贫开发工作重点县之一。2013年1月教育部下发《教育部关于做好直属高校定点扶贫工作的意见》（教发〔2013〕3号），明确指出承担定点扶贫任务的直属高校务必高度重视，将承担定点扶贫任务作为重大政治责任和社会责任，要按照中央8部委通知要求，把定点扶贫工作列入重要议事日程，在新一轮定点扶贫工作中取得佳绩。2013年，北科大成立专门工作机构，加强沟通交流，签订定点帮扶协议，利用学校现有科技、人才、信息等优势资源，结合秦安县实际，在教育和信息支持、科技带动、人才培养以及物资设备捐赠等多方面提供帮扶。

【扶贫座谈交流会】 收到国务院扶贫办等部委下发的文件后，北科大高度重视，立即着手开展定点扶贫对接工作。2012年12月，北科大邀请秦安县领导来校交流探讨定点扶贫相关工作，详细了解秦安县社会经济发展现状，特别是基础设施建设、人才培养与使用等方面的情况。经过协商，双方决定尽快落实国务院扶贫办等部门文件精神，制定定点扶贫工作需求和工作方案。其中，北科大利用自身优势，在人才培养、规划咨询、重点项目、市场信息等方面给予秦安以帮扶，促进秦安县域经济社会的发展。2013年初，北科大结合《教育部定点联系滇西边境山区工作方案》（教发函〔2012〕108号）、《教育部关于做好直属高校定点扶贫工作的意见》（教发〔2013〕3号）精神，专门召开校长办公会，专题学习中央定点扶贫相关精神，认真研究部署对秦安县的扶贫工作方案，并形成了《北京科技大学对口支援甘肃省秦安县工作草案》。北科大党委书记、校长指示，要深入贯彻落实中央扶贫开发工作会议精神，竭尽全力，充分结合北科大的实际情况，发挥教育、科研与人才培养的优势，为秦安县的经济社会发展提供进一步的帮助。之后，北科大在认真学习领会文件精神的基础上，积极联系被帮扶单位，并将扶贫工作方案具体化。

【扶贫工作机构】 2013年初，北科大成立了定点扶贫工作领导小组，小组成员包括党办、校办、招生就业处、研究生院、科研处、资产处、经管学院、文法学院、天津学院、继续教育学院等各部处学院负责人。定点扶贫工作小组办公室设在党办、校办。年内，根据有关部门负责人的变动情况，北科大对小组成员进行了调整。为保证扶贫工作双方信息得到及时沟通，确保扶贫工作的顺利开展。经过协商，双方明确北科大党办、校办和秦安县扶贫办分别负责联络，并由双方各自确定1名联络员，负责日常联络工作。北科大负责扶贫工作同志带队每年到秦安县访问一次，交流检查工作执行情况，看望挂职干部，完善校县合作方式，加强扶贫工作力度。

【扶贫方案】 在2012年，北科大根据秦安县的帮扶意向、经过双方充分协商，制定了《北京科技大学对甘肃省秦安县定点扶贫工作规划》（下简称《规划》）的基础上，2013年，北科大对《规划》内容进行了梳理和完善，起草了《北京科技大学、甘肃省秦安县人民政府结对帮扶工作框架协议》（以下简称“《协议》”），其内容包括双方在科技、教育、劳务、人才培训、产业开发等方面的交流与合作。2013年4月11日，秦安县县委副书记、县长程江芬，县委常委、纪检委书记杨仁义，副县长杨栋，县农工部、扶贫办、农业局等相关部门负责人来校进行了交流座谈，副校长权良柱及相关单位负责人参加会议。权良柱副校长、程江芬县长代表双方签署了《协议》。《协议》的签订标志着校县双方奠定了“资源共享、优势互补、发展互惠、合作双赢”的结对帮扶工作原则，并将扶贫工作进行了进一步的深化、细化，为后续定点扶贫工作的并展提供了有力保障。

【教育扶贫】 2013年4月，北科大授予秦安县一中“北京科技大学优质生源基地”，加大对秦安县贫困地区高考考生的招生力度，同时加大对在校秦安籍学生资助力度，全年资助秦安籍学生5人，申请国家助学贷款94400元，奖助学金11000元；其他如联合开展MPA学员培养、干部挂职锻炼等帮扶工作也正在稳步推进中。2013年7月，北科大6名大学生组成支教团，前往秦安县兴国中学开展了为期半个月的支教活动。半个月间，支教团成员实地考察兴国中学和学生家庭，从学校、老师、家长、学生等多个方面了解学生的学习和生活，并为学生补习其薄弱科目。支教过程中，支教团成员不仅为当地学生讲授知识，同时为他们展示了一些科技方面以及其他国家地区的视频资料，开拓了当地学生的视野。通过开展支教活动初步建立了北科大学生支教团与秦安县兴国中学的联系组带，为促进秦安县提升基础教育水平起到了积极作用。

【干部培训与人才培养】 2013 年，北科大启动与秦安县人事部门联合开展在职人员攻读公共管理硕士（MPA）专业学位研究生班以及选派学校教授学者参与秦安县干部培训等相关工作。其中，培训内容主要涵盖了行政管理学，办公技能培训，干部领导力、执行力培训等。北科大还在高等人才培养方面为秦安县提供帮助，在政策允许范围内，采用定向录取等方式，在本科生招生等方面给予秦安籍考生一定优惠。在 2014 年硕士研究生报名中，已有一名秦安县县级领导正式报考北京科技大学行政管理专业。

【公益扶贫】 2013 年 7 月—8 月，北科大组织在校大学生赴秦安县开展社会实践、社会经济发展调研系列活动，由北科大扶贫工作办公室干部担任领队，30 余名大学生参与其中。该调研团通过听取汇报、实地考察、查阅有关资料和发放 1000 余份调查问卷等形式，形成了 10 余份关于秦安县经济情况的专题调研报告，提交北科大和秦安县扶贫办。为期半个月的调研，一方面增强了大学生的社会责任感及公益心，树立了大学生的良好形象，也为北科大进一步选派优秀专家赴秦安开展决策咨询服务提供了有利条件；另一方面通过调研活动也较为全面地反映了秦安县社会经济发展特别是农果业发展状况，并提出了部分政策建议，为地方政府决策提供了有益参考。调研结束后，《甘肃天水秦安县发展情况调查及帮扶活动》被评为“2013 年度首都大学生暑期社会实践优秀成果”，调研团队被评为北科大暑期学生社会实践铜奖团队，1 人被评为北科大 2013 年暑期社会实践十佳标兵，1 人被评为北科大 2013 年暑期社会实践先进个人。

【科技及设备扶贫】 北科大把秦安县作为科技扶贫基地，结合秦安资源特点和科技发展项目，在相关科技产品和技术开发、科技成果转让等方面给予秦安县支持，为秦安经济社会发展提供科技支撑。同时，整合学校的电脑、投影仪、打印机等办公、教学设备，资助秦安县，以改善当地中小学办学条件。2013 年，北科大首批向秦安县捐赠电脑 50 台，价值 15 万元，有效改善地方的硬件设施。

（北京科技大学党办、校办　郭志恒）

中国农业大学定点扶贫

【概述】 2013年，中国农业大学定点帮扶云南省临沧市镇康县。学校坚持以智力扶贫、人才扶贫和科技扶贫为重点，充分发挥学校教育、人才、智力、科技、信息及学科专业优势，服务和推动扶贫对象经济社会发展和自我发展能力。一年来，校地开展各层次互访交流活动8次，签署5项合作协议，建立2个教授工作站，40多人次讲学及技术咨询，捐赠840多万码洋图书，开展干部素质提升培训、继续教育、专题讲座、农业教育指导近百次。2014年初，中国农业大学对口支援工作办公室荣获“中央国家机关等单位定点扶贫先进集体”荣誉称号。

【扶贫调研】 2013年7月，中国农业大学校长柯炳生带队到云南省镇康县考察位于中缅边境的特色工业园区和咖啡种植基地，了解镇康特色农业产业发展情况。

2013年11月，为了进一步落实市校合作协议，推进落实“帮助临沧筹建现代农业示范园区，引导特色农业健康发展”事宜，中国农业大学副校长龚元石带队深入云南省临沧市，围绕高原特色农业、农业庄园经济、农业科技示范园等发展情况开展考察调研。在镇康期间，工作组与镇康县领导班子及相关局办负责人召开了座谈会，了解镇康县经济社会发展情况；走访了蚌孔畜牧庄园和如意橡胶公司，通过召开现场讨论会的方式给当地龙头企业把脉支招；调研了红岩咖啡庄园和万亩草山；考察了建设中的军赛乡生猪养殖场，在建设标准、福利养殖和沼气发电等方面提出了合理的建议和科学的指导。

【扶贫工作会议】 2013年7月，中国农业大学校长柯炳生、副校长张建华一行到云南省临沧市与临沧市委书记李小平、市长锁飞召开扶贫工作会。李小平对长期以来中国农业大学为临沧选派挂职干部、培养和输送人才、提供科技支撑表示感谢。锁飞介绍了临沧基本情况、农业产业发展概况及未来产业规划。双方对中国农业大学的人才、科研优势与临沧的资源、产业优势的有机结合进行了深入探讨。

2013年9月，中国农业大学校长柯炳生会见来访的云南临沧市市委副书记、市长锁飞一行。锁飞希望学校在临沧高原特色产业发展、农业管理干部及科技人才培养（培训）、农业招商引资工作、重大科技项目申报以及建立临沧咖啡研究院、筹建滇西特色农业学院等方面工作给予指导、支持。在教育扶贫工作中，学校重点对接临沧市镇康县，也期待学校以此为重点，给予大力的支持和帮助。在科技支持方面，组织精干的专家现场考察产业，发现、解决问题，指导和助推特色产业发展；在地方人才培训方面，地方农业管理、科技人才带着问题来培训，从入校开始与专家对接、联系；在设施农业示范等学校优势、地方需求结合点上，做亮做精、形成示范，发挥对周边辐射作用。

【扶贫协议签订】 中国农业大学和临沧地区先后签订了校市合作协议、共建滇西应用技术大学特色农业学院协议、定点帮扶云南省临沧市镇康县框架协议、对口支援大理学院食品安全管理相关学科建设框架协议等多项协议。

2013 年 7 月 22 日，中国农业大学校长柯炳生带队赴临沧市签订了校市全面合作协议，临沧教授工作站挂牌启动。7 月 23 日，柯炳生在镇康县签订了中国农业大学定点帮扶镇康县框架协议，在 3 年的协议期限内，中国农业大学将继续选派干部到镇康挂职，根据需求为镇康培养人才，在镇康建立硕士支教点、网络教学点及教授工作站，支持协助镇康申请科研课题，引荐企业家到镇康投资等。7 月 25 日，柯炳生在云南大理签订中国农业大学对口支援大理学院食品安全管理相关学科建设框架协议，协议对中国农业大学支援大理学院进行食品安全管理学院建设、加强学科点建设及研究生培养、非学历培训、科学研究、师资队伍建设以及教育信息化建设等方面作了框架性规定。

2013 年 11 月，中国农业大学专家教授工作组共 14 人赴镇康县落实学校帮扶镇康计划，举行了新农村发展研究院镇康教授工作站授牌仪式，同时签署了信电学院与镇康县政府合作协议。

【扶贫制度建设】 中国农业大学制定《中国农业大学定点扶贫工作实施方案（2013—2020 年）》，从推动教育扶贫、人才扶贫、智力扶贫、科技扶贫、信息扶贫及学科扶贫等 6 方面提出明确规划和可操作性实施办法。建立了与临沧市和镇康县的沟通、年度工作报告、定期工作交流、校内专项工作经费支持等多项机制，加强制度保障，确保工作顺利开展。

【干部挂职扶贫】 中国农业大学选派学校党委副书记张东军、信电学院分党委副书记刘尚民赴云南挂职，分别担任临沧市副市长、镇康县副县长。两位挂职干部积极抓好各项分管联系工作，同时作为校地之间的合作联络桥梁，积极主动地推进定点扶贫工作开展，取得显著成效。一是积极推进临沧市金融工作。完成涉及贷款项目 61 个、贷款金额 296 亿元、授信 10.5 亿元；推动政银企合作，全市落实协议项目 522 个，协议金额 141.05 亿元。2013 年度，存贷款比例均同比增长 20% 以上。二是扎实推进咖啡产业发展。确定市县咖啡产业目标任务，出台相关扶持政策，制定考核办法和奖惩措施。加强宣传工作，激发和调动农户种植咖啡的积极性和主动性，认真开展咖啡产业发展检查验收工作。经查验，全市咖啡种植面积累计达 54.47 万亩，位居全省第二，提前两年完成“十二五”规划的目标任务。

【扶贫干部培训】 2013 年 7 月，中国农业大学校长柯炳生在云南大理作《发展现代农业：挑战与机遇》专题报告，大理州县处级及以上干部、大理学院有关负责人共计 400 余人听取了报告会。

2013 年 9 月，“现代农业创新发展专题研修班”在中国农业大学继续教育学院开班，云南省临沧市 12 名农业干部带着当地农业产业发展的具体问题，在中国农业大学进行 4 天的学习，并和相关专家面对面研讨。培训班根据当前农业经济发展形势，结合临沧市现代农业发展战略需要，目的在于让学员了解农业发展形势，开阔视野，拓宽思路，转变发展理念。培训涉及现代畜牧业、农业物联网、专业合作社、创新园区发展等 7 方面内容，将专家课堂讲授、案例教学、研讨交流以及现场教学相结合，尤其重视参与互动。

2013 年 11 月，中国农业大学信电学院在云南省临沧市举办现代农业发展专题讲座，临沧市辖 7 县 1 区分管农业的副县长和农业局局长及镇康县各级干部 170 多人听取了 7 个专题讲座。

【科技扶贫】 2013 年 12 月，“中国农业大学·云南临沧蚌孔智慧畜牧庄园物联网建设”项目在临沧市镇康县勐堆乡蚌孔草山启动。项目完成后将提升 20 万亩草山及畜牧庄园的生产自动化和管理信息化水平，有效节约能源与人力成本，提高生产效率，并通过远程进行管控。

（中国农业大学
党政办公室　武慧媛）

中国矿业大学（北京）定点扶贫

【概述】　2013年，中国矿业大学（北京）〔以下简称“矿大（北京）”〕全面贯彻落实党中央、国务院关于定点扶贫工作的一系列方针政策，以高度的政治责任感和历史使命感扎实推进定点扶贫广西壮族自治区河池市都安瑶族自治县工作。矿大（北京）成立定点扶贫工作领导小组，由校党委书记和校长任组长，指定一名副校长分管定点扶贫工作，成立定点扶贫工作办公室，加强组织领导，并设立定点扶贫专项工作经费，为定点扶贫工作的高效组织和顺利实施提供了保障。通过深入调研，科学谋划，理清了工作思路，明确了工作方向，建立了保障机制，多举措快速启动并全力推进定点扶贫工作，取得了良好的工作实效。

【扶贫调研】　2013年4月，矿大（北京）副校长范迅带队赴广西南宁参加新一轮中央国家机关和有关单位定点帮扶广西扶贫开发工作重点县对接会，并在会上与都安县有关领导进行了对接。会后赴都安县开展调研工作，并与都安县党政领导深入探讨了扶贫工作的思路与路径，范迅表示矿大（北京）已明确“智力扶贫为主，多种扶贫方式并举”的扶贫工作思路，将在工作中发挥自身优势，在人才培养、科技开发、教育培训和干部挂职等方面开展定点帮扶工作。10月，副校长范迅带领学校地质和机电方面的专家一行5人深入都安县，就科技开发、旅游项目开发、产业发展等进行调研。通过调研后发现，都安县在资源、特色产业等拥有开发发展的优势，矿大（北京）将结合自身学科和专业优势，帮助都安县科学开发本地的煤矿、碳酸钙、液燃气、旅游业等项目。

【扶贫工作会议】　2013年3月，矿大（北京）召开党委常委会，专项研究定点扶贫工作。会上审议通过了《中国矿业大学（北京）定点扶贫实施方案》，明确了扶贫都安县的总体目标、重点领域和工作思路，并成立了定点扶贫工作领导小组，校党委书记杨仁树、校长乔建永担任组长，副校长孙继平、范迅、姜耀东担任副组长，党政办公室、组织部、宣传部、教务处、研究生院、科研处等部门负责人为成员，下设办公室，挂靠党政办公室，负责扶贫工作的统筹协调、组织实施。2013年9月，矿大（北京）召开赴广西都安县挂职干部欢送会，校党委书记杨仁树、副校长范迅出席，并对挂职干部提出要求，希望挂职干部克服困难，严格要求，努力做好工作，为学校争光。2014 年 1 月，矿大（北京）召开 2013 年度定点扶贫工作总结会，认真总结一年来扶贫工作的情况，进一步认清形势，理清下一步扶贫工作的思路。

【扶贫制度建设】 编制了《中国矿业大学（北京）定点扶贫实施方案》，明确了定点扶贫工作的长期性、可操作性和针对性，围绕都安实际需求，结合学校优势，整合各方资源，重点在干部人才培养、传统产业改造、教育水平提升、矿产资源开发等方面，通过人才扶贫、科技扶贫、教育扶贫、专业扶贫等多种形式开展定点扶贫工作。在保障机制上，建立定点扶贫联席会议制度及互访制度，定期召开扶贫工作协调会，总结定点扶贫工作，研究解决定点扶贫工作中存在的问题和困难，同时设立了定点扶贫专项工作经费，确保定点扶贫都安各项工作的顺利开展和全面推进。

【干部挂职扶贫】 2013 年，矿大（北京）选派化学与环境工程学院教师孙铭晗到都安县开展为期一年的挂职工作，任都安县县长助理。在挂职期间，孙铭晗同志秉承“勤奋、求实、进取、奉献”的矿大人精神，以地方发展为己任，将学校的社会责任感融入实际工作中，全身心投入地方经济和社会发展，不辱使命，恪尽职守，将扶贫工作与分管的县里工作相结合，充分发挥了联系面广、上下沟通顺畅的优势，有力地推进了扶贫工作的开展。孙铭晗同志帮助都安县联系了香港“点滴是生命”慈善机构资助都安县部分乡村小学过冬物资价值 10 万元，联系该慈善机构与广州军区总医院合作，资助都安县先天性心脏病患儿 10 人，为患儿家庭节省医疗费用近 50 万元。

【智力扶贫】 2013 年，矿大（北京）环保专业专家帮助都安县环保局解答了新建工厂的环评报告书中处理固体废弃物单位是否应让政府知晓的问题，地质专业专家为都安县旅游局申请建立“中国都安地苏地下河地质公园”进行了评估，为推动都安县的经济社会发展以及扶贫工作做出了应有贡献，得到了当地党政领导的一致好评。

【教育扶贫】 按照《教育部办公厅关于做好 2013 年面向贫困地区定向招生专项计划的通知》要求，矿大（北京）专门向教育部请示新增普通本科面向贫困地区定向招生专项计划并得到教育部批复，定向录取了两名都安县家庭困难考生，并为两名考生申请了每人每年 6000 元的国家助学贷款，同时学校为两名考生提供了每人 2000 元的助学金。通过对都安定向招生，拓宽了都安人才培养渠道，以此带动都安人才素质的整体提高。

[中国矿业大学（北京）
定点扶贫工作领导小组办公室　苏欢]

南开大学定点扶贫

【概述】 按照中央扶贫开发工作会议要求，根据国务院扶贫开发领导小组办公室等8部门《关于做好新一轮中央、国家机关和有关单位定点扶贫工作的通知》（国开办发〔2012〕78号）和教育部《关于做好直属高校定点扶贫工作的意见》（教发〔2013〕3号）文件精神，南开大学负责甘肃省平凉市庄浪县的定点扶贫工作。南开大学党委书记薛进文、校长龚克分别对定点扶贫庄浪县工作提出要求，分管校领导许京军、杨克欣统一部署，办公室牵头落实。2012年12月20日，甘肃省扶贫办、平凉市、庄浪县有关负责人访问南开大学，标志着南开大学定点扶贫工作正式启动。通过因地制宜、深入调研，科学规划、建章立制，南开大学定点扶贫庄浪县工作取得阶段成效。

【扶贫机构】 2013年3月29日，南开大学第五次党委常委会议审议，决定成立南开大学定点扶贫工作领导小组，并通过了小组组成和成员名单，南开大学党委书记薛进文担任组长，副校长许京军和党委副书记、副校长杨克欣任副组长，成员由办公室、党委组织部、党委学生工作部、党委研究生工作部、团委、研究生院、人事处、教务处、科学技术处、社会科学研究管理处、财务处、现代应用技术研究院负责人组成。领导小组下设办公室，主任由办公室负责人担任。会后，南开大学发布《关于成立南开大学定点扶贫工作领导小组的通知》（南发字〔2013〕81号）。

【扶贫模式】 2013年10月14日—17日，南开大学党委副书记、副校长杨克欣率工作组赴庄浪县进行调研和帮扶工作，实地探讨、推进高校“智力扶贫”的创新机制与模式。南开大学校长助理、帮扶咨询专家刘秉镰，办公室、党委组织部、党委学生工作部、计算机与控制工程学院相关人员参加。工作组对庄浪县农业生产及经济发展特色进行调研分析，并结合南开大学学科资源优势，与庄浪县及乡镇负责人确认了后续帮扶工作的主要内容。

【扶贫方案】 2013年3月29日，南开大学第五次党委常委会研究通过《南开大学定点扶贫工作框架方案》，初步确定了定点扶贫工作的6种形式，即发展战略研究、教育扶贫、人才扶贫、科技扶贫、信息扶贫、文化扶贫，方案还结合南开大学优势资源确定了定点扶贫工作内容。南开大学党委书记薛进文表示，南开大学将建立长期稳定的工作机制，制定和完善科学可行的帮扶计划，确保工作的可持续性，最大限度发挥优势，形成南开大学与庄浪县发展建设的有机互动。

【扶贫规划】 2013 年 9 月 22 日，南开大学办公室发布《南开大学定点帮扶庄浪县工作计划》（南办发〔2013〕20 号），计划共 8 个要点，并明确了责任单位：一是组建专家咨询团队，由科学技术处、社会科学研究管理处负责；二是搭建信息平台，由办公室、信息化建设与管理办公室、校友工作办公室负责；三是协助、参与制定《庄浪县经济发展战略》，由经济与社会发展研究院负责；四是实施培训工程，由党委组织部、人事处、教务处负责；五是干部交流挂职，由党委组织部负责；六是开展“一支一促”活动，由党委学生工作部、党委研究生工作部、团委负责；七是建立社会实践基地，由团委负责；八是建立南开大学优秀生源基地，由党委学生工作部负责。

【扶贫会议】 2013 年 4 月 25 日，南开大学定点扶贫工作领导小组召开第一次工作会议。南开大学党委书记、定点扶贫工作领导小组组长薛进文出席会议并讲话，副校长、定点扶贫工作领导小组副组长许京军，党委副书记、副校长、定点扶贫工作领导小组副组长杨克欣，党委常委张亚以及办公室等成员部门负责人参加，就具体的扶贫方式、内容、机制、保障等进行座谈。2013 年 9 月 16 日，南开大学定点扶贫工作领导小组召开第二次工作会议，南开大学党委书记、定点扶贫工作领导小组组长薛进文，副校长、定点扶贫工作领导小组副组长许京军，党委副书记、副校长、定点扶贫工作领导小组副组长杨克欣，党委常委张亚参加会议，办公室等成员部门负责人参加，就定点扶贫庄浪县工作计划进行讨论。

【扶贫调研】 2013 年 5 月 29 日—30 日，南开大学党委书记薛进文率团在庄浪县考察扶贫开发工作、实地了解庄浪县情，副校长许京军，办公室、党委组织部、党委学生工作部、商学院、环境科学与工程学院负责人和相关领域的学者专家参加。扶贫工作考察团深入南湖镇石阳村、韩店镇上洼村、庄浪县第一中学、水洛河流域万亩苹果园示范基地了解基层情况，详细考察庄浪县的梯田建设、整村推进、教育教学、旅游产业和果品产业开发等工作，走访慰问部分贫困群众，并与市县领导交换帮扶工作意见，初步廓清开展定点扶贫的方向领域和途径措施。甘肃省扶贫开发办公室副主任苏振祥、平凉市委副书记张军利一同调研。访问期间，薛进文与甘肃省委副书记欧阳坚、副省长冉万祥等领导会面座谈，并在庄浪县参加定点扶贫工作座谈会。欧阳坚在会见考察团时表示，感谢南开大学对口帮扶庄浪县及长期以来对甘肃省的关心和支持，希望南开大学充分发挥自身特点和优势，探索创造出扶贫开发的好方法、好路子，在甘肃省示范推广。

【扶贫培训】 2013年9月23日，“支持西部地区创新发展培训班”在南开大学开班。南开大学副校长许京军，庄浪县县委副书记刘懿平等相关负责人出席。培训班为期7天，设置了城市品牌与旅游产业发展，环渤海区域及滨海新区经济发展与合作，城镇化建设与城乡统筹发展，调结构、转方式和发展战略新兴产业等课程，既有课堂学习，又有实地参观与深入座谈。2013年10月15日，南开大学在庄浪县第一中学举行揭牌仪式，将庄浪县确定为“南开大学干部培训基地”，平凉市有关负责人，庄浪县委、县政府负责人及庄浪县第一中学千余名师生参加了揭牌仪式。

【扶贫讲座】 2013年5月29日，南开大学环境科学与工程学院副院长鞠美庭为庄浪县800余名中学师生作了题为“蓬勃进取、日新月异”的演讲。2013年10月15日，南开大学计算机与控制工程学院副教授史广顺在庄浪县第四中学为500余名高三师生作了“我的大学”专题演讲，鼓励学生健康成长，为个人和社会的发展作出贡献。2013年10月16日，南开大学校长助理、经济与社会发展研究院院长刘秉镰为庄浪县300余名领导干部作了“未来中国经济社会发展前景与区域开放战略”专题讲座，对宏观经济发展战略及庄浪县的经济发展思路提出了指导意见。

【扶贫招生】 2013年暑期，南开大学资助15名庄浪县高中生参加夏令营和开展学习参观，包括历史学、旅游学、汉语言文学和数学夏令营，项目历时一周，涉及名师讲座、笔试面试、参观交流等，在营期间全部费用约5万元由南开大学资助。南开大学还为这15名学生特意安排了“家乡志愿者”，以使他们尽快适应南开生活。2013年10月15日，南开大学在庄浪县第一中学举行揭牌仪式，将庄浪县确定为“南开大学大学生实践基地”，将庄浪县第一中学设为“南开大学优质生源基地”。2013年11月22日，甘肃省教育厅组织108所中小学校长赴南开大学考察参观，兰州市高等学校招生委员会办公室主任瞿利业介绍，希望通过这样的活动，使各位校长更加了解南开的历史与文化，以南开精神激励自己的学生，让更多优秀学子加盟南开。2014年1月，南开大学为庄浪县提供5个自主选拔录取推荐名额，入选学生可参加南开大学自主选拔录取招生笔试并且免交报名费，同时，南开大学在甘肃省设立自主选拔录取招生笔试考点。2014年，南开大学为庄浪县提供15个左右的暑期夏令营营员名额，入选学生可免交夏令营学费，家庭特别困难者还可以申请食宿费用减免。2014年高考结束后，南开大学将派出专家赴庄浪县开展高考志愿填报指导。

【扶贫咨询】 2013年9月27日，南开大学定点扶贫庄浪县工作座谈会暨咨询专家聘任仪式举行。仪式前，南开大学校长龚克会见了庄浪县县委副书记刘懿平，表示希望能够为庄浪县的发展做出努力。聘任仪式上，南开大学党委副书记、副校长杨克欣为来自经济学院、法学院、医学院、文学院等单位的12位教授颁发聘书，聘请他们为定点扶贫庄浪县的咨询专家，为今后庄浪县的发展提供智力支持和咨询服务。这12位专家是根据庄浪县的实际需求和南开大学的基本情况，经过认真考虑精选而出。受聘专家表示，参与定点扶贫工作非常光荣，一定会尽己所能，协助庄浪县做好战略规划、决策咨询、教育培训、技术支持、资源整合、文化传播等方面的工作，在南开大学与庄浪县“牵手”的过程中作出学者应有的贡献。

【媒体关注】 2013年5月31日，中国新闻网以《从海河之滨到六盘山下：南开大学甘肃扶贫侧记》为题，报道了南开大学环境科学与工程学院副院长鞠美庭教授为庄浪县800多名师生作报告的情况。2013年6月3日，中国广播网和《平凉日报》分别以《南开大学“牵手”国家级贫困县为扶贫工作提供智力支持》、《南开大学党委书记薛进文考察调研庄浪县扶贫开发工作》为题，对南开大学扶贫工作考察团深入调研庄浪县扶贫开发工作的情况进行了报道。2013年6月9日，《天津日报》以“南大成首批扶贫高校赴甘肃调研”为题，对南开大学负责人率团深入庄浪县田间、果园、学校考察扶贫开发的情况进行了报道。2013年6月17日，中国经济新闻网《南开大学“牵手”国家级贫困县扶贫工作考察团试读基层之书》的报道称，智者与强者的“牵手”是力量的凝聚，更是情感的承接，勾勒出令人憧憬的美好蓝图。2013年8月6日，凤凰网以《甘肃庄浪15名高中生获南开资助感受大学风采》为题，报道了南开大学资助庄浪县第一中学学生参加夏令营的有关情况。

（南开大学定点扶贫工作领导小组

办公室　王世龙）

复旦大学定点扶贫

【概述】 自2012年起，复旦大学积极响应国务院扶贫办和教育部的号召，定点扶贫云南省大理州永平县。2013年，复旦大学根据《复旦大学、永平县人民政府定点挂钩帮扶工作座谈会议纪要》中制定的工作目标，以“改善民生、人才培养”为重点，紧密结合永平需求，建立帮扶机制和合作机制，充分发挥复旦大学的资源优势，对永平县党政机关、企事业单位的干部和教育、医疗卫生部门的业务骨干开展教育培训、进修访学活动；先后组织2批共计37人次到当地进行实地调研，考察经济社会情况，以期为当地经济、文化发展提供有力支持；组织14名研究生支教队员赴永平县厂街乡10个完全小学支教走访，开展智力扶贫；派出医疗人员到永平县开展讲座和医疗帮扶服务，在双向互动中促进共同发展。

【扶贫调研】 2013年春季学期伊始，校长杨玉良带领学校十多个部门相关人员访问云南省，推进复旦与云南省的合作：扩大合作领域，务求实效，努力将复旦的优质资源向云南高校尤其是滇西高校辐射。

4月21—22日，副校长冯晓源率学校办公室、中文系、上海医学院等部门相关人员访问了云南省人民政府扶贫开发办公室、大理白族自治州和大理学院，初步形成了《复旦大学对口支援大理学院医学、文学学科专业建设框架协议书》。

4月22—23日，冯晓源副校长率领学校办公室、学生工作部、继续教育学院、复旦资产经营公司等部门负责人访问了大理州永平县。与永平县委书记李洋、县长周曙光等，就永平县提出的重点挂钩帮扶工作方案，结合学校拟订的定点扶贫实施方案，进行了交流、对接，在提供智力支持和科技支撑、促进基础教育和医疗卫生事业发展、加强人才培训和干部交流、推进文化旅游资源开发等方面确定了初步的合作计划和任务目标。在永平县期间，冯副校长一行还考察了县人民医院、县第一中学、盘龙村小学、泡核桃种植基地和宝台山国家森林公园。

【扶贫座谈】 学校领导之间利用各种会面不定期进行沟通和交流，探讨有效的定点扶贫指导方案。6月3—7日，云南省大理州永平县组织定点挂钩帮扶工作领导小组及办公室部分人员访问复旦，学校办公室、组织部、团委、学生工作部等机关部处和附属中小学、继续教育学院、附属医院、校办企业等相关部门与永平县领导举行定点扶贫工作会议，制作并下发了《复旦大学与永平县职能部门对接名单》。学校十多个部门和院系与永平县政府职能部门进行对接，按照复旦大学，以及帮扶地区的统一安排和部署，强化思想认识，进一步提高工作的主动性和积极性，切实谋划好、落实好与定点挂钩帮扶工作有关的各项工作。6月4日，云南省扶贫办、大理州扶贫办也率队来校访问，达成校地合作意向。

【专家座谈会】 6月4日，学校组织医学院、经济学院、生命学院等校内相关院系的专家召开智力帮扶永平县工作座谈会，会上永平县介绍了当地的经济发展状况和复旦大学定点挂钩帮扶永平县工作规划方案，相关院系的专家领导提出了经济和文化发展建议。永平县此次访问复旦大学，相关部分的负责人和复旦大学专家进行了深入切实的交流，确定了相关工作的双方联系人员。

【扶贫培训】 9月23—29日，复旦与云南省扶贫办共同举办“云南省扶贫干部能力提升研修班”，云南省扶贫办、昆明市扶贫办等47名处级干部参加培训。培训内容结合云南省经济社会发展实际，针对领导干部自身修养和能力提升，进行了“当今国际形势分析”、“转变发展方式”、“社会管理创新与和谐社会”、“领导干部创新思维”等9个方面的培训。培训将课堂教学与学习研讨相结合，教学活动的开展不局限于校内和课堂，组织学员到8号桥创意产业园、泰康路田子坊，体验上海优秀创意产业园区的建设、发展、管理理念，开阔学员视野。

【支援高校】 11月5日，党委副书记刘承功赴大理学院代表复旦大学与大理学院签署了《复旦大学对口帮助指导大理学院医学、文学学科建设框架协议书》。随后，刘承功副书记深入考察了解大理学院人文学院、民族文化研究所、基础医学院、公共卫生学院、护理学院的建设情况、发展方向以及相关需求。此后，复旦大学组织相关院系和职能部门召开专题会议，研究细化做好对口帮扶工作的具体措施，并制订了相应的推进计划。

11月26—28日，应大理学院邀请，冯晓源副校长带队赴云南省大理学院考察，开展学院对接工作，落实《复旦大学对口支援大理学院合作框架协议》。参加此次工作对接的有学校办公室、上海医学院办公室、医院管理处、文史学院、中文系、基础医学院、公共卫生学院、护理学院、中山医院、华山医院和儿科医院的相关人员。在大理期间，冯校长一行分别参观考察了大理学院的基础医学院、公共卫生学院、护理学院、临床医学院（附属医院）、文学院和民族文化研究所，明确了各个学院的联系人和年度推进事项。学校纳日碧力戈教授为大理学院作了“从民族融合到民族共生”的学术讲座，张岩冰教授为大理学院作了“性别与文学研究”的学术讲座，帮助大理学院启动了“大理学院讲堂”。

复旦大学上海医学院与大理学院的有关领导进行了多次互访交流。7月2日，大理学院杨荣新院长一行访问上海医学院，初步表达了支援的需求。12月13日，大理学院公共卫生学院的领导回访复旦大学公共卫生学院，根据两个学院的实际情况，探讨了具体的支援计划。

【支援中学】 4月起，复旦大学附属中学与永平一中、二中建立起结对帮扶机制，建立信息交流平台，将复旦大学附属中学的学校管理资源、教学教研资源、高考信息和高考复习资料等部分资料分享给永平两所高中学校。

【实践基地】 8月9日，学校办公室和团委在永平县建立了“复旦大学社会实践基地”。揭牌仪式在云南省大理白族自治州永平县老街初级中学举行，永平县委副书记谭利强、永平县副县长段辰、复旦大学校办副主任罗力、复旦大学团委书记高天、复旦大学团委副书记韩煦等出席仪式。仪式结束后，实践活动正式开始。首批永平县社会实践队成员由复旦大学选拔派出，其中8名研究生专题调研小组调研并形成四分永平县经济社会状况调研报告，另有29名复旦大学思源计划本科生学员分别前往老街中学、曲硐中学开展中学生暑期夏令营，展开“茶马古道旅游资源开发社会调研”和“永平县教育评估调研”、“少数民族传统文化传承进校园的必要性与可行性调研”、“永平核桃深加工产业的前景规划”等专题调研。

【研究生支教】 8月17—25日，复旦大学派出14名研究生支教队员赴永平县厂街乡支教，分3组深入厂街乡下属的全部10个完全小学，到学生家中走访；举行面向教师、家长、学生的小型宣教会，宣教内容有知识类、科普类、兴趣类讲座，播放上海和复旦大学的宣传片，把重重大山之外的精彩世界呈现给当地群众，激励中小学生努力学习，长大后改变家乡面貌。复旦大学在当地设立研究生辅导员支教点，每年在适当时期派出一批支教队员赴当地开展教学辅导；以此为依托，在复旦师生和当地中小学生之间搭建结对帮扶桥梁，帮助更多经济困难家庭的子女顺利完成学业。

【医疗扶贫】 学校办公室充分利用学校医学院及附属医院的实力，协调附属医院接收永平县医务人员和医院管理人员，派出一支医疗人员到永平县开展讲座和医疗帮扶服务，近期内重点帮扶永平县的学科为急诊、皮肤科和儿科。11月，医院管理处、中山医院、华山医院和儿科医院有关人员还在上海市医学院夏景林副院长的带领下，赴云南永平、腾冲等对口支援县开展了医疗支援工作。

（复旦大学学校办公室
罗力　邵田　吴琼）

同济大学定点扶贫

【概述】 2012 年，教育部决定由同济大学定点扶贫云南省大理白族自治州云龙县。2013 年，同济大学根据云龙县的实际情况，结合学校学科优势，开展了多项帮扶工作，经逐步探索，确定了同济大学定点扶贫的工作思路：依托同济大学在教育、科技和人才方面的优势，发挥同济大学在城乡规划、干部培训、实践活动等方面的特色，在新农村建设、城乡规划编制、干部培训、教育等方面开展帮扶工作。2013 年，学校共完成云龙县党政干部培训 102 人次，安排在云龙县开展暑期短期支教活动师生 12 人次；学校规划设计院研究院组织由专业技术人员团队和教授带队的研究生实践调研团队（共 10 人）赴云龙县进行新型城镇化建设调研工作，开展规划编制帮扶项目 3 项，资产经营公司向中国教育发展基金会捐赠 20 万元，用于中国教育发展基金会下设的滇西边境山区教育发展专项基金。2013 年度学校实际投入及减免收取的费用达 100.8 万元。

同济大学还根据教育部发展规划司的意见和要求，承担帮助指导大理学院管理学科建设发展的工作。

同济大学注重发挥学科优势和科学研究的溢出效应，积极服务云南省的社会经济发展。7 月 8 日，同济大学党委书记周祖翼出席上海云南对口帮扶合作第十四次联席会议，并与云南省签署《云南省人民政府同济大学战略合作框架协议》。学校以签约合作为契机，先后接待云南省委副书记、省长李纪恒，省委常委、滇中新区党工委书记李培，云南省政协副主席、滇中新区管委会主任米东生等率队来访，双方不断加强交流合作，共同推动省校合作和扶贫工作，积极支持云南桥头堡战略，助推云南全面发展。

同济大学的扶贫工作受到了国务院扶贫领导小组、上海市等单位的表彰。2013 年，同济大学城市规划设计研究院荣获“中央国家机关等单位定点扶贫先进集体”。同济城市规划设计研究院编制完成的《云南省云龙县诺邓国家级历史文化名村保护详细规划》获得 2013 年度上海市优秀城乡规划设计二等奖。

【干部挂职扶贫】 同济大学高度重视干部挂职工作，2013 年度选派材料科学与工程学院副教授袁华赴云龙县挂职担任副县长。在日常工作中挂职扶贫同志严格按照扶贫工作要求，克服工作和生活方面的种种困难，一是恪守工作纪律，满怀社会责任感和对贫困地区群众深厚感情投入到扶贫工作中；二是深入乡镇、村调研，了解定点扶贫县域的经济社会发展现状和需求，为做好同济大学定点扶贫工作的联系“桥梁”，做好沟通、联系、协调和落实扶贫工作做了扎实的基础性工作，增长了基层工作经验，思想政治、工作能力取得进步，同时也获得当地党委、政府和群众的认可。2014 年度，按照教育部要求，同济大学还将派出生命科学与技术学院陈平副教授继续挂职云龙县副县长、经济与管理学院朱茂然副教授挂职云南省盈江县副县长。

【扶贫调研】 1. 1月，时任学校党委常委、副校长董琦在昆明与云南省扶贫办、云龙县委、县政府的主要领导专题研讨定点扶贫工作；6 月，党委副书记兼纪委书记姜富明率相关部处、学院领导专程赴大理州委、州政府、大理学院和云龙县实地考察，调研对接扶贫工作和帮助指导学科建设工作，与县领导和有关部门就 2013 年定点扶贫工作深入沟通，取得实地调研的第一手资料，明确 2013 年定点扶贫的思路和具体内容，在新农村建设、教育发展、城乡规划、人才培训等方面开展帮扶项目。

2. 7月和 8 月，同济大学专门邀请云龙县委、县政府主要领导先后到学校介绍云龙县经济社会发展情况，听取意见、建议和具体要求，安排云龙县领导在上海地区考察学习和举行招商活动。县直有关部门还与规划设计院就规划编制工作召开深入研讨，形成《2013—2020 年云龙县规划编制工作计划》初稿，有效地支持地方政府通盘考虑规划编制的长期计划。

【扶贫会议】 1. 3 月，校长办公会专题研究定点扶贫云龙工作，并成立了定点扶贫工作领导小组，对外联络与发展办公室具体负责统筹协调，并充分发挥挂职云龙县副县长、材料学院袁华副教授的桥梁作用，同时要求定点扶贫中各项工作费用全部由学校自行承担，不给地方增添负担。

2. 3 月，党委副书记兼纪委书记姜富明，时任党委常委、副校长董琦出席扶贫工作全面启动工作会议，听取各部处、学院的扶贫工作构想，指导制订扶贫工作计划和实施方案。

3. 11 月，在大理召开的教育部直属高校对口帮扶大理学院学科建设座谈会上，同济大学校长助理吴广明和大理学院院长杨荣新签署了《同济大学帮助指导大理学院管理学学科专业建设框架协议》，同济大学将帮助指导大理学院管理学学科建设。

【扶贫制度建设】 同济大学高度重视定点扶贫工作，建立了由主要领导担任扶贫工作领导小组组长、相关部门领导担任成员、对外联络与发展办公室具体协调，各部、处、学院积极参与，分工协作、各负其责的领导体制和工作机制。扶贫工作领导小组审定年度定点扶贫工作计划和工作规划，并要求各相关部门学院和设计机构以高度的责任心和扎实稳进的工作作风积极推进落实扶贫工作，同时把扶贫工作与对云南省、滇中产业新区的战略合作工作紧密结合起来。同济大学先后制定了《同济大学定点扶贫 2013 年度工作计划》和《同济大学定点扶贫工作 2013—2020 年工作规划》等，使定点扶贫工作逐步实现规范化、制度化和程序化。

【干部培训扶贫】 为提升云龙县当地干部的管理能力，支持云龙县人才队伍建设，同济大学主动减免并承担部分培训费用，邀请云龙县党政干部于7月和8月分两批共计 102 人来同济大学，在经济与管理学院 EDP 中心接受城市建设与可持续发展、现代农业与新农村建设、历史遗产保护与旅游资源开发和区域经济等培训，助推云龙人才兴县、人才强县的战略，支持云龙人才队伍建设。两期培训班拓展了广大干部的视野，帮助各级干部厘清发展思路、明确发展重点，收效显著。

【新型城镇化研究扶贫】 7 月 19 日—25 日，同济大学 2013 年“新型城镇化研究”云南云龙分队一行 10 人在孙烨忱老师带领下赴云龙与云龙县住房和城乡建设局、发展和改革局、旅游发展管理委员会等 10 多个相关部门座谈，深入到漕涧镇、果郎、宝丰乡以及白族诺邓镇等 5 镇 8 村和三江水泥厂、工业园区等典型工业基地进行实地调研，形成了系统深入的调研报告，向云龙县委县、政府针对此次调研做了成果汇报，就云龙县城镇化进程中出现的问题提出了解决建议。

【教育扶贫】 8 月，同济大学彩云支南协会诺邓队 12 名队员赴云龙县展开短期支教活动，在诺邓小学开展了为期 1 周的支教活动，为当地学生组织开展夏令营活动，并对部分困难学生家庭家访、献爱心，同时对“千年白族村”的诺邓村历史遗产保护与基础设施改进等方面展开调研。

【规划编制扶贫】 7 月，同济城市规划设计研究院城市开发分院吴晓革副院长、张海兰总工等一行 6 人赴云龙县驻场一周时间，专题调研云龙县各乡镇和开发区、风景区的发展状况。8 月，同济城市规划设计研究院副院长张尚武率 17 人的技术队伍驻场调研两周，城市开发分院所有主要技术人员全部派往参加现场一线工作，参加调研脱碳、资料汇编和意见收集工作，累计驻场时间达 100 余人天。12 月 11 日—15 日，张尚武副院长带队再赴云龙县汇报 2 项总体规划编制进展情况，县委书记赵基，县委副书记、县长段冬梅等主要领导对同济大学的扶贫规划方案均给予高度评价。已在编制的规划项目中，同济大学直接投入的工作经费达 58 万元，为地方政府节省和减免的设计费用超过 100 万元，未来 7 年的规划编制一项预计可为地方减免的经费预计超过 500 万元。因此，同济大学城市规划设计研究院获得 2013 年度“中央国家机关等单位定点扶贫先进集体称号”。

【捐赠扶贫】 同济大学资产经营公司向中国教育发展基金会捐赠 20 万元，用于中国教育发展基金会下设的滇西边境山区教育发展专项基金。

【扶贫宣传】 同济大学利用学校新闻网发布有关信息，向学校教职员工宣传党和国家的扶贫开发政策，同时介绍学校定点扶贫工作情况。积极向教育部发展规划司、云南省人民政府扶贫开发办公室和上海市合作交流办公室等报送扶贫信息，积极为滇西开发网提供各类扶贫宣传材料。刘蒙获“2013 年教育部定点联系滇西边境山区工作优秀信息员三等奖”。

（同济大学对外联络与发展办公室　王骏）

华东理工大学定点扶贫

【概述】 2012年11月底，华东理工大学（以下简称“华理”）成立定点扶贫工作领导小组，党委书记杨贤金任组长，副校长钱锋分管具体工作。领导小组下设定点扶贫工作办公室，挂靠校长办公室，设置专门岗位和专职人员具体负责定点扶贫工作的日常管理和组织协调工作。2013年华理有13人次前往云南省寻甸县考察、走访。制订扶贫实施方案，向县中小学捐献411台电脑，完成50名党政干部40学时的来校培训。获“中央、国家机关等单位定点扶贫先进集体”称号。

【扶贫调研】 2013年3月26—28日，党委书记杨贤金、副校长钱锋带队前往寻甸县开展调研，云南省扶贫办副主任阿堆，省扶贫办社会处、昆明市扶贫办领导一同参加调研。通过调研，华理了解了寻甸县的基本县情，清楚了寻甸县的经济社会发展情况与目前存在的问题和困难。双方就初拟的《定点扶贫实施方案》进行讨论研究，并对下一步定点扶贫工作的具体开展达成共识。

【扶贫制度建设】 华理制订的《定点扶贫实施方案》，确定以智力扶贫为主旨，以人才、教育、科技、文化资源支持为载体，充分发挥科技知识和优秀人才对地方脱贫致富的核心带动作用，全力做好定点扶贫工作，推进定点扶贫地区经济、社会、文化、生态建设，提高扶贫对象自我发展能力，实现脱贫致富。方案明确指出：通过干部挂职锻炼、干部培训交流、华理学生赴寻甸县就业实践、开展志愿服务等方式推动人才扶贫工作；通过支教帮教活动、发展远程教育、社区教育等推动教育扶贫；通过联合申请项目、促进成果转化等方式推动科技扶贫工作；通过文化交流、捐赠文化用品、文化宣传等推动文化扶贫工作。此方案被国务院扶贫开发领导小组办公室主办的《扶贫工作动态》作为定点扶贫与东西扶贫协作专刊进行刊发，并与在全国参加定点扶贫工作的有关单位交流。

【教育扶贫】 为使寻甸县中学生早日拥有良好的学习实验条件，根据学校常委会倡议，华理号召全校师生积极捐助，落实为寻甸县捐助建立中学理化生实验室的任务。为改善寻甸县的教育硬件设施，华理分2批共捐赠价值80余万的电脑411台，分别于2013年7月、12月运抵寻甸县扶贫办公室。

【公益扶贫】 2013年7月，作为团中

央学校部等组织开展的“圆梦中国，公益我先行”大学生暑期社会实践专项活动项目，华理化工学院师生团队赴定点扶贫单位寻甸县开展为期 12 天的走访支教助力乡村教育活动。先后走访了近 10 个乡镇、20 余个乡村小学，帮教支教。经过实地考察，完成对该县乡村教育和留守儿童状况的调研，形成《云南省寻甸县教育现状调研报告及帮扶计划》的报告，制订了相应的教育帮扶计划并认真组织实施。

【干部培训】 2013 年 7 月 3—7 月 9 日，寻甸县派出 50 人的干部培训团来华理进行为期 7 天 40 学时的工业经济、管理培训。华理聘请资深专家以“十八大精神”为指南，通过热点问题讲授、案例分析、经验分享和角色扮演等多种授课形式，传授经典经营思想和先进管理理念，全面提升学员的管理能力；从经济管理与宏观经济环境、政府公共管理、地方经济发展与规划等 3 大模块出发，设计一系列课程，用优秀的师资力量给学员们提供最前沿的科技理论与管理理论，使理论与实践紧密结合，用创新的思维、开拓的思路更好地为今后的工作服务。

（华东理工大学校长办公室　陈莉丽）

南京大学定点扶贫

【概述】 2013年，南京大学坚持深入学习贯彻落实中央扶贫开发工作会议和《中国农村扶贫开发纲要（2011—2020年）》精神，围绕《教育部 云南省人民政府加快滇西边境山区教育改革和发展共同推进计划（2012—2017年）》，积极实施《教育部定点联系滇西边境山区工作方案》，进一步增强定点扶贫工作的责任感和使命感，充分发挥学校教育和科研优势，拓宽思路、积极创新，继续推进定点扶贫云南楚雄州双柏县工作。2013年，南京大学向云南楚雄州双柏县派出挂职干部1人，支教志愿者4人，赴双柏县调研考察批次累计28人次，直接投入资金57.26万元，举办培训班3期，共计培训103人次。

【扶贫调研】 学校主要领导高度重视定点扶贫工作，对相关工作开展进行了统一安排部署。2013年5月5日至6日，校党委书记洪银兴带队到双柏县调研考察定点扶贫工作。调研考察期间，云南省委副书记仇和会见了洪银兴书记一行，对南京大学参与滇西扶贫工作表示诚挚的感谢，并对相关工作提出了殷切期望和具体要求。5月18日，南京大学校领导参加了国务院扶贫办和教育部共同在昆明德宏举办的定点扶贫培训会。7月2日，楚雄州州委常委、副州长任锦云一行赴南京大学访问，并就开展南京大学与楚雄州的整体合作达成共识。7月20日双柏县委、县政府主要领导率团赴南京大学访问，双方共同研讨落实定点扶贫工作规划和任务。8月5日，南京大学李成校长助理一行赴双柏县访问，与双柏县委、县政府主要领导及相关部门负责人就定点扶贫工作进行了沟通交流。双方通过沟通交流，就南京大学深入开展教育扶贫、人才扶贫、科技扶贫、智力扶贫等工作达成高度共识和具体安排。

【扶贫制度建设】 南京大学充分发挥“思想库”和“智囊团”作用，积极参与双柏县地方发展规划的制定。10月16日至20日，南京大学城市规划设计研究院院长徐逸伦一行进驻双柏县帮助开展城乡规划工作。按照工作计划，南京大学对《双柏县城总体规划》修改和《双柏县村镇体系规划》编制提供专家咨询和技术支持，并就《元双公路双柏县城过境段景观专项规划》、《县城绿化专项规划》、《双柏县城镇特色专项规划》开展项目调研工作，于2013年10月底形成前两项规划的中期成果，于2013年底前完成最终成果并启动部分城镇特色专项规划。

【干部挂职扶贫】 南京大学充分发挥“人才库”作用，积极选派优秀干部到双柏县政府机关挂职，为双柏县脱贫工作提供干部支持。在确定双柏县为南京大学定点扶贫地区之后，学校确定校房地产管理处徐晓武副处长作为挂职干部赴双柏县挂职担任副县长职务。

【志愿服务活动】 南京大学积极鼓励学生结合专业为双柏县经济社会发展做出支持和贡献，安排在校学生赴双柏县开展暑期实践等调研活动。7 月 27 日，南京大学研究生支教团一行 4 人来到双柏县参加为期 1 年的支教志愿工作，除参与双柏一中教学工作之外，一名规划专业学生还参与了住建局的相关工作。

【科技扶贫】 南京大学充分发挥科研优势，结合双柏县地方资源特点和科技发展项目，积极推动符合双柏县经济社会发展需要的科研成果在当地转化。南京大学化学化工学院张志炳教授与当地重点企业森源化工开展了长期合作，促进其科研成果“塔器分离技术”在当地进行转化。8 月4—8 日，南京大学生命科学学院党委书记卢山教授、“魔芋大王”何家庆教授带队在双柏县进行考察并与县领导进行座谈，洽谈在当地设立生化产品提取加工企业的规划。9 月 27 日，作为南京大学定点帮扶双柏县的科技扶贫项目，双柏县人民政府与上海大振生化工业有限公司签订了“尿激酶”产品加工销售项目合作合同书。

【扶贫干部培训】 南京大学充分发挥教育资源优势，积极组织开展针对性培训，帮助教育行政干部提高管理水平、教师增强业务素质，帮助双柏县加快教育改革发展步伐。根据工作计划，11 月 3 日至 9 日，南京大学继续教育学院在南京举办 43 人的双柏县党政干部培训班，有针对性地开展对双柏县党政干部的培训工作；南京大学委托昆明学院，在年底为双柏县在昆明举办两期、每期 38 人的师资队伍培训班。相关培训班的举办将对拓宽双柏县干部队伍视野、提高干部理论水平，提升中小学教师业务素质产生积极意义。

【产业扶贫】 南京大学充分发挥信息渠道优势，积极联系校友企业家到双柏县投资建厂，积极帮助双柏县拓宽工作视野与对外交往渠道，及时了解现代经济、科技的最新发展趋势。10 月 14 日，由上海市科委港澳台科技合作办公室、中国台湾李国鼎数位知识促进会和中国香港数码港联合主办的“沪港台科技产业交流研讨会”在上海举行，南京大学作为受邀单位推荐楚雄州、双柏县组队参加。11 月上旬，由南京大学与中国台湾李国鼎数位知识促进会等单位共同主办的第十二届李国鼎论坛“二〇一三海峡两岸经济科技发展趋势研讨会”于中国台北举行，南京大学作为主办单位邀请楚雄州、双柏县组队参加论坛。

（南京大学校长办公室

骆威、潘静）

中国药科大学定点扶贫

【概述】 2013年，中国药科大学（以下简称“药科大学”）定点帮扶陕西省镇坪县。镇坪县地处秦巴山区，素有“巴山药乡”之称，有野生药材320种。中国药科大学作为在药学界享有盛誉的教育部直属、国家“211工程”重点建设的大学，秉承“精业济群”的校训精神，把学校雄厚的科研平台和当地丰富的中草药资源相结合作为扶贫工作切入点，紧密结合镇坪巴山药乡的资源，注重发挥自身智力优势，从调研开始，从规划做起，集镇坪县、上级主管部门、药科大学3方智慧，挖社会、企业可投资源，努力争取做大做强镇坪县医药产业。经过系统调研，剖析当地医药产业现状和困境，制定了《镇坪县中药材产业发展规划》；投入50万元用于镇坪扶贫专项课题研究；开展管理干部、农林业、卫生系统专业人员以及中药种植大户培训480人次；初步建立了“镇坪县中药材电子商务信息平台”；对玄参、黄连、葛根、黄精等道地药材进行有效成分研究，推动申报中药材国家地理标志；联系多家医药企业到镇坪实地考察，引导企业与镇坪县深度合作，学校中药学院专家与南京中科集团已联合启动镇坪县以葛根为主的保健品开发。

【扶贫调研】 2013年3月，中国药科大学党委书记徐慧带队赴镇坪县调研，徐慧书记一行出席了陕西省安康市扶贫开发工作座谈会，并实地考察了洪石镇桃花村新型农村聚集社区、镇坪县制药厂、华坪中药材产业示范园和华坪镇新型农村聚集社区，全面了解了该县扶贫开发工作、新农村建设和产业发展情况。徐慧书记就如何结合药科大学自身优势开展定点扶贫工作，与省、市扶贫办领导和镇坪县有关负责同志进行了广泛交流。徐慧书记提出了统一规划，发挥学校智力优势，开发镇坪资源优势，挖掘主管部门和企业的资金优势，共同做好定点扶贫工作的思路得到大家的认可。调研结束后徐慧书记一行向陕西省委书记赵正永进行了专题汇报，与陕西省分管扶贫工作的副省长祝列克进行了深入交流。

2013年7月，由中国药科大学副校长姚文兵、党委副书记张志坤带队，校内中医药专家和2家医药企业的负责人到定点扶贫镇坪县进行深入调研，详细了解镇坪县中药材生产、加工以及种植情况，并为镇坪县管理干部、县农林业、卫生系统专业人员以及中药种植大户等不同群体进行专项培训。

【扶贫会议】 2013年，中国药科大学先后召开过3次常委会研究扶贫工作、听取调研情况汇报，学校把定点扶贫工作作为一项重要工作进行研究和部署。2013年8月，安康市市长徐启方一行访问中国药科大学，召开了“中国药科大学—安康市镇坪县定点扶贫工作交流会议”，徐启方市长一行与学校主要领导和专家就定点扶贫工作进行了深入交流，围绕如何充分发挥安康市镇坪县优势中药材资源、制定开发规划、加强中药材GMP基地建设、落实具体开发项目、通过镇坪辐射安康、促进秦巴山区经济社会发展等提出了具体的意见和建议，为定点扶贫工作的顺利开展打下了良好的基础。

【扶贫制度建设】 在做好定点扶贫工作中，中国药科大学成立了定点扶贫工作领导小组，由校党委书记担任组长，相关职能部门具体负责定点扶贫工作，明确分管领导和责任人员，做到了分工明确、责任到人。制定了《中国药科大学定点扶贫工作实施意见》，从思路、方式、举措等方面提出了具体规划思路，并紧密结合学校在科技人才方面的优势，扎实推进定点扶贫工作。同时，针对镇坪县丰富的中草药资源成立了中国药科大学定点扶贫专家委员会，以指导、分析、研判中草药种植、药用价值和市场行情。

【扶贫资金投入】 中国药科大学每年从中央高校基本科研业务费中专门拿出50万元用于资助镇坪定点扶贫专项课题。2013年资助了“中国药科大学——镇坪县中药材商务信息平台”、“川牛膝道地性药效物质基础与质量评价体系研究”、“镇坪产黄精的道地性药效物质基础研究”、“陕西镇坪玄参优良品种的选育和质量标准的研究”等课题研究项目，对镇坪县药材品种开展全方位的研究，在与全国其他地区品种进行比较分析的基础上，确立镇坪县黄连、玄参、葛根等药材品种的优势，打造镇坪黄连、镇坪玄参、镇坪葛根等品牌，申报中药材国家地理标志，并逐步开发利用。

【扶贫培训】 充分利用学校学科优势，2013年中国药科大学组织校内外专家对镇坪县管理干部、农林业、卫生系统专业人员以及中药种植大户等举办了5场专题培训。资助镇坪县医药专业技术人员到中国药科大学成人教育学院学习，并免除了学费和住宿费。经教育部批准，中国药科大学在2013年高考招生计划中对陕西增加了20个生源名额。

（中国药科大学
党委组织部　陈兰兰）

浙江大学定点扶贫

【概述】 按照党中央、国务院扶贫开发战略部署，浙江大学认真贯彻落实国务院扶贫办、中央组织部等8部委《关于做好新一轮中央、国家机关和有关单位定点扶贫工作的通知》（国开办发〔2012〕78号）文件精神，于2012年11月首次参与国家定点扶贫工作，承担定点扶贫云南省普洱市景东彝族自治县任务。自工作启动以来，浙江大学充分发挥自身优势，坚持特色，积极探索高等学校参与定点扶贫的有效模式，为景东彝族自治县经济社会发展作出了积极贡献。

2013年，浙江大学共有35名专家教授、管理干部赴云南普洱、景东等地考察调研，其中校领导3名；学校用于定点扶贫景东工作的直接投入达722.5万元，帮助景东引进各类资金329.5万元，引进项目5个，引进人才4名，引进技术3项；举办培训班9期，共培训3000人次。

【扶贫调研】 2013年，浙江大学两次召开扶贫工作座谈会，邀请定点扶贫单位云南省普洱市景东彝族自治县的领导干部来学校介绍景东县的经济社会发展情况，听取意见和建议。多次组织专家教授及相关部门负责人赴普洱、景东等地开展实地调研，与当地政府部门对接交流。在调研基础上，浙江大学编制了《浙江大学——景东彝族自治县扶贫规划（2013—2015）》（以下简称《规划》）。《规划》突出扶贫工作的长期性、可操作性和针对性要求，明确了从景东实际出发，结合浙江大学优势，以改善民生、切实提高山区农民收入为目标，重点在基础教育、农业产业、干部人才培养、文化旅游产业开发、生态环境保护等领域，通过智力支持、科技帮扶和医疗服务等形式开展定点扶贫的工作思路。依据《规划》，学校制定了《2013年浙江大学扶贫景东彝族自治县工作计划》。

【扶贫会议】 2013年3月27日，浙江大学——景东定点扶贫工作座谈会在浙江大学召开，相关部门负责人与来访的景东县委副书记杨国相一行对接交流，学校党委副书记任少波出席会议；4月9日，浙江大学常务副校长吴朝晖主持召开浙江大学定点扶贫云南景东校内协调会，重点商讨浙江大学——景东扶贫工作3年规划、2013年工作计划及重点实施扶贫项目等；5月，浙江大学党委常委会就浙江大学定点帮扶云南景东进行专题研讨，党委书记金德水强调参与国家扶贫工作是浙江大学响应国家战略、履行社会责任的重要组成部分，其意义重大，全校上下必须高度重视，按照教育部的统一部署，扎实有效地做好这项工作；11 月 1 日，浙江大学——景东定点扶贫工作座谈会再次在浙江大学召开，学校常务副校长吴朝晖出席会议，就下一步工作计划与景东县委副书记、县长李春荣一行进行座谈交流。

【扶贫制度建设】 根据《教育部定点联系滇西边境山区工作总体方案》通知要求，结合景东彝族自治县实际需求和浙江大学在科技、文化、人才方面的优势及服务地方工作的经验，制定了《浙江大学——景东彝族自治县扶贫工作规划（2013—2015）》，统一部署定点扶贫云南景东彝族自治县具体工作。成立以学校党委书记金德水为组长、常务副校长吴朝晖为副组长的浙江大学定点扶贫工作领导小组，明确由地方合作处负责扶贫工作的统筹协调、组织实施。落实 100 万元扶贫工作经费，确保扶贫工作顺利开展。建立健全工作机制，通过战略规划研究、科技扶贫、教育扶贫、人才扶贫、医疗卫生扶贫、文化旅游扶贫等形式开展帮扶工作，充分发挥浙江大学科技人才优势，整合各方资源，以改善民生、提高山区农民收入为主要目标，着力推动景东县经济社会各项事业的全面发展。

【扶贫干部培训】 为提升景东县乃至普洱地区当地干部的管理能力，更新思想观念，改善知识结构，支持景东县人才队伍建设，浙江大学计划依托中组部全国干部教育培训基地为景东县每年举办 2 期党政干部研修班。经过认真筹办，第一、二期“浙江大学——云南省景东县党政干部研修班”分别已于 2013 年 6 月 21 日至 6 月 28 日、10 月 25 日至 11 月 3 日顺利结业，共培训景东县党政管理干部成员 56 人。同时，浙江大学接受景东县两位优秀后备干部来学校挂职锻炼，分别担任地方合作处处长助理和校团委书记助理。

【干部挂职扶贫】 2013 年 3 月，根据教育部的要求，浙江大学选派傅强、沈黎勇两位处级干部到普洱市、景东县挂职扶贫，分别担任普洱市市长助理和景东县人民政府副县长职务，从事对普洱、景东的帮扶工作。在工作中，两位挂职干部秉承浙大人求是创新的精神，严格按照扶贫工作要求，克服工作和生活方面的种种困难，组织开展了大量扶贫工作，为推动挂职地的经济社会发展及扶贫工作做出了积极贡献，得到挂职地党政领导的一致好评。

【扶贫资金投入】 2013 年，浙江大学直接投入 722. 5 万元用于景东县定点帮扶工作，资金为 122. 5 万元，包括学校设立的 100 万元专项扶贫资金和浙江大学校友捐赠的 22. 5 万元资金，物资折款为 600 万元。其中，文化教育的投入为 642. 5 万元，占直接投入的 89%，包括向普洱各县区捐赠的价值 600 万左右的图书，用于奖励 50 名优秀贫困学生的 10 万元“求是助学金”，用于奖励 50 名优秀教师的 10 万元“求是奖教金”，用于太忠乡中学改造师生饮用水工程的10万元校友捐款，以及浙江大学继续教育学院捐赠的12.5万元协助景东一中建立“浙江大学求是书屋”；人力资源培训的投入为80万元，用于党政干部培训、医生进修、教师水平提升等方面。

【智力扶贫】 2013年，浙江大学先后组织6批30多名专家组团赴普洱市、景东县开展调研考察，为地方各项事业出谋划策。选派浙江大学中国农村发展研究院院长黄祖辉教授担任景东县人民政府顾问，积极发挥“思想库、智囊团”的作用，为景东经济社会发展把脉；选派现代农业技术推广中心鲁兴萌、余东游、陈再鸣3位教授担任景东县桑蚕、食用菌、养殖3大主导产业的首席专家，为景东产业发展提供人才科技支撑；出具3万多字调研报告，系统提出景东产业的发展思路和对策；为县科级以上干部举行专题讲座，为乡农技人员、合作社技术人员和农业大户开展科技培训。2013年，浙江大学在学校和景东县两地举行各种类型的培训班共9期，共培训3000余人次，其中，各级干部2500人次，技术人员2500人次，农村劳动力200人次。

为进一步帮扶景东各乡镇基层工作，2013年暑假，浙江大学择优选派了32名优秀学生干部奔赴景东县13个乡镇开展挂职锻炼活动，协助乡镇干部提升电子办公、信息化公文处理能力。

【产业扶贫】 浙江大学先后组织农学类专家组赴普洱、景东等地实地考察调研蚕桑、现代农业、林下资源、畜牧业等产业，指导农林畜牧产业的发展和现代农业产业园的规划；深入现代农艺专业实训基地、蔬菜种植基地、水产养殖协会、水稻种植基地、蚕桑种植基地及泡核桃育苗基地等开展调研活动，指导产业的科学发展，并就新农村建设示范点项目进行商讨、论证；协助景东联系浙商企业，积极推动景东特色农副产品走入浙江市场。

11月，浙江大学协助景东县在杭州举办首届景东重点招商项目推介会，吸引了50多家著名浙商企业，为浙商与景东县的合作搭建了一个良好的平台。

【教育扶贫】 为了加强景东教师队伍建设，推动教育事业发展，浙江大学启动“求是强师”教师培训计划：2013年7月，浙江大学选派了外语学院专家赴景东，对全县150余名中小学英语骨干教师进行理论与教学方法培训，提升教学水平；10月，景东县首批15名中小学校长、骨干教师赴杭州，进入浙江大学附属小学、浙江大学附属中学、学军中学参加为期16天的进修培训。

在团中央的支持下，浙江大学在景东县设立了研究生支教团支教点，2013年6月派出6名优秀研究生赴景东银生中学开展为期一年的义务支教活动；在普洱、景东分别建立大学生社会实践基地，利用暑期组织20余名优秀大学生分赴两地开展了为期10余天的爱心支教、三支一扶等活动；浙江大学研究生会同浙江大学北美校友会热心校友、北美在校学生共同组成“晨露”支教团，在景东县举办英语夏令营。

浙江大学在景东县还设立了“浙江大学求是奖教金”和“浙江大学求是助学金”，出资20万元分别奖励50名优秀中小学教师和50名优秀贫困学生；向普洱地区捐赠了25万余册总价值600万左右的图书，极大地丰富了普洱市教育系统图书种类；充分发挥校友力量，由浙江大学海外校友出资10万元用于太忠乡中学师生饮用水改造工程，由继续教育学院校友会出资12.5万元用于在景东一中建立“浙江大学求是书屋”。

【卫生医疗扶贫】 为了提高景东县人民医院和中医院医生的业务水平，2013年10月，5位青年骨干医生赴浙江大学医学院附属第二医院急诊科、骨科、神经内科、心血管科开展了为期半年的进修学习。

【黑冠长臂猿保护】 2013年11月，为让全社会更加全面地了解中国黑冠长臂猿保护研究工作现状，了解黑冠长臂猿赖以生存和栖息地所面临的资源环境危机，增强保护生态资源和濒危动物的意识，“让天籁之音不成绝唱——云南景东·浙江大学保护黑冠长臂猿宣传”活动在浙江大学紫金港校区隆重举行。浙江大学党委副书记严建华出席会议，并为黑冠长臂猿保护纪念封首发揭幕。黑冠长臂猿保护宣传活动走进高校，是浙江大学与景东对口帮扶的一项创新举措，为扶贫工作赋予了新内涵，取得了很好的效果。

【扶贫经验】 第一，领导重视是扶贫工作顺利开展的根本前提，正因为有了各级领导的关心和重视，才使得高校定点扶贫工作目标明确、责任到位；第二，科学规划是扶贫工作有效落实的重要基础，只有加强顶层设计，规划先行，才能突出重点，优势互补；第三，构建完善的工作体系是做好定点扶贫工作的坚实基础，扶贫工作是一项涉及多学科、多部门的系统工程，只有形成一个以学校统筹协调为支撑，以学科支持为主体，以科学管理和长效机制为保障的定点扶贫工作体系，才能有效推动扶贫工作深入开展；第四，资源整合是扶贫工作取得成效的关键因素，一方面通过构建良好的工作体系和长效机制整合校内资源，另一方面积极整合校友资源，动员社会力量参与定点扶贫，双管齐下，才能产生良好的扶贫效果。

（浙江大学地方合作处　程荣霞）

华中农业大学定点扶贫

【概述】 自2012年11月国务院扶贫办、中组部、教育部等8部委联合下文安排华中农业大学（以下简称“学校”）定点扶贫湖北省恩施州建始县以来，学校领导高度重视，成立专门机构、划拨专门经费、安排专门项目、制订专门计划，按照“发挥优势、科教支援；量力而行、尽力而为；科学谋划、稳步推进；校地联动、汇集资源”的原则，以建始县实际需求为导向，积极开展教育扶贫、人才扶贫、智力扶贫、科技扶贫、信息扶贫和产业扶贫，定点扶贫工作成效初显。2013年，学校共组织各类扶贫活动6次，参加人数86人次（不包括扶贫项目组成员和科技下乡人员），其中校领导5人次；包括博士服务团、挂职干部和义务支教团学生在内，累计工作日2869个；投入经费超过240万元，其中人力成本70余万元，项目经费120万元，工作经费50余万元；举办各类农业培训班21期次，累计培训各类涉农人员1240余人次，其中各级干部120余人次，农技人员700余人次，农村劳动力220余人次，致富带头人200余人次。

【扶贫会议】 2013年1月21日，学校首次召开定点扶贫工作会议，重点研究建始县的帮扶工作，成立了以党委书记李忠云为组长，分管科技工作副校长陈兴荣为副组长，学校办公室、组织部、校团委、人事处、教务处、科学技术发展研究院（简称科发院）、研究生院、学工处、计财处、继续教育学院和资产经营公司等部门主要负责人为成员的定点扶贫工作领导小组。领导小组下设办公室，办公室设在科发院，并为办公室安排专门工作经费15万元。

1月25日，学校邀请湖北省扶贫办副主任项克强和建始县县委书记谭志国一行7人来校考察交流，学校党委书记李忠云在交流会上强调，学校在科技方面具有优势，校地双方应加强沟通，结合建始县的社会经济发展状况，组织好对口支援的项目，发挥学校在成果转化、人才培养方面的优势，做好技术培训等力所能及的工作。会议还对扶贫工作提出了“只能予、不能取；只帮忙，不添乱；不搞陪同和迎送，尊重民风民俗 ”的工作要求。

春节过后，2月25日，学校召开定点扶贫工作组会议，讨论并通过了《华中农业大学定点扶贫建始县工作规划（2013—2020年）》和《华中农业大学定点扶贫建始县2013年工作计划》。3月21日，工作组一行16人，由陈兴荣副校长带队赴建始考察魔芋、景阳鸡、猕猴桃和富硒茶等特色农业产业，召开扶贫衔接现场会议并在会上与建始县签订了长达8年的定点帮扶协议。

【干部挂职扶贫】 挂职干部分为三类：科技副县长、团县委副书记和博士服务团。科技副县长挂职是省委组织部安排的政治任务，经过协商，省委组织部同意将华中农业大学新一轮科技副县长选派工作调整到建始县。团县委副书记挂职是团中央的工作安排，经过沟通协调也调整到了建始县。7月20日，校党委副书记、纪委书记李名家带队，陪护3名青年教师作为首批博士服务团成员赴建始县任职，分别担任县扶贫办副主任、农业局副局长和招商局副局长。11月6日，科技副县长和团县委副书记也分别上任。

【产业扶贫】 在充分调研的基础上，学校确定了建始县的10个特色农业产业为帮扶重点，并组织相关专家以解决产业一线生产难题为中心，根据农民的需要开展技术服务。2013年，学校从自主科研基金项目中安排经费120万元，围绕建始县魔芋、景阳鸡、猕猴桃、茶叶等4个特色农业产业，组装集成学校相关技术成果，在建始县开展推广应用，帮助建始县发展特色农业产业。项目实施以来4个专家团队积极深入生产一线开展调研和科技服务，分别完成了4个特色产业的产业发展规划，项目实施进展顺利。

为进一步整合资源开展技术扶贫，学校将建始县景阳镇双寨子村纳入到学校“一院带一村，辐射一个县”科技支撑新农村建设行动计划对接村，由副校长张献龙作为蹲点领导，资源与环境学院作为牵头对接单位，在该村建设湖北省新农村建设科技示范村和学校新农村发展研究院分布式服务站。5月份为双寨子村划拨建设资金10万元。

【智力扶贫】 发挥农业大学的科教优势，培训农村农技人员掌握现代农业新品种、新技术，使之成为农业发展的引路人和开拓者，是农业大学开展扶贫工作的最有效措施。9月11—18日，学校举办了一期建始县特色产业人才全脱产培训班，培训特色产业“引路人”。来自建始县的农业局二级单位技术人员、乡镇服务中心技术人员、专业合作社带头人、种植大户等50余人参加了培训。一年来，学校前后安排专家50余人次深入建始县乡镇村社和田间地头开展培训和讲座20余次，培训人员1240余人次。

【教育扶贫】 为提高贫困地区基础教育师资力量和教育教学水平，4月21日，学校“本禹志愿服务团队”组织第八届乡村教师来武汉交流学习活动，建始县业州镇七里坪中学雷明武等10名中小学教师应邀参加为期一周的武汉地区重点中小学教学示范观摩学习。7月，学校首批研究生支教团志愿者范先敏等4名准研究生前往支教地开展为期一年的支教志愿服务工作。学校还联系了华中师范大学派出 4 名研究生支教团志愿者参与义务支教工作。同月，学校将建始县纳入贫困地区招生来源范围，并签订协议将建始一中确定为学校优质生源基地。一年来，学校累计投入 10 多万元用于支教活动，取得了很好的效果。该工作作为“本禹志愿服务队”的活动内容之一得到了习近平总书记的肯定和勉励。

【公益扶贫】 11 月 19—20 日，副校长陈兴荣率队，16 名企业家和地方校友会负责人赴建始县开展商务考察，协助建始县开展招商引资。考察队分组考察了 8 家企业和基地，并在生态休闲养老产业基地建设、景阳鸡养殖与加工、猕猴桃种植与加工、旅游资源开发、农产品推广和观赏苗木购销等项目上达成了初步合作意向。

（华中农业大学　赵映年）

四川大学定点扶贫

【概述】 2013年，四川大学定点帮扶四川省凉山州甘洛县，共完成党政干部培训317人次，其中来校参加培训党政干部32人次，送教下乡培训党政干部285人次；甘洛县人民医院来校长（短）期医务人员进修培训6人次；选派支教教师4名；选派挂职干部1名；为甘洛县“4.20”芦山地震灾后恢复重建项目进行总体规划，对涉及甘洛县25个相关部门和单位、涵盖71个具体的灾后恢复项目进行规划梳理，形成了共计41万字的《甘洛县4.20芦山地震灾恢复重建项目总体规划（2013—2015年）项目说明书》及《甘洛县4.20芦山地震灾后恢复重建项目总体规划（2013—2015年）附件》；为甘洛县县委党校（行政学校）灾后重建扩建项目进行规划设计，按甘洛县委要求已完成第一轮初步规划方案。

【扶贫调研】 为确保扶贫工作有的放矢，学校接到定点扶贫工作任务后，第一时间与凉山州甘洛县取得联系。经过双方前期充分的准备工作，2013年3月19日，学校领导带队、相关职能部门和部分学院领导及专家组成的团队来到甘洛进行实地考察调研，并与县政府及其各相关职能部门领导一起座谈，了解甘洛县基本情况、目前存在的困难及发展所需，结合学校实际，双方形成了初步帮扶意向。

2013年5月27日，学校邀请甘洛县县委书记薛文贵、县委副书记马小合、组织部长马鸿斌等一行来校洽谈、交流和探讨定点扶贫工作。四川大学党委书记杨泉明教授、常务副校长李虹教授等校领导及有关部门领导同志详细听取了甘洛县情况汇报，双方围绕《四川大学定点扶贫甘洛县方案》（建议稿）进行了深入的研究，就扶贫项目中人才培训、医疗服务、发展规划、灾后重建等方面内容认真交流讨论。经过双方最后的修改确认，最终形成了《四川大学定点扶贫甘洛县方案》。

【扶贫会议】 学校高度重视甘洛县定点扶贫工作，多次召开相关工作专题会议，要求校内各单位在扶贫工作中要落实一个“实”字，要倾注一个“情”字，结合学校综合型大学的智力、科技、人才、信息等方面的特点及优势，从当地实发际出发，分别制定了切实可行的5、8年扶贫工作实施方案。同时要求具体开展此项工作的相关职能部门和领导要及时掌握项目进展情况，发现问题及时解决；及时向定点扶贫领导小组汇报工作的进展情况和存在的主要问题，落实具体方案以确保扶贫工作扎实有序的向前推进。

通过实地考察调研和双方多次、多种形式的沟通交流，学校进一步加深了对甘洛县扶贫需求的认识，并组织专家团队召开专题会议讨论研究帮扶计划，将帮扶工作任务进行分解落实到部处及学院，明确帮扶工作责任人，直接与甘洛县对口部门进行对接、沟通开展扶贫工作。同时对甘洛县所提出的扶贫方案外的需求也积极配合支持，取得了良好的效果。

【扶贫制度建设】 根据定点扶贫工作相关要求，学校党委高度重视定点扶贫工作，第一时间成立了由学校常务副校长李虹教授任组长、常务副校长李光宪教授等校领导为副组长，学校党委办公室牵头，相关职能部处领导为成员的定点扶贫工作领导小组。工作小组下设定点扶贫办公室（挂靠对外联络办公室），负责规划、协调、实施定点扶贫工作，和相关部处制订具体问题解决方案和工作举措。同时，学校坚持定点扶贫工作重大事项上校务会、具体事项开专题会、相关职能部门和学院各司其职，建立各部门联络员制度，保证信息沟通的畅通和协调工作的有效开展。

【扶贫培训】 开设专题培训班，提高领导干部综合素养。

1. 2013 年 6 月 14 日，结合学校省级定点扶贫县岳池县的扶贫工作，由学校继续教育学院主办的甘洛县、岳池县党政干部培训班开班，甘洛县 22 名党政干部参加了此次培训班。四川大学校党委常务副书记罗中枢教授以《领导科学与艺术》为题，为全体学员作了第一讲，学校相关专家、博士生导师、院长等 6 位专家教授分别就“低碳经济与特色产业”、“社会管理创新”、“县域经济发展战略”、“自然资源规划与开发”、“统筹城乡发展、转变经济增长方式”、“突发事件应急与危机管理”、“新农村建设与特色产业”等作了专题授课。本次培训旨在为甘洛县干部提供新理论、新知识、新技术、新观念等方面的学习培训，增强学员思想修养及管理能力，提高领导水平，并取得良好的效果。

2. 2013 年 5、6 月间，全国干部教育培训四川大学基地有针对性地分别以“经济转型与城市现代化”、“统筹城乡发展与新型城镇化”为专题培训班开班，培训甘洛县党政干部共 10 名；旨在通过此次培训增长见识，拓宽视野，明晰思路，坚定信心，提高工作水平，使得培训干部对社会治理工作有了新的理解和认识。参加培训的干部普遍认为，能够静下来得到学与思的提升机会，对于创新思维、开拓视角都起到了积极作用，对工作能力的提高都很有帮助。

3. 通过双方多次沟通，学校有针对性地进行了精心的安排和准备，2013 年 11 月 16 日、17 日，学校成人教育学院根据甘洛县组织部“送教下基层”的请求，选派优秀的师资队伍，专程前往甘洛县开展实地培训工作，参培人数 285 人。学校成教学院为此特别组织选派老师集中讨论，精心准备，制订了详细的培训计划与授课方案，分别就《领导科学与艺术》《突发事件应急与危机管理》《县域经济发展与体制、机制创新》《县域经济发展战略》4个专题进行了教学活动。此项目受到了甘洛县县委领导的高度重视，得到学员广泛好评，达到了预期效果。

【支教服务】 学校充分发挥学校人才培训及人才资源优势，为甘洛县师资力量的提升及教学水平的提高起到了积极作用。

2013年4月中旬，校团委根据甘洛县在支教方面的具体需求，将相关情况报送团省委及团中央。5月中旬获得团中央准予在甘洛县开展支教活动的批复，校团委从前往凉山州开展支教工作的四川大学第十五届支教团中，选拔出4人作为前往甘洛县的支教队员，并对参加支教的队员进行了支教前集中培训。8月下旬，4位支教老师前往甘洛县中学开展支教活动，承担了高中一年级为期一年的数学、物理、化学课程，每周课时量达48节，师生们反映良好，达到了预期效果。

【干部挂职扶贫】 为进一步加大支援力度，帮扶甘洛县团委工作，学校经过组织部门的严格选拔，派送1位优秀青年干部到甘洛县团委挂职，担任县团委副书记。开展挂职工作，一方面增强了甘洛县团委工作力度；另一方面，也为下一步扶贫工作的顺利开展奠定了基础。

【卫生医疗】 1. 根据甘洛县卫生医疗现状需要，为甘洛县人民医院的6名医生提供为期一年的进修培训，取得良好效果。

2. 6月初，四川大学校团委与甘洛县卫生部门对接，对其工作具体开展情况有了进一步深入了解。6月中旬，针对甘县医疗卫生现状，校团委在华西医院进行了组织和动员，确定了川大博士快车服务团具体开展工作的医院、科室，组建了医学博士快车服务团。

3. 针对甘洛县人民医院远程硬件设施更换需求，华西医院与甘洛县人民医院共同制定了设备清单，以全方位提升甘洛医疗软、硬件建设，以期尽快帮助甘洛县人民医院达到二甲标准。

【灾后重建】 1. “4.20”芦山地震灾后恢复重建项目总体规划。

2013年5月9日，接甘洛县政府《关于请求帮助制定甘洛县“4.20”芦山地震灾后恢复重建项目总体规划》的公函，学校依托灾后重建与管理学院，组织相关专家赶赴甘洛县进行现场调研，踏勘，全面、详细地掌握甘洛县现状的第一手资料，核实灾损情况，为灾后恢复重建项目的类型、规模、标准的确定提供依据。

根据掌握的第一手实地资料，学校组织有关专家将涉及国土资源局、环境保护局、城乡规划建设和住房保障局等25个相关部门和单位、涵盖71个具体的灾后恢复重建项目进行科学规划和梳理，经过双方多次全面的沟通，工作小组的专家老师们夜以继日，对总体规划项目及大量数据进行了反复修改论证，最终形成《甘洛县4.20芦山地震灾后恢复重建项目总体规划（2013—2015）项目说明书》及《甘洛县4.20芦山地震灾后恢复重建项目总体规划（2013—2015）附件》（共计41万字）的定稿，高质量、高效率完成了甘洛县此项目总体规划工作，对甘洛县有力、有序、有效地做好灾后恢复重建工作产生了积极重要的作用，并取得良好效果，得到甘洛县县委高度评价。

2. 甘洛县县委党校（行政学校）灾后重建改扩建项目。

2013年11月2日，接甘洛县关于《甘洛县扶贫和移民工作局关于商请四川大学为甘洛县委党校（行政学校）进行规划设计的函》，学校组织专家小组前往甘洛县党校进行实地勘察、现场调研、核实灾损情况，在此基础上，按照甘洛县委提出的“满足现实需要、着眼长远发展、发挥最大效益”要求，坚持三个原则：优化布局、立足当前、着眼长远的原则；坚持节约用地、够用实用的原则；坚持宏观思考、顶层设计的原则，科学地进行学员宿舍楼、教学办公综合楼、教师中转房及其他设施的布局、规划。2013年，已完成第一轮初步方案，并将与甘洛县委党校继续进行全面地沟通，着手方案深化工作。

（四川大学）

西安交通大学定点扶贫

【概述】 2013年，西安交通大学（以下简称“西安交大”）在定点联系滇西边境山区扶贫工作中定点帮扶云南省保山市施甸县。学校党委常委会明确提出，定点扶贫施甸是学校的重大政治责任和社会责任，全校上下必须高度重视，形成合力，扎实推进，力求实效。学校当年安排100万元用于滇西定点县扶贫工作，通过教育扶贫、人才扶贫、智力扶贫、科技扶贫、信息扶贫和专业扶贫，为云南省施甸县经济社会发展服务。学校分别与保山市和施甸县签署了帮扶合作框架协议，并向施甸县和德宏州陇川县派驻了两名挂职干部任副县长。

全年举办干部培训、基础教育培训、医疗培训等各类培训班12期，共完成培训2600人次；学校直接投入136.8万元，用于援建施甸中小学校园网络和多媒体项目、贫困学生资助和各类人员培训；资助10名施甸籍贫困大学生；3所附属医院采取多种形式对施甸县人民医院、县中医医院进行对口支援；人居学院和人文学院组织专家教授实地调研施甸县抗战文化、契丹文化、布朗民族文化等非物质文化遗产和当地自然资源，提交了城乡规划及旅游开发帮扶项目的建议，与当地政府共同推进“城镇化和城乡一体化”等项目的规划和实施；学校团委组织了西安交大“寻找我的中国梦”赴云南施甸帮扶实践活动。

【扶贫调研】 2013年，学校先后7次组织各方面力量赴施甸县调研考察和实施项目。调研涉及整体帮扶工作实施方案、基础教育、施甸县城乡规划、姚关镇文化旅游开发、雷打树村人畜饮水蓄水安全、生猪养殖和火腿加工、野鸭湖产业发展、水蛭养殖和药品生产等诸多方面。经过深入调研，学校认识到施甸县所在的保山市和学校派驻挂职干部的德宏州陇川县都是中国通往南亚陆上国家大通道的交通枢纽，是我国南向互利合作战略的最佳陆上路径选择，具备了独特的发展优势。学校党委常委会专题研究并通过了《西安交通大学定点联系滇西边境山区扶贫工作实施方案》，明确提出：定点扶贫施甸是学校的重大政治责任和社会责任。全校上下必须始终坚持突出高校特色、以智力扶贫为主的工作方针，高度重视，形成合力，扎实推进，力求实效。

【扶贫会议】 2013年3月28日，学校党委常委会专题研究并通过了《西安交通大学定点联系滇西边境山区扶贫工作实施方案》；5月6日，学校召开扶贫工作会议全面部署2013年滇西扶贫工作；5月27日和29日，党委书记王建华、副校长李伟带队，赴云南省与施甸县和保山市政府分别签署了扶贫挂钩帮扶及战略合作框架协议；10月16日，西安交大与云南省陇川县举行“帮扶云南省陇川县基础教育工作座谈会”，李伟副校长主持，云南省陇川县县长、副县长及陇川县13位中小学校长参加了会议；10月28日，学校与施甸县举行了扶贫工作联席会议。

【扶贫制度建设】 制定了《西安交通大学定点联系滇西边境山区扶贫工作实施方案》和2013年扶贫工作计划。提出了定点扶贫施甸是学校的重大政治责任和社会责任，全校上下必须高度重视，形成合力，扎实推进，力求实效。学校当年安排100万元用于滇西定点县扶贫工作，通过教育扶贫、人才扶贫、智力扶贫、科技扶贫、信息扶贫和专业扶贫，为云南省施甸县经济社会发展服务。

【扶贫干部培训】 中组部全国干部教育培训西安交通大学基地面向云南省、保山市、施甸县和陇川县先后举办了4期干部培训。共有近200名来自基层的干部接受了关于城镇化建设与区域经济发展等专题的培训。课程内容涵盖了城市化发展趋势和小城镇建设、县域经济建设项目策划、包装与申报、历史文化追思、空间集聚机制与城市发展的信息动力学、突发事件中的媒体应对与领导干部的新闻传播素养、领导干部群众路线教育实地教学等。

【教师培训】 2013年6月和8月，来自施甸县和陇川县教育局的干部、中小学校长、年级组长、学科组长等，分别在西安交大进行了为期一周的考察学习和听课培训；12月11日—18日，西安交大附中、附小及幼儿园骨干教师一行11人，赴施甸县和陇川县开展了高效课堂与课题研究、特色班级建设与管理、学生心理健康与教育、备战高考与重点难点突破等4个专题的教学报告，并通过上公开示范课，听课，评课等具体的形式进行教师教学培训。

【扶贫资金投入】 2013年，西安交大在滇西扶贫工作中共投入136.8万元，主要用于援建施甸中小学校园网络和多媒体项目、贫困学生资助和各类人员培训。其中63.5万元用于西安交大帮扶援建施甸中小学校园网络一期项目；2万元用于资助贫困学生；56.3万元用于人力资源培训；15万元用于支持规划调研。

【扶贫资金管理】 学校扶贫资金为学校专项资金。由学校财务处统一账户管理，接受学校审计处的专项审计。每一个项目都需要经过学校组织专家进行前期论证，结合实地调研情况，在充分与滇西当地政府沟通后确定实施。项目实施中，学校一方面组织专人负责全程监控；一方面要求当地扶贫局等部门介入监管，很好地保证了扶贫项目经费的落实。

【智力扶贫】 学校始终坚持突出高校

特色、以智力扶贫为主的工作方针。具体针对当地人力资源缺乏、水平不高的问题，制定了干部培训、基础教育培训和医疗培训3个主攻方向，共完成各类培训12期，培训2600人次。

西安交大人居学院专家教授经过实地考察，向施甸县县委和政府提交了城乡规划及旅游开发帮扶项目的建议，与当地政府共同推进“城镇化和城乡一体化”、“坝区温泉旅游资源开发”、“野鸭湖-清平洞景区、长官司景区、摩苍寺景区”、“善洲林场定向运动高原训练基地建设”等项目的规划和实施。

西安交大生命学院书记、院长带队赴施甸就可能进行科技合作的项目进行实地调研，并为施甸一中师生作科普知识讲座。生命学院一行实地考察了施甸县太平镇石瓢温泉地热资源，与县国土局和太平镇就开发石瓢温泉饮用富氢水相互交流了意见和看法，研讨了施甸健康水工程技术研究中心项目的可行性，为以后进一步合作打下了基础。

【教育扶贫】 针对当地基础教育师资水平非常落后的局面，学校把当年扶贫经费的大部分投入到了基础教育帮扶上。同时也加大了对基础教育师资的培训力度。西安交大一期投入60余万元帮扶援建施甸中小学校园网络项目由西安交大网络中心承担，顺利建成并开通了施甸一中有线无线一体化校园网络，新建了一个计算机教学机房和两个多媒体教室，搭建了施甸一中主页服务器；为姚关镇中心小学建设了一个计算机教学机房；为相关技术人员提供了初步的网络技术培训。新建成的校园网络和多媒体教室等为施甸县部分中小学落实国家教育信息化10年发展规划的“三通两平台”目标打下了坚实的基础。

学校工会与施甸县总工会开展针对贫困生的共同圆大学梦活动，每年投入2万元资助10名施甸籍贫困大学生。这10名学生分别来自云南农业大学、云南省曲靖师范学院、云南财经大学、云南民族大学、云南师范大学、北京中医药大学、云南省大理学院7所院校。

2013年8月，学校团委组织了西安交大“寻找我的中国梦”赴云南施甸帮扶实践活动。21名师生分别在施甸县一中、三中开展公益支教活动；博士生协会主要对施甸县域经济中的特色农业产业、产业结构优化、主要民生问题进行了调研，形成了一系列调研报告。

【文化扶贫】 2013年12月，西安交大人文学院杨琳教授课题组，针对施甸县抗战文化、契丹文化、布朗民族文化等非物质文化遗产和资源的保护及开发进行了实地调研；8月，学生艺术团深入具有布朗族和彝族音乐魅力的白龙水村、摆榔乡、由旺镇等地寻访非物质文化遗产传承人并同他们同台演出交流，取得了良好的社会反响。

【卫生医疗】 西安交大三所附属医院采取多种形式对施甸县人民医院、县中医医院进行对口支援，包括接收骨干医生进修、派驻专家至当地进行培训、对口科别进行合作科研等。同时也将帮扶工作辐射到保山市和陇川县。

6月28日，由西安交大医学部第一附属医院组成的医疗队赴施甸县为近200名基层医务人员进行了医学临床“三基三严”专业培训；7月19日—23日，西安交大医学部第二附属医院先后对保山市人民医院、施甸县中医院、施甸县妇幼保健院、姚关镇医院进行了学科对接和指导，重点对施甸县人民医院等级评审进行了模拟测评；第二附属医院还制定了3年的医师、护理管理等方面培训进修学习计划和保山市医专的教师培训计划。已接受三基培训进修学习人员21人，各类培训进修学习人员主要以半年和一年为主。

【干部挂职扶贫】 西安交大组织部根据教育部人事司《关于做好2012年教育部定点联系滇西边境山区干部挂职选派工作的通知》（教人司〔2012〕279号）要求，结合岗位要求，认真做好优秀年轻干部的选派工作。经基层党委推荐、组织部门遴选、学校干部工作领导小组同意，2013年3月选派了后勤物业党委副书记吴新兵、生命科学与技术学院党委副书记龙跃两位干部赴滇西挂职。

两位挂职干部于3月10日抵达基层开始工作，并由县人大常委会正式任命为人民政府副县长，分管县科技局、县接待办等部门，并协管教育、卫生、扶贫等工作。两位挂职干部上任伊始即深入基层考察了全县乡镇、农场、全县中小学，直接与群众沟通交流。先后主动登门与县四套班子领导，组织部长、宣传部长、纪委书记、政法委书记等党政部门负责同志进行交流座谈，初步了解县情、民情，学习地方工作特点。作为西安交大与当地扶贫工作联席会议的联络人，切实承担起学校与滇西边境山区的桥梁纽带作用。在基础教育、医疗服务和干部培训等方面探索有效的合作，具体承担了调研、培训、项目监管、信息上报等具体工作。均获得教育部定点联系滇西边境山区工作优秀信息员称号。

（西安交通大学扶贫办　申丹）

西北农林科技大学定点扶贫

【概述】 2012年11月，西北农林科技大学纳入中央、国家机关和有关单位定点扶贫结对单位，定点帮扶陕西省合阳县。2013年，西北农林科技大学把定点扶贫工作列入重要议事日程，加强组织领导，加大投入力度，强化工作措施，结合学校科技、人才、教育、培训等优势，制订了帮扶规划和扶贫方案，并要求各单位结合科技项目实施和日常工作开展相关扶贫工作，为全面加快合阳县贫困群众脱贫致富步伐，促进合阳县域经济社会全面发展作出贡献。总计投入资金166.70万元，实施科技项目10项，资助贫困大学生26人，帮助引进各类资金200余万元，培训农业技术人员150余人。

【扶贫工作机制】 成立西北农林科技大学扶贫领导小组及办公室，建立健全工作制度，强化组织和制度保障。明确组织、责任到人，做好扶贫日常协调联络和检查监督，确保扶贫工作落到实处。确定了定点扶贫工作思路，制订定点扶贫工作联系机制、调研制度、工作平台、计划编制、项目设立、干部挂职等方面的研究和落实工作，梳理学校可资利用的有效资源，确定定点扶贫开发的重点内容，配合教育部探索切实可行的途径和方法。动员校内相关单位，积极参与到扶贫调研、规划编制、西部志愿者计划、特色优势产业发展、定点扶贫、协同创新、人才扶贫等工作中。

与陕西省扶贫办和合阳县扶贫办对接，制定互动扶贫计划，启动实施定点扶贫工作。

【扶贫调研】 2013年11月17日，西北农林科技大学孙其信校长赴合阳考察渭北旱地小麦越冬前苗情及田间管理情况并到西北农林科技大学合阳葡萄试验示范站检查工作。2013年，西北农林科技大学李华副校长先后5次赴合阳县检查指导定点扶贫工作。2013年，西北农林科技大学各学院先后有60余人次赴合阳县开展相关定点扶贫工作。

【产业扶贫】 2013年3月9日，西北农林科技大学在合阳县坊镇北渤海村的“西北农林科技大学合阳葡萄试验示范站”揭牌。同时启动了国家火炬计划《西部葡萄与葡萄酒产业技术升级公共技术服务平台》项目和陕西省葡萄栽培技术培训班。试验示范站选派不同学科专家团队长期驻站工作。学校每年给合阳葡萄试验示范站30万元经费。2013年合阳葡萄试验示范站实施科技项目8项，投入经费105万元，开展培训1期，培训相关人员150人。试验站依托西北农林科技大学葡萄酒学院的人才、科技优势和合阳县生态优势，强化科学研究、技术示范、农民培训、信息服务功能，按照政策推动、科技拉动、项目带动，走开放式、国际化的发展路子，成为渭北葡萄产业的科技创新中心、技术推广中心和人才培养中心，为陕西葡萄产业又好又快发展发挥有效的示范引领作用。对提升当地产业的科技含量和科技水平，推动当地农业快速健康发展意义重大。

【教育扶贫】 2013年，西北农林科技大学招收合阳籍大学新生11人，支助在校合阳籍贫困大学生26人11.7万元。

【农业科技扶贫】 2013年，西北农林科技大学园艺学院西甜瓜课题组在合阳种植试验示范田20亩，投入项目经费10万元，带动当地旱地西甜瓜产业发展。

2013年，西北农林科技大学资源与环境学院旱作农业“留茬免耕秸秆全程覆盖”项目在合阳县投入10万元项目经费，推广旱地耕作新技术500余亩。

2013年，西北农林科技大学农学院在合阳县农技中心基地开展品种比较、播期播量、肥料高效利用、病虫害综合防治、耕作制度等项目，与合阳县开展长期合作，攻克技术难关。

【扶贫经验】 西北农林科技大学是一所农林类高等学校，在农林业教育、科学研究、示范推广社会服务方面有较强实力，依托学校的人才、科技优势在合阳县开展相关科技项目对推动合阳县相关农业产业健康发展具有示范引领作用。农业是基础产业也是弱势产业，西北农林科技大学与合阳县各级政府职能部门和产业机构沟通合作，争取政策、项目和经费等方面的支持，建立教育、科研、推广紧密衔接、良性互动、共同发展的长效机制，保证更好地为现代农业和区域经济社会发展服务，强化现代农业发展和新农村建设的人才支撑。

（西北农林科技大学
科技推广处　侯沛）

2013年度中央和国家机关等单位定点扶贫情况一览表

中央定点扶贫单位名称	定点帮扶县名称	挂职干部数量（人）	赴定点县考察（人次）	本单位直接投入（含无偿和有偿）（万元）	帮助引进各类资金（含无偿和有偿）（万元）	培训情况	
						举办培训班（期）	培训人次
中央纪律检查委员会	马边、雷波（四川）	—	7	12.44	1922.7164	1	30
全国政协办公厅	舒城（安徽）	4	97	—	84385.2	—	—
中共中央组织部	舟曲（甘肃）	4	—	—	57497	43	19670
中共中央宣传部	寻乌（江西），耀州（陕西）	7	26	423.4	5000	6	54
中共中央统一战线工作部	赫章（贵州）	2	10	90	—	3	150
中央国家机关工作委员会	临城（河北）	1	42	392.46	14990	—	—
中共中央文献研究室	南召（河南）	1	10	20	—	—	—
中共中央党史研究室	镇原（甘肃）	3	4	0.5	—	—	—
中国作家协会	临潭（甘肃）	—	—	10	—	—	—
中国科学技术协会	临县、方山、岚县、石楼、兴县、中阳（山西）	2	150	300	1000	180	20000
光明日报社	囊谦（青海）	—	6	14.6	—	—	—
中央编译局	唐县（河北）	—	20	20	—	—	—
中国外文局	左权（山西）	3	12	60	—	2	150
全国台湾同胞联谊会	榆中（甘肃）	—	10	73.41	—	—	—
外交部	金平、麻栗坡（云南）	2	13	2304	—	4	260
安全部	盐山（河北）、敖汉旗（内蒙古）	2	100	309	9000	4	200

续表

中央定点扶贫单位名称	定点帮扶县名称	挂职干部数量（人）	赴定点县考察（人次）	本单位直接投入（含无偿和有偿）（万元）	帮助引进各类资金（含无偿和有偿）（万元）	培训情况	
						举办培训班（期）	培训人次
财政部	平江（湖南）	1	33	500	9172	12	4210
	永胜（云南）	1	36	400	1330	2	180
中国铁路总公司	原州（宁夏）	1	33	380	—	—	—
	和田（新疆）	—	35	380	—	—	—
	栾川（河南）	1	12	30	800	—	—
	丹江口（湖北）	1	10	30	—	—	—
	云阳（重庆）	—	6	30	—	—	—
	苍溪（四川）	—	8	30	—	—	—
	勉县（陕西）	1	10	30	—	—	—
	西和（甘肃）	1	18	30	—	—	—
海关总署	鲁山（河南）	2	10	200	47	—	—
	卢氏（河南）	2	12	200	—	—	—
	正镶白旗（内蒙古）	2	11	200	—	—	—
国家税务总局	民和、平安（青海）	2	20	432.46	356.11	40	1178
国家质量监督检验检疫总局	礼县（甘肃），民权（河南）	2	36	200	5522	4	600
国家安全监管总局	阳高（山西）	1	11	50	—	1	28
	广灵（山西）	1	11	69	—	2	152
国家林业局	黄平、台江、剑河、丹寨、雷山、榕江、从江、黎平、三都、荔波、独山（贵州），龙胜、资源、三江、融水、融安、金秀、环江、罗城（广西）	13	35	66607.1	0	5	420
国家知识产权局	桑植（湖南）、崇礼（河北）	10	623	220	202	16	1190
国家机关事务管理局	阜平（河北）	4	101	185.37	7388.76	3	762
国务院侨务办公室	积石山（甘肃）	1	18	3.3	125.558	2	46
中国地震局	永靖（甘肃）	1	27	90	10	2	100

续表

中央定点扶贫单位名称	定点帮扶县名称	挂职干部数量（人）	赴定点县考察（人次）	本单位直接投入（含无偿和有偿）（万元）	帮助引进各类资金（含无偿和有偿）（万元）	培训情况	
						举办培训班（期）	培训人次
中国证券监督管理委员会	兰考、桐柏（河南），太湖、宿松（安徽），汾西、隰县（山西），察右前旗（内蒙古），延长（陕西），武山（甘肃），龙井（吉林）	10	118	2013.35	15422	20	1575
国务院扶贫开发领导小组办公室	泽库（青海）	2	15	148.72	—	3	11
国务院南水北调办公室	郧县（湖北）	—	35	—	—	—	—
中国宋庆龄基金会	彭阳（宁夏）	2	77	900余	—	—	—
中国投资有限责任公司	会宁、静宁（甘肃），施秉（贵州），循化（青海）	—	—	1946.8	—	—	—
国家开发银行	古蔺（四川）	1	24	4432	—	2	64
	秀山（重庆）	—	12	9744	—	3	45
	黔江（重庆）	—	10	58440	—	3	45
	务川（贵州）	—	60	15223	69.5	3	120
	正安（贵州）	1	65	4692	225	3	105
	道真（贵州）	—	70	30438	114.4	3	110
中国农业发展银行	大安（吉林），马关（云南），锦屏（贵州），隆林（广西）	4	27	13648.6	—	—	—
中国工商银行股份有限公司	南江、通江、万源（四川）	3	13	51379.70	27000	—	—
交通银行股份有限公司	天祝（甘肃）	1	3	238.73	—	—	—
中国光大（集团）总公司	新化（湖南）	1	55	740	350	6	490
国家粮食局	金阳（四川）	—	5	27	—	—	—
中国民用航空局	于田、策勒（新疆）	—	12	103.47	—	—	—
国家文物局	淮阳（河南）	1	12	1973.01	70	—	5

续表

中央定点扶贫单位名称	定点帮扶县名称	挂职干部数量（人）	赴定点县考察（人次）	本单位直接投入（含无偿和有偿）（万元）	帮助引进各类资金（含无偿和有偿）（万元）	培训情况	
						举办培训班（期）	培训人次
国家海洋局	白沙、琼中（海南）	—	—	90	—	—	—
国家测绘地理信息局	海伦（黑龙江）	—	6	971	7675	1	70
华融资产管理公司	宣汉（四川）	1	21	291.92	—	—	—
长城资产管理公司	陇县（陕西）	—	6	35.7	—	—	—
招商银行股份有限公司	武定、永仁（云南）	4	98	1058	—	2	105
中国核工业集团公司	石柱（重庆）	—	7	110	—	—	—
	同心（宁夏）	—	—	—	—	—	—
中国航天科技集团公司	洋县、太白（陕西），涞源（河北）	3	228	251.3	—	—	—
中国船舶工业集团公司	鹤庆（云南）	1	17	97.35	—	—	—
中国船舶重工集团公司	勐腊、丘北（云南）	2	30	43.83	—	—	—
中国兵器装备集团公司	泸西、砚山（云南）	—	4	120	—	—	—
中国石油天然气集团公司	尼勒克、察布查尔、托里、巴里坤、吉木乃、青河（新疆），范县、台前（河南），习水（贵州），横峰（江西），另：长汀（福建）	4	101	3650	—	6	252
中国石油化工集团公司	东乡（甘肃），岳普湖（新疆），凤凰、泸溪（湖南），岳西、颍上（安徽）	5	31	6798	—	23	2448
中国海洋石油总公司	五指山、保亭（海南），合作、夏河（甘肃），卓资（内蒙古）	23	45	3355.8	525.5	4	433
国家电网公司	秭归、长阳、巴东和神农架林区（湖北），玛多（青海）	1	163	1880	—	82	4970

续表

中央定点扶贫单位名称	定点帮扶县名称	挂职干部数量（人）	赴定点县考察（人次）	本单位直接投入（含无偿和有偿）（万元）	帮助引进各类资金（含无偿和有偿）（万元）	培训情况	
						举办培训班（期）	培训人次
中国华电集团公司	乌恰、阿图什（新疆）	4	20	207426	—	8	150
中国国电集团公司	曲麻莱（青海）	1	—	100	—	—	—
中国移动通信集团公司	桦南（黑龙江）	1	—	274	—	—	—
	汤原（黑龙江）	1	—	274	—	—	—
	疏勒（新疆）	—	4	2100	—	—	—
	洛浦（新疆）	—	4	2100	—	—	—
	阿克陶（新疆）	—	3	2100	—	—	—
中国电子信息产业集团有限公司	阆中（四川）	1	6	80	—	—	—
	松桃（贵州）	1	10	100	—	—	—
	临高（海南）	1	8	100	—	—	—
中国铝业公司	阳新（湖北）	1	24	112.88	—	15	1105
中国远洋运输（集团）总公司	安化、沅陵（湖南）	2	10	600	2506	7	280
中国海运（集团）总公司	永德（云南）	2	35	483.52	30	2	100
中国南方航空集团公司	墨玉、皮山（新疆）	1	13	33.5		—	—
招商局集团有限公司	威宁（贵州），蕲春（湖北）［注：甘洛（四川）结尾工作］	2	90	4452	—	3	150
中国节能环保集团公司	嵩县（河南），富川（广西）	2	34	100	—	—	—
中国煤炭科工集团有限公司	武乡（山西）	—	20	90	—	—	—
中国冶金科工集团有限公司	沿河（贵州）	1	3	—	—	—	—
	德江（贵州）	1	3	—	—	—	—
中国建筑材料集团有限公司	石台（安徽）	—	—	100	—	—	—
	泾源（宁夏）	—	—	50	—	—	—
	昭阳（云南）	—	—	50	—	—	—
北京矿冶研究总院	平舆（河南）	1	4	10	—	—	—

续表

中央定点扶贫单位名称	定点帮扶县名称	挂职干部数量（人）	赴定点县考察（人次）	本单位直接投入（含无偿和有偿）（万元）	帮助引进各类资金（含无偿和有偿）（万元）	培训情况	
						举办培训班（期）	培训人次
中国国际技术智力合作公司	大姚、姚安（云南）	1	13	231	—	7	320
	中卫（宁夏）	—	2	51	—	—	—
中国北方机车车辆工业集团公司	甘谷、麦积（甘肃）	2	18	256	—	2	120
中国外运长航集团有限公司	莎车（新疆）	1	4	634.56	—	—	—
	叶城（新疆）	1	4	412.28	—	—	—
中国民航信息集团公司	神池（山西）	1	5	—	—	—	—
中国能源建设集团有限公司	镇巴（陕西）	—	12	72	—	—	—
	巴林左旗（内蒙古）	1	13	88	—	—	—
上海贝尔股份有限公司	宁蒗（云南）	—	6	36	—	5	100
中国西电集团公司	麟游（陕西）	—	18	10	—	—	—
首钢总公司	阳原（河北）	1	20	75	90	1	8
民建中央	丰宁（河北）	—	38	115	—	4	1030
民进中央	安龙（贵州）	—	30	300	28000	3	30
致公党中央	酉阳（重庆）	—	46	250.3	200	12	1000
中国人民保险集团股份有限公司	乐安、吉安（江西），留坝（陕西），桦川（黑龙江）	4	—	400	—	3	182
中国人寿保险（集团）公司	天等、龙州（广西），郧西（湖北）	3	10	—	—	—	—
中国出口信用保险公司	霍邱（安徽）	1	10	25	—	—	—
中国太平洋保险集团有限责任公司	两当（甘肃）	1	18	80	—	1	29
	裕安（安徽）	1	12	40	15000	—	—
北京科技大学	秦安（甘肃）	—	30	15	—	—	—
北京邮电大学	长顺（贵州）	—	9	—	—	—	—
中国农业大学	镇康（云南）	2	49	50	—	3	600
北京林业大学	科右前旗（内蒙古）	—	10	10.4	—	2	143

续表

中央定点扶贫单位名称	定点帮扶县名称	挂职干部数量（人）	赴定点县考察（人次）	本单位直接投入（含无偿和有偿）（万元）	帮助引进各类资金（含无偿和有偿）（万元）	培训情况	
						举办培训班（期）	培训人次
中国矿业大学（北京）	都安（广西）	1	8	1.6	60	—	—
南开大学	庄浪（甘肃）	—	15	5.3	—	1	12
天津大学	宕昌（甘肃）	—	6	—	—	—	—
山东大学	确山（河南）	1	6	3	—	—	—
复旦大学	永平（云南）	—	86	—	—	—	—
同济大学	云龙（云南）	1	68	100.8	—	2	102
上海交通大学	洱源（云南）	1	102	60	—	4	89
华东理工大学	寻甸（云南）	—	13	82	—	1	50
南京大学	双柏（云南）	1	28	57.26	—	3	103
中国药科大学	镇坪（陕西）	1	23	50	—	5	480
浙江大学	景东（云南）	2	35	722.5	329.5	9	3000
华中农业大学	建始（湖北）	5	86	80	8000	21	1240
中南大学	江华（湖南）	3	65	94	—	3	150
中山大学	凤庆（云南）	1	46	132	90	4	216
华南理工大学	云县（云南）	1	60	558	50	1	85
四川大学	甘洛（四川）	1	30	—	—	4	317
重庆大学	绿春（云南）	2	76	87.4	299	4	186
西安交通大学	施甸（云南）	2	77	136.8	—	12	2600
西北农林科技大学	合阳（陕西）	—	60	166.70	200	1	150

东西扶贫协作篇

综　　述

2013年，东部18个省市认真学习贯彻新一届中央领导集体关于扶贫开发工作的重要指示精神，充分发挥东西扶贫协作在社会扶贫工作中示范引领作用，加大力度，强化措施，探索创新，协同推进，扶贫协作取得显著成绩。

据统计，2013年东部省市共向西部贫困地区提供财政援助资金118058万元，较上年增长33.8%。其中用于基础设施建设46765万元，占39.6%；用于产业开发28424万元，占24.1%；用于文化教育19698万元，占16.7%；用于医疗卫生10631万元，占9%；动员社会力量捐助款物15043.39万元，派出志愿者111人次；协作企业达311个，协议合作项目2756个，协议合作投资5608亿元，实际投资3400亿元；领导考察互访4556人次，其中省级103人次；实现人才交流1489人次，其中党政干部交流341人次，专业技术人才交流1148人次；举办培训班488期，培训各类人员3.6万人次；输出劳务21.2万人次，实现劳务收入35.9亿元。

在东部9个省、直辖市中，政府财政援助资金最多的是上海35700万元。增长幅度最大的是浙江，由5247万元增加到14915万元，增长1.8倍；其次是福建，由6950万元增加到10557万元，增长51.9%。在9个东部城市中，政府财政援助最多的是杭州3825万元。增长幅度最大的是厦门，由600万元增加到2111.58万元，增加2.5倍；其次是大连，由1600万元增加到3000万元，增长87.5%。从西部省区市来看，得到东部财政援助最多的是贵州、云南和四川，分别为31623万元、26700万元和16705万元。

在动员社会力量为对口帮扶地区捐助款物最多的是福建4418万元，其次是宁波2925万元；引导企业到对口帮扶地区实际投资最多的是广东2088亿元，其次是北京1133亿元；向对口帮扶地区派出挂职干部最多的是北京50人次，其次是山东26人次；向对口帮扶地区派出教师、医生等专业技术人才最多是上海436人次，其次是天津204人次。劳务输出最多的是广东15.99万人次。

按照新纲要“各省（自治区、直辖市）要根据实际情况，在当地组织开展区域性结对帮扶工作”的要求，全国17个省（区、市）和新疆生产建设兵团组织开展了省级层面的区域性结对帮扶工作，较2012年增加了2个。其中东部省份为辽宁、江苏、浙江、福建、广东5省；中部省份为河北、河南、湖北、湖南和海南；西部省（区）为内蒙古、广西、重庆、四川、云南、陕西和青海。在区域性结对帮扶中，有68个地市的175个县（市、区）结对帮扶欠发达的40个地市州的190个旗（县、区），另有23个地市在省里安排下，组织128个区县对口帮扶本市的104个欠发达县。新疆生产建设兵团组织经济发展较快的5个师对口帮扶贫困的2个师。此外，山西吕梁、长治，内蒙古呼和浩特市、鄂尔多斯市、包头市、通辽市和湖南益阳市等许多地市也在探索组织市内区县的结对扶贫协作。据不完全统计，2013年，省（区）级层面的区域性结对帮扶共投入政府财政援助资金57.7亿元；引导社会无偿捐款7.2亿元，捐物折款1.1亿元；派出挂职干部2047名，派出教师、医生和志愿者等7640名；帮助引进人才1294名，引进项目1.36万个，到位资金2387亿元；共建产业园区119个；举办培训班3668期，培训各类人员61.3万人次。

为全面贯彻党的十八大、全国扶贫开发工作电视电话会议和新一届国务院扶贫开发领导小组全体会议精神，深入学习新一届中央领导集体关于扶贫开发工作的重要指示，总结交流各省（区、市）近年来，特别是中央扶贫开发工作会议以来东西扶贫协作工作的新经验和新情况，研究部署新阶段的工作，2013年7月5—6日，国务院扶贫开发领导小组办公室在四川省凉山彝族自治州举办了全国东西扶贫协作工作培训班。全国各省（区、市）扶贫办、协作办，帮扶凉山州的定点扶贫单位代表共110多人参加。时任国务院扶贫开发领导小组副组长、国务院扶贫办党组书记、主任范小建出席并作重要讲话，国务院扶贫办党组成员、副主任郑文凯作总结讲话。

（国务院扶贫办
国际合作和社会扶贫司）

北京市——内蒙古自治区东西扶贫协作

【概述】 2013年，北京市深入推进对口帮扶内蒙古自治区工作，建立每年递增8%对口帮扶资金的工作机制，全年安排财政专项帮扶资金9331万元，实施重点民生工程项目51个；开展文化、教育、医疗、卫生扶贫，投入7500万元资金援建学校、幼儿园、卫生所及养老院等12所；实施科技扶贫，京蒙双方科技部门积极对接，达成科技合作协议；实施产业扶贫，推进经济合作，采取贷款贴息的方式，引导和鼓励北京市企业到内蒙古贫困地区投资，带动当地经济发展；选派50名干部到内蒙古自治区挂职交流，培训当地干部、专业技术人员1304人；北京社会各界向内蒙古贫困地区捐款捐物折合人民币约1500万元。

【扶贫资金投入】 2013年，北京市安排财政专项帮扶资金8331万元，实施51个帮扶项目，支持内蒙古自治区重点贫困地区经济社会发展，带动当地农牧民脱贫致富；安排500万元专项培训资金，组织教育、文化、卫生、金融等领域干部和专业人才培训班48个班次、1304人；对5家在内蒙古自治区投资经营农牧业的北京市企业安排500万元贷款贴息资金，吸引和鼓励更多的北京市企业到内蒙古贫困地区投资；北京市发展和改革委员会安排7000万元资金，用于赤峰市旅游综合服务中心项目。

【产业扶贫】 2013年，北京市在内蒙古自治区投资合作项目达到592个，到位资金1133.11亿元。其中，在内蒙古自治区赤峰市、乌兰察布市招商引资合作项目141个，到位资金176.45亿元，有近60家北京企业与赤峰市开展产业对接，京城新能源（克什克腾）装备有限公司生产50万千瓦规模风机核心部件续建项目、雪莲羊绒集团“内蒙古金三环羊绒深加工项目”等一批项目落户赤峰。北京市海淀园与赤峰市人民政府签约共建“中关村海淀园赤峰分园”。北京开发区协会、工业设计研究院、北京国际工程咨询公司等单位的专家赴赤峰市和乌兰察布市，为两地产业发展等出谋划策。华为公司与乌兰察布市达成一期4平方千米产业园区的合作意向，完成乌兰察布市云计算产业园发展初步规划。

【结对帮扶】 北京市16个区县结对帮扶内蒙古自治区16个旗县，在教育、科技、商业、卫生、文化等多个领域开展帮扶合作。其中，北京市海淀区投资50万元，用于敖汉旗儿童救助管理站建设、敖汉旗萨力巴乡章京营子村人饮维修工程。北京市平谷区向乌兰察布市商都县捐赠价值300万元的教学设备，组织商都县300名教师赴平谷区进修，向商都县幸福院捐赠200台电视机。北京市顺义区发挥辖区企业优势，促进辖区企业与赤峰市巴林左旗工商联及重点非公企业对接，开展劳务合作，为巴林左旗富余劳动力提供就业岗位，达成种植业发展合作意向、签订《战略合作意向书》。大兴区与乌兰察布市签署共建产业园协议，引进3家大型企业，总投资达51.2亿元。门头沟区与察哈尔右翼后旗签署了教育领域对口帮扶合作协议。

【交流互访】 2013年7月11日，双方在北京市召开京蒙区域合作对接工作会议，双方党政领导及有关部门负责人参加会议；全年双方各有关部门开展交流互访约108次；北京市旅游委与赤峰市政府签署合作框架协议，在北京市举办了赤峰市、乌兰察布市旅游推介会；北京市文化委组织北京文艺工作者赴帮扶地区进行文艺会演，开展文化扶贫活动。

（北京市对口支援和经济合作工作领导小组办公室）

天津市——甘肃省东西扶贫协作

【概述】 天津市委、市政府认真贯彻落实中央扶贫开发工作会议精神和新10年扶贫开发纲要要求，高度重视东西扶贫协作，进一步加大对口帮扶甘肃省工作力度，深化务实合作。2013年，安排年度援甘资金6480万元，各区、县、部门落实援助资金1213.59万元，津甘交流互访16个团组、174人次，其中省部级领导带队的互访2次，签约合作项目9个，签约金额42.5亿元。完成甘南、天水、定西等地旅游、扶贫、农技培训班4期，培训基层干部、专业技术人才400人次。在甘南州卓尼、临潭“7.22”震后受灾严重地区实施12个项目，3000万元的震后重建资金全部到位。

【工作机制】 调整、完善了以中央政治局委员、天津市委书记孙春兰为组长，市委副书记、市长黄兴国为第一副组长，其他4位市领导为副组长、17个部门一把手为成员的市对口支援工作领导小组。首批6名援甘干部到甘肃省甘南州任职，成立了“天津市对口支援甘肃省工作前方指挥部”，作为天津在甘肃开展帮扶工作的前方办事机构，负责衔接津甘各项东西扶贫协作工作的开展，协调天津市有关部门、区、县在甘肃全省，重点在藏区组织推动帮扶项目实施，监督帮扶资金使用情况。指挥部下设综合办公室、项目办公室、智力帮扶及社会事业办公室、财务及审计办公室，各办公室负责同志及成员由援甘干部兼任。

【产业帮扶】 开展了以“搭建对接平台、培育旅游市场、扶持旅游产业、深化旅游合作”为主题的“津甘东西扶贫协作九色甘南魅力游”系列活动。天津市旅游局和天津大亚旅行社、天津中青旅负责同志联合甘肃中国旅行社甘南分公司在甘南实地了解了重点线路、旅游产品、交通食宿，商谈后期合作事宜。天津《渤海早报》每周开辟四分之一专版，分5期向天津市民集中宣传精品旅游线路；在津对甘南州、市（县）、景区三级100名从业人员进行了为期7天的培训；利用2013中国旅游产业博览会平台，对甘南州特色旅游资源进行推介，18家企业与天津旅行社签订旅游合作协议。为食用菌栽培企业“牵手”，请天津金三农农业科技公司提供技术支持，帮助定西天耀草业科技有限公司开展“利用废旧房舍做菌室、利用废料袋栽蘑菇、利用废菌料再开发”，通过循环利用使企业增效，农户增收。

【社会帮扶】 宝坻区通过“送温暖、献爱心”以及为武山县教育系统配置计算机、教学设备和校用车辆等活动，支援武山县物资330万元，吸纳近4000名甘肃籍工人在津就业。河东区在甘肃“7.22”岷县地震后，向灾区送去30万元的救灾款，组织5家区内企业与岷县的3家企业开展产业合作。河北区在地震后向清水县捐款50万元，并协助完成县城总体规划修编工作。南开大学、天津大学主要领导分别赴甘肃省及庄浪县、宕昌县考察座谈，推进结对帮扶工作，通过聘请帮扶庄浪县咨询专家、资助15名庄浪一中高中生参加夏令营、为庄浪县800余名中学教师作主题讲座、组织甘肃省108所中小学校长考察南开大学等活动，推动南开大学与庄浪县帮扶协作。天津市卫生局派出第六、第七批共100名主治医师职称以上医生，赴甘肃10所受援州、县医院进行对口支援工作，并对甘肃选派的104名骨干医师进行专业培训。

【经贸合作】 利用“津洽会”平台，帮助甘肃省及甘南州、兰州新区、白银市在津举办了3次企业家座谈会，邀请100多家企业参会，签约9个招商项目，签约额42.5亿元。组织8家天津异地商会和企业赴甘肃开展“陇上行”活动，实地考察了兰州新区、白银市、天水市、平凉市等地18个园区、企业，在旧城区改造、城市商业综合业态提升等方面达成了合作意向。利用2013中国天津全国食品博览会，为甘肃省14个市（州）的食品企业搭建展会平台，推介陇上食品打入东部市场，使甘南州牦牛肉、狼毒菌、人生果、高原菇等绿色、环保、无污染食品受到广大天津市民的青睐，雪原肉业、安多清真绿色食品等食品加工企业与天津环渤海农产品物流交易中心达成合作意向，打开了天津市场。

【智力帮扶】 启动天津市对口帮扶甘肃省甘南藏族自治州定向培养医学本科生项目，拟于2013～2015年连续3年定向招收甘肃藏区300名医学本科生，由天津医科大学和天津中医药大学在招生计划中单列编制、提前招生，在甘肃省普通高等院校一本、二本投档最低控制线上优先录取甘南州生源，学生毕业后，到指定的县级及县级以上医疗卫生机构服务不少于6年。首批61名定向医学生已于2013年9月到位，2014年、2015年招生人数逐步增加。天津南开中学在兰州招收优秀初中毕业生40名，使甘肃学生充分享受天津市优质教育资源。“甘肃—天津‘9+3’藏区免费中等职业教育项目”顺利招收第二批260名学生。依托甘肃省第二人民医院“医疗卫生适宜技术培训中心”，天津医疗博士团为甘肃藏区培训医疗卫生适宜技术人员200人次。为定西市、天水市扶贫系统及乡镇基层干部举办了农业科技和企业管理经营培训班。

（天津市人民政府
合作交流办公室　王震）

辽宁省——青海省东西扶贫协作

【概述】 2013年，辽宁省认真贯彻落实中央扶贫开发工作会议、全国东西扶贫协作工作会议精神，加大对口帮扶青海省工作力度，按照“优势互补，互惠互利，长期合作，共同发展”的协作原则，拓宽协作渠道，创新协作机制，促进青海省贫困地区的经济社会发展，全年投入无偿援助资金4559.6万元，其中，辽宁省本级安排帮扶资金3727万元，比2012年增加337万元，增幅为10%。13个市和辽电公司投入援助资金832.6万元。实施帮扶项目22个，其中，辽宁省本级8个，市14个。主要实施了整村推进、产业扶贫、“雨露计划”、互助资金试点、干部和人才培训等帮扶项目。

【工作机制】 辽宁省委、省政府始终坚持把对口帮扶青海工作作为一项重要的政治任务，纳入工作日程。一是建立工作机构。成立了由省长陈政高任组长，副省长邴志刚任副组长，由组织部、发改委、财政厅、人社厅、科技厅、教育厅、经合办等相关部门组成的省对口支援工作领导小组，领导小组下设办公室，设在辽宁省经济合作办公室，全面负责对口帮扶工作。二是完善工作制度。为确保对口支援资金和项目科学、规范顺利实施，辽宁省制定了《对口支援资金和项目管理办法》、《对口支援在辽资金管理办法》，加强援助项目和资金的管理，保证资金合理使用，使项目和资金管理形成了一套比较完善的工作体系，各项援助工作有序推进。三是实行结对帮扶。两省根据国务院扶贫办《关于完善辽宁、青海东西扶贫协作工作的通知》，在已有对口帮扶工作的基础上，根据工作需要，调整了辽宁省对口帮扶结对地区，进一步巩固帮扶成果，加大帮扶力度，确定辽宁省13个市及1个企业对口帮扶青海省西宁市和海东地区的9个县。各市相继成立了对口支援工作领导小组，健全工作协调机制，提升对口帮扶工作力度。四是落实帮扶计划。辽宁省及各市按照中央政策要求，结合当地实际情况，制定切实有效的项目资金计划，根据帮扶要求，实行交支票工程，按照计划逐一检查验收，援助项目资金发挥最大扶贫效益。

【帮扶项目】 帮扶项目向基层、民生、最贫困地区倾斜，帮助贫困地区发展经济，改善基础设施条件，提高农民收入。2013年，辽宁省本级共投入3577万元，全部用于整村推进、易地搬迁、贫困村互助资金试点、党政军企共建示范村和短期技能培训等扶贫项目。一是安排援助资金1027万元，在大通、湟源县的5个贫困村实施整村推进项目，使906户3640人从中受益，使贫困户年户均增收2000元以上。二是安排援助资金500万元，对青海省贫困地区50家专业合作社，每个合作社给予10万元的资金补助，带动5000余户贫困户发展种养业，实现增收。三是安排援助资金850万元，在青海省玉树、海晏、刚察、河南、乌兰县的90个规划贫困村中开展贫困村互助资金试点工作。四是安排援助资金400万元，在党政军企共建示范村——平安县小峡镇王家庄村，按照打造成为“新型生态农村社区”的总体定位和建设目标，配套实施了农房改造、基础设施建设、村容村貌治理、特色产业发展5类建设项目。五是安排援助资金600万元，实施贫困劳动力短期技能培训工作，对6857名贫困劳动力开展了汽车驾驶、民族歌舞、服装加工、特种机械驾驶等专业的短期技能培训。培训人员转移率达90%以上，年人均收入达万元以上。六是安排援助资金200万元，用于贫困地区干部、专业技术人员和就业技能培训。

【社会帮扶】 辽宁省各市落实定点帮扶资金832.6万元，其中，营口市落实帮扶乐都县133.1万元，主要用于整村推进设施农业基地盐碱地改造、鱼塘建设、苗木购置和技能培训等项目；铁岭市帮扶湟中县48.5万元，用于整村推进石城村实施了易地搬迁水电路配套项目；阜新市落实帮扶湟源县资金46万元，配套了实施易地搬迁村的基础设施和产业扶持项目；辽阳市落实帮扶平安县资金65万元，用于扶持产业发展；盘锦市帮扶平安县60万元，用于金阳养殖场建设项目；抚顺市落实帮扶循化县资金90万元，用于扶持贫困户发展特色种植业；鞍山市落实帮扶化隆县资金130万元，用于扶持沙连堡乡其后昂村140户贫困户发展土鸡养殖；葫芦岛市落实帮扶大通县资金32万元（含物资折价），实施了贫困村肉羊养殖、引进葡萄种苗等项目；本溪市落实帮扶湟源县资金97万元，配套了实施易地搬迁村的基础设施和产业扶持项目；丹东市落实帮扶互助县资金72.6万元，用于资助在辽66名互助高中学生的学习；朝阳市落实帮扶互助县资金58.4万元，用于资助在辽66名互助高中学生的学习。

【产业帮扶】 2013年，辽宁省利用“青洽会”搭建的平台，推进两地经济合作，组织本省12个市、45家企业参加“青洽会”，接待参观洽谈人员20000多人次，签订供销合同1745万元，推动了招商引资帮扶工作，在参加展会的同时还组织各市考察调研，进一步强化对口支援工作。

【智力帮扶】 积极开展受援地区的培训工作，通过业务培训、技能培训，生活资助等形式，提高基层干部业务水平和农民的再就业创业能力。组织受援地基层干部和劳动力技能人员赴辽开展金融系统、设施农业、基层扶贫系统干部培训和农牧区贫困青年劳动技能培训工作，完成培训210人，其中劳动力技能培训110人，农业技术人才和专业干部100人。辽宁省营口市帮助乐都县在异地培训乡村干部4期25人。

（辽宁省经济合作办公室　裴智琦）

上海市——云南省东西扶贫协作

【概述】 2013年，上海、云南两省市党委、政府认真贯彻落实党的十八大、中央扶贫开发工作会议、全国东西扶贫协作工作会议精神和《中国农村扶贫开发纲要（2011—2020年）》，根据上海市——云南省对口帮扶合作第十四次联席会议部署，在国务院扶贫办的具体指导下，紧密联系云南对口地区实际，着力抓好滇桂黔石漠化片区、滇西片区、迪庆藏区等集中连片特困地区的扶贫攻坚，稳步启动沪滇合作，参与乌蒙山片区扶贫开发试点，如期完成帮扶云南独龙族聚居区5年扶贫规划目标任务。坚持产业发展与新乡村建设互相促进的方针，探索建立农业龙头企业、农民专业合作社、农户的利益联结机制，多种渠道帮助农户增收。以中国（上海）自由贸易试验区和云南省面向西南开放重要桥头堡建设为契机，深化上海、云南两省市经济合作。制订《上海市对口支援云南省项目管理暂行办法》，明确各方职责、规范工作程序、确保项目质效。投入援助资金3.02亿元，实施帮扶项目296个，年度各项援滇目标任务如期完成。

【沪滇对口帮扶合作第十四次联席会议】 2013年7月8日，上海、云南两省市座谈交流暨对口帮扶合作第十四次联席会议在上海召开。中共中央政治局委员、上海市委书记韩正，市委副书记、市长杨雄，云南省委书记、省人大常委会主任秦光荣，省委副书记、省长李纪恒出席会议。双方就沪滇帮扶合作事宜进行座谈，签署了《上海市人民政府云南省人民政府关于加强沪滇对口帮扶合作携手参与中国面向西南开放重要桥头堡建设的合作协议》。按照新的区县对应关系，上海市14个区县与云南省26个对口县签订了《关于深化区县对口帮扶合作的框架协议》。两省市10个部门签订了2013年度合作备忘录；云南省政府分别与复旦大学、上海交通大学、同济大学签订了合作框架协议。

【制度建设】 按照国务院扶贫办和上海、云南两地党委、政府要求，首次制订和颁布了《上海市对口支援云南省项目管理暂行办法》。规定援滇项目要在当地党委、政府统筹领导下实施，当地对项目实施、监管和资金使用管理负总责，并明确援受双方相关主体职能定位。对项目的产生、申报、审批、实施、检查、审计、验收、评估等整个周期各个环节做出明晰规范，增强了项目管理的科学性、针对性和操作性。

【产业帮扶】　贯彻国务院扶贫办要求，逐步提高直接用于支持扶贫对象参与产业发展的资金比例，帮助群众增加经营性收入和资产性收入，全年安排资金4375万元，在文山、红河、普洱、迪庆、保山、西双版纳等州市建设咖啡、甘蔗、猕猴桃、红薯、辣椒、澳洲坚果、生猪、肉牛、乌骨鸡等规模化产业基地，实施生产、加工、物流、营销全产业链扶持。引入光明食品集团所属光明石斛生物科技公司，安排帮扶资金1130万元，在文山、红河、普洱、西双版纳、保山建设5个“光明石斛产业园”，产权归当地成立的农民专业合作社，经营权则交由光明石斛公司，协议一签6年，通过“龙头企业+专业合作社+农户”的模式，带动贫困地区农户增收。

【小额信贷】　上海市政府合作交流办会同中国扶贫基金会在文山州富宁县合作开展小额信贷试点，上海援滇资金安排500万元、中国扶贫基金会出资1000万元，引入其成熟的小额信贷产品，成立农户自立服务社，采取无抵押、无担保、五户联保的方式，按照一个电话，小额信贷送到家与收贷入户的服务理念，办理1年期小额信用贷款，支持农户发展庭院经济、小产业。全年累计发放贷款1006.8万元，本息回收率达100%，覆盖12个乡镇，扶持农户2000余户，近3万名群众受益。

【就业扶贫】　在文山州砚山县试点援建工业园区标准厂房，帮助当地农村富余劳动力近2000人实现就业。在文山州开展就业信息服务平台建设，设置劳务信息服务点，提供就业信息实时服务，组织招聘活动，实现就近和异地转移就业2200人。

【独龙族帮扶】　2013年，投入帮扶资金1000万元，在独龙江乡实施5个民族文化特色村安居工程，完成了上海、云南两省市独龙族帮扶5年协议确定的目标任务。2009年独龙族整族帮扶工作启动以来，上海市连续5年共投入资金7670万元，重点实施了6个安置点323户安居房、5个民族文化旅游特色村、7个整村推进以及学校电教室、村委会卫生室等项目，改善独龙族群众生产生活条件，改观村容村貌，增强自我发展能力。

【医疗卫生帮扶】　2013年，上海市启动第二轮为期3年的三级医院对口支援云南省县级医院工作，结对帮带云南县级医院的上海市三级医院由2012年的19所增加到23所，创新支援形式和支援内容，帮助受援医疗卫生机构提高学科建设和管理水平，满足当地群众医疗健康需求。全年共派出3批、325人次的医疗队，在当地开展门诊74804人次、急诊11161人次、手术6251例、会诊及疑难病例讨论5667次；帮助建立特色专科79个，开展新技术、新业务428项；接收来沪进修培训307人次，赴当地组织业务培训29921人次、手术示教1833次、举办学术讲座1625次。在红河州支持县艾滋病防控中心、乡中心卫生院建设，在迪庆藏区支持州藏医院能力建设，添置医疗设备，提升藏区医疗服务水平。

【经济合作】 上海、云南两地结合中国（上海）自由贸易试验区和中国面向西南开放重要桥头堡建设战略，深化重点区域、重点领域合作。2013 年 6 月，上海市组织大规模经贸团参加首届中国——南亚博览会暨第 21 届昆交会。2013 年 11 月，上海市副市长时光辉率领上海企业家一行 35 人赴昆明、普洱、西双版纳等经济合作重点地区和桥头堡建设节点城市考察。2013 年 12 月 4 日，云南省战略性新兴产业（上海）推介会在沪举办，云南省委副书记仇和、上海市副市长时光辉出席，500 余家上海企业到场咨询洽谈，签订合作项目 33 个。年内，楚雄、丽江、普洱、西双版纳、大理等州市相继来沪举办各类产品推介和招商引资活动。2013 年，上海在滇投资签约和在建项目 135 个，实际到位资金 100.74 亿元。

【干部交流】 2013 年 6 月，上海市第八批、第九批援滇干部进行轮换。在全市遴选了 15 位素质高、能力强、作风硬的同志，作为第九批援滇干部赴云南对口州市挂职，挂职期限由原来的两年延长至 3 年，以更好地服务对口地区经济社会发展，帮助困难群众脱贫增收。援滇干部赴任前，在上海市委党校接受了专门集中培训，赴任后，结合对口地区特点和岗位实际，加强学习调研，完成角色转换，积极投身工作，得到受援地区干部群众的认可。

（上海市政府合作交流办
对口支援处　刘军）

江苏省——陕西省东西扶贫协作

【概述】 2013年，江苏省根据《中国农村扶贫开发纲要（2011—2020年）》及全国扶贫开发工作会议精神，针对新形势下扶贫协作的特点，以政府援助为基础，实施产业扶贫，发展社会公益事业，突出智力帮扶，促进受援贫困地区区域发展。据统计，全年投入无偿援助资金3725万元，社会捐赠资金及物资折价200万元。实施各类扶贫项目103项；援建学校、幼儿园12所，卫生院（所）6所；乡村道路141千米；举办各类培训班8期，培训各类人员475人次；帮助陕西贫困地区输出劳务人员13500余人，实现劳务收入32310万元。

【基础设施建设】 2013年，江苏省本级投入援助资金1000万元，援建省级苏陕扶贫项目5项，主要围绕陕西省移民搬迁和整村推进建设，改善贫困乡村道路、桥梁、饮水设施和住房条件，受益农户达21803户，其中，紫阳县双安镇至汉滨区牛蹄镇公路改造14.8千米，长武县浅水源生态产业园道路5.8千米，山阳县高坝镇石头梁新区过境公路1.15千米，富平县城关镇华朱管区优东村通村公路3.86千米，以及清涧县人民医院传染病和急救中心建设项目，总面积2650平方米。

【设施农业建设】 2013年，无锡市及对口县区实施种植业、养殖业及相关项目11项，建成子长县郝家川村葡萄示范园、延川县马家河乡古寺村苹果产业园、黄陵县桥山镇特色农业产业项目、甘泉县东沟社区五里村标准化养猪场及下寺湾镇现代农业示范园等项目。苏州张家港市援建榆林市子洲县瓜则湾乡特种养殖场、周家硷镇后双庙湾村粉条加工项目、老君殿镇红柳湾村养羊项目、三川口镇阳湾村果园改造等项目提高了当地农民收入，培育了新的增长点。太仓市援建的米脂县陕北小杂粮集中交易中心，推动了当地区域特色农副产品持续发展，增加了农民收入。

【饮水灌溉工程】 无锡市帮助延安市实施了宝塔区麻洞川微动力污水处理系统、临镇微动力污水处理系统及富县水塔加固维修工程3项水利工程，援助项目资金100万元。其中宝塔区两个污水处理项目该项目实施后，提高了两地居民的生活质量，为延安市推行小型微动力污水处理起到示范作用。

【易地扶贫搬迁】 南通市及对口县市实施易地扶贫项目5个，援助资金185万元。项目有南通市援建淳化县胡家庙镇前庄村供水工程项目，长武县枣园镇寨子村移民搬迁项目，永寿县常宁镇东邑村人行道铺设及排水沟建设项目，旬邑县排厦社区水家村道路硬化项目，淳化县方里镇魏村和秦河发展服务中心前北甫村两村的基础设施建设项目。援建项目有效地解决了980户4529名贫困群众居住、出行、饮水和文化活动等问题。

【产业扶贫】 2013年，江苏省进一步加强与陕西省的经济合作，促进当地经济发展，增加就业岗位，提高居民收入，在第17届“西洽会”上，江苏省共组织了500多家企业、1000多人参会参展，达成了一批重大投资项目，其中，苏宁云商集团股份有限公司与西安市浐灞新区管委会签订西安物流项目，总投资19亿元；徐州矿务集团有限公司与陕西省子长县人民政府签订年产180万吨中庄煤矿项目，总投资15.6亿元；南通家纺商会与陕西中登集团签订西安国际家纺城项目，总投资12亿元；江苏伟业建设集团与西安一顺实业有限责任公司签订新一代·伟业国际项目，总投资11亿元。常州佳尔科药业集团有限公司以旬阳县黄姜种植为原料，组建旬阳科威生物化工有限公司，带动了当地黄姜种植业的发展，增加了农民收入，同时还解决了一批富余劳动力就业；常州市三新园艺有限公司与安康市文武创新农业有限公司达成30亩食（药）用菌合作项目。

【卫生医疗帮扶】 2013年，苏州市卫生部门从多家医院选派8名优秀医务人员组成第十六批、第十七批志愿医疗队，支援榆林神木县人民医院和榆阳区人民医院。自2002年，苏榆卫生对口协作计划启动，苏州市卫生部门每年都选派优秀青年医务志愿者赴榆林开展医疗帮扶活动，累计人数已达100余名，通过传、帮、带，培养了当地医疗人才，提高了当地医技水平。

（江苏省发展和改革委员会
张建明）

浙江省——四川省东西扶贫协作

【概述】 2013年，浙江省认真贯彻落实全国扶贫开发工作会议精神，坚持“输血与造血结合，帮扶与合作并举”的工作方针，坚持以“改善民生、智力帮扶、产业扶持”为工作重点，通过抓推进、抓基础、抓规范，全面开展以对口帮扶四川藏区为重点的各项工作，圆满完成年初确定的目标任务。2013年，浙江省无偿援助对口帮扶四川藏区（3州32县）到位资金1.3855亿元；长效帮扶青川县项目资金到位1060万元；与南充、广元等地区开展经贸产业合作项目47个，协议资金187.99亿元，到位39.23亿元；双方互访交流467人次；各类人才培训2872余人。

【工作机制】 2013年，按照国务院扶贫办的要求，浙江省全面启动对口帮扶四川藏区工作。一是建立结对帮扶机制。安排杭州、湖州、绍兴、金华4个市19个县（市、区）结对甘孜州及18个县和凉山州木里县；温州、嘉兴、台州3个市结对帮扶阿坝州及13个县。13个省级部门与甘孜、阿坝二州相应部门建立业务关系。二是建立资金筹措机制。自2013年起，浙江省每年由省市县三级共同筹集1.37亿帮扶资金。其中，承担帮扶任务的每个县（市、区）每年出资300万元，用于各对口藏区县；7个市本级每市每年出资300万元，用于各对口州本级；省财政每年出资2000万元，用于对口地区的较大项目帮扶及人才培训等。三是建立工作保障机制。出台《浙江省对口帮扶四川藏区工作实施方案》、《浙江省对口帮扶四川省藏区项目管理办法》、《浙江省对口帮扶四川藏区专项资金管理办法》和《浙江省对口帮扶四川藏区工作考核办法》，确保工作规范化进行。

【民生项目】 2013年，浙江省直接用于对口地区建设扶贫新村、教育、卫生和扶贫济困等项目资金8879万元，用于发展农（牧）业产业项目资金5281万元。用于32个扶贫新村建设项目资金6179万元，实施教育、卫生帮扶项目，投入资金2500万元。

【产业帮扶】 2013年，在帮扶四川藏区方面，确定了四川藏区32个各具当地特色的农牧业产业项目，包括种植、养殖、旅游等产业，特别是蔬菜、核桃、葡萄、藏香猪等及旅游平台的建设，共投入帮扶资金3421万元。在长效帮扶青川方面，继续把农业产业扶持放在优先位置，继续做好油橄榄、茶叶、食用菌、畜牧、贴息贷款等5大类7个项目的农业产业帮扶，投入资金660万元。同时，出台了《长效帮扶青川县小额无息贷款项目实施办法》和《青川油橄榄中长期规划》，对青川县2013年申报的产业项目，组织专家对项目进行了评审，确保长效帮扶青川项目规范管理。

【经贸合作】 2013年，是浙江省对口帮扶四川省藏区工作启动之年，浙川双方立足四川藏区的实际，重点开展调查摸底工作，全面调查四川藏区的能源、矿产资源、农牧产品、民族制药、旅游文化、生态农牧业等开发情况，梳理合作内容，明确合作方向。同时，继续深化与南充、广元的经贸合作，2013年，浙江省与南充签订经贸合作项目36个，协议资金134.56亿元，到位资金23.26亿元。与广元签订经贸合作项目11个，协议资金53.43亿元，到位资金15.97亿元。

【智力帮扶】 2013年，浙江省以提升藏区软实力为目的，发挥人才优势，帮助培养四川藏区卫生、教育等公共事业人才，帮助培训基层干部、企业管理人员，帮其转观念、拓思路、强本领，帮助培训农牧业致富带头人，增强其带领群众脱贫致富的能力。针对青川县茶叶生产、经营需求，浙江省及时安排资金50万元，帮助青川县茶叶专业人才38人赴浙江培训学习1个月。2013年10月，浙江省在成都培训75名基层扶贫干部。12月初，组织甘孜州对口部门和企业管理人员37人赴浙江考察学习。

【互访交流】 2013年，浙江四川双方开展互访交流467人次，其中浙江到四川考察343人次，四川赴浙江考察124人次。四川省政府代表团，甘孜、阿坝、凉山等主要领导率代表团先后5次来浙江考察洽谈，3个州有25个县先后赴浙江省的各对口县（市、区）开展互访交流。7月，浙江省副省长熊建平率领省政府代表团赴四川藏区考察，双方召开了东西扶贫协作工作座谈会，签订了东西扶贫协作协议。12月26日，四川省副省长曲木史哈率队赴浙江省考察并进行座谈交流，双方就东西扶贫协作事宜达成了共识。2013年，浙江省有18个县（市、区）赴对口地区对接交流，杭州、绍兴、湖州、台州等市由市领导带队，深入藏区考察扶贫新村、农产品生产基地，慰问贫困户，召开扶贫协作工作会议，签订东西扶贫协作协议。绍兴市委专门召开常委会议听取工作考察汇报。

（浙江省人民政府
经济合作交流办公室　陈金炜）

福建省——宁夏回族自治区东西扶贫协作

【概述】 2013年，福建省按照中央的总体部署，全面落实对口支援宁夏回族自治区的各项任务，一年来，省级财政援助宁夏资金3300万元，对口市县区援助资金4257万元，社会各界捐助折款4418万元，主要用于支持生态移民、优势特色产业、菌草、教育卫生文化等项目，有效地改善了宁夏中南部山区群众的生产生活条件，促进了当地经济和社会发展。

【闽宁互学互助对口协作第17次联席会议】 10月23日，闽宁互学互助对口扶贫协作第17次联席会议在宁夏银川市召开。福建省委书记、省人大常委会主任尤权，宁夏回族自治区党委书记、人大常委会主任李建华出席会议并讲话，宁夏回族自治区主席刘慧主持会议，两省区有关领导、有关部门以及结对帮扶市县（区）负责人、福建省第八批援宁挂职干部出席会议。会议期间，两省区政府共同签署了闽宁互学互助对口扶贫协作第17次联席会议纪要，召开了福建省第八批援宁挂职干部座谈会。两省区教育、金融、旅游等对口部门（单位）签署了合作协议。宁夏永宁县政府与亚通创新、银丰铝业、成功红酒业等5家福建企业签订了总投资52.5亿元的合作合同，与8家福建企业签订了合作协议。

【工作机制】 一是建立对口扶贫协作组织机构。两省区党委、政府分别成立闽宁对口扶贫协作领导小组，由党委政府分管领导任组长、副组长，负责指导协调工作，下设办公室，依托在两省区的扶贫部门具体抓落实。二是建立联席会议制度。两省区党委、政府每年联合在福建、宁夏两省区交替召开一次高规格联席会议，全面回顾和总结上一年度协作工作，研究和解决协作中出现的问题，安排部署下一年度工作，闽宁对口扶贫协作的主要工作和重大决策都是在联席会议上形成的。从1996年至今已经连续召开17次联席会议。三是建立市县结对帮扶机制。福建选择沿海经济发达的5个区市的9个县（市、区）与宁夏的9个贫困县结成对子，主要以县为载体，项目为支撑，民生为重点，开展经济协作与对口帮扶。四是建立互派干部挂职交流机制。18 年来，福建省以两年为一轮换周期，先后选派 8 批 119 名优秀领导干部到宁夏贫困地区挂职，通过制定帮扶措施，落实扶贫项目，招商引资，发挥桥梁纽带作用。宁夏也先后选送 12 批 193 名贫困地区干部到福建省挂职，直接参与福建当地经济社会建设。

【帮扶项目】 2013 年，福建省及对口市县区投入资金 2886 万元，帮助宁夏中南部地区发展设施农业、特色种养业、农产品加工业等增收产业，提高贫困地区和贫困群众自我发展能力。在红寺堡区投资 370 万元，建成了城东现代农业示范区 600 吨生鲜果蔬冷藏库；在太阳山镇沙泉村投资 1800 万元，建设了千亩设施农业示范基地；在彭阳县投资 180 万元，对闽宁现代食用菌产业示范园进行改（扩）建，使日生产能力提升到 7.2 万袋，日产鲜菇 15 吨，实现年产值 8000 万元，增加项目区农民年人均纯收入 3000 元；在盐池县设立了青年创业园基金和盈德村滩羊产业基金项目，在推动特色产业发展的同时有效地解决青年就业创业问题；在原州区扶持马铃薯、胡麻、红梅杏等特色产业，发展瓜果蔬菜拱棚设施农业；在同心县投资建设清真食品基地、中草药基地，扶持发展红枣、红葱、枸杞等特色产业；福建农林大学与闽企皇达公司校企合作，在泾源县设立林业工程博士后科研流动站，成为宁夏苗木研发的重要力量；在隆德县扶持发展中药材、花卉示范基地和千亩节水拱棚现代农业科技示范园区，从福建等地引进推广一批花卉、果蔬新品种，提升园区现代化水平。

【生态移民】 2013 年，福建省及对口市县（区）援助 1215 万元用于支持宁夏 18 个生态移民新村和小城镇示范点建设，援助 1229 万元用于支持设施农业基地和城乡道路交通等基础设施建设。其中，泉港区捐助 100 万元援建了泉港生态移民村，有效地解决了 340 户 1308 人贫困群众的居住问题；晋江市援助 250 万元建设晋江商贸市场及捐赠卫生院急需的医疗卫生设备，为弘德新村 1480 户移民提供生活便利；厦门市集美区援建了六盘山镇集美新村，建设生态移民住房 360 套，安置移民 360 户 1700 人；福建闽侯县援建了沙塘镇清泉移民新村，建成移民安置房 204 套，安置移民 204 户 847 人。通过闽宁生态移民示范村建设，使迁出地的生态环境得到恢复和保护，农民生产生活条件得到改善。

【社会帮扶】 2013 年，福建省多渠道争取社会力量参与对口帮扶的事业，投入资金 3243 万元，为宁夏山区援建学校、医院 23 所，资助贫困大中学生 1434 名，举办各类培训班 42 期，培训 3426 人次，其中干部及各类专业技术人才培训 1049 人次，劳动力输出培训 2377 人次。福建省第 14 批 47 名中学优秀教师到宁夏南部山区开展了为期 1 年的支教工作。福建省省属高校面向宁夏跨省招生计划 353 人。晋江市援助 545 万元，建设了红寺堡区晋江中学 18700 平米标准化操场，为壹基金捐款 50 万元用于帮助500名贫困学生完成学业，援助200万元用于宁夏敬老院红寺堡区分院建设。福建河仁慈善基金会捐资1189万元帮助西吉县建设儿童福利院和固原市7所自治区级示范性普通高中、420名贫困学生完成学业。厦门水也国际集团有限公司等5家企业捐资200多万元，持续资助泾源县、海原县50名贫困小学生至大学毕业。泉港区投入100万元建设了原州区锦绣幼儿园一所。厦门市红十字会捐赠了价值50万元的书包、背包、鞋子、衣物等物资。此外，对口帮扶县区开展党政干部挂职交流49人次，互派科教文卫专业技术人员交流学习90人次，领导干部考察互访362人次，选送了18名大学生、研究生参加志愿支教工作。

【干部交流】 福建省第八批21名援宁干部，认真贯彻落实闽宁对口扶贫协作第16次联席会议精神，立足宁夏中南部贫困地区实际，提出“争取帮扶资金一个亿，招商引资超百亿，人才培训三千人次以上，着力实施新建一个闽宁产业园区、落实一批生产性项目、援建一批社会事业项目、建设一批设施农业基地、帮扶一批生态农业示范村、引进一个专业市场、培训一批农村实用技术人才、输出一批劳务人员、搭建一个助学平台、扶助一批困难群体‘十个一’工程”的工作目标，不断拓宽帮扶思路，突出工作重点，狠抓项目落实，创新工作机制，推动闽宁互学互助对口协作取得新的进展。一年多来，共争取帮扶资金10952.9万元，组织实施各类帮扶项目112个，已完成 的61个，正在实施的51个，已投入资金3468万元；募集社会各界捐款捐物累计价值5259.8万元，扶助困难群众12万户25万人次。

【招商引资】 企业合作是闽宁互学互助对口扶贫协作的重点之一，也是双方协作长期发展的潜力所在。2013年，协助宁夏先后在福州、厦门、泉州邀请200余名当地企业家召开了“宁夏·福建经贸合作座谈会”。组织开展了“福建百名企业家宁夏行”活动，活动期间，召开项目座谈会和推介会6场，签约项目22个，项目总投资74.8亿元，项目涉及城市建设、能源开发、商贸物流、农业开发、旅游基础设施建设和食品加工等多个领域，特别是钢结构和风塔柱及升降停车平台生产、城市燃气开发等新领域的合作，进一步深化了闽宁对口扶贫协作。福建省共有86批914人次企业家来宁夏考察，签约项目89个，总投资248.4亿元，其中签订合同项目39个，总投资131.7亿元，一批房地产开发、农产品深加工、能源化工、服务业等项目落户宁夏。西吉、盐池、隆德、红寺堡闽宁产业园和永宁县闽宁镇扶贫产业园、望远镇闽宁产业园的相继开工建设，进一步丰富和拓展了闽宁对口扶贫协作内涵。

（福建省扶贫办　董建武）

山东省——重庆市东西扶贫协作

【概述】 2013年，山东省认真贯彻落实党中央、国务院关于扶贫开发工作一系列指示精神，创新工作思路，突出工作重点，强化工作措施，广泛动员全省各方面力量，积极开展政府援助、企业合作、人力支持等多种形式的对口帮扶工作，取得了实实在在的成效。全年筹集政府援助资金4230万元，启动扶贫开发项目48个；借助第16届“渝洽会”签约经贸合作项目36个，投资金额80亿元；选派26名干部赴重庆挂职交流，开展实用技术等各类培训班20期，培训2000多人。

【工作机制】 2013年，山东省进一步加强了对扶贫协作重庆工作的组织领导，完善了工作机制。一是调整充实工作领导小组。11月7日，山东省委以鲁委〔2013〕533号文件印发《中共山东省委 山东省人民政府关于成立山东省对口支援协作工作领导小组的通知》，成立了由省委书记姜异康、省长郭树清任组长，省委常委、常务副省长孙伟，省委常委、组织部长高晓兵任副组长，28个省直部门、15个市和4个大企业为成员单位的山东省对口支援协作工作领导小组，进一步整合省直有关部门、各有关市和企业力量，构建了省市结合、上下贯通、部门联动、密切配合的工作体系。二是建立了政府援助资金的稳定增长机制。11月27日，两省市在济南召开了山东·重庆对口支援和扶贫协作工作座谈会，就深化扶贫协作等工作进行了磋商，研究确定，山东省承担扶贫协作任务的14个市每年安排扶贫协作政府援助资金以2013年扶贫协作政府援助资金300万元为基数，至“十二五”期末，按10%的年增长率递增。下一个规划期，按国家要求的资金增长比例和时限执行。

【民生项目建设】 2013年，山东省投入政府援助资金3100多万元，在重庆市国家重点贫困县实施了贫困村整村推进、高山生态扶贫搬迁、乡村道路、中小学校舍、乡镇卫生院等民生项目23个，解决了一批影响贫困群众生产生活的出行、上学、就医、饮水等难题。

济南市在武隆县实施白马山片区高山生态扶贫搬迁一期工程建设顺利完成，安置农户38户，配套建设了安置点道路、蓄水池、堡坎、排水沟、变压器、电线等公共基础设施，同时，配套扶持发展一项扶贫产业优质茶叶种植，规模850亩；东营市投入援助资金300万元，在酉阳县丁市镇石门村、木叶乡大板营村、板溪镇扎营村5个国家级贫困村实施了农村道路、农村人畜饮水工程等扶贫开发项目，5个村顺利实现整村脱贫，直接受益群众达12789人；泰安市投资210万元，在巫溪县古路镇观峰村、文峰镇松涛村建设移民新居33户，惠及群众130人，配套建设人畜饮水池、饮水管道、公路等基础设施，支持发展中药材等特色产业；烟台市投资120万元援助巫山县曲尺乡扶贫移民集中安置点、潍坊市投资190万元援助开县南部片区扶贫产业示范项目、日照市投资50万元援助黔江区高山移民搬迁、临沂市投资150万元援助城口县双河乡移民点房屋立面改造等民生项目的实施，改善了贫困群众的居住条件。济宁市援助万州区龙驹镇、太安镇村级公路建设，聊城市援建双龙乡农村公路等项目的实施，解决了一部分群众的出行难题。淄博市将政府援助资金300万元全部投向石柱县思源实验学校中学部教学综合楼建设项目；威海市援建的云阳县青龙小学，2013年援助资金300万元（累计已援助资金600万元），有效地缓解了农民工子女读书难问题。聊城市投资160万元继续援建彭水县第二人民医院项目进展顺利。

【产业扶贫】 山东各市立足自身产业优势和重庆市结对县资源优势，投入资金1000余万元，实施特色种植、养殖项目18个，建设了一批优质特色农畜产品生产基地、示范园，通过农业新品种、新成果、实用技术的推广应用，带动了水果、中草药、蔬菜、苗木、畜禽等特色产业发展，增强了贫困县自我发展能力。枣庄市投入资金200万元援助丰都县栗子绿色生态种植园项目和核桃基地建设项目；烟台市投资65万元援助巫山县核桃、党参、天麻3个特色产业基地项目建设，带动当地250户农民增收致富；济宁市积极支持万州区芦花鸡特色养殖、甘宁镇优质水果蔬菜种子基地建设，带动500多户农户脱贫；泰安市帮扶巫溪县文峰镇开展蚕桑种植，发展优质桑树500亩；日照市支持黔江区猕猴桃产业，临沂市支持城口县发展中药材、山地鸡，滨州市援助奉节县生态肉牛养殖等产业帮扶项目均取得积极进展。

【智力帮扶】 2013年，山东各市继续发挥人才优势，通过职业技能培训、双向挂职和“支医、支教、支农”等多种形式，全面开展对结对县的智力帮扶，实现了双方人员间的全方位交流。2013年4月，山东与重庆2012年10月互派的46名挂职干部到期后又延长了半年。各市与结对县积极开展农业、医生、教师等专业技术人才交流和实用技术培训工作。济南市借助农业产业化优势帮助武隆县发展现代农业，历城区蔬菜技术服务中心、济南伟丽种业公司多次派遣农业技术专家前往武隆县沧沟乡西瓜种植基地现场指导育苗、种植，并通过举办培训班等形式帮助培训西瓜产业管理人才，2013年帮助沧沟乡发展西瓜标准化种植万余亩，产量达2万吨，产值突破6000万元；东营、泰安、日照等市结合结对县需求，围绕蔬菜种植、畜牧养殖等特色农业技术完成培训1300多人次，提高了农民科技种养水平。

【经贸合作】 2013年，山东省与重庆市继续本着“政府推动、企业为主、市场运作、优势互补、互利共赢”的原则，在为双方企业合作搭建平台、创造机会上下工夫，谋突破。5月16至19日，山东省组成由省政府特邀咨询、省政府党组成员张建国任团长，承担扶贫协作任务的各市分管领导和省发展改革委、省财政厅、省国资委等省直部门负责同志为成员的山东省代表团，参加了第十六届中国（重庆）国际投资暨全球采购会（简称“渝洽会”）。期间，山东省与重庆市举办了第三届“山东·重庆扶贫协作暨经贸合作项目签约仪式”，签约经贸合作项目36个，投资金额80亿元，涉及农业、贸易、旅游、纺织、制造业、基础设施建设、能源等领域。山东各市与结对县经常性地组织经贸合作推介会和两地企业互访考察活动。2013年，济南市协助武隆县引进山东九间棚农业科技园有限公司，投资到位3000万元，建设完成苗圃基地，带动武隆县发展金银花2万亩；日照市五征集团制定了重庆及周边汽车、农用机械市场开拓规划，分别与万州区、巫山县、渝北区等地经销企业开展了合作，销售各种类型车辆137台；滨州市阳信亿利源清真肉类有限公司与奉节县云龙牧业公司签订总投资4500万元的优质肉牛养殖基地项目已基本竣工。

山东省各级各部门采取多种形式不断拓宽合作领域。2013年，济南市组织旅行社、旅游营销公司，通过机票打折、包机、增开专列等多种形式，发动12000多名游客前往武隆旅游观光；滨州、德州等市通过举办推介会、互设农副产品直销中心等形式，借助山东农产品物流交易中心平台和销售网络，帮助受援县脐橙、土鸡、茶叶等特色农产品扩大销路。

（山东省对口支援办公室）

广东省——广西壮族自治区东西扶贫协作

【概述】 2013年，在粤桂两省区、各结对协作市县（区）和贫困地区广大干部群众的共同努力下，粤桂东西扶贫协作工作取得了新成效。据统计，2013年广东省、广州市、东莞市及各级政府、各部门、社会各界向广西提供无偿资金及捐物折款5647.46万元，其中广东各级政府拨款3987.23万元，社会捐款1121.81万元，捐物折款538.42万元；两广经贸合作签约项目1694个，协议合作投资2202亿元，其中区外合同投资额2189亿元，广东方面到位资金2088亿元（含续建到位资金）；帮助广西举办各类培训班53期，培训人员5600人次，其中培训干部1610人次；2013年全区外出务工人员到广东省务工466.9万人次，其中：新增外出就业人数为59.98万人次，49个贫困县（区）共向广东用工企业输送劳动力15.99万人，贫困地区外出务工人员劳务输出纯收入19.188亿元。

【整村推进】 2013年，广东省对口帮扶实施的整村推进示范村23个项目。项目主要涉及贫困村（屯）内道路硬化、旧房改造、房屋立面装修、篮球场建设、文化室建设、屯内绿化、垃圾池建设、产业开发和农民实用技术培训等，项目覆盖贫困群众2897户12306人。其中，广州市对口帮扶百色市，投入600万元帮扶资金用于12个整村推进示范村建设项目，投入500万元帮扶资金用于百色市田阳县那满镇新立村异地扶贫搬迁移民安置社区建设。

【产业扶贫】 2013年，两省区经贸合作签约项目1694个，协议合作投资2202亿元，其中区外合同投资额2189亿元，广东方面到位资金2088亿元（含续建到位资金），其中，仅广州市与百色市企业客商签订招商引资项目135个，总投资额207.9亿元，实施项目126个，总投资额187.6亿元，累计到位资金158.4亿元，广东进驻企业超过15家。两省区充分利用泛珠合作、北部湾开放开发和承接东部产业转移的历史机遇，以中国—东盟博览会、广交会为平台，深化西江黄金水道开发建设，不断拓展两省区的交流与合作范围，积极探索建立优势互补、良性互动、共同发展、共同富裕的长效合作机制，逐步推动扶贫协作向全面经贸合作转变。

【劳务合作】 2013年8月，广东省党政代表团赴广西学习考察。期间，粤桂两省区人力资源社会保障厅签署了《粤桂人力资源社会保障工作合作框架协议》，进一步加大两地技能人才、劳务输出、家政服务、异地医保结算、劳动者维权等方面的合作。2013 年，广东省劳务部门继续加强与广西的区际劳务合作，与广西共同组织开展“春风行动”、“就业援助月”、“民营企业招聘周”等一系列就业服务专项活动；加强泛珠三角区域人力资源市场信息网络建设，开通了广州市与百色市、深圳市人社部门与河池市巴马县的网络互联，实现了远程招聘用工系统的对接。据统计，全年广西外出务工人员到广东省务工 466.9 万人次，其中：新增外出就业人数为 59.98 万人次，49 个贫困县（区）共向广东用工企业输送劳动力 15.99 万人。按人均年收入 12000 元计，贫困地区外出务工人员创造劳务纯收入 19.188 亿元。

【干部培训】 广东为广西举办了 2 期扶贫领导干部培训班，参训学员共 151 名。培训人员主要是扶贫任务重、辖区贫困村较多的县（市、区）政府分管领导、乡镇党委或政府主要领导，以及部分设区市扶贫办主任。广州市、东莞市相关部门为百色、河池两市及相关部门举办培训班 51 期，培训人员 5450 人次；广州、东莞两市接受了百色、河池两市共 69 名优秀干部到市、区、镇挂职。

【结对帮扶】 广东省特别是广州、东莞各级各部门和社会各界为支持广西百色、河池两市贫困地区经济社会发展，改善民生，广泛动员社会力量捐款捐物。其中，广州市发动社会各界支援百色田东、平果县“2.20”地震灾区募集救灾善款 330 万元（其中广州市人民政府捐献 100 万元）；支持成立“百色市教育基金会”，募集资金 3700 多万元，越秀区帮扶 80 万元援建西林县周帮村中心小学，海珠区投入帮扶资金 70 万元，援建乐业县上岗村拉逢小学综合楼和同乐镇武称卫生院业务用房。东莞、河池两市主要领导高度帮扶工作，双方加强交流互访，主动对接工作，推动两市经贸合作、劳动力转移、特色农业、旅游资源开发等方面的合作，东莞市捐赠 500 万元援建东兰县国清中学。

【部门协作】 为贯彻广东广西两省区人民政府签订的《“十二五”时期广东广西扶贫协作计划纲要》，两省区交通、教育、旅游、卫生等部门强化沟通、密切合作，部门协作取得新进展。1. 教育领域：2013 年，广州市政府援助 200 万元资助广西 12 个县 1000 名家庭经济困难的高中生完成学业。2. 劳务合作领域：3 月，广西人社厅组成考察组到广州市、惠州市、佛山市开展劳务合作洽谈，了解广东省企业用工需求和广西在粤务工人员就业情况。3. 旅游方面：两广共同取消了旅游壁垒和进入障碍，为两广游客跨省区旅游及旅游企业跨区域经营提供便利，建立了“两广六市”和“两广十市”的旅游协作关系。

（广东省扶贫办）

上海市——贵州省东西扶贫协作

【概述】 2013年，国家明确上海对口帮扶贵州省遵义市以后，上海市委、市政府高度重视，迅速行动，认真贯彻落实中央决策部署。10月，上海市委书记韩正、上海市长杨雄率党政代表团赴贵州省学习考察，提出了“民生为本、教育为先、产业为重、人才为要”的基本方针，建立了一系列工作机制，编制完成了2013～2015年工作计划，落实援助资金5000万元（不含额外捐赠3000万元）、实施项目31个，各项工作取得初步成效。

【民生项目】 新建农村卫生室、敬老院、村民活动中心、幼儿园等项目9个，改扩建3所小学学生宿舍，实施农民增收项目14个。通过开展“慈善光明行”活动，为近4000名贫困群众进行眼科检查，免费实施白内障等手术371例，使长期失明的患者恢复了光明。上海市儿童医院向遵义市妇幼保健院开通远程会诊、捐赠医疗设备，并免费为10名先天性心脏病患儿实施了手术治疗。

【教育扶贫】 安排帮扶资金约1700万元，用于遵义市中等职业技术学校硬件建设及配套相关设施设备，支持改善教学条件。两地教育部门协商制定了2013～2015年对口帮扶协议，通过支持筹办遵义大学、开展中职联合办学、招生以及两地学校结对共建等工作，帮助提高教学质量。两地已有5所大中小学校建立了“一对一”结对帮扶，上海9名校长、教师骨干赴遵义当地支教。

【产业扶贫】 按照“优势互补、互利共赢”原则，落实上海漕河泾开发区与遵义国家级经开区建立结对帮扶。通过开展课题研究，积极探索遵义承接上海产业转移路径。通过搭建平台，组织遵义来沪参加“上海对口支援地区特色商品迎春博览会”、上海旅游节等活动。通过牵线搭桥，先后组织30多批企业赴遵义考察洽谈，促成了一批经贸合作项目，其中，上海烟草集团、浦发银行、月星集团等企业已经签约，涉及资金近200亿元。

【智力扶贫】 实施人才培养计划，首批选派10名党政干部赴遵义挂职锻炼。在沪举办30多个培训班，为遵义培训各级党政干部和各类专业技术人员1460人。

（上海市人民政府合作交流办公室
对口支援一处 杨小明）

大连市——贵州省东西扶贫协作

【概述】 2013年，国家对帮扶贵州省整体工作进行了调整，印发《国务院办公厅关于开展对口帮扶贵州工作的指导意见》（国办发〔2013〕11号），大连市由过去对口帮扶贵州省遵义市、六盘水市调整为对口帮扶贵州省六盘水市。大连市委、市政府认真贯彻落实有关要求，坚持“政府主导、社会参与、统筹规划、民生优先、合作共赢”的原则，围绕推进扶贫开发攻坚、提高基本公共服务水平、开展经济技术交流合作、加强干部人才培养交流等重点任务开展对口帮扶工作，全年，向六盘水市无偿提供政府援助资金3000万元，发动社会力量向六盘水市小学捐赠图书5万余册，价值120万元。自开展帮扶工作以来，大连市共向六盘水市提供无偿援助资金、物资累计1.36亿元，实施援助项目300多个。

【工作机制】 一是落实帮扶责任。由大连市对口帮扶协作工作领导小组统筹大连市对口帮扶工作，充分发挥领导小组各成员单位作用，在产业、招商、干部人才等多领域按照各自分工职责进行定向帮扶，形成了相互配合、分工不分家的一盘棋工作机制。二是结对帮扶。重新明确大连市甘井子区、金州新区、旅顺口区、西岗区分别与六盘水市六枝特区、盘县、水城县、钟山区结成“一对一”帮扶对子，促进两市区县间的帮扶工作深入开展。三是建立互访交流机制。加强两市高层领导互访，建立联络部门衔接落实工作机制，确定双方对口联络部门，协调、衔接和推进两市职能部门开展工作。四是制订《大连市对口帮扶六盘水市工作计划（2013～2015年）》，科学帮扶。

【帮扶项目】 大连市在帮扶援建工作中坚持民生项目优先，因地制宜，集中投入的方针，确保帮扶项目更集中，成效更显著，针对性和实效性更强。2013年，大连市援建项目主要用于六盘水市民族职业学校综合楼建设，美在农家、美丽乡村建设和扶持产业扶贫等民生项目，重在改善当地贫困乡村生产生活及公共设备条件和增加农民收入。

【智力扶贫】 2013年，在干部培训方面，大连市承接了全国扶贫系统干部培训工作，全年针对贫困地区特别是集中连片特困地区县级及以下干部培训200人，其中，为贵州省六盘水市培训扶贫系统干部40名。双方互派10名挂职干部到对方城市挂职。在医疗卫生人才交流方面，大连市共接收来自六盘水市的59名医疗技术骨干来连进修培训，并向六盘水市乡村医生提供100学时、1900多套学习光盘。在教育系统人才交流方面，六盘水师范学院选派处级干部7人赴辽宁师范大学挂职学习锻炼，时间为1个学期。大连市为12名来自贵州的中小学校长提供挂职岗位，其中6名来自六盘水市。大连市妇联为六盘水市培训10名妇女产业带头人，鼓励六盘水市农村妇女创业发展。

【产业扶贫】 大连市以“政府引导、企业唱戏、市场运作”的原则，在遵循市场规律的前提下，把优势产业和企业向对口帮扶地区引导，不断提升对口帮扶地区的“造血”功能。推动高端牛肉生产企业大连雪龙黑牛股份有限公司开展与六盘水市合作洽谈。大连市“江南惠”茶城与六盘水市“水城春”、“碧云剑”、六枝绿茶系列等茶叶生产企业开展合作洽谈，共同打造茶叶生产基地和拓展茶叶市场。协助贵州省投资促进局、贵州省扶贫办联合举办“贵州（六盘水）·大连对口帮扶招商项目对接座谈会”，有针对性地邀请了大连异地商会、旅游及农业等50余家企业参加座谈会，鼓励和支持大连企业到贵州投资兴业。六盘水市政府与大连新兴能源科技有限公司签署合作框架协议，双方将在煤焦气化一体化循环经济基地项目展开合作，加快推进六盘水市煤产业转型升级。

【社会扶贫】 大连市积极引导社会力量参与对口帮扶工作。大连大商集团向六盘水市小学捐赠了价值120万元的图书，书目内容涉及文学、历史、科普、人物传记等501个种类、51000册。大连鹏生企业集团、大连家园建设集团等企业向六盘水市捐资助学。大连团市委希望工程办筹集资金56万元，设立了六盘水大连希望工程助学基金，资助钟山区第二小学200名贫困在校小学生以及105名考入大学的贫困学生。

（大连市人民政府经济合作交流办公室
对口帮扶处　于晓叶　孙明）

苏州市——贵州省东西扶贫协作

【概述】 苏州市按照国务院部署要求，认真贯彻落实全国对口帮扶贵州工作启动会精神，把对口帮扶贵州省铜仁市工作列入重要议事日程，加强组织领导，统一思想认识，明确工作重点，科学编制3年帮扶规划，切实推进新一轮对口帮扶铜仁工作。2013年投入帮扶资金3000万元，实施了铜仁市云舍历史文化名村、万山区中等职业技术学校、农业产业化项目和干部人才培训等帮扶项目，加大两地经贸合作，产业扶贫成效显著，开展两地交流互访30余次。

【帮扶项目】 安排1500万元资金用于铜仁市云舍历史文化名村建设项目，项目由苏州市与同济大学等单位完成了整体规划编制和景观设计，借鉴了苏州市美丽乡村建设理念，项目总投资7300万元。安排600万元帮扶资金，支持铜仁贫困地区农业产业化发展，改造传统农业，发展优势产业。万山区中等职业学校教学楼项目，总投资1.8亿元，其中，苏州市安排帮扶资金800万元。在苏州农村干部学院举办铜仁市“县处级领导干部培训班”、“中青年干部培训班”、公务员能力素质提升班及“人才开发专题培训班”等干部人才培训班4期，培训各级各类干部200人。

【结对帮扶】 2013年，双方签订了《苏州铜仁教育对口帮扶合作协议》、《苏州铜仁卫生对口帮扶合作协议》、《苏州铜仁人才战略合作框架协议》、《苏州铜仁共青团对口帮扶合作框架协议》、《苏州铜仁妇联对口帮扶合作框架协议》、《政协友好交流合作备忘录》等。两市各级、各部门互访交流30多次。组织了苏州青年企业家走进铜仁活动，援建希望小学2所、食堂1所。

【产业合作】 苏州市深化两市产业合作帮扶，积极引导苏州本地企业赴铜仁开展产业合作，成效明显。经温氏食品集团江苏（太仓）分公司牵线洽谈，广东温氏食品集团股份有限公司投资4亿元，在铜仁市玉屏县挂牌注册了温氏畜牧有限公司，计划建设占地2500亩种猪生产基地，建立2~4个中心乡镇建设技术服务中心；苏州国华汽车配件制造公司计划在铜仁万山区投资2亿元，建设占地50亩汽车配件生产项目；常熟市华源房地产公司与铜仁市大龙经济开发区签订合作协议，计划投资20亿元建设年产1500万平方米装配式建筑预制（PC）构件生产项目；苏州瑞银投资公司与铜仁市万山区签订合作协议，计划投资2亿元，设立融资担保公司；苏州御亭现代农业园公司与铜仁市石阡县签订合作协议，计划投资8000万元，建设生态农产品生产加工项目；苏州漕河发展有限公司与铜仁市石阡县签订合作协议，计划投资8000万元，建设大棚蔬菜、生态养殖、农业观光园项目；江苏华天药业集团公司已经与铜仁市松桃县签订合作协议，计划投资3000万元，建设松桃生物制药项目。

（苏州市发展和改革委员会
邵军）

宁波市——贵州省东西扶贫协作

【概述】 2013年，国务院办公厅明确宁波市“一对一”对口帮扶贵州省黔西南州。为做好帮扶工作，宁波市印发《关于进一步做好对口帮扶贵州省黔西南州工作的通知》（甬党办发〔2013〕29号），明确工作总体要求和任务、调整结对部署关系、强化组织领导保障措施等；召开全市对口帮扶工作部署动员大会；组织全市26个对口单位60余人赴黔西南州进行了工作对接和调研；与黔西南州签订新阶段对口帮扶框架协议；制订2013~2015年3年对口帮扶工作计划。宁波市新一轮对口帮扶工作的特点：一是点面结合，县级单位结对全覆盖。在结对关系安排上，明确了宁波市11个县（市）区、13个市级部门按“二对一”的模式，分别结对帮扶黔西南州所有的8个市县和3个新区。同时，还新增宁波市卫生局、宁波市旅游局与黔西南州卫生局、黔西南州旅游局结对，从面上开展系统交流合作工作。二是提出了明确的工作目标任务。在工作目标上，计划到2020年，通过宁波市政府引导、全社会参与的方式，帮助黔西南州建设一批对经济社会发展具有较好示范带动作用的项目，增强其发展动力和能力，推进其与全国同步全面建成小康社会。在具体工作任务上，给每个对口单位均下达了年度最低的帮扶资金任务指标，并明确了每年度应该开展的各项具体工作内容等。三是明确了工作评价考核办法。专门制定了宁波市对口帮扶（支援）工作目标评价评分指标，并将其作为年度政府工作目标考核内容之一。

【互访交流】 2013年5月，宁波市副市长陈奕君率队赴贵阳参加新一轮对口帮扶贵州工作启动会，与贵州省、黔西南州领导就两地对口帮扶工作进行交流和对接。7月2~3日，黔西南州州委书记张政、州长杨永英率州党政代表团一行58人来宁波市学习考察，并举行对口帮扶工作座谈会，宁波市市委书记刘奇、市长卢子跃等市领导与代表团一行进行了充分的交流和探讨，双方签订了新阶段对口帮扶框架协议和2013年度对口帮扶项目协议。据不完全统计，2013年，宁波市到贵州交流考察40余批350余人次，黔西南州到宁波交流考察30余批400余人次。

【帮扶项目】 2013年，宁波市本级与11个县（市）、区，围绕公共服务、新农村建设、农业产业帮扶、培训交流、教育、卫生等方面，共在黔西南州确定对口帮扶项目51个，政府帮扶资金3197万元。其中，1600万元用于建设黔西南州职业教育城科技馆、兴义市城东幼儿园等，1010万元用于重点建设14个美丽乡村，改造房屋252户、建设道路35千米等，受益农户达2067户；500万元用于产业帮扶，分别扶持建设了兴仁县城南街道办事处锁寨村精品水果产业园、义龙新区龙广镇小田坝村药材产业石斛基地、兴义七舍白龙山特色农产品精品茶叶基地、安龙县梅花鹿养殖基地、普安县长毛兔产业等。经过近几年的连续扶持，目前普安县长毛兔产业已形成完整的产业链，受益农户达万户以上；87万元用于帮助黔西州培训扶贫干部、农技人员。

【社会帮扶】 2013年，宁波市全社会为黔西南州捐赠爱心资金1419.37万元。其中，市级机关部门捐助美丽乡村、产业扶持、村文化中心和技能培训资金1103.37万元；宁波籍台胞朱英龙先生资助贫困大学生392人共计196万元；宁波市卫生局向黔西南州对口医院捐助急需医疗设备120万元。同时，宁波申州公司还向黔西南州捐赠了17.8万件、价值达1626万元的全新秋冬服装；宁波市贸易局利用宁波农展会，免费帮助黔西南州展销农特优产品。11月，宁波市对口支援工作办公室组织开展了“万人助学，阳光早餐”社会公益活动，以帮助黔西南州寄宿小学生提供温暖早餐。

【智力帮扶】 2013年，宁波市共协调组织举办了12期培训班，帮助培训干部和技术人员585人。其中在宁波为贵州省举办了2期、共计有100人参加的骨干校长和教师培训班；在宁波为黔西南州分别举办了1期50人参加的扶贫干部培训班和1期35人参加的工业园区建设与管理培训班；在黔西南州举办了8期400人农业实用技术培训班。同时，还组织白枇杷专家到对口地区举办了1期白枇杷培训班。在干部交流上，宁波市向黔西南州派出5名挂职干部，接收黔西南州挂职干部10名，挂职时间从原来的半年延长至1年。同时，宁波市的余姚市、慈溪市等县（市）区还分别接受了20名结对县干部来甬挂职学习。在教育卫生方面，宁波市教育局与黔西南州教育局达成了对口帮扶的框架协议和职业教育对口帮扶协议，接收了2批共100名贵州中小学校长来甬挂职，宁波大学、宁波职业技术学院分别与兴义民族师范学院、黔西南民族职业技术学院建立了校际结对合作关系；宁波市卫生系统有8家医院对口援黔，其中5家甲级综合医院对口支援黔西南州5家县级以上医院，选派干部和医疗专家到对口医院开展医疗交流指导13批94人次，接收黔西南州对口医院来宁波进修学习53人次。

【经贸合作】 2013年，为推进与对口地区的经济交流合作，宁波市重点做了三方面工作：一是大力宣传推介对口地区。利用宁波市国内投资合作信息平台、宁波市投资合作网等网络平台，积极帮助对口地区宣传投资环境、招商政策，发布投资项目、引资信息等。二是动员组织企业赴对口地区进行投资考察。全年市本级和各县（市）区共组织了15批100余家企业赴黔西南州及其各县进行投资考察和洽谈。其中，3月、8月，宁波市组织了宁波科兴创业投资管理有限公司、宁波波乐集团、南山投资控股有限公司、宁波四川商会等15个单位到黔西南州进行了投资考察，多家企业就工业园区建设、农业水利矿产开发等签订投资协议。三是积极帮助对口地区在宁波市开展招商引资活动。9~11月，宁波市分别帮助贵州省、黔西南州在宁波市举行了招商引资推介会，并组织160余家甬商甬企业参加了推介会。

（宁波市对口支援工作办公室 仇忠平）

青岛市——贵州省东西扶贫协作

【概述】 2013年，青岛市帮扶贵州省安顺市工作，贯彻落实国家新一轮对口帮扶启动会议和国务院办公厅《关于开展对口帮扶贵州工作的指导意见》（国办发〔2013〕11号）精神，围绕双方确定的“园区共建、引企入安、职业教育、人才培养、旅游农业合作”5方面重点帮扶工作，推进对口帮扶工作。2013年7月，两地签署了《青岛市人民政府—安顺市人民政府关于进一步开展对口帮扶与经济合作战略框架协议》，正式启动区市结对帮扶、部门对口友好合作、增加对口帮扶资金、互派挂职干部等工作。青岛市各相关结对区市、部门、企业与安顺市相关单位共签订20多项对口帮扶合作协议。全年，青岛市向安顺市安排政府援助资金3100万元，启动和实施“美丽乡村”建设、生态农业示范园区、中等职业教育学校建设、基本公共服务能力、人力资源培训及招商推介6大类30多个项目。双方互派挂职干部26名，举办培训班2期，共培训干部210名。

【工作机制】 一是加强组织领导。成立了由青岛市委书记李群、青岛市市长张新起任组长，51个相关部门和区市为成员的新的对口支援工作领导小组，办公室设在青岛市经合办，负责组织实施和监督检查。2013年，青岛市共召开了5次会议专题部署对口帮扶安顺市工作，其中：市委第55次常委会，市政府第23次、32次常务会议，2次青岛市对口支援工作领导小组会议专题研究部署对口帮扶贵州省安顺市工作，确定了《青岛市对口帮扶贵州省安顺市工作方案》和5项重点帮扶工作，确保青岛市对口帮扶工作有序开展。2013年9月，山东省委常委、青岛市委书记李群，市委副书记、市长张新起率团到贵州省和安顺市进行考察调研，对接帮扶工作，共商扶贫之策。双方各级党政及部门也多次开展互访交流，协调帮扶工作。二是建立推进机制。成立对口帮扶安顺市协调推进工作组。由青岛市3位市委常委和3位副市长分管，市经合办等8个部门牵头，区市、相关部门单位参加的综合调度、引企入贵投融资、共建园区、职业教育发展、人才培养和交流工作、旅游合作农业示范园建设6个协调推进工作组，及时安排部署和协调推进各项对口帮扶工作。三是结对帮扶。重新建立区市结对帮扶关系和部门对口友好合作关系，青岛市参与帮扶的8个区市与安顺6个县（区）签订对口帮扶协议，青岛市委组织部、市商务局、市农委等10几个单位与安顺市相关单位签订对口友好协议，积极推进区市、部门间的深层次合作。四是编制帮扶计划。制定了青岛安顺《关于进一步开展对口帮扶与经济合作战略框架协议》、《青岛——安顺对口帮扶工作计划（2013~2015年）》、《青岛市对口帮扶贵州省安顺市工作方案》、《2013年对口帮扶工作实施计划》。五是加强资金管理。根据对口帮扶工作要求，进一步强化资金管理，在项目实施的全过程，首次提出了由安顺市发改委、市财政局、市扶贫办事前联合审核的工作流程，确保对口帮扶的资金规范运行。

【帮扶项目】 青岛市按照年度工作计划，确定政府对口帮扶专项资金3000万元，组织实施10个“美丽乡村”建设、生态农业示范园区、中等职业教育学校建设、基本公共服务能力、人力资源培训及招商推介等对口帮扶项目。其中，青岛市安排专项资金1000万元重点支持安顺旅游学校实训教学楼基础设施建设项目

【社会扶贫】 青岛市积极引导和鼓励社会各界参与帮扶工作，向安顺市捐赠抗旱救灾资金100万元；即墨市、城阳区各捐款10万元和5万元，帮助结对县抗旱救灾和学校改造；青岛市民政局、市慈善总会捐款300万元，建立青岛安顺困难群众帮扶基金；青岛红十字微尘基金实施“微尘基金阳光少年助学项目”，捐赠24.35万元资助安顺市487名贫困中小学生，每人500元；按照中国文联安排，市文联与安顺市文联结成对子，选派4名文艺志愿者进行对口支教并捐赠了部分乐器。

【产业扶贫】 搭建青岛—安顺产业合作交流平台，组织两地部门、企业互访考察，推动经贸合作，帮助产品推介。2013年，协助贵州省及安顺市在青岛举办3次项目推介和招商活动，组织青岛市100多家企业及异地商会联盟企业与贵州省及安顺市进行经贸洽谈。青岛市城阳区夏庄王家曹村社区在安顺市关岭县投资1.4亿元，建设7000亩集休闲度假、生态观光旅游为一体的火龙果标准化示范园区。利群集团将安顺市的茶叶、牛肉干、安酒、菜籽油、苡米和平坝蔬菜等特产列入集团采购目录，确定采购当地2000万元特产的计划。

【智力扶贫】 2013年11月3至9日，在青岛市举办1期安顺市扶贫干部培训班，培训学员50人。首次启动双方互派挂职干部项目，2013年8月，青岛市选派10名干部赴安顺挂职，接受安顺16名干部赴青岛挂职锻炼。根据双方组织部签订的干部培训协议，安顺市委组织部选派10名优秀党校教师到青岛市委党校参加中青班、市管班的跟班学习，选派150名干部到青岛参加班干部培训。

（青岛市国内经济合作办公室）

广州市——贵州省东西扶贫协作

【概述】 按照国务院的要求，广州市从2013年开始至2020年对口帮扶贵州省黔南州。2013年，广州市委、市政府按照“充分发挥政府主导作用、市场主体作用，一手抓对口帮扶，一手抓交流合作”的工作思路，制定帮扶规划，签署合作协议，建立帮扶机制，明确帮扶任务，突出帮扶重点，推动经贸合作，实施人才培训帮扶计划，认真落实帮扶贫，从2013年起，每年安排3000万元财政专项帮扶资金，并逐年递增200万元。

【工作机制】 一是建立互访交流机制。2013年8月，广州市委书记、市长率四套班子领导组成的广州市党政代表团赴黔南州考察调研对口帮扶工作。二是建立帮扶联席会议机制。定期召开对口帮扶工作联席会议，研究部署帮扶工作。三是制定帮扶计划。制定《2013~2015年广州市对口帮扶黔南州工作三年计划》，签署《2013~2020年广州市黔南州对口帮扶合作框架协议》。每年安排黔南州300名农村贫困学生到广州市中职学校接受免费职业教育并提供奖学金，安排广州市中职学校与黔南13所中职学校（全部）建立校校结对帮扶，计划3年为黔南州培训教师6000名。四是建立结对帮扶机制。广州市及12个区（县级市）和黔南州区县及双方有关部门分别结对帮扶。

【帮扶项目】 1. 广州市财政援助3000万元在黔南州7个县14个贫困村援建农田水利、村道和公益项目。

2. 广州市海珠区政协捐助100万元援建三都县水龙中学教学综合楼。广州市白云区援助450万元，实施荔波县瑶山乡菇类村农户搬迁项目。广州民政系统向黔南州贫困山区捐赠物资1.7万件价值103万元。

3. 2013年，为黔南州培训教师1500名，组织41位黔南州校长到广州各校跟班学习。举办干部培训班，培训黔南领导干部200人。

【招商引资】 着力加强两地经贸合作，政府引导，市区联动，重点推进产业园区建设，引入民营企业参与，全年共组织广州市、区经贸代表团11批次上百家企业赴黔南州开展经贸合作考察，广州企业与黔南州签约项目达114个，总投资405亿元。第21届广州博览会为黔南州提供免费展位，协助黔南州在广州开展招商引资和宣传推介活动。

【交流互访】 2013年7月5日，在广州召开“广州·黔南对口帮扶工作座谈会”，广州市委书记、市长，贵州省黔南州州委书记龙长春，州委副书记、州长向红琼等双方党政领导出席，签署了对口帮扶合作框架协议。3月8日，广州市协作办公室主任谈志向带队赴黔南州都匀经济开发区考察调研。10月10日，广州市协作办公室率领广州经贸代表团一行36人，赴黔南州进行经贸考察和项目对接活动。

（广州市协作办公室综合调研处 张世学）

深圳市——贵州省东西扶贫协作

【概述】 2013年是党中央、国务院部署新一轮对口帮扶贵州工作的开局之年，深圳市继续对口帮扶贵州省毕节市。通过区县结对帮扶，集中各类资金，重点解决当地农村贫困群众生产生活和教育卫生等民生问题，积极引导社会各界广泛开展教育扶贫、卫生扶贫、劳务合作、经济合作、干部培训、人才交流、社会扶贫、支教支医等形式多样的帮扶活动，助推贵州经济社会健康快速发展。据不完全统计，全年捐赠贵州省毕节市各类帮扶资金3503.6万元，实施"美丽乡村"示范点、农田水利、乡村道路、农房改造、人畜饮水、村容村貌、捐资助学等帮扶项目54个。当地群众直接受益人口达25万余人次，培训党政和经济管理干部、教育卫生专业骨干3196人次，资助贫困中小学生1万余人次，有组织输入劳务工2余万人次。

【交流互访】 2013年，广东省委常委、深圳市委书记王荣，市长许勤等市领导多次会见来访的贵州省及毕节市代表团，共商对口帮扶和区域协调发展大计。市长许勤主持召开市政府五届九十五次常务会议审定通过《深圳市对口帮扶毕节市工作计划（2013~2015年）》。市委常委、时任副市长张文带队赴毕节市对接帮扶工作。深圳毕节两市经贸、教育、卫生、旅游等相关部门和结对各区开展合作交流活动达350余人次，通过交流互访，达成共识，深化帮扶工作。

【结对帮扶】 深圳市安排6个区和光明新区分别与毕节市7个乌蒙山片区县（国家扶贫工作重点县）结对帮扶。其中福田区结对赫章县、罗湖区结对七星关区、盐田区结对织金县、南山区结对威宁县、宝安区结对纳雍县、龙岗区结对大方县、光明新区结对黔西县结对帮扶。其中宝安区1996~2013年期间累计共向纳雍县投入帮扶资金5913.5万元，实施帮扶项目141个；捐赠物资折款982.6万元，捐赠衣被168.18万套。2013年，宝安区安排帮扶资金310万元，实施"美丽乡村"示范点等项目4个。南山区党政代表团威宁县考察，了解当地贫困学生情况后追加安排100万元建立助学基金。盐田区委区政府安排90名科（处）级干部分3批赴织金县开展转变工作作风、密切联系群众的主题实践教育活动。

【资金项目】 据不完全统计，深圳市全年捐赠贵州省毕节市各类帮扶资金

3503.6万元（财政资金3252万元，社会资金251.6万元），实施帮扶项目54个（财政资金项目46个，社会资金项目8个），其中“美丽乡村”示范点7个，乡村道路硬化项目23个，农田水利项目2个，农房改造项目2个，人畜饮水项目2个，村容村貌整治项目3个，捐资建校项目3个，支教助学项目6个，干部培训项目2个，劳务技能培训项目2个，其他项目2个。当地群众直接受益人口达25万余人次，培训党政和经济管理干部、教育卫生专业骨干3196人次（在深培训546人次，送教上门2650人次），资助贫困中小学生1万余人次，有组织输入劳务工2余万人次。

【智力扶贫】 深圳每年除捐赠对口帮扶资金项目外，积极开展以教育扶贫、卫生扶贫为主要内容的智力扶贫活动，大力支持当地发展教育卫生事业，借此直接惠及广大人民群众。一是义务支教。深圳“募师支教”行动是全国首创的民间出资招募教师赴山区扶贫支教的一种支教新模式。自2006年启动以来，深圳市关爱行动组委会办公室先后招募了15批共1027名志愿者，其中2013年赴贵州毕节义务支教8人。二是赴深研修。2013年深圳市教育系统在深举办毕节市高中阶段骨干教师（深圳）研修班，对50名毕节市高中和职高骨干教师进行培训。深圳市民盟与龙岗区教育局委托龙岗区教师进修学校免费为贵州民盟省委选送的6名毕节校长、教导主任提供了为期两周的教育管理和教学业务培训。全市卫生系统共接收毕节市卫生医疗骨干来深进修16人次。三是联合办学。深圳市第一职业技术学校2004年以来与贵州毕节开展“职教扶贫联合办学”，共同搭建职业教育联合办学平台，构建学生就业通道。2013年，投入帮扶资金约15万元，先后派出4批共30人次教育教学和管理人员前往毕节开展教学研讨、师资培训活动，分别接收毕节职中28名骨干教师来深培训和40名计算机专业学生进入康佳集团实习。四是送教上门。2013年，深圳经理进修学院安排专家赴毕节培训干部2450人次，全市医务系统派出医疗专家9人次，举办医学相关专业知识讲座及培训班21期。五是结对帮扶。深圳职业技术学院2009年以来，自发与毕节职业技术学院建立了对口支援关系，2013年两院再次签订了为期3年对口支援协议，深职院安排接收了毕节职院2名骨干教师来深免费参加“教学能手”高职教师教学能力研修班。深圳市教育局积极协调安排深圳大学、深圳职业技术学院分别结对帮扶毕节学院、毕节职业技术学院结对帮扶。

【干部培训】 根据国务院扶贫办扶贫干部培训工作部署，深圳市对口支援办公室委托深圳经理进修学院，2013年在深圳举办全国扶贫系统干部培训班10期，培训各类干部500人，其中定向培训贵州毕节市党政和经济管理干部300人，教育卫生系统骨干100人。

【劳务合作】 根据国务院扶贫办《关

于开展“黔深雨露直通车”试点工作的通知》（国开办发〔2011〕45号）精神，深圳、毕节两市扶贫部门合作开展了“黔深雨露直通车”劳务技能培训试点工作，委托深圳市携创技工学校（全国贫困地区劳务技能培训基地、东西扶贫协作人力资源培训基地）负责实施，连续3年从贵州省纳雍、威宁、赫章、大方、织金、黔西等国家扶贫开发工作重点县，定向招收农村贫困家庭子女累计1495人来深圳学习，其中2011年招生504人，2012年招生457人，2013年招生534人。“黔深雨露直通车”学生通过“订单式”集中学习培训3年，可以取得中技学历证书和中级技能证书，即可安排在深圳就业，也可回到毕节市就业。深圳市第二高级技工学校在贵州毕节启动了面向农村贫困家庭子女招生的高级技工培训班，计划招生80人来深学习3年，成为具有高级技能的紧缺人才。2013年，深圳市各级人力资源部门有组织地输入贵州籍来深劳务工2余万人次。

【社会扶贫】 2013年，深圳市关爱行动组委会办公室募集社会扶贫资金168.6万元，组织开展了5项社会扶贫活动，其中深圳第十四批、第十五批“募师支教”行动共选派8名志愿者到贵州省织金县后寨苗族乡马家田村小学支教，投入社会捐赠资金9.6万元；援建贵州省大方县将军山希望小学，投入资金45万元；捐赠爱心温暖包6437个，投入资金40万元；捐赠爱心小书桌4000套，投入资金44万元；资助贫困学生120名，投入资金30万元。盐田区组织深圳壹基金远赴织金县鸡场乡鲊瓦小学，现场捐赠一批价值近8万元学习用品和衣物。深圳市慈善会捐资60万元，支持黔南州三都县建设希望学校。

【经济合作】 2013年，深圳贵州两地继续大力推进“黔电送深”大型煤电合作项目，由深圳能源集团与国电贵州电力公司共同投资建设毕节织金电厂，一期工程总投资52.3亿元，建设2台66万千瓦燃煤发电机组，2013年12月，该项目正式开工建设，该项目计划于2015年四季度投产，预计每年可增加毕节市财税收入5亿元，并可每年为当地留存生态补偿资金8000万元。贵州省金沙县电子信息产业园是以深圳奥斯科尔电子有限公司为龙头，以贵州奥斯科尔科技实业公司为主体，园区总投资达16亿元，形成了音响、注塑、线材、贴片、耳机、皮套、五金冲压、电镀等配套的24家上下游企业陆续入驻的电子产业集群，产品包括平板电脑、多功能电话机、便携式插卡音箱、扬声器、鼠标、读卡器、耳机、电脑音箱等，几乎涉及电子产业所有领域，2013年园区产值突破10亿元，为金沙提供上万个就业岗位。

（深圳市对口支援办公室　徐建明）

厦门市——甘肃省临夏回族自治州东西扶贫协作

【概述】 2013年，厦门市通过加大帮扶资金投入、加强两地交流互访、合理规划援建项目、协助开展招商引资、组织实施社会扶贫等举措，不断提升对口支援甘肃临夏回族自治州（以下简称“临夏州”）的工作质量。对口援助临夏州的资金，由2012年的600万元增加至2000万元，同比增幅233%。全年厦门市各级财政投入东西协作扶贫资金2111.58万元，实施援建项目4个，组织投资招商会议2场，签订区县对接协议7个，举办专业技术人员和劳动力就业培训35期，培训人员1750名。

【工作机制】 一是健全工作协调机制。建立了双方定期互访制度，协助临夏州在厦门设立了政府办事处，协调解决扶贫协作工作有关事项。二是建立区县结对帮扶机制。根据厦门市委的要求，厦门市所属的6个区和火炬高新技术开发区与临夏州的7个国家级贫困县建立了结对扶贫协作关系。三是建立稳定的帮扶资金筹措机制。对帮扶临夏州的市、区两级财政出资做了明确规定。四是完善考核机制。要求各区每年定期向市对口办报送一次与临夏州结对县开展东西扶贫协作的工作情况，并将与作为对各区年度考核的一项内容。

【交流互访】 2013年，双方厅级以上领导干部互访17人次。7月18日，在厦门市，召开厦门市——甘肃省临夏回族自治州东西扶贫协作座谈会福建省委常委、厦门市委书记王蒙徽、临夏州委书记周强分别在会上就加强两地沟通交流、推进产业协作、协助临夏州改善民生、推动发展作了讲话，厦门市及临夏州四套班子的主要领导出席。

【帮扶项目】 2013年，厦门市与临夏州共安排对口支援项目4个，总投资额20710万元，其中，厦门市安排资金2000万元，临夏州自筹资金18710万元，均为教育设施建设项目。临夏第二中学（回民中学）建设项目，总投资额16900万元，其中帮扶资金1000万元。临夏州特殊教育学校二期工程建设项目，总投资额1600万元，其中帮扶资金500万元。临夏市毛园幼儿园建设项目，总投资额2110万元，其中帮扶资金400万元。临夏县希望小学建设项目，总投资额100万元，均为帮扶资金。

【结对帮扶】 2013年，厦门市的海沧区、湖里区、翔安区、火炬高新区、思明区、集美区分别对口帮扶临夏州的积石山县、东乡县、永靖县、广河县、临夏县、和政县，结对双方在帮扶资金、产业对接、教育扶贫及劳动力转移等方面签订意向协议。为扩大临夏州在厦门的知名度，发展特色旅游产业，厦门市经济发展局与市博物馆协助临夏州于2013年9月8日至10月1日举办了和政县古生物化石展，并在厦门日报上进行专题宣传。厦门市社会各界为临夏州捐款捐物11.58万元。

【产业帮扶】 2013年7月18日，厦门市协助临夏州在厦门市悦华宾馆举行了临夏州招商引资推介会。厦门市经济发展局、厦门市总商会组织130多家企业参会。9月8日，厦门市协助临夏州参加第十七届中国国际贸易投资洽谈会，对临夏州经贸项目进行重点推介。

【智力帮扶】 为提升临夏州专业技术人员水平，增强当地“三保障”水平和自我发展能力，促进劳动力就业，2013年，厦门市安排帮扶资金100万元，组织了35期培训班，培训临夏州150名中小学教师、农林牧科技人员、专业医务人员及劳务管理人才和1600名拟输出劳动力。

（厦门市经济发展局对口处
茅江锋）

珠海市——四川省凉山彝族自治州东西扶贫协作

【概述】 2013年，珠海市履行特区职责，积极探索珠海与凉山彝族自治州（以下简称“凉山州”）两地扶贫协作长效机制，按照试点先行、逐步铺开的工作思路，深化规划、集中资源、打造亮点。全年，珠海市向凉山州无偿援助资金2170万元，启动和实施涉及彝家新寨建设、教育、转移就业及培训、旅游、农业、城乡规划建设、商贸、卫生等多个方面的援建项目17个；与凉山州在珠海共同举办旅游推介会、两地企业对接会；开展教师、医生交流培训47人次；互访交流135人次。

【工作机制】 珠海市注重探索东西扶贫协作新方法、新途径，完善信息交流、高层互访、督促检查、资金管理等工作机制，确保帮扶工作有序开展。一是高层互访推动，2013年7月，珠海市委书记李嘉、市长何宁卡率珠海代表团访问考察凉山州，双方共商东西扶贫大计，促进两地东西协作工作。2013年8月，市委、市政府派出市政协副主席金展扬率珠海企业考察凉山。二是健全组织领导机构，成立珠海市扶贫协作局，专设社会扶贫科专职东西扶贫协作工作，负责政策制定、资金督导、项目落实、沟通协调、组织社会扶贫等工作，承担任务的2个区7个职能局成立相应的领导机构和扶贫办。三是建设区县、部门“一对一”结对帮扶机制，安排全市实力最强的高栏港经济区结对帮扶普格县、万山海洋开发试验区结对帮扶美姑县，精心选择了7个职能局分别与凉山7个部门建立结对扶贫协作关系。四是建立了稳定的资金筹措机制。五是建立健全了双方定期互访和联席会议工作协调机制，协调解决扶贫协作工作。

【帮扶项目】 2013年，珠海市向凉山州援建项目17个，无偿捐助援助资金2170万元。其中，一是投入450万元，帮扶普格县新建顺河村彝家新寨及红军树彝家新寨配套设施。二是投入400万元，标准化建设美姑县城关第二幼儿园，解决了400多贫困群众的幼儿入园难问题。三是投入50万元，建设美姑县洒库乡卫生院，改善当地就医条件。组织珠海有关部门支援普格县洛乌沟中心卫生院医疗设备，改善相邻3个乡镇8万多群众医疗卫生条件。四是投入280万元，派出专业团队赴普格县实地考察、驻点指导，帮扶普格县搞好城区南片规划，优化普格县城区规划建设，提升县城带动辐射功能。五是投入200万元，帮扶普格、美姑两县修建桥梁3座，投入70万元帮扶普格、美姑两县实施饮水项目2个。六是投入200万元，帮扶盐源县泸沽湖镇、盖租乡回项村分别建设彝家新寨、饮水工程项目各1个；投入100万元，帮扶喜德县光明镇、东河乡东河村分别实施学校建设、饮水工程项目各1个。七是投入100万元，援建凉山农校。八是投入100万元，支持凉山彝文学校开设民族音乐与舞蹈专业，招收彝族学员60名，支持凉山州歌舞团打造成传承彝族文化的重要载体和全国高水平的少数民族歌舞团。

【社会扶贫】 动员引导社会力量参与扶贫。

1. 珠海市软件协会组织企业家认捐帮扶凉山项目。中国香港道德会为凉山开展捐赠棉被4000床。珠海市民营企业家协会发起关爱凉山、帮扶凉山活动，从2013年起，连续10年支助凉山贫困大学生100名。组织54家企业开展凉山旅游推介会。

2. 策划组织了由珠海市广播电视台联合珠海网络电视台、澳门电视台、凉山电视台和珠海市摄影家协会参与的《山海情——走进大凉山》特别新闻报道活动。

3. 珠海市教育局、市文体旅游局、市住房和城乡规划建设局、市卫生和计划生育局、市科技工贸和信息化局、市海洋农渔和水务局、市人力资源和社会保障局等单位和部门发挥部门作用，利用自身优势，实施文化旅游扶贫，推动两地劳务输出，开展联合办学，选派18名骨干教师、医生赴凉山交流，接收凉山29名教师、医务人员来珠海挂职培训。

【经贸合作】 珠海市依托挖掘凉山州自然资源优势，2013年10月，联合凉山州商务局组织21家企业在珠海举办两地企业对接交流会，推动凉山州特色产品进入珠海市市场；2014年3月，珠海市东秦生态经贸合作开发有限公司与西昌市正中食品有限公司达成了在珠海地区特约销售“西部村寨”商标春荞茶系列产品的协议，珠海天邦农副产品开发有限公司与凉山恒绿商贸有限公司签订协约，在珠海开设经营专区出售凉山特色名优农新产品。

【文化传承帮扶】 凉山彝族自治州是全国最大的彝族聚居地区，彝族传统文化氛围浓郁，珠海市充分依托凉山州彝族文化，加强对彝族文化传承帮扶。一是支持凉山彝文学校开设学制3年的民族音乐与舞蹈专业，招收彝族学员60名，加强民族特色人才培养。二是支持凉山州歌舞团打造成传承彝族文化的重要载体和全国高水平的少数民族歌舞团，培养民族特色后备人才。三是2013年10月邀请凉山歌舞团前来珠海演出，加强民族文化交流融合，扩大彝族文化影响力。

（珠海市扶贫工作领导小组办公室　林源）

[illegible]

入280万元，[illegible]

[illegible]200万元[illegible]

[illegible]100万元[illegible]

【[illegible]】[illegible]

[illegible]4000年[illegible]

[illegible]2014年10月[illegible]

[illegible]2014年3月[illegible]

[illegible]

七

军队和武警部队扶贫篇

【概况】 2013年，军队和武警部队坚决贯彻落实习近平主席和军委的决策指示，围绕国家新时期扶贫开发战略部署，积极完善帮扶规划，创新工作方式，扎实推进对全国63个贫困县、547个贫困乡镇、2856个贫困村的定点帮扶，大力支持革命老区、民族地区、边疆地区和集中连片特困地区保障和改善民生，帮助贫困群众改善生产生活条件，扶持贫困地区发展教育、医疗、文化等社会事业，先后帮助30余万名贫困群众摆脱贫困，为促进贫困地区经济发展和社会和谐稳定作出了新的贡献。

【工作指导】 2012年底，习近平主席在河北省阜平县考察扶贫开发工作时发表重要讲话，对做好新时期扶贫开发工作提出明确要求，为军队参加扶贫开发工作指明了方向，提供了根本遵循。中央军委副主席许其亮主持召开军队参加和支援西部大开发领导小组第八次全体会议，对全军部队深入贯彻落实党的十八大精神和习主席重要指示，继续深入做好扶贫帮困、助学兴教、医疗扶持等作出部署。解放军总政治部坚决贯彻落实党中央、国务院、中央军委的决策部署，认真履行国务院扶贫开发领导小组副组长单位职责，按照《关于贯彻实施〈中国农村扶贫开发纲要（2011—2020年）〉重要政策措施分工方案》和中共中央办公厅、国务院办公厅印发《关于创新机制扎实推进农村扶贫开发工作的意见》（中办发〔2013〕25号）要求，注重搞好顶层设计，加强工作调研指导，在筹划年度群众工作和军队参加和支援西部大开发工作时，都对军队和武警部队做好新时期扶贫开发工作专门作出部署。解放军总政治部群众工作办公室，按照军委、总部的指示要求，指导部队积极适应新的形势和要求，围绕国家和地方扶贫重点，不断调整完善帮扶规划，加大工作力度，推进部队扶贫开发科学深入发展。各大单位要求所属部队自觉践行我军服务人民根本宗旨，坚持把地方扶贫开发所需与部队所能结合起来，科学筹划，精心实施，发挥优势，积极作为，努力帮助更多的贫困群众早日脱贫致富。

【基础设施建设】 各部队充分发挥组织严密、突击力强的优势，先后出动官兵和组织民兵预备役人员210万余人次、机械车辆40万余台次，帮助整治农田40余万亩，修建通乡、通村道路1.7万余千米，修筑农村小型水利工程4600多个，为促进贫困地区可持续发展奠定了基础。总参作战部协调国家投入资金，加强新疆、西藏、云南、广西等省区边防执勤道路建设，既改善了边防基础设施，又方便了周边群众出行条件，带动了边境贫困地区经济发展。空军、二炮工程技术部队和武警交通、水电部队坚持生产施工到哪里，帮扶工作就到哪里，先后帮助160余个村庄整修乡村道路9000余千米，修建过水桥20余座，促进了当地贫困群众脱贫致富。新疆军区投入 1000 万元帮助地方援建安居住房 470 套，为塔什库尔干、阿合奇县运送建材物资 3.7 万余吨，有力地支持了自治区“安居富民、定居兴牧”工程建设。北京军区给水工程团出动 102 名官兵、27 台机械车辆，跨区支援贵州遵义、毕节地区打井 40 眼，有效解决了 150 余万名群众生产生活用水问题。

【教育扶贫】 各部队继续采取“1+1”捐资助学、援建“八一爱民学校”、参加“春蕾计划”等方法，积极支援老少边穷地区基础教育事业发展，新建改扩建学校 620 余所，官兵捐资助学 7600 余万元，资助贫困家庭学生 8.2 万余名，捐赠教学设施设备 4.6 万余台件。空军持续开展“蓝天春蕾计划”，在西部地区援建 45 所“蓝天春蕾学校”，资助贫困家庭学生 6800 余名。驻疆部队帮助地方培训“双语”教师 470 人，组织 18 所部队“双语”幼儿园接收民族儿童 1100 余名，支持了驻地“双语”教育发展。总装 63650 部队自筹资金 800 万元，帮助新疆巴州和硕县新建 1 座“八一”爱民文体活动中心和 1 所“双语”幼儿园。二炮持续开展“火箭兵奖（助）学金”活动，资助新疆大学、青海大学、云南大学、兰州大学 4 所高校少数民族贫困大学生 300 名。成都军区部队官兵捐资 2800 余万元，在“4·20”芦山地震灾区援建小学 6 所，团以上干部“1+1”结对资助家庭贫困学生 7.3 万余人，深受地方党委、政府和各族群众欢迎。

【科技扶贫】 各部队特别是军队院校、科研院所和技术单位，积极发挥人才、科技、信息等方面的资源和优势，帮助贫困地区培训实用人才，发展特色产业，先后举办实用技能培训班 3600 余期，培训各类技术骨干 58 万余人次，扶持发展种植、养殖和民族工艺品等特色优势产业 510 项。驻西藏部队为贫困群众举办科技、种植养殖、旅游服务等培训班 80 余期，帮助引进扶贫项目 30 余项，建成藏药材、高原特色种养和民族旅游文化产品基地 20 余个。湖北省军区协助帮扶村建立产业基地 6 个，培植产业大户、龙头企业 70 个，培养民兵致富带头人 20 名，带动了周边 6000 多名群众脱贫致富。总装 63820 部队在帮扶村举办科技知识讲座 10 余期，依托当地资源优势，帮建猕猴桃、柑橘等示范基地 3 个，拓宽了贫困群众脱贫致富渠道，产生了良好的经济效益。

【医疗卫生扶贫】 全军 108 所医院持续做好对支援西部地区 134 所贫困县级医院、军级以下医疗卫生单位对口帮扶 1283 所乡镇卫生院（所）工作。2013 年，共为受援医院、卫生院（所）培训和帮带医护人员 1.5 万余人次，组织教学查房、手术带教、专题讲座等 8600 余次，捐赠各类医疗设备 1.6 万余件（套），促进了当地医疗卫生水平的提高。广州军区、海军、空军和武警总医院等军队医疗单位，持续开展“心蕾工程”专项救治行动，成功救治贫困家庭患者 3400 多名。军队各级医疗机构还派出医疗队 2300 余个，上高原、走边疆、进山区，为贫困群众举办卫生常识讲座220余场，义务巡诊60余万人次，西藏军区副司令员兼总医院院长李素芝被中央军委授予“雪域高原好军医”荣誉称号。

【扶贫济困】 各部队坚持把帮扶孤老、孤儿、孤残和农村特困家庭作为经常性扶贫济困活动的重点，积极开展“关爱空巢老人、关爱留守儿童、关爱弱势群体”活动，长期对4万余户特困群众家庭、8000多名孤寡老人和残疾人进行帮扶，帮助解决生产生活实际困难，切实把党的关怀和子弟兵的深情厚意送到群众心坎上。总装63600部队筹资100多万元，帮助甘肃金塔县敬老院改善生活、医疗、文体等基础设施。陆军第21、47集团军和甘肃省军区组织210多个学雷锋小组，利用节假日等时机，主动到驻地敬老院、福利院，为孤寡老人和残疾人义诊、理发3100多人次，发放卫生健康资料5000多份，清理垃圾60余吨。2013年春节前，驻冀部队19名军师职领导干部、近百名团职干部，带队走访慰问特困家庭和孤寡老人等900余户，赠送慰问金25万余元和价值14万余元的米、面、肉、油及御寒衣被等生活用品，帮助购买38吨取暖用煤，使他们度过了一个温暖祥和的春节。

（解放军总政治部
群众工作办公室　刘　彬）

八

社会组织扶贫篇

综　述

党的十八大以来，党中央国务院把扶贫开发工作摆到了更加重要、更为突出的位置。2013 年，中共中央办公厅、国务院办公厅印发了《关于创新机制扎实推进农村扶贫开发工作的意见》，为新时期扶贫开发工作指明了方向，同时也对动员社会力量参与扶贫开发提出了新要求：“使市场在资源配置中起决定性作用和更好发挥政府作用，更加广泛、更为有效地动员社会力量，构建政府、市场、社会协同推进的大扶贫开发格局，在全国范围内整合配置扶贫开发资源，形成扶贫开发合力”。对于社会组织参与扶贫开发，文件明确要“建立和完善广泛动员社会各方面力量参与扶贫开发制度。鼓励引导各类企业、社会组织和个人以多种形式参与扶贫开发”，“大力弘扬中华民族扶贫济困、乐善好施的传统美德，引导和鼓励社会各界更加关注、广泛参与扶贫开发事业”。

按照党中央、国务院的部署，国务院扶贫办主管的中国扶贫基金会、中国扶贫开发协会、中国老区建设促进会、友成企业家扶贫基金会 4 个社团组织，以及中国光彩事业促进会、中国残疾人福利基金会、中国儿童少年基金会、中国西部人才开发基金会等一大批社团组织，积极发挥自身优势开展工作，传承了中华民族扶贫济困、乐善好施的传统美德，也为贫困群众脱贫致富、贫困地区全面建成小康社会做出了新的贡献。

（国务院扶贫办行政人事司）

中国扶贫基金会扶贫

【概述】 中国扶贫基金会从1989年成立到2013年底，累计筹措扶贫款物95.7亿元，援助贫困人口和灾区民众1783.05万人次。

2013年，在主管部门国务院扶贫办以及社会各界的大力支持下，中国扶贫基金会扶贫工作取得较好成绩。含中和农信项目管理公司受托管理资金收入在内的全会财务总收入242845.32万元，同比增加了46%。全会公益事业总支出187208.68万元，同比增加了29%。

聚焦四大领域扶贫。以教育扶贫、健康扶贫、农村生计与社区发展扶贫、救灾扶贫为主线，扶助弱势群体，全年约有286.88万人次贫困人口和灾区民众从中受益，其中：教育扶贫79.09万人次；健康扶贫33.85万人次；农村生计与社区发展扶贫约86.5万人次；救灾及灾后重建85.06万人次。

致力于倡导与推动工作。坚持倡导人人可公益慈善理念，倡导公众积极参加反贫行动，实现了4570余万人次的公众捐赠；积极参与行业建设，推动行业稳妥规范发展；努力倡导与推动中国民间组织步入国际反贫及人道主义救援的舞台。

【母婴平安120行动项目】 2013年，中国扶贫基金会募集款物918万元用于危急危重孕产妇的救助，使23名危急危重孕产妇，在项目的紧急救助下，转危为安；9342人次名贫困产妇得到项目的援助。全年投入“母婴平安120行动项目”的扶贫救助款物960万元。

【爱加餐项目】 2013年，该项目筹集资金近4308万元，投入资助款物3779万元。“营养加餐”的受益人覆盖了云南、广西、贵州3省（自治区、直辖市）8市14县209所学校，受益学生44785人；“爱心厨房”的受益人覆盖了云南、广西、湖南、贵州、湖北5省（自治区、直辖市）13市22县295所学校，受益学生98474人；蜜儿餐及其他营养食品捐赠项目受益人近3万人次。

【爱心包裹项目】 2013年，爱心包裹项目筹款4230万元，投入资助款项3404万元。项目惠及了26个省（直辖市、自治区）144个县的1829个学校的331336名学生。

【筑巢行动】 2013年，筑巢行动募集善款1847万元，投入建设款项3575万元。援建的校舍覆盖了11省（直辖市、自治区）28县48所小学，受益学生54917人次。

【新长城助学项目】 2013年，募集善款2808万元，投入资助款项2453万元，资助高中生5304人，其中新生2224人；资助大学生6440人，其中新生2866人。

【小额信贷项目】 向农村贫困地区复制小额信贷模式。截至2013年底，项目覆盖了全国15个省（自治区、直辖市）的92个县，其中大部分为国家、省级贫困县，贷款余额11.8亿多元，有效贷款农户11.4万户，平均单笔贷款1万元，30天以上风险贷款率仅为0.8%。2013年发放贷款187493.15万元，同比增长38.3%。

【溪桥工程项目】 2013年，募集善款444万元，投入建设款项572万元，在云南、贵州、四川、江西、甘肃10省（自治区、直辖市）34县援建乡村便民桥158座，直接受益人约199219人次。

【紧急救援项目】 2013年，在芦山、定西、云南德钦、松原地震等灾害发生时，相继启动7次灾害救援行动，投入款物11652.22万元，援助人数806272人次。其中，芦山地震救援行动募集筹款27335万元，投入各类援助款物8100万元。

【芦山地震灾后重建项目】 2013年芦山地震灾后重建工作全面启动。5月12日，在四川雅安市成立芦山地震灾后重建办公室。截至2013年底，计划投入资金1150万元，覆盖天全、芦山、名山等9区县的115所学校“加油计划”项目，第一期项目（覆盖50个学校）完成项目校教师培训，并进入物资配送、安装调试阶段，二期项目（覆盖65个学校）完成项目选点。硬体援建项目中，计划投入资金970.7万元的4个校舍建设项目，其中2个学校已进入施工阶段；计划投入资金910.33万元的20个卫生院援建项目，其中16个卫生院已进入建设阶段；计划投入资金525.82万元的6个中心社区活动中心项目已全部进入建设阶段。计划投入资金785万元、涉及人畜饮水、农田灌溉、路桥援建等的10个小微基础设施类项目，其中3个项目进入实施阶段。社区产业发展项目已形成项目申报方案、管理办法、操作流程等规则，并完成首批项目申报。

【玉树地震灾后重建项目】 2013年，玉树灾后重建项目基本完成。加多宝集团通过中国扶贫基金会援建的农畜产品综合交易市场项目于8月完成竣工验收并交接。9月，由中国扶贫基金会援建的囊谦幼儿园完成竣工验收并交接。当年投入玉树地震灾后重建援建资金2630万元。

【公益同行——NGO合作社区发展计划】 四川芦山地震发生后，携手加多宝集团、英特尔（中国）公司发起实施“公益同行——NGO合作社区发展计划”，将在3年内投入2000万元，从社区项目支持、社区能力陪伴、社区人才培养3个层面系统性地支持芦山地震灾区社会组织活化社区服务、激发社区活力，致力于激发、凝聚社区创造力和行动力，以探索社会组织参与农村公共服务供给体系的机制，推动社区产生积极的、可持续的改变。经过需求调研、项目申请与评审、沟通调整等系列工作，最终确定资助芦山地震灾区 16 个项目。截至 2013 年底，共拨付项目资金 214 万余元。

【美丽乡村计划】 为探索贫困乡村发展之路，2013 年，在总结以往十多年乡村建设经验的基础上启动美丽乡村计划，该计划包括 3 大内容：一是改善村民居住、生活条件，完善村庄公共基础设施建设，提高村庄居民居住质量；二是保护与发展以村落为核心的建筑景观、人文景观、自然景观以及生产景观，把乡村的“根”留住；三是组建村民合作社，整合村庄资源，提高农村资源利用效率和市场竞争力，推动村庄产业发展，并通过村民共享合作社股份机制，实现村庄共同富裕。2013 年，美丽乡村计划募集资金 3000 万元，项目覆盖了贵州省台江县反排村和四川省宝兴县穆坪镇雪山村以及蜂桶寨乡青坪村、和平村，直接受益人口 4000 多人。

【捐一元·献爱心·送营养】 从 2008 年启动以来，已连续 6 年通过百胜旗下肯德基、必胜客、必胜宅急送和东方既白等 4000 余家餐厅向公众劝募，近年又开通了捐一元腾讯乐捐网络募集平台。活动旨在倡导人人可公益慈善理念，倡议全社会共同关注贫困地区儿童营养状况，捐赠零钱，为贫困地区儿童提供营养加餐。截至 2013 年，参与捐赠的人数达至 6100 万人次，捐款超过 9000 万元。2013 年筹款 2100 万元，吸引了 1462 万人次公众消费者参与。

【善行 100】 “善行 100”由中国扶贫基金会发起，是国内影响力最大、筹款最多的志愿者筹款活动。通过吁请大学生志愿服务 100 小时，商场提供场地 100 小时，公众捐赠善款 100 元的慈善行动模式，倡导并践行人人可公益慈善理念及志愿服务精神。自 2011 年起，已累计开展六届，31 个省（自治区、直辖市）、86 个城市、超过 10 万名大学生志愿者参与，为贫困地区、灾区小学生筹集善款 2625 万元。2013 年，筹款 1113 万元，累计参与志愿者 122000 人（天），29 个省（自治区、直辖市）、70 个城市、142 所高校参与。

【民间组织国际反贫】 随着中国经济社会的快速发展，世界期待中国国际角色的转变。为适应形势，中国扶贫基金会开始走出国门，探索民间组织国际反贫与人道主义的救助之路，并借由此举，希望在理念上努力倡导与推动中国民间组织步入反贫与人道主义救援的国际舞台。2005 年，首次出现在国际救灾活动的现场，针对印尼海啸、巴基斯坦地震、美国新奥尔良卡特里娜飓风等国际重大自然灾害开展了国际人道主义援助。2010—2011 年，对海地地震、智利地震、非洲之角持续旱灾所导致的严重饥荒进行了人道主义救助。2011 年，募集建设资金并与当地合作伙伴比尔特瓦苏慈善组织合作在苏丹（现北苏丹）杰济拉州建成并投入使用苏中阿布欧舍友谊医院，截至2013年底，通过医院的持续服务，累积受益人189151人次。针对非洲及东南亚国家的儿童营养问题，中国扶贫基金会、联合国世界粮食计划署、腾讯慈善公益基金会联合发起“网织希望——为贫困儿童送营养”月捐项目，2013年筹款264万元，捐款主要用于柬埔寨饥饿儿童营养餐项目。2013年，国际援助项目受益人86351人次。

为推动中国公益组织走向国际，12月16日，中国扶贫基金会主办了“国际社会责任民间论坛”，发布了“中国国际社会责任研究丛书”系列成果及中外企业履行国际社会责任优秀案例。论坛就政府、企业、公益慈善组织、智库、媒体和公众，如何履行国际社会责任等议题进行了深入探讨并形成诸多重要共识。

【中国消除贫困奖】 中国消除贫困奖活动由国务院扶贫办主管，中国扶贫基金会联合《人民日报》、《光明日报》、《经济日报》、中央人民广播电台、中央电视台、《农民日报》共同发起主办，评委会由国内国际著名专家组成。每届评选表彰10个典型单位或模范个人，以社会扶贫和公益慈善“科学与方法的导向，道德与精神的昭彰，经验与智慧的交流”为活动目标。2013年，成功举办第四届“中国消除贫困奖”：成就奖袁隆平；捐赠奖曹德旺、许家印；创新奖邓飞、阿里巴巴集团；全球奖联合国世界粮食计划署；感动奖邓迎香、千分一助学志愿者队、郑卫宁、刘盛兰。10月17日（国际消除贫困日），国务院副总理汪洋为获奖者颁奖。

【参与行业建设】 中国扶贫基金会不仅关注自身的透明与公信力建设，而且积极关注整个慈善公益行业的健康发展。自2000年以来，围绕公益慈善行业自律及公信力建设、中国第三部门建设等社会重大议题，携手同道积极开展了多种形式的社会推动、倡导工作。2013年，为持续有效推动了整个行业问题和经验的梳理，继续支持《第三部门观察报告》研究的编著与推广；为打造基金会行业信息披露平台，继续资助基金会中心网运营；为促进行业自律机制形成和公信力提升，培育良性、透明的公益文化，与基金会中心网等多家机构共同发起成立“中国基金会‘4.20’救灾行动自律联盟”；为促进巨灾救援工作中的行业合作，牵头筹建成立基金会救灾协调会；积极承办民政部、云南省人民政府共同举办的“推进社会建设创新社会组织座谈会”，成为本年度政府职能改变及公益组织进行政策推动的典型案例；为推动行业建设，与南都全媒体集群等联合主办“责任中国2013公益盛典”活动。

【草根非政府组织资助】 为推动第三行业成熟产业链的形成，自2007年以来，中国扶贫基金会持续资助草根组织开展各类慈善公益活动。截至2013年底，累计投入资金6700.03万元，资助了197个公益项目，并与欧盟合作举办4期“中国NGO能力建设项目”，56家NGO的102人接受了培训。近年逐步形成了筹资、资助和品牌推广为一体的非政府组织综合平台的建设目标。2013 年，共资助非政府组织项目 64 个，资金规模 1178.03 万元。

（中国扶贫基金会
监测研究信息部　段俊英）

中国扶贫开发协会扶贫

【大学生村官成长工程】 完成了2000名村官培训的阶段性目标。在2012年完成1500名大学生村官培训的基础上，中国扶贫开发协会（以下简称“扶贫协会”）2013年6月在山西长治、9月在重庆、10月在河北正定、12月在广东顺德举办了4期村官培训班，培训大学生村官500人。在坚持协会特色培训的同时，着重探索了3种新的模式：一是到基层办班。选择在山西壶关县常平村、河北省正定县举办了两期培训班；二是到发达地区办班。在改革开放的前沿广东省顺德区举办了一期培训班，让大学生村官亲身感受了发达地区的先进理念、工作方式和发展成果；三是专题培训。2013年9月，扶贫协会与新加坡连援组织在重庆举办一期饮水项目培训班。对贵州、重庆、云南等地有项目需求的大学生村官进行项目实施全过程的综合培训，同时组织部分项目实施较好的村官赴新加坡进行交流学习，使大家开阔国际视野，为协会与国际组织合作开展培训进行了有益的探索。

【村官创业项目】 积极推进村官创业项目建设。扶贫协会对山西、重庆、榆林3省市94个大学生村官创业项目进行了专项调查，通过到项目实施地现场考察、与省市县乡各级领导进行座谈交流，了解了协会支持大学生村官项目在基层落实的真实情况。94个项目中，有89个已基本完成，扶贫协会资金已全部到村。山西的村官项目，突出开发式思路，融入当地农村产业规划，突出项目要素整合，注重项目整体效益，形成多种经营模式，如“公司+合作社”模式，“公司+合作社+农户”模式，“村官+农户+企业”模式，村委会集体经营模式。重庆市的村官项目，采取“村官撬动、乡村推动、企业带动、政策驱动”等多种方式，取得了良好的经济效益和社会效益。据统计，33个创业项目共带动8000多户32000多人发展产业，3500多名贫困户脱贫增收。榆林市的项目，政府重点支持，部门积极配合，村里认真实施，村官积极参与。榆林市扶贫办村官工程项目，与当地扶贫开发项目配套实施，将部分村官项目纳入片区规划，以村官项目为平台，锻炼村官，惠及村民。

【“连援”饮水合作项目】 积极开展“连援”饮水合作项目。2012年，扶贫协会与新加坡连氏援助组织签署战略合作协议，确定以协会“村官工程”为平台，通过

"连援捐助、地方配套、村官主导、村民参与"的方式，到2015年投入3000万元，解决100个贫困村的村民饮水困难问题。2013年投资1028万元（其中新加坡连援组织捐助510万元，地方配套和群众自筹518万元），为7个省（市区）22个村2万名村民解决了吃水难的问题。

【产业扶贫】 1. 山西省忻州市生态农业科技扶贫示范基地项目。与中扶惠邦投资有限公司合作，拟投资2.5亿元，在五台县开展籽粒苋生态农业项目，以粮饲一体的特种作物"籽粒苋"种植为核心，带动肉羊养殖、产品深加工与销售全产业链开发。这个项目，已列为山西省百企千村项目、省级对口扶贫项目。项目揭牌仪式于2013年9月12日在五台举行，目前项目正按规划目标顺利推进。

2. 沁县"百万亩有机农业"项目。与嘉盛农业有限公司合作，在山西沁县开展"百万亩有机农业项目"，计划在未来5年内建成50万亩左右有机蔬菜生产基地，并带动相关产业发展，从而带动沁县及周边地区30万以上农民脱贫致富。

3. 陕西省榆林县200万亩蓖麻产业项目。计划在5年内发展200万亩，建成全国较大规模的蓖麻种植基地，促进蓖麻深加工和全产业链建设，提升我国蓖麻产业发展能力，促进农民脱贫致富。该项目于2012年11月与富华油脂有限公司签署协议后进入实施阶段。目前主要完成了协调龙头企业和下游优势企业之间的合作对接，该项目已纳入榆林市政府重点项目。

【扶贫调研】 2013年，围绕党的十八大提出的全面建成小康社会的目标，扶贫协会组织了专题调研，撰写了《关于进一步动员社会力量搞好扶贫开发工作的建议》，得到李克强、俞正声和汪洋等中央领导同志的批示肯定。2013年10月，扶贫协会派员赴山西省大同市和河北省石家庄市进行调研，撰写了《关于贫困地区在统筹城乡发展促进共同富裕进程中进一步加强扶贫开发工作的建议》，得到了俞正声、汪洋等中央领导的批示肯定。2013年在山西长治常平集团举办村官培训班后，及时总结了到基层办班的做法，又得到了俞正声、刘云山、刘延东、汪洋、赵乐际等中央领导的批示肯定。

【智力扶贫】 主抓博士后扶贫工程。2013年8月19日，中国扶贫开发协会正式成立"博士后扶贫工程中心"。博士后扶贫工程中心的核心工作是针对目前贫困地区"发展不足、发展不当和发展瓶颈"等不同贫困状况和相对落后原因，以博士后在贫困区域挂职为抓手，结合博士后优势，整合相关科技企业、大专院校和科研院所，建立博士后产业扶贫联盟、科研院校扶贫联盟、博士后扶贫投资基金和"产业促进中心"等，按照"一手抓服务，一手抓自主"总体发展思路，在试点贫困区域总结和推广以博士后为核心的人才"造血"式扶贫开发模式。

博士后扶贫工程中心与宁波枫康生物

科技有限公司合作，以公司相关产业为基础联合“打造博士后东西协作扶贫协同创新基地”，宁波枫康生物科技有限公司总投资2.5亿元，现有基地面积为1000余亩，主要种植中药材铁皮石斛及后期加工，并建有规模型玻璃温室大棚和标准化无菌组培中心，智能化覆盖率为100%，形成了“种苗培育—种植栽培—加工的循环农业生产”模式。

（中国扶贫开发协会）

中国老区建设促进会扶贫

【老区扶贫调研】　为完成连续3年的全国老区“万人千县”联合调研收尾工作，进一步深化和拓展调研成果，中国老区建设促进会（以下简称“老促会”）汇总完善了全国老区各类数据，编制了《中国老区情况简表》、《中国革命老区行政区划》、《全国老促会编成情况统计》等；在新华社内参刊发了老区调研的情况和成果；先后向国务院和扶贫办呈报了联合调研报告，提出了加快革命老区建设发展的意见建议，李克强总理、汪洋副总理在报告上作了重要批示。国家发改委和国务院扶贫办等部门认真贯彻国务院领导同志批示，先后向中国老促会了解相关情况，积极研究提出加快老区建设发展的方案和意见。全国老促会系统深入学习贯彻国务院领导同志的批示，进一步坚定了为革命老区全面建成小康社会多做贡献的信心。

【老区扶贫平台】　中国老区建设促进会与全国各地老促会合作，于2012年初启动了“广泛动员社会力量支援老区建设项目对接工程”，为引导社会资金投资老区建设搭建了平台。经过14个月的精心准备，于2013年5月在四川省广元市召开了全国老促会系统动员社会力量支持老区建设工作现场情况交流会，会议回顾梳理了近几年全国老促会系统动员社会力量支持老区建设的情况，总结交流经验，树立宣扬典型，研究提出了进一步加大老区开发力度的意见建议。国务院扶贫办、国资委、水利部、税务总局等中央国家机关同志亲临会议指导，全国各省（区、市）老促会和相关企业共241名代表出席了会议。大会组委会通报表彰了104个支持老区建设的先进单位和个人，其中12个先进单位和个人介绍了典型经验。会议将经过筛选论证的386个项目、2948亿元的老区经济建设需求印制成册提供给企业代表，并组织条件成熟的部分企业与老区8个建设项目举行了现场对接签约仪式，签约金额119.4亿元。会议起到了动员造势、激励促进、学习借鉴的作用。老促会将会议报告上报国务院，汪洋副总理在报告上作出重要批示。

【产业扶贫】　老促会与甘肃老促会在充分调研的基层上，联合向国务院反映关于继续扶持庆阳老区发展绒山羊产业，帮助农民脱贫致富的意见建议，李克强总理作了重要批示。老促会领导积极扶持山东潍坊、临沂等老区奶山羊养殖和奶产品加工产业，动员爱心企业家团队成员投资1.5

亿元扩大养殖规模，计划3年内投资5亿元把这一产业做大做强。目前已有57个养殖合作社、17个标准化养殖基地、120个养殖村，奶山羊存栏量36万只，5000多农户参与并从中受益。全国老促会系统牵线搭桥、积极协调，为老区建设引进项目资金314亿元

【震后灾区扶贫】 4月，四川省雅安市芦山县发生强烈地震后，老促会在第一时间作出工作部署，分别给四川省和雅安市发了慰问电，筹资120万元迅速汇往灾区，并协调会员单位捐赠价值50万元的药品和20万元的食品。同时向全国各地老促会发出开展捐助活动的紧急倡议，全国各地老促会系统积极向应，合计向雅安灾区捐款2161.5万元，捐赠救灾物资价值495.16万元。

【社会扶贫】 老促会捐资50万元，用于内蒙古化德县爱国主义教育基地建设，捐资20万元资助学校和贫困学生；向江西省会昌县竺兰师范学校捐赠20万元，用于资学助教；动员爱心企业向四川广元市老区捐赠100万元，其中50万元用于青川县资教助学，50万元用于天湟山核桃产业发展。老促会妇工委协助天津市老促会妇工委开展“阳光关爱单亲困难母亲”和救助孤贫儿童活动，发放救助金66.7万元、物品23万元。

【老区扶贫宣传】 10月12日，老促会在京召开了全国老区宣传工作暨《中国老区建设》创刊20周年纪念大会。会上表彰了132个支持和促进老区建设的先进典型，向31个党政机关、部队单位和个人颁发荣誉证书。还表彰了年度全国老区宣传工作先进单位和个人，33个先进典型交流了经验。

老促会出资108万元，资助“中国梦·老区行”宣传老区公益活动。人民日报、新华社、中央电视台和新华网、人民网等多家媒体参与活动。多家报刊、广播电台和电视台对老区先进典型进行了连续报道。对弘扬老区精神，呼吁社会关心关注关爱和支持老区建设发挥了重要作用。

【科教扶贫】 老促会与北京农林科学院联手创办的“老区农民现代远程教育中心”，在不断扩大覆盖范围、增加远教流量的同时，针对老区农村产业发展的瓶颈、老区农民对实用技术的需求和老区推广现代农业技术的嫁接点，提供针对性强的培训课程，目前该远程教育已成为“扶贫空中大课堂”，18047个教育站点的1500万人在远程教育中受益；与福建省老区教育扶贫星火工程办公室合作开办的“老区教育扶贫星火工程”，已在福建省数十家大型企业内部开办了学习班，为来自老区的1000多名员工搭建了继续学习、提高劳动技能的平台，该教育扶贫模式已引起其他省区劳动部门和工会的重视，准备试点和推广；与山东聊城机电学校协商，面向云、贵、甘、陕老区贫困家庭子女招生，实施中职技能培训，取得良好效果；老促会医工委在内蒙古锡林郭勒盟牧区举办第15期兽医

“数字诊断法”培训班，150 人参加培训，同时向学员赠送了 80 套兽医教材；各级老促会妇工委举办加工、种养、营销、法律、家政服务等各类培训班 6800 多期，培训妇女 650070 人次，促进了老区妇女创业就业，其中不少妇女成为创业致富带头人。

（中国老区建设促进会　梁殿国）

友成企业家扶贫基金会扶贫

【概述】 友成企业家基金会（简称“友成”）致力于成为“新公益”的探索者、倡导者、催化者和合作者，以探索中国公益领域的创新之路、推动社会公正和谐发展为目标，以发现和支持“新公益”领袖人才、推动建立跨界合作网络和平台为使命。通过在资源、服务内容、服务递送渠道3个层面的创新，建立一个推动公益可持续发展的支持性环境。

2013年，友成将新公益理念推广到投资领域，通过打造“跨界合作的社会创新支持平台”，成为社会价值投资的倡导者和引领者。友成发展形成了5大战略支持平台：研发平台、实验平台、资助平台、合作平台、倡导平台。

研发平台：友成通过与大学、政府部门、民间机构、国际组织的多元合作来构建合作研发体系和网络，并且开展针对性的理论和实践研究。在分析最佳案例和总结机制模式的基础上提出创新性的解决方案设计，通过试点实验之后的优化和提炼进而形成社会议题的系统性解决方案。

实验平台：根据前期研发形成的解决方案和模式，通过对政府、公益组织、企业等资源和资金、信息、人力等要素的协调和配置，设计公益项目和组织进行试点实验。通过发现问题、检验效果、纠偏纠错从而生成更加系统、科学、有效、可行的模式、机制、流程、规范、标准和技术，为下一步的推广复制奠定基础。

资助平台：通过“新公益伙伴计划”，友成与学术机构、公益组织和社会企业共同探索新公益，除了资金投入，选择性地运用：理念传递、模式输出、战略咨询、项目设计、资源注入、渠道引进、专业培训、评估服务、传播支持、关系协调等方式给予合作伙伴支持。

合作平台：旨在整合政府部门、商业企业、公益组织、学术机构、国际机构、社会公众等社会各界优势资源，为社会议题系统性解决方案的形成提供服务。包括合作专项基金、合作孵化新机构、合作开展新项目等形式。

倡导平台：友成本质上是一个倡导型的基金会，提倡利益相关方广泛参与到社会创新进程中，用全社会的力量推动社会进步。友成围绕“新公益”理念所做的一切思考和实践都是以倡导“三大社会创新”，即公益创新、企业创新和社会政策创新，进而推动更有效的社会创新。

友成基金会在国务院扶贫办的指导下，于2013年启动了对“扶贫志愿者行动计划”的升级、研发和探索，创新社会参与扶贫机制，完成“扶贫志愿者行动计划”管理体系建设，持续搭建友成扶贫志愿服务网络体系，精细化管理扶贫志愿服务项目，深化扶贫志愿者动员，鼓励引导各类企业、社会组织和个人全面参与志愿者驿站建设。

2013年度，志愿者支持中心在四川、江西、甘肃、内蒙古、宁夏等省（区）开展扶贫志愿服务，新成立市县级志愿者驿站体系11个，下设村镇志愿者工作站50余个，与松下电器、上饶春华医院、包商银行、联想、阳光100置业集团、远洋地产、宜信、埃森哲、中国卫星通信公司等企业合作，签订跨年度捐赠合同金额共1538万元。志愿者驿站体系共动员1000名长期及短期志愿者提供科技、医疗、教育等志愿服务活动，累计服务时间超过6万小时。

截至2013年，友成基金会已在全国14个省（区、市）设立了122个资源协调平台与志愿者驿站，共累计协调募集物资近1.5亿元，组织和招募长期、短期和专业志愿者16000多人为贫困地区提供了超过81万小时的志愿服务，用于教育、科技、卫生、金融、社区发展等领域，协助了11个连片特困地区推动减贫发展计划。

2013年，友成基金会的社会扶贫工作主要围绕着3方面展开：深化“扶贫志愿者行动计划”体系建设、丰富志愿服务形式和内容、研究倡导新公益理念。

【扶贫志愿者行动计划】 友成基金会开创性地对在贫困地区建设“社会资源协调平台”和“志愿者驿站”进行了深入研究开发，探索以“志愿者驿站”为核心，通过发动志愿者人力资源带动其他的资源整合的模式。

在项目设计和执行中，突出以信息化手段促进扶贫的成效，发展专业型驿站与综合型驿站双轨并行的模式特征，依托志愿者驿站网络体系，全面建设了城市居民和农村居民、社会主流群体与弱势群体间的桥梁，将政策、生产生活、教育、医疗等即时信息、先进技术、管理运营理念等输送到贫困社区。

同时，总结枢纽型驿站服务片区扶贫开发的模式和方法，深化以扶贫志愿者驿站为平台的扶贫志愿者服务网络体系，利用建立在市县级的“资源协调平台”和乡村一级的“志愿者驿站”，让城市与农村的资源和信息的流通，成为连接外部市场与贫困地区的重要渠道，打通社会扶贫公益渠道的“最后一公里”。

【灾后重建扶贫】 友成以“志愿者驿站”网络为依托、以友成新公益伙伴和志愿者为行动主体在民间灾害应对领域开展的行动，包括灾前的社区减防灾培训和安全社区项目、灾害紧急救助及灾后重建。

友成基金会在雅安地震救灾行动中，截至2013年12月31日，共募集善款4187630.24元，支出3950317.13元，资金使用率为94.33%；还有部分灾后重建项目在进行中。

主要包括：紧急救援阶段设计并筹集发放“友成家庭紧急救灾包”3750套，合计人民币750000元；覆盖芦山县宝盛乡玉溪村、龙门乡古城村、飞仙镇凤凰村、芦阳镇火炬村、石镇围塔村、太平镇兴林村等重灾区；除此之外，支持灾区彩钢板、不锈钢、蚊帐、发电机等物资合计239568元；支持都江堰火凤凰芦山驿站350000元，支持成都益多公益服务中心等公益组织组成的“华夏联合救援”50000元。

友成基金会十分关注灾区“过渡安置”需求，实施了“彩钢瓦过渡安置房”项目，通过调动受灾村民互助自救、就地取材，在芦山县玉溪村、安坪村、磨刀村、凤凰村等6及宝兴县受灾安置点提供7万多平方米的彩钢瓦用于搭建过渡安置房，解决了1000多户超过4000村民的过渡安置问题。

在灾后重建阶段，友成通过整合与协调充四川当地社会组织的资源，聚合了成都益多、益众等一批扎根农村社区的草根组织，在芦山县和宝兴县的8个贫困村各建立了一个“友成志愿者工作站”，开发“竹编”项目，支持灾区村民的生计恢复。

【科技扶贫】 友成在武川县开展了农业种养殖科技扶贫项目，通过组织科技志愿者协助提升大棚蔬菜种植农技水平和柴鸡养殖技术，发展有机蔬菜种植合作社和养鸡合作社，利用科技扶贫带动产业发展。

该项目充分利用友成志愿者驿站平台和呼和浩特市科研院校汇聚、科技人才集中的优势，分别与农牧局、科技局、互联网协会合作搭建：农村科技支持平台、农业信息服务平台、农产品销售平台。将农业科技员、12396信息员、科技扶贫志愿者整合为一体，探索建设以政府为主导、社会组织推进，农村科技专业人员参与的多元化、可持续发展的新型农村科技服务模式。通过以志愿者为主体，以志愿服务的形式开展农村科技扶贫，用科技推项目，送技术进农户，从信息资讯、成果推广、技术辅导、农民培训、项目服务等多方面为农民提供便捷的全方位的科技服务。

共开展科技扶贫项目12个，培训农村专业合作社社长100人，间接受益人数超过1000人（合作社社员）。直接受益村8个。

同时，在科技扶贫的基础上引入金融扶贫，友成基金会与包商银行进行合作，由包商银行为项目提供贷款，用于种养殖户购买种子、化肥、鸡苗、饲料、鸡舍改造、大棚搭建等，有效地保证了种养殖户规模化种养殖过程中的资金需求。经过3年试点，包商银行共投入贷款超过2亿元，帮助3000余户村民形成种养殖规模。

【教育扶贫】 “友成常青义教”项目是基于友成基金会倡导的新公益理念，由友成基金会发起，依托友成志愿者驿站和各地合作的组织及单位、动员组织以城市优秀退休教师为主，以志愿者身份，到贫困地区学校进行教育管理和教学水平提升的造血型志愿者服务项目。采取以调动退休教师资源下乡的创新方法，使贫困地区学校与城市共享优秀教育资源，缩短城乡差距的教育扶贫创新模式。项目已在广西、内蒙古、河北、辽宁、云南、安徽、重庆 7 省 16 县，志愿者直接进驻贫困地区中小学校 3637 所，招募志愿者约 2840 人，提供志愿服务 13 多万个小时，受益学校近 555 所，受益教师约 28160 人，受益学生约 288815 人。

“双师教学”项目引入了全世界流行的 MOOC（massive open online course，又称慕课）理念，借助先进的网络技术，通过积极开展远程教育，可以使农村和边远地区师生共享城市地区优质教育资源，旨在促进教育均衡、公益性、创新型的教学方式。“双师教学”项目利用网络把中国人民大学附属中学的优质课程同步直播到广西、重庆、内蒙古、河北、北京等省、市、自治区的十余所试点学校，项目以每日远程直播课堂的形式，为贫困地区的学生讲授课程，从而探索城市优质教学资源补充乡村的可行性。

项目经过半年试点，教学成果显著。虽然试点学校的学生与人大附中的学生基础差距较大，但经过第二课堂老师的辅导，改进学习方法、提高学习效率，学生的成绩都有了很大提高。在 11 月上旬进行的期中考试中，大部分试点班级的成绩都比同校其他班级高出几十分。

【医疗扶贫】 为达到减低贫困社区家庭因病致贫、因病返贫发生率的目的，达成各政府部门、企业、公益机构以及社区系统参与医疗扶贫工作的社会效应，友成基金会携手上饶春华集团（含医疗、养老、科技等）于 2013 年在上饶市建设友成志愿者驿站，本项目额度为 680 万元，截至 2013 年 12 月底，上饶驿站已招募长、短期志愿者 150 余人，专业志愿者累计进村级社区进行义诊及卫生知识普及 35 次，共为贫困人群发放医疗救助款 25 万余元。

驿站通过组织专业医技志愿者资源和本地青年扶贫志愿者团队，重点开展农村及城市贫困社区医疗扶贫，特别是困难老人医疗扶助的志愿服务项目。相应项目活动包括：

1. “友 · 健康”项目：驿站及专业志愿者通过系统培训，深入各个城乡贫困社区，进行医疗卫生知识的宣教，免费体检，医疗咨询等；

2. “友 · 保障”项目：向社会募集定向资金，联合定点医疗机构为低保五保的困难群众实施医疗费用救助款发放；

3. “友 · 陪伴”项目：建立社区志愿小组和医技专业志愿者小组，为贫困社区以及参与机构养老的困难老人提供建立健康档案、定期走访、日常咨询等长期的医疗保健服务，覆盖困难群体，特别是活动不便的困难老人群体。

与已往企业单纯资金捐助方式不同的是，友成上饶驿站医疗扶贫的模式充分动员了企业的广泛参与，带动企业全面参与到扶贫志愿者驿站的建设及运行中。同时，通过友成的扶贫服务项目把已往从公益组织单中心推动逐渐转变为驿站、企业、政府、社区的多中心协同，有效地促进了各部门的资源共享与有效配置，从而用一种最高效的方式响应贫困人群需求，推动该地区的扶贫开发。

【信息化扶贫】 为贯彻落实《中国农村扶贫开发纲要（2011—2020年）》和《关于进一步加强农村文化建设的意见》，“有效搭建农村科技扶贫与人才培育创新渠道，组织、动员各类志愿者参与农村扶贫开发和文化建设，大力引进、整合社会资源，提升农村可持续发展能力”。在国务院扶贫办的指导和支持下，友成基金会与航天数字传媒有限公司充分发挥双方资源优势，将“友成志愿者驿站网络体系”与“卫星数字发行”技术有效结合，研发与实践“友成卫星数字扶贫志愿者驿站”，并选择在内蒙古、河北和北京下辖的20个村镇进行试点，通过共同开发“友成卫星数字扶贫志愿者驿站”项目，构建形成基层扶贫工作卫星数字化服务平台，打通社会扶贫服务工作的“最后一公里”这一关键问题，最终形成“天、地、人”有机结合的服务网络体系，为基层扶贫工作提供优质的工作平台和抓手，在推动减贫事业的发展中发挥重要作用。呼市驿站配合国务院扶贫办的空间扶贫系统建设，开展了“集中连片特困地区农户多维贫困调查”，提交问卷13000余份，涉及多项扶贫基本信息。

【清源计划】 扶贫志愿者行动计划之“清源计划”项目是以“让更多孩子喝上干净健康的水”为目标，通过向饮用水不符合“国家生活饮用水卫生标准”地区的学生，提供净水设备及安全卫生教育培训，来改善当地学生的饮水条件，并提高其安全卫生意识，进而提升当地学生的健康水平。在项目实施过程中，通过采购和安装净水设备、开展校园安全卫士培训、企业志愿者参与3方面内容开展志愿服务活动。项目实施一年来，足迹遍布河北省、内蒙古自治区、宁夏回族自治区3省贫困地区的20所学校，受益青少年人群超过13000人。同时也得到了当地政府、学校、家长的一致认可，取得了良好的社会效果，辐射人群约50000人。“清源”已逐渐成为了一个公益项目品牌，初现其品牌影响力。

【小鹰计划】 小鹰计划——青年志愿者服务与学习项目。2012届20名小鹰顺利于7月毕业，2013届新招募小鹰19名分配至6个志愿者驿站项目点，并于年底启动2014小鹰招募。小鹰计划自2011年起已成功运行到第三届，累计报名人数2000余人。至2013年，三届小鹰学员共有60人，深入中国农村，了解基层社会发展。项目团队在总结3年项目实践的基础上，将提高项目质量的重点放在人员的招募和选拔、项目管理流程打造、导师队伍和实习基地的选择以及评估机制等基本制度建设上，完成了《小鹰计划学员手册》和《小鹰计划项目操作手册》，支持建立小鹰计划校友会、合作伙伴系统等。随着小鹰计划品牌知名度的提升，该项目越来越受到参与者和服务机构的高度认可，实现了青年人才培养、社会组织支持、社会扶贫创新与机构影响力扩大的多赢。

志愿者驿站以系统化、专业化的社会扶贫的创新模式，动员了更多企业的积极性，先后有松下电器、上饶春华科技有限公司、埃森哲、包商银行、宜信、碧桂园等企业与友成基金会合作共建志愿者驿站。在资助支持志愿者驿站建设的企业中，有外资、国有和私营企业，经营领域涉及金融、电子设备、医药科技等诸多行业。“扶贫志愿者行动计划”成为诸多企业履行社会责任、参与社会扶贫的首选。松下、包商等企业员工也成为专业扶贫志愿者的重要组成部分。

（友成企业家扶贫基金会
政府事务与资源开发部　刘娜）

中国光彩事业促进会扶贫

【概述】 2013年，中国光彩事业促进会以组织开展“光彩事业行”系列投资考察活动为主要抓手，加大了对集中连片特困地区、革命老区、少数民族地区、边疆地区的扶贫开发力度，实施了教育、医疗、养老、环保、危房改造等一大批雪中送炭、改善民生的项目，有力地推动了当地经济社会发展，加快了贫困群众脱贫致富的进程。

【抗震救灾】 2013年，四川雅安和甘肃定西地震灾害发生后，全国工商联、中国光彩事业促进会第一时间联合下发通知，号召各级工商联组织、光彩会和广大民营企业，发扬“一方有难、八方支援”的精神，积极投身到抗震救灾工作中。中国光彩会办公室设立专线电话，建立24小时值班制度，为民营企业参与抗震救灾提供快速服务，及时收集上报各地抗震救灾工作和捐助情况。各地光彩会和中国光彩事业促进会理事会员慷慨解囊，踊跃捐款。据不完全统计，全国民营企业共为雅安、定西灾区捐款捐物9.8亿余元（其中捐款6.8亿余元），有力地支援了抗震救灾和灾后重建工作。

【光彩事业六安行】 为深入贯彻落实党的十八大精神和新10年中国农村扶贫开发纲要精神，加快六安革命老区振兴发展，2013年5月9日，由中国光彩事业促进会、安徽省人民政府共同主办的“中国光彩事业六安行暨安徽省与全国知名民营企业家合作发展会议”在六安市隆重举行。中央统战部副部长，全国工商联党组书记、常务副主席，中国光彩事业促进会副会长全哲洙，安徽省委副书记、代省长王学军出席活动并讲话。中央统战部、全国工商联、中国光彩事业促进会、安徽省有关领导和来自全国各地的300余位民营企业家参加了活动。活动期间，共签约项目988项，签约总额6644亿元，其中六安签约项目42项，签约总额272.3亿元。中国光彩事业基金会向金寨县公益捐款2000万元，用于改善当地农民饮水条件。

【光彩事业巴中行】 为助推革命老区经济社会发展，支持部分全国知名民营企业家走进老区、了解老区、助推老区发展，2013年6月26至27日，全国工商联、中国光彩事业促进会支持四川省工商联、巴中市政府举办了“光彩事业巴中行暨川商革命老区行”，全国政协副主席、全国工商联主席王钦敏和来自全国各地知名企业家

200多人参加了此次活动。37家企业与巴中市签约了39个项目，投资总额达346.2亿元，向巴中市平昌县捐资500万元，用于推动农民增收、农业增效和农村发展。

【感恩革命老区延安行】 2013年7月18至19日，中央统战部、全国工商联、中国光彩事业促进会共同主办了“全国非公有制经济人士感恩革命老区延安行”，中央统战部副部长，全国工商联党组书记、常务副主席，中国光彩事业促进会副会长全哲洙出席活动并讲话，来自全国各地的200多名非公有制经济代表人士参加了此次活动，共签约合同项目15个，总投资23亿元。中国光彩事业促进会向延安市八一敬老院康复楼公益项目捐款1180万元，用于改善延安革命老区“三老”人员养老条件。期间，延安市遭受持续降雨造成重大灾情，参会民营企业家踊跃捐款，仅一天时间就捐款740万元。

【光彩事业西藏行】 2013年8月4至5日，由中国光彩事业促进会、西藏自治区党委、自治区人民政府共同举办的“中国光彩事业西藏行”活动在西藏拉萨市举行，中央统战部副部长、全国工商联党组书记、常务副主席，中国光彩事业促进会副会长全哲洙，西藏自治区政府主席洛桑江村出席活动并讲话。来自全国各地的300多位非公有制经济代表人士参加了此次活动。活动期间，共签约项目229个，投资总额3613.07亿元，其中合同项目131个，总投资额2393.29亿元。中国光彩事业促进会向拉萨市曲水县养老院捐款1800万元；中国光彩事业促进会与国家卫生和计划生育委员会合作实施“光彩·西藏和四省藏区健康促进工程”，泛海集团向该项目捐款1000万元；西藏自治区人民政府与中国民生银行签署了合作框协议，民生银行捐款4000万元，分四年实施，用于支持西藏儿童先天性心脏病救治工作；奇正藏药集团捐款1100万元，用于支持林芝、那曲地区各建一所藏医诊所等公益事业。

【光彩事业赣州行】 2013年10月21至22日，中国光彩事业促进会、江西省人民政府成功举行了“中国光彩事业赣州行”活动。江西省委书记强卫宣布活动开幕，中央统战部副部长，全国工商联党组书记、常务副主席，中国光彩事业促进会副会长全哲洙出席活动并讲话，江西省省长鹿心社致辞。来自全国各地的200多位民营企业家参加活动。期间，共签约项目113个，总投资额1040.9亿元。中国光彩事业促进会向瑞金在乡烈士遗属危房改造公益项目捐款2070万元；民企现场认购1.2万余吨赣州脐橙，帮助当地种植户解决产品积压问题。

【边疆建设】 2013年11月，中国光彩事业促进会协调民生银行捐助320万元，为新疆生产建设兵团购置600套太阳能光伏户用系统和2套配套离网系统，改善边防连队干部职工的生产生活条件。

【光彩·爱心家园——乐和之家项目】 2013年，中国光彩事业基金会与北京地球村环境教育中心合作发起实施了“光彩·爱心家园——乐和之家”项目。该项目在重庆市巫溪县等3个贫困区县10个村，建立了10个“光彩·爱心家园——乐和之家”。项目筹资700万元，通过政府统筹、社会参与、社工服务等模式运作，为当地3000名留守儿童和困难儿童搭建爱心家园，帮助留守儿童学有所教、困有所助、爱有所依、托有所管，解除试点村农民工父母的后顾之忧。

【小型考察投资活动】 2013年，中国光彩事业促进会组织实施了“共促兰州国家级新区发展座谈会”、“光彩事业六盘行”、“饮水思源光彩十堰行”、“助力经济转型投资考察活动”等小型考察投资活动，共签约投资项目128个，投资总额807.32亿元，公益捐款1017万元。

（中国光彩事业促进会 钱静）

中国残疾人福利基金会扶贫

【概述】 2013年，中国残疾人福利基金会（以下简称“基金会”）捐赠收入33999.42万元（接收捐款12318.87万元，接收捐物折合人民币21680.55万元）；公益项目支出31835.22万元；公益事业支出占2012年总收入的比例为89.12%。继2008年基金会获评第一批5A级社会组织后，在今年民政部的第二次评估中，基金会再次荣获5A级社会组织称号。

2013年，基金会共开展公益项目341个，并持续推进品牌项目建设。其中连续3年以上执行、社会影响力大、贫困残疾人受益面大的公益项目有30多个，如集善嘉年华、信息无障碍论坛、启明行动、集善如新蜜儿餐、助听行动、服装项目、通向明天、类克集善援助合作项目等。签订连续3年以上，每年固定百万以上捐赠支持的项目近10个。“阳光伴我行”公益项目被民政部评为中华慈善奖“最具影响力慈善项目奖”。由基金会推荐的三星（中国）投资有限公司荣膺“最具爱心捐赠企业奖”；香港无国界社工行政总裁励娜荣膺“最具爱心慈善楷模奖”。

【集善嘉年华项目】 “集善嘉年华”是自2003年开始由中国残疾人联合会、中国残疾人福利基金于每年12月3日国际残疾人日前夕共同举办的极富影响力的慈善活动。10余年来，该活动累计筹集款物2.9318亿元，受益人达17.2万人。其中，2008年以“援助在四川汶川地震中致残的残疾儿童和截瘫残疾人”为主题，为地震致残儿童免费安装更换假肢，帮助灾区截瘫残疾人接受系统康复训练，提高定点医院截瘫残疾人治疗和康复能力；2009年以“帮助贫困聋儿走出无声世界”为主题，为1200名重度听力残疾儿童植入人工耳蜗，为1200名轻度听力残疾儿童配备助听器，并接受康复训练，截至2013年底，已完成了助听器的配备，其中1100名为中西部贫困地区儿童；2010年以“关爱农民工子女”为主题，支持实施“共青团关爱农民工子女志愿服务行动”，为农民工子女筹建“集善之家”，为残疾农民工子女和农民工残疾子女购买保险；2011年以“支持农村残疾人扶贫基地”为主题，完成了贵州、陕西、安徽等8个省、55个基地建设，支持1.8万残疾人就业，并辐射带动3.15万残疾人，近5万残疾人受益。

【集善工程·启明行动项目】 “集善工程·启明行动”是一项惠及广大贫困白内

障患者、促进我国防盲治盲事业发展、实现残疾人“人人享有康复服务”目标的大规模复明工程。在现有其他已开展的白内障复明项目的基础上，使具有手术适应症的贫困白内障患者都有条件重见光明，实现在我国基本消除因贫困导致的白内障致盲现象。2006年6月，基金会启动“启明行动”，在社会各界的大力支持下，共募集资金9265余万元人民币，为全国31个省区市近7万名贫困白内障患者实施了复明手术，其中三分之二以上受助人来自中西部地区。2011年，该项目获第六届中华慈善奖“最具影响力慈善项目奖”。2013年“启明行动”项目资助上海、甘肃、内蒙古、河北等12个省区市626万元，为6700名贫困白内障患者实施免费复明手术，“启明行动”的开展使众多的贫困白内障患者重见光明，做到复明一人，幸福一家，带动一方，受益全社会。

【阳光伴我行 集善明门残疾儿童轮椅项目】 我国约有175万脑瘫患者，其中0~6岁脑瘫儿童约有31万，每年新增4.6万。脑瘫主要表现为中枢性运动障碍及姿势异常，同时可伴有智力、语言、视觉、摄食等多种障碍。早期发现、早期诊断、早期治疗是对脑瘫儿童进行康复训练的基本原则，然而脑瘫儿童行动障碍，缺少助行工具，为康复训练和日常生活带来诸多不便，偏远贫困地区的脑瘫儿童甚至很少走出家门、享受阳光。为表达希望更多的脑瘫儿童走出家门、享受阳光、感受人间美好之意，明门集团资助的“阳光伴我行”集善明门残疾儿童轮椅项目执行6821万元，其中资助黑龙江、浙江、山东、湖北、山西、天津、青岛等47个省、市13600辆残疾幼儿轮椅，改善了1万多名0—3岁脑瘫、脑外伤等残疾幼儿的护理和康复条件；资助山西、湖南、福建、广东、武汉、哈尔滨等46个省和市及中国残疾人辅助器具中心、中国康复研究中心等11家残疾人康复机构5986辆残疾儿童轮椅，用于帮助脑瘫、脑外伤、脊髓损伤、进行性肌营养不良、其他伴肢体功能障碍儿童使用。

【通向明天——交通银行残疾青少年助学计划项目】 为构建社会主义和谐社会，弘扬人道主义精神，促进社会公益事业发展，支持残疾人福利事业，2007年，交通银行股份有限公司捐资设立“通向明天——交通银行残疾青少年助学计划”公益项目，定向资助残疾青少年教育。截至2013年底，该项目累计捐赠8280万元人民币，资助河北、山西、内蒙古等25个省区家庭经济困难的高中生和大学新生近3万名，资助“特教师资提升工程”、全国特教师资培训、发放特教园丁奖获奖教师奖金和残疾学生励志奖学金等，极大地带动了地方政府和社会各界扶残助学，取得了良好的社会效果。2013年，该项目中，500万元用于资助全国24个省份和新疆生产建设兵团家庭经济困难残疾高中在校生和大学新生约4000人；100.5万元用于颁发201名“交通银行特教园丁奖”获得者奖金(0.5万元为2012年项目执行款项结余)；

120 万元用于资助全国 592 名特教教师及校长培训；20 万元用于评选表彰“交通银行残疾大学生励志奖”10 名，提名奖 26 名，及支付评审费、专题网页制作费和证书制作及邮寄费 2.2 万元。

【集善残疾儿童助养项目】 2013 年，为此，基金会积极与爱心企业和机构开展合作，全面启动了“集善残疾儿童助养项目”，建设了包括热线电话、网络捐赠等强大的公众服务后台。开展该项目主要是希望通过体验饥饿活动和助养者每月的小额捐款，激发公众参与公益事业的热情，加强基金会的公众募捐工作，逐渐形成基金会特有的公众募捐项目和机制。项目目标是在 5 年内向国内外公众募集 1.2 亿元人民币，用于资助湖北、陕西、甘肃 3 省共 2.1 万名残疾儿童及残疾家庭子女的综合发展。2013 年 12 月 2 日，基金会举办了“体验饥饿，牵手残疾儿童及残疾家庭子女”的公众宣传与筹款活动，56 位员工全程参与，带动了 1141 位体验者报名参加活动，1297 位捐款者捐款 37.56 万元，该活动带动了中国残联系统的聋儿中心、信息中心、华夏文化集团以及卫生部人才中心、北京大学等 10 家单位参与活动，捐款人数达到 7745 人，公众捐款额 53 万元。项目已为 1129 名残疾儿童提供康复、生活和教育补助；为 73 名残疾儿童进行了辅助器具适配；为 11 所特教学校和 7 所康复机构改善了条件；为 18 名聋儿教师、26 名康复员、72 名特教学校教师、239 名残疾人专职委员提供了培训；约 100 名残疾儿童家长参加了家长会（培训），共登记了约 2930 名受助代表儿童。

【集善学习卡项目】 为关心帮助残疾人，支持残疾人事业发展，北京东大正保科技有限公司决定向中国残疾人福利基金会捐赠“集善学习卡”（正保远程教育一卡通学习卡），共同开展“集善学习卡项目”。2013 年，资助北京、天津、吉林、浙江等 10 个省市集善学习卡 20200 张，折合人民币价值约 2020 万元，用于帮助残疾人利用网络参加远程教育培训，提高自身素质。

【集善如新儿童蜜儿餐项目】“受饥儿滋养计划”是如新（中国）日用保健品有限公司推出的一个全球性项目，旨在为贫困地区儿童提供营养丰富的蜜儿餐。蜜儿餐是“受饥儿滋养计划”主要产品，这是一种经过科学配方，专门针对营养不良儿童营养需要而制成富含营养成分的食品。如新（中国）日用保健品有限公司于 2005 年底在中国黑龙江省鸡西市投资兴建了“鸡西蜜儿餐食品有限公司”，以生产更多的蜜儿餐，用于捐赠中国及海外贫困儿童。如新（中国）日用保健品有限公司与世界儿童基金会合作，在全球一共捐出了近 2 亿份蜜儿餐，其中有约 2000 万份用于帮助中国贫困儿童的健康成长。为使更多贫困地区中国儿童，特别是贫困地区的中国残疾儿童受益，自 2010 年起，如新（中国）日用保健品有限公司、世界儿童基金会与中国残疾人福利基金会合作，共同开展

“集善如新儿童蜜儿餐”项目，为中国地区贫困残疾儿童发放蜜儿餐。如新（中国）日用保健品有限公司、世界儿童基金会与中国残疾人福利基金会合作，自2010年至2020年，共同开展“集善如新儿童蜜儿餐”项目，为中国地区贫困残疾儿童发放蜜儿餐。计划在10年内，如新（中国）日用保健品有限公司、世界儿童基金会向中国残疾人福利基金会捐赠价值3亿元人民币的蜜儿餐，通过中国残疾人福利基金会发放给中国贫困地区残疾儿童。中国残疾人福利基金会对各地参加项目的贫困残疾儿童进行抽样健康体检，跟踪食用蜜儿餐效果。2013年，该项目资助吉林、宁夏、天津、山西等13个省区市蜜儿餐126120袋，折合人民币价值约2522.4万元，为贫困地区的2万残疾儿童提供了营养丰富的蜜儿餐。

【集善工程·爱心温暖服装项目】 2009年以来，基金会协调上海拉夏贝尔公司、武汉大洋等5家服装企业捐赠价值9700万元的41万件服装，切实服务广大贫困残疾人及其家庭。资助26省区市的30余万贫困残疾人，其中资助中西部地区服装价值6000万元以上。2013年，该项目资助河北、四川、甘肃、陕西、大连、厦门等25个省市服装、服饰276830件，折合人民币价值约2841.13万元，帮助上述省市的10多万贫困残疾人添置新衣，改善生活。

【抗震救灾倡议】 2013年4月20日，四川雅安芦山地震发生后，基金会第一时间向社会发布《紧急救援行动倡议书》，受到社会各界爱心人士的广泛关注，共接受捐赠款物1037.75万元，用于资助灾区残疾人，以及在芦山县捐建残健共融幼儿园。

【盲童助学示范项目】 中央财政安排专项资金，支持社会组织参与社会服务，基金会紧紧抓住机遇，积极申请。2012年、2013年共获中央财政资助245万元，用于开展“盲童助学示范项目”，同时积极争取到中国银联捐赠500万元的支持，配套实施“中国银联励志助学盲童行动”。两年来，共向30个省市区的边远贫困地区140所盲校、特教学校10000名盲生捐赠了学习急需的盲生触觉语音地图和盲人常用词典等。

【援助合作项目】 2011年5月，基金会与西安杨森制药有限公司共同开展了维思通集善援助合作项目，向贫困精神分裂症患者提供维思通药品援助。截至2013年底，已向全国30个省市的187家医院约2.4万名适应症患者提供了价值约2600万元人民币的药品，中西部贫困地区受助患者达1.1万人。在中国残联支持下，2012年2月，基金会与西安杨森制药有限公司再度合作开展集善类克援助合作项目，为低保特困及因病致贫的类风湿关节炎、强直性脊柱炎患者提供类克药品援助。至2013年底，该项目向全国30个省市、238家医院的5159名适应症患者提供价值1771万元人民币的类克药品，其中一半患者来自我国中西部地区。该类项目不仅帮助患者降低了因病致残的几率，还减轻了患者治疗中的经济负担。通过实施维思通和类克药品项目，已减轻了2.2万名低保特困的精神残疾患者服药负担，帮助了4385名低保及因病致贫的类风湿关节炎、强直性脊柱炎及克罗恩病患者。项目的实施，有效地推动了生物制剂国产化进程。

【公益研究】 基金会和清华大学、世界宣明会共同发起成立了明德公益研究中心，目的是整合三方优势，推动公益项目的研究与推广及社会组织的能力建设，搭建公益项目共享平台。2013年，基金会支持该中心从理论、政策和项目管理实践出发，为国内基金会等公益组织提供全方位支持性服务，以推动中国公益组织行业自律与问责体系的建立。基金会积极支持民办NGO建设。资助了五彩鹿儿童行为矫正中心、北京智光特殊教育培训学校、北京红丹丹教育文化交流中心、瓷娃娃关怀协会等草根社会组织，帮助他们提高自身发展能力和为残疾人服务的水平。

【服务残疾人】 基金会积极推动残疾人辅助器具国产化。积极联络爱心企业捐赠，推动辅助器具国产化进程。以诺尔康公司向基金会捐赠100台国产人工耳蜗为契机，基金会给予配套资金支持，通过该公益项目的实施，推动国产人工耳蜗的开发与应用，促使进口人工耳蜗降低价位，使更多语后聋残疾人受惠。

【体育扶贫】 基金会和中国狮子联会开展“集善狮子会——走向非洲”项目，拟在2014—2018年5年内，共同筹集700万元人民币，支持国际残奥委会在肯尼亚、乌干达等非洲国家开展残疾人体育和康复项目。基金会还将联合中国狮子联会、中国儿童少年基金会、中国扶贫基金会及如新（中国）共同开展集善众力马拉维项目，帮助13户马拉维农民家庭就读农业自立学校，学习农业技术，改变贫穷落后状况。

（中国残疾人福利基金会）

中国儿童少年基金会扶贫

【概述】 2013年度，中国儿童少年基金会根据《中国农村扶贫开发纲要（2011—2020年）》关于“发展教育文化事业”、“动员企业和社会各界参与扶贫”的有关要求，充分发挥儿公益慈善组织优势，以贫困儿童的真实需求为导向，以“春蕾计划”、“安康计划”、“消除婴幼儿贫血行动”等儿童慈善品牌项目为依托，通过策划开展形式多样的公益慈善活动，广泛引导和动员社会力量支持参与扶贫开发事业。全年共募集社会资金和物资3.3亿元，公益资助支出2.96亿元，为保障农村贫困儿童健康成长，促进农村贫困地区教育事业发展作出积极贡献。2013年再次被民政部评为5A级基金会。

【消除婴幼儿贫血行动】 “消除婴幼儿贫血行动”基于试点工作的显著社会成效，在全国妇联的大力支持下，获取“中央专项彩票公益金”2013—2015年共计1.5亿元资金支持，成为中国儿童少年基金会首次成功尝试通过试点工作推动中央政府购买服务的首个慈善项目。中央专项彩票公益金支持该项目周期已从2013年8月开始在陕西、四川、甘肃、宁夏、内蒙古、新疆6个省区的22个项目县实现“婴幼儿辅食营养包”滚动式发放，并启用新的营养包配方，已发放新配方营养包约14万盒，发放新修订的《工作手册》、《培训教材》和《家长手册》1万本，对120名项目地区妇联和卫生部门有关人员进行了培训。各项目县结合当地实际，举办各类人员讲座培训142期。

2013年，继续落实社会募集资金支持“消除婴幼儿贫血行动”资助工作。项目已累计为贫困地区婴幼儿发放“营养包”377万盒，使53万名婴幼儿受益。开展赴营养包生产企业进行质量考察和督导工作，经过调查分析，出具项目中期调查报告。报告显示，服用半年以上营养包的6—36个月龄婴幼儿贫血患病率普遍降低5个百分点，其中宁夏地区降低10个百分点。项目受到当地百姓和婴幼儿家长的欢迎，被称为惠及广大贫困地区婴幼儿、温暖家庭的民心工程，被国务院扶贫办评为“社会扶贫创新优秀案例”。

【春蕾计划】 2013年，“春蕾计划”继续立足教育扶贫，多角度改善贫困地区学校教学环境和学生生活条件。共新建春蕾学校7所，资助春蕾生18866人次，捐建563间光明课室，对50名蓝天春蕾学校教师进行培训，对97名大龄女童进行创业资助。推出启动以女童安全防范保护为重点资助内容“护蕾行动”，已对400名学生家长、中技校女生开展女童性健康教育专题讲座培训4期，在《人民日报》作一期专版公益宣传，开发编制《儿童自护手册》《家长手册》，将免费向留守流动女童及家长发放，提高女童和家长性安全防范意识和能力。“春蕾计划——护蕾行动”获评中央综治办、共青团中央、中国法学会未成年人健康成长法治保障制度创新优秀事例。

【安康计划】 “安康计划”继续深入实施儿童营养、安全教育等资助项目，共为孤困儿童发放价值1700万元的儿童营养食品和17.9万份儿童公益保险卡，捐建安康图书馆52个，儿童安全体验教室73个，资助678名艾滋病感染儿童治疗培训和149名贫困儿童治愈弱视眼疾。继续资助双流安康家园556名汶川地震孤困儿童小学、初中、高中以及大学学习生活费用，直至完成最高学业。

2013年，“安康计划”进一步扩大儿童患病率较高、救助资源较少的儿童重大疾病的救助范围，已分别对9名贫困家庭血友病患儿、10名听障儿童、1名脑瘫患儿进行资助。

【震区儿童公益行动】 “4·20”芦山地震发生后，立即向灾区妇联组织了解灾后儿童救助和学习生活情况，紧急调拨50万元资金、30万元衣物运往灾区。同时，制作“紧急救助四川雅安震区儿童公益行动”赈灾专题网页，在新浪网、腾讯网等7家网络媒体发布劝募信息，呼吁社会各界爱心支持。共为芦山震区筹集款物约3148万元，紧急运送10批次药品、食品、文具、生活用品等灾区急需救灾物资。根据灾区儿童的需要，捐建45个安康图书馆、34个儿童安全体验教室，资助793名灾区儿童灾区伤残儿童、困难儿童学习生活补助。

【美丽中国爱心行】 “美丽中国爱心行”大型公益活动以深入了解新时期儿童需求的新变化、全面展示儿童慈善项目实施成效、搭建社会公众特别是捐赠者深度参与项目监督平台为着力点，2013年6至12月期间，邀请捐赠单位和个人、新闻媒体、爱心大使等组成爱心团，分别走进西北、华北、西南、东北、华中5个区域的河南、甘肃、青海、山西、河北、内蒙古、四川、贵州、黑龙江、吉林10省（区）26个县市，对儿童慈善品牌项目进行回访考察，举办20多次爱心捐赠和走访慰问贫困儿童及家庭等活动，累计捐赠5000余万元，受到当地群众的欢迎，认为活动接地气、有生气，使他们最直接地感受到了党和政府的关怀和温暖。

“美丽中国 爱心接力——百万春蕾生学雷锋”实践活动，在29个省（自治区、直辖市）开展志愿服务、续写雷锋日记·争做时代好少年、《雷锋全集》读后感演讲会活动。经各省区市妇联评选推荐出90名理想远大、品学兼优、自强不息、乐于助人的“学习雷锋好少年”，举行汇报交流会暨主题夏令营活动，激发广大儿童少年继承和发扬雷锋精神，从小树立社会主义核心价值观的良好思想品质。

【恒爱行动】 2013年，根据不同困难儿童群体的需求，开展多样化资助服务活动。以寻找爱心父母为孤残儿童编织爱心毛衣为主题的“恒爱行动”继续在全国27个省（自治区、直辖市）以及新疆生产建设兵团开展，为孤残儿童织毛衣、送温暖。项目实施9年来，累计编织69万件爱心毛衣，收到100多万件爱心衣物，已使全国统计在册的61.5万名孤儿全部穿上爱心毛衣；面向留守流动儿童实施的“让我玩”体育公益项目在23个省市443所学校和8个社区开展体育训练营、校际比赛、体验式运动小游戏等多种运动形式，多角度为儿童建造良好的运动和成长环境。项目实施7年来，已累计使100多万名儿童受益。以帮助困境儿童解决学习生活困难的“音乐之声我要上学”大型公益活动继续依托广播优势和明星效应，号召社会各界关注贫困留守儿童。通过听众捐款，2013年资助贵州、青海等地贫困留守儿童2856名，捐建“留守儿童之家”12所，促进儿童身心健康成长。

（中国儿童少年基金会
办公室　许长秋）

中国西部人才开发基金会扶贫

【概况】 中国西部人才开发基金会是经国务院批准，民政部注册登记的全国性公募基金会。成立于2006年9月18日。业务主管单位是国家行政学院。宗旨是服务西部大开发，支持西部地区和为西部地区服务的人才培养与培训，支持科学研究和政策咨询研究，为西部大开发提供人才和智力支持。自成立以来始终秉承“根”、“种”、“酶”的理念，使命是让人才成为西部大开发的发动机和加速器。

【农民创业就业扶贫】 “春雨工程”公益项目是中国西部人才开发基金会创设的支持西部地区农民创业就业的扶贫开发示范项目。四川省江油市作为国家三线建设的重点地区之一，虽然初步形成了以冶金、能源、机械、建材、化工、纺织、食品等门类为主的工业体系。但广大农村经济社会的发展仍然比较落后，农民生活还比较贫困。根据四川省江油市的申请和捐赠者的意愿，从2007年开始，基金会把江油市作为“春雨工程”的第一个实施单位。实施以来，得到社会企业的认同和参与，共有12家企业无私捐赠，捐赠金额达1120万元。2011年基金会设立“春雨工程基金”，专项资助“春雨工程”公益项目。截至2013年底，直接用于江油地区“春雨工程”公益项目的资金已达760万元。

1. 对农民进行农业专业技术和非农技能培训。

7年来，先后进行了5期培训，涉及种养殖、餐饮、旅游、家政、建筑、电工、焊工、机械加工等20余个专业。据江油市人社局统计，五期培训21000多名农民，取得初、中级证书13000多人，就业率达100%，满意率达98%，带动13万多人实现增收，占江油农村人口的21%。参训学员比培训前年均增收约26%（种养植增收5000元，非农技能增收1万元以上，外派培训年均收入10万元以上，创业培训年均收入20万元以上）。

2. 对农村致富带头人进行异地培训。

根据党的十八大提出“确保到2020年实现全面建成小康社会的宏伟目标”、国家发改委等11部门2011年印发了《西部地区农民创业促进工程试点工作指导意见》（发改西部〔2011〕854号）以及2013年批复的西部67个县“开展西部地区农民创业促进工程试点”等文件精神，为促进农民创业，扩大农民就业，有效增强农村致富带头人的创业能力，中国西部人才开发基金会在实施对农民个体的创业就业培训的同时，创设“春雨工程——农村致富带头人专题研修”公益项目。该项目通过到发达地区进行理论与实际相结合的专题研修，帮助农村致富带头人转变理念、扩大视野，提升带头创业发展和带领就业增收能力，带动更多农民就业，提高农民致富的速度，促进农村经济更好更快发展，加快社会主义新农村建设，为2020年全面建成小康社会作贡献。

到2013年底，先后实施5期，四川省江油市、北川羌族自治县、平武县200名农村致富带头人接受了培训，提高了“双带”能力，即带头创业发展和带领就业增收的能力，从而带动更多农民就业和脱贫致富。

项目分集中专题培训和后期跟踪指导两阶段。其中，集中专题培训在上海市展望发展进修学院进行，为期8天。采取理论教学与实地考察相结合、学员交流和研讨相结合的方式进行。后期跟踪、检查指导分平时一般性跟踪和专家集中检查指导进行。

农村致富带头人项目成效显著。据对2012年农村致富带头人专题培训班50名学员企业的不完全统计，2012—2013年共增加产值1.2亿元，利润增加近2000万元，特别是带动了4400多名农民就业。

【公益项目评估】 为更好地总结“春雨工程”（农民创业就业培训）公益项目，发挥项目的更大作用，中国西部人才开发基金会邀请包括培训、就业、金融等方面的6名专家组成的评估小组，于2014年1月对该项目进行评估。评估专家组通过问卷调查、听取汇报、查阅资料、考察培训机构、实地考察培训学员创业带动就业情况、专家组讨论分析等方法进行了评估。评估结论如下：一是指导思想清晰，定位准确。项目符合国家“十二五”西部地区经济社会发展的方针政策，较好地满足了西部地区农民改变现状、创业就业致富的迫切愿望，与基金会“为西部提供人才与智力支持”的宗旨也相一致。项目通过对农民个体的非农技能和农业专业技术的培训，提高就业能力，达到增收目的；通过对农村致富带头人的创业培训，提升“双带”能力（带头创业发展、带领就业增收），达到共同富裕的目标；通过项目的典型、示范作用，带动和提升农民的素质，为培育现代新型农民独辟蹊径。这个项目前景远大，可持续、扩大范围实施，使更多的农民受益，为解决好西部地区的“三农”问题作出贡献。二是项目实施和管理严谨、流程清晰、受益对象选择严格合理。基金会和江油市人民政府签署了项目实施合作协议书。每一期都有实施方案，培训的专业紧紧围绕江油产业发展重点和有利于农民增收致富。受益对象选择合理，申请、审批、结业手续严格。运用比选竞标的方法，选择本市5家定点培训机构，采取本地定点培训与发达地区异地培训相结合。培训中注意理论教学与实际操作相结合，努力提高受训者的能力和素质。项目实施中建立了比较完整的管理规章制度。注意培训与就业相结合。项目档案完整规范。三是项目资金来源和使用合规合法。项目资金主要来自社会企业的捐赠，都与基金会签订了捐赠协议。项目资金做到专户存储、专款专用。资金的使用有严格的规章，并对各培训点的资金加强监管。资金的拨付流程清晰、手续完备，资金的使用合理、管理严格。把资金用到了最需要的人和专业上。同时注重社会资金与政府资金相结合，发挥资金的最大效益。四是项目效果显著，有效地帮助受益群体提高收益和素质，有力地推动了江油经济社会的发展。项目的实施围绕江油“李白故里、特钢新城”发展战略开展培训，根据产业发展重点选择专业，为江油培育新兴产业、现代农业、现代服务业、提升传统产业、旅游业提供技能和领军人才支持，有力地推动江油市经济社会的发展。不仅使受益群体真正受益，还使受益群体素质全面得到提升，推动了农民群体素质提高。经过培训，特别是异地培训，学员普遍感到不仅提高了能力，更重要的是转变了理念，开阔了眼界，增强了自信。这符合培育新型现代农民的要求，他们的素质将影响到他们周围的人，对提高农民的整体素质发挥作用。

该公益项目探索了一种可复制的农民创业就业培训模式。项目实施6年来，逐步形成了农民个体的农业专业技术培训与非农技能培训相结合，农民个体技术技能的提高与农民创业个体、经济合作组织及农村中小企业负责人的经营理念、管理水平、带头创业发展和带领就业增收能力提升相结合，本地定点培训机构培训与异地培训相结合，培训与创业就业相结合，社会资金与政府资金相结合的帮助西部地区农民“春雨工程”（农民创业就业培训）的模式，为在更大范围推广该公益项目打下良好的基础。

（中国西部人才开发基金会
杨景智）

九

国际合作篇

综　述

减贫领域的国际交流合作是中国特色扶贫开发道路的内容，也是中国对外开放大局的重要组成部分。国务院扶贫办历来高度重视减贫领域的国际交流与合作。随着《中国农村扶贫开发纲要（2011—2020年）》的全面实施，开展国际减贫交流合作的目标主要有三个方面，一是继续学习借鉴国际先进的减贫理论与实践，不断丰富和完善国内扶贫开发理念与机制，提升和增强我国扶贫开发的工作水平和能力；同时争取和引进国际上各类资源支持国内扶贫开发事业；二是宣传我国扶贫成就和经验，传播我国扶贫理念与文化，提升我国扶贫开发的国际影响力；三是促进我国扶贫事业与国际减贫事业的交流与互动，加强减贫经验的分享，不断促进发展中国家之间在社会发展和减贫领域的知识共享，共同推动全球减贫事业的发展。

随着联合国千年发展目标的即将到期，国际社会关于2015年后发展议程的讨论日益激烈。而减贫一直是国际社会关注的核心领域。减贫领域的国际交流合作应不断创新机制，巩固基础，拓展渠道，完善平台，服务于国家经济社会发展和总体外交大局。

国际交流

【出访活动】 2013年，国务院扶贫办共派出23个出访团组，不断加强对外减贫交流工作，拓宽交流渠道和领域。

2013年6月6—10日，应牛津大学贫困与人类发展中心邀请，国务院扶贫办副主任郑文凯率团赴英国参加了由该中心主办的多维贫困高级政策对话会，对中国的贫困识别、监测与扶贫开发工作进行了介绍，参加了多维贫困协作网络的启动，并与牛津大学贫困与人类发展中心探讨了未来的合作。本次研讨会由牛津大学贫困与人类发展中心举办，来自15个国家和5个地区（组织）的一些部级官员和50多名专家代表参加了会议，哥伦比亚总统桑托斯和诺贝尔经济学奖得主阿玛蒂亚·森教授应邀参会并发表演讲。国务院扶贫办副主任郑文凯做了“中国贫困识别、监测与扶贫开发”发言。6月7日，代表团还与牛津大学贫困与人类发展中心举行了会谈。

2013年9月25日至10月4日，以时任国务院扶贫开发领导小组副组长、国务院扶贫办主任范小建为团长的中国扶贫代表团赴厄瓜多尔、格林纳达和世界银行、联合国开发计划署总部进行工作访问。这次出访的主要任务，是加强与以厄瓜多尔、格林纳达两国为重点的中美洲国家以及世界银行、联合国开发计划署等国际组织在减贫与发展领域的交流合作，进一步宣传我国新时期扶贫开发理念和经验，诠释我发展中国家的基本属性，继续争取广大发展中国家以及世界银行、联合国开发计划署等国际组织对我国经济社会发展现状的理解与支持。

在厄瓜多尔访问期间，代表团与厄瓜多尔国家规划发展局局长穆纽斯进行会谈，召开了中厄减贫交流合作工作组执行会议；在格林纳达访问期间，受到格林纳达总理米切尔的会见，与格林纳达社会发展部部长托马斯进行了会谈；并分别与两国签署《减贫交流合作谅解备忘录》。代表团在两国访问期间，还了解了两国开展减贫工作情况，并调研两国社区、村落的减贫项目点和贫困人群的生产生活情况。

代表团一行在世行总部与副行长托森伯格举行了会谈，与其签署减贫合作谅解备忘录，并在我国驻世行执董办的精心安排下，与20个国家驻世行执董办的代表（包括6个国家的执董）进行了专题对话。代表团专程赴联合国总部拜访了新任联合国助理秘书长、联合国开发计划署助理署长兼亚太局局长的徐浩良先生，进一步推动了新时期国务院扶贫办与联合国开发计划署的合作。

2013 年 12 月 11—18 日，以国务院扶贫办副主任王国良为团长的中国扶贫代表团赴瑞士和丹麦两国进行工作访问。此访的主要任务是，落实中国国际扶贫中心与瑞士发展合作署签署的《减贫合作伙伴谅解备忘录》有关内容，商定 2014 年度合作计划；交流减贫和社会发展经验，举办关于中国农村减贫实践与经验的专题介绍会；对发展援助等议题进行讨论和经验交流；了解瑞士、丹麦开展弱势群体社会保障项目的经验和做法，为中国减贫政策制定提供参考；就履行企业社会责任、开展社会发展项目等进行交流。

在瑞士访问期间，代表团会见了瑞士发展合作署助理署长、东欧地区合作主管库特·昆兹（Kurt Kunz）大使并与该署政策分析处、质量保证和援助有效性处、评估与内部控制处、东亚处等主要相关业务部门进行了工作会谈。

在丹麦期间，代表团访问了丹麦外交部，与丹麦发展合作大臣拉斯穆斯·海尔韦·彼得森（Rasmus Helveg Petersen）先生举行了会谈。此次会面是前任发展大臣巴克（Bach）先生 2012 年访问中国国际扶贫中心的回访，借此机会，双方进一步加强了对减贫与发展议题的交流；代表团访问了扶贫办合作伙伴丹麦绫致基金总部，与绫基金执行董事克里斯蒂安·斯洛特·彼得森（Kristian Sloth Petersen）先生等举行了工作会议。

【外事会见】 2013 年，国务院扶贫办领导共出席了 13 个外事会见及相关活动，会见人员包括国家政府、国际组织及非政府组织的代表。

2013 年 4 月 6 日，在海南博鳌亚洲论坛期间，时任国务院扶贫办主任范小建代表国务院扶贫办与秘鲁社会发展和融合部签署了《中秘减贫交流合作谅解备忘录》。中国国家主席习近平和秘鲁总统乌马拉共同见证了备忘录的签署。双方决定在减贫经验交流、知识分享、合作研究等方面开展合作。

2013 年 4 月 11 日，时任国务院扶贫办主任范小建在北京会见了来访的由厄瓜多尔主权祖国联盟运动总书记加洛·莫拉（Galo Mora）率领的主权祖国联盟运动干部考察团一行。

2013 年 5 月 20 日，时任国务院扶贫办主任范小建在北京会见了来访的新加坡驻华大使罗家良。双方就进一步推动中新减贫交流合作交换了意见并达成有关共识。

2013 年 5 月 28 日下午，时任国务院扶贫办主任范小建在北京会见了来访的由弗雷迪·奥塔罗拉·佩尼亚兰达议员率领的秘鲁多党议员考察团一行。

2013 年 6 月 19 日，国务院扶贫办副主任郑文凯在北京会见了世界银行亚太区副行长阿克塞尔·冯·托森伯格（Axel Van Trotsenburg）先生，就加强扶贫办与世界银行的合作交换了意见。

2013年8月19日，国务院扶贫办副主任郑文凯在北京会见来访的非洲高级外交官访问团一行。

2013年8月30日，时任国务院扶贫办主任范小建在北京会见了来访的以坦桑尼亚国务部长斯蒂芬·马萨图·瓦希拉先生为团长的坦桑尼亚高层访华代表团一行。

2013年9月6日，国务院扶贫办副主任郑文凯出席了松下电器（中国）有限公司及其日本母公司——松下电器产业株式会社与友成企业家扶贫基金会三方合作签约仪式并致辞。

2013年9月21日，国务院扶贫办副主任郑文凯在北京主持召开了第十二次中国—委内瑞拉高级混合委员会社会事务分委会会议，并会见了委内瑞拉人民政权和社会保障部副部长奥罗斯科一行。

2013年10月15日，国务院扶贫办副主任郑文凯在北京会见了来访的丹麦绫致集团和Nine United集团创始人特雷斯·鲍尔森先生一行。

2013年10月17日，在全球减贫与发展高层论坛期间，时任国务院扶贫办主任范小建陪同国务院副总理汪洋会见了来华出席本届论坛的联合国副秘书长、联合国开发计划署副署长丽贝卡·格林斯潘女士（Rebeca Grynspan）。

2013年10月24日，联合国助理秘书长、联合国开发计划署（UNDP）助理署长兼亚太局局长徐浩良先生访问国务院扶贫办。会谈前，时任国务院扶贫办主任范小建陪同徐浩良先生参观了中国农村扶贫开发及国际减贫交流合作图片展。国务院扶贫办副主任郑文凯与徐浩良先生进行了工作会谈。

2013年12月6日，国务院扶贫办举办了2014年新年答谢会。来自驻华使馆、国际组织、国内有关部门及中外企业60余位代表参加，国务院扶贫办主任刘永富出席答谢会并致辞。

【出国（境）培训工作】 出国（境）培训是扶贫办外事工作的重要组成部分，是扶贫干部培训的重要课堂，是落实扶贫人才培养战略的重要举措。2013年度共组织实施了3个出国培训团组，分别是赴英国“国际减贫能力建设”、赴南非“社会经济转型与扶持贫困”和赴美国“区域发展和综合减贫培训”，共有来自17个省和其他有关单位的49名学员参加了培训。

国际会议

【第七届减贫与发展高层论坛】 2013年10月17日是第21个国际消除贫困日，第七届减贫与发展高层论坛在京举行。中共中央政治局委员、国务院副总理、国务院扶贫开发领导小组组长汪洋出席开幕式并代表中国政府致辞。汪洋对论坛的召开表示热烈祝贺，对与会代表表示诚挚欢迎。

汪洋指出，自联合国千年首脑会议制定全球消除贫困目标以来，中国始终把扶贫工作摆在重要位置，通过强大的政策支持和广泛的群众参与，推动扶贫事业取得长足进步，提前完成了贫困人口比例减半等多项千年发展目标，为全球减贫事业做出了重要贡献。中国将继续创新扶贫体制机制，强化扶贫措施，进一步加快减贫步伐。

汪洋强调，城镇化对于统筹城乡发展、减少农村贫困、实现社会公平等具有十分重要的作用。中国将坚定不移地走新型城镇化道路，有序推进农业人口转移，促进经济社会持续健康发展。新型城镇化将更加重视解决人的城镇化问题、重视资源节约和环境保护、重视城乡一体化、重视区域协调发展。中国将加快推进贫困地区基础设施建设和城镇化步伐，让更多的贫困人口充分享受工业化、城镇化的成果。

时任国务院扶贫开发领导小组副组长、国务院扶贫开发领导小组办公室主任范小建在会上作了主旨发言，他指出：在推动城乡发展一体化的道路上，尽管已经取得了积极进展和可喜的进步，但按照加大统筹城乡发展力度，增强农村发展活力，逐步缩小城乡差距，促进城乡共同繁荣的要求，还存在着巨大的差距。中国政府深刻认识到，我国的工业化、城镇化、信息化、农业现代化任重道远，区域发展回旋余地和市场潜力巨大，只有推进改革，才能解决发展中的问题，释放出新的活力。要坚持工业反哺农业、城市支持农村和多予少取放活方针，加快发展现代农业，坚持把国家基础设施建设和社会事业发展重点放在农村，深入推进新农村建设和扶贫开发，促进农民增收，保持农民收入持续较快增长；加快完善城乡发展一体化体制机制，在城乡规划、基础设施、公共服务等方面推进一体化，促进城乡要素和公共资源均衡配置，形成以工促农、以城带乡、工农互惠、城乡一体的新型工农、城乡关系，促进城乡共同繁荣。

本次论坛的主题是“城乡一体化与减贫”，由中国国务院扶贫办与联合国驻华系统共同主办，由中国国际扶贫中心与联合国开发计划署驻华代表处联合承办。开幕式上，宣读了联合国秘书长潘基文给本次论坛的致辞。中央和国家机关有关部门负责人、联合国相关机构高级官员、有关国家的政府官员、国际知名专家学者以及社会团体代表等300多人出席了论坛。

【第七届中国—东盟社会发展与减贫论坛】 2013年8月21—23日，由中国国务院扶贫办与广西壮族自治区人民政府共同主办，中国国际扶贫中心、广西自治区扶贫办、广西防城港市人民政府共同承办，东盟秘书处、联合国开发计划署、中国国际交流协会、中国国际经济技术交流中心、亚洲开发银行等机构支持的“第七届中国—东盟社会发展与减贫论坛”在广西防城港举行。来自中国和东盟十国的政府官员、专家学者、媒体、中资企业代表、非政府组织代表及国际组织代表120余人与会。本届论坛围绕“城镇化进程中的减贫与包容性发展”的主题，倡导通过促进公平的发展机会和区域贸易，消除社会排斥和制度障碍，为贫困人口创造更加有利的发展环境；论坛倡导改善收入分配，让穷人更多地分享经济增长和发展成果。

时任国务院扶贫开发领导小组副组长、办公室主任范小建，广西壮族自治区人民政府副主席黄日波，老挝国家农村发展与减贫委员会副主席梅·潘拉（Meck Phanlack），东盟秘书处社会文化合作事务主任埃德加·佩托（Edgar Pato），联合国开发计划署（UNDP）驻华副国别主任何佩德（Patrick Haverman），广西防城港市委书记刘正东等出席开幕式并致辞。国务院扶贫办副主任郑文凯主持开幕式。

【第四届中非减贫与发展会议】 2013年7月9日，第四届中非减贫与发展会议在浙江杭州开幕，浙江省委副秘书长章文彪、博茨瓦纳副总统办公室常务秘书约翰·莫提比（John Mothibi）、联合国开发计划署驻华代表处副国别主任何佩德、中国商务部国际经济技术交流中心副主任王伟黎、浙江大学副校长罗卫东等出席并致辞。来自中国和非洲15个国家的政府、大学、企业以及联合国开发计划署、世界银行等国际机构的70余名代表，在3天半的时间内，就促进就业与可持续发展进行了研讨与实地考察。联合国开发计划署驻华代表处副国别主任何佩德指出：“鼓舞人心的是，中国和一些非洲国家认识到了发展中小企业与促进就业、削减贫困之间的关系，并且因此采取了切实行动。这是南南合作具体而卓越的代表。”他承诺，联合国开发计划署愿意支持并推动中非之间的友好合作，为区域和全球可持续发展做出贡献。他同时强调指出，本次会议得到了联合国开发计划署驻华代表处以及位于纽约总部的非洲局的支持，可以预见，未来会在该领域开展更多更密切的合作。

【第六届东盟及中日韩农村发展与减贫高官会议】 2013 年 7 月 3—4 日，受国务院扶贫办委派，中国国际扶贫中心主任左常升率团参加在印度尼西亚日惹举办的“第六届东盟及中日韩农村发展与减贫高官会议”。本次会议的主题是“通过促进社区赋权，创造更好且更可持续的生活”。来自东盟十国及中国和日本的 40 余位代表参加会议。本次会议是关于农村发展与减贫议题的机制性会议，与第八届东盟国家农村发展与减贫部长会议、第十届东盟国家农村发展与减贫会议以及第二届东盟国家农村发展与减贫论坛背靠背召开。

中国代表团介绍了中国农村扶贫战略和政策的主要特点、中国在促进村级赋权方面的实践，以及“东盟+3 村官交流项目”的实施情况，肯定了东盟+3 这一交流机制在促进国家间相互学习、推动具体减贫合作交流方面的重要作用，并表达了与有关东盟国家进一步加强国际减贫交流合作的意愿。

减贫研究

【中国与国际农发基金第五届南南合作研讨班】 2013年8月22日，由中国财政部、国际农发基金（IFAD）共同主办，中国国际扶贫中心承办的“中国与国际农发基金第五届南南合作研讨班”在北京举行。财政部副部长朱光耀、IFAD总裁肯纳尤·内旺泽（Kanayo F. Nwanze）出席开幕式并致辞，著名经济学家林毅夫教授作专题发言。

中国与IFAD南南合作研讨班旨在促进中国及其他IFAD发展中成员国在农业以及农村减贫方面的交流与合作。本届研讨班的主题是“促进国际合作伙伴关系，推动益贫农业投资”，邀请了阿根廷、喀麦隆、加纳、老挝、马达加斯加、莫桑比克、坦桑尼亚、苏丹、赞比亚等发展中国家代表、IFAD项目官员及中方相关政府部门、金融机构和企业代表共50多人参与研讨班活动。

研讨班为期7天，分为专题研讨和实地考察两个部分。专题研讨围绕“中国经济发展和中非合作”、“农业投资国际合作的政策、经验和挑战”、“农业投资公私合作（PPP）案例分析”等主题展开；实地考察邀请与会代表赴山东考察蔬菜种植、农产品物流及农产品加工业等相关项目。

自2009年以来，中国财政部与IFAD已成功举办四届南南合作研讨班，得到了各方积极评价，这一合作机制已成为中国和其他发展中国家共同交流和探讨农业发展与减贫经验、促进南南知识合作的重要平台。

【城市贫困和包容性城市国际政策研讨会】 2013年6月24—25日，中国国际扶贫中心与亚洲开发银行共同主办的“城市贫困和包容性城市”国际政策研讨会在江苏宿迁召开。中国国务院扶贫办副主任郑文凯，江苏省政府副秘书长、省扶贫办主任杨根平，亚洲开发银行驻中国代表处首席代表哈米德·谢里夫，宿迁市委书记蓝绍敏等出席研讨会开幕式并致辞。来自多个国家的近80名专家学者到会，共同探讨城市贫困问题，并为发展中国家建设包容性城市献计献策。这次会议由江苏省宿迁市委市政府、中国—亚行区域知识分享中心共同承办，江苏省扶贫办协办。

中国国务院扶贫办副主任郑文凯在致辞中简要提及我国推进工业化、城镇化进程情况，认为此次会议对于城市化进程逐步加快的亚洲发展中国家来说，具有重要的现实意义。江苏省政府副秘书长杨根平代表江苏省政府对研讨会的召开表示祝贺，重点介绍了江苏省在消除城乡贫困方面的举措及成效，并就扶贫工作提出具体意见和建议。哈米德·谢里夫首席代表分析了导致城市贫困问题的原因，希望此种现象能得到更加重视，并通过研讨找到更加有效的缓解路径。

会议期间，研讨会重点介绍了城市贫困问题及挑战、流动人口和城乡贫困联系、解决城市贫困问题的多国成功案例、中国城市贫困和城市化面临的关键性挑战和相关政策建议。会议期间，与会专家学者还观摩了宿迁市亲亲宝贝特殊儿童康复中心、宿迁技师学院、宿迁市人力资源市场、幸福新城阅湖花园保障住宅小区和宿迁城市展览馆等。

【促进农业发展的国际发展合作圆桌会议】 2013 年 6 月 18 日，由中国国际扶贫中心与经合组织发展援助委员会联合举办的“促进农业发展的国际发展合作”圆桌会议在北京召开，来自中国、非洲国家、经合组织发展援助委员会成员国及在北京的国际机构的 80 多名专家、学者、政府官员参加了此次会议。中国国际扶贫中心主任左常升主持会议开幕式，经合组织发展援助会主席埃里克·苏尔汉（Erik Solheim）先生、联合国粮农组织驻非盟代表、联合国经济事务委员会东非次区域协调员莫迪博·特拉奥雷（Modibo Traoré）先生分别致辞。随后，与会代表就提升国际发展合作影响力、改善国际发展合作执行力、推动中国与发展援助委员会开展切实合作等议题展开了论述及讨论。

中国国务院扶贫办国际合作和社会扶贫司副司长刘书文出席闭幕式并致辞，他在致辞中肯定了此次圆桌会议的交流成果，表示国务院扶贫办作为主管中国农村扶贫的政府部门，愿意与各国及国际组织加强合作，进一步推进国际减贫领域的交流与合作，并愿意通过中国国际扶贫中心这一国际减贫交流合作平台，发挥其在国际减贫与社会发展经验分享中的作用，也为促进国际发展合作做出贡献。

减贫培训

【第一届东盟+3村官交流项目】 2013年4月8日，由东盟农村发展与消除贫困高官会主办，中国国际扶贫中心、四川省扶贫和移民工作局、马来西亚农村区域发展部承办的“东盟+3村官交流项目”在四川省成都市开幕。

来自中国和东盟国家的政府官员、基层村官、专家学者及东盟秘书处、中国东盟中心等国际组织代表60余人参加了开幕式。此次交流活动为期一周，旨在通过研讨交流和深入农村、社区实地考察，让东盟国家代表亲身了解中国农村经济社会发展状况，尤其是实地感受中国村官在实际工作中的有益实践经验，帮助东盟国家村官增加农村可持续发展和消除贫困以及村官能力建设方面的知识。同时，通过互动讨论与交流，中国与东盟国家村官能够有效分享经验，携起手来为中国和东盟国家的减贫事业做出共同的努力。

四川省扶贫和移民工作局局长张谷、中国国际扶贫中心副主任黄承伟、马来西亚农村与区域发展部战略管理司第一助理秘书长法拉·芮泽丽、四川省扶贫和移民工作局副局长刘维嘉、东盟秘书处社会发展、妇女、劳工和移民局官员玛丽斯纳·于莲蒂、中国外交部亚洲司副处长李春景等出席开幕式并致辞。活动期间，全体代表赴四川省南充市实地考察了百科有机园、保城乡檬子垭村养蚕工厂等项目点，并深入临江坪村与农户进行了座谈。

【尼日利亚减贫战略研修班】 2013年5月16日上午，由中国商务部主办、中国国际扶贫中心承办的“尼日利亚减贫战略研修班”开班仪式在北京举行。国务院扶贫办国际合作和社会扶贫司副司长刘书文出席了开班仪式并致辞。

本次研修班的主题是“减贫战略”，为期15天。研修班分专题讲座、视频教学和实地考察三个部分。在专题讲座部分，国内有关专家、学者介绍了中国社会经济发展概况、全球减贫理论与政策分析、中国减贫的战略与模式、经济增长与中国减贫、中非发展与减贫比较分析，以及中国在利用结构变迁、国际贸易、公共服务等领域的发展来减少贫困的经验和做法。视频教学向与会尼日利亚代表播放中国地方省区农村扶贫开发的模式、战略与成效。研修班安排学员赴四川省实地考察了农村专项扶贫开发、农村特色产业开发、农村教育卫生发展、科技推广、社会保障和生态环境保护等项目，了解中国地方省区推进农村减贫的政策措施和实践做法。

【非洲法语国家开发式扶贫政策与实践官员研修班】 2013年6月20日，由中国商务部主办、中国国际扶贫中心承办的“2013年非洲法语国家开发式扶贫政策与实践官员研修班”在北京举行结业典礼。此次研修班为期15天，来自阿尔及利亚、贝宁、马里、马达加斯加、塞内加尔、突尼斯、吉布提、科特迪瓦和刚果（布）等国政府相关部门的14名司处级政府官员参与了此次研修。在结业典礼上，学员代表阿雅·厄斯特·阿卡勒尼比耶（Aya Esther Akale Nee Biaye）女士和中国国际扶贫中心副主任何晓军分别作总结发言，祝贺本次研修班取得圆满成功。

研修班的主题为“开发式扶贫政策与实践”，旨在促进中国与非洲各国之间减贫与发展领域的政策共享和经验交流。研修班分专家讲座、国别演讲和实地考察三个部分。专题讲座共11讲，内容涵盖中国经济与社会发展概况、中国农村扶贫开发的战略与经验、中非减贫与发展的比较分析、中国农村发展的政策与实践、中国农村扶贫资金的筹集与管理、中国农村开发式扶贫系列政策以及地方省区农村开发式扶贫的政策与实践等。研修班期间，学员赴甘肃省进行实地考察，考察了渭源县会川镇渭河源马铃薯种业有限公司、田源泽马铃薯合作社、渭源县田家河村扶贫互助社及五竹马铃薯协会、陇西县首阳镇卫生院、陇西县职业技术培训学校和陇西县文峰药材交易市场，宕昌县阿坞乡麻界村、西固村联村联户扶贫开发项目和小学，宕昌县南河乡寺卜寨村、新城子乡民福村移民搬迁扶贫开发项目，宕昌县职业中等专业学校和宕昌县毛羽山生态建设项目，全面了解了甘肃省农村专项扶贫开发各类政策的成效和做法。在结业典礼上，学员们对研修班的举办给予了高度评价，并表示中国在促进农村地区减贫、推动社会发展方面所采取的政策和取得的经验十分宝贵，一定会将这些宝贵经验运用到本国的社会经济发展中，并就农村发展和减贫领域的交流合作提出了诸多具体的意见和建议，希望在更广泛的领域和层面扩大和加深与中国的交流合作。

【发展中国家农村发展与减贫官员研修班】 2013年6月26日，由中国商务部主办、中国国际扶贫中心承办的“2013年发展中国家农村发展与减贫官员研修班”开班仪式在北京举行。中国国际扶贫中心副主任黄承伟出席了开班仪式并致辞。

本次研修班的主题是“农村发展与减贫”，为期15天。研修班分专家讲座、国别演讲和实地考察三个部分。国内有关专家、学者介绍了中国国民经济与社会发展概况、农业增长、农村发展与发展中国家的减贫、中国农村发展政策与实践、中国农村科技政策与实践、中国农村市场体系的运行模式、中国农村扶贫政策与实践、中国农村卫生、教育和社会保障政策与实践，以及中国农村财政政策等相关专题。国别演讲邀请了与会各国代表分别介绍本国农村发展与减贫的政策与经验。研修班安排学员赴山西省实地考察了农村专项扶贫开发、农村教育、卫生、生态环境保护、农业综合开发、新农村建设等方面的情况。

来自哥伦比亚、加纳、肯尼亚、马尔代夫、马拉维、马里、毛里求斯、尼泊尔、乌干达等 9 个国家和地区的减贫与发展相关政府部门 16 名代表参加了研修班。

【多哥扶贫规划制定与实施研修班】

2013 年 8 月 14 日，由中国商务部主办、中国国际扶贫中心承办的“多哥扶贫规划制定与实施研修班”开班仪式在北京举行。中国国际扶贫中心副主任何晓军出席了开班仪式并致辞。

本次研修班的主题是“扶贫规划制定与实施”，为期 21 天。研修班分专家讲座、案例分析和实地考察三个部分。国内有关专家、学者介绍了中国国情、国民经济与社会发展规划的制定与实施、农业科技发展规划的制定与实施、农村发展规划与政策的制定与实施、农村扶贫开发规划的制定与实施、中非发展与减贫比较分析、中国城市减贫政策与实践、中国农村发展政策与实践、中国农村扶贫开发资金的使用与管理、中国农村整村推进扶贫开发、产业化扶贫开发、劳动力转移培训、移民搬迁扶贫开发和社会动员与外资扶贫的模式与实践，以及中国农村卫生、教育和社会保障政策与实践等相关专题。研修班安排学员赴甘肃省实地考察了整村推进、产业扶贫、公共设施建设、劳动力培训、农业合作社等方面的情况。来自多哥减贫与发展相关政府部门共 19 名代表参加了研修班。

【老挝农村发展与减贫官员研修班】

2013 年 9 月 11 日上午，由中国国际扶贫中心、联合国开发计划署、广西壮族自治区和老挝农村发展与消除贫困委员会主办、广西外资扶贫项目管理中心承办、广西农业职业技术学院国际交流中心协办的“2013 年老挝农村发展与减贫官员研修班”在广西南宁开幕。中国国际扶贫中心副主任黄承伟、广西壮族自治区扶贫办主任吴宇雄、UNDP 项目经理张琰女士、老挝驻广西总领事习彭·班忠帕妮（Siphone Banchong phanith）女士出席了开幕式并致辞。

本次研修班的主题是“农村发展与减贫”，为期 6 天。15 名来自老挝国家农村发展与消除贫困委员会、公共安全部、公共卫生部、公共工程与交通部、农林部、计划投资部、内政部、工商部等部门的司级、处级官员参加了研修班。

研修班分为专家讲座、案例分析、实地考察和研讨 4 个部分。国内有关专家和学者介绍了中国农村发展及减贫政策框架与实施模式、中国外资扶贫的模式与实践、中国农村公共服务体系、中国—东盟国家合作现状与趋势以及广西产业化扶贫的模式与实践等内容；案例分析部分介绍了中国的新农村建设及广西实践。老挝代表就老挝农村发展及减贫现状、问题和中老减贫合作前景、老挝的行业扶贫、老挝的“三建”工程、老挝卫生促进与保健状况等领域与授课专家进行了互动。研修班学员就广西的新农村建设和现代农业进行了实地考察。

【亚洲国家包容性增长与农村可持续减贫官员研修班】 2013 年 9 月 13 日上午，由中国商务部主办、中国国际扶贫中心承办的“2013 年亚洲国家包容性增长与农村可持续减贫官员研修班”开班仪式在北京举行。中国国务院扶贫办国际合作和社会扶贫司副司长刘书文出席了开班仪式并致辞。来自东帝汶农业部司长达克斯坦·伊博莱特（Dacosta Ipolito）先生代表学员致辞。

本次研修班的主题是“包容性增长与农村可持续减贫”，为期 15 天。研修班分专家讲座和实地考察两个部分。国内有关专家、学者介绍了中国国民经济与社会发展概况、包容性增长的理论内涵与政策实践、中国包容性增长模式的政策框架与实践成效、中国农村生态环境保护政策与实践、中国城乡减贫的战略与实践、中国中小企业发展的政策与实践、中国农村科技政策与实践、中国农村金融政策与实践、中国农村发展的政策与实践、中国城乡社会保障政策与实践等相关专题。研修班安排学员赴湖北省进行了实地参观考察。

来自巴勒斯坦、吉尔吉斯斯坦、东帝汶、斯里兰卡、缅甸、柬埔寨、孟加拉、老挝等 8 个亚洲国家农村发展与减贫相关政府部门的 15 名代表参加了研修班。

【葡语国家开发式扶贫政策与实践官员研修班】 2013 年 10 月 11 日上午，由中国商务部主办、中国国际扶贫中心承办的“2013 年葡语国家开发式扶贫政策与实践官员研修班”开班仪式在北京共济国际酒店举行。国务院扶贫办国际合作和社会扶贫司副司长刘书文致辞。

本次研修班的主题为“开发式扶贫政策与实践”，为期 21 天，从 10 月 11—31 日，分为专家讲座、国别演讲和实地考察三个部分。专家讲座共 13 讲，内容涵盖中国基本国情、中国农村扶贫开发的战略与经验、中国农村发展的政策与实践、中国农村扶贫资金的筹集与管理、中国农村开发式扶贫系列政策以及地方省区农村开发式扶贫的政策与实践等。每一专题讲座都安排了提问、解答与讨论。国别演讲邀请了与会各国代表分别介绍本国实现减贫发展的进程与经验。实地考察在广西壮族自治区举行，学员考察了广西农村专项扶贫开发各类政策的成效及做法。

来自几内亚比绍、佛得角、东帝汶、圣多美和普林西比等国减贫与发展相关政府部门共 18 名代表参加了研修班。

外资扶贫

【中国贫困农村地区可持续发展项目】

中国贫困农村地区可持续发展项目（以下称“世行第五期扶贫项目”）顺利完成中期调整。自2010年10月启动以来，由于汇率变动、物价上涨、项目区贫困群众实际需求变化等因素，经与世界银行方面协商，并经国家发展和改革委员会、财政部同意，国务院扶贫办外资项目管理中心（以下简称“外资中心”）于2012年9月—2013年11月期间，指导河南、重庆、陕西3个省（市）项目办对世行第五期扶贫项目进行了中期调整工作。其中，项目内容中减少了农民工支持分项目；实际总投资规模从15915万美元调减为15758万美元；根据中期调整内容，对项目法律文本进行了相应修改，修改后的法律文本已于2013年12月2日正式生效。

【贫困片区产业扶贫试点示范项目】

贫困片区产业扶贫试点示范项目（以下称“世行第六期扶贫项目”）于2012年7月正式列入国家2013—2015年利用世行贷款项目规划，是新阶段利用外资的又一次重大突破，该项目系由国务院扶贫办统一指导下开展的分省贷款扶贫项目，由外资中心具体牵头负责项目的准备和设计工作。2013年6月3—18日和9月23—28日，外资中心与世界银行先后派出了第一次和第二次项目准备团，初步确定了项目设计框架、投资规模、项目区范围等重要内容。此外，2013年2—6月初，外资中心多次开展了关于产业发展和农民专业合作组织发展领域的专题调研，在此基础上组织3个省完成了项目建议书和项目可行性研究报告大纲的编写，同时启动了项目环境评价、社会影响评价等专项工作。2013年项目总投资约18亿元人民币，其中世行贷款1.5亿美元（甘肃省6000万美元、四川省5000万美元、贵州省4000万美元）；国内投资按1:1比例配套。项目内容为综合产业价值链发展、基础设施和公共服务、产业扶贫机制研究与推广、项目管理、监测与评估。项目区范围涉及四川、贵州和甘肃三省所辖乌蒙山、六盘山两个片区的10个市（州）共27个县（市、区）134乡537个行政村。项目目标旨在以市场为导向，以农民专业合作组织为平台，探索撬动社会力量共同建立从产业链源头做起，形成生产、加工、物流、市场推广、销售等环节综合发展的全产业链模式，从而增加农民收入、提高农民自我发展能力和组织化程度，促进可持续发展，为全国连片特困地区产业发展提供试点示范。

【贫困片区儿童减贫与综合发展试点项目】 2012年起，外资中心与丹麦绫致基金进行了协商，初步确定了在湖北省武陵山、秦巴山、大别山和幕阜山4个连片特困地区的8个县开展儿童减贫与综合发展试点项目的合作意向。

2013年2月，绫致基金执行董事赴湖北省宣恩县进行了实地考察，双方就合作目标、领域、地点、内容等项目具体安排达成了一致；2013年6—7月组织项目县完成参与式村级规划及评审工作，2013年8月完成项目规划阶段合作协议签署；2013年10月绫致基金董事会批准项目建议书及项目操作手册；2013年11月28日完成项目实施阶段合作协议的正式签署；项目实施期3年（2014—2016年），总投资29100.9万元，其中绫致基金投入4243万元，占总投资的14.6%，国内配套投资（含财政扶贫资金、整合部门资金）24857.9万元，全部由湖北省自行筹措。项目建设内容包括生产生活条件改善、贫困儿童发展促进、社区综合服务体系建设、项目管理与能力建设4个方面。项目目标为探索将儿童贫困问题纳入中国农村扶贫开发规划，通过多部门合作解决儿童多维度贫困的具体方法，为全国连片特困地区儿童减贫提供示范和借鉴。

（国务院扶贫办
国际合作和社会扶贫司）

十

城市扶贫篇

一、中国城市贫困的基本形势

（一）中国城市贫困人口规模仍然较大。国家统计中的城市贫困人口主要是城市最低生活保障对象。截至2013年12月，我国城市低保对象为2061.3万人。但这个数据低估了中国城市贫困人口的规模。这是由于我国城市低保标准较低，2013年月人均仅373元，即日均收入超过12.5元就无法获得低保资格，也就不能被认定为城市贫困居民。国家统计局和民政部调查指出，我国城市贫困人口约占城市人口的7.5%~8.7%，根据此数据测算，目前中国城镇贫困人口约为5000万人，远超过目前低保对象规模。

（二）城镇贫富收入差距仍然较大，但已经有所缩小。2012年城镇居民困难户和最低收入户的人均可支配收入分别仅相当于城镇居民人均可支配收入的26.5%和33.4%，分别相当于最高收入户人均可支配收入的10.2%和12.9%。值得注意的是，城镇居民收入差距有所缩小。在2003—2012年10年期间，全部城镇居民和最高收入户人均可支配收入分别增长了2.90倍和2.92倍，而同期困难户和10%最低收入户人均可支配收入分别增长了3.11倍和3.17倍。这表明我国城镇社会保险和社会救助等反贫困措施在缩小城镇居民收入差距上发挥了一定作用。

表1　我国城镇居民可支配收入基本情况（2003—2012年）

指标	2012年	2011年	2010年	2008年	2006年	2005年	2003年
城镇居民人均可支配收入（元）	24565	21810	19109	15781	11760	10493	8472
城镇居民最低收入户（10%）人均可支配收入（元）	8215	6876	5948	4754	3569	3135	2590
城镇居民困难户（5%）人均可支配收入（元）	6520	5398	4739	3734	2839	2496	2099
城镇居民较低收入户（10%）人均可支配收入（元）	12489	10672	9285	7363	5541	4885	3970
城镇居民中等偏下户（20%）人均可支配收入（元）	16761	14498	12702	10196	7554	6711	5377
城镇居民中等收入户（20%）人均可支配收入（元）	22419	19545	17224	13984	10270	9190	7279
城镇居民中等偏上户（20%）人均可支配收入（元）	29814	26420	23189	19254	14049	12603	9763
城镇居民较高收入户（10%）人均可支配收入（元）	39605	35579	31044	26250	19069	17203	13123
城镇居民最高收入户（10%）人均可支配收入（元）	63824	58842	51432	43614	31967	28773	21837

（三）城镇失业形势仍然较为严峻，年轻和高学历群体失业问题突出。近年来我国城镇登记失业率保持在 4.0%~4.3%的较低水平，2012 年城镇登记失业率为 4.1%。然而，登记失业率大大低估了我国失业形势，实际失业率可能远远超过 4%。因为在城市许多灵活从业人员和农村流动人口没有去劳动部门登记，因此，不在官方登记失业人口和登记失业率的统计范畴。而实际上，这部分人群正是失业的高风险人群。

表 2 中国城镇失业基本状况（2003—2012 年）

指标	2012 年	2011 年	2010 年	2009 年	2006 年	2005 年	2003 年
失业人数（万人）	917	922	908	921	847	839	800
登记失业率（%）	4.1	4.1	4.1	4.3	4.1	4.2	4.3

根据 2013 年部分城市职业供求的统计数据，在所有求职人员中，失业人员所占比重为 54.6%，其中，新成长失业青年①占 26.1%，在 2013 年新成长失业青年中，应届高校毕业生占 47.5%。上述分析表明高学历群体和年轻群体失业形势较为严峻，这将造成巨大人力资源浪费。

（四）人口老龄化带来的疾病负担和照护负担将使得城镇居民面临着更多的贫困风险。根据国际通行的标准界定，60 岁以上人口占总人口的 10%以上，或 65 岁以上人口占总人口的 7%以上的社会被称为老龄社会或老年型国家。早在 2000 年，我国 65 岁以上人口就超过了 7%，这意味着我国从 2000 年以后就跨入老龄化社会，到 2011 年该比例已经上升到 9.1%。老年人口患病和失能风险较高。据全国老龄委估算，2010 年中国城乡有照护需求的失能、半失能老人规模合计为 3281 万人，占全体老人的比例约为 19.0%。值得注意的是，随着预期寿命的增长，80 岁及以上高龄老人的规模及其在总人口占的比重都呈现稳步增长趋势。由于高龄老人患病和失能风险更高，这将不仅增加了城镇老年人家庭医疗费用开支，而且由于老人照护减少了子女的工作机会，从而增加了城镇老人家庭贫困风险。

（五）城镇化带来的贫困风险。推进新型城镇化，实现人的城镇化已经成为新一届政府实现中华民族伟大复兴的重要战略目标。直到 2011 年，即使不包括在城镇地

① 新成长失业青年是指城镇登记失业人员中，从未就业，目前正以某种方式寻找工作的人员，包括初高中、职业高中、技校及大中专毕业生中未能升学、参军、被国家统一分配或单位录用的人员，以及其他初次失业的人员。

区已经居住6个人月以上的2.6亿农民工，我国仍然约有6.57亿人口常住农村。如果我国城镇化率达到70%，意味着将还需要向城镇地区转移约1.3亿农村常住人口。然而，我国农民工教育水平和技能水平偏低，主要就业于非正规部门，就业不稳定，工作和生活环境恶劣，社会保障覆盖率低，在失业、疾病和意外事故等风险的冲击下极易陷入贫困中。

二、中国城市扶贫的工作机制及成效

国际反贫困实践表明仅通过社会救助，即安全网措施，只能维持贫困群体基本生活，无法针对贫困发生的复杂机制对症下药，因此受到越来越多的质疑。而在“社会安全网”基础上发展起来的社会保护概念，提出了通过社会救助、社会保险和就业促进等多种措施，建立起贫困风险防护网。由于它实现了从安全网到起跳板的跨越，在国际反贫困理论和实践中得到的普遍关注。我国城市扶贫机制包括社会救助体系、社会保险机制和就业促进机制，并且注重发挥社会力量在城市扶贫中的作用。

（一）健全社会救助，构筑贫困人口的社会安全网

20世纪中期开始，伴随着国企改革和结构调整，城市下岗失业导致的贫困问题日趋严重。在这种背景下，中国政府逐步建立起制度化的城社会救助制度。根据2014年国务院颁布实施的《社会救助暂行办法》，我国社会救助体系主要包括最低生活保障制度、城市特困人员供养制度、城市医疗救助制度、住房救助和住房保障制度，以及教育救助制度等。它直接面向贫困人口和贫困边缘低收入人口，主要是解决贫困人口的基本需求。

1. 城市居民最低生活保障制度。城市居民最低生活保障制度是中国城市救助最为基本的社会救助制度。对获得最低生活保障的家庭，由县级人民政府的民政部门按照共同生活的家庭成员人均收入低于当地最低生活保障标准的差额，按月发给最低生活保障金。2000年城市最低生活保障制度仅覆盖402.6万人，2004年增加约2205万人，此后，这项制度的覆盖人群基本保持在2300万人左右。

表3 我国城市低保基本情况

年份	低保人数（万）	低保标准（元/月·人）	补差水平（元/月·人）
2000	402.6	157	—
2001	1170.7	147	—
2002	2064.7	148	—
2004	2205.0	152	65
2005	2234.2	156	72
2006	2240.1	169	84

续表

年份	低保人数（万）	低保标准（元/月·人）	补差水平（元/月·人）
2007	2272.1	182	103
2009	2345.6	227	172
2010	2310.5	251	189
2011	2276.8	288	225
2012	2214.1	330	239

在覆盖人数迅速增加的同时，城市低保标准（低保线）和平均补差水平也随着物价指数逐年提高。2004 年中国城市低保标准为月人均为 152 元，月人均补助 65 元；2012 年全国城市低保标准月人均为 330 元，月人均补助水平 239 元。9 年期间低保标准和人均补差水平分别增长了 117.1% 和 267.7%。同期，2004 年城市居民年人均可支配收入为 9422 元，2012 年为 24565 元，增长了 160.7%。可见，尽管低保标准的增长速度低于城市居民可支配收入的增长速度，但人均补差水平的增长速度远高于城市人均可支配收入的增长速度。这表明低保对城市贫困人口救助力度在加大。

在城市低保对象中，残疾人、“三无”人员、失业人员（包含登记和未登记失业人员）以及在校学生等“弱势群体”在低保户中占比例较高。就残疾群体而言，2010~2012 年他们都约占城市低保对象 8%。失业群体构成了低保对象最重要的来源之一，2013 年，低保对象中失业者为 775.8 万，约占低保对象 38%。但失业者占低保户群体的比例有所下降，从 2007 年的 43.6%逐步下降到 2013 年的 37.6%。2013 年“三无人员”和在校生在全国低保对象中分别约占 2.8%和 14.6%。

表 4　城市低保对象中残疾人、“三无”人员、失业者和在校学生情况

年份	低保总数（万）	残疾人（万）	残疾人比例（%）	“三无”人员（万）	“三无”比例（%）	失业者（万）	失业者比例（%）	在校生（万）	在校生比例（%）
2007	2272.1	161	7.1	125.8	5.5	991.5	43.6	321.6	14.2
2008	2334.8	169.1	7.2	106.9	4.6	966.5	41.4	358.1	15.3
2009	2345.6	181	7.7	94.1	4.01	921.1	39.27	369.1	15.7
2010	2310.5	180.7	7.8	89.3	3.9	912.7	39.5	357.3	15.5
2011	2276.8	181.0	8.0	81.1	3.6	895.4	39.3	341.2	15.0
2012	2214.1	172.1	7.8	72.4	3.3	869.2	39.3	328.4	14.8
2013	2061.3	166.2	8.1	57.0	2.8	775.8	37.6	300.0	14.6

备注：2013 年为全国第 4 季度数据。

资料来源：民政部网站。

2. 特困人员供养制度。特困人员主要指无劳动能力、无生活来源且无法定赡养、抚养、扶养义务人，或者其法定赡养、抚养、扶养义务人无赡养、抚养、扶养能力的老年人、残疾人以及未满16周岁的未成年人。2014年颁布的《社会救助暂行办法》规定，从2014年5月其国家将对上述特困人员实行供养，主要供养的内容包括：(1) 提供基本生活条件；(2) 对生活不能自理的给予照料；(3) 提供疾病治疗；(4) 办理丧葬事宜。

3. 医疗救助制度。医疗费用支出和疾病导致的劳动力损失是城市低收入和贫困群体主要致贫风险之一。为了切实减轻城市贫困群众就医方面的经济困难，2005年国务院颁布了《关于建立城市医疗救助制度试点工作意见的通知》，启动了城市医疗救助制度的试点工作。目前，这一制度已经在全国城镇地区全面推广。

在我国，城镇医疗救助主要面向城镇地区贫困居民，主要包括最低生活保障家庭成员、特困供养人员、县级以上人民政府规定的其他特殊困难人员。医疗救助主要采取两种方式：对救助对象参加城镇居民基本医疗保险或者新型农村合作医疗的个人缴费部分，给予补贴；对救助对象经过城镇职工或居民基本医疗保险、大病保险和其他补充医疗保险支付后，个人及其家庭难以承担的符合规定的基本医疗自负费用部分，给予补助。

2012年，城市医疗救助制度累计救助城市居民2077.0万人次，包括民政部门资助参加城镇居民基本医疗保险1387.1万人次，直接对城市居民医疗费用进行救助460.1万人次。就资助参保而言，救助人次数有了较大幅度增加，2008年仅资助约643万参保，而2009年后，资助参加的人数增加到约1500万。直接救助即直接对城市贫困居民的医疗费用进行报销，2012年，接近700万人获得直接救助；救助水平从2008年的人均救助483.5元增加到2012年的858.6元，5年人均救助水平增长了约77.6%。2012年各级财政共支出城市医疗救助资金70.9亿元，相比2011年增长4.9%。①

表5 城市医疗救助基本情况（2008—2012年）

年份	总救助人次	直接救助		资助参保	
	救助总人次数（万）	人次数（万）	人均救助水平（元）	人次数（万）	人均救助水平
2008	1086.2	443.6	483.5	642.6	60.5
2009	1506.3	410.4	764.7	1095.9	53.5

① 参见《民政部2012年社会服务发展统计报告》。

续表

年份	总救助人次	直接救助		资助参保	
	救助总人次数（万）	人次数（万）	人均救助水平（元）	人次数（万）	人均救助水平
2010	1921.3	460.1	809.9	1461.2	52.0
2011	2222	672.2	793.6	1549.8	67.9
2012	2077.0	689.9	858.6	1387.1	84

资料来源：民政部：《社会服务发展统计公报》（2010~2012 年）；民政部：《民政事业发展统计公报》（2008~2009 年）。

4. 教育救助制度。对经济困难学生进行学费和生活费用救助关系到他们能否顺利完成学业，从而依靠知识摆脱贫困。经过多年努力，中国政府初步建立起完整的教育救助政策体系，覆盖了各个教育阶段的低收入家庭学生。

在学前教育阶段，地方政府对经县级以上教育行政部门审批设立的普惠性幼儿园在园家庭经济困难儿童、孤儿和残疾儿童予以资助，同时，幼儿园从事业收入中提取 3%~5%的资金，用于减免收费、提供特殊困难补助等；在义务教育阶段，全面免除城乡义务教育阶段学生学杂费，对城乡家庭经济困难学生免费提供教科书；在中等职业教育阶段，对城市涉农专业学生和家庭经济困难学生免除学费，学校每年安排不低于事业收入 5%的经费，用于学费减免、勤工助学、校内奖助学金和困难补助等；在普通高中教育阶段，以国家助学金为主体，学校和社会资助为补充，其中，国家助学金，用于资助普通高中家庭经济困难学生，平均资助标准为每生每年 1500 元，资助面约为全国普通高中在校学生总数的 20%；同时，学校从事业收入中足额提取 3%~5%的经费，用于减免学费、设立校内奖助学金和特殊困难补助等；在高等教育阶段，通过国家奖助学金、国家助学贷款、学费补偿贷款代偿、校内奖助学金、勤工助学、困难补助、伙食补贴、学费减免、“绿色通道”等多种方式并举资助经济困难学生。

据统计，2012 年，全国累计资助各级教育共 8413.84 万人次，比 2006 年增长 2.16 倍；累计资助金额 1126.08 亿元比 2006 增长 4.76 倍。其中，2012 年，财政投入资助资金共 824.74 亿元，占当年资助总额比例达到 73.24%①。

5. 住房救助制度。住房价格增长速度远远超过居民尤其是贫困居民收入增长速度，成为新的贫困风险来源。为了解决城市中低收入家庭和贫困家庭住房难问题，中国政府逐步建立健全住房保障制度，针

① 全国学生资助管理中心，《2012 年中国学生资助发展报告》。

对住房困难的最低生活保障家庭和分散供养的特困人员，主要通过配租廉租房、公共租赁住房和发放住房租赁补贴。

由于廉租住房和公共租赁住房都是保障性住房的重要组成部分，都属于租赁型保障房，但面向的群体不完全一样，前者主要面向贫困人群，而后者主要面向中低收入群体，但申请人容易混淆，同时，平行运行不利于两项制度间的政策衔接，给居民造成不必要的麻烦。鉴于上述理由，住房城乡建设部、财政部、国家发展改革委日前联合印发的《关于公共租赁住房和廉租住房并轨运行的通知》，从2014年起，廉租住房将并入公共租赁住房，合并后统称公共租赁住房，廉租住房建设计划将(含购改租等筹集方式)统一并入公共租赁住房年度建设计划，此前已经列入廉租住房建设计划的项目继续建设，建成后全部纳入公共租赁住房进行管理。公共租赁住房单套建筑面积以40平方米左右的小户型为主，严格控制在60平方米以下。

(二)健全社会保险基本制度，建立贫困预防机制

社会保险作为一种预防性社会保护措施，可以有效预防普通民众因为疾病、年老、伤残和失业等问题导致的贫困风险。为了适应市场化改革趋势，20世纪90年代后期以来中国政府初步在城市建立起社会养老保险、基本医疗保险、失业保险、工伤保险和生育保险五大社会保险制度，对帮助城市居民预防和缓减贫困风险，尤其是防范了国企改革中大规模工人下岗失业导致的贫困现象发挥了重要作用。

20世纪90年代建立的基本社会保险制度主要针对城镇户籍在职人员和退休人员，但把非从业人员、非正规就业城镇居民以及农民工排斥在外。而这些人群面临着更多的贫困风险。城镇居民基本医疗保险在2007年开始试点，2009年已经在全国所有城市建立。其主要覆盖对象包括学生、少儿和其他非从业城镇居民；有些地方把农民工和灵活从业人员也纳入了参保范围。城镇居民基本养老保险2011年7月启动试点，覆盖城镇非从业居民，其目标是建立个人缴费和政府补贴相结合的城镇居民养老保险制度。这样主要社会保险制度就基本覆盖了城市常住人口。

1. 基本社会保险概况。在2006~2013年期间，各项社会保险覆盖参保人数持续增长，有效的防范了由于年老、疾病、工伤和失业等风险导致的贫困风险。在2011年试点基础上，2012年末全国所有县级行政区全面开展国家城乡居民社会养老保险工作。2013年末参加城镇职工基本养老、城乡居民基本养老、城镇基本医疗、失业、工伤、生育等社会的人数分别达3.22亿人、4.98亿人、5.73亿人、1.64亿人、1.99亿人和1.64亿人。

2. 特殊群体社会保险情况。在全国社会保险体系健全的同时，我国城镇残疾人社会保险状况也有了较大的改善。2013年有401.4万城镇残疾人参加了城镇居民社会养老保险，参保率为 65.1%。在 60 岁以下的参保残疾人中有 77.9 万重度残疾人，其中 73.1 万得到了政府的参保扶助，代缴补贴比例达到 93.8%。有 56.8 万非重度残疾人也享受了全额或部分代缴的优惠政策。领取养老金待遇的人数达到 162.0 万人。2013 年城镇残疾居民参加基本医疗保险达到 547.3 万人。①

表 6　城镇社会保险参保情况　单位：亿人

年　份	2006 年	2007 年	2008 年	2009 年	2010 年	2011 年	2012 年	2013 年
职工养老保险	1.88	2.01	2.19	2.36	2.57	2.84	3.04	3.22
城乡居民养老保险	—	—	—	—	—	—	4.84	4.98
基本医疗保险	1.57	2.23	3.18	4.01	4.33	4.73	5.36	5.73
失业保险参保	1.12	1.16	1.24	1.27	1.34	1.43	1.52	1.64
工伤保险参保	1.03	1.22	1.38	1.49	1.62	1.77	1.90	1.99
生育保险参保	0.65	0.78	0.93	1.09	1.23	1.39	1.54	1.64

资料来源：人力资源与社会保障部，《人力资源和社会保障事业发展统计公报》（历年）；人力资源与社会保障部，《2013 年人力资源社会保障快报数据》。

流入城镇的农民工难以公平享受城镇公共服务，仍然没有实现人的城镇化。农民工参保率仍然很低。2012 年雇主为农民工缴纳养老保险、工伤保险、医疗保险、失业保险和生育保险的比例分别为 14.3%、24%、16.9%、8.4%和 6.1%。

表 7　外出农民工参加社会保障的比例　单位：%

年份	2008 年	2009 年	2010 年	2011 年	2012 年
养老保险	9.8	7.6	9.5	13.9	14.3
工伤保险	24.1	21.8	24.1	23.6	24.0
医疗保险	13.1	12.2	14.3	16.7	16.9
失业保险	3.7	3.9	4.9	8.0	8.4
生育保险	2.0	2.4	2.9	5.6	6.1

资料来源：国家统计局，《2012 年全国农民工监测调查报告》。

（三）促进就业，提升城市居民应对贫困风险的能力

提高救助对象就业能力，使救助对象能够获得可持续发展的能力，是帮助贫困

① 参见《2013 年中国残疾人事业发展统计公报》。

居民脱贫的关键举措。国家对城市贫困居民中有劳动能力并处于失业状态的成员，提供就业救助，主要措施包括提供贷款贴息、社会保险补贴、岗位补贴、培训补贴、费用减免、公益性岗位安置等办法；而对吸纳就业救助对象的用人单位，按照国家有关规定享受社会保险补贴、税收优惠、小额担保贷款等就业扶持政策。

为了推动城镇最低生活保障家庭有劳动能力家庭成员就业，2014 年《社会救助条例》规定县级以上地方人民政府应当采取有针对性的措施，确保该类家庭至少有 1 人就业并免费提供就业岗位信息、职业介绍、职业指导等就业服务；而有劳动能力但未就业的成员，应当接受人力资源社会保障等有关部门介绍的工作；无正当理由，连续 3 次拒绝接受介绍的与其健康状况、劳动能力等相适应的工作的，县级人民政府民政部门应当决定减发或者停发其本人的最低生活保障金。

1998 年以来，国家对下岗失业人员再就业给予了一系列税收扶持政策，特别是自 2011 年实施了新的支持和促进就业的税收优惠政策，在促进我国就业困难群体创业就业，促进社会和谐稳定发挥了重要作用。该政策于 2013 年 12 月 31 日执行到期。针对目前宏观经济下滑形势，为扩大就业，将继续实施支持和促进重点群体创业就业税收政策，延长至 2016 年，并提出举措对这一政策加以完善。（1）对登记失业半年以上的人员、零就业家庭、享受城市居民最低生活保障家庭劳动年龄内的登记失业人员和毕业年度内高校毕业生等群体从事个体经营的，在 3 年内按每户每年 8000 元为限额依次扣减其当年实际应缴纳的营业税等税收；（2）对商贸企业、服务型企业、劳动就业服务企业中的加工型企业和街道社区具有加工性质的小型企业实体，在新增加的岗位中，当年新招用在人力资源社会保障部门公共就业服务机构登记失业一年以上且持《就业失业登记证》者，与其签订 1 年以上期限劳动合同并依法缴纳社会保险费的，在 3 年内按实际招用人数予以定额扣减营业税。定额标准为每人每年 4000 元，最高可上浮 30%；（3）取消了原政策享受税收优惠行业范围限制，原政策对享受政策的行业范围做了除外规定，如对从事个体经营的，将建筑业、娱乐业以及销售不动产、广告业、桑拿等行业排除在外；对企业吸纳就业的，将从事广告业、房屋中介、典当、桑拿、按摩、氧吧的服务型企业排除在外，而新税收政策取消了这些行业限制，有助于建立公平、统一的税收环境；（4）增加了减免的税种项目，原政策税费扣减范围包括营业税、城市建设维护税、教育费附加、个人所得税、企业所得税；调整后，在原有扣减税费的基础上，又增加了地方教育费附加。

（四）动员社会力量扶贫，建立扶贫多方参与机制

在发达国家，社会力量在反贫困和慈善事业中发挥着举足轻重的作用。2013 年，我国慈善事业在动员社会力量扶贫相关政策上取得突破性进展。2013 年 2 月，发布的《关于深化收入分配制度改革的若干意见》规定，对企业公益性捐赠支出超过年度利润总额 12%的部分，允许结转以后年度扣除，首次对慈善税收减免的结转问题予以明确，为中国的慈善事业创造了前所未有机遇。2013 年 11 月，党的十八届三中全会审议通过《中共中央关于全面深化改革若干重大问题的决定》又提出“完善慈善捐助减免税制”。根据《社会救助条例》，我国政府鼓励单位和个人等社会力量通过捐赠、设立帮扶项目、创办服务机构、提供志愿服务等方式，参与社会救助；社会力量在参与社会救助，享受财政补贴、税收优惠、费用减免等政策。

三、中国城市扶贫存在的问题

（一）福利依赖

所谓福利依赖，是指有劳动能力受救助对象长期依赖政府提供的福利维持生活而不愿意寻求或接受政府和社会提供的工作岗位和就业机会。随着我国最低生活保障覆盖对象及覆盖项目的增加，福利依赖问题日益凸显，即大量保障对象虽然具备劳动能力，但很少主动退出低保。这是因为我国目前社会救助项目都与低保资格挂钩，获得低保资格不仅能够获得收入补差，而且可以享受廉租房、经济适用房、医疗救助和教育救助等多种社会福利。而一旦参加工作收入超过低保线，就会在失去低保资格同时失去其他多种社会福利。这种一保俱保、一退尽退的政策设计使得低保对象为了避免收入增加而丧失低保资格，他们宁可选择失业而不愿意就业。

（二）扶贫力量整合困难

城镇扶贫涉及就业、社会保障、民政、卫生等多部门。各部门主要从自己视角出发，政策衔接不畅，政策散漫化倾向严重，政策的整体效应难以有效发挥，也不利于贫困群体根本上摆脱贫困状态。

（三）贫困固化与代际传递

由于失业、工伤、疾病、医疗、教育等问题，致使某些城镇常住家庭长期无法摆脱贫困状态，这些人群或家庭即使能享受到相关的社会保险和救助，由于相关保险和救助的水平过低，他们也很难在短时间内摆脱贫困的状态，陷入长期贫困的可能性很大，这种状态也很有可能传递到子女身上，给他们带来各种压力。我国城镇常住人口中的流动儿童面临的贫困风险更为突出。据第六次人口普查数据，2010 年，全国 0~17 岁流动儿童规模 3581 万人，其中，户口性质为农业的流动儿童占 80.4%；从全国看，流动儿童约占城镇儿童比例为 26.3%，相当于每 4 名城镇儿童中就有 1 名是流动儿童。在我国城乡二元体制下，背井离乡使得流动儿童失去了他们传统的支持体系以及社区支持，并在入托入园、就读城市学校、就医和社会保障等方面面临各种困难和歧视，同时，他们的父母工作不稳定、收入低，也影响了他们的生活质量。[①] 由于上述诸多问题，他们成人后，很有可能沦为城镇新的贫困群体。

（四）贫困标准过低

最低生活保障目前的保障水平仅能够维持基本生存，无法实现了救助对象的可持续发展，一旦遭遇大额家庭支出，甚至难以维持基本生活；以城市医疗救助制度为例，目前社会医疗保险和城市医疗救助仅分担了贫困群体医疗费用的比例仍然偏低，他们的就医经济负担仍然很沉重，仍然有较高比例的家庭因为经济原因放弃治疗。因此，政府需要进一步加大财政投入，提高救助水平。

四、中国城市扶贫展望

（一）建立综合性反贫困措施，增强家庭面对贫困风险的韧性

城市反贫困涉及财政、税收、收入分配、社会保障、劳动就业、医疗卫生等方面政策的协作配合，是一项复杂而庞大的社会系统工程。需要针对导致贫困风险的原因，建立综合性的反贫困措施。首先，要实行积极的就业政策，提高受救助者的就业能力。稳定就业是摆脱贫困的成功之路。针对我国城市低收入家庭的救助工作，一方面要确保其基本生活需要得到满足，尤其是关注贫困儿童的健康成长；另一方面，为低保对象提供生活补助的同时，为其提供职业教育、就业培训和就业服务，针对有劳动能力的低保对象，要严格规定其享受低保资格的最高期限，促进有条件的低保家庭就业，建立起以工作为本的社会救助体系。第二，健全社会保险体系，逐步扩大社会保险范围，尤其是提高社会保险在流动人口和非正规就业群体中的覆盖率。第三，建立跨部门的协助机制。社会保险、社会救助、社会福利、医疗、教育、住房、就业服务等多项社会保护措施职权和职责分散于多个部门，如教育救助由教育部门主管，医疗救助、最低生活保障和社会福利主要由民政部门主管，社会保险、就业培训和就业援助由人力资源和社会保障部主管、而住房保障主要由城乡建设部门主管。基于部门本位主义和部门利益的竞争，在城市减贫过程中，往往出现多头重复或遗漏并存的现象，造成资源浪费，影响了减贫的整体效益。因此，在城市减贫中，需要建立跨部门协作机制，实现各项政策间的衔接，在确保减贫政策全面覆盖包括农民工在内的城市居民的同时，增强多项减贫政策的合力和绩效。

（二）积极应对城镇化进程产生的新贫困群体

新生代农民工成为新的贫困高风险群体。他们具有在城市安居乐业的强烈的动机，但收入偏低、工作不稳定、难以承担高房价和社会保险覆盖率低，难以公平享

① 国家统计局，中国儿童人口状况：事实与数据（2013）。

受城市基本公共服务等。尽管近年来，中国政府加强了在农民工群体中推进社会保险，但他们仍然基本被排斥城市最低生活保障制度和住房救助制度之外，这将使得他们面临着严峻的贫困化风险。因此，在“十二五”期间，一方面要继续推进农民工社会保险的覆盖面，另一面要把农民工纳入城市社会救助体系，同时，逐步实现其他基本公共服务均等化，构建起农民工社会保护机制。

（三）应对老龄化导致的贫困风险

人口老龄化不仅导致医疗费用支出增加，而且将导致家庭和社会照护负担日益沉重，这可能使得家有患病或失能老人的低收入城镇家庭陷入贫困。应对老龄化导致的贫困风险，一方面要为低龄健康老人创造就业增收机会，如为高龄老人提供照护服务以及社区服务，为将来医疗费用和照护费用支出储备资金；另一方面，探索建立长期照护保险。目前德国、日本和韩国均已经建立起长期照护保险，以解决老龄化带来的照护风险。在中国城市地区在健全完善养老服务体系的同时，在有条件的地区也以通过个人、单位和政府共同筹资的方式，进行长期照护保险试点，以解决照护费用导致的老人家庭贫困问题。

（四）充分发挥社会力量在城市反贫困中的作用

20 世纪 80 年代以来，社会福利民营化在发达国家大范围兴起。通过民营化的方式，政府主要发挥筹资和规制的作用，而主要通过社会力量，包括企业和非营利组织提供服务，不仅有效地缓解了政府的财政压力，并促进了社会服务质量与效率的提高。在我国，政府可以通过税收减免、财政补贴和购买服务等方式，鼓励和引导企业和非营利组织开展养老服务、儿童福利服务、助残养孤等扶贫项目。

（北京师范大学　张秀兰）

十一

企业扶贫篇

四川永鑫农牧集团股份有限公司扶贫

【企业概况】 四川永鑫农牧集团股份有限公司（以下简称“集团公司”）系依法设立的民营股份制企业，位于四川省资阳市大千路C段食品工业园，注册资金2亿元人民币。公司是一家集饲料研发、生猪养殖、生猪屠宰、肉制品加工、仓储物流、进出口贸易、林产经营于一体的国家级农业产业化重点龙头企业。

集团公司现辖6家企业，即四川永鑫饲料科技有限公司、四川永鑫畜牧养殖有限公司、四川永鑫肉类食品有限公司、四川永鑫食品开发有限公司、四川普森林业有限公司和四川嘉泰通仓储物流有限公司。现有资产总额15亿元人民币，员工1000余人，其中大专以上学历203余人，专家教授8人。于2008年通过了ISO 9001质量管理体系、ISO 14001环境管理体系、ISO 22000食品安全管理体系和“绿色市场”认证。“永鑫”商标被评为四川省著名商标，“永鑫”牌鲜、冻分割猪肉被评为四川省名牌产品，“永鑫”商标正在争创中国驰名商标。

集团公司一直专注绿色生态畜牧业的发展，引进一流的设施设备，汇聚一流的管理和技术人才，倾力打造从饲料、养殖、屠宰、食品加工、物流到直营销售终端客户的“永鑫”绿色食品产业链，同时计划通过3—5年的努力实现集团整体上市。

近几年来，集团公司积极参与公益事业和献爱心活动，捐款、捐物，用于抗震救灾、捐资助学、修路等；配合政府做好退伍安置工作，定期慰问优抚对象；成立特困扶持基金，用于资助贫困员工渡过难关和贫困员工子女上大学。

集团公司在完善产业链的同时，提供大量的就业机会和工作岗位，吸纳城市下岗人员和农村富余劳动力就业，为带动地方经济相关产业的发展起到了很好的作用。

集团公司探索创新出“三带动一资助”的扶贫开发模式，通过开展“六方合作”，更大地发挥龙头企业的带动作用，增加了农民的收入，增强了企业的综合竞争力，实现了多方共赢，为资阳经济社会发展起到了推动作用。

【养殖基地建设】 集团公司通过“以企建社，以社建场，以场助收”的模式领办生猪专业合作社。现已领办了晏家坝、河心、豇豆湾、老君山等10个生猪专业合作社。合作社成员500余户，其中贫困农户200余户，除贫困户外，由公司和其他社员户共同出资，建设基地场 10 个。基地场免费将生猪养殖粪便作为肥料提供给周边农民用于种植，不仅每亩耕地每年可节约肥料成本 200 余元，还保证了农产品的绿色环保。成员的土地流转给合作社用于养殖后，合作社以每亩每年 800 元～1200 元的标准，按期支付其土地流转费，保证了成员依靠流转的土地获得稳定的收入。合作社成员，由集团公司承担养殖风险，对成员实行保底分红，不仅降低了投资风险，而且保证了稳定的投资收益；凡身体条件较好的成员，经过培训后，聘用到猪场务工，除按国家规定购买相关保险外，每月务工收入均在 1500 元以上。

【产业扶贫】 集团公司先后与雁江区 1500 户贫困户签订生猪购销协议，采用低于市场价 5%的价格提供仔猪给养殖农户，以高于市场价和现金结算的方式回购贫困户出栏的育肥猪，同时还提供仔猪、饲料、兽药、疫苗配送和技术免费指导等服务。另外集团公司针对特困户采取无偿赠送仔猪的方式帮助其脱贫，先后给 500 户特困户赠送优质仔猪共计 5000 余头。集团公司通过产业扶贫的方式先后带动近 2000 户贫困户脱贫致富，为其赊销饲料、兽药及疫苗等生产物资近 2000 万人民币，免费提供技术指导、疫苗诊断等服务近 10000 次，户均增收达 7500 元，带动农户主要分布在其中雁江区的丹山镇 、南津镇 、迎接镇 、祥符镇 、石岭镇 、保和镇 、堪嘉镇 、小院镇 、雁江镇 、东峰镇 、老君镇 、丰裕镇 、伍隍镇 、忠义镇和临江镇等 22 个乡镇的 60 个村。另外公司还为到公司办理购仔猪、卖育肥猪、签协议、培训等相关事项的贫困户提供免费食宿。

【产业一体化经营联合社】 为进一步整合社会资源，增强养殖户市场竞争力和抵御风险的能力，帮助合作社增收，集团公司组建了资阳市互帮生猪专业合作社联合社。联合社注册资金 1000 万元，辖晏家坝、大屋堰生猪专业合作社等 15 个成员单位。现有原种猪场 1 个，标准化生猪二级扩繁场 16 个，养殖小区 3 个，常年存栏生猪 10 万余头，能繁母猪 2.5 万余头，年可出栏肥猪 30 余万头。联合社本着"资源共享、优势互补、资金互助、抱团发展、辐射带动、市场拓展"的原则，为成员单位提供政策信息、销售信息，饲料、兽药等原材料的采购信息，规避了生猪养殖风险。

【贫困户劳动力就业】 集团公司一直秉承带动当地贫困农户脱贫致富为己任，所以在招聘员工方面主要以当地贫困家庭为主，来自贫困户家庭的员工占集团公司员工总数的 35%以上，其人均月工资福利达 3000 元左右。

【基础设施建设】 集团公司支持贫困地区道路建设。在得知雁江镇、祥符镇、驯龙镇等贫困区交通条件差时，为改善贫困村落后面貌，公司主动筹资 200 万元用于修建道路 10 余万里，改善了农户的生活条件，增强了农业生产后劲。

【教育扶贫】 集团公司长期关注教育

事业的发展。看到贫困学子无法圆求学梦，公司从2007年开始每年资助15名贫困大学生，资助其每一学年的学费，确保其顺利完成学业。除资助贫困大学生外，集团公司还每年为职工子女上大学送去鼓励金、为高考优困学生送去营养补贴，为偏远山区的孩子送去关怀，让孩子们能健康成长、快乐学习，累计资助资金105余万元。

【职业技能和专业技术培训】 集团公司对内部贫困员工，采取“内训”和“外训”并举的方式全方位提高其工作技能。先后组织培训贫困员工近10000人次，近100名贫困员工通过培训走上不同的管理岗位，薪资得到进一步提高。同时，还组织与集团公司签订购销协议的养殖贫困户到集团公司参观学习、集中培训，先后培训养殖贫困户近4000人次，发放培训资料近10000册。

【三带动一资助模式】 为从根本上解决帮扶贫困户脱贫问题，健全贫困户造血功能，集团公司长期坚持实施“三带动一资助”战略，每年在资阳市辖区带动生猪专业合作社、带动生猪规模养殖户、带动农村贫困户，资助农村贫困大学生，以发挥国家龙头企业的引领作用，承担社会责任。

【五统一带动模式】 集团公司对生猪养殖户实行“五统一”服务，即统一组织培训、统一配送优质生猪、统一配送饲料和兽药、统一技术规范、统一收购。确保农户每出栏一头肥猪，比其他农户至少增加纯收益150元以上。

（四川永鑫农牧集团股份有限公司
漆世兰）

青海聚能活力源饮料有限公司扶贫

【企业概况】 由天津市聚成投资公司投资建设的青海聚能活力源饮料有限公司（以下简称“公司”）成立于2011年，位于青海省黄南藏族自治州河南蒙古族自治县内。是天津市响应党中央、国务院号召，为青海藏区人民造福，投资创建的援助青海藏区企业；是国家对口支援青海6个省市中第一个在青海正式落户的外地企业；是集天然冰川矿泉水研发、生产、销售、物流、服务于一体的综合性高端饮用水企业。

“瀞度天然冰川活水”项目一期总投资人民币1.5亿元，厂区总占地面积80亩。天津市委、市政府高度重视该项目，经与青海省协商，已设立100平方千米的瀞度水源专属保护区。青海聚能活力源饮料有限公司结合水源地的地质、水文地质条件、含水层的天然保护能力、矿泉水的类型以及水源地的卫生、经济等情况，建立健全高标准的管理和保护制度。

瀞度水源地位于海拔3860米的青海三江源，气候严寒、人迹罕至，地质地貌原始，成为地球生命水源带上难得一见的“生态处女地”。瀞度系列产品主要有：瀞度天然冰川活水和瀞度天然含气苏打水。企业高度重视水源地保护区的养护和管理，实行24小时监控与巡查，保证水源地保护区的安全无污染，2013年保护区已达到二、三级围栏防护措施。

在生产工艺方面，实施24小时生产监控和抽检等严格监测制度，工艺采用国内先进的水处理措施、封闭的全自动化流水生产线和完善的CIP洁净系统，确保生产环境的无菌状态，生产全流程不使用臭氧，避免了溴酸盐（致癌物）的产生，保持了水质的天然属性。

在生产设备方面，引进全自动水处理生产线、自动化装灌线、德国无菌灌装线等设备，是为数不多的高端水处理技术、质量控制核心技术的企业之一，企业通过了ISO 9001：2008、ISO 14001：2004、ISO 22000：2005管理体系认证，确保瀞度的每一滴水都来自水源地封装，将原生态、安全、健康的优质水呈现在消费者面前。

2013年，公司已在天津市国家一级经济开发区设立营销中心，北京、上海、成都、广州、深圳、浙江、江苏、兰州、西宁等地设立了办事处，营销能力辐射全国。

公司积极参加与企业社会责任相关的活动，成为一个对社会负责的企业，为扶贫工作提供了各项有力保障。

【企业扶贫模式】 公司自2011年成立以来，为当地群众提供大量的就业机会，给当地人的生活带来巨大变化，有效将当地资源优势转化成经济优势，对当地经济发展起到了推动作用。青海省通过“瀞度”拉动绿色饮品产业，驱动青海经济发展模式由“输血型”向“造血型”转变，为青海经济发展创造了活力。

瀞度产品先后进驻高尔夫俱乐部、五星级酒店、星级饭店、机场、高端商超、高端私人会所等渠道。瀞度以其珍稀、纯净、零污染水源，高端健康的产品品质赢得了消费者和业内人士的一致认可。瀞度先后成为2012天津青海省两会、2012天津夏季达沃斯论坛、2012中国国际矿业大会、2013博鳌·21世纪房地产论坛第13届年会等大会指定用水。瀞度还频频亮相国内外各项展会及赛事，受到国内外宾客的一致赞誉。瀞度作为援青爱心项目代表，连续两届参加了青海绿色发展投资贸易洽谈会，得以让更多人了解瀞度、关注青海。

公司始终致力于发展青海“绿色”经济，成为青海经济建设的领跑者。企业成长离不开青海省各级党委政府的支持、帮助和广大消费者的关注与认可。

【天津援青项目】 2011年，公司总投资1.5亿，在青海建厂生产，成为国家级援青项目。解决当地近百人就业，把当地资源优势转化成经济优势，为当地培育了新的经济增长点，为推动当地经济发展起到积极作用。

【文化交流】 2012年，在伦敦奥运会前夕，瀞度水系列携手天津女排共赴青海，慰问当地小学生和藏民，带去丰富的生活物资，同时也向他们宣传奥运和健康的相关知识。

【支援藏区建设】 2013年4月，公司响应青海省委发起“党政军企共建示范村”活动，向青海省黄南藏族自治州河南蒙古族自治县宁木特乡浪琴村捐赠5万元人民币。

【雅安地震捐赠】 2013年4月，公司第一时间向灾区捐赠10000箱瀞度天然冰川活水，为灾区送上最急缺的优质矿泉水，与灾区人民一起抗击震灾。

【建立三江源生态保护区】 2013年6月，瀞度发起“三江源生态”保护行动，并成立中国首支企业水资源保护队——“瀞度三江源100平方千米水资源保护队”。水资源保护队结合三江源保护区地质、水文地质条件、含水层的天然保护能力等情况，为保护三江源自然保护区的生态环境付诸实际行动。

【援助贫困学生】 2013年8月，公司向青海省黄南藏族自治州河南蒙古族自治县托叶玛乡曲海村贫困学生捐助助学金2万元。

（青海聚能活力源饮料有限公司

市场部　张　洁）

山西省天镇县扶贫开发

【概述】 山西省天镇县扶贫开发工作在山西省、大同市扶贫办的高度重视和关心指导下，在县委、县政府的正确领导下，大力弘扬“三种精神”、围绕“四项建设”、始终为了“三个一切”，坚持开发式扶贫方针，注重政府主导与社会力量共同参与相结合、典型带动与整体推进相结合、增强输血功能与造血功能相结合、智力扶贫与精神扶志相结合，强化组织领导，明确扶贫目标，落实工作责任，加大帮扶力度，有效改善贫困乡村生产生活条件，着力培育贫困群众增收致富产业，贫困村经济社会各项事业全面发展，农村贫困面进一步缩小，扶贫开发工作取得了阶段性成效。

【整村推进】 坚持把整村推进作为移民贫困村、建设新农村的好形式和重要工作抓实抓好。2012—2013 年，天镇县实施整村推进项目 16 个，涉及资金 800 万元。以打造“一村一品”产业亮点为目的，共打造养殖园区 18 个，其中万只羊存栏园区 3 个。在充分利用好扶贫资金的同时，整合水利、畜牧等部门资金，加大了项目村资金投入量和项目建设规模。通过各类项目的实施，进一步改善了项目村群众的生产生活条件，农民收入增加，整体面貌大为改观，示范带动作用较为明显。

【易地扶贫搬迁】 2012—2013 年，天镇县因地制宜地采取小村并大村、就地移民、集中搬迁、自主分散四种模式对 12 个村 1483 户 4850 人实施了扶贫移民。其中建房用地问题通过土地增减挂钩、旧宅基地回收平整得到了有效解决，无一例因土地问题而出现上访现象。天镇县因此被山西省扶贫办授予“全省扶贫移民先进县”称号。

【产业扶贫】 坚持把产业发展作为带动贫困村农民增收致富的重要抓手，依托产业扶贫项目的实施，加大产业培育力度，引导农民不断加大产业结构调整力度。按照《关于晋开发办〔2013〕52 号批复文件》精神，天镇县运用连片特困地区扶贫攻坚试点项目资金 3000 万元，围绕“一县一业”产业思路，牵住农民专业合作社这个“牛鼻子”，集资金、土地、基础设施、技术、市场、企业合作社等六大要素，创新了“企业+合作社+基地+农户+市场”的产业化发展模式，取得了可喜的成绩。一是试点项目区片区从 2012 年开始，贫困人口平均每年稳固减少 2000 人，已经有 4136

人脱贫，使片区贫困人口比重由2010年的50%，减少到2013年的10.2%。二是项目区农民人均纯收入达到5900元，是项目实施前（2010年）的2.5倍；三是项目区产业发展壮大、产业链得以延伸、产业结构更趋合理；四是项目区基础设施建设大为改善；五是生态环境进一步改善；六是项目区社会事业全面发展；七是项目区农民素质显著提高。

【百企千村产业工程】 山西省百企千村产业扶贫开发工程，鼓励有一定规模、能良性发展、愿意与贫困农民结成利益共同体、诚信度高的农业产业化企业，到贫困乡村建立原料生产基地，9家企业参与了此项工程，并协调服务同煤集团在天镇搞农业开发，总投资6.9亿元，流转土地近3000亩建设日光温室和智能温室，打造南河堡以育苗为中心的现代设施蔬菜园区。通过龙头企业的引导，有力推动了贫困村产业发展，促进了群众增收，有效带动了贫困农户脱贫致富。

【科技扶贫】 坚持把实施农民实用技术和劳务输出技能培训作为提高贫困农民的整体素质和转移就业能力的有效载体，通过整合“两后生”培训、职业教育等培训资源，积极推进贫困群众参与种植、养殖、特色产业等实用技术培训，提升2300名贫困农民的劳动技能水平和致富能力；继续围绕京津家政市场输送保姆，着力打造“天镇保姆”品牌，通过宣传动员和培训，2012、2013年已向大同、北京、天津等地转移输出务工人员3000多人。

【雨露计划】 山西省扶贫办下达天镇县雨露计划补助名额4700人，已发放4365人，对贫困家庭中接受本地和异地高等、中等职业教育及一年以上技能培训的学生给予每人1500元补助。同时，给当年高考二本B类以上贫困大学生50人发放25万元，高中生84人发放6.72万元补助。经过补助政策宣传、学生申报、扶贫办逐人审核、电话复核、拟补助对象名单公示、微机录入等周密细致的工作程序，最终确定出受助对象，委托各信用社为受助学生办理专卡。此举有效资助了贫困地区学生完成学业，减轻了贫困家庭负担。2013年底，代表山西省接受国务院扶贫办的检查验收。

【行业帮扶】 按照县委、县政府的部署，特别是在省市工作队行动的促动下，全县上下团结一心，合力攻坚，形成了抓扶贫、真扶贫的良好工作局面。两年多来，所有包村部门、领导和干部多次走村入户、访贫问苦、驻村开展调研活动，了解联系村联系户的发展情况，分析贫困原因，落实帮扶措施。广大干部还积极帮助联系户解决外出打工、子女就学、政策求助等实际困难问题，化解各种矛盾纠纷，得到了广大群众好评，密切了党群干群关系，真正开创了政府主导、各方携手、上下联动、合力扶贫的扶贫工作新局面。

【扶贫宣传】 充分发挥扶贫宣传的舆论作用，鼓励和引导农民脱贫致富。在

《人民日报》、《中国技术市场报》等国家级媒体上宣传报道 5 篇，在《山西经济日报》、《山西日报》等省级媒体上宣传报道 9 篇，在《大同日报》、《大同晚报》等市级媒体上宣传报道 10 篇，在县级媒体上发表扶贫一线动态 74 篇。特别是中央电视台“新闻早播间”、“朝闻天下”节目和山西电视台连续播出了天镇保姆进北京情况。同时，编印产业扶贫典型资料 4 册，发放给村民。

【爱心包裹】 天镇县是山西省爱心包裹项目的受益县，共计 11 个乡镇、29 个农村小学、2290 名农村小学生收到全国各地捐助的爱心书包，并全部发放到学生手中。

十二

年度专题篇

城乡一体化与减贫

中国城镇化之路已走过30余年，期间经历了从支持小城镇到重点发展大城市、再到大中小城市和小城镇协调发展的路径。以常住城镇人口占全国人口比例衡量的城镇化率，从1978年的17.9%提高至2012年的52.6%。但中国城镇化水平仍然相对滞后于经济发展阶段和工业化水平。2005年，中国政府出台新农村建设政策，积极谋划新时期的农村发展。2012年党的十八大报告和年末的中央经济工作会议，把城镇化提到一个新的战略高度，提出城镇化是中国实现经济结构战略性调整的重点，也是扩大内需的最大潜力所在。

然而，在经济转轨、社会转型过程中推进的城镇化，在提高效率的同时也带来不少新问题：城乡发展差距扩大，城市发展和资源环境的矛盾日益凸显，游走在城市和农村夹层的农业转移人口日益庞大、社会保障和发展机会不平等。这些问题也是诸多发展中国家，尤其是城镇化率居于45%~70%之间的诸多中等收入国家面临的共同难题。

加快城镇化发展，既是后危机时代发展中国家寻求新增长动力的短期策略，也是经济结构转型的长期战略选择。而统筹城乡发展、解决好城镇化进程中出现的新的贫困问题，则是保证社会稳定、维护社会公平、提高城镇化质量和效率的重要基础。

因此，从统筹城乡发展的角度出发，深入研究城镇化进程中的贫困问题，对于促进发展中国家发展方式和社会政策的转变，进一步完善和优化国家的减贫战略与政策体系，提高减贫效果，确保千年发展目标的如期实现，都具有极为重要的理论和现实意义。

在此背景下，我们把“城乡一体化和减贫”确定为2013年全球减贫和发展高层论坛的主题，并专门针对中国的城乡一体化和减贫，邀请了相关领域的知名专家撰写了主题报告，力求对中国今后发展和减贫有所裨益。本主题报告具体内容包括5个部分：中国城镇化进程的经验和教训；中国劳动力转移和城市贫困；推进公共资源均衡配置，改善农村公共服务；促进城乡一体化与减贫的就业政策；促进城乡一体化与减贫的财政政策。

一、中国城镇化进程的经验与挑战

传统城镇化模式是不适合中国国情的。根据中国国家统计局的资料，迄今为止，中国城镇化率已略高于50%。但根据研究中国城镇化的专家的意见，中国截至2013年，城镇化率还不到40%。理由是：中国至今仍存在城乡分割的二元户籍制度，城镇中一些农民工虽然在城镇中已是常住人口，但农民户籍未变，身份仍是“农民”，不能同城市居民享受同等待遇；特别是涉及新生代农民工问题，更是如此，从而选择适合中国国情的城镇化模式就更有迫切意义。据浙江、福建、广东3省农民工状况的调查，20世纪80年代中期以后进城务工的农民工夫妇所生下的子女，现在都到了就业年龄，他们的身份仍是农民，但他们一直在城里生活和受教育，在就业时身份未变，择业机会少，就业也受歧视，通常的出路仍然是当农民工，结婚的对象也是农民工子女。这种状况急待改变，城乡一体化改革越是拖延，代价越大。

从另一角度看，如果中国要达到西方发达国家的城市化率，即90%以上的人口集中于城市，那么城市居住条件必定恶化，居民生活质量必定下降。即使城市会因人口的增加而新增不少服务业就业岗位，但就业机会依然满足不了涌入城市的农民们的要求。

因此，中国必须走适合中国国情的城镇化道路，即中国城镇化应当分为3部分：老城区+新城区+农村新社区。这种新模式在有些地方又被称作“就地城镇化”模式。根据以前在广西桂林市恭城瑶族自治县的调查，那里的农村把农民住房进行改造，把果品种植和加工业、猪的饲养和新品种猪肉的初步加工业等作为农民增加收入的主要来源，农村从生活质量上看已经同桂林市各种城镇的市民没有什么差别。这就是“就地城镇化”的一个例证。2012年11月底，全国政协经济委员会调研组在浙江省杭州市、嘉兴市、湖州市所属一些县进行考察。当地县级领导人说，这里近几年来已经不声不响地实现城镇化了，没有大规模的拆迁、搬家，农村里的居民、小镇上的居民大家都感到城市和农村在生活上已没有什么区别了，甚至农村家庭收入和城里人的收入也没有多大的差距了。在嘉兴市的平湖、湖州市的安吉2个县级单位，农民反映：农村的水、电、路、学校、医院、社区服务，同城里差不多一样了，有些家庭近距离的搬家，是大家情愿的，生活过得好，有什么不愿意的？这也是对“就地城镇化”的反映。

二、中国的劳动力转移与城市贫困

改革以前，在通过户籍制度限制住劳动力在城乡之间流动的前提下，城镇实行全面就业政策，城市居民的就业得到保障。城市贫困人口主要是“三无”人员（无劳动能力、无经济来源、无法定赡养人）（蔡昉等，2005）。一直到20世纪90年代以前，中国的贫困被认为主要发生在农村地区。利用1988年全国住户调查数据估算的结果表明，农村有12.7%的贫困人口，而城市贫困人口比例仅为2.7%。到1995年，用可比的调查方法和定义，估计出的农村和城市的贫困发生率分别是 12.4% 和 4.1%（Riskin and Li，2001；Khan，Griffin and Riskin，2001）。近些年来，这种状况依然未发生大的变化，大部分贫困人口仍然主要分布在农村。利用 2009 年的数据进行测算的一项研究表明，农村和城市对多维贫困发生率的贡献率分别为 75.5% 和 24.2%（王小林，2012）。

尽管如此，城市贫困也不容忽视，特别是随着失业问题的公开化。城市贫困人口主要包括两类：一类是城市居民中的贫困人口；另一类是从农村迁移到城市的流动人口中的贫困人口。改革开放以来，尤其是 20 世纪 90 年代以来，随着各种阻碍劳动力流动的制度逐渐拆除，大量农村劳动力转移进入城市就业。农村劳动力进入城市后，通常就业于非正规部门，或者自己从事一些经营活动。相对城市本地人口而言，其收入水平较低，消费水平也较低，居住条件差，被社会保险覆盖的比例较低，子女受教育状况较差，享受的社会福利和公共服务较差。

对流动人口而言，劳动收入通常是其最主要的收入来源，财产性收入和转移性收入很少。当他们因年老、遭遇经济危机或因其他原因失去工作时，很容易陷入贫困。由于缺少社会保障，他们对于未来的预期不稳定，造成其消费水平较低。大多数流动人口居住在单位宿舍、工作地点或者租房居住，仅有很少的流动人口购买了住房。居住地点的条件和环境也不尽如人意。由于流动人口的社会保障状况较差，例如，流动人口拥有医疗保险的比例很低，当家庭中有成员生病时，很容易因病致贫或因病返贫。农民工子女有的跟随父母在城市，有的留守农村。不论是城市中的流动儿童，还是农村留守儿童，其受教育状况相比城市儿童都更差。这样会直接影响他们未来的就业和收入状况，继而造成贫困的代际传递。

在城市化进程中，流动人口贫困已经成为城市贫困的一个重要组成部分。最低生活保障制度是目前中国最主要的贫困救助制度。但转移到城市的处于贫困状态的流动人口，没有资格申请城市的低保，其户口所在地的农村低保，也基本上难以覆盖到流动人口这个群体。因此，流动人口处于贫困救助的真空地带。随着流动人口规模的逐年扩大，其贫困和贫困救助问题更是值得高度关注。

三、推进公共资源均衡配置，改善农村公共服务

城市与乡村发展不平衡是世界各国在经济增长过程中遇到的普遍问题。改革开放以来，中国经济社会快速发展，但城乡二元结构还没有发生根本性的转变，城乡公共资源均衡配置的机制尚未形成，城乡经济社会差距有所扩大，城市和乡村的发展矛盾日益加深，农村地区的公共服务严重不足。党的十六大以后，中央明确提出要以统筹城乡经济社会发展的新思路解决好“三农”问题。党的十六大报告中明确指出，“统筹城乡经济社会发展，建设现代农业，发展农村经济，增加农民收入，是全面建设小康社会的重大任务”，宣告了过去依靠从农业、农村、农民身上提取积累来促进工业化、城市化的阶段已经过去，要从工业、城市中拿出更多的资源促进农村发展。自此，党中央、国务院相继出台了一系列重大举措，促进公共资源在城乡之间均衡配置、生产要素在城乡之间自由流动，推动城乡经济社会发展融合。党的十八大则进一步明确要求“形成以工促农、以城带乡、工农互惠、城乡一体的新型工农、城乡关系”。

（一）我国农村公共服务的进展与现状

党的十六大以来，各地各部门按照党中央国务院的要求，推动城乡经济社会协调发展，逐步打破城乡二元分割的格局，中国的城乡关系正在发生深刻变革。目前，加快推进基本公共服务均等化，使发展成果惠及包括农村居民在内的全体人民，已经成为我国共建共享和谐社会，提升全社会发展水平的重大历史任务。推进城乡公共服务均等化，为城乡居民提供均等化公共服务，是缩小城乡发展差距、实现社会公平正义的重要标志。构建“普惠、均等、一体”基本公共服务体系成为城乡公共服务体制改革的基本目标。随着统筹城乡经济社会发展重大方略的提出，让公共财政的阳光普照农村的理念得到彰显，以改善民生为重点的农村社会事业发展被置于更加突出的战略位置，得到了各级政府的高度重视和支持，农村社会事业进入了快速发展的新阶段。农村教育、医疗卫生、养老、文化、乡村道路建设、人畜饮水、农村能源被纳入公共财政支出范围，城乡分割的基本公共服务供给体制开始打破。从绝对水平上看，与过去 10 年相比我国农村公共服务水平已有明显提高。

（二）中国农村公共服务存在的突出问题及其原因

虽然中国农村公共服务水平有一定的提高，但是推进城乡公共资源均衡配置的机制还没有彻底形成，城乡二元结构仍然根深蒂固、影响广泛，公共资源城乡配置失衡问题仍然突出，公共财政的覆盖范围和力度不够，现有的投入远远不能满足农业农村发展对各种公共品的实际需要，包括公共基础设施建设投资体制、教育卫生文化等公共服务体制、社会保障制度等仍呈“二元”状态，尽管这种格局已经有所松动，但是，调整还需要一个过程，形成统一的制度安排尚需时日。改善农村公共服务的任务仍然十分艰巨。

（三）推进公共资源均衡配置、改善农村公共服务的基本原则

当前和今后一个时期，要认真按照党的十八大的要求，以改革创新为动力，加快完善体制机制，积极调整城乡规划布局和产业结构，全面改善农民生产生活基础设施，促进城乡之间要素平等交换和公共资源在城乡之间均衡配置。

一是要坚持以人为本。推进公共资源

在城乡间均衡配置，要以促进农民的全面发展为重点。现阶段制约农民全面发展的核心问题是农民不能完全享有与城市市民同等的权益，必须围绕“保障农民权益、增强农民利益”这个核心，全面发挥工业化、城镇化、市场化对“三农”发展的带动作用，让农民成为经济社会发展的公平受益者。

二是要坚持政府保障。要发挥好政府保障公共服务的原则，改变城乡差别发展战略及城乡二元结构，充分发挥市场在资源配置中的基础性作用。要按照城乡公平的原则，制定公共服务政策，弥补市场机制的缺陷，促进农村地区又好又快发展。

三是要坚持社会公平。在制定公共服务政策时，必须坚持社会公平的原则，将政府职能转变到以提供公共产品和服务上来，加大对农村地区的公共产品投入，建立覆盖城乡的公共服务体系，缩小城乡差别。

四是要坚持协力推进。要贯彻执政为民的理念，坚持多部门协力推进，真正把改善农村地区公共服务当作头等大事来抓，协调各方力量，整合各种资源，切实改变单纯依靠农口部门的管理体制和工作格局。

（四）推进公共资源均衡配置、改善农村公共服务的主要任务

建立“普惠、均等、一体”的公共服务体系，重点和难点都在农村。城乡基本公共服务均等化不可能全面铺开、一次到位，必须分阶段、分区域地排出优先序，集中财力优先安排农民最急需、受益面广、公共性强的农村基本公共服务。根据“十二五”规划纲要中“改善民生，建立健全基本公共服务体系”的相应要求，改善农村公共服务的主要任务包含如下5个方面：一是促进城乡义务教育均衡发展；二是提高农村医疗保障水平；三是完善农村居民最低生活保障制度；四是加快解决农民饮水困难和不安全问题；五是推进农村环境综合整治。

四、促进城乡一体化与减贫的就业政策

总体上，我国已经解决了农民的生存和温饱问题，但低收入、低消费的发展贫困问题依然很严重。根据《中国农村扶贫开发纲要（2011—2020年）》，农民年均纯收入2300元为新的国家扶贫标准（相当于人均1天1.8美元）。据此计算，目前全国贫困人口数量为9899万人。

2011年，我国人均GDP达到35181元，约5700美元，已经总体进入中等收入发展阶段，经济社会发展已经从过去片面追求经济增长速度的结构失衡阶段，向全面、协调、可持续的科学发展阶段转变，推动城乡发展一体化成为中国未来一段时间最主要的战略，是中国经济改革和发展的战略核心，也是促进农村劳动力转移与减贫的根本战略。

当前，农村总体生产要素缺乏，城乡基本公共服务差距大，城乡居民收入差距日趋扩大，城市化水平偏低、城市吸纳能

力不强、带动力不足。在城乡发展一体化中推动农民减贫，就是要在中国特色新型工业化、信息化、城镇化、农业现代化建设中，为贫困人口创造基本的生活和生产条件，培养和增强他们摆脱贫困、独立发展的能力，核心是通过开发式扶贫，使有劳动能力的农村贫困人口通过实现就业、不断提高就业质量，平等分享社会发展成果。从这个意义上讲，着力解决农村劳动力就业问题，特别是着力解决贫困地区农村劳动力就业问题，是推进城乡一体化以及全面建成小康社会的重大战略举措。

实现这一目标，一是要不断开发适合农村劳动力的就业岗位，促进农村劳动力向非农产业转移；二是有序推进农业转移人口市民化，让进城的农民工均等化地享受基本公共服务，促进农村劳动力向城镇转移；三是不断提高农村劳动力的生产生活能力。为此，需要建立城乡一体化的体制机制，制定促进农村劳动力就业的政策措施，加强农村劳动力就业权益保护，为农村劳动力提供公共就业服务，并实现城乡人才的最优化配置。

五、促进城乡一体化与减贫的财政政策

城乡发展一体化是中央提出的一项重大战略决策，是解决“三农”问题、破解二元结构、做好减贫工作、推进我国经济社会长期可持续发展的重要措施。公共财政是政府履行职能和宏观调控的基本手段，在推进城乡发展一体化与减贫中担负着重要使命和职责。本部分从宏观和战略的高度，深入论述了城乡发展一体化与减贫的重大战略意义，系统归纳了 21 世纪以来国家财政支持城乡一体化与减贫的主要政策及其成效，客观揭示了当前中国城乡一体化与减贫面临的若干主要矛盾。在此基础上，进一步提出近中期运用财政政策促进城乡一体化与减贫的基本思路。主要政策建议：一是政府基础设施投资要向农村倾斜；二是完善农业支持政策；三是建立与完善农村剩余劳动力有效流动和转移的新型制度政策框架；四是创新城乡基本公共服务均等化的政策体系。

（一）认识城乡发展一体化与减贫的重大战略意义

2002 年党的十六大提出“统筹城乡经济社会发展”，开启了中国经济社会发展的新纪元。2008 年党的十七届三中全会《决定》第一次明确提出，在新形势下推进农村改革发展，要把加快形成城乡经济社会发展的一体化新格局作为根本要求，这是我国经济社会发展战略在新时期的深化。2012 年党的十八大进一步对推动城乡发展一体化作出新的制度性安排。

所谓城乡发展一体化，是在以人为本的科学发展观的统领下，突破城乡分割、地区封锁的各种体制、机制和思想观点，实现城乡之间生产要素自由流动、生产力的均衡布局、城乡差别逐步缩小的一个长期、动态的过程，是全面建成我国小康社会和构建社会公平正义核心价值体系的目标、过程和实现路径的有机统一。具体要求是完善促进城乡经济社会发展一体化制度，加快建立以工促农、以城带乡长效机制，重点在城乡规划、产业布局、基础设施、劳动就业、社会管理一体化等方面取得突破。因此，推进城乡发展一体化在我国未来实现工业化、城镇化、市场化、全球化的现代化进程中，具有重大战略意义。

（二）近十年公共财政支持城乡一体化与减贫的主要政策及成效

财政的“三农”政策实际上意味着支持和推进城乡一体化的政策，这是国家财政政策的重要组成部分，也是促进农村社会经济协调发展的重要财力保障。21 世纪以来，国家财政支持“三农”的政策不断创新，力度不断加大，范围不断拓宽，农民受益程度越来越大。概括地讲，近十多年国家财政新出台的“三农”支持政策包括 8 大要点：

1. 农村税费改革

自 2000 年以来我国农村税费改革，实行“三取消、两调整、一改革”政策。“三取消”即取消统筹费、农村教育集资等专门面向农民征收的行政事业性收费的政府性基金、集资，取消屠宰税，取消农村劳动积累工和义务工；“两调整”即调整农业税政策，调整农业特产税政策；“一改革”即改革村提留征收使用办法。随着上述农村税费改革政策的实行，农民负担显著下降。从 2004 年开始，我国农村税费改革进入新阶段，进一步实行了“三取消”的政策。即取消烟叶以外的农业特产税，取消农业税，取消牧业税。从 2005 年开始农业税已在中国完全消失。农村税费改革重新调整了国家、集体与农民的利益分配关系，通过中央财政和省级财政的财力性转移支付弥补基层性支缺口，由此全国农民每年减税负担 1335 亿元。

2. 对农民实行“四项补贴”政策

“四补贴”就是针对种粮农民实施的直接补贴、针对农民购置良种的补贴、农机具购置补贴及农资综合补贴。上述政策从 2004 年开始实行，当年国家财政投入总共 130 多亿元，到 2011 年已增长到 1406 亿元。这对增加农民收入、刺激粮食生产、促进农业生产条件的改善，发挥了重要作用。

3. 建立农业支持保护体系

从基础设施建设到提高农业科技进步，从农民培训到农民专业合作组织发展，从动植物疫病防治到农产品质量安全体系建立，公共财政通过投资、补助、贴息、税收优惠等不断加大对现代农业建设的支持力度。2012 年，仅中央财政用于农业生产领域的资金就达 4724 亿元。与此同时，公共财政还不断加大对农林生态建设与保护的支持力度。10 年来，仅中央财政用于天然林资源保护工程建设和退耕还林还草工程建设的投入就达 4000 多亿元。2011 年，中央财政又支持启动了草原生态保护补助奖励机制，开创了大规模保护草原生态环境的先河（张岩松，2013）。

4. 农村基础设施建设

近年来，随着国家将政府公共投资的重点转移到农村，农村的水利、道路等基础设施建设明显提速，既有效改善农村民生需要，又催生出更大的投资和消费需求。“十一五”时期中央对农村公路建设投入资金达 1978 亿元，年均递增 30%。中央投资极大地带动了地方对农村公路建设的投入，5 年间全社会共计完成投资 9500 亿元，新改建农村公路 186.8 万公里，其中新增农村公路 52.7 万公里，农村公路总里程达到 345 万公里。截至 2011 年底全国农村公路（含县道、乡道、村道）里程达 356.4 万公里，比 10 年前的 2002 年增长了 1.7 倍，年均增长幅度为 11.5%；全国通公路的乡（镇）占全国乡（镇）总数的 99.97%，通公路的建制村占全国建制村总数的 99.38%。为加大农田水利建设投入力度，加速改善农田水利的薄弱环节，2011 年中央 1 号文件明确提出了从土地出让收益中提取 10%用于农田水利建设的政策要求，当年为农田水利建设筹集资金 270 亿元。从 2012 年 1 月起，中央财政按 20%的比例统筹使用各地区从土地出让收益中计提的农田水利建设资金，重点支持粮食主产区、中西部地区和革命老区、少数民族地区、边疆地区、贫困地区的农田水利建设投入 1100 多亿元，同比增长 22%，保持了农田水利建设公共投资较快增长的良好势头。

5. 农村义务教育经费保障机制

从 2006 年国家按照“明确各级责任、中央地方共担、加大财政投入、提高保障水平、分步组织实施”的总体思路，将农村义务教育全面纳入公共财政保障范围，稳步增加财政投入，逐步建立中央和地方分项目、按比例分担经费的农村义务教育长效经费保障机制。从 2006 年春季开学起，西部的 12 个省份、新疆生产建设兵团和中部地区享受西部政策的部分县市全面建立了农村义务教育经费保障机制，西部农村地区义务教育阶段学生免除学杂费，还补助学校公用经费、免费提供教科书、补助寄宿生生活费，建立了改造维修校舍长效机制。2006 年秋季中部的各省相继建立经费保障机制，并于 2007 年把“免杂费、免书本费、逐步补助寄宿生生活费”的惠民政策，全面推广到中东部地区 40 万所农村中小学的近 1.5 亿名学生，实现了全国范围全面建立农村义务教育经费保障机制。2011 年 10 月，国务院启动农村义务教育学生营养改善计划，中央财政每年安排 160 多亿元专项资金，为 680 个国家试点县的 2600 多万农村义务教育学生提供每天 3 元的营养膳食补助。通过近 6 年的努力，各级财政从教师工资、学校公用经费、学生营养等多个方面，为促进农村义务教育均衡发展，逐步建立完善了全方位的经费保障机制。

6. 新型农村合作医疗制度

新型农村合作医疗是指由政府组织、引导、支持，农民自愿参加，个人、集体和政府多方筹资，以大病统筹为主的农民医疗互助共济制度。长期以来，农村合作医疗制度一直在部分地区运行，但是受多方面因素的影响，主要是筹资集中在农民互助，没有政府的参与。许多地方没能有效坚持下来，时断时续，保障的效果不尽理想，农民对参与这一制度的积极性也不高。在市场化改革的冲击下，原有的农村三级医疗卫生网络难以有效承担起农村基础医疗保障职责。从 2003 年起开始试点实行新型农村合作医疗制度，解决农民看病难看病贵问题，实现“病有所医”。2003～2011 年，全国财政共安排新型农村合作医疗补助资金 4724 亿元，实现了新型农村合作医疗制度全覆盖。2011 年新型农村合作医疗制度覆盖全国 2637 个县（区、市），参合人数 8.32 亿人，新农合筹资总额达到 2047.6 亿元，人均筹资 246.2 元，补偿受益人次达 13.15 亿。新型农村合作医疗资金来源中财政补助占比逐年提高，2003 年启动之初人均筹资 30 元标准中各级财政人均补助 20 元，到 2011 年人均筹资 246.2 元中各级财政人均补助 200 元，补助占比提高了 15 个百分点。2012 年，各级财政对新农合的补助标准进一步从 2011 年每人每年 200 元提高到每人每年 240 元，各级财政增加投入超过 33 亿元。

7. 以农村低保、养老、救助为重点的农村社会保障制度

近年来，随着公共财政支持力度的不断加大，我国初步构建了以农村低保、养老、救助为重点的农村社会保障制度。建立农村最低生活保障制度，为农村生活困难人口提供兜底的基本保障，实现“困有所济”。2007 至 2011 年，全国财政共安排资金 1813.5 亿元，支持建立健全农村最低生活保障制度。截至 2011 年底，我国农村最低生活保障制度覆盖了 5313.5 万人和 2662.6 万农户，比 2007 年农村最低生活保障制度建立之初分别增长 53.9%和 69.3%；月人均最低生活保障平均标准和月人均支出水平分别为 143.2 元和 96.4 元，比 2007 年分别增长 1 倍和 1.6 倍。推动新型农村社会养老保险，促进农民养老方式实现重大转变，实现“老有所养”。2009 年我国开始推行新型农村社会养老保险制度的试点，当年推出时覆盖面占 15%，到 2011 年全国有 27 个省、自治区的 1914 个县（市、区、旗）和 4 个直辖市部分区县开展国家新型农村社会养老保险试点，新型农村社会养老保险试点覆盖 60%的县市。2009～2011 年，全国财政共安排城乡居民社会养老保险补助资金 1047 亿元。在新型农村合作医疗平台上，我国逐步构建农村贫困居民医疗救助制度，实现“难有所助”。2003～2011 年，全国财政共安排农村医疗救助补助资金 434 亿元，建立了农村医疗救助制度。2011 年 1 年累计救助贫困农村居民 6297.1 万人次，其中：民政部门资助参加新型农村合作医疗 4825.3 万人次，人均资助参合水平 45.6 元；民政部门直接救助农村居民 1471.8 万人次，人均救助规模达到 635.8 元。

8. 构建县级基本财力保障机制

由于国家财政“三农”政策力度大，投入多，对促进我国农村发展起到了积极作用。农村经济快速发展，农业综合生产能力不断提高，我国主要农产品产量如粮食、棉花、糖料等已跃居世界前列；农民收入和消费水平大大提高，恩格尔系数下降，标志着农民生活质量得到显著改善；我国扶贫工作取得历史性突破，按照原有贫困标准，农村贫困率从30.7%下降到3%以下；城镇人口比重由1978年的17.92%上升到2012年的52%。在我国一些发达地区的农村，已经率先向现代化迈进，城乡一体化协调发展的格局已初步形成。我国农村社会经济的深刻变化，从根本上说是国民经济发展和经济总量扩大的结果，同时也与国家财政“三农”政策的运用密切相关。

（三）当前我国城乡发展一体化与减贫面临的主要矛盾

从宏观角度观察，尽管我国农村社会经济改革发展取得显著成效，但在工业化与城市化进程中，当前工农之间、城乡之间及国民收入分配关系尚未完全理顺，国家资金、政策、制度等综合资源配置向城市倾斜的格局没有完全打破，即是说国家总体改革发展的成果在城乡和工农之间的分配有失均衡。第一，农业基础薄弱的状况尚未根本改变，农业生产力发展仍然滞后。第二，产业结构变动和就业结构变动不协调，农村剩余劳动力转移的任务仍相当艰巨。第三，宏观收入分配失衡，城乡居民收入差距仍然很大。第四，基本公共服务供给水平不高，区域、城乡及人群间的供给严重失衡。

（四）近中期公共财政支持城乡一体化与减贫的基本思路

第一，政府基础设施投资要向农村倾斜。

农村基础设施建设关系到农村生产生活条件的改善，是新农村建设和城乡一体化的重要内容，理应作为国家基础设施建设的重点。一是调整预算内基本建设投资结构。二是加强农村水、电、路等农民需要的公共基础设施建设。三是加强县以下中小型基础设施建设力度。四是新时期应该在政策导向顺应农民改善基础设施的迫切需要，进一步加大财政对农村公益事业“一事一议”的奖补力度。

第二，着力完善农业支持政策。

农业是国民经济的基础，是城乡发展一体化的根基。新时期农业发展的基本目标是，要加快发展现代农业，增强农业综合生产能力，在确保国家粮食安全和重要农产品有效供给的基础上，实现农业可持续发展。作为政府财政政策重要组成部分的农业支持政策，在推进现代农业发展中担负着重要职责。具体建议：确保财政支农支出持续稳定增长；明确农业财政支持的方向和重点；要健全农业补贴制度；注重发挥农业财政支持政策的导向功能。

第三，建立与完善农村剩余劳动力有

效流动和转移的新型制度政策框架。

如前所述，目前我国农村劳动力仍处于就业不充分状态，一个明显的事实是从事农业的劳动力占全社会的35%，而农业产出只占全社会的10%，这是我国农业劳动生产率低下、农民收入不高，农村仍大面积贫困的根本原因。研究表明，我国当前及未来中长期农村剩余劳动力转移的任务仍相当艰巨，“十二五”时期每年仍需向外转移农村劳动力860万~900万人。因此，如何解决农村剩余劳动力的出路是事关国民经济方向和现代化进程的一个重大战略问题，也是推进城乡一体化需解决的一个关键问题。消除歧视，为农民工就业提供公平的就业环境；加强人力资本投资，大力提升农民工的综合素质和就业能力。

第四，创新城乡基本公共服务均等化的政策体系。

城乡基本公共服务均等化是城乡发展一体化的重要内容，是促进农村经济社会协调发展的必然要求。长期以来，在城乡二元体制大背景下，我国一直实行城乡分割的二元公共服务体制，城乡居民公共服务的提供机制不同，公共财政资源配置带有特别明显的城市偏好，城乡居民所享受公共服务存在很大差异。近10年来国家采取公共财政覆盖农村的各项政策，农村公共服务如义务教育、医院卫生、社会保障等方面有了很大进步，但由于历史和国情的制约，目前城乡基本公共服务仍差距很大。城乡之间基本公共服务均等化是一个长期动态的过程，只能通过制度和政策完善，逐步缩小差距并最终向均等化迈进。调整和优化财政支出结构，向民生领域、向农村分配倾斜；明确提高农村基本公共服务水平的重点任务和方向；积极推进基本公共服务供给机制创新。

（中国国际扶贫中心研究处）

城市化进程中的贫困问题研究

【引言】 城市化是一个由农业为主的传统乡村社会向以工业和服务业为主的现代城市社会逐渐转变的历史进程。一般而言，经济总量越高，城市化水平越高，贫困发生率也相应地越低。但是，有的国家伴随着迅速的城市化，城市贫困反而出现增加的现象，进而造成社会不稳定。因此，如何充分利用城市化进行减贫的动力机制，随着城市化进程的推进，逐步减少贫困，是一个十分值得研究的重大课题。特别是，对于中国和大部分东盟国家，刚刚步入中等收入国家行列，正处于快速城市化进程中，统筹城市化和减贫就更为至关重要。

根据联合国经济和社会事务部人口司2011年数据，全球城市化率为52.1%。较发达国家的城市化率为77.7%；欠发达国家的城市化率为46.5%，其中最不发达国家和地区的城市化率仅为28.5%。从地区角度看城市化分布情况，北美为82.2%、拉丁美洲和加勒比地区为79.1%、欧洲为72.9%、大洋洲为70.7%、亚洲为45%、非洲为39.6%。从单个国家或地区的角度看，全球243个国家或地区（去除两个没有数据的国家或地区），按照城市化区间程度来划分，这些国家或地区的城市化率分布大体上以60%~70%为主轴，向两边呈递减的趋势，城市化率60%~70%的国家有37个，城市化10%~20%的国家有16个，城市率在90%以上的国家有31个。

再把视线集中在东盟10国和中国上，东盟10国的城市化率大约为44.7%，新加坡、文莱和马来西亚城市化率分布在70%~100%，其中新加坡为100%；中国和印度尼西亚城市化率分布在50%~60%；菲律宾在40%~50%；泰国、越南、老挝、缅甸在30%~40%；柬埔寨在20%~30%。

本报告研究的是城市化进程中的贫困问题。在城市化进程中，贫困主要表现为城市贫困、流动人口贫困和农村贫困3种形式。其中，农村贫困重点关注因受城市化影响而带来的贫困问题，如留守儿童贫困问题和留守老人贫困问题。从性别的角度看，还可能包括农村留守妇女问题等。本报告写作的目的是为第七届中国东盟减贫和社会发展论坛提供讨论材料，为了更加充分地探讨城市化进程中出现的贫困问题服务。希望通过此报告，唤起人们对城市化进程中的贫困问题的重视，总结国际社会有效解决和应对城市化引致的有关贫困问题的经验和教训，促进各国进一步完善其反贫困战略和政策体系。

一、城市化与贫困：文献综述

世界上的大多数人口生活在城市，21世纪里城市将容纳所有增长的人口。城市化意味着人们工作和生活方式的重大变化，也在提高生活标准、增加寿命、提高识字率、环境可持续及有效利用稀缺自然资源等方面提供了史无前例的机会。对于城市人口特别是女性来说，城市化意味着更多的就业机会、更低的生育率和不断增加的独立性。然而，城市化并不意味着更均等的财富和生活状况的分配。在很多中低收入国家里，相对于农村贫困而言的城市贫困率在上升。城市贫困与农村贫困有很多差别。由于城市居民更加依赖现金收入来满足日常主要生活需求，因而住房昂贵、基础设施和服务不足、自然环境灾难和较高的犯罪率等问题加重了收入贫困状况。

城市化下的贫困已经不再是单纯的收入或消费贫困问题。人类特别是城市人群的生存和发展在不受冻饿之外还需要教育、医疗、生存环境等条件（Sen，1985 and 1999），因而从多维贫困角度考察贫困问题更有助于弄清楚贫困的根源之所在（王小林，Alkire，2009）。

（一）城市化与城市贫困的理论分析

Martinez-Vazquez et al.（2009）从理论和实证角度考察了城市化对贫困水平的影响，在理论上发现城市化和贫困水平之间存在“U”形关系，高水平的城市化会导致贫困率降低，随后用计量经济学分析结果为这一理论发现提供了证据。

Ravallion（2002）建立了发展中国家贫困人口城市化的一个简单模型，发现贫困人群比非贫困人群城市化速度更快。这个结果得到了39个国家面板数据和印度的时间序列数据的验证。实证结果还表明，城市贫困率比乡村贫困率上升的速度要慢。根据这个模型，当发展中国家的一半人口生活在城市时仍将有60%的贫困人口生活在农村。

Sato（2005）使用具有内生生育率的农村和城市两部门模型分析了城市化和贫困陷阱的关系。在这个模型中，技术进步和人力资本积累是互补的。假设与农村相比，城市具有更好地受教育机会和人力资本更为密集的技术。当没有人力资本积累和技术进步时，贫困陷阱存在。一旦一国经济脱离了贫困陷阱，人力资本积累、技术进步和经济发展将进入内生增长的路径。为使一国经济脱离贫困陷阱和开始经济发展，提供足够多的人力资本和足够高的技术水平。

（二）城市化和城市贫困的一般性问题

贫困的城市化：Ravallion et al.（2007）发现城市化有助于减少贫困，但是没有减少城市贫困。发展中世界贫困人口的3/4依然生活在农村。然而，贫困本身也越来越城市化。城市贫困人口的增长速度快于城市人口的增长速度，这是城市减贫效果不佳的后果。在1993~2002年期间，发展中世界贫困人口减少了1亿，其中农村贫困人口减少了1.5亿，而城市贫困人口增加了5千万。绝大多数拉丁美洲贫困人口居住在城市，而东亚的城市贫困率低于10%（这主要是中国的贡献）。非洲城市化过程中，城市减贫成果不明显，尽管总贫困率略有下降。Rana（2011）发现与其他发展中国家一样，孟加拉国的城市化发展很快，但是由于缺乏有效治理，影响了城市化的可持续性。尽管城市当局对这个问题很在意，但是并没有解决这个问题。这主要是由于不可控制和不可预测的从农村向城市的大规模移民，以及对城市贫民生活状况和基本服务可及性的忽略。实际上，农村的贫困问题被转移到了达卡。快速城市化带来的挑战性问题有基础设施服务、基本公共区域和环境的缺乏，环境恶化，交通拥挤和事故，暴力和社会经济上的不安全等。关于达卡的案例研究发现：城市中很多人无法得到饮用水。这主要是由于城市供水系统被供应商所垄断，政府官员的腐败加剧了这个问题。

（三）城市化和城市贫民区

在发展中国家，城市化率在2025年达到56.9%。然而，有将近1/3的城市居民居住在贫民窟和棚户区。Harpham & Stephens（1991）考察了城市贫困人口生活状况并对他们的疾病率和死亡率进行了分析。边缘理论被用于描述发展中国家城市贫困人口的生活方式。Harpham & Stephens 检验了这个理论并且认为目前任何关于发展中国家处在社会、经济、政治边缘的贫困人口的理论都是不明确的。但是，可以肯定的是，从健康角度来说，城市贫困人口是被边缘化的。大多数关于城市贫困人口的研究关注他们所处的环境。居住环境对于他们来说是他们生活面临的最大威胁之一。但是，他们生活的其他方面，比如吸烟、饮食、酒精和毒品和就业方面的威胁也严重影响着他们的生活，目前对这些方面关注较少。

（四）城市化和城市贫民区的居住环境

Dunn（2010）认为绿色基础设施对城市化过程中的供水管理和自然资源保护而言是经济和环境上可行的方法；此外，绿色基础设施对城市贫困人口来说具有额外和独特的益处。当绿色基础设施集中于贫困人口居住区域时（通常不是这样）能够改善城市供水质量、减少城市空气污染、促进公共健康、美化城市和提高安全系数、带来与绿色产业相关的工作职位、有助于城市食品安全。为使绿色基础设施带来的高质量生活和健康方面的好处波及城市贫困住宅区，需要市政当局破除法律和政策壁垒而实施绿色基础设施项目。

（五）美国芝加哥对贫民区的改造

Chaskin（2013）考察了美国芝加哥城市贫困人口所居住的城市公共住房改善状况。旨在解决城市贫困和城市公共住房失败的政策建议强调把贫困人口居住的公共住房，分散到非贫困的住宅区，或者把以前的公共住房建筑群改为各收入阶层混住的建筑。其背后的动机是把公共建筑群中贫困人口的孤立和劣势聚集状况改变为让贫困人口居住在更安全、更健康、有较多支持和帮助的环境，这样的环境有助于贫困人口接近和得到资源、关系和机会。

（六）城市化和城市贫困的其他方面问题

城市化与社会稳定：大众传媒把城市的语言、希望、信念传播到农村。城市生活标准要比农村高很多倍，城市的各种机会也远远多于农村。大批农民从农村移民到城市是一个不可逆转的过程。大批农民在城市住下来，但是他们关于高标准生活和丰富多样机会的理想得不到满足时，就会带来社会不稳定（Huntington，1968）。

城市贫困中的性别差异：城市贫困带有较为特别的性别色彩，这是由于城市贫困增加了没有收入的家庭工作如清洁、做饭、照看小孩和老弱病的负担。与此同时，以现金为基础的城市经济意味着贫困女性被迫在小小年纪时就得干活挣钱。当经济不景气时，低收入工作往往要求工作较长的工作时间，但是收入却不增加。

城市化和城市农业的减贫作用：Zezza & Tasciotti（2010）认为城市农业一方面在减贫和增加食品数量上的作用不应被高估，原因是城市农业在农业总产量中所占份额有限。另一方面，在非洲的大部分国家及其他农业收入占城市贫困人口收入较大份额的国家里，城市农业具有一定的作用。城市农业有助于改善城市居民的饮食结构。

城市贫困与城市移民：Kundu（2007）发现印度城市贫困家庭可能派出成年成员到其他地方去工作，其目的可能是寻找增加收入的机会。向城市移民是改进经济状况和脱贫的主要方式。移民的贫困可能性低于当地人口。大城市的贫困率比小城市低一些，这可能是由于大城市对外来贫困人口更为严酷，因而减少了对外来贫困人口的吸纳，因而贫困率降低。受教育程度有利于帮助任何群体提高收入和获得更好的工作。

城市贫困与城市犯罪：Masscy（1996）发现贫困率每增加1个百分点，犯罪率增加0.8个百分点，当贫困率由20%上升到40%时，暴力犯罪会增加3倍以上。

城市贫困与青少年贫困：Grant（2012）预测青少年（18岁以下）在2030年将占城市人口的60%。大多数城市的青少年尤其是青少年移民居住在没有规划的区域、常处于肮脏的环境中、面临着高失业率。

城市移民和非移民的贫困差别：Cameron（2012）使用孟加拉的首都达卡、越南胡志明市和首都河内的数据考察了移民和当地居民的教育开支、儿童学习成绩，且重点考察了贫困家庭的状况。与城市家庭相比，从农村到城市的移民家庭财产较少、居住条件较差、居住地公共学校较少、在居住地社会关系较少、家庭成年成员受教育水平较低。

城市化与小额信贷减贫：Bashara & Rashidb（2012）通过对孟加拉主要城市的考察发现：城市小额信贷在发展。小额信贷的对象是城市贫困家庭，其影响在统计上显著，其发展前景很可观。小额信贷机构只是看到在他们当前的信贷活动中有无限的需求。

城市非正规部门的减贫作用：印度城市化过程中城市非正式部门的经济活动快速增长。城市非正规经济的工资和就业水平的影响是正面和可观的。非正规部门的城市个体户经历了显著增长（Kar & Marjit，2009）。

二、中国城市居民收入贫困（1989—2011 年）

长期以来，我国扶贫开发政策主要针对农村贫困问题。这是因为贫困人口主要分布在农村，并且贫困现象以绝对贫困为主。王小林（2012）利用 2009 年的数据测算，中国农村和城市对多维贫困发生率的贡献率分别为 75.5%和 24.2%。随着经济社会的不断发展，以及农村扶贫开发的推进和最低生活保障制度的实施，我国已经基本解决了温饱问题。新阶段（2011—2020 年）农村扶贫开发的主要任务调整为：一方面巩固温饱成果（解决绝对贫困问题）；另一方面更加注重缩小发展差距（解决相对贫困问题）。然而，近年来我国城市贫困问题伴随着城镇化的不断推进、产业结构调整以及国有企业改革逐步凸显。城市贫困问题的研究和政策干预将变得日益重要。

（一）中国城市贫困的演化及特征

中国城市贫困还呈现区域分布特征：全国总工会 2002 年完成的一项调查指出：东部地区的城市贫困人口占全国城市贫困总人口的 21.9%，中部地区占 52.9%，西部地区占 25.2%。除了地理区域分布特征外，贫困人口比较集中的城市具有独特的属性特征，如资源枯竭型城市、老工业基地城市、中西部欠发达地区、传统产业和中小企业为主的中小城市。

造成中国户籍城市贫困人口凸显的原因可以归结为以下 4 类：经济转型、结构调整带来的贫困；社会保障体系缺位和改革过程造成的贫困；收入分配不公平引发的相对贫困；就业需求不足导致的不充分就业带来的贫困。

对于城市涌现出的贫困问题，中国政府采取了多类别解决措施。首先，最直接的就是实施就业促进政策，对下岗失业人员实施再就业工程。其次，就是完善系列社会保障体系和制度。再次，为缓解城市贫困问题，国家还动用财政税收政策、货币政策和收入分配政策进行干预。当然，针对城市流动人口贫困问题，国家也采取了系列解决农民工问题的措施，如农民工子女上学问题、解决农民工工资拖欠问题、劳动合同问题等。所有这些政策措施对于平抑快速涌现的城市贫困问题发挥了很好的作用。下面，我们以城市户籍人口为对象（不包括农民工群体），对城市贫困进行测量分析。

（二）中国城市贫困测量

按照 FGT 测量方法进行测算，中国城市相对贫困在 1989—2009 年的 20 年间动态情况如附表所示。

附表　中国城市相对贫困动态变化（1989—2009 年）

年份	贫困发生率（P_0）	贫困距指数（P_1）	贫困距平方指数（P_2）
1989	1.8	4	28.6
1991	7.7	5.2	5.8
1993	8	6.6	17.8
1997	11.3	6.8	7.1
2000	12.6	7.9	7.8
2004	13.6	9.2	9.9
2006	10.1	6.2	5.3
2009	6.6	4.1	5.7
变化（1989—2009 年）	4.8	0.2	-22.9

由于 1989 年的收入分配还十分公平，相对贫困发生率很低，为 1.8%。相对贫困在 2004 年达到峰值，为 13.6%。究其原因，2004 年之后城镇职工和城镇居民社会保障体系不断健全。

1. 绝对贫困

数据显示，在减少绝对贫困方面城市取得显著成效。城市绝对贫困发生率由 1989 年的 67.9% 下降到 2009 年的 6.6%。1993 年是城市绝对贫困发生率的转折点。

近年来，一些研究表明城市贫困现象越来越突出。但由于本文对城市和农村的划分采用的是户口划分方法。大量的进城务工农民在本文的测算中算作农民。以户籍划分的城市和农村绝对贫困，并不支持城市贫困现象突出的结论。城市贫困现象的突出，主要应该是进城的农民贫困现象。

2. 不公平

根据本文计算，城市居民人均纯收入基尼系数在 1989—2006 年不断扩大的过程，2009 年略有降低。2006 年城市基尼系数均达到了最高点，为 44.35。基尼系数的攀升在一定程度上解释了城市贫困的原因是与收入分配不公平紧密相联系。减贫可以分解为 3 个方面的原因：一是收入增长；二是收入分配；三是增长与分配的交互作用。1989~2009 年，城市贫困发生率由 67.89% 下降到 6.64%，减少 61.25 个百分点。其中收入增长的正效应使贫困发生率下降 67.16%，收入分配的负效应使贫困发生率增加 28.53%，增长与分配的交互作用，使贫困发生率下降 22.62%。

（三）中国应对城市贫困的建议

1. 建立应对城市贫困的战略框架。

2. 城市贫困人口不能忽视的人群是贫困的流动人口。

3. 建立完善以促进就业为目的的政策体系，扩大非正规就业。

4. 今后一个阶段，改善收入分配应当视为一个促进减贫和降低不公平的一条重要途径。

（中国国际扶贫中心研究处）

附 录

附录（一）
2013年扶贫开发大事记

1月15日　时任国务院扶贫办主任范小建主持召开国务院扶贫办支持河北阜平县大力推进扶贫开发工作汇报会。河北省有关领导，国家发展改革委、财政部、交通运输部、水利部、农业部等有关部门负责同志出席会议。

1月18日　全国扶贫开发工作电视电话会议在京召开，时任国务院副总理、国务院扶贫开发领导小组组长回良玉出席会议并作重要讲话。时任国务院扶贫办主任范小建，国务院扶贫办副主任王国良、郑文凯参加会议。

1月21日　时任国务院扶贫办主任范小建出席滇西边境片区区域发展与扶贫攻坚部际联系会议。

1月23—28日时任国务院扶贫办主任范小建赴西藏自治区调研扶贫开发工作并看望慰问西藏贫困地区干部群众。

1月29日　时任国务院扶贫办主任范小建出席滇桂黔石漠化片区部际联系会议。

2月4—5日　时任国务院扶贫办主任范小建赴甘肃考察扶贫开发工作。

2月4日　国务院扶贫办副主任王国良参加国家发展改革委收入分配制度改革会议。

2月26日　时任国务院副总理回良玉到国务院扶贫办考察慰问并看望国务院扶贫办干部职工。

2月26日　时任国务院扶贫办主任范小建主持召开支持甘肃临夏、河北阜平扶贫攻坚工作协调会。

2月27日　时任国务院扶贫办主任范小建、国务院扶贫办副主任郑文凯出席全国定点扶贫工作培训班。

2月28日　时任国务院扶贫办主任范小建、国务院扶贫办副主任王国良出席扶贫开发工作考核工作会议。

2月28日　时任国务院扶贫办主任范小建、国务院扶贫办副主任王国良出席扶贫开发工作考核总结会议。

3月24—25日　时任国务院扶贫办主任范小建赴江西出席罗霄山片区区域发展与扶贫攻坚工作会议。

3月25—27日　国务院扶贫办副主任王国良赴河北省邯郸市出席全国春季农业生产工作会议。

3月28日—4月2日　国务院扶贫办副主任郑文凯赴湖北看望青年干部驻村调研组并参加调研。

3月28日　国务院扶贫办副主任王国良赴四川出席中国扶贫基金会小额信贷项目总结会。

4月6日　中共中央总书记、国家主席习近平在海南省三亚市同秘鲁总统乌马拉举行会谈，会后两国元首出席中秘两国政府合作文件签字仪式。时任国务院扶贫办主任范小建代表我国政府签署中国—秘鲁减贫合作备忘录。

4月5—8日　时任国务院扶贫办主任范小建、国务院扶贫办副主任王国良陪同国务院副总理汪洋赴甘肃省临夏州积石山县调研扶贫开发工作。

4月9日　时任国务院扶贫办主任范小建主持召开会议，传达国务院副总理汪洋赴甘肃调研精神，研究扶贫开发工作。

4月15日　时任国务院扶贫办主任范小建出席中央农村工作领导小组第一次会议。

4月18日　国务院副总理汪洋来国务院扶贫办考察调研并听取时任国务院扶贫办主任范小建工作情况汇报。国务院副秘书长丁学东、国务院研究室副主任黄守宏陪同。

4月18日　时任国务院扶贫办主任范小建赴宁夏回族自治区银川市出席《关于支持宁夏开放型经济试验区建设、加快宁夏扶贫攻坚战略进程合作协议》签字仪式并调研扶贫开发工作。

4月26日　时任国务院扶贫办主任范小建、国务院扶贫办副主任王国良出席国务院扶贫办支持甘肃临夏州扶贫攻坚工作协调会。

4月26日　国务院扶贫办副主任郑文凯出席中国扶贫基金会芦山地震救援行动新闻发布会。

4月27日　时任国务院扶贫办主任范小建、国务院扶贫办副主任郑文凯出席国务院扶贫办青年干部驻村调研汇报会。

5月3日　时任国务院扶贫办主任范小建出席工业和信息化部扶贫工作会议。

5月6—10日　国务院扶贫办副主任郑文凯赴贵州出席对口帮扶贵州工作启动会议并调研扶贫开发工作。

5月10日　时任国务院扶贫办主任范小建主持召开国务院扶贫办四川庐山地震抗震救灾工作会议。

5月11—12日　时任国务院扶贫办主任范小建赴四川省雅安市签署国务院扶贫办与四川省政府关于支持芦山地震灾区灾后恢复重建工作框架协议并调研抗震救灾工作。

5月13—14日　国务院扶贫办副主任王国良赴宁夏出席六盘山片区扶贫攻坚部省协调推进会。

5月14—16日　国务院扶贫办副主任郑文凯赴海南就全国人大代表重点建议进行专题调研。

5月20— 21日　国务院扶贫办副主任郑文凯赴四川出席全国老促会系统动员社会力量支持老区建设工作现场情况交流会。

5月27—31日　国务院扶贫办副主任王国良赴四川就全国人大代表重点建议进行专题调研。

5月27日　国务院扶贫办副主任郑文凯主持召开社会组织参与扶贫开发工作座谈会。

6月6日　时任国务院扶贫办主任范小建主持召开会议，研究国务院扶贫开发领导小组全体会议筹备有关工作。国务院扶贫办副主任王国良参加会议。

6月16—21日　国务院扶贫办副主任王国良赴陕西调研避灾扶贫移民搬迁工作。

6月19日　国务院扶贫办副主任郑文凯会见世界银行亚太区副行长托森伯格。

6 月 21 日　时任国务院扶贫办主任范小建主持召开国务院扶贫开发领导小组专家咨询委员会扶贫理论教材编写工作研讨会。国务院扶贫办副主任郑文凯参加会议。

6 月 28 日　国务院扶贫开发领导小组全体会议在京召开，国务院副总理、国务院扶贫开发领导小组组长汪洋出席会议并作重要讲话。时任国务院扶贫办主任范小建出席会议并作汇报。

7 月 13—14 日　时任国务院扶贫办主任范小建赴河北省阜平县调研扶贫开发工作。

7 月 22— 26 日　国务院扶贫办副主任王国良赴云南调研边境扶贫开发工作。

8 月 3—10 日　时任国务院扶贫办主任范小建赴青海调研藏区扶贫工作。

8 月 16—19 日　时任国务院扶贫办主任范小建赴甘肃调研扶贫开发工作，并在兰州出席国务院总理李克强主持召开的促进西部发展和扶贫工作座谈会。

8 月 20—21 日　第七届中国东盟社会发展与减贫论坛在广西壮族自治区防城港市召开。时任国务院扶贫办主任范小建出席论坛开幕式并致辞，国务院扶贫办副主任郑文凯出席论坛活动。

8 月 26—27 日　国务院扶贫办副主任郑文凯赴安徽省六安市出席金融机构定点扶贫工作培训班并调研扶贫开发工作。

9 月 8—10 日　时任国务院扶贫办主任范小建陪同国务院副总理汪洋赴贵州调研扶贫工作，并出席第九届泛珠三角区域合作与发展论坛。

9 月 18 日　时任国务院扶贫办主任范小建出席国务院常务会议，汇报扶贫开发工作。

9 月 23 日　时任国务院扶贫办主任范小建向国务院副总理汪洋汇报加强扶贫资金监管有关情况。

9 月 25 日—10 月 5 日　时任国务院扶贫办主任范小建出访厄瓜多尔、格林纳达、美国。

9 月 25—29 日　国务院扶贫办副主任郑文凯赴江西调研社会扶贫工作。

10 月 8 日　时任国务院扶贫办主任范小建出席国务院常务会议，汇报扶贫资金监管工作。

10 月 17 日　由国务院扶贫办和联合国驻华系统联合主办的减贫与发展高层论坛在北京举行。国务院副总理、国务院扶贫开发领导小组组长汪洋出席开幕式并代表中国政府致辞。时任国务院扶贫办主任范小建作主旨发言。

10 月 17 日　时任国务院扶贫办主任范小建主持召开各省区市扶贫办主任座谈会。

10 月 23 日　国务院扶贫办副主任郑文凯主持召开国务院扶贫办外事工作协调会。

10 月 24 日　时任国务院扶贫办主任范小建、国务院扶贫办副主任王国良会见联合国助理秘书长、联合国开发计划署助理署长兼亚太局局长徐浩良一行。

10 月 31 日　时任国务院扶贫办主任范小建列席中央政治局常委会议并汇报扶贫

开发工作。

11月3日　中共中央总书记、国家主席习近平赴湘西调研扶贫攻坚。时任国务院扶贫办主任范小建陪同参加调研。

11月15日　国务院扶贫办主任刘永富主持召开座谈会，就扶贫开发重要文件征求地方意见。

11月20—22日　国务院扶贫办副主任王国良赴广西出席片区规划实施监测和评估工作会。

12月18日　国务院扶贫办副主任郑文凯出席吕梁山片区区域发展与扶贫攻坚部际联系会议。

12月19日　国务院扶贫办副主任王国良主持召开农村扶贫开发法起草工作进展情况通报会。

12月20日　国务院扶贫办副主任王国良主持召开扶贫开发工作考核领导小组会议。

12月23—24日　中央农村工作会议在京召开，中共中央总书记、国家主席习近平，国务院总理李克强，国务院副总理汪洋出席会议并作重要讲话。国务院扶贫办主任刘永富出席会议，国务院扶贫办副主任王国良、郑文凯列席会议。

12月24日　国务院副总理、国务院扶贫开发领导小组组长汪洋主持召开扶贫开发和现代种业工作座谈会。国务院扶贫办主任刘永富，国务院扶贫办副主任王国良、郑文凯出席会议。

12月25日　全国扶贫开发工作会议在京召开。国务院扶贫办主任刘永富出席会议并讲话，国务院扶贫办副主任王国良、郑文凯出席会议。

12月25日　受国务院委托，国务院扶贫办主任刘永富向全国人大常委会报告农村扶贫开发工作有关情况。

12月26日　国务院扶贫办主任刘永富、副主任王国良参加十二届全国人大常委会第六次会议分组审议。

12月27日　十二届全国人大常委会第六次会议举行联组会议，结合审议国务院关于农村扶贫开发工作情况的报告进行专题询问。国务院扶贫办主任刘永富、副主任王国良出席会议，就代表询问进行答复。国务院扶贫办副主任郑文凯参加活动。

附录（二）
重要政策文件汇编

☆　扶贫开发工作文件

☆　行业政策文件

☆　中央政策文件

扶贫开发工作文件

国务院扶贫办　中国进出口银行关于深化扶贫金融合作工作的指导意见

国务院扶贫办　国家发展改革委　国家统计局关于印发片区规划实施监测和评估工作方案的通知

国务院扶贫办　中国进出口银行
关于深化扶贫金融合作工作的指导意见

国开办发〔2013〕27号

为深入贯彻落实中央扶贫开发工作会议和《中国农村扶贫开发纲要（2011—2020年）》精神，进一步推进国务院扶贫办与中国进出口银行扶贫金融合作工作，现提出以下意见。

一、指导思想

根据双方签署的《长期金融合作协议》精神，以支持集中连片特困地区产业发展为重点，以扶贫金融合作项目和扶贫龙头企业为支持对象，以政策性金融促进开发式扶贫，带动和帮助贫困农户发展生产，增加收入，推动扶贫金融合作持续健康发展。

二、基本原则

（一）政策先行

扶贫金融合作工作由国务院扶贫办和进出口银行统筹管理，双方共同研究制订政策措施，明确目标责任，落实分解任务，提出工作要求，确保各项金融服务措施紧密围绕国家扶贫开发政策，符合国家产业政策、外经贸政策和金融政策。

（二）资源共享

将国务院扶贫办的组织优势、进出口银行的政策性金融优势和地方政府的资源优势紧密结合，发挥国务院扶贫办、进出口银行和地方政府的各自特长，实现优势互补、资源共享。

（三）风险可控

在选择扶贫金融合作项目时，要以风险可控为前提。放宽政策准入标准，项目范围可不做硬性规定，对集中连片特困地区和国家扶贫开发工作重点县内的项目，在“经济效益可行，风险可控”的前提下，进出口银行可根据实际情况灵活掌握。

（四）持续发展

支持扶贫金融合作项目，既要立足当前，支持农产品种植养殖、加工和出口等直接为农民增加经济收入的项目；又要放眼长远，拓宽领域，支持促进贫困地区经济结构调整的项目，确保扶贫金融合作可持续发展。

三、主要任务

（五）搭建省级工作平台。要将扶贫金融合作工作重心下移，地方扶贫部门与进出口银行各分行之间搭建省（区、市）级工作平台，建立起沟通交流、政策协调、推动落实等工作机制，主要负责收集、筛选、推荐扶贫金融合作项目和扶贫龙头企业，及时沟通扶贫金融合作工作推进情况，解决扶贫金融合作工作中遇到的困难和问题。

（六）多种途径破解融资担保难题。针对扶贫龙头企业融资担保难的问题，各省（区、市）扶贫办（局）要加强与政府有关部门沟通协调，积极引入有实力的信用担保（再担保）公司或各类扶贫产业专项基金为扶贫龙头企业和项目增信，同时进出口银行也可以与地方各类金融机构探索开展融资担保业务合作，或者利用进出口银行投资的担保公司（重庆进出口信用担保有限公司和东北中小企业信用再担保股份有限公司）提供融资担保。

（七）探索建立项目库。各省推荐的项目要统一报送到国务院扶贫办发展中心（以下简称发展中心）。发展中心对备选项目进行筛选审核，对通过审核的项目列入项目库，并及时推荐进出口银行；对未通过审核的项目，要及时向各省反馈审核意见，并对企业进行必要的政策和业务指导。同时，发展中心要定期梳理备选项目库、跟踪项目库中的项目，实现“能进能出、动态调整”。

（八）探索建立企业库。由发展中心负责筛选，将在贫困地区产业发展中具有明显带动作用、能够帮助贫困地区群众脱贫致富、社会责任感较强的扶贫龙头企业列入企业库，作为扶贫金融合作重点扶持对象。

四、保障机制

（九）完善沟通交流机制。国务院扶贫办与中国进出口银行，每年定期召开扶贫金融合作协调领导小组会议，研究扶贫金融合作项目推进情况以及存在的问题，部署下一阶段的重点工作。各省（区、市）扶贫办（局）和进出口银行各分行也要定期进行沟通交流、协商解决在项目执行中遇到的问题和困难。

（十）完善双向动态项目推荐机制。各省（区、市）扶贫办（局）和进出口银行各分行定期推荐项目、经发展中心审核后确定为正式推荐项目。今后将在总结经验的基础上扩大规模，按照“成熟一批、推荐一批”的原则，探索建立定期分批报送与不定期报送相结合的项目推荐机制。

（十一）建立项目评价机制。双方对贷款项目要组织开展监测、回访和评价，及时发现、分析、解决项目实施过程中存在的问题。进出口银行负责对项目经济效益、风险隐患进行评价，国务院扶贫办负责对项目益贫性进行评价。

（十二）建立考核激励机制。扶贫金融合作工作政策性强，且企业和项目大多地处交通不便、条件艰苦的地区，给项目实施和管理带来了诸多挑战和困难。为调动参与扶贫金融合作的积极性和主动性，进出口银行制定内部考核激励政策措施，并在年终对行内各经营单位的考核中予以体现。

（十三）建立联合调研和培训机制。对扶贫金融合作中的难点问题，每年定期组织有针对性的联合调研，每年至少联合举办一次扶贫金融合作培训研讨会。

（十四）加强宣传推广。适时邀请新闻媒体对经济效益和社会效益显著、具有较强示范和推广作用的扶贫金融合作典型项目进行集中宣传报道，宣传扶贫金融合作成果，为扶贫金融合作营造良好的舆论环境。

五、政策措施

（十五）优先给予贴息支持。各省（区、市）扶贫办（局）要优先给予进出口银行扶持的扶贫金融合作项目贴息支持，积极为扶贫金融合作项目争取地方政府的优惠政策支持。

（十六）提供优惠利率。对于符合支持范围的扶贫金融合作项目和企业，进出口银行要在风险可控的前提下积极受理，并优先提供优惠利率或商业基准利率下浮的融资支持。同时，主动为项目企业提供贸易融资、国际结算、咨询顾问等其他金融服务，帮助企业提高经营管理水平。

国务院扶贫办　中国进出口银行

2013 年 3 月 15 日

国务院扶贫办　国家发展改革委　国家统计局 关于印发片区规划实施监测和评估工作方案的通知

国开办发〔2013〕61号

有关省、自治区、直辖市扶贫办、发展改革委、统计局，新疆生产建设兵团扶贫办、发展改革委、统计局，国家统计局有关省级调查总队：

根据国务院对《连片特困地区区域发展与扶贫攻坚规划（2011—2020年）》（以下简称《规划》）批复中提出的“扶贫办、发展改革委要加强对规划实施的指导、协调和督促检查工作，会同有关省人民政府组织开展《规划》实施评估”的要求，为掌握有关省、自治区、直辖市落实《规划》的进展情况，总结经验、发现问题，进一步完善相关政策，确保按期实现《规划》目标，经征求有关部门意见，我办会同国家发展改革委和国家统计局，决定对片区规划实施情况进行监测和评估工作。现将有关事项通知如下：

一、加强领导，统筹安排。片区监测和评估重在客观评价规划提出的发展目标、主要任务、重大项目和重要政策等落实情况，分析判断规划实施取得的成效和存在的问题，提出进一步推动规划实施的政策建议。各省要加强组织领导，根据本地实际组建片区规划实施监测评估机构，严格按照《片区规划实施监测和评估工作方案》要求，统筹安排，组织开展片区规划实施监测和评估工作。

二、认真实施，确保质量。监测是要每年进行连续的跟踪监测，以国家层面为主，各省可自愿开展，2013年在武陵山和乌蒙山两个片区开展试点，随后扩大至14个片区。评估是在规划实施中期（2015年）和终期（2020年）进行，各省扶贫、发改、统计部门要密切配合，按时保质完成本省分片区的自评工作，于2015年底和2020年底将自评报告及相关材料报送国务院扶贫办、国家发展改革委和国家统计局，国家层面组织专家进行数据核实、调研、文本审阅、编制片区规划评估报告，向有关部门及地方政府通报评估结果，并会同有关部门向国务院报告中期和终期评估情况。

三、积极协调，保障经费。我们每年将协调财政部申请安排国家层面监测评估工作经费。各省（区、市）要根据国家片区规划实施监测评估工作要求，按照“部门配合，分级负责”的原则，积极协调落实省级层面专项经费，确保本省片区规划监测评估工作有力、有序开展。

附件：片区规划实施监测和评估工作方案

国务院扶贫办　　国家发展改革委

国家统计局

2013 年 8 月 3 日

附件：

片区规划实施监测和评估工作方案

为贯彻党的十八大和中央扶贫开发工作会议精神，确保《中国农村扶贫开发纲要（2011—2020年）》的目标和任务落到实处，根据国务院对连片特困地区区域发展与扶贫攻坚规划（以下简称《规划》）批复中提出的“扶贫办、发展改革委要加强对规划实施的指导、协调和督促检查工作，会同有关省人民政府组织开展《规划》实施评估”的要求，特制定本工作方案。

一、目的和基本原则

（一）目的

客观评价规划提出的发展目标、主要任务、重大项目和重要政策等落实情况，分析判断规划实施取得的成效和存在的问题，提出进一步推动规划实施的政策建议，确保顺利实现“十二五”、“十三五”时期的片区区域发展与扶贫攻坚目标任务。

（二）基本原则

1. 部门配合，分级负责。国家层面，由国务院扶贫办和国家发展改革委牵头，片区联系单位和国家统计局参加，组织力量对各片区规划实施情况进行监测和评估，片区联系单位只参与所联系片区的监测和评估工作；省级层面，由各省扶贫办和发展改革委组织对本省片区市（地、州、盟）、县（旗、市、区）规划实施情况进行监测和评估，各省统计局、国家统计局省级调查总队共同参与本级的监测和评估工作。

2. 对照规划，全面评估。全面掌握片区规划的实施情况，将规划目标、任务、重点项目和政策措施等内容纳入监测和评估范围，为规划实施提供信息、技术与经验方面的支持。

3. 求真务实，突出重点。监测和评估工作要按照“区域发展带动扶贫开发，扶贫开发促进区域发展”的基本思路，不仅对片区重大基础设施、生态建设与环境保护等改善片区发展条件的基础性项目进行监测，更要突出扶贫攻坚重点，对扶贫项目及扶贫政策到户机制及农户受益情况进行监测和评估。

二、依据和范围

监测和评估的依据是国务院批复的各片区区域发展与扶贫攻坚规划和经备案的片区分省实施规划。范围是在规划实施期内（2012—2020年），将14个连片特困地区的省（市、区）及区域内的规划县作为监测和评估的对象。

三、监测和评估的方式

监测和评估工作分步开展。监测要每年进行连续的跟踪监测，评估是在规划实施中期（2015 年）和终期（2020 年）进行。监测和评估的基期为 2011 年。

监测主要是对片区实施规划重要的发展指标进行数据统计，对片区实施规划中的重大项目进行调研，并编制片区规划年度监测报告。监测工作以国家层面为主，为保证数据来源的权威性、统一性，监测数据主要由国家统计局和相关行业部门提供，国务院扶贫办将以现有扶贫统计系统为基础，完善统计指标体系，开展片区扶贫开发相关数据统计。

评估是对片区实施规划开展中期和终期两次评估，并编制片区规划评估报告。评估报告在各省自评报告的基础上，国家层面组织专家进行数据核实、调研、文本审阅、编制片区规划评估报告，对片区规划提出中期调整建议。

四、监测和评估的内容

（一）目标指标实现程度

对规划提出的目标和主要指标的实现程度进行监测，分析原因，并对预期进度作出判断。对重点专项规划提出的主要目标和指标的实现程度进行分析。

（二）主要任务完成情况

对规划提出的主要任务和重大事项完成情况进行监测，分析原因，并对预期进度作出判断。对重点专项规划提出的主要任务和重大事项完成情况进行分析。

（三）重大项目推进和政策落实情况

对规划明确要建设的重大项目的推进和实施情况以及片区政策落实情况进行调研，对重点专项规划明确提出要建设的重大工程和项目推进情况以及片区有关政策落实情况进行分析。

（四）进一步推动规划实施的对策建议

根据规划实施进展情况和国内外发展环境的新变化，研究提出进一步推动规划实施的政策建议，包括是否需要对规划的相关指标和重大内容进行中期调整和修订等。

五、监测和评估报告

年度监测报告主要包括片区经济社会发展状况和扶贫成效等数据指标监测结果，以及对重大项目进展情况开展的典型案例调研分析等内容。

评估报告是在年度监测报告的基础上，分析评估规划实施取得的成效、存在的问题或差距、原因等，提出中期（2015 年）调整建议和终期（2020 年）评估报告。

国家层面统一编制年度监测报告，中期和终期评估报告。各省区市也要编制省级中期和终期自评报告，编写内容根据编制大纲要求，并附适当的数据表和参考文件。

六、监测和评估工作组织

国家层面，监测评估工作由国务院扶

贫办和国家发展改革委共同组织开展，设立联合办公室，片区联系单位、国家统计局等部门参加。联合办公室负责对片区规划监测评估工作的组织、协调和指导（联合办公室名单附后）。

办公室内设综合协调组、发展指标数据监测组、重大项目和政策调研监测组和专家评估组。综合协调组负责协调、服务、日常事务管理等工作；发展指标数据监测组负责片区实施规划的指标监测和培训；重大项目调研监测组负责片区规划的重大项目进展调研和监测；专家评估组选聘扶贫、绩效、区域经济、农村经济、公共行政管理和财务等方面的专家，主要负责专家联系、协调和评估报告撰写。

各省区市可根据本地实际组建相应的监测评估机构，开展本省片区的监测和评估工作。

监测评估工作经费，国家层面，每年由国务院扶贫办统筹申请安排。各省区市应根据国家片区规划实施监测评估工作要求，按照“部门配合，分级负责”的原则，安排省级层面专项经费，确保本省片区规划监测评估工作有力、有序开展。

行业政策文件

关于印发《中央专项彩票公益金支持农村幸福院项目管理办法》的通知

教育部关于2013年扩大实施农村贫困地区定向招生专项计划的通知

教育部办公厅 财政部办公厅关于做好2013年中西部农村偏远地区学前教育巡回支教试点工作的通知

住房城乡建设部 国家发展改革委 财政部关于做好2013年农村危房改造工作的通知

中共中央组织部等7部门关于促进残疾人按比例就业的意见

集中连片特困地区交通建设扶贫规划纲要

国家卫生计生委办公厅关于开展2013年百万贫困白内障复明工程项目的通知

关于印发2013年贫困地区新生儿疾病筛查项目方案的通知

国家卫生计生委等5部门关于进一步做好计划生育特殊困难家庭扶助工作的通知

教育部 国家发展改革委 财政部关于全面改善贫困地区义务教育薄弱学校基本办学条件的意见

关于印发《中央专项彩票公益金支持农村幸福院项目管理办法》的通知

财综〔2013〕56号

各省、自治区、直辖市财政厅（局）、民政厅（局），新疆生产建设兵团财务局、民政局：

为了规范和加强中央专项彩票公益金支持农村幸福院项目管理工作，根据《彩票管理条例》、《彩票管理条例实施细则》和《彩票公益金管理办法》（财综〔2012〕15号）的有关规定，财政部、民政部制定了《中央专项彩票公益金支持农村幸福院项目管理办法》，现印发给你们，请遵照执行。

附件：中央专项彩票公益金支持农村幸福院项目管理办法

财政部　民政部

2013年4月28日

附件：

中央专项彩票公益金支持农村幸福院项目管理办法

第一章　总　　则

第一条　为了规范和加强中央专项彩票公益金支持农村幸福院项目管理工作，根据《彩票管理条例》、《彩票管理条例实施细则》和《彩票公益金管理办法》（财综〔2012〕15号）的有关规定，制定本办法。

第二条　本办法所称中央专项彩票公益金支持农村幸福院项目（以下简称项目），是指2013年至2015年由财政部安排中央专项彩票公益金，支持开展的农村幸福院设施修缮和设备用品配备等工作。

第三条　本办法所称农村幸福院，是指由村民委员会进行管理，为农村老年人提供就餐、文化娱乐等照料服务的公益性活动场所。包括农村老年人日间照料中心、托老所、老年灶、老年人活动中心等。

第四条　用于项目的中央专项彩票公益金（以下简称项目资金），应当坚持公开透明、规范管理和专款专用的安排使用原则。

第二章　资金使用范围与标准

第五条　项目资金使用范围是设施修缮和设备用品配备。

第六条　项目资金标准为每个项目补助3万元。

第三章　项目申报

第七条　项目申报应当具备下列条件：

（一）具有适合兴办农村幸福院的场地和设施；

（二）经村民会议或者村民代表会议讨论决定；

（三）具有筹资和建设方案。

第八条　项目申报应当提供以下材料：

（一）项目申报书；

（二）项目筹资和建设方案；

（三）项目管理运营方案；

（四）其他需要说明的材料。

第九条　项目申报程序如下：

（一）民政部会同财政部每年年初向各地下达农村幸福院的补助数量指标；

（二）省级民政部门会同省级财政部门制定项目申报办法及申报书范本，组织本地区进行申报和评审立项工作；

（三）省级民政部门会同省级财政部门审核立项后，上报民政部和财政部备案；

（四）民政部会同财政部抽查复核项目立项。

第十条　项目数量指标分配遵循“公平规范、激励先进、促进均衡”原则。

第十一条　项目经批准立项后，原则上不得调整。执行过程中由于特殊原因需要调整的，应当按照原申报审批程序报批。

第四章　资金使用

第十二条　项目资金预算由财政部根据项目资金标准和复核确定的农村幸福院数量指标，按年度下达各省、自治区、直辖市财政厅（局）和新疆生产建设兵团财务局。

第十三条　省级财政部门根据当地财力情况，可以安排资金与中央财政安排的项目资金统筹使用。

第十四条　地方财政部门应当对项目资金实行专项管理，并严格按照规定用途使用，不得截留、挤占、挪用。

第十五条　项目资金安排使用时，填列《政府收支分类科目》中229类“其他支出”60款“彩票公益金安排的支出”02项“用于社会福利的彩票公益金支出”。

第十六条　项目资金支付按照财政国库管理制度有关规定执行。

第十七条　项目实施单位应当按照方案进行建设和运营管理，提高项目管理服务水平和运营效能。

第十八条　省级民政部门应当建立项目资金支出绩效评价制度，对项目资金使用、项目建设及使用等情况进行综合考评。

第五章　公告报告

第十九条　由项目资金补助的农村幸福院，应当以显著方式标明“彩票公益金资助——中国福利彩票和中国体育彩票”标识。

第二十条　省级财政部门和省级民政部门，应当于每年3月底前，将上一年度项目资金分配使用和项目执行情况报送财政部和民政部。

第二十一条　省级民政部门应当于每年6月底前，向社会公告上一年度项目资金分配使用和项目执行情况。

第六章　监督管理

第二十二条　各级财政部门应当加强对项目资金管理和项目实施情况的监督检查，确保资金专款专用。

第二十三条　省级民政部门应当设立投诉电话，接受投诉并及时处理。

第二十四条　单位和个人违反规定，截留、挤占、挪用项目资金的，依照《财政违法行为处罚处分条例》（国务院令第427号）追究法律责任。

第七章　附　　则

第二十五条　省级民政部门应当会同省级财政部门根据本办法制定具体的项目实施办法，报民政部和财政部备案。

第二十六条　本办法由财政部和民政部负责解释。

第二十七条　本办法自印发之日起施行。

教育部关于2013年扩大实施农村贫困地区定向招生专项计划的通知

教学〔2013〕5号

各省、自治区、直辖市高校招生委员会、教育厅（教委），新疆生产建设兵团教育局，有关部门（单位）教育司（局），部属各高等学校：

为贯彻落实2013年5月15日国务院常务会议精神，进一步提高重点高校招收农村学生比例，经征求有关部门同意，教育部决定2013年继续实施并扩大农村贫困地区定向招生专项计划（以下简称专项计划）。现将有关要求通知如下：

一、充分认识扩大实施专项计划的重要意义

党中央、国务院历来十分关心高等学校特别是重点高校招收农村学生问题。经过多年努力，目前农村学生上大学的机会公平问题已初步得到解决，区域间高考录取率差距明显缩小，但上重点高校的比例仍然偏低。扩大实施专项计划，既是贯彻落实党的十八大、教育规划纲要和国务院第一次全体会议的精神和要求，促进教育公平和社会公平的重要举措，也是改善重点高校学生结构、提高高等教育质量的客观需要。各省级教育行政部门、招生考试机构和有关高校要提高认识，增强责任感，进一步采取有效措施，确保2013年专项计划的顺利实施，切实把这项惠及广大农村贫困地区学生的政策落实到位，让更多勤奋好学的农村孩子看到更多的希望。

二、扩大实施专项计划的基本要求

1. 扩大规模。2013年专项计划以农林、水利、地矿、机械、师范、医学及其他适农涉农等农村经济社会发展急需专业为主，总招生规模扩大至32100名。其中，本科计划安排30000名，由中央部门高校和地方“211工程”学校为主的在本科一批招生的高校承担；高职计划安排2100名，维持2012年规模，由国家示范性（含骨干）高等职业学校承担。

2. 扩大区域。2013年专项计划覆盖区域将在2012年面向680个集中连片特殊困难县（包括371个民族自治县、252个革命老区县和57个陆地边境县）基础上，扩大到832个县（包括所有国家级扶贫开发重点县，含新疆生产建设兵团在新疆南疆三地州的22个团场），以及重点高校录取比例相对较低的河北、山西、安徽、河南、

广东、广西、四川、贵州、云南、甘肃等省、区。

3. 增加高校。承担专项计划本科任务的高校由去年的222所扩大到263所，覆盖所有“211工程”学校和108所中央部属高校。承担专项计划任务的中央部门高校，2013年录取农村学生比例比上一年至少提高2个百分点。

4. 鼓励地方采取措施。各省（区、市）在国家扩大农村贫困地区定向招生专项计划的基础上，按照本通知精神，依据本地实际情况，统筹本地高等教育资源，制订地方所属重点高校进一步提高招收农村学生比例的政策措施。

三、认真做好专项计划招生录取工作

各地要按照本通知精神和教育部等五部门《关于实施面向贫困地区定向招生专项计划的通知》（教学〔2012〕2号）有关工作要求，结合本地实际情况，进一步细化扩大专项计划的实施方案和工作流程。要加强政策宣传解读，鼓励农村贫困地区优秀学生踊跃报考。省级招办要会同当地教育、公安部门，完善联合审查机制，严防高考移民和资格造假。深入实施高校招生“阳光工程”，加大信息公开，严格规范录取管理。各有关高校特别是中央部门所属高校要统筹招生计划增量安排和存量调整，合理安排分省招生计划，确保完成专项计划任务。

教育部

2013年5月30日

教育部办公厅　财政部办公厅关于做好2013年中西部农村偏远地区学前教育巡回支教试点工作的通知

教师厅〔2013〕4号

河北、内蒙古、辽宁、福建、江西、河南、湖南、广西、贵州、云南、陕西、甘肃、青海省、自治区教育厅、财政厅：

根据《教育部 财政部关于印发〈支持中西部农村偏远地区开展学前教育巡回支教试点工作方案〉的通知》（教基二〔2011〕5号）要求，2012年，教育部和财政部在辽宁、河南、湖南、贵州、陕西5省启动实施中西部农村偏远地区学前教育巡回支教试点工作（以下简称试点工作），取得了积极成效。按照加快贫困地区儿童发展的总体部署，为深入推进试点工作，探索适合农村偏远地区有效增加幼儿接受基本学前教育机会的新模式，提高农村学前教育普及程度，2013年试点工作实施范围新增河北、内蒙古、福建、江西、广西、云南、甘肃、青海8个省份。为切实做好此项工作，现通知如下：

一、认真研究制订试点工作具体实施方案

各试点省有关部门要高度重视，加强领导，结合本地实际，遵循科学规划、合理布点，整合资源、统筹安排，因地制宜、探索创新的原则，按照《中西部农村偏远地区学前教育巡回支教试点工作实施方案》（见附件1）的要求，抓紧研究制订试点工作具体实施方案。实施方案应包括试点县遴选、支教点设置与管理、志愿者招募与管理、志愿者待遇保障、试点工作机制、地方财政配套措施等。新增试点省份每省选择2—4个县开展试点，已实施试点工作的省份可增加1—3个试点县。中西部省份新增试点县应当在集中连片特殊困难地区；辽宁和福建两省新增试点县原则上应当是革命老区县和民族县。

二、建立职责明确、分工协作的工作机制

各试点省有关部门要加强沟通，密切配合，共同做好试点的各项工作。省级教育行政部门要结合本地实际，认真做好巡回支教志愿者遴选招募、岗前培训、跟踪服务等各项工作，指导试点县建立健全试点工作各项制度。省级财政部门负责统筹安排试点工作所需经费，及时下拨中央财政对志愿者和支教点的补助经费，做好地方财政配套，制订试点工作经费管理使用办法，为试点工作提供经费保障。

各试点县有关部门要切实为巡回支教志愿者提供工作、生活、安全等方面的必要条件。县级教育行政部门具体负责本区域巡回支教志愿者的管理工作。县级财政部门负责落实试点工作所需经费，发放巡回支教志愿者工作生活补贴，核拨支教点经费，确保经费拨付及时到位。

各试点省教育、财政部门要建立试点工作绩效评价制度，及时发现并帮助试点县解决问题，及时总结试点工作经验。

三、精心组织好志愿者招募工作

各试点省要采取多种方式组织开展宣传动员工作，充分宣传试点工作的相关政策，吸引更多符合条件的优秀大中专学校毕业生和非在编幼儿园、小学教师应募志愿者。各地招募报名工作应在6月中旬启动实施，7月底前务必完成招募工作，认真组织岗前集中培训，尤其是针对非师范专业毕业生，要做好上岗前的师德教育与学前教育常规培训工作，提高志愿者科学保教能力，确保新录用志愿者秋季开学时按时上岗服务。

为吸引高校毕业生报名，加强信息沟通，各地应设置并公布用于志愿者招募报名的网站，并于6月20日前将招募报名的网站地址和负责人联系方式报送中西部农村偏远地区学前教育巡回支教试点工作项目办公室（以下简称巡回支教项目办公室）。教育部将在“全国大学生就业公共服务立体化平台”上开设专门窗口，与各地的网站相链接。

四、切实做好志愿者管理与待遇保障工作

各省份试点工作所需经费由中央财政和地方财政共同承担。巡回支教志愿者工作生活补贴标准参照用人单位所在地事业单位新聘用工作人员试用期满后的工资水平确定。中央财政对巡回支教志愿者在岗期间的工作生活补贴以及参加社会保险等费用给予补助。其中：西部地区每人每年补助1.5万元，中部地区每人每年补助1万元，东部地区每人每年补助0.5万元。对新设立的巡回支教点一次性补助1.5万元。

地方财政负担组织实施试点工作必要的工作经费、志愿者体检、培训费用以及工作生活补贴和社会保险补贴的不足部分等，负担支教点日常运转，玩教具和相应设备的更新维修费用。各试点省份要采取有效措施，落实好巡回支教志愿者的工作生活补贴发放、住房安排以及为志愿者缴纳社会保险等相关保障工作。

各试点省份要加强巡回支教志愿者的跟踪管理与定期统计工作，充分利用“全国学前教育管理信息系统”填报支教点和志愿者信息。同时按照《中西部农村偏远地区学前教育巡回支教试点工作支教点信息汇总表》（见附件2）的有关要求汇总支教点和在岗志愿者信息，于8月15日前一并报送巡回支教项目办公室，以保证中央财政能够与地方财政据实结算。

五、大力加强巡回支教宣传工作

各试点省份要深入挖掘巡回支教志愿者中的优秀典型，充分反映各地志愿者志存高远、服务农村的奉献精神和感人事迹，加强对试点工作和志愿者的宣传，进一步营造良好的工作氛围。

各试点省份要充分认识实施试点工作的重大意义，高度重视、精心组织，确保试点工作各项目标如期实现。请各试点省份于6月20日前将试点工作具体实施方案报送巡回支教项目办公室。实施过程中出现的有关情况和问题请及时向教育部报告。

教育部办公厅　财政部办公厅

2013年6月5日

住房城乡建设部　国家发展改革委　财政部
关于做好2013年农村危房改造工作的通知

各省、自治区住房城乡建设厅、发展改革委、财政厅，直辖市建委（建交委、农委）、发展改革委、财政局：

为贯彻落实党中央、国务院关于加快农村危房改造的部署和要求，切实做好2013年农村危房改造工作，现就有关事项通知如下：

一、改造任务

2013年中央支持全国266万贫困农户改造危房，其中：国家确定的集中连片特殊困难地区的县和国家扶贫开发工作重点县等贫困地区105万户，陆地边境县边境一线15万户，东北、西北、华北等“三北”地区和西藏自治区14万农户结合危房改造开展建筑节能示范。各省（区、市）危房改造任务由住房城乡建设部会同国家发展改革委、财政部确定。

二、补助对象与补助标准

农村危房改造补助对象重点是居住在危房中的农村分散供养五保户、低保户、贫困残疾人家庭和其他贫困户。各地要按照优先帮助住房最危险、经济最贫困农户解决最基本安全住房的要求，坚持公开、公平、公正原则，严格执行农户自愿申请、村民会议或村民代表会议民主评议、乡（镇）审核、县级审批等补助对象的认定程序，规范补助对象的审核审批。同时，建立健全公示制度，将补助对象基本信息和各审查环节的结果在村务公开栏公示。县级政府要组织做好与经批准的危房改造农户签订合同或协议工作，并征得农户同意公开其有关信息。

2013年中央补助标准为每户平均7500元，在此基础上对贫困地区每户增加1000元补助，对陆地边境县边境一线贫困农户、建筑节能示范户每户增加2500元补助。各省（区、市）要依据改造方式、建设标准、成本需求和补助对象自筹资金能力等不同情况，合理确定不同地区、不同类型、不同档次的省级分类补助标准，落实对特困地区、特困农户在补助标准上的倾斜照顾。

三、资金筹集和使用管理

2013年中央安排农村危房改造补助资金230亿元（含中央预算内投资35亿元），由财政部会同国家发展改革委、住房城乡建设部联合下达。中央补助资金根据农户数、危房数、地区财力差别、上年地方补助资金落实情况、工作绩效等因素进行分配。各地要采取积极措施，整合相关项目和资金，将抗震安居、游牧民定居、自然灾害倒损农房恢复重建、贫困残疾人危房改造、扶贫安居等资金与农村危房改造资金有机衔接，通过政府补助、银行信贷、社会捐助、农民自筹等多渠道筹措农村危房改造资金。地方各级财政要将农村危房改造地方补助资金和项目管理等工作经费纳入财政预算，省级财政要切实加大资金投入力度，帮助自筹资金确有困难的特困户解决危房改造资金问题。

各地要按照《中央农村危房改造补助资金管理暂行办法》（财社〔2011〕88 号）等有关规定，加强农村危房改造补助资金的使用管理。补助资金实行专项管理、专账核算、专款专用，并按有关资金管理制度的规定严格使用，健全内控制度，执行规定标准，直接将资金补助到危房改造户，严禁截留、挤占、挪用或变相使用。各级财政部门要会同发展改革、住房城乡建设部门加强资金使用的监督管理，及时下达资金，加快预算执行进度，并积极配合有关部门做好审计、稽查等工作。

四、科学制定实施方案

各省级住房城乡建设、发展改革、财政等部门要认真组织编制 2013 年农村危房改造实施方案，明确政策措施、任务分配、资金安排和监管要求，并于今年 8 月上旬联合上报住房城乡建设部、国家发展改革委、财政部（以下简称 3 部委）。各省（区、市）分配危房改造任务要综合考虑各县的实际需求、建设与管理能力、地方财力、工作绩效等因素，确保安排到贫困地区的任务不低于中央下达的贫困地区任务量。各县要细化落实措施，合理安排各乡（镇）、村的危房改造任务。

五、合理选择改造建设方式

各地要因地制宜，积极探索符合当地实际的农村危房改造方式，努力提高补助资金使用效益。拟改造农村危房属整体危险（D 级）的，原则上应拆除重建，属局部危险（C 级）的应修缮加固。危房改造以农户自建为主，农户自建确有困难且有统建意愿的，地方政府要发挥组织、协调作用，帮助农户选择有资质的施工队伍统建。坚持以分散分户改造为主，在同等条件下传统村落和危房较集中的村庄优先安排，已有搬迁计划的村庄不予安排，不得借危房改造名义推进村庄整体迁并。积极编制村庄规划，统筹协调道路、供水、沼气、环保等设施建设，整体改善村庄人居环境。陆地边境一线农村危房改造以原址为主，确需异址新建的，应靠紧边境，不得后移。

六、严格执行建设标准

农村危房改造要执行最低建设要求，改造后住房须建筑面积适当、主要部件合格、房屋结构安全和基本功能齐全。原则上，改造后住房建筑面积要达到人均 13 平方米以上；户均建筑面积控制在 60 平方米以内，可根据家庭人数适当调整，但 3 人以上农户（含 3 人）的人均建筑面积不得超过18平方米。

各地要加强引导和规范，既要防止改造后住房达不到最低建设要求，又要防止群众盲目攀比、超标准建房。积极组织编制符合建设标准的农房设计方案，注重为将来扩建预留好接口。农房设计要符合农民生产生活习惯，体现民族和地方建筑风格，注重保持田园风光与传统风貌。加强地方建筑材料利用研究，传承和改进传统建造工法，探索符合标准的就地取材建房技术方案，推进农房建设技术进步。要结合建材下乡，组织协调主要建筑材料的生产、采购与运输，并免费为农民提供主要建筑材料质量检测服务。各地要利用好中央预拨资金，支持贫困农户提前备工备料。

七、强化质量安全管理

各地要建立健全农村危房改造质量安全管理制度，严格执行《农村危房改造抗震安全基本要求（试行）》（建村〔2011〕115号），积极探索抗震安全检查情况与补助资金拨付进度挂钩的具体措施。地方各级尤其是县级住房城乡建设部门要组织技术力量，开展危房改造施工现场质量安全巡查与指导监督。加强乡镇建设管理员和农村建筑工匠培训与管理，提高农房建设抗震设防技术知识水平和业务素质。编印和发放农房抗震设防手册或挂图，向广大农民宣传和普及抗震设防常识。开设危房改造咨询窗口，面向农民提供危房改造技术和工程纠纷调解服务。各地要健全和加强乡镇建设管理机构，提高服务和管理农村危房改造的能力。

农房设计要符合抗震要求，可以选用县级以上住房城乡建设部门推荐使用的通用图、有资格的个人或有资质的单位的设计方案，或由承担任务的农村建筑工匠设计。农村危房改造必须由经培训合格的农村建筑工匠或有资质的施工队伍承担。承揽农村危房改造项目的农村建筑工匠或者单位要对质量安全负责，并按合同约定对所改造房屋承担保修和返修责任。乡镇建设管理员要在农村危房改造的地基基础和主体结构等关键施工阶段，及时到现场逐户进行技术指导和检查，发现不符合抗震安全要求的当即告知建房户，并提出处理建议和做好现场记录。

八、完善农户档案管理

农村危房改造实行一户一档的农户档案管理制度，批准一户、建档一户。每户农户的纸质档案必须包括档案表、农户申请、审核审批、公示、协议等材料，其中档案表按照全国农村危房改造农户档案管理信息系统（以下简称信息系统）公布的最新样表制作。在完善和规范农户纸质档案管理与保存的基础上，严格执行农户纸质档案表信息化录入制度，将农户档案表及时、全面、真实、完整、准确地录入信息系统。各地要按照绩效考评和试行农户档案信息公开的要求，加快农户档案录入进度，提高录入数据质量，加强对已录入农户档案信息的审核与抽验。改造后农户住房产权归农户所有，并根据实际做好产权登记。

九、推进建筑节能示范

建筑节能示范地区各县要安排不少于 5 个相对集中的示范点（村），有条件的县每个乡镇安排一个示范点（村）。每户建筑节能示范户要采用 2 项以上的房屋围护结构建筑节能技术措施。省级住房城乡建设部门要及时总结近年建筑节能示范经验与做法，制定和完善技术方案与措施；充实省级技术指导组力量，加强技术指导与巡查；及时组织中期检查和竣工检查，开展典型建筑节能示范房节能技术检测。县级住房城乡建设部门要按照建筑节能示范监督检查要求，实行逐户施工过程检查和竣工验收检查，并做好检查情况记录。建筑节能示范户录入信息系统的“改造中照片”必须反映主要建筑节能措施施工现场。加强农房建筑节能宣传推广，开展农村建筑工匠建筑节能技术培训，不断向农民普及建筑节能常识。

十、健全信息报告制度

省级住房城乡建设部门要严格执行工程进度月报制度，于每月 5 日前将上月危房改造进度情况报住房城乡建设部。省级发展改革、财政部门要按照有关要求，及时汇总并上报有关农村危房改造计划落实、资金筹集、监督管理等情况。各地要组织编印农村危房改造工作信息，将建设成效、经验做法、存在问题和工作建议等以简报、通报等形式，定期或不定期上报 3 部委。省级住房城乡建设部门要会同发展改革、财政部门于 2014 年 1 月底前将 2013 年度总结报告和 2014 年度危房改造任务及补助资金申请报 3 部委。省级发展改革部门要牵头编报 2014 年农村危房改造投资计划，并于 7 月中旬前报国家发展改革委。

十一、完善监督检查制度

各地要认真贯彻落实本通知要求和其他有关规定，主动接受纪检监察、审计和社会监督。要定期对资金的管理和使用情况进行监督检查，发现问题，及时纠正，严肃处理。问题严重的要公开曝光，并追究有关人员责任，涉嫌犯罪的，移交司法机关处理。加强农户补助资金兑现情况检查，坚决查处冒领、克扣、拖欠补助资金和向享受补助农户索要“回扣”、“手续费”等行为。财政部驻各地财政监察专员办事处和发改稽察机构将对各地农村危房改造资金使用管理等情况进行监控和检查。

建立健全农村危房改造年度检查与绩效考评制度，完善激励约束并重、奖惩结合的任务资金分配与管理机制，逐级开展年度检查与绩效考评。住房城乡建设部、国家发展改革委、财政部对各省份农村危房改造工作情况实行年度检查与绩效考评，综合评价各地政策执行、资金落实与使用、组织管理、工程质量与进度、建筑节能示范等情况，公布检查与绩效考评结果及排名，并将结果作为安排下一年度危房改造任务和补助资金的重要依据。各地住房城乡建设部门要会同发展改革、财政部门制定年度检查与绩效考评办法，全面监督检查当地农村危房改造任务落实与政策执行情况。

十二、加强组织领导与部门协作

各地要加强对农村危房改造工作的领导，建立健全协调机制，明确分工，密切配合。各地住房城乡建设、发展改革和财政部门要在当地政府领导下，会同民政、民族事务、国土资源、扶贫、残联、环保、交通运输、水利、农业、卫生等有关部门，共同推进农村危房改造工作。地方各级住房城乡建设部门要通过多种方式，积极宣传农村危房改造政策，认真听取群众意见建议，及时研究和解决群众反映的困难和问题。

中华人民共和国住房和城乡建设部
中华人民共和国国家发展和改革委员会
中华人民共和国财政部
2013 年 7 月 11 日

中共中央组织部等7部门关于促进残疾人按比例就业的意见

各省、自治区、直辖市及计划单列市党委组织部、编制办公室、财政厅（局）、人力资源社会保障厅（局）、国资委、公务员局、残联，新疆生产建设兵团党委组织部、编制办公室、财务局、人力资源社会保障局、国资委、公务员局、残联：

残疾人是就业困难群体。为保障残疾人劳动就业权益，上世纪90年代，我国参照国际通行做法，建立了用人单位按比例安排残疾人就业制度。这一制度的实施对于建立完善残疾人就业保护和就业促进制度体系，改善残疾人就业状况发挥了重要作用。按比例就业已成为我国残疾人就业的一种重要形式。但从实践看，目前残疾人按比例就业仍然存在着相关规定落实难、用人单位缺乏主动性和积极性等问题。为进一步促进残疾人按比例就业，现提出以下意见。

一、依法推进残疾人按比例就业

（一）《中华人民共和国残疾人保障法》规定“国家实行按比例安排残疾人就业制度”。《残疾人就业条例》进一步明确“用人单位应当按照一定比例安排残疾人就业，并为其提供适当的工种、岗位”。这些规定确立了我国按比例安排残疾人就业的法律制度，明确了按比例安排残疾人就业是用人单位的责任和义务，体现了对残疾人就业权利的尊重和保护。各地要根据国家法律规定，制定地方配套法规政策，进一步细化按比例就业的有关规定，增强可操作性和规范性，提高执行力和约束力。要依法行政，推动用人单位履行法律责任和义务。要加大执法检查力度，把残疾人按比例就业列为重点检查内容，发现问题，及时通报，妥善纠正和解决。

二、推动党政机关、事业单位及国有企业带头安排残疾人就业

（二）《中共中央国务院关于促进残疾人事业发展的意见》（中发〔2008〕7号）明确提出“党政机关、事业单位及国有企业要带头安置残疾人”。党政机关、事业单位及国有企业应当为全社会作出表率，率先垂范招录和安置残疾人。根据残疾人按比例就业制度相关规定，各级机关、事业单位应包含一定数量的岗位用于残疾人就业。

（三）各级党政机关在坚持具有正常履行职责的身体条件的前提下，对残疾人能够胜任的岗位，在同等条件下要鼓励优先录用残疾人。各地要切实维护残疾人平等报考公务员的权利，除特殊岗位外，不得额外设置限制残疾人报考的条件。招录机关专设残疾人招录岗位时，省级以上公务员主管部门要给予放宽开考比例等倾斜政策。各地在招录公务员时，要结合实际，采取适当措施，努力为残疾人考生创造良好的考试环境。

（四）各级残疾人工作委员会成员单位要率先招录残疾人，继而带动其他党政机关。各级党政机关中的非公务员岗位（科研、技术、后勤等），要积极安排残疾人就业，并依法与残疾职工订立劳动合同，保障其合法权益。到2020年，所有省级党政机关、地市级残工委主要成员单位至少安排有1名残疾人。各级残联机关干部队伍中都要有一定数量的残疾人干部，其中省级残联机关干部队伍中残疾人干部的比例应达到15%以上。

（五）各级党政机关要督导所属各类事业单位做好按比例安排残疾人就业工作。各类事业单位要结合本单位岗位构成情况，确定适合残疾人就业的岗位，多渠道招聘残疾人。

（六）国有和国有控股企业应根据行业特点，确定适合残疾人就业的岗位，招录符合岗位要求的残疾人就业。企业对招录的残疾人应依据《中华人民共和国劳动合同法》订立劳动合同，实行同工同酬。

三、加大对用人单位的补贴、奖励和惩处力度

（七）认真贯彻《中华人民共和国就业促进法》及相关法律法规，落实就业专项资金管理的有关规定，对参加职业培训、职业技能鉴定并符合条件的残疾人给予职业培训、职业技能鉴定补贴，对吸纳残疾人就业并符合条件的用人单位，按规定给予社会保险补贴。

（八）加大残疾人就业保障金（以下简称残保金）对按比例和超比例安置残疾人就业单位的奖励力度，提高用人单位安排残疾人就业的积极性。

（九）用人单位安排残疾人就业达不到规定比例的，应严格按规定标准缴纳残保金。对拒不安排残疾人就业又不缴纳残保金的用人单位，可采取通报、申请法院强制执行等措施。各地应将用人单位是否履行按比例安排残疾人就业义务纳入各类先进单位评选标准，对于不履行义务的用人单位，不能参评先进单位，其主要负责同志不能参评先进个人。

四、加强对用人单位按比例安排残疾人的就业服务

（十）加强培训提高残疾人就业能力，是促进残疾人按比例就业的基础。各地要贯彻落实《关于加强残疾人职业培训促进就业工作的通知》（残联发〔2012〕15号）精神，下大力气抓好残疾人职业培训。准确了解用人单位用工情况，结合岗位需求，有针对性地组织残疾人开展订单培训、定向培训、定岗培训，不断提高残疾人职业技能，以适应用人单位需求。

（十一）各级公共就业服务机构和残疾

人就业服务机构要发挥好用人单位与残疾人之间的桥梁和纽带作用，准确掌握辖区内就业年龄段残疾人的基本情况，加快完善残疾人就业需求登记制度；全面了解辖区用人单位的岗位需求，定期做好信息发布。主动走进残疾人家庭和用人单位，掌握第一手信息，重点做好向用人单位的推荐工作。协助用人单位定期或不定期开展残疾人招聘活动，促进用人单位按比例安排残疾人。

五、齐抓共管协力促进残疾人按比例就业

（十二）残疾人按比例就业是国家为保护和促进残疾人就业而采取的重要举措，是法律赋予用人单位的责任和义务。各有关部门要高度重视这一工作，建立促进残疾人按比例就业的协调工作机制，共同做好制度完善、政策落实、监督管理等各项工作。加强对按比例就业法规政策、履行法律义务的用人单位的宣传，进一步扩大社会影响，营造良好的社会环境。

（十三）各级人力资源社会保障部门要依法加强残疾人劳动权益维护工作。各类职业院校和培训机构要积极参与和承担残疾人职业培训职责。公共就业服务机构和基层劳动就业社会保障服务平台要加强对残疾人的就业服务和就业援助。

（十四）各级公务员主管部门负责落实并指导各部门做好残疾人公务员招录工作。要建立党政机关残疾人公务员实名制统计制度，准确掌握残疾人公务员底数。

（十五）各级事业单位登记管理部门在事业单位登记管理、绩效评估和年度审核工作中，要积极引导事业单位按比例安排残疾人就业。

（十六）各级国资委要重视并督促国有及国有控股企业按比例安排残疾人就业工作，积极推进残疾人就业工作。

（十七）财政部将会同国务院有关部门重新修订《残疾人就业保障金管理暂行办法》（财综字〔1995〕5号），各省（区、市）要认真落实并相应修订完善本地区残保金具体实施办法，更好地发挥残保金对促进残疾人就业的作用。各地要大力加强残保金征收使用管理。落实征收机关的责任，完善征收措施、规范征收程序、加大征收力度，做到依法征收、应收尽收。建立责任追究制度，对擅自多征、减征、缓征残保金的，要严肃追究责任人的责任。进一步规范残保金使用管理，残保金要专项用于残疾人职业培训、奖励超比例安置残疾人单位、扶持残疾人就业相关支出，不得挪作他用。要将残保金收支纳入各级政府性基金预算管理，提高资金使用效益。

（十八）各级残联及所属残疾人就业服务机构要积极主动做好残疾人按比例就业工作。沟通协调有关部门，进一步健全规范按比例就业制度。着力抓好残疾人职业培训，提高残疾人就业能力，向用人单位主动介绍、推荐残疾人；落实对按比例和超比例安排残疾人就业单位的补贴和奖励；加强对用人单位按比例安排残疾人就业情况的年审和检查、监督，完善各项服务。

（十九）各省、自治区、直辖市、计划单列市和新疆生产建设兵团有关部门要根据本意见精神，协商制定具体实施意见，并于 2013 年 12 月 31 日前报送上级主管部门。

中共中央组织部
中央机构编制委员会办公室
财政部　人力资源和社会保障部
国务院国有资产监督管理委员会
国家公务员局
中国残疾人联合会
2013 年 8 月 19 日

集中连片特困地区交通建设扶贫规划纲要

消除贫困、改善民生是社会主义现代化建设的重大任务。改革开放以来，交通运输行业在全国范围有计划、大规模地组织实施了交通扶贫开发工作，取得了巨大成就。根据中央扶贫开发工作会议和《中国农村扶贫开发纲要（2011—2020年）》的部署要求，交通运输部组织编制《集中连片特困地区交通建设扶贫规划纲要（2011—2020年）》，进一步明确集中连片特困地区交通运输的发展目标、重点任务和政策措施，以突破制约当地经济社会发展的交通瓶颈，全面提升交通运输基本公共服务水平，为贫困地区整体脱贫致富、全面建设小康社会提供强有力的交通运输保障。

规划范围包括六盘山区、秦巴山区、武陵山区、乌蒙山区、滇桂黔石漠化区、滇西边境山区、大兴安岭南麓山区、燕山—太行山区、吕梁山区、大别山区、罗霄山区等区域的连片特困地区。规划期限为2011年至2020年。

一、发展基础

（一）经济社会发展状况

集中连片特困地区共涉及19个省（区、市）的505个县，其中包括414个扶贫开发工作重点县，180个革命老区县，195个少数民族县和28个边境县，区域面积141.3万平方公里，占国土总面积的14.7%。2010年，区域人口22813万人，占全国总人口的17%，其中乡村人口19561万人，占区域人口的85.7%。集中连片特困地区的自然条件和经济社会发展具有以下特点：

——自然条件恶劣，生态环境脆弱。集中连片特困地区大多地处偏远山区和省际交界地带，地质地形条件复杂，自然灾害频发，生存条件恶劣，大部分县属于地质灾害高发区县。同时，集中连片特困地区大多位于湖库源头、江河上游、重要的生态功能区，生态地位重要、生态环境脆弱，许多县属于全国主体功能区规划中的限制开发区县或禁止开发区县，资源开发与环境保护矛盾突出。

——资源较为丰富，开发相对滞后。集中连片特困地区具有鲜明的区域特色和比较优势，部分地区矿产、能源等资源丰富，是国家战略资源的重要接续地，部分地区旅游资源独特，是观光旅游的重要目的地。但受地理位置、资源分布、开发能力等因素影响，优势资源的开发利用尚不充分，配套设施落后，产业链条不完整，资源优势尚未转化为发展优势。

——经济社会发展落后，自我发展能力薄弱。集中连片特困地区是全国经济社会发展最为滞后的地区，是区域发展最为薄弱的地区。2010 年，集中连片特困地区生产总值为 20894 亿元、仅占全国的5. 2%，地方预算内财政收入 961 亿元；人均地区生产总值和人均地方预算内财政收入分别为 9159 元和 421 元，仅为全国平均水平的 30. 5%和 13. 9%。这些地区产业结构普遍单一，工业发展缓慢，自我发展能力十分薄弱。

——贫困面广泛，贫困程度较深。2010 年，集中连片特困地区农民人均纯收入 3410 元，仅为全国平均水平（5919 元）的 57. 6%；收入在 2300 元以下的贫困人口为 7753 万人，约占区域农村人口的39. 6%。贫困地区基础设施和社会事业严重滞后，行路难、饮水难、住房难、就医难、上学难、增收难、社会保障水平低等问题突出，已脱贫解困人口抵御风险的能力严重不足，因灾因病返贫时有发生。

——致贫因素复杂，交通瓶颈突出。影响和制约集中连片特困地区发展的因素复杂、不尽相同，有的片区主要是资源性缺水问题，有的片区的突出矛盾是工程性缺水问题，有的片区的突出问题是人、畜、草的矛盾问题，贫困问题存在着区域性、综合性和复杂性的特征。但交通发展滞后，交通基础设施建设欠账多，对内对外交通不便是所有集中连片特困地区的共性瓶颈制约和突出矛盾。

集中连片特困地区主要经济指标见附表 1。

（二）交通运输发展现状及存在问题

改革开放以来，集中连片特困地区交通基础设施建设取得了较大进展，由高速公路、干线铁路、民航机场为骨架的综合运输网络正在形成，部分片区还拥有一定数量具备通航条件的内河航道。集中连片特困地区大都远离中心城市，多为山大沟深之地，公路运输是当地最主要甚至是唯一的运输方式。截至 2010 年底，集中连片特困地区公路网总里程约 92. 4 万公里，公路密度 65. 4 公里/百平方公里；区域高速公路 10285 公里，二级及以上公路 55247 公里，分别是 2000 年的 14. 4 倍和 3. 8 倍；国省干线公路 88135 公里，初步形成了以区域内主要城市为中心、向周边县城辐射的干线公路网络。目前 9127 个乡镇中已有 95. 4%通沥青（水泥）路；132650 个建制村中，通公路的占 98. 2%，通沥青（水泥）路的占 57. 5%，贫困地区通乡公路得到极大改观，通村公路明显改善。集中连片特困地区公路网现状主要指标见附表 2。

虽然集中连片特困地区交通运输取得了长足发展，但与经济社会发展和尽快脱贫致富的要求相比，还存在较大差距，突出表现在以下四个方面。

一是对外通道不畅，高速公路断头路较多。国家高速公路是集中连片特困地区重要的对外通道，但目前各片区内的国家高速公路大多未全线贯通，高速公路断头路的存在造成片区与外部的沟通联系不够便捷，制约了区位优势和资源优势的发挥。

二是国省干线规模偏小，技术等级偏低。集中连片特困地区国省干线公路占公路网总里程的 9.5%，低于全国平均水平 1.3 个百分点。现有普通国道、省道中二级及以上公路比例分别为 60.9%、44.1%，分别比全国平均水平低 15.9 个和 20 个百分点；沥青（水泥）混凝土路面铺装率分别为 80%、62.5%，分别比全国平均水平低 8.3 个和 11 个百分点。

三是农村公路水平不高，防灾抗灾能力薄弱。截至 2010 年底，集中连片特困地区仍有 419 个乡镇、56367 个建制村未通沥青（水泥）路，分别约占全国未通沥青（水泥）路乡镇、建制村总数的 30.5% 和 45%。农村公路以四级公路和等外公路为主，安全防护等设施普遍缺乏，防灾抗灾能力低下。县乡公路等级低、路况差，与周边干线公路和县城连接不畅，尚不能满足旅游、矿产等资源开发需求。

四是客货运输发展滞后，基本公共服务均等化水平亟待提高。2010 年，集中连片特困地区仅有 46.8% 的乡镇设有等级客运站，18.2% 的建制村设有汽车停靠点（招呼站或候车亭牌）。乡镇、建制村客运班车通达率分别为 94.6% 和 67%，明显低于全国 98.1% 和 90.1% 的平均水平。现有县城客运站普遍等级低、设施旧，服务水平落后，乡镇物流配送站点缺乏，货物运输服务基本处于自发和无序状态。

此外，区域综合交通运输体系建设进程较慢，内河航道技术等级偏低，码头作业能力有限，受库区建设、水电开发等影响，内河航道难以实现常年全线畅通。

受自然条件、自身发展能力等因素制约，集中连片特困地区交通运输发展面临着一些特殊困难。一是建养成本高。集中连片特困地区地形地质条件复杂，生态保护要求高，公路建设施工难度大，导致公路基础设施建设养护成本高。二是地方财力弱。集中连片特困地区地方财政自给率低，主要依靠中央财政转移支付，自我发展能力严重不足。交通建设资金地方配套能力弱，农村公路建设资金主要依靠中央和省（区、市）政府补助，特别是缺少稳定、充足的养护资金来源，公路交通发展面临沉重的资金压力。三是融资难度大。由于集中连片特困地区地理位置相对偏远，交通需求相对较小，且分布零散，交通基础设施建设投资回报率低，难以吸引社会投资，融资困难。

二、发展要求

当前我国扶贫开发已经从以解决温饱为主要任务的阶段转入巩固温饱成果、加快脱贫致富、改善生态环境、提高发展能力、缩小发展差距的新阶段。中央扶贫工作会议明确提出，扶贫开发是一项长期而重大的任务，要以更大的决心、更强的力度、更有效的举措，扎扎实实做好扶贫开发各项工作，把集中连片特困地区作为扶贫攻坚主战场，把稳定解决扶贫对象温饱、尽快实现脱贫致富作为首要任务，坚持政府主导，坚持统筹发展，更加注重转变经济发展方式，更加注重增强扶贫对象自我发展能力，更加注重基本公共服务均等化，更加注重解决发展的突出问题，努力推动贫困地区经济社会更好更快发展，总体目标是贫困地区农民人均纯收入增长幅度高于全国平均水平，基本公共服务主要领域指标接近全国平均水平。

贯彻落实好中央关于扶贫开发的总体要求和实现脱贫致富的总目标，对交通扶贫提出了新的要求，主要体现在以下方面：

1. 把集中连片特困地区作为交通扶贫攻坚的主战场，打好交通扶贫攻坚战。集中连片特困地区交通运输发展基础薄弱，是全国交通运输发展的短板，其发展事关区域经济社会的协调发展和全面建设小康社会目标的实现。必须转变扶贫思路和方式，集中各方面力量，加大支持力度，在制定政策、分配资金、安排项目时向集中连片特困地区倾斜，为实现扶贫开发目标提供交通保障。

2. 加快交通基础设施建设，提高扶贫开发保障能力。交通基础设施建设既是集中连片特困地区经济建设和扶贫攻坚的重要内容，也是支撑和引导贫困地区空间布局、产业结构调整、加快城镇化进程，全面推进扶贫攻坚各项任务的重要基础保障。必须把交通基础设施建设放在优先地位，结合贫困地区的发展基础和特点，着力解决制约贫困地区交通发展的突出问题，加快构建连通内外、覆盖城乡的交通基础设施网络，进一步提升交通对集中连片特困地区经济社会发展、加快脱贫致富的支撑保障能力。

3. 推进交通运输基本公共服务均等化，着力保障和改善民生。保障和改善民生是一切工作的出发点和落脚点，是加快经济发展、促进社会和谐的重要结合点，也是交通运输发展的重要任务。尽快改变集中连片特困地区交通发展落后面貌，提高交通运输基本公共服务能力，要求交通基础设施建设向贫困地区延伸，向贫困人口覆盖，着力改善贫困地区的基本出行条件，让贫困人口共享交通运输发展成果；要求与推进城镇化、社会主义新农村建设相结合，加强农村公路基础设施及客货运输服务体系建设，为教育、科技、卫生、文化等各项社会事业发展提供支撑，不断提高城乡居民生活水平，促进社会和谐发展。

4. 加强生态环境保护和安全能力建设，促进可持续发展。必须充分考虑集中连片特困地区自然条件特点，把生态建设和环境保护作为区域交通发展的基本前提，把发展绿色交通作为重要任务，灵活确定适宜当地特点的技术标准和指标，集约节约利用资源。必须坚持安全发展的理念，在注重主体工程建设的前提下，加强安全防护设施建设，不断提高交通基础设施安全水平，确保人民群众安全、便捷出行。

三、指导思想

集中连片特困地区交通建设扶贫的指导思想是：高举中国特色社会主义伟大旗帜，以邓小平理论和“三个代表”重要思想为指导，深入贯彻落实科学发展观，以开发式扶贫为导向，以解决制约贫困地区交通运输发展瓶颈问题、推进交通运输基本公共服务均等化为主攻方向，统筹规划、突出重点、循序推进、讲求实效，进一步强化交通基础设施建设，大力提升运输服务能力和水平，着力提高交通运输抗灾和应急保障能力，集中连片特困地区交通运输发展基本适应经济社会发展的要求，为贫困地区与全国同步进入全面小康社会提供强有力的交通运输保障。

集中连片特困地区交通建设扶贫坚持以下基本原则：

1. 统筹规划，服务全局。紧紧围绕国家扶贫开发总目标和扶贫工作总体要求，认真做好集中连片特困地区交通扶贫规划，并与交通运输“十二五”发展规划和相关专项规划相衔接，努力改善贫困地区的交通运输条件，服务区域经济社会发展和全面建设小康社会全局。

2. 突出重点，提升能力。把交通基础设施建设作为交通扶贫工作的重点，把农村公路作为基础设施建设的重中之重，集中力量解决最突出的矛盾、最迫切的问题，大力推进农村公路和干线公路建设，注重扩大城乡客货运输覆盖范围，注重推进交通运输基本公共服务均等化，提高公路防灾抗灾能力，提升运输服务效率和水平。

3. 因地制宜，循序推进。坚持分类指导，充分考虑片区的自然条件、发展能力、环境承载力和经济社会发展特点，实事求是、尽力而为、量力而行，因地制宜地确定好片区发展目标。处理好需要与可能、近期与远期的关系，合理安排好“十二五”和“十三五”期的建设内容，做好相关项目的资金配套和前期工作，扎实有序地推进项目实施。

4. 讲求实效，合力攻坚。紧紧围绕规划目标和建设任务，着力推进各项工作，狠抓落实、务求实效。充分发挥中央和地方的积极性，按照“中央统筹、省负总责、县抓落实”的要求，明确地方政府的责任主体地位，各司其职、各负其责，齐心协力、合力攻坚，全面推进交通扶贫目标的实现。

四、发展目标

（一）总体目标

到2020年，集中连片特困地区的国家高速公路基本建成，具备条件的县城通二级及以上公路，具备条件的乡镇和建制村通沥青（水泥）路、通班车，基本建立农村物流服务体系，城乡客货运输服务效率明显改善，农村公路服务水平和防灾抗灾能力明显提高，交通安全和应急保障能力显著增强。集中连片特困地区“外通内联、通村畅乡、班车到村、安全便捷”的交通运输网络基本形成，交通运输基本公共服务主要指标接近全国平均水平，适应区域经济社会发展和全面建设小康社会的总体要求。

（二）“十二五”目标

——干线公路框架基本形成。基本建成原国家高速公路路段，县城通二级及以上公路比例达到98%；调整后的国道二级及以上公路比例达到65%，沥青（水泥）混凝土路面铺装率达到70%。

——农村公路通畅水平显著提升。具备条件的乡镇和85%的建制村通沥青（水泥）路。

——客货运输服务水平明显提高，班车服务城乡的范围进一步扩大。县城客运站条件明显改善；85%的乡镇建有等级客运站；80%的建制村建有汽车停靠点（招呼站或候车亭牌）。具备条件的乡镇和85%的建制村通班车；结合农村客运站点建设的农村邮政物流得到快速发展，农村客货运输效率和服务水平明显提升。

——公路安全水平和应急保障能力进一步提高。农村公路上的安全防护设施、桥涵等构造物逐步配套，安全性明显提高。国省干线公路安全监管和应急保障信息化程度显著提高，能力进一步增强。

集中连片特困地区2015年、2020年公路交通主要发展指标见下表。

集中连片特困地区公路交通主要发展指标

指标	2010年	2015年	2020年
具备条件的县城通二级及以上公路比例（%）	83.4	98	100
国道①二级及以上公路比例（%）	49.6	65	80
国道①沥青（水泥）混凝土路面铺装率②（%）	54.5	70	85
具备条件的乡镇通沥青（水泥）路比例（%）	95.4	100	100
具备条件的建制村通沥青（水泥）路比例（%）	57.5	85	100
乡镇拥有等级客运站比例（%）	46.8	85	100
建制村建有汽车停靠点（招呼站、候车亭牌）比例（%）	18.2	80	100
具备条件的乡镇客运班车通达率（%）	94.6	100	100
具备条件的建制村客运班车通达率（%）	67.0	85	100

注：① 国道指《国家公路网规划》确定的国道；

② 沥青（水泥）混凝土路面不包括沥青贯入、沥青碎石和沥青表面处治等路面。

五、重点任务

（一）加强基础设施建设

交通扶贫基础设施建设的重点领域包括三个方面：一是加强对外通道建设，进一步优化对外通道布局，以国家高速公路、国家区域规划确定的重点项目和普通国道建设为重点，全面提高片区对外通道的运输能力。二是加强内部公路网络建设，以省道为主，打通省际、县际断头路，完善区内路网，有重点地建设一批连接重要资源开发地与旅游景区、对经济发展有突出作用的公路，增加区域发展能力。三是加强农村公路建设，加快乡镇、建制村通沥青（水泥）路建设，同步建设必要的安全防护设施和中小桥梁，健全农村客运站场体系，提高农村公路服务质量、安全水平和防灾抗灾能力，并注重生态建设和环境保护。

——高速公路方面，主要任务是以国家高速公路为建设重点，打通重要通道的断头路和瓶颈路段，有序推进新增国家高速公路和国务院批准的区域规划内明确的高速公路建设，尽快建成区域内国家高速公路网。“十二五”期间，建设规模约 1.07 万公里；“十三五”期间，基本建成新增国家高速公路和国务院批准的区域规划内明确的高速公路。

——国省干线公路方面，主要任务是着力提高国省道中二级及以上公路比例，加强通县二级公路建设，强化制约贫困地区经济发展的瓶颈路段建设，加强各片区内部及其与周边区域联系的干线公路建设，“十二五”期的建设规模约 2.9 万公里；“十三五”期间，进一步加大普通国道和省道的建设力度，提升干线公路的服务能力和水平。

——农村公路方面，主要任务是重点推进建制村通沥青（水泥）路建设，同步建设必要的安全防护设施和中小桥梁。“十二五”期分别建设通乡镇、通建制村沥青（水泥）路 1.07 万公里和 22.2 万公里，解决 419 个乡镇、39164 个建制村的通畅问题；改造农村公路中桥以上危桥；以加强县乡连通、促进资源和旅游开发为重点，加快县乡公路改造，建设一批对贫困地区经济社会发展有重要作用的县际出口路、旅游路、资源开发路，建设规模为 1.7 万公里。“十三五”期间，继续推进剩余具备条件的建制村通沥青（水泥）路建设，加大县乡道建设改造的支持力度，逐步消除断头路；加强农村公路安全防护设施建设，提高农村公路网络整体安全水平和抗灾能力。

——公路客货运输场站方面，主要任务是加快县城老旧客运站改造，依托农村公路建设同步推进乡镇等级客运站、建制村汽车停靠点（招呼站或候车亭牌）建设，尽快形成以县级客运站为龙头、以乡镇客运站为重点，以建制村汽车停靠点（招呼站或候车亭牌）为辅助，多层次、高效率的农村客运站场体系。“十二五”期间，支持一批建成 10 年以上、亟需改造或迁建，且具备建设用地条件的老旧县级客运站建设，合计 272 个；建成 4007 个乡镇等级客运站和 82858 个建制村汽车停靠点（招呼站或候车亭牌）；加强县乡客运站、农村货运站与农村邮政局所的有机结合，适当拓展农村交通基础设施服务功能。“十三五”期间，继续推进具备条件的县级客运站改造、乡镇等级客运站和建制村汽车停靠点

（招呼站或候车亭牌）建设，结合县乡客运站和邮政配送体系建设，统筹协调，建立起功能较为齐备的货运服务体系，实现乡镇物流节点的广泛覆盖。

——内河水运方面，主要任务是加强具备条件的地区的对外水运通道建设，进一步完善区域内重要航道及库（湖）区水运基础设施，推进内河港口规模化、专业化发展，进一步适应区域物资水上运输需要，方便人民群众安全便利出行。“十二五”期间，改善、新增3633公里航道，新增121个码头泊位。

集中连片特困地区交通基础设施建设任务见附表3至附表6。

（二）提升运输服务能力和水平

——客运服务网络。在推进建制村通沥青（水泥）路的同时，大力推进建制村通班车工程，提高农村地区交通运输基本公共服务均等化水平。按照“以城促乡、城乡协调”的原则，统筹城乡客运发展，依托农村客运现有班线，支持城镇化水平较高和居民出行密度大的地区推行农村客运公交化改造。

——货运及物流服务网络。推进农村生产生活资料配送网络建设，充分发挥农村客运班线分布广的优势，推进片区公路客运班车带运小件邮件、快件试点，拓展快递物流服务。在现有运输服务设施基础上，整合信息、运力资源，推进与物流相配套的运输场站、仓储、信息平台等设施建设。发挥邮政系统在农村地区的基础网络体系、认知度和市场占有率优势，支持邮政企业全面参与农村物流网络建设，积极开展运邮合作和连锁配送业务。

六、政策措施

1. 加强组织领导，强化实施管理。

各省（区、市）要按照“中央统筹、省负总责、县抓落实”的要求，加强领导、精心组织，进一步明确责任，将工作任务分解到各个方面，有计划、有步骤地加以落实，确保组织到位、责任到位、投入到位、措施到位。各级交通运输主管部门要主动作为，切实落实责任，认真做好交通扶贫建设项目的前期工作，规范办事程序，提高工作效率。加强建设项目的组织管理，严格工程质量，积极做好沟通协调，确保规划顺利实施。

2. 加大投资力度，加强政策倾斜。

进一步加大车购税资金对交通扶贫的支持力度，扩大资金规模、提高补助标准，积极争取中央代发地方债和中央预算内资金加大对交通扶贫项目的投入。加大各级地方财政对交通的投资力度，实施优惠的税收和土地政策等支持普通公路建设，统筹使用各级各类扶贫资金并向交通扶贫建设项目倾斜。结合新农村建设和一事一议制度，鼓励农民自愿投工投劳投资参与交通扶贫建设，积极争取以工代赈资金用于农村公路建设，鼓励企业、个人捐资捐助支持交通建设。

3. 重视养护管理，提升服务水平。

加强高速公路和国省干线公路养护管

理，保障干线公路正常的通行能力和服务水平。要结合本地区实际，落实好农村公路养护管理的责任主体、机构人员和养护资金，要因势利导，因地制宜，克服困难，不断推动农村公路管养工作常态化、规范化，努力实现“有路必养”，确保农村公路完好畅通。

4. 强化科技创新，注重人才培养。

要强化科技创新能力建设，加强对贫困地区公路建设、灾害防治、绿色环保、安全应急等技术的研究，加快新技术在集中连片特困地区的推广应用。在建设过程中注重生态建设和环境保护，灵活选用适宜当地特点的技术指标，集约节约利用土地资源。建立人才交流培训机制，部与相关省区市加强对集中连片特困地区基层公路建设、管理、养护等交通专业技术人才的培训，进一步帮助贫困地区培养交通建设技术、管理人才。

5. 加强监督检查，做好交流宣传。

建立健全交通扶贫规划执行的监督检查机制，加强建设项目决策、资金使用管理、工程建设进度、质量等方面的监督检查力度。强化审计监督，确保交通扶贫建设资金高效、安全、廉洁运行。建立并完善交通扶贫统计制度，加强交通扶贫建设情况的统计监测、分析评估，准确、及时、全面掌握片区贫困状况和规划实施情况，反映交通扶贫开发工作成效。各片区之间以及片区内各省（区、市）之间加快构建协调（协作）机制，加强沟通合作与经验交流。广泛宣传交通扶贫的政策、成就、经验和典型事迹，营造政府部门、社会力量和广大群众共同支持和参与交通建设的良好氛围，打好新一轮交通扶贫开发攻坚战。

2013 年 8 月 26 日

附表 1　集中连片特困地区主要经济社会指标（2010 年）

地区	面积（万平方公里）	总人口（万人）	乡村人口（万人）	人均收入 2300 元以下贫困人口（万人）	GDP（亿元）	人均 GDP（元）	地方预算内财政收入（亿元）	农民人均纯收入（元）
全国	960	134091	67113	12800	401202	29992	40613	5919
片区合计	141. 34	22813. 2	19561. 4	7753	20894. 1	9159	961	3410
六盘山区	16. 59	2125. 4	1835	1107. 7	1769	8323	54. 3	3037
秦巴山区	22	3556	2958	1057	3682	10354	155. 5	3454
武陵山区	16. 31	3418. 9	3009. 5	1347. 6	3088. 1	9032	153. 8	3347
乌蒙山区	10. 84	2287	2001. 4	887	1651. 1	7220	106. 7	3209
滇桂黔石漠化区	20. 04	2935. 2	2589. 1	1006. 5	2383. 5	8120	138. 3	3279
滇西边境山区	19. 33	1521	1341. 8	625. 8	1392. 7	9156	87. 1	2936

续表

地区	面积（万平方公里）	总人口（万人）	乡村人口（万人）	人均收入2300元以下贫困人口（万人）	GDP（亿元）	人均GDP（元）	地方预算内财政收入（亿元）	农民人均纯收入（元）
大兴安岭南麓山区	11.32	706.7	504.8	232	815.6	11541	28	3228
燕山—太行山区	9.27	1097.5	917.6	374	1308.7	11924	53.5	3160
吕梁山区	3.61	402.8	340.4	191.5	397.2	9861	14.7	2742
大别山区	6.73	3657.3	3128	634	3297.4	9016	102.3	4229
罗霄山区	5.3	1105.4	935.8	290.2	1108.8	10031	66.8	3518

附表2　集中连片特困地区公路网发展主要指标（2010年）

地区	公路网（公里）	国省道（公里）	农村公路（公里）	二级及以上公路比例（%）	三、四级公路比例（%）	等外公路（公里）	沥青（水泥）混凝土路面铺装率（%）	国道沥青（水泥）混凝土路面铺装率（%）	省道沥青（水泥）混凝土路面铺装率（%）	乡镇通畅率（%）	建制村通达率（%）	建制村通畅率（%）
全国	4008229	433882	3574347	11.2	71.3	703520	47.9	88.3	73.5	96.6	99.2	81.7
片区合计	924253	88135	836118	6	68	240602	33.3	80	62.5	95.4	98.2	57.5
六盘山区	85240	9239	76001	6.7	66.3	22977	20.1	73.2	50.5	97.5	99.0	43.7
秦巴山区	182592	13754	168838	6	72.8	38687	44.5	93.2	76.8	97.0	97.3	48.4
武陵山区	148035	11895	136140	5.2	62.3	48074	35.4	86.1	54.9	98.2	99.0	61.7
乌蒙山区	73855	6641	67214	2.7	60.2	27419	12.5	43.2	56.7	78.9	95.5	24.2
滇桂黔石漠化区	111834	11950	99884	7.8	55.9	44102	8.8	58.7	28.8	97.0	97.5	30.8
滇西边境山区	93845	12581	81265	3.6	65.9	28686	16.4	68.7	62.5	85.9	97.7	18.6
大兴安岭南麓山区	35050	3103	31947	7.7	79.7	4948	58.9	86.8	74.5	98.1	98.9	76.8
燕山—太行山区	49188	6152	43036	10.8	82.7	3196	64.5	98.4	97.5	100.0	99.9	92.6
吕梁山区	24804	2245	22559	7.9	87.6	1112	46.0	97.8	90.2	100.0	98.4	70.6
大别山区	81378	6542	74836	8.6	75	13369	44.6	94.3	81.4	100.0	99.7	99.3
罗霄山区	38431	4033	34398	8.3	70.8	8032	58.5	92.0	68.4	100.0	97.8	87.1

附表3　“十二五”期集中连片特困地区高速公路及国省干线建设规模

片　区	高速公路（公里）	国省干线（公里）
合计	10702	29024
六盘山区	1139	2086
秦巴山区	1902	4759

续表

片　区	高速公路（公里）	国省干线（公里）
武陵山区	1063	3012
乌蒙山区	1026	1979
滇桂黔石漠化区	1528	3863
滇西边境山区	760	2053
大兴安岭南麓山区	719	1860
燕山—太行山区	979	2268
吕梁山区	613	1084
大别山区	215	4682
罗霄山区	758	1378

附表4　“十二五”期集中连片特困地区农村公路建设规模

片区	乡镇通畅工程		建制村通畅工程		县乡公路改造
	解决乡镇数（个）	建设规模（公里）	解决建制村数（个）	建设规模（公里）	建设规模（公里）
合计	419	10689	39164	222269	17200
六盘山区	24	694	5247	25480	1740
秦巴山区	56	1181	8733	42742	2470
武陵山区	25	766	7876	46058	1830
乌蒙山区	193	3790	4481	24402	1090
滇桂黔石漠化区	33	854	6492	37580	2280
滇西边境山区	83	3244	2975	27928	1600
大兴安岭南麓山区	5	160	395	3160	1110
燕山—太行山区	0	0	574	4652	1300
吕梁山区	0	0	1505	4880	1150
大别山区	0	0	97	341	1540
罗霄山区	0	0	789	5046	1090

附表5　“十二五”期集中连片特困地区公路运输场站建设规模

片区	县级站		乡级站		村级站	
	县数（个）	建设规模（个）	乡镇数（个）	建设规模（个）	建制村数（个）	建设规模（个）
合计	505	272	9127	4007	132650	82858
六盘山区	61	40	970	339	14135	8021

续表

片区	县级站		乡级站		村级站	
	县数（个）	建设规模（个）	乡镇数（个）	建设规模（个）	建制村数（个）	建设规模（个）
秦巴山区	75	40	1889	688	24852	16580
武陵山区	64	34	1410	846	23766	14350
乌蒙山区	38	20	913	548	9629	6355
滇桂黔石漠化区	80	41	1116	546	15000	10296
滇西边境山区	56	28	588	118	5786	3525
大兴安岭南麓山区	19	11	266	88	2736	2190
燕山—太行山区	33	17	519	187	9585	3527
吕梁山区	20	11	258	130	6306	4027
大别山区	36	18	742	360	14750	11447
罗霄山区	23	12	456	157	6105	2540

附表6　“十二五”期集中连片特困地区内河水运建设规模

片区	改善或新增航道里程（公里）				新增码头泊位（个）		
	三级	四级	五级	六级	100吨级	300吨级	500吨级
合计	443	2202	859	129	4	78	39
六盘山区	0	0	270	0	4	0	0
秦巴山区	201	220	164	0	0	40	0
武陵山区	65	764	34	21	0	0	17
滇桂黔石漠化区	0	800	277	108	0	15	0
滇西边境山区	0	250	114	0	0	23	8
大别山区	177	168	0	0	0	0	14

国家卫生计生委办公厅关于开展2013年百万贫困白内障患者复明工程项目的通知

各省、自治区、直辖市卫生厅局（卫生计生委）、残联，新疆生产建设兵团卫生局、残联：

根据《财政部　卫生计生委关于下达2013年重大公共卫生服务项目补助资金的通知》（财社〔2013〕146号），国家卫生计生委和中国残联在2013年继续实施“百万贫困白内障患者复明工程”项目，对贫困白内障患者实施复明手术，并由中央财政对手术费用进行补助。现将有关事宜通知如下：

一、2013年全国项目手术任务为12.5万例。国家卫生计生委和中国残联根据各地贫困人口数量、防盲治盲工作基础和前期项目执行情况，确定了2013年度项目手术数量分配（见附件1，不含北京市、天津市、上海市和安徽省）。2013年度项目任务须于2014年5月底前完成。

二、2013年项目实施所需经费由中央和地方共同承担。中央财政对贫困白内障患者手术费用给予补助。2013年中央财政为每例患者补助手术费用800元。各级卫生（卫生计生）行政部门和残联要积极协调地方财政部门给予手术经费和工作经费补助，以进一步减轻患者负担，保障项目工作顺利开展。

三、省级卫生（卫生计生）行政部门和残联要按照《关于“十二五”期间实施“百万贫困白内障患者复明工程”项目的通知》（卫医政发〔2012〕51号，以下简称《通知》）和本通知要求，结合实际，完善项目工作制度和程序，尽快启动本省（区、市）项目工作，采取有效措施保障项目手术质量，确保按时完成项目年度任务。各省级卫生（卫生计生）行政部门要继续加强对定点医院信息上报工作的督促和指导，并于每月5日前将本省（区、市）上月项目执行进度表（附件2）报送至国家卫生计生委医政医管局。

四、北京市、天津市、上海市和安徽省卫生（卫生计生）行政部门和残联要根据《通知》要求，自行组织开展本地区的贫困白内障患者复明工作，并于每年12月20日前将当年工作总结书面报送国家卫生计生委医政医管局和中国残联康复部。

国家卫生计生委、中国残联将对各地项目实施情况进行不定期检查，各地在项目实施过程中发现的问题请及时报送。

国家卫生计生委医政医管局联系人：张　睿

联系电话：010—68792785

传真：010—68792792

中国残联康复部联系人：孟晓

联系电话：010—66580397

传真：010—66580086

附件 1. 2013 年“百万贫困白内障患者复明工程”项目手术任务分配表

2. 2013 年“百万贫困白内障患者复明工程”项目执行进度表

国家卫生计生委办公厅

中国残联办公厅

2013 年 11 月 6 日

附件 1

2013 年“百万贫困白内障患者复明工程”项目手术任务分配表

省（市、区）	贫困白内障患者复明手术任务（手术例数）
河北省	12000
山西省	6000
内蒙古自治区	1000
辽宁省	5000
吉林省	5000
黑龙江	7000
江苏省	1000
浙江省	1000
福建省	1000
江西省	3000
山东省	12000
河南省	10000
湖北省	7000
湖南省	12000
广东省	2000
广西壮族自治区	2000
海南省	2000
重庆市	5000
四川省	5000
贵州省	4000
云南省	5000
西藏自治区	1000
陕西省	5000
甘肃省	5000
青海省	2000
宁夏回族自治区	2000
新疆维吾尔自治区	1500
新疆生产建设兵团	500
合　计	125000

附件 2

2013 年“百万贫困白内障患者复明工程”项目执行进度表
省（自治区、直辖市）卫生厅局（盖章）

项目执行时间段：2013 年____月

类　别	当月筛查例数 ①	当月手术例数 ②	累计筛查例数 ③	累计手术例数 ④	总任务量 ⑤	项目执行进度 ④/⑤
例　数						

填表人：　　　　填表时间：　　　　联系电话：

注：1. 本表每月上报一次，报送上月项目执行情况。

2. 请于每月 5 日前报送本表。

关于印发2013年贫困地区新生儿疾病筛查项目方案的通知

国卫办妇幼函〔2013〕384号

河北省、山西省、内蒙古自治区、吉林省、黑龙江省、安徽省、江西省、河南省、湖北省、湖南省、广西壮族自治区、重庆市、四川省、贵州省、云南省、西藏自治区、陕西省、甘肃省、青海省、宁夏回族自治区、新疆维吾尔自治区卫生厅局（卫生计生委）、残联：

为贯彻落实《中国儿童发展纲要（2011—2020年）》和《中国农村扶贫开发纲要（2011-2020年）》，尽早发现贫困地区新生儿遗传代谢疾病和新生儿听力障碍疾患儿童，降低儿童智障和听力残疾发生率，提高人口素质，决定在你省（区、市）开展贫困地区新生儿疾病筛查项目。现将《2013年贫困地区新生儿疾病筛查项目方案》（可从国家卫生计生委网站妇幼健康频道儿童卫生栏目下载）印发给你们，请认真贯彻落实。

国家卫生计生委办公厅

中国残联办公厅

2013年11月9日

2013年贫困地区新生儿疾病筛查项目方案

为尽早发现贫困地区新生儿遗传代谢病和新生儿听力障碍患儿，降低儿童智障和听力残疾发生率，提高人口素质，2013年，利用中央财政专项补助经费，实施贫困地区新生儿疾病筛查补助项目。

一、项目目标

（一）总体目标。尽早发现项目省（区、市）贫困地区新生儿遗传代谢病苯丙酮尿症（PKU）、先天性甲状腺功能减低症（CH）和新生儿听力障碍患儿，降低儿童智障和听力残疾发生率，提高人口素质，促进新生儿疾病筛查服务网络建立和完善。

（二）具体目标。

1. 为49万例新生儿开展两种遗传代谢病（PKU和CH）筛查及新生儿听力筛查。

2. 对确诊为苯丙酮尿症和永久性听力障碍的儿童实施康复救助。

3. 项目地区新生儿父母对新生儿疾病筛查知晓率达60%以上。

二、项目范围和内容

（一）项目范围和对象。21个省（区、市）14个国家集中连片特殊困难地区200个县的农村户籍新生儿。具体任务数见附件1。

（二）项目内容。

1. 健全新生儿遗传代谢病和新生儿听力筛查网络，组织开展新生儿遗传代谢病和新生儿听力筛查工作。

2. 广泛开展社会动员及宣传活动。通过电视、广播、报纸、网络、宣传标语等途径，开展项目相关政策和新生儿健康知识宣传，使社会各界认识到新生儿疾病筛查的重要意义，为项目顺利实施营造良好社会氛围。

3. 开展项目管理和技术培训。对各级筛查相关人员进行血片采集、实验室检测、听力初筛和复筛、诊断、转介、康复、召回、信息管理等专题培训，提高项目管理水平和服务提供能力。

4. 开展多种形式的健康教育活动。采血、筛查、诊断机构通过发放宣传折页、开设健康讲座等方法向准备怀孕或已怀孕妇女传播新生儿疾病筛查重要性和筛查技术、流程等，提高目标人群对新生儿疾病筛查的知晓度和接受度。

5. 开展新生儿遗传代谢病血片采集、实验室检测和确诊工作。新生儿遗传代谢病采血机构做好血片采集、保存、送检等工作，筛查中心做好实验室检测、阳性病例确诊等工作，为确诊儿童提供治疗建议。

6. 开展新生儿听力筛查、听力障碍确诊工作。筛查机构做好新生儿听力的初筛、复筛、转诊及追访等工作，诊治机构做好新生儿听力障碍的诊断、治疗、追访、咨询等工作，为确诊儿童提供治疗和听力语言康复建议。

7. 对确诊为苯丙酮尿症的儿童纳入新农合重大疾病医疗保障给予康复救助，对确诊为永久性听力障碍的儿童纳入国家贫困聋儿康复救助项目实施康复救助。

8. 开展质量控制与评估。组织专家开展项目督导和效果评估，了解新生儿疾病筛查的开展情况，并对有关筛查和诊治人员进行技术指导。

三、项目组织实施

（一）组织保障。

1. 各级卫生（卫生计生）行政部门与残联部门建立定期沟通协商工作机制，研讨项目实施中重大问题和信息沟通。国家级负责制订项目方案、确定工作目标、组织国家级督导，及时研究解决项目实施中的问题。省级负责本省（区、市）的项目组织、实施和监督指导，制订具体实施方案。市（地）、县（区）级负责本辖区项目组织管理和具体实施，确保项目实施进度和质量。

2. 各级在妇幼保健院成立项目管理办公室，指定专门机构和专人负责辖区内项目管理工作，包括经费管理、人员培训、健康教育、监督指导、信息收集和报送等。

3. 各级成立专家技术指导组，为卫生（卫生计生）行政部门决策提供意见和建议，并按照项目统一要求，为项目培训、健康教育和质量控制提供技术指导。

（二）相关机构职责。

从事新生儿疾病筛查、诊治机构必须严格按照《新生儿疾病筛查技术规范（2010 版）》有关要求，科学规范开展相关工作。

1. 新生儿遗传代谢病采血机构：规范开展新生儿遗传代谢病筛查血片采集和相关信息采集，并按规定将血片递送至新生儿遗传代谢病筛查中心检验；加强对机构内血片采集人员的管理和培训。

2. 新生儿遗传代谢病筛查中心：开展新生儿遗传代谢病筛查实验室检测、可疑阳性病例召回、阳性患儿诊断和随访以及筛查人员培训、健康教育等工作，建立规范的实验室质量控制体系，确保筛查质量。每季度向各项目县项目管理办公室反馈筛查人数、阳性患儿数、确诊人数等信息。

3. 新生儿听力筛查机构：开展新生儿听力初筛、复筛、转诊及追访等工作；做好新生儿听力筛查基本信息的登记、统计和上报；开展新生儿听力筛查的人员培训和宣传教育；新生儿听力筛查机构应当每月向各项目县项目管理办公室上报筛查人数、阳性患儿数。

4. 新生儿听力障碍诊治机构：开展新生儿听力障碍的诊断、治疗、追访、咨询以及康复救治知情同意等工作；做好新生儿听力障碍诊断相关信息的登记、统计和上报；开展新生儿听力障碍诊断的人员培训和宣传教育等工作。对确诊为永久性听力障碍的儿童要及时反馈项目县项目管理办公室，由项目县项目管理办公室将确诊儿童信息及时转介到本县残联。

5. 听力语言康复机构：按照幼儿发展规律及听力障碍儿童的特殊要求，对确诊为永久性听力障碍的儿童开展听力干预和康复工作。

（三）信息管理。

县（区）级妇幼保健院项目管理办公室应当做好项目的基础信息统计、分析和管理工作，经卫生（卫生计生）行政部门确认同意后，每季度由妇幼保健院逐级上报上级妇幼保健院，由省妇幼保健院报全国妇幼卫生监测办公室，统计分析后报国家卫生计生委妇幼司。

县（区）级残联要做好听力障碍儿童听力干预及康复安置信息统计、分析和管理工作，按季度逐级报送市（地）级、省（区、市）级残联，省（区、市）级残联审核汇总后上报中国聋儿康复研究中心，中国聋儿康复研究中心审核汇总后上报中国残联。

各级卫生（卫生计生）行政部门与残联部门共享听力障碍儿童诊断、转介及康复等信息。卫生（卫生计生）部门发现并确诊听力障碍患儿及时协调残联进行康复，残联部门应当定期将听力障碍儿童诊断、转介及康复等信息报告同级卫生（卫生计生）行政部门。

四、经费保障与管理

（一）中央财政为新生儿疾病筛查提供专项补助资金，1 个新生儿补助 120 元，其中两种遗传代谢病筛查补助 50 元、听力筛查补助 70 元。补助经费分配使用标准由各省（区、市）自行确定。

（二）中央财政对确诊为永久性听力障碍的儿童开展听力干预和康复工作提供补助资金，听障儿童救助由残联系统承担具体实施工作，对确诊为永久性听力障碍的儿童通过项目县残联申请国家贫困聋儿康复救助项目。对确诊为苯丙酮尿症的儿童纳入本地新农合重大疾病医疗保障范围给予补助。

（三）各级卫生（卫生计生）行政部门加强资金的使用和管理，地方财政部门应当安排必要工作经费，用于项目宣传动员、人员培训、质量控制、健康教育等，保障项目顺利实施。

（四）专项补助资金必须专款专用，任何单位和个人不得以任何形式截留、挤占和挪用。

五、项目监督与评估

（一）国家卫生计生委会同中国残联共同制订督导评估方案，定期组织检查，对项目的实施情况、质量控制及效果进行督导和评估。

（二）项目实行逐级监督指导与评估。省（区、市）、市（地）、县（区）级定期组织项目实施情况的督导和评估，发现问题及时协调解决，确保各项工作落实到位，保证项目实施效果。

国家卫生计生委等5部门关于进一步做好计划生育特殊困难家庭扶助工作的通知

国卫家庭发〔2013〕41号

各省、自治区、直辖市卫生计生委（人口计生委）、民政厅（局）、财政厅（局）、人力资源社会保障厅（局）、住房城乡建设厅（建委、房地局、住房保障和房屋管理局），新疆生产建设兵团人口计生委、卫生局、民政局、人力资源社会保障局、建设局：

我国全面推行计划生育以来，广大群众积极响应国家号召，自觉实行计划生育，为控制人口过快增长、促进经济社会发展作出了贡献。目前，一些家庭由于独生子女伤残（指被依法鉴定为三级以上伤残）死亡，在生活保障、养老照料、大病医疗、精神慰藉等方面遇到一些特殊困难。党中央、国务院高度重视，积极采取措施，加大对计划生育特殊困难家庭（指独生子女发生伤残或死亡、未再生育或收养子女的家庭）的扶助力度，取得了积极成效。为进一步做好计划生育特殊困难家庭扶助工作，现通知如下：

一、加大经济扶助力度

（一）根据经济社会发展水平，逐步提高经济扶助标准。自2014年起，将女方年满49周岁的独生子女伤残、死亡家庭夫妻的特别扶助金标准分别提高到：城镇每人每月270元、340元，农村每人每月150元、170元，并建立动态增长机制。中央财政按照不同比例对东、中、西部地区予以补助。

二、做好养老保障工作

（二）对符合条件的计划生育特殊困难家庭成员参加新型农村社会养老保险、城镇居民社会养老保险的，应当按照规定给予参保缴费补贴。

（三）对60周岁及以上的计划生育特殊困难家庭成员，特别是其中失能或部分失能的，要优先安排入住政府投资兴办的养老机构。

（四）有条件的地方可对计划生育特殊困难家庭成员中的生活长期不能自理、经济困难的老年人发放护理补贴。

三、提高医疗保障水平

（五）要将符合条件的低收入计划生育特殊困难家庭成员纳入城乡医疗救助范围，给予相应的医疗救助，并帮助其参加城镇居民基本医疗保险或新型农村合作医疗。

（六）对有再生育意愿的独生子女伤残死亡家庭，参加生育保险或城镇职工基本医疗保险、城镇居民基本医疗保险的，要将其接受取环、输卵（精）管复通等计划生育手术及再生育服务的医疗费用按照规定纳入支付范围；免费向农村居民提供取环、输卵（精）管复通等计划生育手术服务，并给予住院分娩补助；对确需实施辅助生殖技术的，要做好咨询指导工作，并给予必要的帮助。

（七）鼓励和支持各级医疗机构开通“绿色通道”，建立社区医疗服务巡诊制度，为计划生育特殊困难家庭提供便利的就医条件。

四、开展社会关怀活动

（八）充分发挥各类社会组织、企事业单位、群众自治组织，特别是志愿服务组织、社会工作专业服务机构、基层计划生育协会和人口福利基金会等的积极作用，以精神慰藉和心理疏导为重点，深入开展各种形式的社会关怀活动，营造良好的社会氛围。探索发挥保险机制的作用。

（九）对生活贫困、住房困难的城镇计划生育特殊困难家庭申请廉租房、公租房等保障性住房的，要优先给予安排；对农村计划生育特殊困难家庭，要按照有关规定优先纳入农村危房改造范围。

（十）对符合条件、有收养意愿的计划生育特殊困难家庭，在同等条件下，优先安排其收养子女。

（十一）要加大对残疾独生子女的帮扶力度，逐步实行高中阶段免费教育，鼓励参加职业技能培训，对符合条件的人员按照规定给予相关政策扶持，优先安排医疗康复项目，优先适配基本型辅助器具。

（十二）计划生育特殊困难家庭成员死亡的，可提供必要的丧葬服务补贴。

（十三）要建立计划生育特殊困难家庭联系人制度，将失去民事行为能力的计划生育特殊困难家庭成员纳入国家成年监护制度安排中，及时沟通情况，了解需求，提供必要的帮助。

五、切实加强组织领导

（十四）计划生育特殊困难家庭扶助是一项政治性、政策性很强的工作，妥善解决计划生育特殊困难家庭的问题，事关群众切身利益，事关社会和谐稳定。各地要按照《中华人民共和国人口与计划生育法》的要求，切实承担责任，加强组织领导，结合实际制订具体政策措施，进一步明确各有关部门职责，确保投入到位、工作到位、监督落实到位。

（十五）各地要落实好计划生育特殊困难家庭扶助所需资金，有条件的地方可探索建立计划生育公益金或生育关怀基金，重点用于帮扶计划生育特殊困难家庭。

（十六）各地要加强舆论引导，积极营造全社会关心、帮助计划生育特殊困难家庭的社会环境。

国家卫生计生委　民政部

财政部　人力资源社会保障部

住房城乡建设部

2013 年 12 月 18 日

教育部 国家发展改革委 财政部 关于全面改善贫困地区义务教育薄弱学校基本办学条件的意见

各省、自治区、直辖市人民政府：

为深入贯彻党的十八大和十八届三中全会精神，全面落实《国家中长期教育改革和发展规划纲要（2010—2020年）》，统筹城乡义务教育资源均衡配置，加快缩小区域、城乡教育差距，促进基本公共教育服务均等化，经国务院同意，现就全面改善贫困地区义务教育薄弱学校基本办学条件提出以下意见。

一、充分认识改善贫困地区义务教育薄弱学校基本办学条件的重要意义

近些年来，国家逐步健全农村义务教育经费保障机制，实施了农村义务教育薄弱学校改造计划、农村初中改造工程等一系列教育重大工程项目，改善了农村义务教育学校办学条件。但是，农村、边远、贫困和民族地区特别是集中连片特困地区经济社会发展相对滞后，办学成本较高，教学条件较差，寄宿制学校宿舍、食堂等生活设施不足，村小和教学点运转比较困难，教师队伍不够稳定，辍学率相对较高，仍然是我国义务教育事业发展的薄弱环节。全面改善贫困地区薄弱学校基本办学条件，推进义务教育学校标准化建设，不让贫困家庭孩子输在成长“起点”，既是守住“保基本”民生底线、推进教育公平和社会公正的有力措施，也是增强贫困地区发展后劲、缩小城乡和区域差距、推动义务教育均衡发展的有效途径，关乎国家长远发展。

二、改善贫困地区义务教育薄弱学校基本办学条件的总体要求

（一）指导思想。贯彻落实党的十八大和十八届三中全会精神，按照均衡发展九年义务教育的要求，统筹规划，突出重点，因地制宜，循序渐进，加强科学化精细化管理，着力提高资金使用绩效，全面改善薄弱学校基本办学条件，深入推进义务教育学校标准化建设，整体提升义务教育发展水平。

（二）实施原则。

覆盖贫困地区，聚焦薄弱学校。从困难地方做起，从薄弱环节入手，主要面向农村，立足改善薄弱学校基本办学条件，不得将教育资金资源向少数优质学校集中。

坚持勤俭办学，满足基本需要。按照勤俭办教育和“缺什么补什么”的原则，改善基本办学条件，满足教育教学和生活的基本需要，杜绝超标准建设。

加强省级统筹，分步逐校实施。由省级人民政府统筹使用中央、省级财政投入资金，根据省域内改善薄弱学校基本办学条件的任务和完成时限等因素合理分配；地市和县级人民政府以校为单位制定年度工作目标和分步实施计划，确保按期完成任务。

（三）实施范围和主要目标。以中西部农村贫困地区为主，兼顾东部部分困难地区；以集中连片特困地区为主，兼顾其他国家扶贫开发工作重点地区、民族地区、边境地区等贫困地区。经过3—5年的努力，使贫困地区农村义务教育学校教室、桌椅、图书、实验仪器、运动场等教学设施满足基本教学需要；学校宿舍、床位、厕所、食堂（伙房）、饮水等生活设施满足基本生活需要；留守儿童学习和寄宿需要得到基本满足，村小学和教学点能够正常运转；县镇超大班额现象基本消除，逐步做到小学班额不超过45人、初中班额不超过50人；教师配置趋于合理，数量、素质和结构基本适应教育教学需要；小学辍学率努力控制在0.6%以下，初中辍学率努力控制在1.8%以下。

三、改善贫困地区义务教育薄弱学校基本办学条件的重点任务

（一）保障基本教学条件。要保障教室坚固、适用、通风，符合抗震、消防安全要求，自然采光、室内照明和黑板材料符合规范要求。按照学校规模和教育教学要求配备必要的教学仪器设备、器材。每个学生都有合格的课桌椅。配备适合学生身心发展特点的图书，激发和培养学生阅读兴趣，有条件的地方逐步达到小学生均图书不低于15册，初中生均图书不低于25册。根据学校地理条件和农村体育特点，因地制宜地建设运动场地和配备体育设施，保障学生活动锻炼的空间和条件。

（二）改善学校生活设施。保障寄宿学生每人1个床位，消除大通铺现象。根据实际需要配备必要的洗浴设施和条件。食堂或伙房要洁净卫生，满足学生就餐需要。设置开水房或安装饮水设施，确保学生饮水安全便捷。厕所要有足够厕位。北方和高寒地区学校应有冬季取暖设施。设置必要的安全设施，保障师生安全。

（三）办好必要的教学点。对确需保留的教学点要配备必要设施，满足教学和生活基本需求。中心学校统筹教学点课程和教师安排，保障教学点教学质量。优先安排免费师范生和特岗教师到教学点任教。职称晋升和绩效工资分配向教学点专任教师倾斜。农村教师周转宿舍建设和使用要优先考虑教学点教师需要。对学生规模不足100人的村小学和教学点按100人的标准单独核定公用经费，由县级财政和教育部门按时足额拨付，不得截留挪用。

（四）妥善解决县镇学校大班额问题。要适应城镇化发展趋势，充分考虑区域内学生流动、人口出生和学龄人口变化等情况，科学规划学校布局，并充分利用已有办学资源，首先解决超大班额问题，逐步消除大班额现象。必要情况下，可以采取新建、扩建、改建等措施，对县镇义务教育学校进行改造。加强新建住宅区配套学校建设。对教育资源较好学校的大班额问题，积极探索通过学区制、学校联盟、集团化办学等方式扩大优质教育资源覆盖面，合理分流学生。对于大班额现象严重的学校，要限制其招生人数。

（五）推进农村学校教育信息化。要逐步提升农村学校信息化基础设施与教育信息化应用水平，加强教师信息技术应用能力培训，推进信息技术在教育教学中的深入应用，使农村地区师生便捷共享优质数字教育资源。稳步推进农村学校宽带网络、数字教育资源、网络学习空间建设。要为确需保留的村小学和教学点配置数字教育资源接收和播放设备，配送优质数字教育资源。加快学籍管理等教育管理信息系统应用，并将学生、教师、学校资产等基本信息全部纳入信息系统管理。

（六）提高教师队伍素质。要特别抓好农村教师队伍建设，通过实施农村义务教育学校教师特岗计划等多种方式，完善农村教师补充机制。推进县域内校长教师交流轮岗，提高城镇中小学教师到乡村学校任教的比例。面向乡镇以下农村学校培养能承担多门学科教学任务的小学教师和“一专多能”的初中教师。提高中小学教师国家级培训计划的针对性和有效性，省级教师培训要向农村义务教育教师、校长倾斜。要结合实际制定农村教师职称评审条件、程序和办法，农村学校教师职称晋升比例应不低于当地城区学校教师。要落实对在连片特困地区的乡、村学校和教学点工作的教师给予生活补助的政策。要积极推进农村教师周转宿舍建设，努力改善农村教师生活条件。

四、有关工作要求

（一）明确责任。全面改善贫困地区义务教育薄弱学校基本办学条件工作由国家统一部署、省级人民政府统筹安排、县级人民政府具体实施。教育部、发展改革委、财政部要加强组织协调，及时跟踪了解各地工作进展等情况，加强指导和推动。地方各级教育、发展改革、财政等部门要各负其责、加强协作、形成合力，确保各项工作落到实处。

（二）摸清底数。县级人民政府要在科学制定农村义务教育学校布局专项规划基础上，以校为单位，清查教室、桌椅、运动场地、体育设施等教学设施和宿舍、食堂、厕所等生活设施，立足“保基本、兜网底”，对照基本办学需要，分析确定每个学校（含教学点）办学条件缺口，列出现状和需求清单并编制账册，做好改善办学条件的基础工作。

（三）制定方案。县级人民政府及其教育、发展改革、财政等部门要根据在国家教育体制改革领导小组备案的农村义务教育学校布局专项规划，针对每一所存在基本办学条件缺口的学校制订专门方案，明确弥补缺口的途径、时间安排和资金来源，形成本地区改善薄弱学校基本办学条件的时间表、路线图。地市级人民政府要做好指导和协调工作。省级人民政府要从实际出发，分清轻重缓急，在汇总各县（区）方案的基础上制定本省（区、市）改善贫困地区薄弱学校基本办学条件的实施方案，并于2014年4月30日前将实施方案报送教育部、发展改革委、财政部。

（四）保障经费。中央通过完善农村义务教育经费保障机制、适当调整薄弱学校改造计划、继续实施初中改造工程等措施，加大项目统筹与经费投入力度，按照“总量控制、突出重点、动态调整、包干使用”的原则，对中西部贫困地区和东部部分困难地区改善薄弱学校基本办学条件予以倾斜支持。农村义务教育经费保障机制重点保障学校基本运行需要和校舍维修；在原有基础上扩充薄弱学校改造计划内容，将信息化建设和农村小学必要的运动场、学生宿舍、食堂、饮水设施、厕所、澡堂等教学和生活设施纳入支持范围；初中改造工程重点支持农村初中必要的运动场、学生宿舍、食堂、饮水设施、厕所、澡堂等教学和生活设施建设。省级人民政府要加大省级财政投入，优化财政支出结构，最大限度地向贫困地区义务教育倾斜，做好改善基本办学条件建设需求与相关资金的统筹和对接，防止资金、项目安排重复交叉或支持缺位。地市和县级人民政府要加大经费投入、严格经费管理，按规划确保各项资金落实到位和管理使用安全高效，抓好项目实施。

（五）规范实施。要运用信息技术加强基础数据管理，对每所学校的建设内容和项目实行动态监控和全程管理。新建工程项目要严格履行基本建设程序，确保工程质量和安全。要落实政府采购、招投标和国库集中支付等相关制度，确保各项工作“阳光操作”。要把“补短板”、满足基本需要放在首位，坚持勤俭节约，杜绝超标准建设和奢华浪费，不得将财政资金向少数学校过度集中，拉大教育差距。严禁举债建设义务教育学校和改善义务教育办学条件。要加强资金监管，保证专款专用，防止发生套取、挪用、截留资金等问题，切实提高资金使用效益。

（六）加强监督检查评估。教育部、发展改革委、财政部要对各地相关工作开展情况进行专项督查。省级人民政府要加强过程检查，及时发现和协调解决有关问题，督促地市和县级人民政府按照实施方案要求，依法依规实施工程项目，确保按时完成改善薄弱学校基本办学条件工作。对套取、挪用、截留资金以及举债建设、项目管理失职渎职等违纪违规问题，要严肃查处并依法依规追究相关单位和责任人的责任。各地要采取适当方式公开有关信息，自觉接受社会监督。各省（区、市）对改善薄弱学校基本办学条件工作要适时开展评估，并将评估报告报送教育部、发展改革委、财政部。

教育部　国家发展改革委　财政部

2013 年 12 月 31 日

中央政策文件

国务院办公厅转发教育部等部门关于实施教育扶贫工程意见的通知

中共中央办公厅　国务院办公厅印发《关于创新机制扎实推进农村扶贫开发工作的意见》的通知

国务院办公厅转发教育部等部门关于实施教育扶贫工程意见的通知

国办发〔2013〕86 号

各省、自治区、直辖市人民政府，国务院各部委、各直属机构：

教育部、发展改革委、财政部、扶贫办、人力资源社会保障部、公安部、农业部《关于实施教育扶贫工程的意见》已经国务院同意，现转发给你们，请认真贯彻执行。

国务院办公厅

2013 年 7 月 29 日

关于实施教育扶贫工程的意见

教育部 发展改革委 财政部 扶贫办
人力资源社会保障部 公安部 农业部

为贯彻党的十八大精神，落实中央扶贫开发工作会议要求和《中国农村扶贫开发纲要（2011—2020年）》、《国家中长期教育改革和发展规划纲要（2010—2020年）》的战略部署，充分发挥教育在扶贫开发中的重要作用，培养经济社会发展需要的各级各类人才，促进集中连片特殊困难地区（以下简称片区）从根本上摆脱贫困，现就组织实施教育扶贫工程提出以下意见：

一、总体要求

（一）指导思想。

以邓小平理论、“三个代表”重要思想、科学发展观为指导，落实国家扶贫攻坚总体部署，把教育扶贫作为扶贫攻坚的优先任务，以提高人民群众基本文化素质和劳动者技术技能为重点，推进教育强民、技能富民、就业安民，为全面建成小康社会奠定坚实基础。

（二）总体目标。

按照党的十八大提出的基本公共服务均等化总体实现和进入人力资源强国行列的目标，加快教育发展和人力资源开发，到2020年使片区基本公共教育服务水平接近全国平均水平，教育对促进片区人民群众脱贫致富、扩大中等收入群体、促进区域经济社会发展和生态文明建设的作用得到充分发挥。

提高基础教育的普及程度和办学质量。到2015年，学前三年毛入园率达到55%以上，少数民族双语地区基本普及学前一至两年双语教育，义务教育巩固率达到90%以上，高中阶段毛入学率达到80%以上，视力、听力、智力三类残疾儿童义务教育入学率达到80%。到2020年，基本普及学前教育，义务教育水平进一步提高，基本普及视力、听力、智力三类残疾儿童义务教育，普及高中阶段教育，基础教育普及程度和办学质量有较大提升。

提高职业教育促进脱贫致富的能力。到2015年，初、高中毕业后新成长劳动力都能接受适应就业需求的职业教育和职业培训，力争使有培训需求的劳动者都能得到职业技能培训。到2020年，职业教育体系更加完善，教育培训就业衔接更加紧密，培养一大批新型农民和在第二、三产业就业的技术技能人才。

提高高等教育服务区域经济社会发展能力。通过调整优化高等学校空间布局和学科专业结构，改革人才培养模式，促进高等教育与当地经济、社会、科技发展和城镇化建设深度融合，使高等教育能为当地传统产业改造升级、新兴产业培育发展和基本公共服务提供有效的人才支撑和智力支持。通过多种途径，增加片区群众接受高等教育的机会。

提高继续教育服务劳动者就业创业能力。通过教育培训与当地公共服务、特色优势产业有效对接，大力提高就业创业水平。完善毕业生和接受培训人员就业服务政策，通过带技能转移、带技能进城、带技能就业，使转移劳动力在城镇多渠道、多形式、稳定就业。

（三）基本原则。

一是以省为主，加强统筹。按照“省负总责、县抓落实、扶持到校、资助到生”的教育扶贫工作要求，省级人民政府对本行政区域内教育扶贫工程负总责，把教育扶贫纳入经济社会发展战略和总体规划，统筹各方面资源，加大教育扶贫工程的实施力度。

二是以人为本，尊重群众。围绕“人人受教育，个个有技能，家家能致富”的要求，着力解决群众最关心最直接最现实的问题，让广大人民群众真正得到看得见的实惠。工程实施的重大政策和关键环节要充分尊重群众意愿，做好政策解释和引导工作，确保工程有序稳步推进。

三是改革创新，加快发展。针对制约贫困地区教育发展的瓶颈因素和关键领域，加大改革力度，着力破除制约发展的体制机制障碍，深化人才培养模式改革，调整培养结构，加快发展步伐。

四是因地制宜，分类指导。结合各个片区的实际情况，确定教育扶贫工程的重点任务和政策范围，做到“一区一策，一省一策”，不搞“一刀切”。根据各级各类教育的特点，实事求是确定规划目标，落实政策措施，科学组织实施。

五是规划引导，分步实施。加强与国家主体功能区规划、集中连片特困地区区域发展与扶贫攻坚规划相衔接，推动片区人口和劳动力通过教育向重点开发区和优化开发区转移。制定教育扶贫工程的实施方案和年度计划，明确重点，分步实施。

（四）实施范围。

实施教育扶贫工程的范围为《中国农村扶贫开发纲要（2011—2020 年）》所确定的连片特困扶贫攻坚地区，具体是：六盘山区、秦巴山区、武陵山区、乌蒙山区、滇桂黔石漠化区、滇西边境山区、大兴安岭南麓山区、燕山—太行山区、吕梁山区、大别山区、罗霄山区等区域的片区和已明确实施特殊政策的西藏、四省藏区、新疆南疆三地州。

二、主要任务

（一）全面加强基础教育。

1. 切实巩固提高义务教育水平。进一

步加大片区义务教育投入力度，推进义务教育阶段学校标准化建设。农村义务教育学校布局要保障学生就近上学的需要。改善保留的村小学及教学点，特别是改善边境一线学校及教学点基本办学条件。完善农村义务教育薄弱学校教学用房、学生宿舍等附属设施，加强图书、教学仪器设备、多媒体远程教学设备和体育卫生、艺术教育器材的配备。进一步强化中小学幼儿园安全管理。开齐开足中小学课程，全面实施素质教育。切实保障特殊困难地区学校正常运转。对片区不足 100 人的小规模学校（含教学点）按 100 人核定公用经费补助资金，特别是要加大地处高原或寒冷地区的小规模学校（含教学点）公用经费保障水平，确保学校正常运转。

2. 加快发展学前教育。根据片区自然环境、适龄人口分布等情况，做好当地学前教育规划。按照“政府主导、社会参与、公办民办并举”的原则，充分利用中小学布局调整的富余资源及其他资源发展学前教育。在乡镇和人口较集中的行政村建设普惠性幼儿园，在人口分散的边远地区设立支教点、配备专职巡回指导教师，形成县、乡、村学前教育网络。

3. 推动普通高中多样化发展。民族地区教育基础薄弱县普通高中建设项目和普通高中改造计划优先支持片区普通高中教育。改善普通高中的办学条件，加强图书馆（室）、实验室、体育场所建设和教学仪器设备配备。支持片区推进人才培养模式多样化，鼓励普通高中办出特色、促进学生全面有个性地发展。

4. 重视发展特殊教育。改善片区特殊教育学校和接受残疾学生融合教育的普通学校办学条件。建立普惠和特惠政策相结合的资助体系，保证每一个残疾儿童不因贫困而失学。

5. 保障移民搬迁学生就学。配合实施片区区域发展与扶贫攻坚规划提出的易地扶贫搬迁、生态移民搬迁、地质灾害搬迁等措施，优先在移民安置区建设好学校并保障正常运转。

6. 加强双语教育和民族团结教育。片区的少数民族双语地区要将双语教育摆在重要位置。大力推广国家通用语言文字，尊重和保障少数民族使用本民族语言文字接受教育的权利。加大对双语寄宿制学校、双语幼儿园的支持力度。各地要通过扩大特岗教师规模、加强民语教师培训和增加核定编制的办法加快补充双语教师。在各级各类学校深入开展形式多样的民族团结教育活动，将党和国家的民族理论和民族政策教育作为教师培养培训的重要内容。

7. 鼓励教师到片区从教。研究制定教师到片区农村边远学校工作的奖励措施。各地要研究完善符合片区村小学和教学点实际的职务（职称）评定标准，职称晋升、荣誉奖励和绩效工资分配向村小学和教学点专任教师倾斜；城镇中小学教师在评聘高级职务（职称）时，同等条件下有在片区农村学校任教经历的优先。设立专项资金，对在片区乡、村学校和教学点工作的教师给予生活补助。边远艰苦地区农村学校教师周转宿舍建设工程优先在片区实施。实施好边远贫困地区、边疆民族地区和革命老区人才支持计划教师专项计划，选派优秀教师到连片特困地区支教，推动地方开展城乡教师交流活动并形成制度。鼓励免费师范生到片区从教。幼儿园和中小学教师国家和省级培训计划、农村学校教育硕士师资培养计划进一步向片区倾斜。合理配备寄宿制学校生活管理人员。

（二）加快发展现代职业教育。

1. 大力发展服务当地特色优势产业和基本公共服务的现代职业教育。在人口相对密集、当地产业发展具有一定潜力的地区，由省级人民政府统筹规划，结合城镇化规划，在产业集聚区、工业园区、经济开发区等区域办好一批中、高等职业学校。重点支持一批社会有需求、办学有质量、就业有保障的特色优势专业，更好满足片区产业发展对技术技能人才的需求。加大职业学校教师素质提高计划的倾斜支持力度。

2. 实施中等职业教育协作计划。支持东部和中西部城市职业院校扩大招收片区学生的规模，对口支持片区职业院校，培养片区经济社会发展急需人才。有计划地支持片区内限制开发和禁止开发区初中毕业生到省（区、市）内外经济较发达地区重点中等职业学校接受教育。加大对承担对口招生任务学校的支持。对西藏、新疆南疆三地州和青海藏区的对口招生任务，原则上由中央确定的对口支援省（市）承担，按程序纳入对口支援规划后组织实施。

3. 传承创新民族文化、民族技艺。结合片区民族地区的发展需要和文化遗产保护的要求，将民族文化、民族技艺传承创新纳入职业教育体系。重点支持一批体现片区民族文化特点、具有产业化前景的民间传统技艺专业。鼓励民间艺人、技艺大师、非物质文化遗产传承人参与职业教育办学。支持民族贸易企业、文化旅游企业参与校企合作。各级教育、文化、旅游、贸易等部门加大对民族文化、民族技艺职业教育的支持力度。

4. 广泛开展职业技能培训。各地人力资源社会保障、教育、扶贫、农业等部门要联合制订培训计划，安排有学习意愿的未升入普通高中和高等学校的毕业生、具备一定文化素质的社会青年进入职业院校、培训机构等学习。鼓励通过发放“教育券”、“培训券”等方式，让学习者自主选择培训项目和培训方式，提高培训效果。

（三）提高高等教育服务能力。

1. 提高片区高等教育质量。根据当地工业化、信息化、城镇化、农业现代化总体布局，优化片区高等学校布局，加快调整学科专业结构。片区高等学校要明确服务当地经济社会发展的办学定位，重点发展支撑当地特色优势产业的学科、专业。中央相关高等教育项目和资金要对片区给予适当倾斜。将片区高等学校纳入东部高等学校对口支援西部高等学校计划，建立对口支援长效机制。

2. 加大高等学校招生倾斜力度。实施面向贫困地区定向招生专项计划，扩大片区学生接受优质高等教育的机会。高校招生计划和支援中西部地区招生协作计划向片区所在省（区、市）倾斜。普通高等学校举办的民族预科班、民族班向片区中的民族地区倾斜。

3. 开展高等学校定点扶贫工作。发挥高等学校在人才扶贫、科技扶贫、智力扶贫、信息扶贫等方面的积极作用。中央部（委）属高校主要参与国家扶贫开发工作重点县的定点扶贫工作，省属高校根据省级人民政府统一安排参加本省级行政区域内的定点扶贫工作。

（四）提高学生资助水平。

1. 稳步推进农村义务教育学生营养改善计划。加强农村义务教育学生营养改善计划的组织管理，确保学生得到实惠。逐步完善青少年营养标准，建立学生营养监测网络，加强营养干预，提高学生的营养健康水平。加快片区农村义务教育学校伙房或食堂等生活配套设施的建设。

2. 健全家庭经济困难学生资助政策。完善农村义务教育家庭经济困难寄宿生生活费补助政策，加大对家庭经济困难幼儿、孤儿、残疾幼儿入园和普通高中家庭经济困难学生的资助力度。高等学校对来自片区农村家庭经济困难的学生优先予以资助，做到应助尽助，从制度上保障每一个学生不因家庭经济困难而失学。

3. 完善职业教育资助政策。实施好对片区中等职业学校符合条件的学生按国家规定实行免学费和给予国家助学金补助的政策。对有计划转移到省（区、市）外符合条件的中等职业学校学生，在按国家规定免学费和给予国家助学金的基础上，由生源地人民政府和接收地人民政府通过统筹教育、扶贫、农业和对口支援等资金落实住宿费、交通费等补助，中央财政对转移就学工作做得较好的接收地政府予以适当奖补。对未升学的农村初、高中毕业生免费提供农业技术技能培训。“农村劳动力转移培训计划”、“阳光工程”等各项资金，按国家规定优先对当地农民或已进城的农民工接受技术技能培训予以补贴。在国家奖助学金等资助政策上对高等职业院校涉农、艰苦、紧缺专业的农村家庭经济困难学生给予倾斜。

（五）提高教育信息化水平。

1. 加快学校信息基础设施建设。加快片区学校信息基础设施建设，到2015年基本解决片区内义务教育学校和普通高中、职业院校的宽带接入问题。

2. 推广优质数字教育资源应用。通过卫星、电视、互联网等远程教育平台将优质教育资源输送到片区学校，实现优质资源共享。开放大学和高等学校继续教育机构要开发适合片区的教育资源。加强片区学校教育信息技术应用能力培训。优先为村小学和教学点配置数字化优质教育资源。

3. 推进教育管理信息化建设。“国家教育管理信息系统建设”相关项目优先在片区实施。开展片区教育行政干部信息化管理能力培训，提高学校信息化管理的标准化、规范化水平。加强学生学籍、资助等重要基础信息管理系统的应用。

三、保障措施

（一）经费保障。

1. 加大教育扶贫工程资金保障力度。中央和省级人民政府加大对教育扶贫工程的投入，省级人民政府加强各项教育经费统筹，经费安排向扶贫开发任务较重的地区倾斜。加大中央一般性转移支付、教育专项转移支付等的增量资金向教育扶贫工程投入力度。

2. 加强教育扶贫工程资金的使用管理。完善管理办法，对重大事项实行公告公示制度，强化审计监督，坚决查处挪用、截留和贪污教育扶贫工程资金的行为。

（二）学生就业。

1. 切实加强毕业生就业工作。加强对学生的社会实践教育和就业创业教育，注重对学生进行职业生涯规划和就业指导。对转移就学的毕业生在就学地就业的，就学地政府人力资源社会保障部门按规定免费为其提供公共就业服务，将其纳入有关社会保险制度，并在人事档案、职称评定、教育培训、人员流动等方面予以政策保障。公安部门依照规定为转移就学就业学生办理户口迁移手续。鼓励就学地企事业单位优先接受转移学生实习和就业，按照国家有关规定对接受转移学生就业较多的用人单位予以表彰。完善转移学生就业创业帮扶和劳务输出组织工作机制，探索统一派送、劳务派遣、劳务外包等输出安置新模式。

2. 引导和支持高校、中等职业学校毕业生到贫困地区就业创业。制定为贫困地区培养人才的激励政策。加大各类国家级基层就业项目对片区的倾斜力度，鼓励地方政府设立省级基层就业项目。教育部门会同有关部门按国家规定落实到片区就业创业的高校毕业生学费补偿和助学贷款代偿办法，鼓励优秀高校和中等职业学校毕业生到贫困地区工作服务。

（三）对口支援。

1. 把人才培养作为对口支援的优先领域。承担对口支援西藏、新疆和青海藏区任务的省（市）、中央企业、高校和中等职业学校要把支持片区教育发展作为工作重点，按照结对关系和对口支援规划，加大教育帮扶力度。

2. 完善教育对口支援工作机制。将教育对口支援纳入国家对口支援工作总体部署中统筹推进。国家和省级教育行政部门加强对教育对口支援的政策支持和业务指导，建立绩效评价机制。

（四）人才引进。

组织大中城市和东部地区学校的专家学者、优秀教师、离退休专业技术人员和志愿者到片区学校服务。制定优惠政策，吸引东部地区人才到片区从教，特别是对片区高校引进人才要予以倾斜支持。

四、组织领导

(一) 落实各级政府的责任。

在国务院统一领导下，教育部、发展改革委、财政部、扶贫办、人力资源社会保障部、公安部、农业部等部门建立工作协调机制，研究解决教育扶贫工程实施过程中的重大问题，完善实施工程的配套措施和办法。鼓励和支持片区所属省级人民政府建立跨省级行政区域的组织协调机制。建立省、市、县级政府领导定点联系学校制度。

(二) 动员社会力量支持。

鼓励社会各界参与教育扶贫工程。支持中国扶贫基金会、中国教育发展基金会等公益组织积极参与教育扶贫工程。引导各类企业、社会团体、非政府组织和有关国际组织在片区开展捐资助学活动。大力支持民办教育发展。鼓励共青团、妇联、工会和各类社会团体有序组织志愿者到贫困地区扶贫支教、培训当地技术技能人才。鼓励高等学校加强扶贫理论和政策研究，为扶贫开发科学决策提供依据。把扶贫纳入基本国情教育范畴，加大教育扶贫宣传力度，营造全社会参与支持教育扶贫的氛围。

(三) 加强考核评估。

建立教育扶贫工程实施考核机制。省级政府要建立工作协调机制，统筹推进教育扶贫工程，对工程实施进展、质量和成效进行考核，作为对各级政府绩效考核和落实《中国农村扶贫开发纲要（2011—2020 年）》、《国家中长期教育改革和发展规划纲要（2010—2020 年）》、片区区域发展与扶贫攻坚规划的重点内容。对工程重点项目作为督查督办的重要事项，实行行政问责制。建立教育扶贫工作信息系统，跟踪监测教育扶贫工作。建立健全评估机制，开展第三方评估。

中共中央办公厅　国务院办公厅印发《关于创新机制扎实推进农村扶贫开发工作的意见》的通知

（中办发〔2013〕25号）

各省、自治区、直辖市党委和人民政府，中央和国家机关各部委，解放军各总部、各大单位，各人民团体：

《关于创新机制扎实推进农村扶贫开发工作的意见》已经中央同意，现印发给你们，请结合实际认真贯彻执行。

中共中央办公厅

国务院办公厅

2013年12月18日

关于创新机制扎实推进农村扶贫开发工作的意见

消除贫困，改善民生，实现共同富裕，是社会主义的本质要求。改革开放以来，我国扶贫开发工作取得举世瞩目的成就，走出了一条中国特色扶贫开发道路。但是，贫困地区发展滞后问题没有根本改变，贫困人口生产生活仍然十分困难。全面建成小康社会，最艰巨最繁重的任务在农村特别是在贫困地区。实现《中国农村扶贫开发纲要（2011—2020 年）》（以下简称《纲要》）提出的奋斗目标，必须深入贯彻党的十八大和十八届二中、三中全会精神，全面落实习近平总书记等中央领导同志关于扶贫开发工作的一系列重要指示，进一步增强责任感和紧迫感，切实将扶贫开发工作摆到更加重要、更为突出的位置，以改革创新为动力，着力消除体制机制障碍，增强内生动力和发展活力，加大扶持力度，集中力量解决突出问题，加快贫困群众脱贫致富、贫困地区全面建成小康社会步伐。

一、深化改革，创新扶贫开发工作机制

当前和今后一个时期，扶贫开发工作要进一步解放思想，开拓思路，深化改革，创新机制，使市场在资源配置中起决定性作用和更好发挥政府作用，更加广泛、更为有效地动员社会力量，构建政府、市场、社会协同推进的大扶贫开发格局，在全国范围内整合配置扶贫开发资源，形成扶贫开发合力。

（一）改进贫困县考核机制。由主要考核地区生产总值向主要考核扶贫开发工作成效转变，对限制开发区域和生态脆弱的国家扶贫开发工作重点县（以下简称重点县）取消地区生产总值考核，把提高贫困人口生活水平和减少贫困人口数量作为主要指标，引导贫困地区党政领导班子和领导干部把工作重点放在扶贫开发上。中央有关部门加强指导，各省（自治区、直辖市）制定具体考核评价办法，并在试点基础上全面推开。同时，研究建立重点县退出机制，建立扶贫开发效果评估体系。（中央组织部、国务院扶贫办、国家统计局等，列在首位的为牵头单位，其他单位按职责分工负责，下同）

（二）建立精准扶贫工作机制。国家制定统一的扶贫对象识别办法。各省（自治区、直辖市）在已有工作基础上，坚持扶贫开发和农村最低生活保障制度有效衔接，按照县为单位、规模控制、分级负责、精准识别、动态管理的原则，对每个贫困村、贫困户建档立卡，建设全国扶贫信息网络系统。专项扶贫措施要与贫困识别结果相

衔接，深入分析致贫原因，逐村逐户制定帮扶措施，集中力量予以扶持，切实做到扶真贫、真扶贫，确保在规定时间内达到稳定脱贫目标。（国务院扶贫办、民政部、中央农办、人力资源社会保障部、国家统计局、共青团中央、中国残联等）

（三）健全干部驻村帮扶机制。在各省（自治区、直辖市）现有工作基础上，普遍建立驻村工作队（组）制度。可分期分批安排，确保每个贫困村都有驻村工作队（组），每个贫困户都有帮扶责任人。把驻村入户扶贫作为培养锻炼干部特别是青年干部的重要渠道。驻村工作队（组）要协助基层组织贯彻落实党和政府各项强农、惠农、富农政策，积极参与扶贫开发各项工作，帮助贫困村、贫困户脱贫致富。落实保障措施，建立激励机制，实现驻村帮扶长期化、制度化。（各省、自治区、直辖市）

（四）改革财政专项扶贫资金管理机制。各级政府要逐步增加财政专项扶贫资金投入，加大资金管理改革力度，增强资金使用的针对性和实效性，项目资金要到村到户，切实使资金直接用于扶贫对象。把资金分配与工作考核、资金使用绩效评价结果相结合，探索以奖代补等竞争性分配办法。简化资金拨付流程，项目审批权限原则上下放到县。以扶贫攻坚规划和重大扶贫项目为平台，整合扶贫和相关涉农资金，集中解决突出贫困问题。积极探索政府购买公共服务等有效做法。加强资金监管，强化地方责任，省、市两级政府主要负责资金和项目监管，县级政府负责组织实施好扶贫项目，各级人大常委会要加强对资金审计结果的监督，管好用好资金。坚持和完善资金项目公告公示制度，积极发挥审计、纪检、监察等部门作用，加大违纪违法行为惩处力度。逐步引入社会力量，发挥社会监督作用。（财政部、国务院扶贫办、国家发展改革委、中央纪委、监察部、审计署等）

（五）完善金融服务机制。充分发挥政策性金融的导向作用，支持贫困地区基础设施建设和主导产业发展。引导和鼓励商业性金融机构创新金融产品和服务，增加贫困地区信贷投放。在防范风险前提下，加快推动农村合作金融发展，增强农村信用社支农服务功能，规范发展村镇银行、小额贷款公司和贫困村资金互助组织。完善扶贫贴息贷款政策，增加财政贴息资金，扩大扶贫贴息贷款规模。进一步推广小额信用贷款，推进农村青年创业小额贷款和妇女小额担保贷款工作。推动金融机构网点向贫困乡镇和社区延伸，改善农村支付环境，加快信用户、信用村、信用乡（镇）建设，发展农业担保机构，扩大农业保险覆盖面。改善对农业产业化龙头企业、家庭农场、农民合作社、农村残疾人扶贫基地等经营组织的金融服务。（中国人民银行、财政部、民政部、中国银监会、中国保监会、国务院扶贫办、人力资源社会保障部、共青团中央、全国妇联、中国残联

等）

（六）创新社会参与机制。建立和完善广泛动员社会各方面力量参与扶贫开发制度。充分发挥定点扶贫、东西部扶贫协作在社会扶贫中的引领作用。支持各民主党派中央、全国工商联和无党派人士参与扶贫开发工作，鼓励引导各类企业、社会组织和个人以多种形式参与扶贫开发。建立信息交流共享平台，形成有效协调协作和监管机制。全面落实企业扶贫捐赠税前扣除、各类市场主体到贫困地区投资兴业等相关支持政策。支持军队和武警部队积极参与地方扶贫开发，实现军地优势互补。每5年以国务院扶贫开发领导小组名义进行一次社会扶贫表彰。加强扶贫领域国际交流合作。（国务院扶贫办、定点扶贫牵头组织部门、民政部、财政部、人力资源社会保障部、税务总局、中国残联、全国工商联等）

二、注重实效，扎实解决突出问题

针对制约贫困地区发展的瓶颈，以集中连片特殊困难地区（以下简称连片特困地区）为主战场，因地制宜，分类指导，突出重点，注重实效，继续做好整村推进、易地扶贫搬迁、以工代赈、就业促进、生态建设等工作，进一步整合力量、明确责任、明确目标，组织实施扶贫开发10项重点工作，全面带动和推进各项扶贫开发工作。

（一）村级道路畅通工作。按照《全国农村公路建设规划》确定的目标任务，结合村镇行政区划调整、易地扶贫搬迁、特色产业发展和农村物流等工作，加大对贫困地区农村公路建设支持力度。加强安全防护设施建设和中小危桥改造，提高农村公路服务水平和防灾抗灾能力。到2015年，提高贫困地区县城通二级及以上高等级公路比例，除西藏外，西部地区80%的建制村通沥青（水泥）路，稳步提高贫困地区农村客运班车通达率，解决溜索等特殊问题。到2020年，实现具备条件的建制村通沥青、水泥路和通班车。（交通运输部、国家发展改革委、财政部等）

（二）饮水安全工作。继续全力推进《全国农村饮水安全工程“十二五”规划》实施，优先安排贫困地区农村饮水安全工程建设，确保到2015年解决规划内贫困地区剩余的农村居民和学校师生饮水安全问题。到2020年，农村饮水安全保障程度和自来水普及率进一步提高。（国家发展改革委、水利部、国家卫生计生委、环境保护部等）

（三）农村电力保障工作。与易地扶贫搬迁规划相衔接，加大农村电网升级改造工作力度。落实《全面解决无电人口用电问题三年行动计划（2013—2015年）》，因地制宜采取大电网延伸以及光伏、风电光电互补、小水电等可再生能源分散供电方式。到2015年，全面解决无电人口用电问题。（国家能源局、国家发展改革委、财政部、水利部等）

（四）危房改造工作。制定贫困地区危

房改造计划，继续加大对贫困地区和贫困人口倾斜力度。明确建设标准，确保改造户住房达到最低建设要求。完善现有危房改造信息系统，有步骤地向社会公开。加强对农村危房改造的管理和监督检查。到2020年，完成贫困地区存量农村危房改造任务，解决贫困农户住房安全问题。（住房城乡建设部、国家发展改革委、财政部等）

（五）特色产业增收工作。指导连片特困地区编制县级特色产业发展规划。加强规划项目进村到户机制建设，切实提高贫困户的参与度、受益度。积极培育贫困地区农民合作组织，提高贫困户在产业发展中的组织程度。鼓励企业从事农业产业化经营，发挥龙头企业带动作用，探索企业与贫困农户建立利益联结机制，促进贫困农户稳步增收。深入推进科技特派员农村科技创业行动，加快现代农业科技在贫困地区的推广应用。到2015年，力争每个有条件的贫困农户掌握1至2项实用技术，至少参与1项养殖、种植、林下经济、花卉苗木培育、沙产业、设施农业等增收项目，到2020年，初步构建特色支柱产业体系。不断提高贫困地区防灾避灾能力和农业现代化水平。畅通农产品流通渠道，完善流通网络。推动县域经济发展。（农业部、国家林业局、国务院扶贫办、商务部、国家发展改革委、科技部、全国供销合作总社等）

（六）乡村旅游扶贫工作。加强贫困地区旅游资源调查，围绕美丽乡村建设，依托贫困地区优势旅游资源，发挥精品景区的辐射作用，带动农户脱贫致富。统筹考虑贫困地区旅游资源情况，在研究编制全国重点旅游区生态旅游发展规划时，对贫困乡村旅游发展给予重点支持。结合交通基础设施建设、农村危房改造、农村环境综合整治、生态搬迁、游牧民定居、特色景观旅游村镇、历史文化名村名镇和传统村落及民居保护等项目建设，加大政策、资金扶持力度，促进休闲农业和乡村旅游业发展。到2015年，扶持约2000个贫困村开展乡村旅游。到2020年，扶持约6000个贫困村开展乡村旅游，带动农村劳动力就业。（国家发展改革委、国家旅游局、环境保护部、住房城乡建设部、农业部、国家林业局等）

（七）教育扶贫工作。全面实施教育扶贫工程。科学布局农村义务教育学校，保障学生就近上学。大力发展现代职业教育，办好一批中、高等职业学校，支持一批特色优势专业，培育当地产业发展需要的技术技能人才。完善职业教育对口支援机制，鼓励东部地区职业院校（集团）对口支援贫困地区职业院校。国家制定奖补政策，实施中等职业教育协作计划，支持贫困地区初中毕业生到省内外经济较发达地区中等职业学校接受教育。广泛开展职业技能培训，使未继续升学的初高中毕业生等新成长劳动力都能接受适应就业需求的职业培训。继续推进面向贫困地区定向招生专项计划和支援中西部地区招生协作计划的实施，不断增加贫困地区学生接受优质高等教育机会。到 2015 年，贫困地区义务教育巩固率达到 90%以上，学前三年教育毛入园率达到 55%以上，高中阶段毛入学率达到 80%以上。到 2020 年，贫困地区基本普及学前教育，义务教育水平进一步提高，普及高中阶段教育，基础教育办学质量有较大提升，职业教育体系更加完善，教育培训就业衔接更加紧密，高等教育服务区域经济社会发展能力和继续教育服务劳动者就业创业能力持续提高。（教育部、国家发展改革委、财政部、国务院扶贫办、人力资源社会保障部、公安部、农业部等）

（八）卫生和计划生育工作。进一步健全贫困地区基层卫生计生服务体系，加强妇幼保健机构能力建设，加大重大疾病和地方病防控力度，采取有效措施逐步解决因病致贫、因病返贫问题。加强贫困地区计划生育工作，加大对计划生育扶贫对象的扶持力度。到 2015 年，贫困地区县、乡、村三级卫生计生服务网基本健全，县级医院的能力和水平明显提高，每个乡镇有 1 所政府举办的卫生院，每个行政村有卫生室；新型农村合作医疗参合率稳定在 90%以上；逐步提高儿童医疗卫生保障水平，重大传染病和地方病得到有效控制。到 2020 年，贫困地区群众获得的公共卫生和基本医疗服务更加均等，服务水平进一步提高，低生育水平持续稳定，逐步实现人口均衡发展。（国家卫生计生委、国家发展改革委、财政部等）

（九）文化建设工作。加强贫困地区公共文化服务体系建设，提高服务效能，积极推进公共数字文化建设。统筹有线电视、直播卫星、地面数字电视等多种方式，提高电视覆盖率。充分利用村级组织活动场所等现有设施，积极开展群众性文化活动。到 2015 年，基本建成以县级公共图书馆、文化馆和乡镇综合文化站为主干的公共文化设施网络。到 2020 年，全面实现广播电视户户通。（文化部、新闻出版广电总局、国家发展改革委、财政部等）

（十）贫困村信息化工作。推进贫困地区建制村接通符合国家标准的互联网，努力消除“数字鸿沟”带来的差距。整合开放各类信息资源，为农民提供信息服务。每个村至少确定 1 名有文化、懂信息、能服务的信息员，加大培训力度，充分利用有关部门现有培训项目，着力提高其信息获取和服务能力。到 2015 年，连片特困地区已通电的建制村，互联网覆盖率达到 100%，基本解决连片特困地区内义务教育学校和普通高中、职业院校的宽带接入问题。到 2020 年，自然村基本实现通宽带。（工业和信息化部、农业部、科技部、教育部、国务院扶贫办等）

三、加强领导，确保各项措施落到实处

各级党委和政府、各有关部门要深刻认识扶贫开发的重大意义，更加重视扶贫开发工作，践行党的群众路线，转变作风，扎实工作，切实帮助贫困地区改变面貌，帮助贫困群众脱贫致富。

（一）明确工作职责。贫困地区各级党委和政府要把扶贫开发工作列入重要议事日程，摆在突出位置，科学确定发展规划和项目，发扬钉钉子精神，一张蓝图干到底。党政主要负责同志要认真履行职责，把工作重点放在扶贫开发上，切忌空喊口号，不提好高骛远的目标，出实招、办实事、求实效。关注少数民族、妇女儿童、残疾人等特殊群体，加大支持力度。中央和国家机关要发挥引领示范作用，认真贯彻扶贫开发政策，落实分工任务，积极选派优秀干部到贫困地区帮扶。东部各省（直辖市）在做好东西部扶贫协作的同时，进一步加大对本区域内贫困地区和贫困人口的扶持力度，鼓励支持其开展扶贫改革实验，探索解决相对贫困、缩小收入差距、实现共同富裕的有效途径。加大扶贫开发工作考核力度，做到有目标、有计划、有措施、有检查、有奖惩。加快扶贫立法，把扶贫开发工作纳入法治轨道，确保长期化、可持续。

（二）完善管理体制。进一步完善中央统筹、省负总责、县抓落实的管理体制。国务院有关部门负责统筹协调、分类指导，以连片特困地区为重点，组织编制规划，加强政策指导，强化对跨区域重大基础设施建设、生产力布局、经济协作等事项的督促、衔接和协调，公共投资要向贫困地区倾斜。各省（自治区、直辖市）党委和政府要对本区域内贫困地区的扶贫脱贫负总责，逐级建立扶贫开发目标责任制，组织制定贫困县、村脱贫规划和产业发展规划，整合省内资源予以支持。各县（市、区、旗）党委和政府要采取措施，帮扶到村到户到人，把扶贫开发任务和政策逐项落到实处。

（三）加强基层组织。加强服务型党组织建设，健全党员干部联系和服务群众制度，切实发挥基层党组织推动发展、服务群众、凝聚人心、促进和谐的作用。选好配强村级领导班子，突出抓好村党组织带头人队伍建设。鼓励和选派思想好、作风正、能力强、愿意为群众服务的优秀年轻干部、致富带头人、外出务工经商人员、企业经营管理人员、退伍军人、高校毕业生等到贫困村工作，充分发挥驻村工作队（组）作用。发展集体经济，增加村级集体积累。尊重贫困地区群众在脱贫致富中的主体地位，鼓励其发扬自力更生、艰苦奋斗精神，通过自身努力增加收入，改变落后面貌。

（四）强化队伍建设。各级党委和政府要加大贫困地区干部培训力度，提高执行能力，重视扶贫开发队伍建设，提供必需的工作条件和经费保障。各级扶贫开发领导小组要认真履行职责，切实改进作风，深入调查研究，加强工作指导，总结推广经验，统筹各方面资源，发挥牵头协调作用。各级扶贫开发相关部门要加强思想、作风、廉政和效能建设，加强督促检查，认真履职尽责。扶贫任务重的县要加强扶贫开发能力建设，充实工作力量。扶贫任务重的乡镇要有专门干部负责扶贫开发工作。基层扶贫开发队伍建设要适应精准扶贫工作需要。

（五）营造良好环境。进一步加强扶贫开发宣传工作，积极宣传贫困地区广大干部群众自强不息、战胜贫困的先进事迹，总结推广扶贫开发实践中探索的成功经验，大力弘扬中华民族扶贫济困、乐善好施的传统美德，引导和鼓励社会各界更加关注、广泛参与扶贫开发事业，激发贫困地区干部群众脱贫致富的信心和活力。

本意见所确定的牵头单位和各省（自治区、直辖市）要制定具体实施方案，认真组织实施，把各项工作落到实处，并于每年10月底前将贯彻落实情况报送国务院扶贫开发领导小组，汇总后报告党中央、国务院。

附录（三）
年度领导重要讲话

《改革创新　精准扶贫　坚决打好扶贫攻坚战》

——刘永富同志在全国扶贫开发工作会议上的报告

范小建同志在扶贫开发工作考核总结会上的讲话

王国良同志在扶贫开发工作考核总结会上的总结讲话

王国良同志在财政专项扶贫资金绩效考评总结暨培训班上的总结讲话

王国良同志在开发性金融扶贫研修班上的讲话

郑文凯同志在中央企业扶贫开发工作会议上的讲话

郑文凯同志在丽水市扶贫改革试验区工作动员大会上的讲话

改革创新　精准扶贫　坚决打好扶贫攻坚战
——在全国扶贫开发工作会议上的报告

刘永富

（2013年12月25日）

同志们：

这次会议的主要任务是：深入贯彻党的十八大和十八届二中、三中全会精神，学习贯彻习近平总书记、李克强总理等中央领导同志关于扶贫开发的一系列重要指示，研究落实全国扶贫开发工作座谈会和《关于创新机制扎实推进农村扶贫开发工作的意见》（以下简称《意见》）的措施，总结2013年工作，安排2014年工作。

前两天，各省（区、市）扶贫办主任列席了中央农村工作会议，聆听了习近平总书记、李克强总理的重要讲话。昨天晚上，汪洋副总理主持召开全国扶贫开发工作座谈会，发表重要讲话，深刻阐述了中央关于新时期扶贫开发工作的战略思想；全面部署了加快推进扶贫开发体制机制创新，着力解决突出问题的各项工作；对加强组织领导，确保各项措施落到实处提出明确要求。我们要认真学习，深刻领会，切实抓好贯彻落实。下面，我讲三个问题。

一、关于2013年的工作

2013年是全国扶贫开发工作深入推进、改革创新之年。以习近平为总书记的新一届中央领导集体高度重视扶贫开发，提出创新机制、精准扶贫的新要求，工作思路进一步明确，工作力度普遍加大，社会各界踊跃参与，扶贫开发全面推进，取得新的显著成效。

（一）中央领导高度重视。党的十八大以来，习近平总书记先后到河北、甘肃、湖南、山东等地，深入贫困地区调研指导工作，对扶贫开发做出了一系列重要指示，提出了许多重要的论断论述，指出扶贫开发是关乎社会主义制度、践行党的宗旨和全面建成小康社会目标的重大举措，要求各地区各部门要加强组织领导，进一步加大对扶贫对象和贫困地区的扶持力度，充分发挥贫困地区干部群众的积极性、主动性、创造性，广泛组织和动员社会力量积极参与扶贫开发，确保如期实现“两不愁、三保障”的奋斗目标。中央政治局常委会议专题听取扶贫工作汇报，就创新机制、扎实推进扶贫开发工作做出决策。李克强总理主持召开促进西部发展和扶贫工作座谈会，并到甘肃、湖北、广西等地贫困地区调研，国务院两次常务会议分别研究扶贫机制创新和扶贫资金监管。全国人大常委会议听取国务院关于农村扶贫开发工作情况的报告，开展专题询问，加强了对扶贫开发工作的监督。在中央政治局常委会议和国务院常务会议上，多位领导同志都对扶贫工作做出重要指示。党中央、国务院主要领导同志在一年内如此密集地到贫困地区调研考察扶贫工作，做出重要指示，并通过会议、文件等多种形式高位推动扶贫工作，在历史上是空前的。新一届中央领导集体对扶贫工作的重要指示，进一步提高了全党和各级领导干部对扶贫开发工作长期性、艰巨性、复杂性的认识，明确了扶贫开发工作的目标、思路和要求，增强了做好扶贫开发工作的紧迫感、责任感和使命感。

（二）工作思路进一步明确。国务院新一届扶贫开发领导小组围绕创新扶贫开发工作机制、研究解决重点难点问题，加强了调研、协调和指导。汪洋副总理到国务院工作后第一次出差就深入甘肃最贫困的乡村，开展“解剖麻雀式”的调研，并多次主持会议，研究提出了改革扶贫开发工作机制、扎实推进重点工作的思路。在深入调研、反复征求意见、多次修改完善的基础上，经中央政治局常委会议和国务院常务会议研究同意，以中办、国办名义印发了《意见》。《意见》体现了中央关于新时期扶贫开发工作的战略思想，贯彻了党的十八届三中全会精神，对扶贫开发的重要工作进行了全面部署，提出了新的工作要求，是当前和今后一个时期扶贫攻坚的指导性文件。

（三）各地工作力度普遍加大。各地认真学习贯彻新一届中央领导集体关于扶贫开发工作的重要指示精神，进一步加大了扶贫攻坚力度。一是省（区、市）党委政府高度重视。河北、山西、辽宁、江苏、福建、江西、河南、湖北、湖南、广东、贵州、云南、陕西、甘肃、新疆生产建设兵团党政主要领导深入贫困地区调查研究，指导工作，省委省政府召开高规格会议，出台指导性文件，全面部署扶贫开发工作。山东加强了扶贫机构建设，青海在全省乡镇普遍配备扶贫专干。二是大幅度增加扶贫投入。中央财政专项扶贫资金投入增长了18.7%，省级增长了24%，青海、河南、福建、湖南、新疆等省（区）增幅超过全国平均水平。三是瞄准对象开展帮扶。广东省启动新一轮“双到”工作，江苏、浙江、湖南、重庆、四川、陕西、新疆等地完善建档立卡，使各项扶贫措施瞄准到户。内蒙古、安徽、江西、福建、重庆、贵州等地开展省级领导联系重点县的工作，强化干部驻村、联村、包村等措施。甘肃将扶贫开发作为机关干部“双联”的重要内容，安排省、市、县、乡四级40多万干部帮扶60多万贫困户。四是积极探索帮扶到户有效途径。江西、陕西、宁夏等省（区）以移民搬迁为主要抓手，山西、湖北、河南、贵州等省以产业扶贫为引领，甘肃、辽宁等省以职业教育为载体，积极落实到户帮扶政策。五是努力推进片区扶贫攻坚。各省编制完成了本省（区、市）片区实施规划，将规划细化实化。吉林、黑龙江、浙江、湖北、海南、云南、广东、西藏等省（区）对省内重点扶持区域出台支持政策。广西、云南、贵州召开三省（区）政府领导联席会议，河南、湖北、湖南三省政协建立联系制度，加强跨省协调。六是东部各省积极探索。在继续做好东西扶贫协作、对口支援等工作的同时，积极推动当地减贫，总结出很多新鲜经验，启动了广东清远、浙江丽水和辽宁阜新 3 个东部扶贫改革试验区。

（四）中央部门主动作为。按照国家扶贫开发工作总体部署，中央有关部门迅速行动，普遍加大了对贫困地区的工作指导和资金、政策、项目支持。各片区联系单位积极承担牵头责任，主动履行职责，围绕联系沟通、调查研究、督促指导等重点任务，做了大量开拓创新、富有成效的工作，片区联系机制已成为中央统筹的一个重要手段。国家发展改革委加大对片区投资支持力度，推动落实减免地方投资优惠政策，将片区规划项目纳入相关专项规划，加快重大项目前期审批工作。财政部启动综合扶贫改革试点，贫困地区产业发展基金即将投入运行。教育部启动教育扶贫工程，颁布《贫困地区儿童发展规划》，面向片区重点高校招生计划由 1 万名增至 3 万名。交通运输部编制实施片区交通扶贫规划，积极推进溜索改桥建设规划。卫生计生委和全国妇联配合，继续实施儿童营养改善试点项目，并启动贫困地区新生儿疾病筛查项目。住房城乡建设部会同有关部门提高了贫困地区农村危房改造补助标准。工业和信息化部出台《关于全国工业和信息化系统支持集中连片特殊困难地区发展的意见》。农业部印发《农业行业扶贫开发规划（2012—2020 年）》，帮助 14 个片区遴选适用技术和品种。人民银行研究支持片区加快发展的特惠金融政策。国家能源局编制实施《全面解决无电人口用电问题 3 年行动计划（2013—2015 年）》。国家旅游局与国务院扶贫办联合启动了旅游扶贫试验区工作。农业银行结合规划加大对片区金融服务力度。进出口银行与国务院扶贫办签订了长期金融合作协议，今年与国务院扶贫办联合印发了《关于深化扶贫金融合作工作的指导意见》。国家开发银行充分发挥开发性金融贷款优势，利用地方融资、担保平台，从 2011 年 12 月到 2013 年 7 月底，向 592 个国家扶贫开发工作重点县和 400 多个省级重点县发放贷款 1.44 万亿元，并与国家民委联合出台了支持武陵山片区金融扶贫文件。中央纪委、监察部在加强扶贫资金监管、纠正行业不正之风和纯洁扶贫干部队伍等方面给予了有力指导。中央组织部积极支持改革贫困县考核机制和健全干部驻村帮扶机制等工作，近期已发出《关于改进地方党政领导班子和领导干部政绩考核工作的通知》，对限制开发区域和生态脆弱的国家扶贫开发工作重点县取消地区生产总值考核。国家审计署今年将扶贫资金作为审计重点，针对发现的问题提出改进建议。中央国家机关工委在动员推动国家机关定点扶贫方面做了大量工作。全国人大农委、法工委积极支持扶贫立法。全国政协多位委员开展扶贫调研，积极建言献策。国家扶贫工作考核领导小组的 13 个部门共同完成了 2013 年各省的工作考核。

（五）各方力量广泛参与。一年来，社会各界高度关注、积极参与扶贫开发，社会扶贫工作取得新进展。一是机关定点扶贫得到加强。去年 11 月，国务院扶贫办和中组部、教育部、国资委等 8 部门印发了《关于做好新一轮中央、国家机关和有关单位定点扶贫工作的通知》（国开办发〔2012〕78 号），确定了新的定点扶贫结对关系，调整后，参与定点扶贫的中央、国家机关和有关单位共 310 个，比上一轮增加了 76 个，第一次实现了对全国 592 个重点县定点帮扶的全覆盖。国资委在今年年初专门召开中央企业扶贫开发工作会议，全面部署中央企业定点扶贫工作。中石化新增帮扶甘肃省东乡县，半年来，投入帮扶资金 2000 多万元。国家烟草局创新帮扶形式，除定点扶贫湖北 2 个县外，以产业扶贫为主要内容，与贵州全省开展了结对帮扶。二是东西扶贫协作有所深化。东部各省（市）在继续承担援藏、援疆、援青任务的同时，普遍加大了东西扶贫协作力度。东部许多省（市，含计划单列市）的主要领导到对口帮扶省份深入基层，调查研究，共谋发展。各地积极探索资源共享、优势互补的协作机制，“闽宁协作”、“沪滇合作”、“两广合作”等模式取得新经验。辽宁、天津、山东和大连、青岛、深圳、厦门等东部省（市）、计划单列市的主要领导担任东西扶贫协作领导小组组长。预计今年东部援助西部省份财政资金可达到 11.28 亿元，比上年增长 28.3%，其中北京、天津、上海、浙江等省（市）大幅度增加了财政援助资金，并建立了年递增机制。国务院扶贫办配合发展改革委，协调新增了上海、苏州、杭州、广州 4 市对口帮扶贵州，实现了对贵州 8 个市州的“一对一”帮扶。有 15 个省（市）开展了省内区域结对帮扶。三是社会各界广泛参与。各民主党派中央、军队和武警部队、工青妇组织、各类社会组织、民营企业和公民个人参与扶贫工作的积极性空前高涨。今年国务院扶贫办与全国工商联召开联席会议，并印发了《关于共同推动民营企业参与新一轮农村扶贫开发的意见》，引导民营企业参与片区扶贫攻坚。一些地方也出台政策、搭建平台，努力推动企业参与扶贫开发工作。甘肃省政府与中国轻工业联合会等五个国家行业协会分别签署了《战略合作框架协议》，各专业分会与贫困县开展结对帮扶。山西省启动实施了百企千村产业扶贫开发工程。河南省组织 1493 家民营企业与1030个贫困村结对开展共建扶贫工程。中国扶贫基金会、中国扶贫开发协会、老区建设促进会和友成企业家扶贫基金会围绕中心工作，在实施项目、开展活动、打造品牌等方面做了大量卓有成效的工作，在社会上赢得了较高的美誉度和知名度。四是减贫领域国际合作交流进一步深化。与坦桑尼亚、墨西哥、秘鲁、委内瑞拉、巴西等国家的双边减贫交流合作持续开展。与世界银行、联合国开发计划署、联合国儿基会、亚行、东盟秘书处等多边合作交流有所加强。成功举办了第七届“10·17”论坛、第七届中国—东盟社会发展与减贫论坛、第四届中非减贫与发展会议等国际会议。世界银行贷款等国际扶贫合作项目顺利推进。积极引导绫致基金会、松下集团等对华友好组织和企业参与国内扶贫开发。

（六）专项扶贫稳步推进。今年中央财政专项扶贫投入继续大幅增加，达到394亿元，中央专项彩票公益金安排12亿元，合计406亿元，达到历史最高水平。扶贫资金使用机制改革开始启动，财政专项扶贫资金绩效考评扎实开展。《扶贫开发整村推进“十二五”规划》稳步实施，有1.1万个贫困村和120个贫困乡镇启动实施规划。《易地扶贫搬迁“十二五”规划》顺利实施，搬迁生存条件恶劣地区农村贫困人口57.3万人。《以工代赈建设“十二五”规划》深入推进。积极开展“雨露计划”实施方式改革试点，对40多万接受职业教育的贫困学生给予直接现金补助。贫困村互助资金试点规模稳步扩大，全国1300多个县、2.1万多个村开展了试点。继续实施彩票公益金扶贫项目，22个省（区、市）128个老区县共安排资金12亿元。省级产业扶贫规划编制工作基本完成，“燕山—太行山阜平试点”、“积石山羊产业扶贫试点”及东乡县养羊项目全面启动。积极推进“溜索改桥”以及贵州威宁、四川阿坝、大小凉山、甘肃定西、宁夏中部干旱带、新疆边境扶贫等扶贫专项试点工作。协调相关部委支持河北阜平、甘肃临夏等特殊贫困地区的扶贫开发。

一年来，经过上上下下、方方面面的共同努力，扶贫工作取得新的成效，贫困地区基础设施建设不断完善，公共服务水平进一步提高，经济社会发展呈现出良好态势，重点县农民人均纯收入增长幅度有望继续超过全国农民人均增长水平，农村扶贫对象将继续减少。这些成绩的取得，是党中央、国务院正确领导的结果，是汪洋副总理直接指挥的结果，是有关部门和社会各界鼎力支持的结果，更是贫困地区干部群众和各级扶贫系统共同努力的结果。在此，我代表国务院扶贫办向在座的各位同志并通过你们对各方面表示衷心的感谢！

二、关于2014年的工作安排

2014年工作的基本思路是，认真学习贯彻习近平总书记等中央领导同志关于扶贫开发工作的重要指示，以十八届三中全会精神为指导，围绕实现“两不愁、三保障”的奋斗目标，进一步解放思想，开拓思路，以落实《意见》为抓手，以改革创新为动力，以解决突出问题为重点，以建立长效机制为目标，着力消除体制机制障碍，形成政府、市场和社会的扶贫合力，增强贫困地区内生动力和发展活力，加大工作力度，加快贫困群众脱贫致富、贫困地区全面建成小康社会的步伐。

（一）立即行动，抓紧制定实施方案。《意见》明确了6项改革和10项重点工作的牵头单位和参与部门，要求“牵头单位和各省（区、市）要制定具体实施方案，认真组织实施，把各项工作落到实处，并于每年10月底前将贯彻落实情况报送国务院扶贫开发领导小组，汇总后报告党中央、国务院。”各地区各部门要把贯彻落实《意见》作为当前扶贫开发工作的首要任务，结合深入学习贯彻党的十八届三中全会精神和党的群众路线教育实践活动，深刻领会文件精神，抓紧制定工作方案和实施办法，尽快把工作部署下去，尽早把措施落到实处。在贯彻落实两办《意见》的过程中出现的新情况、新问题，要保持上下沟通，国务院扶贫办将采取适当形式向各地区各部门通报情况，并及时向党中央、国务院报告。

（二）突出重点，积极推进改革创新。落实《意见》精神，要在创新上做文章。《意见》提出的6个方面机制创新，事关扶贫攻坚全局，事关扶贫事业长远发展，要尽快启动实施。扶贫办作为建立精准扶贫工作机制和创新社会扶贫机制的牵头部门，要率先行动，深入调查研究，抓紧制定方案，尽快组织实施，同时要会同有关部门督促、指导建立健全干部驻村帮扶机制。作为改进贫困县考核机制、改革财政专项扶贫资金管理机制、完善金融服务机制和特色产业增收、教育扶贫、贫困村信息化工作的参与部门，要主动配合，按照牵头部门的要求，积极提供服务，共同推进措施办法的出台和落实。其他重点工作虽然由行业部门牵头实施，扶贫办也要随时关注工作进展情况，积极协调推动，确保贫困地区、贫困人口真正受益。要督促相关项目及时启动，各项政策措施尽早落实到位。

（三）集中力量，扎实做好重点工作。《意见》部署的10项重点工作，是目前制约贫困地区、扶贫对象发展的突出问题，《意见》要求各牵头部门要根据行业部门规划和各地实际，编制具体实施计划，确保实现2015年阶段目标和2020年最终目标。各参与部门要实行差别化扶持政策，相关政策和项目进一步向贫困地区倾斜。各综合部门要简化审批程序，加快项目实施。总之，各方面要集中力量，统筹资源，协调配合，使这些问题优先得到解决。

（四）科学统筹，稳步实施片区规划。目前各片区分省实施规划已编制完成，下一步，各省（区、市）要根据本地实际，对实施规划的项目梳理分类，将10项重点工作与实施规划有机地结合起来，推动区域发展与扶贫攻坚规划的实施。要按照国务院批复要求，组织开展好片区规划监测评估工作。片区各联系单位要继续发挥联系沟通、调查研究、督促指导的作用。同时，要继续做好整村推进、易地扶贫搬迁、以工代赈、就业促进、革命老区建设、贫困村互助资金、生态建设等工作。片区规划和专项扶贫各项任务的实施，要同做好农业农村农民工作结合起来，同发展基本公共服务结合起来，同保护生态环境结合起来，向增强农业综合生产能力和整体素质要效益。

（五）加强资金监管，抓好党风廉政建设。扶贫资金是贫困群众的“保命钱”和减贫脱贫的“助推剂”，必须加强监管，建立完善管理制度并严格执行。要完善内控机制，研究建立县以上扶贫资金信息披露制度，完善县以下扶贫对象、扶贫项目公告公示制度，保证财政专项扶贫资金在阳光下运行。要加强外部监管，让扶贫对象成为维护自己权益、监督资金使用和项目建设的重要力量。要强化地方监管责任，使省、市两级政府将工作重心转到强化资金和项目运行的监管上来。要把扶贫资金监管上升到党风廉政建设和反腐败斗争的高度。总体上，扶贫系统党员干部队伍党风廉政建设总体状况是好的，但也出现过一些违法违纪情况，教训十分深刻。要严格执行党风廉政建设责任制，建立健全扶贫领域反腐倡廉各项制度，形成不敢腐的惩戒机制、不能腐的防范机制、不易腐的保障机制。深入开展党风廉政教育，以加强扶贫资金监管为重点，以扶贫系统违纪违法案件为警示，不断增强秉公用权、廉洁扶贫自觉性。加强监管要从自己做起，对于扶贫领域发生的腐败案件，发现一起，查处一起，绝不手软，绝不姑息，绝不迁就，使扶贫资金成为不能触碰的“高压线”、不能逾越的红线。

（六）广泛动员，巩固完善大扶贫格局。扶贫开发是全党、全国、全社会的责任，要广泛动员社会各方面的力量积极参与，努力形成扶贫开发的强大合力，不断完善大扶贫的工作格局。要充分发挥定点扶贫、东西扶贫协作在社会扶贫中的示范先导作用，广泛动员企业、社会组织和个人参与扶贫，引导各方面的社会资源有效配置到贫困地区，营造全社会扶贫济困、团结互助的良好风尚。各级扶贫部门要以改革创新精神，在搭建平台、打造载体、完善政策、营造氛围上多想些办法、多做些探索。要继续开展减贫领域的国际合作。明年拟以国务院名义召开社会扶贫工作会议，开展社会扶贫表彰，各省（区、市）也要开展相关工作。

三、关于进一步做好工作的要求

新一届中央领导集体对扶贫开发的高度重视，对我们是巨大的鼓舞，也是极大的鞭策。《意见》提出的改革措施和重点工作，给我们提出新的任务，也提出更高的要求。按照到2020年全面建成小康社会的奋斗目标，贫困群众的收入水平和生活水平、贫困地区基础设施和公共服务还存在很大的差距，要从根本上改变贫困地区面貌，帮助贫困人口脱贫致富，仍要付出更艰苦的努力。与这样繁重任务的要求相比，我们工作中还存在一些不科学、不适应、不可持续的问题。为此，我们一定要进一步加强学习和调查研究，切实转变作风、大胆改革创新，圆满完成党中央、国务院部署的各项任务。结合贯彻落实《意见》精神，下面我提几点要求。

（一）认真抓好学习。扶贫系统的全体同志，首先要把学习党的十八大以来习近平总书记系列讲话作为首要任务，特别要认真学习总书记关于扶贫开发的重要指示。通过学习，进一步提高认识，统一思想，坚定信心，增强做好扶贫开发工作的紧迫感、使命感和责任感。第二要深入学习党的十八大和十八届二中、三中全会精神，以及中央经济工作会议、中央城镇化工作会议、中央农村工作会议和全国扶贫开发工作座谈会的精神，全面深刻地领会精神实质，努力使自己的思想和行动跟上中央的要求，以改革创新的精神指导实际工作。第三要学习《意见》，提高贯彻落实的自觉性。《意见》根据党的十八大和十八届三中全会精神，贯彻新一届中央领导集体对扶贫开发工作重要指示的要求，对进一步深入推进《纲要》做出的新部署，大家通过学习，要把思想统一到中央的工作部署上来，做到认识到位、领导到位、措施到位、人员到位。扶贫工作需要具有宽广的视野和丰富的知识，希望在全国扶贫系统能够形成浓厚的学习氛围，不断提高“学习力”，不断激发工作的创造力和活力。

（二）抓住重点推进落实。关于改革贫困县考核机制。中央组织部对这项工作高度重视，国务院扶贫办要做好配合工作，积极参与对相关问题进行研究，主动提出意见建议。关于健全干部驻村帮扶机制。由各省（区、市）负责，要主动争取省委省政府的支持，明确工作队的组建方式和工作内容，关心驻村工作队员的工作和生活，及时总结推广他们的工作经验和先进事迹。关于建立精准扶贫机制。在各地现有工作的基础上，开展到村到户的贫困状况调查和建档立卡工作。要分析致贫原因，逐户落实帮扶措施。要尽快建立全国农村扶贫信息系统，对贫困人口实施动态管理。关于教育扶贫工作。要积极支持教育部门和人力资源社会保障部门的工作，重点放在职业教育和技能培训上，并扩大“雨露计划”实施方式改革试点，加大对留守农村劳动力的适用技术培训。关于完善金融扶贫机制。要支持金融部门实施突破，取得新成效。要侧重总结、积极推广扶贫小额信贷、妇女小额担保贷款和贫困村互助资金等好的经验和做法，解决贫困农户贷款难问题。

（三）切实转变工作作风。目前正在深入开展的党的群众路线教育实践活动，已经取得阶段性重要成果，明年初第二批教育实践活动将在市、县、乡开展。扶贫战线的同志要抓住这个机遇，充分利用第一批教育实践活动的好经验、好办法，结合第二批教育实践活动的开展，努力改进作风，把扶贫开发各项政策措施在基层落实好。要深入基层，体察民情，倾听贫困群众的呼声，从贫困群众最紧迫、反映最强烈的问题入手，为他们办实事，做好事，使扶贫工作体现和落实在贫困群众得实惠上，绝不能浮在表面，搞形式主义。

（四）深入开展调查研究。从群众中来，到群众中去，是党的群众路线的体现，也是指导工作的有效手段。扶贫开发工作面临着新形势、新任务、新挑战，群众中蕴藏着巨大的创造力，基层在不断探索新的工作手段。我们要经常深入基层，及时发现、认真总结这些新鲜经验，树起新的旗帜和标杆。要花大气力研究扶贫理论、战略、政策、思路等重大问题，提高工作的科学性和前瞻性。充分学习借鉴国外的减贫理论和经验，认真总结我国扶贫开发经验并实现国际共享。要积极发挥扶贫开发领导小组专家咨询委员会的作用，不断拓展研究领域，提升研究水平。

（五）夯实基层基础工作。要指导贫困村基层组织建设，发挥基层党组织推动发展、服务群众、凝聚人心、促进和谐的战斗堡垒作用。要加强扶贫基层工作力量。扶贫任务重的县要选好配强扶贫机构和领导班子，充实工作力量。扶贫任务重的乡镇要有扶贫专干。扶贫改革创新的各项工作能否落实，任务能否完成，很大程度在于扶贫队伍的执行能力，而执行能力的提高，很大程度在于基础工作。做到基本情况要清楚，基础数据要准确，使我们的决策更加及时、科学、准确。

（六）做好宣传工作。扶贫工作是群众性工作，舆论宣传对做好工作有着至关重要的作用。某种程度上讲，扶贫工作做的如何，与“鼓”与“呼”关系很大。宣传工作的首要任务是统一思想，提高认识，使社会各方面了解党的扶贫政策。要通过宣传先进经验和典型人物来鼓舞贫困地区、贫困人口的信心和勇气，团结一心战胜贫困。宣传工作要实事求是反映基本国情和发展的不平衡。各级扶贫部门要从思想上提高认识，从组织上强化措施，把扶贫宣传和其他业务工作一起研究，一起布置，同步检查，同步推进。当前，随着新媒体时代的到来，对传统宣传方式提出了挑战，要求我们从工作方式到组织形式，从宣传空间、时效要求到新闻发布、舆论引导机制等，都要不断开拓创新，适应新形势、新要求，努力为扶贫工作的顺利开展创造良好舆论氛围。明年扶贫宣传工作的重点，要围绕学习贯彻《意见》进行，国务院扶贫办已有总体考虑，各地要结合实际，努力创新宣传形式，扩大宣传空间，提高宣传成效。

同志们，帮助贫困地区、贫困群众一起过上更加美好富裕的生活，是我们义不容辞的责任。让我们按照党中央、国务院的总体部署，全面落实扶贫改革创新的各项任务，解放思想，开拓进取，扎实工作，谱写中国特色扶贫开发事业的新篇章。

在扶贫开发工作考核总结会上的讲话

范小建

（2013 年 2 月 28 日）

同志们：

这次会议的主要任务，是深入学习贯彻十八大和习总书记在视察河北阜平的重要讲话精神，系统总结 2011 年度扶贫开发工作考核情况，研究部署 2012 年度的考核工作，扎实推进今年扶贫开发各项工作。下面，我讲三点意见。

一、深入学习贯彻十八大和习总书记重要讲话精神

党的十八大提出了全面建成小康社会的宏伟目标，对深入推进新时期的扶贫开发提出了新的更高的要求。去年 12 月 29 日至 30 日，习总书记视察河北省阜平县，就做好新一轮扶贫开发工作发表了重要讲话。习总书记的重要讲话，是对十八大报告的深刻阐述和深入解读，是对新阶段扶贫开发工作的再动员、再部署，充分体现了党中央对革命老区和贫困地区广大干部群众，特别是困难群众的深厚感情和无比关怀。深入学习和贯彻落实习总书记的重要讲话精神，是扶贫系统当前首要的政治任务。1 月 18 日，国务院召开扶贫开发工作电视电话会议，回良玉副总理根据十八大和习总书记重要讲话精神，在充分肯定过去十年取得成绩的基础上，对今年工作做出了全面部署。会后，中办正式下发了习总书记的讲话，并同意全国扶贫系统传达到处级以上领导干部。据此，我办于 2 月 6 日向各省及新疆生产建设兵团扶贫办（局）发出通知，要求进一步认真学习，贯彻落实，并将学习贯彻情况于 3 月 10 日前报我办。中办要求，学习贯彻情况要整理一期综报在两会之后上报。对此，我们一定要高度重视，抓住这个难得的历史机遇，进一步把新一轮的扶贫攻坚推向深入。

借此机会，结合自己的学习，谈六点体会。

（一）进一步提高对扶贫开发工作重要性的认识

习总书记十分关注贫困地区如何实现全面建成小康社会的问题。他在讲话中指出，“全面建成小康社会，最艰巨最繁重的任务在农村、特别是在贫困地区。没有农村的小康，特别是没有贫困地区的小康，就没有全面建成小康社会。”大家要深刻理解这句话的含义，要提高对扶贫开发工作重要性的认识，增强做好扶贫开发工作的责任感和使命感。当前，我国还处在社会主义初级阶段。消除贫困、改善民生、实现共同富裕是社会主义的本质要求。实现十八大提出的全面建成小康社会的目标，我们不能满足于“翻一番”的平均数，要清醒地看到平均数所掩盖的不平衡和发展差距，切实提高对扶贫开发工作重要性的认识。发展差距是客观存在，不可能没有，但要力求把发展的差距缩的小一点。我们一定要以更大的决心，更强的力度，更有效的举措，深入推进新阶段的扶贫开发工作。

（二）进一步加强领导

习总书记在讲话中指出，“各级领导干部，特别是贫困问题较突出地区的各级党政主要负责同志，要认真履行职责，集中连片特殊困难地区领导同志的工作要重点放在扶贫开发上。‘三农’工作是重中之重，革命老区、民族地区、边疆地区、贫困地区在‘三农’工作中要把扶贫开发作为重中之重，这样才有重点”。这是习总书记对加强扶贫工作领导提出的明确要求。改革开放三十多年来，我国经济社会发展取得了巨大成就，同时也要清醒地看到，还有为数不少的贫困人口和困难群众。目前，有些地方对扶贫工作的位置摆得不够正，甚至仍然存在弱化、边缘化的倾向。扶贫系统的领导，要千方百计积极争取各级党委、政府把扶贫开发列入重要议事日程，摆在更加突出的位置，创造性地开展工作。要切实落实领导责任，落实两个“重中之重”的思想。同时，各级扶贫系统的领导和干部，更要认真履行职责，不畏难、不放松、不懈怠，要以更加饱满的工作热情、更加昂扬的工作斗志，打好新一轮扶贫开发攻坚战。

（三）努力营造“大扶贫”的良好氛围

习总书记强调，“各级财政要加大对扶贫开发的支持力度，形成有利于贫困地区和扶贫对象加快发展的扶贫战略和政策体系。各项扶持政策要进一步向革命老区、贫困地区倾斜，国家大型项目、重点工程、新兴产业在符合条件的情况下优先向贫困地区安排，要大力弘扬中华民族扶贫济困的优良传统，凝聚全党全社会的力量，形成扶贫开发工作的强大合力”。“大扶贫”是新阶段扶贫开发的一个突出特征和重要创新。打好新一轮扶贫攻坚战，仅靠扶贫部门单打独斗是不行的，需要举全社会之力。新纲要颁布和中央扶贫开发工作会议后，全社会掀起了重视扶贫开发、参与扶贫开发的新高潮。有关部门相继出台了一系列专项扶持政策，加大扶持力度；社会各界积极响应，广泛参与。专项扶贫、行业扶贫、社会扶贫“三位一体”的大扶贫格局得到进一步巩固和完善。各级扶贫部门的主要负责同志，要抓住这个契机，因势引导，利用一切可能的机遇和手段，把自己的主要精力从过去重点抓专项扶贫工作，转移到同时抓好加强与相关部门的沟通与协调，推动行业扶贫和社会扶贫，努力营造“大扶贫”的氛围，保持目前高位推动扶贫攻坚，上下协同、合力攻坚的良好态势。

（四）集中力量做好片区这篇大文章

将连片特困地区作为扶贫攻坚的主战场，是党中央、国务院做出的重大战略决策。习总书记的讲话再次强调了这一点。到去年年底，片区规划已全部出台，扶贫攻坚进入了全面实施的阶段。集中力量做好片区这篇大文章，这是时代的呼唤，也是形势发展的需要。我们要紧紧抓住片区这个重点，坚持“区域发展带动扶贫开发，扶贫开发促进区域发展”的基本思路，全面执行片区各项规划，一步一步地把宏伟蓝图变为美好现实。要以片区为平台推动工作，充分发挥行业部门的作用，充分发挥“大扶贫”的优势。有的同志提出，规划批复了，国家应该再出台一个加强片区规划实施的指导意见，明确各部门的职责和分工。对此，我有一些不同的想法。新纲要颁布后，中办和国办联合印发了《关于贯彻实施〈中国农村扶贫开发纲要（2011—2020 年）〉重要政策措施分工方案》（中办发〔2011〕27 号），明确了各部门的职责和任务。各省也都制定了类似的分工方案。我们所有的片区规划都是根据这个分工方案，在明确行业部门职责的基础上编制的，部门的职责和任务是明确的。前六个片区分别召开了启动会，每次会议，回良玉副总理都很有针对性地对落实好规划提出了明确要求。1 月 18 日的电视电话会议，回良玉副总理在宣布片区规划全面启动的同时，明确提出“统一规划、各司其职、各尽其责、各记其功”的要求，又对落实规划做出了全面部署。国家层面已经做出了不少努力，相关部委陆续出台了不少专门针对片区的特殊政策和措施，下步我们还将加大协调力度。在这种情况下，各省的同志一定要进一步解放思想，拓展思路，有创造性地开展工作，在争取国家支持的同时，努力挖掘本省资源，上下一心，共同努力，打好片区的扶贫攻坚战。国务院批准的片区规划，是我们开展工作的思路和工具，切不可老调重弹，回到新纲要之前的工作格局，把大家辛辛苦苦编制的片区规划束之高阁。按照回良玉副总理批复的《2013 年片区联系工作要点》，今年起，片区所在各省扶贫部门，要轮流坐庄，组织学习与观摩，探索推进片区扶贫攻坚的思路和办法，进而带动和促进有关部门和政府的合作。规划财务司将协调各省尽快落实今年各片的牵头单位，并下文予以明确。

（五）扶贫要扶志，一定要坚持正确引导

“自力更生很重要啊!”习总书记在讲话中反复强调了自力更生的重要性。扶贫开发如果没有了自力更生、艰苦奋斗，灵魂的东西就没有了，开发式扶贫就没有了，就成了救济式的扶贫。我们有些地方以进入片区县、重点县为荣，抱着“贫困县”的帽子不放，以至于在工作导向上出了问题。习总书记在讲话中很严肃地批评了这种现象，强调“只要有信心，黄土变成金”、“扶贫要扶志”。贫困地区要加快发展，离不开国家的大力支持，社会的帮助。但是，在国家不断加大投入和扶持的同时，要充分发挥贫困地区广大干部群众的积极性和主观能动性，不能躺在国家的身上，吃“贫困”这碗饭，要克服“等、靠、要”思想。贫困地区尽管自然条件差、基础设施落后、发展水平低，但是，贫困地区有着丰富的自然资源和劳动力条件，后发优势明显。只要立足这些有利条件和优势，找对路子，坚定信心，发扬自力更生、艰苦奋斗的精神，就一定能够实现脱贫致富，改变面貌。根据新纲要的精神，我们已经对重点县进行了调整，各省鼓励继续“摘帽”的做法，应该肯定并加以坚持。

（六）进一步强化扶贫资金监管

习总书记的重要讲话，专门讲到扶贫资金的管理使用问题。他说，“有了一些钱，该怎么花？是把县城搞得很漂亮还是投向农村，是搞楼堂馆所、花花草草还是为农民排忧解难，也要好好思量。还是应该用来改善人民生活”，“我不满意，甚至愤怒的是，一些扶贫款项被各级截留，移作他用。扶贫款项移作他用，就像救灾款项移作他用一样，都是犯罪行为。还有骗取扶贫款的问题。对这些乱象，要及时发现、及时纠正，坚决反对、坚决杜绝”。贫困地区搞点钱不容易，一定要坚持雪中送炭，不要搞锦上添花。更不能挤占挪用、贪污浪费。去年，最高人民检察院将近年来全国检察机关查办扶贫开发领域职务犯罪案件情况进行了梳理，并将情况通报我办。这些案件，有的是利用职务之便贪污扶贫款物、挪用扶贫款、收受贿赂，有的是滥用职权、严重渎职给国家造成重大经济损失。扶贫开发与民生民利息息相关，在这个领域的职务犯罪后果严重，社会影响极其恶劣。近期，中办秘书局《每日汇报》和财政部监察局也反映在扶贫资金使用和管理方面存在一些问题，有的地方挪用科技扶贫培训项目资金用于弥补本单位办公经费，有的乡镇设置虚假账簿等。因此，如何加强扶贫资金监管，确保扶贫资金不被挤占、挪用，最大限度发挥扶贫资金的效益，让扶贫对象切实受益，是忠实履行我们党全心全意为人民服务宗旨的具体要求，是摆在全国扶贫系统面前非常紧迫而重要的工作任务。目前，国家审计署正在研究对财政专项扶贫资金进行全面审计的问题，各省要高度重视。此外，我们还将会同财政部、监察部等有关部门，研究并制定关于切实加强扶贫资金监管的专门文件，坚决防止和严肃查处挤占挪用、截留贪污扶贫资金的行为。管好用好扶贫资金，一是要健全制度加强管理，二是要阳光操作扩大监督，三是要严肃查处违纪违法行为。管好用好扶贫资金，我们身上的责任越来越重。

以上六个方面的体会，与大家共勉。

二、关于 2011 年度扶贫开发工作考核

从去年的考核情况看，实现了了解情况、总结经验、发现问题，推动工作的预期目标。可以说，是圆满完成，开局良好。

（一）关于考核结果

2011 年度扶贫开发工作考核的结果是：评定等级为 A 级的有重庆、内蒙古、贵州、湖北、四川、浙江 6 个省（区、市），B 级的有山西、吉林、广西、陕西、新疆、云南、江西、海南、黑龙江、江苏、广东、辽宁 12 个省（区），C 级的 10 个省（区）。

2011 年，作为新阶段扶贫开发的谋篇布局之年，各省高度重视，认真落实责任，积极动员属地资源参与，努力加大投入，扎实推进工作，农村扶贫对象大幅度下降，片区县和国家扶贫开发工作重点县农民人均纯收入平均增长速度高于各省平均水平，贫困地区经济社会有了较大发展。

一是召开高规格会议。颁布新纲要和召开中央扶贫开发工作会议之后，所有省区市均以省委或省政府名义召开了全省扶贫开发工作会议，出台了新纲要实施意见或本省扶贫纲要，主要领导还召开了专门会议研究部署扶贫开发工作，切实将党中央、国务院的战略部署落实到实处。

二是省级扶贫开发投入不断加大。2011 年，中西部省份省级预算安排财政专项扶贫资金 67.2 亿元，比 2010 年增加了 18.8 亿元，平均增幅为 38.76%，超过中央财政专项扶贫资金增幅。东部省份省本级预算安排财政专项扶贫资金 34.1 亿元，比 2010 年增加 3.3 亿元，平均增幅为 10.8%。

三是大扶贫态势良好。省级行业部门投入、社会扶贫投入力度明显增加。2011 年，中西部省行业部门扶贫开发投入 3098.2 亿元，较 2010 年增长 30.3%；东部省份为 420.9 亿元，较 2010 年增长 18.7%。中西部省社会扶贫投入 116.1 亿元，较 2010 年增长 38.1%；东部省为 314 亿元，较 2010 年增长 51.2 亿元。省直机关参与定点扶贫比例较高。中西部省 22 个省区市省直机关参与定点扶贫比例达到 100%，东部有 3 个省达到 100%。东西扶贫协作进一步加强，2011 年东部省投入西部省资金总量为 17.1 亿元，比 2010 年增长 13.9%。

四是贫困地区经济社会发展取得长足进步。2011 年全国减贫 4328 万人，减幅为 26.14%。2011 年中西部省片区县和重点县农民人均纯收入平均增长率 19.5%，比各省农民人均纯收入平均增长率（19.0%）高 0.5 个百分点；东部省为 18.7%，比各省农民人均纯收入平均增长率（18.3%）高 0.4 个百分点。贫困地区交通、能源、安全饮水状况明显改善，教育、卫生、社会保障政策全面落实。

五是专项扶贫工作顺利推进。以工代赈、整村推进实施规划的编制、易地扶贫搬迁等专项扶贫工作按计划完成。内蒙古、黑龙江、河南、湖北、湖南、重庆、西藏、甘肃、宁夏、新疆 10 个省（区、市）三项工作在考核中均得满分。

（二）建立考核机制

《考核办法》颁布后，经过各方面共同努力，考核机制初步建立。中央层面成立了由中央组织部等13个部门参加的中央考核工作领导小组，下设考核实施小组，具体负责考核工作。在中央组织开展对各省工作考核的同时，各省也高度重视，积极部署，按照"统一领导、分级负责"考核原则，启动了对各市县的考核工作，形成了上下联动、部门配合的考核工作格局。

一是制定出台省级考核办法或实施细则。《考核办法》印发后，各省结合本省实际，在充分征求相关部门和市、县、乡意见的基础上，修订和制定了本省扶贫开发工作考核实施办法或实施细则。如湖北省是全国较早开展专项扶贫工作考核的省份之一。2004年，湖北省委、省政府办公厅就印发了《关于对贫困地区党政领导干部扶贫工作责任制进行考核的通知》，2010年进行了修订。国家考核办法印发后湖北省又再次对本省考核办法进行了修订和完善，印发了《关于调整完善〈湖北省地方党政主要负责同志扶贫工作责任制考核办法〉指标体系的通知》，并结合本省实际，将国家考核办法的44条指标细化为54条，将插花贫困地区党政主要领导干部也纳入扶贫工作责任制进行考核。辽宁省将扶贫开发工作考核指标纳入省政府的绩效指标体系中加以落实，加大了扶贫开发工作考核力度。新疆维吾尔自治区将区级行业部门纳入考核。省级考核办法或实施细则的出台，为各省开展扶贫开发工作考核提供了制度保障。

二是建立健全考核工作机构。各省均成立了省扶贫领导小组相关成员单位参与的考核工作领导小组，下设考核实施小组，日常工作由扶贫部门具体承担。绝大多数省扶贫办主任亲自抓，直接协调解决考核工作出现的问题和困难；指定一名副主任具体抓，安排专门处室和人员具体负责，一级抓一级，力求把考核工作落到实处。云南省为加强考核工作力量，省编办为省扶贫办特批增加了一名副处级领导职数和三名人员编制。

三是开展对市县的考核。据统计，26个省（区、市）对市县2011年度扶贫开发工作进行了考核。其中河北、山西、辽宁、吉林、江苏、浙江、安徽、湖南、广东、广西、海南、重庆、西藏、陕西、宁夏、新疆等16个省（区、市）直接考核到市县；内蒙古、黑龙江、江西、河南、湖北、四川、贵州、云南、青海等9个省（区）采用分级考核，即省负责对地市州考核，地市州负责对县级考核。

（三）考核结果运用

考核是一把双刃剑，既能调动工作积极性，也能影响工作积极性。在去年召开的扶贫开发工作考核领导小组会上，大家一致认为，对2011年度的考核是《考核办法》试行的第一年，各省、各部门对考核办法、程序、指标和要求都不太熟悉，各相关部门也是第一次提供考核数据，统计的口径和范围需要进行调整和规范，考核结果运用应当慎重，以正面鼓励为主。各省在自评报告和实地核查中也提出了同样的意见。因此，在对 2011 年度考核结果的运用方面，我们采取了积极稳妥的态度。

一是 2011 年的考核结果，将不与 2013 年度的中央财政专项扶贫资金的分配挂钩，只对考核结果为 A、B 等次的省份进行通报表扬。这样做的目的，主要是考虑试行过程中，考核结果重在激励，而非惩罚。但 2012 年度的考核结果，将与资金的分配挂钩。

二是在考核结果的通报方式和通报范围上，我们也采取了稳妥的做法。2011 年度的考核结果不对外公布，对考核结果为 A、B 等次的 18 个省（区、市），以国务院扶贫开发领导小组名义进行了通报表扬。通报表扬只印发考核结果为 A、B 等次的省。对于考核等次为 C 级的 10 个省（区），不批评也不通报。经国务院有关领导批准，此次会议结束后，我将以电话形式与分管省（区）领导进行沟通，一对一的，口头通报考核结果。其目的，是要引起省领导对扶贫开发工作考核的重视，更好地促进扶贫开发工作。

（四）关于考核办法

通过一年的试行，大家普遍认为，目前实施的考核办法目标明确，重点突出；内容系统全面，指标设计客观公正；考核方式科学合理，针对性和可操作性较强，总体可行。具体体现在四个方面。

一是考核指标有针对性。考核指标紧紧围绕新纲要确定的总体目标、主要任务和专项扶贫工作，重点较突出，针对性较强。特别是水、电、路、房、教育、卫生等，是制约贫困地区发展的重要因素，将其纳入考核，对进一步提高贫困地区基础设施和公共服务水平将起到极大的推动作用。

二是考核方式比较科学。中央对省的考核，采取各省自评与专家外部评价相结合，书面评价与实地核查相结合的方式进行。考核组通过各省自评报告，全面了解各省的扶贫开发工作情况；并与专家独立评价结果进行对照，可以发现一些共性或突出的问题；再通过实地核查，验证自评报告和专家分析结果，力求考核结果的公平、公正。

三是考核组织有保障。按照《考核办法》“统一领导，分级负责”的原则，中央负责对各省扶贫开发工作进行考核，各省负责对市县考核，有效调动了各省、各部门的积极性和主观能动性。在中央层面，有 13 个中央部委参加了中央扶贫开发工作考核领导小组，并指派 1 名司局级领导具体负责考核工作。在考核工作开展过程中，领导小组各成员单位大力支持、主动配合，积极参加考核培训，及时提供相关考核数据，高质量地完成对内蒙古等 10 个省区的实地考核工作。大家认真研究考核结果和考核报告，积极提出宝贵意见和建议，确保了整个考核工作顺利推进，提升了考核工作的质量和水平。在省级层面，各省也按照《考核办法》的要求，成立了由各省有关部门参加的省级扶贫开发工作考核领导小组。在考核过程中，各部门不仅协助提供部门考核的数据，还积极参与对市县的扶贫考核工作。

四是数据来源有保证。考核数据，凡国家统计局有的，均采用国家统计局的数据；没有的，优先采用部门数据；尽量减少使用各省自报数据。2011 年，除东部因国家统计局没有监测数据外，中西部 44 项指标中，凡是定量考核的指标数据都来源于国家统计局、教育部和交通运输部等相关部门。只有个别数据缺失或获取困难。随着考核工作的不断完善和规范，考核数据的来源和质量将会进一步得到保证。

总的来看，扶贫开发工作考核作为一项开创性的工作，又事关扶贫工作的方方面面，涉及面广、工作量大，能够得到大家的认同，实属不易。

三、认真做好 2012 年度扶贫开发考核工作

有的同志曾提出，2012 年年初才印发《考核办法》，就要对 2011 年度的扶贫开发工作进行考核，太急了一点。为什么在办法颁布后，立即开展考核工作，主要基于以下几点考虑：

第一，2011 年 5 月，中央颁布新纲要，同年 11 月，又召开了中央扶贫开发工作会议，全国上下形成了良好的工作氛围。2012 年组织开展扶贫开发工作考核，实际上是要趁热打铁，进一步调动各级人民政府落实扶贫开发责任的积极性和主动性。

第二，《考核办法》在制定过程中，虽然反复征求了各省、各部门的意见，专家组也进行了科学、周密的测算，但是否能达到期望的目标，需要在实践中检验。因此，越早试行，就能越早发现问题，及时修改完善。

第三，对扶贫开发工作开展全面、综合性的考核，在我国扶贫开发历史上还是第一次，及时启动此项工作，有利于运用考核这一手段，发现工作中存在的问题，推动扶贫开发工作水平的不断提高。

从去年的试行和各省的反映看，考核工作有了一个良好的开端，为继续做好该项工作奠定了基础，积累了经验。今年，我们既要对 2012 年度扶贫开发工作进行考核，又要着手准备对考核办法和指标进行修订，任务十分繁重，因此，各省要高度重视，密切配合，认真做好考核各项工作。

（一）进一步提高对考核工作重要性的认识

关于开展考核工作的重要性，在 2012 年培训班上，我已做了充分阐述。今天我还要强调这个问题。建立考核机制，是推动扶贫开发工作的有力手段。从《国家八七扶贫攻坚计划》开始，就建立了以省为主，一把手负责的扶贫工作体制，在第一个纲要实施期间，又进一步明确“要继续实行扶贫工作党政‘一把手’负责制，把扶贫开发的效果作为考核这些地方党政主要负责人政绩的重要依据”。责任制的建立，极大地强化了各级政府的主导作用，有力地推进了扶贫开发进程。新纲要和中央扶贫开发工作会议，对扶贫开发形势作了新的判断，提出了新的奋斗目标，划定了新时期扶贫攻坚的主战场，提高了扶贫标准。确立了“专项扶贫、行业扶贫、社会扶贫”三位一体的大扶贫工作格局。党的十八大报告从全面建成小康社会的总体目标出发，明确提出，要“在发展平衡性、协调性、可持续性明显增强的基础上，实现国内生产总值和城乡居民人均收入比2010年翻一番”，“深入推进新农村建设和扶贫开发，全面改善农村生产生活条件”，“加大对革命老区、民族地区、边疆地区、贫困地区扶持力度”，“扶贫对象大幅减少”。这些论述，为扶贫开发事业的发展进一步指明了方向，赋予了新的内涵，提出了新的要求。在这种情况下，习总书记又发表了关于扶贫开发的重要讲话，对做好新时期的扶贫攻坚提出了全面、深入、系统的要求。现在，片区扶贫攻坚已经全面启动。因此，建立扶贫开发工作考核机制，有利于增强地方各级政府的责任感和紧迫感，落实扶贫开发责任；有利于调动相关部门参与扶贫开发工作的积极性和主动性，巩固发展大扶贫格局；有利于打好片区扶贫开发攻坚战，推动片区规划的顺利实施，为如期完成新纲要确定的各项目标任务提供有力保障。

（二）处理好工作考核与资金绩效考评的关系

扶贫工作考核是对各省人民政府全面的工作考核；绩效考评则是对扶贫资金安排、使用、管理和效益的专项考评。总体上看，绩效考评结果在工作考核中占有十分之一的分值，是工作考核的一项重要内容，资金绩效的优劣，影响着工作考核的优劣。从2011年度考核结果看，两项考核的结果也比较一致。

很多省的同志提出两个考核内容有交叉，应该合并，我们已经注意到这个问题，正与财政部的同志积极研究。从现实情况看，两个考核既有联系、也有区别，既相对独立、又各有侧重，短期内实现两个考核的合并，有一定的难度。目前，各级扶贫部门承担着工作考核和绩效考评的任务，因此，两个考核都要同等重视，认真抓好，不能顾此失彼，要相互配合、相互促进。在工作安排时，应尽量同步部署、同步收集材料、同步检查，先从工作部署、程序上统一起来，提高工作效率，减轻工作量。

（三）充分发挥领导小组成员单位和各部门的作用

去年考核工作的顺利完成，离不开领导小组各成员单位和各级政府相关部门的支持、配合。国家统计局、教育部和交通运输部及时提供了相关考核数据。为配合工作考核的开展，国家统计局、交通运输部还完善了本部门的统计指标。今年工作考核和办法的修改并行，任务更重，更需要各部门的大力支持和协作。扶贫部门担负着具体组织考核工作的重任，要主动加强与各领导小组成员单位的联系与沟通，争取他们的理解和支持，共同做好2012年度的考核工作，共同修订和完善考核办法和指标。各省扶贫部门也要积极争取有关部门的支持，继续相互配合，共同把考核工作做好、做细、做实、做得更有成效。

（四）积极研究和完善考核办法

完善的考核办法、科学的考核指标，是开展好考核的前提和基础。在充分肯定去年考核工作成绩的同时，也要正视存在问题，如部分指标数据获得比较困难、部分指标统计口径不明确等，要针对东部省扶贫工作的特点，完善符合东部省实际的考核指标。按照“简单、有效、客观、可靠”这四条要求，逐一对指标进行梳理分析，提出修改完善的意见和方案。特别是要深入研究行业扶贫投入、社会扶贫投入、教育等反映比较突出的几个指标。同时，对出现的一些新情况、新问题、新需求，如片区扶贫攻坚规划全面实施后，如何将实施情况纳入考核等，也要认真研究。去年是第一次开展考核，存在一些问题是正常的。要分析这些问题产生的原因。2012年度的工作考核，除了必须调整的指标之外，我们暂不做大的变动。今年，我们专门设立了一个课题，聘请了专家，准备结合两年的考核情况，对考核办法和指标进行修订和完善，争取在明年进行调整。希望各部门和各省给予大力支持和配合，力求使考核办法更加科学、更加切合实际、更加具有可操作性。

（五）重视考核的制度建设和机制完善

要抓紧省级《扶贫开发工作考核办法》的修改和完善。各省要根据国务院扶贫开发领导小组颁发的《考核办法》，结合本省特点和实际以及2011年度考核工作情况，加强研究，充分征求相关部门和市、县的意见和建议，修改和完善本省的考核办法或实施细则。要尽快建立健全市县考核机制。从去年考核的情况看，因为时间原因，还有一些省份没有开展市县两级的工作考核，今年各省要全面开展对市县两级的工作考核，重点县和片区县多的省份要逐步扩大考核面。

同志们，党的十八大吹响了全面建成小康社会的进军号角，扶贫开发工作迎来了难得的历史机遇，我们一定要以十八大和习总书记重要讲话为指导，进一步提高认识，理清思路，团结奋斗，努力拼搏，为全面建成小康社会做出我们应有的贡献。

谢谢大家!

在扶贫开发工作考核总结会上的总结讲话

王国良

（2013 年 12 月 20 日）

同志们：

为期一天半的扶贫开发工作考核总结会，今天就要结束了，此次会议是在全国扶贫系统深入学习贯彻习总书记在视察河北阜平的重要讲话和全国扶贫开发工作电视电话会议精神的形势下召开的。昨天上午，范小建主任作了重要讲话，就贯彻学习习总书记讲话谈了自己的认识和体会，系统总结了 2011 年度扶贫开发工作考核情况，并对认真做好 2012 年度考核工作提出了明确要求；张广平副司长全面通报了 2011 年度考核工作情况。下午，中国社会科学院吴国宝研究员从考核指标角度对 2011 年度扶贫开发工作考核结果进行了分析；辽宁、内蒙古和新疆三省区交流了本省区开展扶贫开发工作考核的经验和做法；杨炼处长在去年考核工作的基础上，对 2012 年度考核指标填报进行了详细说明。今天上午，与会同志分组对范小建主任的讲话以及如何完善《扶贫开发工作考核办法（试行）》（以下简称《考核办法》），提高考核工作水平进行了认真讨论，刚才三个组的代表又介绍了讨论的情况，大家讲得都很好。

这次会议有两个突出特点，一是领导高度重视。28 个省扶贫办的主要负责同志出席了会议，并自始至终参加了会议的每项议程。省扶贫办主任对一个专项工作如此重视，是以往不多见的。二是讨论热烈，提出了许多建设性的意见。我们召开这次会议的最主要目的，就是提高大家对考核工作的认识，特别是要引起各省扶贫办主要负责同志的重视。应该说，这个目的达到了。

下面我从三个方面对会议做一个总结。

一、认真学习，切实增强做好扶贫开发工作的责任感和紧迫感

范小建主任的讲话从“进一步提高对扶贫开发工作重要性的认识，进一步加强领导，努力营造‘大扶贫’的良好氛围，集中力量做好片区这篇大文章，扶贫要扶志、一定要坚持正确引导，进一步强化扶贫资金监管”六个方面谈了自己的体会和认识。我认为，范主任的讲话是对习总书记重要讲话精神的全面、深入的解读。大家要认真学习，深刻领会。

习总书记的重要讲话，是对十八大报告的深刻阐述，是坚持立党为公、执政为民和全心全意为人民服务宗旨的重要体现，是对新阶段扶贫开发工作的再动员、再部署，是落实中央政治局关于改进工作作风、密切联系群众八项规定的具体实践，充分体现了党中央对革命老区和贫困地区广大干部群众、特别是对贫困群众的深厚感情和无比关怀，为我们做好新一轮扶贫开发工作指明了方向。我们一定要把深入学习和贯彻落实习总书记的重要讲话精神，当成目前首要的政治任务，从战略全局出发，深刻领会习总书记重要讲话精神实质，深刻认识全面建成小康社会新形势下扶贫开发工作的重要性和紧迫性，切实增强做好扶贫开发工作的责任感和紧迫感，认真贯彻党中央和国务院的部署，坚决打好扶贫开发这场攻坚战。

本次会议结束后，要及时向有关省领导汇报此次会议精神，按照我办2月6日印发的《关于认真学习贯彻〈习近平总书记在河北省阜平县考察扶贫开发工作时的讲话传达稿〉的通知》（国开办发〔2013〕12号）的要求，进一步认真学习，贯彻落实，并将学习贯彻情况于3月10日前报我办。

二、积极部署，认真做好2012年度考核工作

我办于2月21日印发了《关于开展2012年度扶贫开发工作考核的通知》（国开办发〔2013〕20号），对做好2012年度考核工作进行了全面部署，昨天上午，范小建主任又提出了明确要求。下面，我再强调几点。

（一）关于考核时间。很多省认为，考核工作量较大，4月15日完成上年度市县考核并提交省级自评报告有难度，建议适当推迟考核时间。扶贫开发工作考核领导小组经认真研究，认为这个意见有一定的合理性。但据了解，省级自评主要基于省统计和部门数据，很多省对市县的考核在上年年底或本年年初就已完成。如各省自评报告上报时间太迟，会影响中央层面的汇总和考核工作的时效性。去年大家感觉到时间紧，有一个客观原因，就是去年是考核办法试行的第一年，各省对考核办法和指标都不熟悉，有关部门也是第一次协助提供考核数据，需要一个熟悉和磨合的过程。考虑到各省实际，我们对2012年度的考核时间进行了适当调整，将各省上报自评报告时间延迟了两周，即5月15日前，各省将有关材料报送我办。整个考核工作将在10月份全面完成。

（二）关于考核指标。去年考核中，主要存在四个方面的问题。一是部分指标没有统计数据。如中西部省“有合格文化活动室村的增长率”、“通达客运班车村的增长率”两项指标，以及东部省的“通达客运班车村的增长率”指标，国家统计局和交通运输部没有2011年统计数据，因此没有进行考核。二是个别指标采用了替代数据。如“义务教育辍学率降低幅度”由于教育部无法提供相关数据，我们采用了国家统计局贫困监测报告发布的“义务教育在校率”替代该数据进行考核。东部省“义务教育在校率”国家统计局没有数据，也没有考核。三是个别指标部分省提供数据存在困难。如“学前三年教育毛入园率”和“高中阶段教育毛入学率”两项指标，由各省自报，部分省提供该数据存在困难。四是部分指标统计口径界定困难。如“财政专项扶贫资金”、“行业部门投入”、“社会扶贫资金投入”、“东西扶贫协作投入”等指标，统计口径界定困难，导致各省数据绝对数量差异较大。

上述问题，有的已经解决，如“有合格文化活动室村的增长率”、“通达客运班车村的增长率”、“学前三年教育毛入园率”和“高中阶段教育毛入学率”等指标，交通运输部、国家统计局已将其纳入统计范围；有的指标我们进一步明确了统计口径；有的还需进一步研究。为保持考核工作的连续性，更好地发现问题和分析问题，2012 年度的工作考核，除必须调整的指标外，我们没有做大的变动，只对部分指标统计口径、计分方法进一步明确和完善。指标的修改，将结合 2011 年、2012 年两年的考核情况进行。

（三）关于考核数据。2012 年度的考核数据依然来自四个方面，一是国家统计局；二是相关行业部门；三是国务院扶贫办贫困农户信息管理系统；四是各省的自报数据。这里我要特别强调的是，各省要及时更新贫困农户信息系统。去年实地核查中，我们发现从系统中获取的“扶贫对象参与当地产业发展的比重”、“得到扶贫项目扶持的扶贫对象比重”以及“财政专项扶贫资金的到户比重”三项考核数据与各省实际情况出入较大。为确保考核的公平和公正，我们发文要求各省自报上述三项数据，对系统数据进行了修正。究其原因，主要是各省上传和更新数据不及时。今年的考核数据，将直接从贫困农户信息管理系统获取，因此，各省一定要及时更新相关信息和数据。东部有的省没有建立贫困农户信息管理系统，有的省是自建系统，如何与我办贫困农户信息管理系统衔接或共享，要认真研究，切实加以解决。否则，数据无法核实，会影响部分省考核结果的公平和公正。

（四）关于考核结果。2011 年度考核结果的运用我们比较慎重。一是不与 2013 年度的中央财政专项扶贫资金的分配挂钩；二是不对外公布，对考核结果为 A、B 等次的进行内部通报表扬；三是对考核等次为 C 级的，不通报也不批评，由小建主任以电话形式与分管省（区）领导进行沟通，口头通报考核结果。采取这种做法，主要是考虑到考核办法试行第一年可能出现的种种问题。奖惩分明是确保扶贫开发考核工作有力推进的前提和关键，只抓考核，不抓奖惩，考核工作就会流于形式。在此，我要强调的是，2012 年度考核结果，将严格按照《考核办法》的规定执行，将与扶贫资金的分配挂钩，希望各省给予高度重视。

（五）关于市县考核。各省要根据本省出台的考核办法，完成对市县两级 2012 年度的考核。市县两级的考核情况要写入省级自评报告。

三、高度重视，进一步完善扶贫工作考核

开展考核的目的，是要充分利用这一有效手段，总结经验，发现问题，改进完善工作。因此，各省扶贫办要进一步提高认识，将考核工作列入重要工作日程，及时向省领导汇报，加强与部门的沟通和协调，共同做好考核工作。

（一）认真对待，严肃工作态度。从去年的情况看，绝大部分省扶贫办的领导对考核工作高度重视，积极部署，按照《考核办法》的要求，认真做好相关工作。有的省主任亲自抓，重要问题直接协调。但是有部分省不够重视，工作流于形式：一是自评报告质量较差，有的以工作总结代替自评报告；二是提交自评报告不及时，再三催促才上报，最晚的超过上报时间 49 天；三是数据严重缺失，20 多个省的数据需要补充、完善。要求提供的 38 项数据，个别省只提供 14 项；四是证明材料不完备，我办负责考核的同志只能上网查阅。仅数据的清理和核实，就用了一个半月时间，严重影响了正常工作进度。鉴于去年是考核工作的第一年，对这些问题，我们均给予了补报和改正的机会。但是，从今年开始，将严格要求，对于再次出现上述问题的，我们将直接扣分处理。

（二）深入分析，找差距改不足。去年 12 月领导小组下发了《关于 2011 年度扶贫开发工作考核情况的通报》，这次会议又全面通报了去年的考核工作情况，对考核结果进行了细致的分析，小建主任还将根据考核情况与部分省进行通报。为帮助各省查找问题，分析原因，改进工作，我们已将 2011 年度扶贫开发工作考核得分反馈给各省，希望各省对照得分表，逐一进行梳理和分析。去年，我带队实地核查河南省和湖北省。核查中发现，河南存在的最大的一个问题是片区县和重点县农民人均纯收入增幅比全省平均增幅少 4 个点。但是这个问题与河南 2011 年扶贫对象大幅度减少，重点县综合实力排序普遍提升，以及我们在实地考察中了解到扶贫对象收入增长较快的情况形成很大反差。湖北省有合格卫生室村的比例，行业部门统计为 100%，国家统计局的数据为 86.94%。问题的症结在哪儿？是主观因素造成的，还是客观因素造成的；是我们工作原因造成的，还是统计口径不一致造成的。只有深入分析问题产生的原因，才能有针对性地提出改进措施。如果是扶贫部门的问题，扶贫部门要提出解决办法；涉及部门的问题，要与相关部门一起，共同研究解决。考核的目的也就达到了。

（三）严格要求，扎实推进工作。本次会议和刚刚下发的《关于开展 2012 年度扶贫开发工作考核的通知》（以下简称《通知》），在总结去年工作的基础上，对做好今年考核工作又提出了具体要求。这对于正确认识和准确把握《考核办法》和考核指标，很有帮助，很具针对性。

各省要严格按照《通知》要求，重点做好以下几个方面的工作：一是要认真做好省级自评，按时、高质量地报送自评报告；二是要认真审核本省提供的考核数据，确保数据的真实性、严谨性、逻辑性和一致性；三是要提高证明材料的对应性，所有填报的数据要有相关证明材料予以支撑。

（四）总结经验，不断完善办法。今年是扶贫开发工作考核的第二年，除了要完成对各省 2012 年度考核外，还要结合前两年考核情况，对考核办法和指标进行修订和完善。在今天上午的讨论中，各省根据去年的考核开展情况，提出了一些很好的意见和建议。这些意见和建议，规划财务司和发展中心要逐一进行梳理，认真分析研究。希望大家在继续做好 2012 年度考核各项工作的同时，进一步深入调查研究，认真分析考核工作中出现的新情况、新问题，及时总结、及时反馈，积极提出改进建议和意见。近期，我们还将正式发文，征求各省对《考核办法》和指标的修改意见，各省一定要认真对待，认真研究，提出切实可行的意见和建议，与我们一起共同推动考核工作的不断完善和深化。

同志们，这次会议，时间紧凑，内容丰富，既是对习总书记重要讲话精神的再学习、再领会，也是对进一步做好考核工作，提高考核质量和水平的再动员、再部署。希望大家回去之后，认真领会会议精神，落实会议要求，高度重视，规范操作，确保质量，提高水平，认真完成 2012 年度考核各项工作，充分发挥考核对扶贫开发工作的促进作用。

谢谢大家！

在财政专项扶贫资金绩效考评总结暨培训班上的总结讲话

王国良

（2013 年 1 月 15 日）

同志们：

由财政部和国务院扶贫办共同举办的财政专项扶贫资金绩效考评（以下简称绩效考评）总结暨培训班，顺利完成各项会议议程即将圆满结束了。这是财政和扶贫部门就绩效考评工作第一次召开的会议。财政部和我办对这次会议非常重视，会前做了认真准备。各省扶贫办（局）分管副主任、财政厅（局）有关处室领导参加了会议。根据日程安排，褚利明副司长在开班仪式上讲话，我做总结。

今年元旦前，习近平总书记在河北阜平县考察扶贫工作时，专门讲到扶贫资金管理问题。这次培训班就是要贯彻落实习总书记的重要指示精神，研究进一步加强扶贫资金监管办法，通过绩效考评，加大资金安排、管理、使用的考核力度，切实提高资金使用效益。昨天上午，褚利明副司长的讲话，阐述了绩效考评工作的重要性，分析了目前绩效考评工作的现状、取得的经验及存在的问题，对下步做好绩效考评工作提出了要求；张广平副司长通报了 2011 年度绩效考评情况，并就《财政专项扶贫资金绩效考评办法》修改做了说明。下午，财政科学研究所贾康所长、财政部预算司李海南处长从理论和方法上对绩效考评作了讲解；浙江、湖北、重庆 3 省市对本省市扶贫资金管理和绩效考评情况进行了介绍。今天上午，大家围绕绩效考评办法和指标修改情况进行了讨论，刚才三个组的代表又介绍了讨论的情况，大家讲得很好。总的来看，这次培训班交流了绩效考评工作经验，探讨分析了存在的问题和不足，对进一步提高绩效考评工作提出了很好的意见和建议。可以说，这次培训班办得很必要，很有成效，达到了预期目的。下面，我讲几点意见：

一、提高认识，深刻理解绩效考评工作的重要性

从 2006 年开始，我办和财政部共同开展了绩效考评工作，6 年来，思想认识不断深化，考评工作不断完善。

（一）绩效考评是完成新阶段扶贫目标任务的重要保障

扶贫资金是国家针对贫困地区和贫困人口安排的专项资金，是扶持贫困人口最直接、最有效的政策措施之一。近年来，中央不断加大财政专项扶贫资金的投入力度，从2001年的100亿元，增加到2012年的332亿元。加上省级投入的财政专项扶贫资金，资金总量达到479亿元。能否管好用好扶贫资金，不仅关系到党的扶贫政策在贫困地区的落实，也关系到维护好、实现好贫困群众的切身利益。开展绩效考评，是强化财政专项扶贫资金监管的重要手段，有利于增强各省加强资金监管的责任感和紧迫感，提高管理水平；有利于确保扶贫资金瞄准重点区域、重点任务和扶贫对象；有利于充分发挥扶贫资金聚合效应，引导更多资源投向贫困地区，为如期实现《中国农村扶贫开发纲要（2011—2020年）》（以下简称新纲要）确定的扶贫任务提供资金保障。

（二）绩效考评是提高扶贫资金精细化管理水平的重要措施

绩效考评为实现资金精细化管理提供了依据，奠定了基础。通过绩效考评形成的历年“基础数据表”和“考评指标”，反映了扶贫工作量化指标的要求，体现了对扶贫工作的具体指导，加强了各省资金管理使用的监督。掌握了这些基础数据，可以说对财政扶贫资金的总体投向、使用效果、存在问题等有了较为全面的了解，在工作中能够做到有理有据、有的放矢。

（三）绩效考评是不断提高扶贫资金使用效益的重要手段

提高扶贫资金使用效益是绩效考评工作最直接的目标。现有的考评指标体系通过不断完善，在提高资金使用效益方面发挥出越来越重要的导向作用。同时，通过考评，能够及时发现问题，并对问题的严重程度进行量化评估，能够起到防微杜渐的作用。比如有的省资金拨付到位时间较长，个别省甚至超过了一年；有的省2011年省本级财政专项扶贫资金零增长；有的省用于产业发展的资金比例明显低于70%的要求；有的省资金管理制度执行不到位等。在考评中发现的这些具体问题能够引起各级政府足够的重视。

（四）绩效考评是凝聚各方力量关心、支持、宣传扶贫工作的重要平台

这个平台至少能发挥三个方面的作用：一是整合各方资源作用。绩效考评将各地资金使用情况量化，公布排名与奖励挂钩等措施使各级领导高度重视扶贫工作，除不断增加本级扶贫投入外，还积极调动相关部门加大扶贫投入。二是加强监督作用。在考评过程中，审计、统计等部门的参与强化了对扶贫资金使用的监督作用。三是加大舆论宣传作用。公示公告制度的建立，可以让社会各界更好地了解扶贫资金使用情况，让扶贫资金的管理使用在阳光下运行。

二、肯定成绩，客观分析当前面临的困难和问题

2006年正式启动绩效考评工作以来，

我办和财政部密切配合，在各省区市的不懈努力下，绩效考评工作水平和质量取得了长足进步，有效地推动和促进了扶贫开发工作。经过不断探索，目前绩效考评工作已步入常态化、规范化、科学化轨道，呈现出以下特点：

（一）考评方法和指标体系不断完善

从考评方法看，从最初只有书面考评，到书面考评与实地核查相结合，通过实地核查检验上报材料与实际情况的一致性；从专家独立外部评价，到外部评价与部门内部工作评价相结合，通过熟悉扶贫情况的主管部门参与，进一步增加考评的有效性。在具体指标评价方法上，也在不断改进，力争做到公平、公正。比如，2006—2007 年，全国 28 个省统一排队打分，根据考评结果评出不同等次。经过两年的实践，为了体现东中西部的差异和减少由于这种差异对绩效考评结果带来的影响，我们采取了对不同地区赋予不同权重的方法。但这种做法，仍存在较大的主观性问题，从 2009 年起，我们再次进行了调整，由原来的全国统一评分排序，改为分区排序评分并确定绩效等次。考评结果的公正性得到体现，各省区市对考评结果认可度明显提高。

从考评指标体系看，根据扶贫形势、任务变化和绩效考评实践，不断调整和完善。2006 年至今已调整了 3 次考评指标体系。特别是 2011 年，新纲要颁布后，财政部会同我办和国家发展改革委制定了《财政专项扶贫资金管理办法》（以下简称资金管理办法），提出了一系列新要求。据此我们对考评指标又进行了较大的修改和调整，从最初的 7 个指标，形成了目前五大部分 13 类 25 个指标，涵盖了资金使用效益、安排、管理、使用等各个方面，基本实现了考评指标，对资金管理水平和使用效益的全面反映。

为将绩效考评工作做细、做扎实，2011 年又进一步规范了考评基础数据表、提供了省自评报告提纲，并对相关证明材料提出了具体明确的要求。

（二）考评结果的导向和激励作用日益显现

财政部和扶贫办高度重视绩效考评结果的运用。在绩效考评结果经领导小组同意后，均以国务院扶贫开发领导小组名义通报各省扶贫开发领导小组，今年改为国务院扶贫办和财政部两部门名义通报；对考评等级达到 A、B 级的省给予奖励，并将绩效考评结果作为扶贫资金分配的因素之一。同时从 2012 年起，首次将绩效考评结果反馈各省，便于各省查找问题，促进整改。从引导和激励的效果看，发挥了积极作用。2006—2011 年，除个别年份外，连片特困地区和重点县（2011 年以前为重点县）农民人均纯收入水平均高于全国平均增幅，2011 年连片特困地区和重点县农民人均纯收入平均增幅为 20.8%，高出各省农民人均纯收入平均增幅（19.0%）1.8 个百分点，对应的 2010 年仅略高出 0.65 个百分点。扶贫资金到位情况有明显改观，资金拨付速度加快。从得分率看，2011 年各省平均得分为 8.25 分，得分率为 82.5%，比 2010 年（65.89%）提高了 16.6 个百分点，比 2006 年（59.5%）提高了 23 个百分点。省级扶贫投入增幅逐年提高，力度明显加大。2011 年 28 个省的省本级预算安排扶贫投入增幅，从 2006 年的 12.8%，增加到 2011 年的 25.7%；省本级预算安排财政专项扶贫资金相当于中央预算到省资金的比例显著提升，全国平均占比由 2006 年的 26.1%提高 2011 年的 38.7%，提高了 12.6 个百分点。资金管理各项制度不断建立健全和完善，贵州省出台了《关于推进扶贫资金使用监管改革工作意见的通知》，重庆市强化群众监督机制，开展了村级扶贫资金项目义务监督员制度，河北省实行“两公开一监督”，进一步加强扶贫资金公开监督工作，这些做法在加强资金监督方面都发挥了重要作用。

（三）分级实施的考评体系基本建立

实行分级实施的考评体系，既是“中央统筹，省负总责、县抓落实”的扶贫工作体制的内在要求，也是对扶贫资金管理使用进行全面考评的机制保障。多数省根据《财政扶贫资金绩效考评试行办法》要求，结合本地实际，制定了本省的绩效考评办法，通过交叉检查或省级部门联合检查，对市或直接对县开展实地核查，有 13 个省实现对绩效考评结果的应用，每年对考评处于前列的市、县给予通报表彰及资金奖励。湖北省自 2009 年起，省政府连续三年将绩效考评列为工作重点，考评结果每年上报省委省政府主要领导，并通报全省各市州县，使考评工作得到了重点县主要领导的高度重视。目前，已初步建立起中央考评各省、各省考评市或直接考评县、纵向到底的分级考评体系。

（四）扶贫系统全面的政府绩效考评体系初步形成

以绩效考评为起点，推动政府在加强扶贫工作绩效管理方面不断取得新进展。一是启动扶贫开发工作考核。对各级政府扶贫开发的组织领导、贫困地区经济社会发展、扶贫项目实施和扶贫工作管理情况进行综合性考核。二是探索扶贫试点和项目绩效评价。2011 年、2012 年，先后开展了科技扶贫综合试点、连片开发试点、贵州威宁喀斯特地区扶贫开发综合治理试点、新疆阿合奇边境扶贫试点和四川阿坝州扶贫开发与大骨节病综合防治试点等一系列扶贫试点项目的绩效评价。三是认真组织部门预算绩效评价。每年对扶贫办部门预算绩效情况和两个部门预算绩效评价试点项目进行绩效考评。总体上看，目前已经初步形成覆盖扶贫开发、财政专项扶贫资金、扶贫试点项目和部门预算在内的全面的绩效考评体系。

在充分肯定绩效考评取得成绩的同时，也要清醒地看到，目前绩效考评工作还是存在一些困难和问题：主要是个别省对考评工作重视不够，对考评办法和指标体系缺乏研究，扶贫部门工作粗糙，材料上报不及时、质量不高，甚至存在应付了事、随意填报数据等现象，需要各省引起高度重视。

三、总结经验，不断提高考评工作质量和水平

几年来，各地在实践中创造了一些好的做法和经验，我们要认真总结。同时要不断提高认识，强化措施，完善机制，争取绩效考评工作一年比一年做得更好。下面，我对扶贫部门提几点要求。

（一）加强领导，积极与财政部门联系沟通

资金绩效考评工作反映了各省扶贫资金的管理水平和成效，扶贫部门要把绩效考评工作列入重要日程，主要领导要亲自过问，分管领导要具体抓，要有专门处室和人员负责；要研究和制定推进考评工作的政策措施和制度办法，明确责任，落实到人；要及时向当地党委、政府汇报，得到重视和支持。

同时，绩效考评工作是扶贫与财政两家联合开展的，扶贫部门要主动加强与财政部门的沟通，共同开展对市县两级的考评，按时完成省级自评报告，提供相关考核数据和材料，高质量地完成本省资金绩效考评工作。

（二）统筹协调，处理好考评与考核的关系

2012 年 1 月，国务院扶贫开发领导小组颁布了《扶贫开发工作考核办法（试行）》（以下简称《考核办法》）。扶贫工作考核是对各省人民政府开展扶贫的全面、综合性考核；绩效考评是侧重对扶贫资金的效益、安排、使用和管理的专项考评。总体上可以说，绩效考评是工作考核的一项重要内容，其考评结果在工作考核中占有十分之一的分值。而且，从对 2011 年考核结果看，资金绩效的优劣，也影响着工作考核的优劣。如中西部工作考核评定等次为 A 的 5 个省，除内蒙古外，与资金绩效考评结果一致。东部省的浙江省在两个考核中，等次均为 A；两个考核中，中西部省排名前 10 中，除河南省外，有 9 个省相同，仅位次略有差异。

讨论中，很多省的同志提出两个考核内容有交叉，应该合并，我们将与财政部的同志积极研究。从现实情况看，两个考核既有联系、也有区别，既相对独立、又各有侧重，短期内实现两个考核的合并，有一定的难度。目前，各级扶贫部门承担着工作考核和绩效考评的任务，因此，两个考核都要同等重视，认真抓好，不能顾此失彼，要相互配合、相互促进。在工作安排时，可同步部署、同步收集材料、同步检查，先从工作部署、程序上统一起来，提高工作效率，减轻工作量。

（三）提高质量，确保数据可靠和工作进度

绩效考评的数据，有相当一部分直接来源于各省上报，数据的质量直接影响到考评结果的公平、公正。因此，希望各省要本着高度认真负责的态度，不断提高考评基础数据质量，并按要求及时上报。全国的数据汇总需要统一步调，这两年在这方面做得还不够，希望在新的一年里有明显的改进。原来没有开展过类似培训，个别省在指标理解和填报上认识有偏差，所以对各省填报明显有误的数据，我们给予了改正的机会。从今年开始，要严格要求，发现问题一律按扣分处理。在数据上弄虚作假的省份，一经发现，取消 A、B 级评定资格。

（四）注重研究，发挥考评结果的作用

考评是手段，不是目的。要通过考核，加强扶贫开发工作；通过绩效考评，提升资金管理水平和使用成效。各省要加强研究，结合我办和财政部反馈的考核、考评结果，对本省扶贫工作、资金管理使用上的问题和不足，进行认真的梳理分析，提出切实的改进办法。

（五）总结经验，不断完善考评指标体系

资金绩效考评工作已经 6 年了，要特别重视经验的总结。当前面临的困难和问题也需要通过总结，在实践中不断加以解决。各级扶贫部门要深入基层调查研究，认真分析考评工作中出现的新情况、新问题，及时总结、及时反馈，提出改进建议和意见，使考评工作不断完善和深化。办机关规划财务司和发展中心，要对讨论中大家提出的意见和建议进行梳理，组织有关专家进一步分析论证，提出修改完善意见。

同志们，本次培训即将结束，希望大家回去后，贯彻落实好培训班精神，进一步将财政专项扶贫资金绩效考评工作做细、做实、做好，推动财政专项扶贫资金绩效管理水平再上新台阶。

谢谢大家！

在开发性金融扶贫研修班上的讲话

王国良

（2013 年 5 月 15 日）

同志们：

因为天气原因，我们未能如期抵达铜仁，在湖南长沙通过电视电话会议的形式与大家交流研讨，对此深表歉意！

贵州省委省政府对这次会议高度重视，省人大、省政府和省政协三位领导同志专门出席今天上午的会议。铜仁市委市政府为会议做了精心的准备安排，在此也对他们表示衷心的感谢！

国家开发银行贵州分行、湖南分行为确保今天上午电视电话会议的顺利召开，付出了辛苦工作，也一并向他们表示感谢！

这次会议是我办与国家开发银行共同举办的，主要目的是总结交流近年来扶贫金融合作的经验，现场参观学习贵州省扶贫金融合作模式的做法，研究探讨进一步发挥扶贫资金黏合作用，引导金融资本参与扶贫开发的有效机制。昨天，大家参观了印江县食用菌和茶叶生产基地，对贵州省金融合作情况有了进一步的了解。贵州省委省政府对扶贫开发高度重视，采取了一系列有针对性的政策措施，取得了实实在在的效果，总结创造了许多宝贵的经验。贵州省与国家开发银行开展了开发性、开放性扶贫金融合作就是其中一大亮点！刚才，刘远坤副省长作了热情洋溢的致辞，铜仁市项目试点的三县一市、贵州省分行和贵州省扶贫办的同志作了交流发言，听后很受启发。袁力副行长的讲话，全面总结了国开行参与扶贫开发的情况，重点阐述了开发性扶贫的背景、理念和具体的经验做法，强调了开展金融扶贫合作的重要性，字里行间饱含着对扶贫开发事业的热情和贫困群众的感情。同时，从国开行与贫困地区的实际出发，提出了下一步做好开发性金融扶贫的意见。袁行长的讲话站位很高、立意很深、讲的很实，既有很强的针对性，又有具体的可操作性，非常符合贫困地区的实际，我完全赞同。希望参加会议的扶贫系统的同志要认真学习，深刻领会。借此机会，我代表国务院扶贫办，对国开行长期以来对扶贫开发工作的积极支持表示诚挚地感谢！

下面，结合学习党的十八大精神和最近一个时期中央领导关于扶贫工作的一系列重要讲话精神，着重就产业扶贫与金融扶贫相结合，推动新时期扶贫开发工作，讲几点意见。

一、产业扶贫是新阶段扶贫工作的重中之重

党的十八大提出了全面建成小康社会的宏伟目标，到2020年实现国内生产总值和城乡居民人均收入比2010年翻一番，扶贫对象大幅减少，缩小收入分配差距。要求促进工业化、信息化、城镇化、农业现代化同步发展，加大对革命老区、民族地区、边疆地区、贫困地区的扶持力度，深入推进新农村建设和扶贫开发，努力实现基本公共服务总体均等化。要实现上述宏伟目标，最难啃的“硬骨头”在贫困地区，特别是在集中连片特殊困难地区。据最新统计，按照新的扶贫标准，到2012年年底，全国还有扶贫对象9899万人，占农村户籍人口的10.2%。2012年，全国14个集中连片特困地区农民人均纯收入为4839元，仅为全国农村平均水平的61.4%；片区贫困发生率为24.4%，比全国平均水平高14.2个百分点。

新一届中央领导集体高度重视贫困地区的发展，极其关心贫困群众的生产生活。今年元旦和春节期间，习近平总书记分别到河北省阜平县和甘肃省渭源县、东乡族自治县；李克强总理分别到湖北省恩施州和内蒙古自治区兴安盟专题调研扶贫开发。两会之后，俞正声主席到贵州遵义、毕节考察扶贫工作。汪洋副总理到国务院工作以后，第一次出差就是利用清明节假期到甘肃省临夏州积石山县进村入户调研扶贫工作。中央领导同志在上述的调研考察期间，陆续发表了一系列重要讲话。

习总书记指出：“全面建成小康社会，最艰巨最繁重的任务在农村，特别是贫困地区。没有农村的小康，特别是没有贫困地区的小康，就没有全面建成小康社会”，“三农工作是重中之重，革命老区、民族地区、边疆地区、贫困地区在三农工作中要把扶贫开发作为重中之重。”总书记在十八届二中全会上进一步强调指出：“贫穷不是社会主义，如果贫困地区长期贫困，面貌长期得不到改变，群众生活长期得不到提高，那就没有体现我国社会主义制度的优越性，那也不是社会主义。”

汪洋副总理在甘肃调研时强调，现在中国的发展已经到了先富帮后富的重要阶段，实现先富帮后富，实现共同富裕，这才是社会主义。从根本上讲，扶贫开发体现了社会主义的本质特征与制度设计，要实现全面建成小康社会的奋斗目标，必须真正做到全党扶贫、全国扶贫、全社会扶贫。在继续高度重视主导作用的同时，也要注重发挥社会和市场的作用。

新一届中央领导集体对中国特色扶贫开发道路内涵的深刻阐述，是对十八大精神的新阐释，是对新时期扶贫开发工作的再动员，进一步宣示了在全面建成小康社会的进程中，要把扶贫开发事业提到一个新高度、推进到一个新水平的鲜明态度和坚强决心。对我们做好新时期产业扶贫工作提出了更新、更高的要求。

按照新十年扶贫纲要确定的目标，新阶段扶贫开发的主要任务就是努力实现贫困人口的“两不愁、三保障”，通过各种帮扶政策和措施，鼓励和帮助有劳动能力的扶贫对象通过自身努力脱贫致富。实现这一目标必须靠两条：一是要努力提高劳动者的基本素质，帮助他们有能力有机会参与到工业化、城镇化的进程中；二是要积极开发贫困地区特色优势产业，提高贫困地区农业现代化水平。新十年扶贫纲要明确提出了贫困地区发展特色优势产业的目标，即到2015年，贫困户力争实现一户一项增收项目，到2020年，贫困地区初步构建特色支柱产业体系。在行业扶贫任务中，要求加强农林牧渔产业指导，加强各类专业合作组织，完善农村社会化服务体系，围绕主导产品、名牌产品、优势产品，大力扶持建设各类批发市场和边贸市场。按照全国主体功能区规划，合理开发当地资源，积极发展新兴产业，承接产业转进，调整产业结构，增强贫困地区发展的内生动力。在专项扶贫工作中，要充分发挥贫困地区生态环境和自然资源优势，推广先进的实用技术，培植壮大特色支柱产业，大力推进旅游扶贫。促进产业调整，通过扶贫龙头企业、农民专业合作社和互助资金组织，带动和帮助贫困农户发展生产。引导和支持企业到贫困地区投资兴业，带动贫困农户增收。我们要认真贯彻新十年扶贫纲要的基本精神，进一步提高产业化扶贫对实现新阶段扶贫开发目标重要性的认识，投入更多的精力抓产业扶贫，在更大的范围内聚集产业扶贫的资源，在更高的层次破解产业扶贫的难题，在更宽的领域构建产业扶贫新的工作格局。

二、金融扶贫是推进产业扶贫的重要保障

金融是经济活动的血液，是扶贫开发的重要支撑力量，也是产业扶贫必不可少的条件。长期以来，在推进产业扶贫的过程中，全国扶贫系统和有关部委、金融部门积极探索多种形式金融扶贫的方式，解决贫困地区企业和贫困农户贷款难的问题。

（一）不断深化扶贫贴息贷款管理体制改革

2008年国务院扶贫办会同财政部、人民银行和银监会全面改革扶贫贷款贴息管理制度。一是放开贷款规模，在中央下达贴息资金计划及所引导的贷款规模基础上，各省、县可根据扶贫贷款需求，自主增加贴息资金数量，扩大贷款规模。二是自主选择金融机构，试点省、县自主选择参与扶贫开发的金融机构，承担扶贫贴息贷款的任务，鼓励各类金融机构发挥自身优势和特点，扩大信贷资金的来源。三是下放贴息结算层次，灵活选择贴息对象。中央将贴息资金直接安排到省，其中到户贷款贴息资金安排到县，由省和县扶贫与财政部门、金融部门和项目实施单位结算贴息。四是遵循市场机制确定贷款利率。由金融机构根据央行规定的基准利率和浮动系数结合当地实际，自行确定具体贷款的利率。按照年息5%对到户贷款，按3%对项目贷款予以贴息。改革五年以来，扶贫贴息贷款总量大幅增加，5年共安排了1800亿元；承贷机构多元化的局面也基本形成，贷款的结构进一步优化。2011年，种养业和产业化项目的贷款占贷款总量的90%左右，比改革前提高了50个左右的百分点。

（二）深入开展贫困村互助资金试点

2006年以来，我办和财政部联合开展了贫困村互助资金试点，该试点是以财政专项资金为引导，以村民自愿缴纳一定数额的互助金为依托，以其他资金为补充，按照“民有、民用、民管、民享、周转使用”的原则，在特定区域建立生产发展资金。截至2012年底，全国累计有1339个县，17700个村开展了贫困村互助资金试点，资金总规模40.93亿元。互助资金在有效弥补农村金融服务缺失，缓解贫困农户发展资金短缺困难，加快贫困户增收减贫步伐；激发贫困农民自我发展、自主创业热情，促进贫困人口能力素质提高；培育贫困户协作意识、诚信意识和市场意识；创新财政服务资金的使用方式，提高资金的使用效益；促进基层民主建设与社区和平、和谐发展等方面发挥了积极的作用。

（三）大力支持扶贫小额信贷发展

目前，全国规模较大、影响较广、管理较为规范的是中国扶贫基金会实施的小额信贷扶贫项目。从1996年开始，中国扶贫基金会在贫困地区实施小额信贷项目，该项目的目标是通过对贫困农户提供无抵押、无担保的小额信贷支持贫困农户发展生产、增加收入。2008年，中国扶贫基金会成立项目管理有限公司，专门负责管理和实施小额信贷项目，标志着扶贫基金会小额信贷试点已进入专业小额信贷机构的阶段。我办支持中国扶贫基金会与中国农业银行、国家开发银行等银行的合作，从这些银行批发资金，通过各省县的分支机构给贫困农户提供小额贷款。2001年，我办积极协调财政部，安排了中央专项彩票公益金2亿元作为质押金支持中国扶贫基金会，从国家开发银行获得5亿元批发贷款的授信额度，这样不仅解决了小额信贷项目的资金来源问题，还有效地解决了商业银行难以直接服务于贫困农户的难题。截至2012年底，扶贫基金会小额信贷项目覆盖全国14个省，63个扶贫工作重点县、重灾区，累计发放农户小额贷款49.2万笔，36.8亿元，总体还款率高达99%以上。目前，项目贷款余额8.6亿元，有效贷款客户13万户，户均贷款余额6552元，逾期30天以上的风险贷款率仅为0.23%。

（四）努力寻求金融扶贫合作

2006年以来，我办先后与国家开发银行、中国进出口银行（以下简称口行）积极开展金融扶贫合作。希望通过发挥政策性国有银行的优势，破解贫困地区金融缺失、扶贫龙头企业和贫困农户贷款难问题。经过6年多的探索，目前已总结出一些比较好的经验与做法。开展金融合作以来，我办与开行、口行的合作关系越来越密切，合作业务量不断增长，取得了明显成效。同时，有关省区市也与国家开发银行、地方性金融机构开展了不同方式、不同层面的合作。

尽管在金融扶贫方面我们取得了一些成绩，进行了一些有效的探索，但是从总体上看，目前贫困地区金融扶贫还严重滞后，企业和农户贷款难的问题仍没有从根本上得到缓解与解决，产业化扶贫受到金融服务瓶颈的较大制约。一是可贷资金总体规模偏小，中国农村金融服务报告数据显示，2012 年度，金融机构涉农贷款余额 17.62 万亿元，占各项贷款的 26.2%，农村贷款余额为 14.5 万亿元，占各项贷款的 21.6%，农户贷款余额为 3.62 万亿元，占各项贷款的 5.4%。其中安排到贫困地区贫困农户的更少，远远不能满足贫困地区，特别是贫困农户的需要。二是金融机构寻求利润最大化，为规避风险贷款门槛高、审批程序多、手续比较繁杂，导致农户和企业很难满足条件获得贷款。三是相关政策法规需要进一步完善，无论是扶贫小额信贷机构还是农村信用合作组织，扶贫系统开展的贫困村互助社都存在着性质不清、法律属性不明、监管缺失等问题。

新十年国家扶贫纲要明确要求，“继续完善国家扶贫贴息贷款政策，积极推动贫困地区金融产品的服务方式创新，努力开展小额信用贷款，努力满足扶贫对象发展生产的资金需求，继续实施残疾人康复扶贫贷款项目，尽快实现贫困地区金融机构空白乡镇的全覆盖，引导民间借贷规范发展，多方面拓宽贫困地区融资渠道，鼓励和支持贫困地区县级法人金融机构将新增信贷资金 70%以上留在当地使用。积极发展农村保险事业，鼓励保险机构在贫困地区建立基层服务网点，完善中央财政农业保险保费补贴等措施。针对贫困地区特色主导产业，鼓励地方发展特色农业保险，加强贫困地区农村信用体系建设。”因此，不断完善和改进贫困地区的金融服务，不仅是新阶段扶贫工作的主要任务，也成为产业扶贫必须解决的当务之急。

三、加强扶贫金融合作，积极探索产业化扶贫的实现途径

做好新阶段金融扶贫工作，既要坚持已有经验做法，又要坚持改革创新；既要坚持统筹兼顾，又要坚持突出重点。我认为，当前和今后一个时期，在认真做好扶贫贴息贷款管理体制改革、贫困村互助资金和小额信贷工作的同时，要把与国开行、口行等金融机构的扶贫金融合作提到重要日程，作为工作的重点，这是由新阶段扶贫开发的形势和特点所决定的。从金融机构方面看，国开行等国有大型政策性银行，担负着国家支持重点行业发展的战略政策重任，有强烈的社会责任感，不仅有实力、贷款规模大，而且政策性强，支持力度大。更为重要的是，在这些金融机构中，集聚着一大批优秀的人才，他们勤于实践，善于总结，能够在金融扶贫合作中，开拓创新，为破解贫困地区贷款难的问题作出贡献。从贫困地区的情况看，经过几十年的扶持，经济社会发展有了翻天覆地的变化，贫困人口的温饱问题已经解决，一大批特色优势产业初步形成，千万个农民经济合作组织、专业合作社茁壮成长。我国扶贫开发的主要任务已经变为巩固温饱成果、加快脱贫致富、改善生态环境，提高发展能力，缩小发展差距，在这种发展变化的过程中，贫困农户的能力与素质得到了很大的提升。其中，涌现出了许许多多的大户、能人和致富带头人；贫困地区的企业也在不断发育成长，对特色优势产业的发展壮大起了决定性的作用。贫困地区的金融服务出现了多层次的需求，因此，一方面我们要坚持互助资金、小额信贷的扶贫方式，为千家万户贫困农户提供适合他们发展水平的小额金融服务；另一方面，我们也要与大型金融机构开展合作，为已经初步摆脱贫困，在致富道路上谋求发展的农户、经济合作组织提供较大规模的贷款额度，为贫困地区的龙头企业提供更大规模的贷款支持。而这种服务只有和这样的金融机构合作，才有可能做得到、做得好。正是在这种大的背景下，今年来我们和国开行、口行等开展了金融扶贫合作的试点。

早在2006年，国务院扶贫办就与国开行签署了《长期金融合作协议》，国开行陆续在河北、山西等省国家扶贫工作重点县实施了一批养殖、住房及助学贷款项目，其贷款规模之大，扶持力度之强，项目成效之好，都是空前的，极大地促进当地优势产业的发展，减贫效益非常明显，得到了贫困地区广大干部群众和企业的热烈欢迎。更为难为可贵的是，在扶持龙头企业的同时，国开行特别注重项目对贫困农户的覆盖与带动，一直在积极探索企业+基地+经济合作组织+农户等进村入户有效模式，用批发的方式解决零售的问题，最终使贫困地区和贫困人口受益。新十年扶贫纲要出台后，国开行及时提出了贯彻落实意见，把金融服务的重点放到了连片特困地区主战场，去年与贵州省政府签订了《开发性金融支持贵州省扶贫攻坚合作备忘录》，确定“十二五”时期投入300亿元支持贵州扶贫开发，开展扶贫金融合作试点，积极探索用扶贫项目资金引导金融资本、社会资本投入连片特困地区，大型金融机构与地方政府联合推进扶贫产业规模发展的新路子。目前，国开行已向20个扶贫金融合作工作试点县提供融资授信37.4亿元，实际发展贷款6.88亿元，惠及的农户6367户，中小企业53家，农民专业合作社76家。同时推动试点县与开发银行拓宽合作领域，在县域基础设施建设、生态移民搬迁、社会发展等方面签署合作协议65亿元，落实贷款发放22.6亿元。刚才，项目试点县、省扶贫办和开发行省分行都从不同角度进行了总结，讲的很好，其经验我感到最主要的有四条：一是有效破解了扶贫产业的融资瓶颈，用有限的财政扶贫资金撬动了金融资金，扩大了扶贫产业的信贷投资规模；二是“三合两分”的融资模式，凸显了政府财政扶贫资金投入的主导作用和对扶贫产业发展的推动作用；三是“四台一会”的管理平台，强化了政府在扶贫项目实施中的责任意识，也为政府帮助企业、合作经济组织、农户增强信用提供了平台，有效防范了金融风险，构筑了扶贫金融合作项目的风险“防控网”，解决了长期以来贷款难、担保难、金融部门“惜贷”等难题。四是贴息资金“直补到户”。落实了国家扶贫政策直接惠及到企业、合作经济组织、农户的政策。“承贷承还”的市场机制，增强了企业、合作经济组织和农户的主体意识、市场意识，改变了长期以来无偿使用财政扶贫资金的传统思维模式。

贵州的开发性金融扶贫取得的成果，是国开行积极服务于国家扶贫战略、参与扶贫攻坚的一个缩影，在全国许多省市，国开行都有类似的经验和做法。这些合作取得的成果、探索的经验非常宝贵，为我们进一步深化开发性的金融扶贫合作奠定了基础、开启了道路，扶贫部门在这个基础上按照“十八大”的精神和近一时期中央领导的讲话要求，要努力在更高的层次、更广的领域继续深化与国开行的金融扶贫合作。思路初步有以下几点考虑。

一是与国开行签订《集中连片特困地区开发性金融扶贫合作协议》。上个月，我办开发指导司与国开行评审三局就此进行了专题会商，之后，我又专门主持研究了一次。我们认为，开发性金融扶贫的实践在贵州取得了成效，在其他地方也应该积极探索。特别是片区产业扶贫规划编制工作即将全面完成，实施产业扶贫规划需要信贷资金更大力度的支持。因此，我们把加强与国开行的合作列入了今年的重点工作。会后，开发指导司要抓紧与国开行评审三局进一步协商，加快工作步伐，争取尽早完成协议的签署。

二是逐步开展扶贫金融合作试点。在推动开发性金融扶贫合作过程中会涉及一些具体的政策问题，特别是财政金融方面的政策，我们将积极与财政部等部门沟通，共同研究，促成共识，寻求突破。前不久，我陪同汪洋副总理在甘肃考察调研期间。汪洋副总理多次谈到农村金融改革问题，希望我们创新思路，在解决贫困地区企业和贫困农户贷款难方面取得突破。下一步我们首先要深入总结完善国开行和贵州的试点经验，在全国选择若干省区县，例如在河北的阜平县、甘肃的积石山等县，逐步开展试点。我办将和国开行共同指导试点县编制开发性金融扶贫融资方案，使试点工作能够切实按照市场导向和银行规则有序推进，也希望下一步开展试点的省区扶贫部门要进一步金融扶贫合作重要性的认识，切实加强领导，与国开行密切配合，为试点工作创造良好条件与环境。

三是在实践中逐步完善金融扶贫合作机制。金融扶贫合作要取得成效，就要形成一个有人谋事、有人干事的长效机制。

我办已确定中国扶贫发展中心作为与国开行金融扶贫合作的具体办事机构，发展中心要与国开行确定的对口部门建立紧密联系，确立双方职责，开展调查研究，加强信息交流，完善工作程序。下步确定开展试点省的扶贫办也要加强领导，尽快建立与国开行相关分行的合作机制。

在国开行和我办的共同努力下，在各地扶贫部门的积极配合下，开发性扶贫金融合作已经有了一个良好的开局，取得了初步成果，形成了双方受益、互惠互赢、贫困地区贫困农户得实惠的良好局面。我相信，只要我们坚定信心，密切合作，上下齐心协力，一定能够不断开创扶贫金融合作工作的新局面。

谢谢大家！

在中央企业扶贫开发工作会议上的讲话

郑文凯

（2013年1月26日）

各位领导，同志们：

新年伊始，国务院国资委专门召开中央企业扶贫开发工作会议，全面总结前十年中央企业开展定点扶贫工作的成绩和经验，安排部署新一轮中央企业定点扶贫工作，志刚副主任还将作重要讲话，这是贯彻党的十八大精神、落实中央扶贫开发工作会议、新十年扶贫开发纲要和刚刚召开的全国扶贫开发工作电视电话会议精神的具体行动。这不仅对中央企业做好新一轮定点扶贫工作具有重要的指导作用，也将对全面推进新阶段扶贫开发，进一步巩固和完善大扶贫工作格局，营造全社会关心、关注、支持扶贫事业的良好氛围起到重要促进作用，很有意义。

刚才，有6家中央企业介绍了定点扶贫工作的经验和做法，有184个中央企业定点扶贫工作先进集体和先进个人（先进集体71个，先进个人113人）受到了表彰，这些先进事迹和典型经验弥足珍贵。

国资委历来高度重视、精心组织和协调中央企业参与定点扶贫工作。近年来，中央企业对定点扶贫的投入持续加大，工作领域不断拓宽，工作方式和内容更加丰富，有力地推动了贫困地区经济、社会、文化、生态文明建设，提高了贫困群众自我发展能力、增强了贫困地区内生动力，为顺利完成上个十年扶贫开发纲要的目标任务发挥了重要作用，在扶贫领域和贫困地区广大干部群众中获得广泛赞誉。中央扶贫开发工作会议召开后，国资委成为国务院扶贫开发领导小组成员单位，及时成立扶贫开发工作领导机构，承担了定点扶贫任务。作为中央企业定点扶贫工作的牵头组织单位，一年多来，国资委精心组织，动员了全部116家中央企业参与定点扶贫，帮扶239个国家扶贫开发工作重点县，帮扶县数比2011年增加50个，是承担定点扶贫任务最多的行业系统，为顺利完成新一轮定点扶贫结对关系调整工作，实现定点扶贫对全国592个重点县全覆盖的目标做出了突出贡献，开创了中央企业全行业参与定点扶贫的新局面。近年来我们的中央企业不仅在应对国际经济危机中攻坚克难，充分发挥了生力军作用，而且在承担援疆、援藏、援青、援助三峡库区等任务中展示出强烈的大局意识和社会责任感，这次又在落实新一轮定点扶贫任务中起到了示范带动作用。此情可嘉，此举可敬。在这里，我谨代表国务院扶贫办以及贫困地区的基层干部群众，向国务院国资委、向所有中央企业表示崇高的敬意和衷心的感谢！

今年是全面贯彻落实党的十八大精神的开局之年，也是扎实推进新十年扶贫开发纲要，为全面建成小康社会奠定坚实基础的重要一年。借此机会，结合自己最近学习“十八大”精神的粗浅体会，向各位领导和同志们简要介绍一下扶贫开发工作面临的新形势、新任务和新阶段定点扶贫工作的有关情况。

一、新阶段扶贫开发工作开局良好

我国扶贫开发事业是以举世瞩目的成就跨入21世纪第二个十年的。在党中央、国务院的坚强领导下，经过各方面的共同努力，中国特色扶贫开发事业不断发展，体制机制不断创新，工作手段不断丰富强化，农村居民的生存和温饱问题基本解决，我国成为全球最早提前实现联合国千年发展目标中贫困人口比例减半的发展中国家。世界银行认为，过去25年全球减贫事业成就的70%来自中国。我国的扶贫开发，不仅为国家政治稳定、民族团结、边疆巩固、社会和谐发挥了重要作用，也为全球减贫事业做出了重大贡献。

同时，我们也清醒地认识到，制约贫困地区发展的深层次问题依然亟待解决，扶贫开发任务仍然艰巨。按照新的扶贫标准（2010年农民人均纯收入2300元，不变价），我国目前还有扶贫对象1.22亿人，占农村户籍人口的12.7%。2011年，全国11个连片特困地区农民人均纯收入为4191元，仅为全国平均水平的60.1%；连片特困地区贫困发生率为28.4%，比全国平均水平高15.7个百分点。区域发展差距和城乡收入差距问题迫切需要解决。

新十年农村扶贫开发纲要和中央扶贫开发工作会议明确指出，今后十年我国扶贫工作的主要任务是，巩固温饱成果、加快脱贫致富、改善生态环境、提高发展能力、缩小发展差距。总体目标是，到2020年稳定实现扶贫对象“两不愁三保障”，即：不愁吃、不愁穿，保障其义务教育、基本医疗和住房。贫困地区农民人均纯收入增长幅度高于全国平均水平，基本公共服务主要领域的指标接近全国平均水平，扭转发展差距扩大趋势。

一年多来，新一轮扶贫开发开局良好。一是到去年年底，十一个连片特困地区扶贫攻坚和区域发展规划编制工作全面完成，并报经国务院批准，全面启动实施。二是行业政策相继出台，教育、卫生、交通、水利、农业、国土、林业、旅游等多行业多部门均出台了一系列面向连片特困地区的特殊支持政策，瞄准度高、特惠性强，扶贫效果显著，社会反响良好。三是从上到下、方方面面都把推进扶贫开发、促进欠发达地区加快发展作为贯彻落实科学发展观、转变经济发展方式的重大举措来抓，形成了举各方之力，推动新阶段扶贫开发的浓厚氛围。

党的十八大明确提出，到2020年实现全面建成小康社会的奋斗目标，国内生产总值和城乡居民人均收入比2010年翻一番，人民生活水平全面提高，基本公共服务均等化总体实现，收入分配差距缩小，扶贫对象大幅减少，促进共同富裕。要实现上述目标任务，必须深入推进扶贫开发。去年年底，习近平总书记在河北阜平县贫困村调研时深刻指出，全面建成小康社会，最艰巨最繁重的任务在农村，特别是贫困地区。没有农村的小康，特别是没有贫困地区的小康，就没有全面建成小康社会。为完成新十年扶贫开发工作的新目标和新任务，为实现贫困地区广大群众对美好幸福生活的新期盼和新要求，迫切需要包括中央企业在内的社会各方面力量对贫困地区加快发展、对贫困群众脱贫致富给予格外关注、格外关心、格外关爱，需要全社会广泛动员和参与，为扶贫开发这项伟大而崇高的事业做出自己的努力和贡献！

二、中央企业定点扶贫大有可为

中央国家机关各单位参与定点扶贫是党中央、国务院做出的重大决策，是中国特色扶贫开发事业的重要组成部分。中央企业自身实力强、社会影响大，央企参与扶贫开发不仅是贫困地区实现跨越式发展的迫切需要，也是自身深化改革开放、拓展发展空间的重要机遇，具有重大的政治、经济和社会意义。

对进一步做好新阶段定点扶贫工作，2010年印发的“两办”通知，以及去年11月8日我办与国资委等8部门联合印发的《关于做好新一轮中央、国家机关和有关单位定点扶贫工作的通知》（国开办发〔2012〕78号)，已经作了总体部署。借此机会，我想提三点具体建议：

第一，坚持自身优势与当地实际相结合，找准工作切入点。一是搞好调研，吃透定点县县情。我们到贫困地区调研和开展工作有个很深的体会，就是我们进村入户时切忌居高临下，我们要了解的情况、要做的工作，贫困地区基层干部，特别是群众，他们自己最熟悉，感受最深。所以，以求知、求真、求实之心搞调研，才能得真知、听实话、有实效。二是编制切实可行的定点扶贫工作计划和规划。制定帮扶措施要注意与地方各级扶贫工作规划的衔接。目前，各地正在按照片区扶贫攻坚规划编制实施规划，各单位可依托片区规划和各地实施规划切入，力求细化实化，使本单位的定点扶贫工作计划落到实处。三是充分发挥自身优势。中央企业大都涉及国计民生的重要行业领域，除扶贫捐助外，更重要的是在产业带动、资源开发、经济发展等方面为帮扶县出主意、想办法、做实事。中石油向河南省台前县民营企业无偿转让具有自主知识产权新技术的产业扶贫项目，可实现年利税1亿元以上，带动当地群众直接就业 400 人、间接就业 2000 人。港中旅集团扶持贵州省黎平县“港中旅·贵州黎平扶贫绿色有机茶”产业，集团所属酒店成为黎平有机茶品牌宣传的平台，形成了基地加工销售的产业链条。他们的做法都值得学习借鉴。同时，央企还可以发挥自身在相关产业、行业中的主导地位和视野宽、信息量大的优势，在开展定点扶贫工作中，深入研究提出支持片区发展的政策措施，对扶贫开发整个面上的工作发挥推动作用。加大对集中连片特困地区的支持力度。

第二，坚持扶贫与扶志相配合，充分发挥开发式扶贫功能。习近平总书记在考察阜平时提出：“只要有信心，黄土变成金”。在长期的扶贫开发实践中我们体会到，开发式扶贫的根本任务是使扶贫对象增强脱贫致富信心，具有自力更生、自我发展能力。现在，国家社会保障制度不断完善，强农惠农富农政策不断增加，大扶贫格局逐步形成，贫困地区基层干部群众与外界的联系越来越多，实施开发式扶贫具有了更广泛、深厚的物质基础、技术条件和社会资源。贯彻落实开发式扶贫方针，就是不仅在直接的物质帮扶上加大力度，而且通过与基层干部群众互通互动，在帮助贫困地区厘清发展思路、提升扶贫对象发展能力上下足工夫。这是巩固温饱成果、加快脱贫致富的长效举措、长远大计。我们寄希望于中央企业通过开展新一轮定点扶贫工作，不仅为贫困地区干部群众带去资金项目支持，也带去改革开放的新思路、市场竞争的新理念、可持续发展的新动力，为推动面上工作提供新鲜经验。

第三，坚持定点扶贫与企业文化建设相融合，增强互动效应。外行扶贫济困之举，内聚高尚价值理念，外塑良好的社会形象，必将有助于增添企业内在动力、发展活力和市场竞争力。在这方面，许多央企已经有了生动实践。五矿集团在全系统开展“缴纳特殊党费·爱心包裹捐助”活动，将推动定点扶贫融入党建工作、企业文化建设，不断激发了企业对职工的号召力和凝聚力。我们希望中央企业在这方面进一步开拓思路，创新工作方式方法，使企业参与定点扶贫的过程，成为塑造企业良好形象、积淀企业文化底蕴、改善企业发展环境、打造企业知名品牌、奠定企业长远发展基础的过程，成为引领和带动社会各界参与支持扶贫事业的过程。

各位领导、同志们，国务院扶贫办将和国务院国资委等部门一道，积极做好各项支持和服务工作。相信在国务院国资委的高度重视和指导下，中央企业在新一轮定点扶贫工作中一定会大有可为，大有作为，为全面建成小康社会的宏伟目标做出新的更大的贡献！

春节将至，预祝大家新春吉祥、阖家幸福！

谢谢大家！

在丽水市扶贫改革试验区工作动员大会上的讲话

郑文凯

（2013 年 4 月 2 日）

尊敬的王书记、黄市长，各位领导、同志们：

很高兴在这草长莺飞的春天里，来到山清水美的丽水市。去年以来，丽水市委、市政府为推动国家级扶贫改革试验区建设，做了重要的基础性工作。今年 1 月份国务院扶贫开发领导小组批复丽水市设立扶贫改革试验区后，市里随即成立扶贫改革试验工作领导小组及其办公室，制定了扶贫改革试验区实施意见。今天，又专门召开会议进行全面部署，各项工作抓得很紧，落实很到位。这充分体现了丽水市委、市政府对扶贫改革试验区工作的高度重视。在此，我代表国务院扶贫办对丽水市委、市政府表示由衷的感谢和敬意！

一年前，我曾经来丽水和温州调研，时间虽短，但深深感到浙江省委、省政府对扶贫开发工作、对省内欠发达地区的发展高度重视，有很多实招和亮点，一些创新理验和新鲜经验对推进新阶段扶贫开很有启示和典型意义。2008 年以来，丽水市通过开展低收入农户奔小康工程，在农民转移就业、促进增收方面创造了“山海协作”、“来料加工”、“培育壮大经理人队伍”等有效载体，低收入农户家庭收入连年大幅度提高，城乡人均收入差距呈现出缩小态势，2012 年达到 2.97∶1，小于全国 3.1∶1 的平均水平，这个指标的变化很有说服力。丽水市扶贫办在 2011 年被国务院扶贫开发领导小组授予“2001—2010 年全国扶贫开发先进集体”称号，也说明了丽水市扶贫开发工作具有扎实的基础，作为三个国家扶贫改革试验区之一是有条件的。

按照国务院扶贫开发领导小组文件精神，前不久我办召开了扶贫改革试验区工作座谈会，扶贫改革试验区工作正式启动。这次，又组织专题培训，就是为了确保扶贫改革试验区工作开好头、起好步，取得扎扎实实的效果。

“扶贫”是我们这个试验区最根本的主题、最核心的内容，是试验区全部工作的出发点和落脚点。扶贫改革试验区要探索新阶段消除贫困、促进共同富裕的新途径、新机制，充分发挥其示范引领和辐射带动作用，提高扶贫开发工作水平、加快推进全国的扶贫攻坚进程，为到2020年贫困地区与全国同步迈入全面小康社会做出贡献。新一届中央领导集体对扶贫工作高度重视，在元旦和春节期间，习近平总书记分别到河北省阜平县和甘肃省渭源县、东乡族自治县，李克强总理分别到湖北恩施州和内蒙古兴安盟专题调研扶贫开发工作。习总书记就做好新阶段扶贫开发工作作了一系列重要指示，在“两会”前召开的十八届二中全会上，习总书记进一步强调指出，“全面建成小康社会目标能不能如期实现，很大程度上要看扶贫攻坚工作做得怎么样”，“贫穷不是社会主义，如果贫困地区长期贫困，面貌长期得不到改变，群众生活长期得不到明显提高，那就没有体现我国社会主义制度的优越性，那也不是社会主义”。我们要认真学习、深刻领会中央对扶贫工作的这些最新要求，进一步提高对做好新时期扶贫工作紧迫性和重要性的认识，紧密围绕“扶贫”做文章，把扶贫改革试验区的建设成果，最终落实到扶贫对象增加收入、提高自我发展能力上来，落实到城乡区域协调发展、不断走向共同富裕上来。

“改革”是试验区创新发展的根本动力。丽水市近些年的扶贫开发实践，在解决城镇化进程中的扶贫问题方面进行了不少探索和创新。在丽水市的扶贫改革试验区实施方案中，注重突出改革创新建机制，对深化户籍制度改革，完善土地流转机制和扶贫搬迁机制，加快小城镇建设，切实保障农民分享土地增值收益权益等方面，都提出了很多体制机制创新的思路。我们期待着丽水扶贫改革试验区探索出具有普遍推广价值的新途径，为全国扶贫工作提供有益借鉴。

同志们，新阶段扶贫的目标任务是与全面建成小康社会的目标任务紧密相连的，我们一定要增强责任感和紧迫感，以扎实的工作、实实在在的效果，来确保新阶段扶贫开发目标任务的实现。希望丽水市抓住推动扶贫改革实验区工作的机遇，进一步提高认识，强化领导，加大市县统筹和资源整合力度，合力推进扶贫改革试验区各项建设。国务院扶贫办也将进一步加强对丽水扶贫改革试验区的政策指导和工作协调。相信在丽水市委、市政府的坚强领导和各有关方面的共同努力下，丽水市的扶贫改革试验一定能取得丰硕成果！

谢谢大家！

附录（四）
全球减贫与发展概况

全球减贫进展报告（2013）

在全球经济形势复杂多变，美欧经济复苏依然缓慢，发展中国家经济增速放缓的背景下，全球减贫依然取得了显著成就。总体上，全球贫困人口和贫困发生率均呈下降趋势，但贫困人口和脆弱人口规模依然庞大，区域发展不平衡，局部地区出现返贫现象。超越收入以外的其他维度看，全球的多维贫困人口数量超过收入贫困人口数量，表明收入以外的贫困现象依然普遍。人类发展状况有所改善，但国别进展速度不平衡，有些国家在教育和健康方面进展缓慢。由于中国的减贫成就，千年发展目标的减贫目标已经提前实现，但更多的发展目标仍无法如期实现。

一、全球减贫的最新进展

（一）全球收入与消费贫困

自20世纪80年代以来，全球减贫取得了巨大成就。世行数据显示，2010年，全球有12.15亿人口生活在极端贫困中（每天消费低于1.25美元，2005年PPP），占发展中世界总人口的20.6%（见表1）。与1990年相比，全球极端贫困人口比例已经降低一半以上（见图1）。2008年，全球贫困人口比例和人数首次在东亚和太平洋地区、南亚、欧洲和中亚、拉丁美洲和加勒比地区、中东和北非、撒哈拉以南非洲全部6个区域均下降，这在人类减贫历史上实属首次。2010年，撒哈拉以南非洲、欧洲和中亚地区贫困人口比例和人数重现上升趋势。其中，撒哈拉以南非洲贫困人口新增2700万人。

表1 发展中国家贫困发生率（1981—2010年）

	每天1美元		每天1.25美元		每天2美元	
年份	比例（%）	人数（百万）	比例（%）	人数（百万）	比例（%）	人数（百万）
2010	12.8	751	20.6	1215	40.7	2395
2008	14.2	816	22.7	1302	43.3	2485
2005	16.0	886	25.1	1389	46.9	2596
2002	20.6	1096	30.8	1639	53.5	2849
1999	23.1	1179	34.1	1742	57.4	2937
1996	23.5	1148	34.8	1704	58.6	2868
1993	28.7	1339	41.0	1913	63.1	2944
1990	30.8	1365	43.1	1908	64.6	2864

续表

	每天1美元		每天1.25美元		每天2美元	
1987	30.1	1259	42.3	1768	64.8	2710
1984	34.7	1369	47.1	1858	68.0	2680
1981	41.6	1545	52.2	1938	69.6	2585

资料来源：世界银行数据。注：美元价格已根据2005PPP调整。

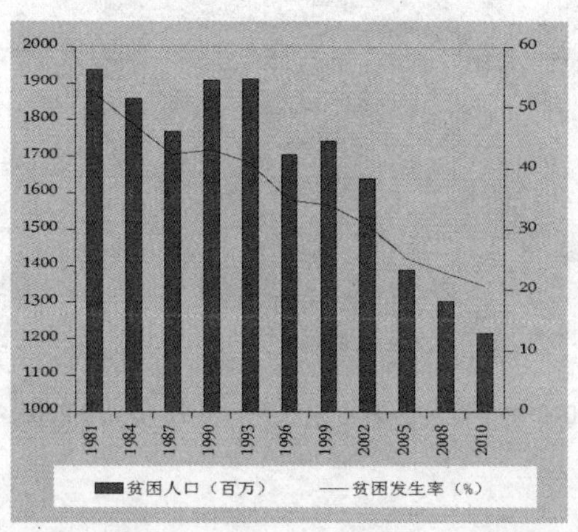

图1　发展中国家贫困状况（1.25美元，2005年PPP）

全球减贫成就虽然显著，但贫困人口规模依然庞大。首先，按照目前的减贫进程，到2015年还会有大约10亿人生活在每天消费低于1.25美元的极度贫困中。其次，1981~2010年期间摆脱每天生活费低于1.25美元的7.23亿人中，按照中等收入国家和高收入国家的贫困标准衡量，大部分依然贫穷。第三，1981~2010年期间，处于每天2美元贫困线下的人口数仅出现小幅下降，从25.9亿人降到24亿人，减少了1.9亿人；处于每天1.25~2美元之间的贫困人口从6.47亿增加到11.8亿。说明，世界上还有许许多多的穷人处于脆弱境地。

全球减贫区域发展不平衡，南亚和撒哈拉以南非洲仍是当前全球减贫的重点区域。其中，南亚的贫困发生率明显下降，从1981年的61%下降到2010年的31%，目前极端贫困人口的比例为1981年以来最低。但减贫形势仍不容乐观，贫困人口仍高达5.07亿，占全球发展中国家贫困人口数的42%（见图2）。

——撒哈拉以南非洲贫困发生率下降缓慢，2008年贫困发生率首次降至一半以下（47.5%），但在2010年贫困发生率上升到48.5%，贫困人口仍高达4.14亿人，占发展中国家贫困人口数的33%（见表2）。

——东亚和太平洋地区减贫成就突出。贫困人口从1981年的近11亿，减少到2010年的2.5亿；贫困人口比例由77.2%下降到12.5%。其中，80%的贡献来自中国的减贫成就。

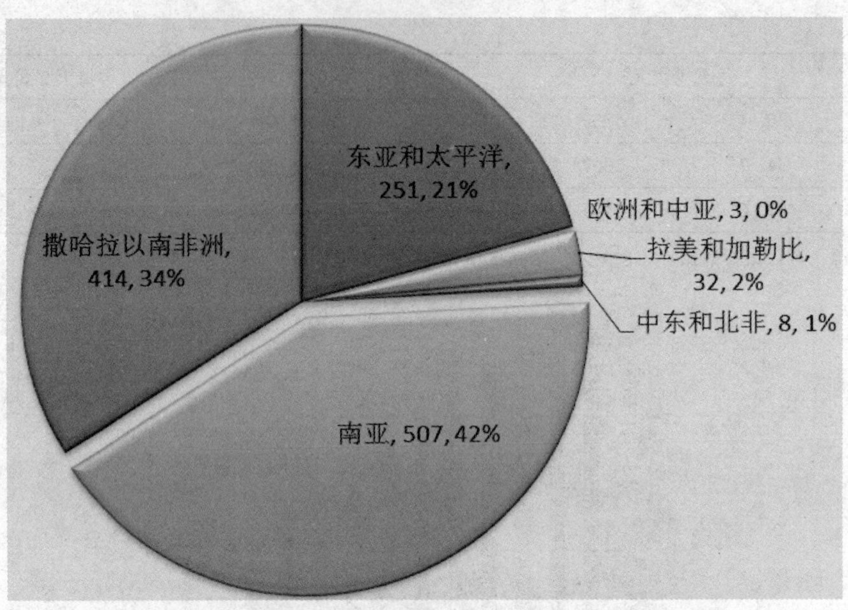

图 2　2010 年全球各区域贫困状况（1. 25 美元，2005 年 PPP）

表 2　不同地区的反贫困进展（1981—2010 年）

年份	东亚和太平洋		欧洲和中亚		拉美和加勒比		中东和北非		南亚		撒哈拉以南非洲	
	比例（%）	人数（百万）	比例（%）	人数（百万）	比例（%）	人数（百万）	比例（%）	人数（百万）	比例（%）	人数（百万）	比例（%）	人数（百万）
每天 1. 25 美元												
2010	12. 5	251	0. 7	3	5. 5	32	2. 4	8	31. 0	507	48. 5	414
2008	14. 3	284	0. 5	2	6. 5	37	2. 7	9	36. 0	571	49. 2	399
2005	17. 1	332	1. 3	6	8. 7	48	3. 5	10	39. 4	598	52. 3	395
2002	27. 6	523	2. 3	11	11. 9	63	4. 2	12	44. 3	640	55. 7	390
1999	35. 5	654	3. 8	18	11. 9	60	5. 0	14	45. 1	619	58. 0	377
1996	35. 9	640	4. 0	19	11. 1	54	4. 8	12	48. 6	630	58. 1	349
1993	50. 7	871	3. 4	16	11. 4	53	4. 8	12	51. 7	632	59. 4	330
1990	56. 2	926	1. 9	9	12. 2	53	5. 8	13	53. 8	617	56. 5	290
1987	54. 1	848	1. 5	7	12. 0	49	7. 1	15	55. 3	593	54. 4	257
1984	65. 0	970	1. 6	7	13. 6	53	8. 0	15	57. 4	574	55. 2	239
1981	77. 2	1097	1. 9	8	11. 9	43	9. 6	16	61. 1	568	51. 5	205
每天 2 美元												
2010	29. 7	598	2. 4	11	10. 4	61	12. 0	40	66. 7	1089	69. 9	596

续表

年份	东亚和太平洋		欧洲和中亚		拉美和加勒比		中东和北非		南亚		撒哈拉以南非洲	
	比例（%）	人数（百万）	比例（%）	人数（百万）	比例（%）	人数（百万）	比例（%）	人数（百万）	比例（%）	人数（百万）	比例（%）	人数（百万）
2008	33.2	659	2.2	10	12.4	71	13.9	44	70.9	1125	70.8	576
2005	39.0	758	4.6	22	16.7	92	17.4	53	73.4	1113	74.1	559
2002	51.9	984	7.9	37	22.2	118	19.7	57	77.4	1120	76.1	533
1999	61.7	1136	12.2	58	22.0	111	22.0	60	77.9	1069	77.5	503
1996	64.0	1140	11.5	54	21.0	102	22.2	57	80.8	1049	77.5	466
1993	75.8	1301	9.6	45	21.7	100	22.1	53	82.7	1011	78.1	434
1990	81.0	1334	6.8	31	22.4	98	23.5	53	83.6	959	76.0	389
1987	81.6	1279	6.3	29	22.4	92	26.1	54	84.5	906	74.3	350
1984	88.3	1316	6.7	30	26.8	104	27.1	51	85.6	855	74.7	324
1981	92.4	1313	8.3	36	23.8	87	30.1	52	87.2	811	72.2	288

资料来源：世界银行数据。注：美元价格已根据 2005PPP 调整。

——拉丁美洲和加勒比地区，贫困人口比例由 1981 年的 11.9%，下降到 2010 的 5.5%，为迄今为止的最低值；贫困人口数量在 2005 年之前趋于上升，而在 2005 年之后迅速下降，2010 年贫困人口为 3200 万。

——中东和北非地区贫困人口数量由 1981 年的 1650 万减少到 2010 年的 800 万人，贫困人口比例由 9.6% 下降到 2.4%。

——欧洲和中亚地区在 2000 年以前贫困人口比例和数量持续上升，但 2000 年以来得到扭转；贫困人口数量由 1981 年的 820 万人减少到 2008 年的 220 万人。然而，在 2010 年，贫困发生率上升到 0.7%，贫困人口增至 320 万。

与世界各国相比，中国取得最为显著的减贫成就。1981～2009 年，中国每天消费低于 1.25 美元的贫困人口数量从 1981 年的 8.35 亿人，下降到 2009 年的 1.57 亿人，减少了 6.83 亿人；贫困发生率也从 84% 下降到 11.8%（见表 3）。1981～2010 年，全球贫困人口减少 7.23 亿人，94.2% 的贡献来自中国的减贫成就。2005 年以来，如果不包括中国，全球的贫困人口几乎没有减少。这表明，减贫是中国的软实力。根据世行 2010 年估计，以每天生活费 1.25 美元的标准度量，到 2010 年贫困率已降至 1990 年的一半以下，这就意味着首个千年发展目标已在 2015 年之前实现。世行 2013 年年度报告中指出，“这个目标得以实现，大部分原因是因为中国近年来的经济增长帮助 6 亿人民走出了极端贫困”。

表 3　中国贫困人口数量及比例（1981—2009 年）

年份	比例（%）	人数 百万	贫困距指数（%）	基尼系数
		每天 1 美元		
2009	6. 5	86	1. 3	42. 06
2008	7. 3	97	1. 5	42. 63
2005	9. 2	119	1. 9	42. 48
2002	19. 1	244	4. 9	42. 59
1999	24. 1	302	6. 4	39. 23
1996	23. 7	288	5. 9	35. 7
1993	37. 7	444	10. 5	35. 5
1990	43. 9	499	12. 8	32. 43
1987	38. 0	412	11. 6	29. 85
1984	52. 9	548	16. 5	27. 69
1981	73. 5	730	29. 3	29. 11
		每天 1. 25 美元		
2009	11. 8	157	2. 8	42. 06
2008	13. 1	173	3. 2	42. 63
2005	16. 3	212	4. 0	42. 48
2002	28. 4	363	8. 7	42. 59
1999	35. 6	446	11. 1	39. 23
1996	36. 4	443	10. 7	35. 7
1993	53. 7	633	17. 7	35. 5
1990	60. 2	683	20. 7	32. 43
1987	54. 0	586	18. 5	29. 85
1984	69. 4	720	25. 6	27. 69
1981	84. 0	835	39. 3	29. 11
		每天 2 美元		
2009	27. 2	362	9. 1	42. 06
2008	29. 8	395	10. 1	42. 63
2005	36. 9	482	12. 5	42. 48
2002	51. 2	655	20. 6	42. 59
1999	61. 4	770	25. 6	39. 23
1996	65. 1	792	26. 3	35. 7

续表

年份	比例 (%)	人数 百万	贫困距指数 (%)	基尼系数
1993	78. 6	926	36. 6	35. 5
1990	84. 6	961	40. 9	32. 43
1987	83. 7	907	38. 2	29. 85
1984	92. 9	963	47. 3	27. 69
1981	97. 8	972	59. 3	29. 11

资料来源：世界银行数据。注：美元价格已根据 2005PPP 调整。

1981～2009 年，中国贫困程度也大幅度减轻。中国每天消费低于 1. 25 美元的人口贫困程度（贫困距指数）由 1981 年的 39. 26%，下降到 2009 年的 2. 84%，意味着贫困人口收入与贫困线之间的贫困缺口大幅度减少。2010 年，人类发展指数上升速度最快的 10 个国家中，中国位列第二，仅次于阿曼，其中收入增长速度位列第一。

与发达国家相比，中国的贫困人口规模依然庞大。用每天 2 美元的标准衡量，中国仍有 3. 6 亿的贫困人口，贫困发生率高达 27%。仍然有 2 亿人口生活在每天 1. 25～2 美元之间，这部分群体贫困问题复杂，成为易于返贫的脆弱人群。

与一些发展中国家类似，经历高速经济增长的同时，收入差距也更为明显。中国与博茨瓦纳、马来西亚和泰国在内的一些发展中国家自 20 世纪 70 年代以来的经济增长速度超过了任何一个富裕国家。1970～2010 年，中国的人均收入增长了 21 倍，博茨瓦纳超过了 8 倍，马来西亚和泰国超过了 4 倍。但是这些发展中国家若要跨越与发达国家之间的鸿沟还要走很长的路：中国的人均收入仅为发达国家平均值的 1/5。博茨瓦纳、马来西亚和泰国离这个水平还相去甚远。与此同时，其他一些国家的收入（包括科摩罗、伊朗和塞内加尔）则停滞不前。1981～2012 年，中国的基尼系数由 29. 1%上升到 47. 4%。

中国同样面临如何跨越“中等收入陷阱”的难题。在达到发达国家的水平之前，许多经历过长期显著增长的国家出现了停滞不前的现象。例如，1950～1980 年，巴西人均经济增长接近每年 5%，但在 20 世纪 80 年代出现了崩溃，直到最近才开始复苏。阿根廷的经济崩溃则更为惊人，从 1913 年人均 GDP 超过欧洲的平均水平，1981～2007 年仅相当于西欧的 1/5。在 1970 年，108 个人均收低于 7000 美元的国家中，只有 4 个在 2010 年上升为按照世界银行标准定义的高收入国家。其中 3 个国家（安提瓜和巴布达、赤道几内亚和马耳他）是岛屿经济体，另一个是韩国。

（二）人类发展状况及最新进展

1. 人类发展的总体趋势

2013 年，联合国开发计划署以人类发

展指数所包含的人类发展维度（健康、教育、收入）对全球 135 个国家的人类发展趋势进行分析，对人类发展的状况和最新进展进行了判断。

以人类发展指数衡量，世界各地都取得了显著成就。世界平均人类发展指数从 1990 年的 0. 57 上升到 2012 年的 0. 694。其中，教育和健康指标约提高了 1/4，人均收入提高了一倍。总体来看，贫困国家人类发展指数与富裕国家人类发展指数的差距正在缩小。发展中国家和发达国家人类发展指数的差距从 1990 ~ 2012 年间缩小了约 1/5。从地区来看，所有地区和几乎所有国家的人类发展指数都呈现上升的趋势。上升最快的是东亚和太平洋地区（0. 683），其次是南亚（0. 558）和阿拉伯国家（0. 652）。撒哈拉以南非洲人类发展指数最低（0. 475），欧洲和中亚的人类发展指数最高（0. 771）。

从国别看，1990 ~ 2012 年间，一些国家的人类发展状况取得了巨大成就，但发展不平衡。人类发展指数上升最快的国家既包括巴西、中国、印度等大国，也包括孟加拉、智利、加纳、印度纪西亚、韩国、马来西亚、毛里求斯、墨西哥、泰国、突尼斯、土耳其、乌干达和越南等国。其中，巴西、墨西哥和阿尔及利亚人均收入的增长速度较慢，年均增速在 1% ~ 2%之间，但其在教育、健康和营养方面进展显著。中国的收入增长速度最快，人类发展指数上升速度仅次于韩国和伊朗，位列第三。并不是所有的国家都取得了迅速的进步，国别差异非常明显。在过去的 40 年里，有1/4 的发展中国家人类发展指数提高不到 20%，而另有 1/4 国家超过了 65%。自 1990 年以来，有 10 个国家的人类发展指数没有全面提高。

2. 健康、教育与收入进展

在健康方面，许多国家都取得了显著成就，但进步仍然缓慢且不平衡。在撒哈拉以南非洲，预期寿命比 1970 年提高了 8 年。阿拉伯国家的预期寿命提高最多，比 1970 年提高了 18 年。全球范围内预期寿命提高的主要原因是婴幼儿死亡率的下降，并且其下降速度快于成人死亡率的下降速度。从 20 世纪 70 年代到现在，发展中国家每千名婴儿的死亡数下降到了 59 例，尽管其数值仍然是发达国家的 4 倍（发达国家为每千名 16 例），但进步显著。

健康领域的进步从 1990 年以来开始减缓。这主要是由于 19 个国家（占世界人口的 6%）的预期寿命在过去 20 年中的大幅下降所造成的。其中有 9 个国家的预期寿命甚至低于其 1970 年的水平：6 个为非洲国家（刚果民主共和国、莱索托、南非、斯威士兰、赞比亚和津巴布韦），3 个为前苏联国家（白俄罗斯、俄罗斯联邦和乌克兰）。预期寿命减少的原因是艾滋病的泛滥和转型经济体中死亡率的上升。自 20 世纪 80 年代以来，南部非洲国家艾滋病感染率仍高于 15%。在大多数受其影响的国家中，预期寿命都低于 51 岁；在莱索托，预期寿命仅为 46 岁，相当于英国工业革命前的水平。

世界各国的教育水平普遍提高。自 1990 年以来，平均受教育年限提高了 2 年，毛入学率提高了 12%，识字率也从 73%提高到了 81.3%。无论是发达国家还是发展中国家，小学的平均入学率达到了 100%或以上。教育公共支出普遍增加，但各地发展不平衡。教育公共支出占 GDP 的比重从 1970 年的 3.9%提高到 2006 年的 5.1%。1990 年以来，用于每名学生的教育资源增加了 43%。全世界平均而言，每年花在每位学生上的费用接近 4611 美元，但撒哈拉以南非洲仅为 184 美元，几乎是拉丁美洲国家的 1/8 左右，不足发达国家的 1/40。

全球范围内人均收入明显提高，但收入差距仍在扩大。1970 年以来，155 个国家的实际人均收入有所提高，其人口占世界总人口的 95%。如今全球的人均国民收入达到了 10184 美元，几乎是 20 年前的 1.5 倍，是 40 年前的两倍。发达国家与发展中国家在收入上的差距明显扩大。1970~2010 年发达国家的人均收入年均增长 2.3%，而发展中国家则为 1.5%。1970 年，全世界收入最高的 1/4 的国家其平均收入是最低 1/4 国家的 23 倍，2010 年达到 29 倍。今天最富裕的国家（列支敦士登）要比 1970 年最富裕的国家富裕 2 倍。而今天最贫困的国家（津巴布韦）则比 1970 年最贫困国家（同样也是津巴布韦）贫穷 25%。目前处于全世界收入分布最后 1/4 的 13 个国家其实际平均收入还低于 1970 年的水平。

（三）多维贫困状况及最新进展

多维贫困指数测量贫困的维度远远超出了收入范畴，扩展到健康（营养；儿童死亡率）、教育（儿童入学率；受教育年限）和生活水平（水、电、厕所、燃料、室内地面、耐用消费品）3 个维度 10 个指标。

2012 年，按照 1/3 维度处于贫困的标准，全球 104 个经济体中有 16 亿人处于多维贫困，占总人口的 30%。其中，51%的多维贫困人口生活在南亚，29%生活在撒哈拉以南非洲。有 18 个国家的多维贫困减贫成就显著，包括贫困发生率较高的国家，如尼泊尔、卢旺达和孟加拉、加纳、坦桑尼亚、柬埔寨、玻利维亚，也包括贫困发生率较低的哥伦比亚和罗马尼亚。

多数国家多维贫困人口高于收入贫困人口，人类发展指数越低的国家多维贫困发生率越高。全球多维贫困人口要多于用每天 1.25 美元贫困线衡量的贫困人口，两者分别为 16 亿人与 12 亿人，但要少于用每天 2 美元贫困线衡量所得出的 24 亿人。

从区域看，欧洲和中亚多维贫困发生率最低（3%），撒哈拉以南非洲多维贫困发生率最高（65%）。南亚是多维贫困人口最多的地区，其次是撒哈拉以南非洲。

——撒哈拉以南非洲的多维贫困发生率最高，但国别差异较大。南非低至 13.4%，而尼日尔高达 92.4%，被剥夺的平均比重变化范围从45%（加蓬、莱索托和斯威士兰）到69%（尼日尔）。在几内亚、马里和尼日尔，一半以上的人口是穷人，并且平均每个家庭曾有一个孩子死亡。在包括布基纳法索、布隆迪、埃塞俄比亚和莫桑比克在内的国家，一半以上的人口是穷人，且其所在家庭中没有人接受过完整的小学教育。

——南亚的多维贫困程度和多维贫困发生率比其他任何地区都要高很多。例如，印度有8个邦的贫困程度就像26个最贫困非洲国家那样严重，这8个邦居住着4.21亿多维贫困人口。

——东亚和太平洋国家（包括中国和泰国），多维贫困发生率相对较低。但是据估计，一半以上的柬埔寨人属于多维贫困人口，其中大多数是由于缺少电、卫生设施和做饭用燃料而陷入多维贫困中。

——在拉丁美洲和加勒比地区多维贫困状况差别较大。受多维贫困影响的人口所占比例从1.7%（乌拉圭）到56.4%（海地，甚至在2010年的地震之前就如此）不等。

——阿拉伯国家是不同群体高度混杂的区域，贫困状况复杂。多维贫困发生率通常都低于7%，但是伊拉克则超过了14%，也门53%，索马里81%。

——欧洲和中亚的贫困程度非常低。一些国家的多维贫困发生率甚至接近零，其中较高的发生率为5%~7%——阿塞拜疆、爱沙尼亚、吉尔吉斯斯坦和土耳其，最高的是塔吉克斯坦，为17%。这些数字说明在那些基础服务比较容易获得的国家，采用严格的多维贫困指数界定存在一定的局限性，而且并不意味着欧洲和中亚不存在多维贫困。

二、全球减贫的新议题和新做法

（一）新议题

1. 千年发展目标及2015年后的最新议题

距离实现2015年的千年发展目标还有不到两年的时间。8个千年发展目标项下的21个具体目标中，只有4个目标在全球范围内实现了。已经实现的目标包括了最雄心勃勃的一个目标，将生活在极端贫困中的人口减半。千年发展目标中的其他目标实现进程滞后，特别是与教育和卫生相关的目标。实现普及小学教育的目标原本应该在2011年完成，但是目前进程只推进了一半。关于婴儿、5岁以下儿童和产妇死亡率的全球目标，以及更小程度上的基础卫生普及等目标，远远滞后于设定的日期。

关于2015年后的发展成为目前的热门话题。2015年发展议程的联合国名人小组发布了2015年后发展报告，该报告由印度尼西亚总统苏西洛·班邦·尤多约诺、利比里亚总统埃伦·约翰逊和英国首相戴维·卡梅伦共同主持，主要内容是帮助那些最贫穷的和最边缘化的人，更多的是妇女。撰写报告的27个专家呼吁2015年后新目标主要是推动3大转型：从“减少”到“结束”极端贫困，不落下任何一个人；把可持续发展列于发展议程的核心；锻造一个基于合作、平等和人权的新的全球伙伴关系。

联合国秘书长发布《为了所有人的尊严：加速千年发展目标的实现，提高联合国2015年后发展议程》的报告，报告提出14点要求：消除贫困；减少社会排斥和不平等；提高教育质量和终身学习；消除饥饿和营养不良；关注气候变化；关注环境挑战；包容、可持续增长和体面的工作，关注人口挑战；移民问题；城市化；和平、治理、法制和合理的组织结构；新的全球合作伙伴关系；妇女和儿童赋权；提高健康水平。

2. 多维贫困指数及应用

联合国开发计划署在《2010年人类发展报告》中正式公布了104个国家的多维贫困指数以来，多维贫困指数和测算方法得到越来越广泛的应用。到2013年，已经连续3年公布全球多维贫困指数。2013年6月，由牛津大学贫困与人类发展中心发起成立了“多维贫困网络”，旨在全球推广将多维贫困纳入减贫战略和政策的主流。中国国际扶贫中心是多维贫困网络成员之一。目前，多维贫困网络正在联合开发测试2015年发展目标的多维贫困指数，该指数将进一步扩大贫困识别的维度和指标范围。

一些拉美国家是推动多维贫困指数的先锋国家，如哥伦比亚，将多维贫困测量方法与国家减贫战略结合，实现多维基础上的减贫。哥伦比亚总统把消除多维贫困作为缩小发展差距，维护社会稳定，巩固执政地位的国家战略。

3. 气候变化与减贫

《2010年人类发展报告》指出，越来越多的证据表明世界上环境恶化现象普遍存在并且可能进一步恶化，这些都严重威胁着世界上的每一个国家和地区。据《2011年人类发展报告》估计，到2050年，由于全球变暖和污染将对农业生产、洁净水的获取、卫生条件改善造成不利影响等“环境挑战”，人类发展指数将比其基准值降低8个百分点（南亚地区和撒哈拉以南的非洲地区将降低12%）。

近几年，伴随着气候变化，各种新型灾害不断出现，灾害损失日益增加，人类社会面临的潜在风险越来越严重，当出现更严重的“环境灾难”情况（如出现大面积森林砍伐、土地退化、生物多样性急剧减少和越来越频繁的极端天气灾害等）时，全球人类发展指数将比预测的基准值降低15个百分点左右。

4. 不平等与减贫

随着人类发展在教育、健康方面的差距的缩小，收入分配差距在扩大，不同群体之间的不平等正在成为人类发展进步的另一大挑战。这种由于结构性原因造成的不平等会引起人们获得机会的不平等。不论在哪个国家，收入分配不平等的加剧都是危及社会稳定的重要因素。“美国梦”的核心价值是机会平等，到目前仍是吸引世界各国青年留学的最重要的国家。但是，由于越来越加剧的收入分配不平等，引发了“占领华尔街”的事件发生。不平等不仅是收入贫困的重要原因，也是幸福感被剥夺的重要原因。因此，世界各国的减贫战略越来越重视减少不平等。

（二）各国和地区减贫新做法

1. 有条件现金转移支付项目

有条件现金转移支付（CCTs）是指向贫困家庭提供现金支持，这种支持提供的前提是必须将扶助资金用于其子女的人力资本水平的提升。通常来讲，人力资本水平的投资包括两个方面的内容：健康和教育。健康方面的投资包括对5岁以下的儿童进行定期体检，成长监测和疫苗注射，对产妇进行产前护理，以及要求产妇参加定期的健康咨询讨论等。教育方面的投资则包括保证入学、出勤率达到80%到85%以及对在校表现的考量。大部分的CCT项目都直接向贫困家庭中的母亲提供现金帮助，有些时候也将这些现金直接拨付给在学儿童。

过去10年间，CCT项目覆盖范围逐渐扩大，已经有越来越多的国家开始实施或考虑实施CCT项目：拉丁美洲所有国家都已实施，孟加拉、印度尼西亚和土耳其等国也开始大规模的启动，柬埔寨、马拉维、摩洛哥、巴基斯坦和南非等国也正在进行试点。此外，一些发达国家也希望通过这一项目来促进家庭对子女的教育投资，如纽约和华盛顿这样的大都市也开始在尝试。

在拉丁美洲一些不平等现象十分严重的国家，CCT项目被看作是降低社会不平等、有助于打破贫困代际传递的恶性循环、提高儿童的健康水平、营养状况和入学率以及在国家层次上促进千年发展目标实现的有效方法。巴西和墨西哥等中等收入国家在减贫方面取得了良好成效，如巴西的“家庭补助金”和墨西哥的“机会”。

各国有条件现金转移支付项目

<table>
<tr><th rowspan="2"></th><th colspan="2">限制条件</th><th rowspan="2">项目规模/目标瞄准</th></tr>
<tr><th>健康和教育</th><th>教育</th></tr>
<tr><td rowspan="2">巴西</td><td>家庭补助金</td><td></td><td>国家层次</td></tr>
<tr><td></td><td>现金转移支付</td><td>国家层次</td></tr>
<tr><td>墨西哥</td><td>机会</td><td></td><td>国家层次</td></tr>
<tr><td rowspan="4">哥伦比亚</td><td>家庭在行动</td><td></td><td>国家层次</td></tr>
<tr><td></td><td>日本减贫基金</td><td>地区或群体</td></tr>
<tr><td></td><td>教育部支持项目</td><td>地区或群体</td></tr>
<tr><td></td><td>Escolar - Bogotá 有条件补贴项目</td><td>小规模试验</td></tr>
<tr><td>智利</td><td>智利团结计划</td><td></td><td>地区或群体</td></tr>
<tr><td>厄瓜多尔</td><td>人类发展债券</td><td></td><td>国家层次</td></tr>
<tr><td>洪都拉斯</td><td>家庭补贴</td><td></td><td>小规模试验</td></tr>
</table>

续表

	限制条件		项目规模/目标瞄准
	健康和教育	教育	
尼加拉瓜	规避危机		小规模试验
	社会保护网络		小规模试验
印度尼西亚		社会弱者对策	国家层次
巴基斯坦		Punjab 教育部门改革项目	小规模试验
孟加拉		女童中学援助项目	地区或群体
也门		基本教育发展项目	地区或群体
牙买加	通过健康和教育实现进步		国家层次
肯尼亚	针对婴儿和脆弱幼儿现金转移支付		小规模试验
土耳其	社会风险规避项目		地区或群体

目前，坦桑尼亚政府计划扩展有条件现金转移减贫项目。坦桑尼亚政府将坦桑尼亚社会行动基金Ⅲ（TASAFⅢ）延续5年，以支持生活在贫困线以下的约120万贫困家庭。该项目有望在第一年帮扶到27.5万家庭。TASAF Ⅲ主要是通过以社区为基础的条件现金转移减贫计划，该计划有助于贫困家庭（主要是儿童和老人）获得社会服务。世界银行已注入2.2亿美元支持该项目。

英国通过贝布托收入支持计划向巴基斯坦最贫穷的人进行现金补助。英国支持贝布托收入支持计划，为最贫穷的家庭妇女提供每月现金补助1000卢比（约7美元）以购买生活必需品如食品和药品，并协助供他们的孩子上学。另外，接受这些补助的母亲如果有小孩上小学，每个小孩（最多3个）可获得200卢比的资助。这些款项从2013年9月开始将增加至1200卢比（约8美元）。2012年，英国支持贝布托收入支持计划，实现了向巴基斯坦235000个家庭的现金转移，到2020年可能增加至441000个。

2. 农业项目

埃塞俄比亚的农业合作社项目。自1999年起，埃塞俄比亚在美国国际开发署的支持下，开始推广农业合作社（ACE）项目。截至2013年，ACE项目共使5万人获益。项目包括开展各级合作社培训，培训对象从农场业主、合作董事到政府和联合会的管理人员；在各地合作社建立工会，帮助他们推向国际市场。参与该项目的84%的农民表示，他们的孩子可获得继续深造的机会，67%表示他们的住房条件得到改善。

喀麦隆启动农业发展扶持项目。喀麦隆

农业和乡村发展部7月31日在马鲁阿市正式启动农业发展扶持项目（PADFA）。该项目截至2017年，覆盖北部大区、极北大区、西部大区和西北大区，旨在提高大米和洋葱产量，改善农产品加工、仓储、商品化条件，项目总额约120亿非郎，其中农业发展国际基金（FIDA）出资占77.4%，喀政府出资占14.1%，受益农户出资占8.5%。

柬埔寨私人家庭橡胶园不断发展，对家庭经济和减贫具有重要作用。2013年是柬埔寨发展“跨门槛”的一年，柬埔寨将从低收入国家晋升为“中低收入”国家。因此，国家需要执行“多元发展政策”，继续推动经济社会发展。在吸引外资的同时，也鼓励国内公司投资农业等领域，参与发展经济和创造就业。柬埔寨总理洪森指出，发展橡胶种植业有4个好处：一、带来国家收入和家庭经济收入，有助于减贫；二、创造就业，维护当地人民生活稳定和减少劳动力外流；三、为制作家具及建筑业提供木材，减少砍伐森林；四、创造绿色植被，预防水土流失，有利环保。柬埔寨王国政府正在为发展橡胶制定一系列政策，包括提供小额贷款等，以推动小型家庭橡胶业发展。

3. 社会政策

安哥拉：社会救助在减贫方面发挥了至关重要的作用。安哥拉于2013年10月21~23日召开社会援助国家会议，指出以目前社会经济发展状况来看，社会救助在促进公平、减少贫困和加强社会凝聚力方面发挥着关键作用。会议公布的社会援助国家政策草案提出：在新的背景下，安哥拉突出的挑战是减少最贫困社会阶层结构的脆弱性，确保该阶层自身的发展和在经济增长过程中的参与度，以及推动安哥拉国家的社会凝聚力。

中国香港扶贫委员会推新援助项目支持伤残贫困人士。香港扶贫委员会2013年7月22日通过4项共达10亿港元的新增援助项目，支持严重肢体伤残人士、清贫家庭学生和居住环境恶劣的低收入人士，预计将有56万人次受惠。会议通过1人住户的津贴额为3500港元、2人住户为7000港元、3人或以上住户为1万港元。项目在2013年年底前开展，估计涉及约20万人。

4. 调整减贫战略

卢旺达调整减贫战略。2013年9月13日，卢旺达政府宣布正式启动经济发展和减贫二期战略。根据战略规划，卢旺达将在2013年至2018年的5年中达到11.5%的平均经济增长速度，贫困率下降至30%以下。卢旺达在第一个经济发展和减贫战略实施期间，获得了8.2%的平均经济增长速率，贫困率下降了12%。

印度尼西亚再推减贫新政。随着经济的复苏及政府减贫力度的加大，近年来印度尼西亚贫穷人口保持逐年下降的趋势。根据印度尼西亚中央统计局最新数据，截至2012年9月，印度尼西亚全国贫穷人口下降至2859万人，占总人口的11.66%；而8年前这一数据为3610万人，占总人口的

16.6%。印度尼西亚政府减贫的最新指标是，到2014年，贫穷人口的比例下降至8%。为此，印度尼西亚政府再出新政，包括“加速与扩大扶贫总体规划”、“全国辅导社会自立计划”、“希望家庭计划”等，中央政府还成立了“全国加速扶贫领导小组”。

5. 就业政策

巴基斯坦政府推出新扶贫和就业计划。政府分配给扶贫和就业计划的资金从440亿卢比增加至750亿卢比。其中，总理青年培训计划，为已完成16年学位课程、25岁以下的青年提供年度培训，培训期间学员每月可获得10000卢比津贴；总理小额信贷计划，旨在为小微企业创业者提供资助；总理青年技能发展计划，培训25000名25岁以下的年轻人，支持他们从事不同行业。

6. 基础设施建设

非洲开发银行计划募集1000亿美元用于非洲的基础设施建设。该款项中约一半资金来自于其53个成员国的外汇储备，其它将从全球市场融资。这个基金将在3年内投入，以支持坦桑尼亚巴加莫港、肯尼亚拉穆港、肯尼亚蒙巴萨至卢旺达首都基加利铁路等基础设施建设。

7. 减少城市贫困

英国、加拿大联合发起城市安全研究：解决暴力冲突有助于城市减贫。2013年9月16日，英国《卫报》报道，加拿大国际发展研究中心和英国国际发展部联合发起了一项名为“安全与包容的城市倡议”的项目。该项目将投入1100万美元对非洲、亚洲、拉丁美洲的40个城市进行城市暴力成因调查分析，试图找到解决城市冲突问题的有效办法。目前全球有超过15亿人长期生活在暴力冲突之中，暴力冲突已成为各国发展与减贫的主要障碍。

8. 消除饥饿

墨西哥是拉美国家中贫困人口最为集中的国家。在拉美1.68亿的贫困人口中，墨西哥贫困人口占到了1/3。2010年，墨西哥儿童和青少年53.8%生活在贫困线以下，而原住民儿童和青少年中达到70%。

墨西哥过去大规模城市化进程导致了严重的两极分化，特别是1994年加入北美自贸区以后，墨西哥对美国农产品敞开国门，使得本国农业遭受巨大冲击。为了减少饥饿和贫困，2013年1月21日墨西哥总统培尼亚·涅托正式宣布启动“全国反饥饿和极端贫困运动”。这项为期6年的政策，将一改过去向贫困人口直接分配食品和现金的做法，转而通过创建“食品银行”和构建营养补给体系等机制，重点消除极端贫困和儿童营养不良的问题。

印度是世界上贫困人口最多的国家。世界银行的一份报告显示，2010年，印度极贫人口占全球极贫人口的比重高达33%，高于30年前的22%。2013年，印度政府在全国20个地区推出了一项帮助贫困人口的大型现金补贴计划。印度政府为这项名为“福利直接转账”（DBT），该计划拨出3万多亿卢比（约合人民币3614亿元）的资金。计划在初期将使至少 20 万人获益，至 2013 年底，其规模将涵盖整个国家。印度政府表示，计划的最终目的是帮助印度最贫困阶层的民众“进入主流社会”。

9. 世界银行碳基金促进“低碳扶贫”

绿色增长投融资是实现绿色增长的一个重要措施，也是绿色增长实现益贫的一个重要环节。低碳融资在国际上运用最为广泛、发展最好、效果最佳的绿色增长投融资方式之一。然而，贫困地区往往难以参与以获得排放权或以赢利为目的的低碳融资活动。世界银行为了弥补了这一现状，一直促进碳基金的发展。

目前，世界银行碳金融单位（The World Bank Carbon Finance Unit，CFU）管理着碳原型基金（Prototype Carbon Fund，PCF）、生物碳基金（BioCarbon Fund，BCF）、社会发展碳基金（Community Development Carbon Fund，CDCF）、森林碳伙伴关系基金（Forest Carbon Partnership Facility，FCPF）等 12 个碳基金，这些基金由 OECD 国家的政府和公司募集资金成立，基于 CDM 和 JI 两种机制，为发展中国家和经济转型国家的温室气体减排项目提供融资。

2010 年 12 月 9 日的坎昆会议上，世界银行进一步展示了发展碳金融的新思路，宣布建立筹集目标为 1 亿美元的“市场准备伙伴基金”。与世行其他碳基金不同，“市场准备伙伴基金”不是 CERs 买家，而是为了帮助各国国内碳交易体系的能力建设。截至 2012 年 10 月，这项基金已经吸纳了来自 15 个捐助成员国约 8000 万美元的资金。中国也加入了“市场准备伙伴基金”，并且正在积极探索利用国内排放交易制度实现减排的可行性。此外，“市场准备伙伴基金”在 2013 年之后将继续购买碳减排量，在“后京都”问题悬而未决的情势下，这对未来的碳市场是一个积极的信号，反映出世行对各国内部碳市场巨大潜力的预期，为发展中国家开展“低碳扶贫”提供了信心。

10. 中国精准扶贫

为了贯彻落实新阶段《中国农村扶贫开发纲要（2011—2020 年）》，为新阶段扶贫开发提供技术支撑，2012 年 5 月，中国科技部批准“扶贫空间信息系统关键技术及其应用”项目列入国家科技支撑计划组织实施。项目组织单位为国务院扶贫开发领导小组办公室，项目按照多维贫困理论，根据《纲要》确定的 12 项主要任务以及新一届政府确定的“十大行动”，构建了多维贫困指数等精准识别方法。根据扶贫工作需要，可以综合判断贫困县、村和户的贫困程度，实现精准识别扶贫对象以及扶贫效果监测评价；可以针对“十大行动”对每一行动的扶贫对象进行精准识别。该系统也可按照农民纯收入扶贫标准对贫困户进行识别，同样，可以识别其他维度的贫困状况，如教育。该系统可以十分直观的表达贫困县、贫困村和贫困户的贫困程度以及主要致贫因素。突破了扶贫对象的识别仅依靠“有劳动能力的农村居民年人均纯收入低于扶贫标准”的经济指标方法，综合经济、基础设施、公共服务、生态环境和灾害风险，进行多维度、多指标评价，为精准识别和精准扶贫提供了技术支撑。

三、经验启示

1. 多维度识别贫困，制定多维减贫战略和政策

继续在多条战线打击贫困。在政策和规划方面，包括创造更多、更好的就业机会、提供更好的教育和卫生服务、开展基本的基础设施建设、保护弱势人群等。在贫困识别和度量方面，需要扩大数据收集和加强统计能力。

2. 继续加强中国减贫经验总结和对外宣传工作

在联合国和世行报告中都指出中国的减贫成就对世界减贫的贡献，但对中国具体在哪些方面的减贫政策和措施对世界减贫的贡献提及较少。需要继续系统总结中国的减贫经验，评估减贫政策效果，加强对外减贫经验宣传和交流。

3. 将城市贫困问题纳入国家减贫战略

中国减贫面临的更大问题是不平等和发展差距的问题。根据拉美、韩国等国经验，这些问题能否有效解决，将决定中国能够成功跨入高收入国家行列。随着城镇化进程加快，城市贫困问题将更加突出。城市中原有的就业政策、低保政策和其他的救助政策不能完全覆盖城市中的弱势群体，特别是城市无户籍的流动人口。需要将城市贫困问题纳入国家的减贫战略，针对城市有劳动能力的困难群体采取更有针对性的减贫措施，对于缩小发展差距具有重大意义。

4. 加强对全球减贫最新议题和议程的研究和参与

如对气候变化与减贫的研究，对后千年发展议程的参与等。

（中国国际扶贫中心研究处　徐丽萍）

四川永鑫农牧集团

永鑫农牧集团扶贫工程培训现场。

永鑫农牧集团晏家坝种猪繁育基地。

永鑫农牧集团积极参与“慈善暖万家 幸福资阳行”
动。

永鑫农牧集团“我要上大学”金秋助学座谈会合影。

永鑫农牧集团“送仔猪下乡”扶贫专用车。

永鑫农牧集团高考营养餐“1+1+1”援助行动现场。

青海聚能活力源饮料有限公司

2013 年 4 月，雅安地震，青海聚能活力源饮料有限公司第一时间向灾区捐助 10000 箱瀞度水。

2013 年 8 月，青海聚能活力源饮料有限公司向河南蒙古族自治县托叶玛乡曲海村 4 名贫困学生每人捐助 5000 元助学金。

2013 年 6 月，青海聚能活力源饮料有限公司成立中国首支企业水资源保护队。

瀞度水源——神沵泉。

山西省天镇县扶贫开发

天镇县鲍家屯韭菜基地。

天镇县的设施蔬菜产业。图为蔬菜出售前工人在给蔬菜分箱。

大镇县南河堡的智能温室。

天镇县雨露计划培训班培训现场。

天镇县扶贫开发爱心包裹发放仪式现场。

天镇县塔儿村移民新村村貌。